玩转移动平均线 2

——趋势框架线

刘 卫 著

地震出版社
Seismological Press

图书在版编目(CIP)数据

玩转移动平均线. 2，趋势框架线 / 刘卫著. —北京：地震出版社，2014.1
(2023.5 重印)
ISBN 978-7-5028-4322-9-01
Ⅰ.①玩…　Ⅱ.①刘…　Ⅲ.①股票交易—基本知识　Ⅳ.①F830.91
中国版本图书馆 CIP 数据核字(2013)第 148773 号

地震版　XM5504/F(5011)

玩转移动平均线 2——趋势框架线
刘　卫　著
责任编辑：刘素剑
责任校对：孔景宽

出版发行：地震出版社
北京民族学院南路 9 号　　　　邮编：100081
发行部：68423031　68467993
总编室：68462709　68423029
证券图书事业部：68426052
http://www.seismologicalpress.com
E-mail:zqbj68426052@163.com
经销：全国各地新华书店
印刷：大厂回族自治县德诚印务有限公司

版(印)次：2014 年 1 月第 1 版　2023 年 5 月第 3 次印刷
开本：787×1092　1/16
字数：424 千字
印张：26.75
书号：ISBN 978-7-5028-4322-9-01
定价：80.00 元

序　言

《玩转移动平均线2——趋势框架线》面世了，祝贺老朋友刘卫。

距离《玩转移动平均线——扭线原理与实战应用》的出版，已经三年了。

在这三年里，上证综指跌到过1849点，创业板指数创出了上市以来新高，但是股市中的人性却并没有变化，依旧是贪婪和恐惧在主宰着大多数投资者(包括机构投资者)的行为。

只有真正了解并能掌控自己的贪婪与恐惧，我们才能涉过投资这条危险的河流，到达成功的彼岸。而我们遗憾地看到，大多数投资者并没有掌握了解市场的有效工具。

今天，还有多少人会认真地检讨自己的投资理念、投资方法是不是系统、完整、自洽？还有多少人会反思自己每次操作是不是符合计划、赢的踏实、错的无悔？

"能赚钱的方法就是好方法"——很多人以这句话为挡箭牌，拒绝学习，拒绝反思，拒绝进步，一门心思怀着机会主义的心态希望下一次能碰上好股票。但实际上正确的说法是——"能持续赚钱的方法才是好方法"。

什么样的方法能够持续赚钱？1000个人有1000个答案。可以确定的是，刘卫找到了他的答案。

在长达13年的时间里，刘卫坚持从均线的角度研究市场，不断地观察、记录、总结、提高，将均线系统的运行规律总结、提升为一个完备的体系——扭线原理，又在此基础上，发展出了"趋势框架线"这个新的分析工具。

在《玩转移动平均线——扭线原理与实战应用》和《玩转移动平均线2——趋势框架线》这两本书里，刘卫向您展示了他13年的研究成果，毫无保留。

如果您是技术分析的研究者、爱好者，您应当跟随刘卫的脚步，跟他走进股票市场，第一本书中，能看到他怎样在K线的密林中，像老猎手那样寻踪追迹，凭借着均线，找出猎物的藏身之处和暗藏的风险；在第二本书中，能看到他怎样用趋势框架线，捕捉中线的趋势机会，那种感觉，就像围观一次精彩的远洋捕捞，除了寻踪追迹，还有观察洋流、撒网收线、排兵布阵，直到赶上鱼群，一举斩获。

没错，刘卫的书并不枯燥，有时候还很有趣。读过之后，按图索骥，在盘面中寻找各种技术形态、技术动作当然是第一步，我更希望的是，能够探寻和思考均线技术动作背后的资金流向、筹码活动、多空博弈；再进一步，能够用自己的眼光，去透视人心向背、市场风云。

如果您能掌握“扭线原理”和“趋势框架线”，您就能玩转移动平均线；如果您能学到刘卫的系统思维和钻研精神，您也能找到自己的应手工具，直到玩转这个市场。

最后很高兴地告诉大家，刘卫《玩转移动平均线》系列的的第三本书正在整理撰写当中，大家先把《玩转移动平均线2——趋势框架线》吃透吧，以后会越来越好玩的！

张海冰

2013 年中秋于北京

前　言

此书重在通，通其形者，牛熊之利；通其战者，逐鹿之利；通其变者，大利无疆！

有人问我：均线最大的缺点是什么？

是迟滞性。

有人也问我：均线最大的优点是什么？

还是迟滞性。

为什么呢？

因为移动平均线的关键有两个：一个是移动，说明是运动中的状态；一个是平均，说明它是一种随机价格和价格均衡重心的关系。与随机价格相比较，均线是具有迟滞性特点的，但这种迟滞性又相对稳定了随机价格波动运行的轨迹重心。所以，迟滞性即是缺点，也是优点。

如何来扬长避短呢？

关键在移动。先让均线“动”起来，在你的“眼”里，每条线都应该是在“运动”着的。只有树立了动态的技术思维模式，熟悉并深入掌握均线在运动中的各种变化、关系、轨迹与规律，就可以做到最大化利用均线的迟滞性优点，同时最大限度化解均线迟滞性的缺点。

怎么才能“看”到线在“动”？

扭线技术就是一种诠释、解析这种“动态变化”的均线实战技术。扭线技术不是一个静态的技术，其精髓之一，就是诠释了均线运行的特有规律和技术轨迹变化，是一种动态的技术演化，这种演化立足的基础有两个：一个是市场的实际客观走势；一个是技术运行的变化规律，并且后一种来源于前一种，是去除其众多表象因素而提炼出来的相互连接、相互转化过程中的一些规律。因此，扭线技术一大优点，就是可以进行下一步技术动作的推演，这区别于瞎猜，也区别于凭空幻想，而是立足在均线技术内在运行规律基础之上，结合市场“价线关系、线线关系、价量价线关系”实际变化，进行的一种未来技术动作变化发展的推演思维。当技术能力提高到一定地步，这种能力会自然产生，扭线技术只是把它形象化了、具体化了，与实际操作相结合了，把本书的内容以此种动态的技术思维贯通起来看，就会深刻领悟其中的精妙之处。

因为市场的交易是连续进行的，技术表现也就具有连续性变化特点，因此技术动作之间的关系很紧密，并且前后有一定规律的转化联系：一个动作的出现必然会促成另一个动作的出现；一个动作的结束必然又引发另一个动作的开始。实战中，如果技术思维是“定格”的，是难以适应这种持续、变化、发展、运行的行情和操作，并且会有局限性缺点。市场是运动着的，均线是运动着的，技术动作的变化也是运动着的，从什么状态而来，又发展到什么状态中去，树立客观化、动态化技术思维，就可以掌握到其中的行情演变中的内在规律，只有形成动态的技术思维体系模式，才最符合实战操作要求。过去很多技术的论述点都是以“定格式”的分析判断应用为主，扭线技术的分析判断应用核心则是以“动态分析判断思维”为主！

趋势框架线，简而言之：就是利用移动平均线系统来准确把握和抓取趋势性机会的一套均线组合；是以移动平均线系统中的四条周期单位均线组合而成的一套均线组合，选取的周期单位组合属于均线系统中的中期周期单位为主；选取的四条均线周期相邻，并相互依靠、相互影响，以一个主框架体形式存在，因此称之为：趋势框架线。

趋势框架线，是以分析、监控、判断、操作、市场以及个股的趋势性运行、波动轨迹变化和均线系统的方向性扭转等为重点。首次以移动平均线的组合方式，以简洁的均线系统组合套路模式，清晰、深入、全景式地揭开了市场(个股)运行中，各个趋势阶段的均线系统轨迹变化特点、股价脉络变化特征、技术动作套路演化规律、多空双方力量的此消彼长的技术表现形式等技术真正面目，用扭线原理的技术理论进行系统诠释，将市场和个股技术运行演化的规律性轨迹和趋势变化扭转的动作,顺序、完整、连续、全景式地展现出来，所以，对于中期趋势的实战分析操作有很大帮助。

扭线技术，也是对移动平均线技术进行进一步的深化、细化与总结，但由于每个人的技术理论水平和市场实战经验都会有一定的局限性，因此本书所论述和诠释解析的均线趋势技术，必然也存在一定的局限性，因为市场是不断发展的，应该还有很多技术奥秘，仍没有被发现和被解析。所以我们的技术理念、操作技巧还要不断地与时俱进，这样，均线技术才能够得到飞速发展，在移动平均线技术的海洋中，我们都是渡海的人。

本书内容从趋势框架线系统的如何设置，到底部扭转技术、上攻阶段技术、顶部扭转技术、下跌阶段技术，形成了一套完整的扭线技术运行全景动态解析，不仅仅是解析均线系统趋势攻击波的运行变化过程，更进一步细化到攻击波段、攻击动作中的相互变化、相互影响的技术关系，多空双方的博弈变化、控盘手的意图与手段、实战中一些重要节点的判断标准，以及操作策略的具体应对等，层层细化、紧密结合实战中的变化进行解析。

本书还对“扭线技术成交量实战秘诀”、“8 种支撑与压力测定方法”等配套技术逐一进行了细化讲解，这些内容是我多年来的实战经验总结，也是对趋势框架线技术的一种技术补充。在《玩转移动平均线——扭线原理及实战应用》中“35 个基础技术动作”之后，本书新增补了 3 种技术动作“诡线与诡线波、纠缠线、双八爪(多层八爪)”，以使扭线技术基础分解动作更趋完整，更有利于完善实战应用。

应《玩转移动平均线——扭线原理及实战应用》广大读者的建议，也为了能够更准确地诠释技术细节变化，本书技术原理图、实战盘图等配图多达 278 幅。但这些图毕竟还只是一种静态技术展示，很多地方还是难以全面展现实战中技术动作的动态表现，因此，在附图的文字解析中，对很多技术变化做了大量动作变化的延伸性讲解。例如，在进行例图图解时，会以一种动态演化的技术思维方式来解析某些技术动作。在实战中出现不同变化时的分析思路、应对策略变化等等，均是本人多年实战中积累的经验、教训和体悟。

2009 年 6 月《玩转移动平均线——扭线原理及实战应用》一书在地震出版社出版之后，全国各地及海外华裔读者通过各种渠道与我联系、交流、探讨均线技术，也一直期待移动平均线方面第二本书的尽快问世。之所以在 3 年之后才完成此书，主要是源于对广大读者和朋友的尽心感谢，对均线技术发展的一种尊重，同时自身也需要一个身心、技术进一步沉淀、凝结的过程。

由于本人能力所限，书中难免有不足、疏漏之处，敬请广大读者朋友不吝指正，在此致谢！

还要再次真诚感谢《信息早报》副总编张海冰先生以及舵手书店郑义先生的鼎力支持和帮助！

E-mail：ddxdnl@163.com

网易博客：http://ddxdnl.blog.163.com/

中金博客：http://blog.cnfol.com/ddxdnl

腾讯微博：http://t.qq.com/ddxdnl

刘卫(叮当响的牛铃)

2012 年 6 月 12 日于海口

目 录

第一章 趋势框架线

第一节 趋势框架线概念

1. 从一条均线说起

在移动平均线技术的实战应用中，不同的人由于技术理念、思维角度的不同，衍生出的实战使用方法千变万化，但都脱离不了一个大的技术原则：就是价与线的技术关系原则，如若进一步究其根本，还是价与价的关系。为什么这样讲呢？因为均线本身也是价的一种表现形式。不同之处，一个是目前随机波动的交易价格，另一个则是一个时间周期内价格(收盘价)的简单算术平均。如果我们把目前随机交易产生的价格和一条5日均线放在一起来看，一个是随机交易价格(正在进行中)，一个是最近5天之内各收盘价的简单算术平均价格。它们两者之间呈现的是一种相互引导、相互制约、相互吸引、相互确认四种关系表现(可参阅《玩转移动平均线——扭线原理及实战应用》第一章第二节“股价与均线的关系”)，同时两者之间也具有以下几种技术变化关系：

递延：是指两种价格(即时交易价格与移动平均线价格)均在随时间的递进而发生着同步延续，不断产生出新的两种价格变化。

多空思维：是指参加交易的多空博弈双方对交易价格的不同认知和承认态度。其中，随机交易价格表现的是即时的多空双方认知和价格承认态度；而均线价格则表现的是5天之内，多空双方群体连续性的这种认知和价格承认态度，它以一种移动的简单平均算术值来表现。

相互影响：是从纯粹的技术角度来看待，随机交易价格和5天内简单平均价格(以均线表现)之间形成的技术关系，它们之间有：平均线支撑随机价格、压制随机价格、随机价格上穿或下穿平均线引导和制约5天平均线，随机价格与平均线之间的乖离率空间差大小的变化，以及由此所诱发的随机价格向平均线靠拢、离开等技术性吸引和排斥关系。

从以上这几点可以掌握到随机价格与平均线之间的密切关系，但这仅仅是随机价格与一条平均线之间的关系。我们可以视之为一种最简单的价与线的关系。那么，在均线技术中，是不是只有这一种技术关系呢？当然不是。除了这一种最基本的价与线的技术关系，还有一种很重要且相对复杂些的技术关系：线与线的技术关系。

相对于价与线的技术关系，线与线的技术关系则复杂很多。首先，价与线的关系中只有两个标的：随机交易价格和某时间周期内的移动平均价格；而线与线的关系中，所要面对的技术关系标的的多少，是要视所采用的周期系统套路以及其中设置了多少条均线来界定的。比如，设置了两条周期均线，就是两个关系标的(注：再加上随机价格就是三个标的，但此处是讲线与线的关系，下同)；设置三条周期均线，就是三个标的关系；设置六条周期均线，则就有了六个标的关系……以此类推。其次，均线与均线之间的技术关系基础，是建立在不同时间周期平均值之间的一种相互引导、相互制约、相互吸引、相互确认的关系，同时也具备着递延、多空思维(不同周期性质的)、相互影响的技术关系特点。因此，在这些原理关系认定上和价与线的认定关系是一致的，但要相对复杂，因为它们是移动周期平均值与移动周期平均值之间的移动关系变化，或者是数个移动周期平均值与数个移动周期平均值之间的移动关系变化。

过去大家主要关注的是价与线的关系，对线与线的关系了解和深入的比较少。若想深入掌握均线系统的整体技术运行规律，以及后期的演化变化关系，就必须掌握线与线的关系，因为，在均线系统的线与线的变化过程中，告诉了我们很多更深层的技术关系问题。如果不了解或者没有注意到这些，只是没有被深入挖掘和掌握而已，但它们确实存在着，并始终在影响着短期、中期、长期的整体系统运行变化，同时，它们在运行的过程中还存在着大量的技术规律现象，对于我们日常的实战分析和操作决策的制定有非常大的帮助，所以，解析并掌握这些深层次的技术规律和变化现象，很重要。

我经常讲，整个技术系统的运行，就像钟表里的齿轮，有大有小、有上有下、有前有后、有左有右，是立体的相互衔接形成的一个整体，相互影响着在运转。所以，如果只掌握一个齿轮的运转规律，只是掌握了某一局部方面，如果掌握了全面的齿轮运转规律和相互之间的变化关系，就可以掌握全局整体这个复杂技术体系的运行变化及其转变规律。比如，我们只了解地球的运转规律和地球上这个小世界中的各种事物变化规律，这只是太阳系中的一个星球上的事，若要想了解整个太阳系的运转变化规律和事物的相互关系等等问题，就必须了解其他星球和太阳系中其他天体物质的情况。思维高度影响着思维空间的大小，思维深度影响着变化的精确性。因此，一个随机价格与一条周期均线相搭配，虽然有化繁为简的表象，但这种简化方法也是一种技术局限的具体表现。从技术系统关系上看，只能够作为某一种特定周期的简单操作策略应用，而不能以此把握系统全局的运转和变化。所以，实战中要特别注意这种特定策略的应用局限性，不能以局部技术关系变化代替整体技术关系变化。

均线数目多了，自然不仅要分析价与线的技术关系，还要分析线与线之间的技术关系。比如：5日线与10日线之间的技术关系变化，10日线与21日线之间的技术变化关系，21日线与48日线之间的技术关系变化等等，类推类同。

5日线代表着5天时间周期内的移动平均价格表现，它与代表着10天时间周期内的移动平均价格之间有相互引导的关系。实战中的技术表现是：当5日线向下运行时，随着时间的递延，10日时间周期平均值价格必然会被“牵引”也向下运行。那么，这种向下的“牵引”作用来自于哪里？首先是随机价格的影响，进一步作用到5日均线的最近几天收盘价重心降低，再进一步影响到10天均线计算标的值的降低，也会影响到21日线等等其他均线，都会受到计算标的值的影响而降低。由于5日均线的时间周期计算的标的值比较少，所以，会被随机价格快速影响到，被随机价格拉动牵引向下，10日均线次之，21日线在时间上由于计算周期中的标的值比较多，价格重心下降就必然会有一个拖后影响牵引。反过来，如果是向上攻击时，也是同理。

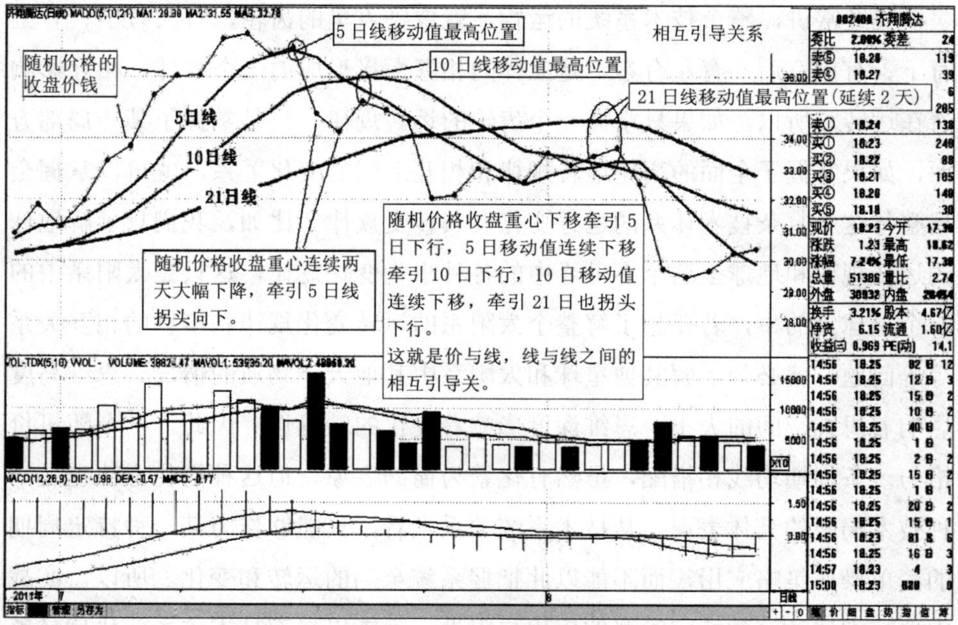

图 1-1

图 1-1 中没有用 K 线方式来表达股价，而是以收盘价(小点)以及收盘价线(连接小点的线)来代表单日随机价格。可以看一下随机价格与 5 日、10 日、21 日(短期三线)之间的相互关系变化。随机价格先于 5 日线冲击出现最高点，这是正常现象，因为随机价格的计算标的要比 5 日线的计算标的少，5 日线移动比随机价格慢一些，但随机价格见顶后回落到 5 日线，明显是得到 5 日线支撑的表现。之后随机价格下破 5 日线之时，也促成了 5 日线移动值的最高点，这是随机价格对 5 日线的向下牵引作用的影响(因为 5 日线的计算标的中，最近的一个标的数字大幅下降，拉低了 5 日线的整体平均移动值)。

随机价格连续两天的大幅下降，牵引 5 日线向下拐头，当 5 日线下破(死叉)10 日线时，短周期的移动平均值(5 日线)重心开始低于长周期的移动平均值(10 日线)，随机价格通常都会要进行一下确认，因此随机价格短线出现反弹动作(出现交叉见底现象)，随机价格的反弹动作明显被 5 日线压制，因此，随机价格继续下跌，这个下跌动作不但促成了 10 日线的最高点出现，同时也是对 5 日线死叉 10 日线有效性完成确认。5 日线下破(死叉)21 日线时，随机价格再次出现一个低点(又是交叉见底现象)，之后随机价格再次震荡反弹进行确认，但注意，5日线并不与21日线在周期上相邻，因此，要确认随机价格是否会有效击破21日周期线，并在其下方空间里运行，需要在技术上与21日线相邻的线来进行确认。很明显，只有10日线与21日线在周期跨度上相邻，看看图中后面的走势，5日线死叉21日线的动作不能够确认21日线被有效击穿，只有在10日线下破21日线之后，才出现是否击穿21日线的真正确认动作。随机价格反弹高点、5日线反弹上穿10日线、与21日线出现最高点，形成了几者之间的同步发生现象，而随机价格、5日、10日三者均没有再次回到21日线上方空间里，确认击穿21日线有效，后面随机价格开始加速下跌。三条线排列成空头状态，压制着随机价格下跌。

之所以这样细化来剖析这些价与线、线与线之间相互变化关系的细节，是因为这种技术关系很重要，但却没有太多人能够静下心来进行细细梳理，而掌握、熟悉了这些细节变化之后，对实战操作的帮助会非常大。

上一例中我们这只是面对一种最简单的线与线的相互牵引关系。实战中，我们经常会面对的是一种线与线之间运行方向截然相反时的关系现象，这就是线与线的相互制约关系。

比如：5日线是向上运行的，而10日线则是向下运行的，它们两线之间运行方向相反。这种技术现象分为两种：

一种是5日线虽然向上运行，但并没有上穿向下运行的10日线。这种现象一般在短线的反弹动作中比较多见，属于5日线反向攻击，迟滞和延缓了10日线向下运行的速率和脚步，是一种制约关系。但再深究就会发现，此时5日线是处于弱势地位，而10日线是处于一种压制性的强势地位。

另一种是5日线向上运行上穿了10日线，出现两线交叉现象，这种现象属于5日线强制制约了10日线向下运行，是一种比较强烈的制约关系。深究其中，5日线此时是处于一种强势地位，而10日线则转为一种弱势地位。也就是说，不同的制约地位强度，代表着后期5日线和10日线的递延动作和运行方向都将发生不同的变化。

但这仅仅是5日线和10日线之间的相互制约关系表现。如果再加上21日线也是向下运行的，虽然5日线上穿10日线，5日线短线相对于10日线是处于强势地位的，那么若不能上穿 21 日线的话，与向下压制的 21 日线相比较，5 日线在 21 天这个时间周期中，则又处于相对弱势的位置了(注意 5 日线与 10 日线的强弱地位，以及 5 日线与 21 日线的强弱关系的不同)。进一步讲，要改变 21 日线的强势(压制)地位，只有一条路：与 21 日线周期相邻，并小于 21 日周期的线，上穿 21 日线，迫使 21 日线处于弱势地位。所以，只有 10 日线拐头上穿 21 日线的压制，相对于 10 日线和 21 日线两条线来讲，10 日线就处于强势地位了，而 21 日线就会转变到弱势地位上。记住它们的关系变化原则：只有 10 日线上穿 21 日线才可以改变 21 日强势地位，而 5 日线即使上穿 21 日线，也改变不了 21 日线的强势压制地位。除此之外，还要考虑到其他均线的运行状态，会不会对 21 日线形成直接影响，比如 48日线、89 日线、144 日线等周期均线，但这种线与线之间相互制约关系中的强弱地位变化原理都是一致的，层层解析就可以掌握。

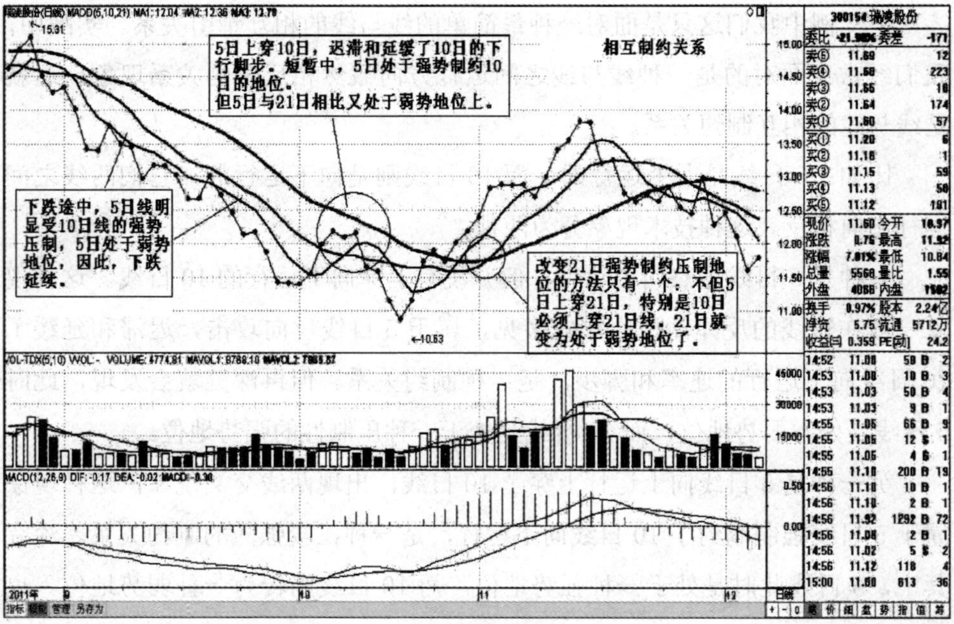

图 1-2

如图 1-2 所示，在下跌行情中，5 日线受 10 日线压制时，5 日线处于弱势地位，10 日线处于强势地位，而 21 日线相对于 10 日线又处于强势地位，10 日线相对 21 日线处于弱势地位。所以，三条线的下跌延伸，都比较顺畅。当 5 日线出现反弹，上穿了 10 日线，5 日线就变化为处于强势地位，10 日处于弱势地位，但 21 日线的强势地位并没有被改变，因此后面还跌。要改变 21 日线的强势地位，不但 5 日上穿 21 日线，还需要与 21 日周期相邻的 10 日线上穿 21 日线，才可以达到技术上的转变。一个阶段的反弹结束，10 日再次下破 21 日线，21 日线又重新变为强势地位，以此类推，关系循环。

从以上实战中线与线的技术演化关系，可以明显地看出：只有周期相邻的两条均线之间才会形成真正意义上的相互制约作用。而隔周期的均线之间虽然也会有一些制约作用存在，但在技术上表现得并不是那么直接。记住这一点，很重要！

再来分析线与线之间的相互吸引关系，我们还是从 5 日线与 10 日线之间的关系展开讲。

比如，随机价格向上攻击中，必然会牵引 5 日线的平均值上升，但 10 日线的平均值计算中，由于低位的标的值占比多些，10 日线的平均值上移速率就没有 5 日线那么敏感和快速。如此，5 日线与 10 日线之间的两个平均值之间价差空间就会越来越大，这就是线与线之间的八爪乖离现象。两线之间的乖离现象不断加大，就出现了“八爪线”(注：随机价格与 5 日线之间的乖离加大，随机价格脱离 5 日线上攻，这是“脱线”动作而不是八爪线，八爪线只会出现在线与线之间)。技术规律中，当价与线之间乖离加大形成“脱线”动作之后，必然会出现随机价格向平均线靠拢的动作。同理，两条均线之间出现了乖离加大形成“八爪线”动作之后，必然要以两线相互靠拢的动作来达到一种技术上的平衡状态。这其中就存在着一种两线之间相互吸引的技术关系。绝大多数情况下，周期短的均线会主动向周期长的均线靠拢，此时周期长的均线还是继续上移中的，因此，这种靠拢动作是在动态的、相互的、延伸过程中完成的。特别是这种线与线之间的相互吸引(靠拢)关系，不是单独形成的，而会以股价的变化运行来达到。这就有意思了，实战中通过提前推演线与线的关系运行规律，可以提前一步反推出股价即将出现的某种变化。

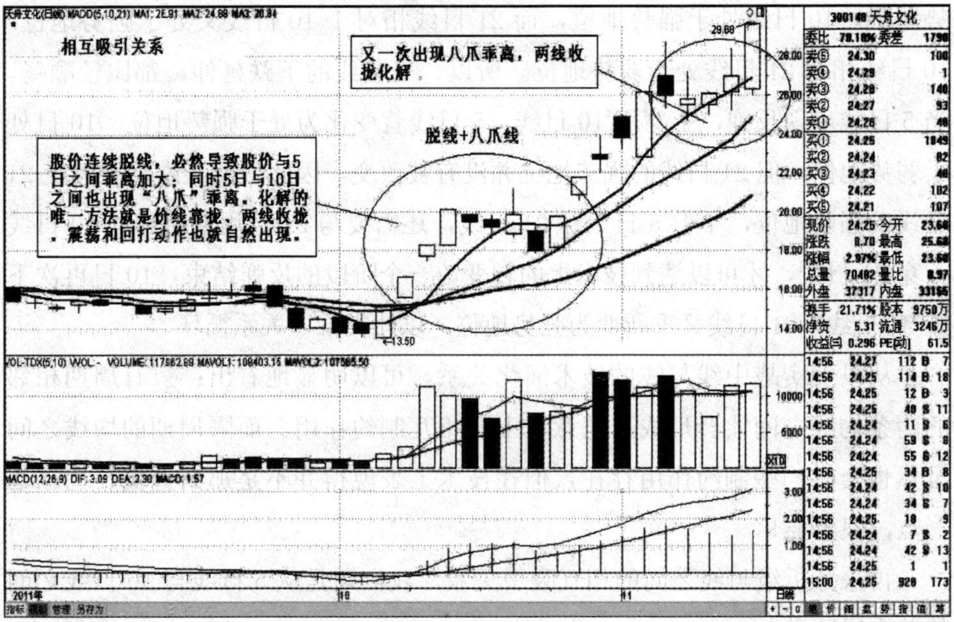

图 1-3

图 1-3 中，股价连续脱线，形成脱线攻击，价格与 5 日线之间产生乖离空间差，这是脱线。价与线的这种乖离空间差，会以价格主动向 5 日线靠拢来进行化解。但不仅仅只出现了价与线之间乖离现象，而且 5 日线与 10 日线之间也出现了乖离现象，这是八爪线。线与线之间的乖离空间差，会以两线相互靠拢来化解，但 5 日线动作敏捷，向 10 日线的靠拢动作就会明显些，这些“价与线靠拢、线与线靠拢”的化解过程，也就是产生震荡和回打的过程。还有，只要出现了脱线、八爪的乖离现象，技术上都必然会有化解动作跟随，区别点在于，这个乖离空间延伸到多大，才会出现化解动作。

线与线之间的相互吸引关系产生，有一个很重要的前提条件：两条相邻的周期均线之间先要发生“八爪”乖离现象，之后，才会出现相互吸引靠拢动作。再进一步，线与线之间要发生“八爪”乖离现象，必然说明股价会先要有一个拉动线与线之间乖离的动作出现，也就是说，股价要有一个攻击(或者加速攻击)动作出现才可以。

均线与均线之间还存在着一种相互确认的关系。

价与线的相互确认关系在《玩转移动平均线——扭线原理及实战应用》中已经讲过。简单讲，就是随机价格的运行动作需要均线的跟随动作来确认，如果均线不跟随随机价格的运行动作，则视为不确认随机价格的这个动作；跟随了，则视为确认。反过来，均线的运行动作也需要随机价格来加以确认。

线与线之间的确认动作也同属此理。比如：5 日线上穿 10 日线后，继续向上攻击运行，此时要特别注意 10 日线是否会跟随 5 日线的运行方向而变化。如果也发生跟随变化，就是一种确认动作。如果不跟随，就是一种不确认的表现，那么，之后 5 日线会回落靠拢 10 日线，或者再次下穿 10 日线，保持与 10 日线的同方向运行。其他均线之间也是这样的技术关系，但还有一点：相邻的两条周期均线之间，这种相互确认的关系会表现的更为直接。联系到前面讲过的线与线之间的相互引导、制约、吸引几个关系，就会更容易理解这种相互确认的变化过程。

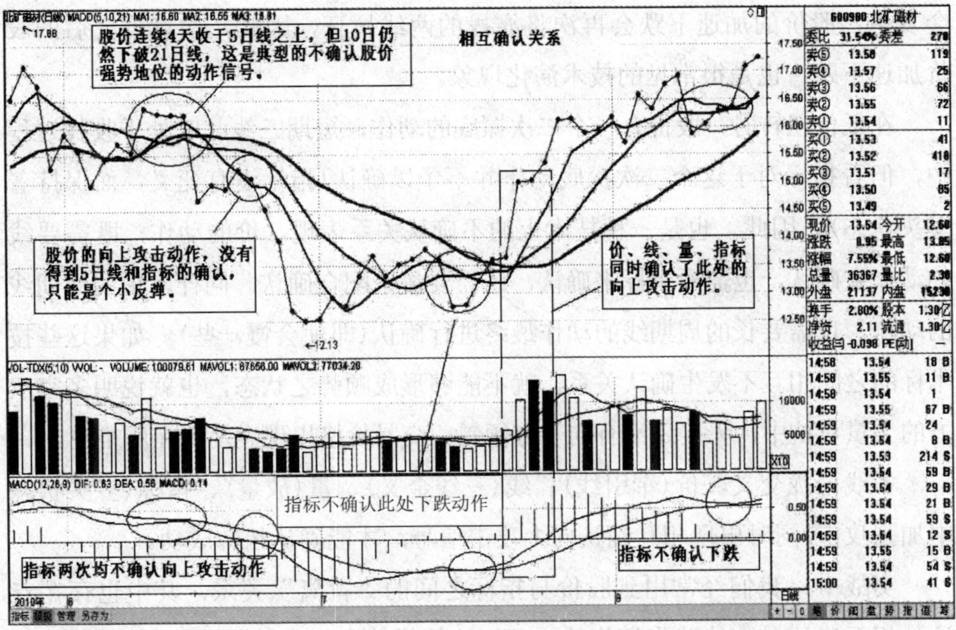

图 1–4

图 1-4 中该股下跌开始前，股价反弹到短期三线(特别是 21 日线)的上方

维持了4天的震荡，但只有5日线跟随上穿，但紧邻21日的10日周期线，却始终没有跟随上穿21日线来确认股价和5日线两者的动作，最终股价再次打下来，就成为一种顺理成章的结果(注：这里的短线反弹也具有诡线波的技术特点，关于诡线波，在下面会详细讲到)，这种技术现象就是典型的不确认股价和5日线处于强势地位的信号。同时注意看指标，也没有确认股价和5日的这个攻击动作。

下跌过程中，股价也出现过回头向上攻击动作，但由于5日线始终保持向下攻击状态，没有出现改变，因此，即使股价有上破5日线的动作，但5日线并不确认股价的这个攻击动作。还有，指标也没有确认这里的股价向上攻击动作，因此，只能视为一个反弹动作。而且，这里的股价反弹动作中5日与10日两线只是收拢(靠拢)化解了一下短线八爪乖离，并没有发生交叉，5日线也继续保持向下状态延伸，因此，这里是一个横盘下动作。“靠而不交，方向延伸”，并不仅仅是延伸的问题，而是股价会有一个加速攻击的现象会发生，股价的加速下跌会再次将靠拢的两线拉开，因此，横盘下之后的股价加速下跌，也是很常见的技术演化现象。

在低位扭转时，股价有一个二次探底的动作，短期三线此时处于收拢过程中，但看指标对于这个二次探底动作并不予以确认(指标没有死叉，而保持着多头状态)，因此，也是一种技术上的不确认关系表现。价的动作，既需要线的动作来确认，也需要指标来确认，还需要量来配合确认。同样，短的周期线的动作，也需要长的周期线的动作最终进行确认(即使会慢一些)。如果这些技术标的之间相互不发生确认关系，就不能够形成顺势之状态，也就说明多空双方的力量对抗中，天平还没有向一方倾斜，交易价格出现震荡就在所难免。

多线聚拢交叉，价(牵引线)、线(三线金叉)、量(放量)、指标(多头状态中加强攻击)同时出现相互确认向上攻击信号，才能确认扭转成功。

实战中，我们经常用到股价与指标之间的“背离”关系，其中也存在着这种相互确认对方的动作变化的原理。“扭线技术”中的“顺势起、顺势下、牛铃线”等等技术动作中，也存在这种相互确认的关系(参见《玩转移动平均线——扭线原理及实战应用》)。

我们了解和掌握了价与线、线与线之间的这些技术关系之后，就会面临一个实战中很具体的问题：设置几条均线才合适呢？

“扭线技术”中，从5日线开始，一直到双年线，一共有5日、10日、21日、48日、89日、144日、288日、576日八条周期均线，短、中、长三个系统级别的周期均线均包含在内。从均线系统的学习进程来讲，一般应把这些周期均线设置全，主要是在常年的实战中，可以把各种趋势、阶段情况下整体均线系统的各种不同变化，有一个比较全面的了解和掌握。

但现实中，有很多人是不设置这么多均线的，原因有很多，但有一点比较多见，就是觉得均线设置多了，眼晕、头疼。从内心里有一个“梦想”：用尽可能最少的均线来把握全局的变化。可以吗？不可以！因为不能以局部系统来代替全局系统。但是，可以使均线技术个性化来应用，就是为了某种特定的操作策略而局限性的使用均线工具。只是在实战应用时，技术思维上要始终谨记一点：设置和使用不全的周期均线，是存在一定的系统技术缺陷的，因此，在实战使用中，要具有技术针对性和特定性，这就是均线技术个性化的应用。你所设置的某几条周期线主要针对的是某一周期(或其中某几个周期)，或者某一种技术状态操作的需求而设定的，具有很高的针对性(也是一种技术局限性的表现)，不要寄希望以此来把握全局的技术变化，除非你能够做到每条周期线的细节运行变化和与其他均线之间关系变化的每一步都了然于心，就是眼中无线，心中有线。但从实战角度出发，也没有这个必要，因为，可以灵活一些，应用软件上可以提前预设多套均线系统，在实战中来回快速切换分析应用就可以解决这个问题。

如果从单一的操作系统平台来讲，只设置了一条均线，那么，无论这条均线是哪个周期的，都不可能把其他周期均线的动作变化表现出来，它只表现它自己这个周期的移动平均值变化过程。就像21日线是表现不了5日线的动作变化的，也表现不了48日线的动作变化。所以，你设置的这条均线就要很具有技术个性化特点，它是为了符合你的某个实战操作习惯、方式、策略等而专门定制的。同时，只设置一条均线，实战中主要表现的是随机价格与某一个周期移动平均值之间的价与线的技术关系，并不包含线与线的技术关系。这一点要注意。

又比如，只设置两条均线，这是我认为最能够体现均线技术关系中最基本的两个关系都存在的方式：价与线、线与线。除了价与线的关系之外，增加了线与线的技术关系，可以增强均线动作变化的稳定性分析，同时也增强了对价与线之间技术关系的认定度。这种设置方式也属于均线技术个性化的一种使用方法，相比前一种不但增强了技术操作的稳定性，而且比前一种更容易掌控技术的变化细节。

设置三条或三条以上均线，虽然可能在实战中增加了变化分析的复杂性，但技术分析和操作的细节性、稳定性、可靠性、准确性等方面则比设置一两条均线提高了很多。这种均线模式的组合在实战操作中是比较多见、也最普遍使用的一种。但由于应用操作的技术目的相异，所设置的几条线的参数五花八门，这更加说明了此类均线设置的模式，具有很高的针对性特点。

有一点不得不讲，不设置全周期均线，这只是一种“特殊操作需要”的一种使用方式。其实，你虽然不将全周期的均线在电脑上设置出来(显示出来)，但实际上，这些周期的均线，它们始终是存在的。你没有看到，并不代表它不存在。各周期级别均线之间的技术关系也始终是存在的，你看不到，并不代表它没有发生。你可以针对某一种情况或者个人某种操作需要不显示它们，但是你的技术思维里，不能忽略它们的技术作用和相互影响力。否则，就有点儿自己欺骗自己，“掩耳盗铃”了。因此，可以提前预设出相互联系的多套均线组合，在实战中进行切换应用，这样，就可以既有主线，又有辅助线，以弥补周期局限性问题。

“扭线原理技术”中的“趋势框架线(简称：“框架线”。下同)”，就是一套具有针对性的均线系统技术设置方式，它是针对实战中抓均线系统的趋势运行变化而特定设置的。本书着重就这一套扭线技术以及在实战中的技术应用等一一展开来讲。

2. 什么是趋势框架线?

我们都知道，一个人是由大大小小 206 块骨骼以主体框架形式组合支撑着整个身体。一座大厦也是由钢筋混凝土以主体框架形式组合支撑着整座大厦。一棵树、一朵花、一个动物、一座山等等，世界上很多事物都是由某种或者某类物质以主体框架的形式支撑着这个事物的存在的。有些我们可以看到，有些我们可以听到，有些我们能够感觉到，但也有很多的东西，我们也许看不到、听不到、感觉不到，甚至永远都不知道，但它们确实存在着。

如果用一句话概括移动平均线(MA)，就是在某个时间周期里，股价(收盘价)简单算术平均，计算出来的移动平均值连成了线。比如5日均线，就是5个交易日的时间周期里，股价(收盘价)简单算术计算出来的移动平均值，连成了一条线；10日均线，也是这样，60日，120日等等，都是这样。因此，均线的概念很简单。

但均线也有其复杂的一面，就是当多条均线组合成一个系统形式，在不断随市场运行变化时，其相互之间的关系(线与线的关系)，以及股价与均线之间的变化关系(价与线的关系)，还有不同级别之间关系(系统之间的关系)，比如：日线级别上的均线系统、周线级别上的均线系统、月线级别上的均线系统相互之间关系影响等等这些问题，就必然要涉及很多深层的技术问题。

由浅入深，我们先要了解和掌握均线系统内在运行轨迹和规律特点，而均线系统是由多条均线组合而成的运行的，线多，涉及的周期单位就多，分析、判断起来，难度必然很大，实战操作中很难短时间里掌握其中奥妙。有一条途径可以解决这个问题，就是抓住均线系统中的“主框架”，以此作为系统运行中的“主脉动轨迹”，即可把握到整体系统的主体运行变化。当然，这个方法最大的优点，也是其最大的缺点之所在，是清晰掌握了系统的趋势性轨迹变化，但在对短期和长期的一些细节技术动作变化把握上，则不能够达到更为精细化的要求。当然，这个问题可以利用在电脑软件上预设的几种均线模式相互切换来加以解决。如此，趋势框架线也就会浮出水面。

趋势框架线，就是利用移动平均线系统来准确把握和抓取趋势性机会的一套均线组合。由于是以移动平均线系统中的四条周期单位均线组合而成的一套均线组合，选取的周期单位组合属于均线系统中的中间单位周期，四条线相邻并相互依靠、相互影响，以一个主体框架体形式存在，因此，称之为趋势框架线。

趋势框架线，以对市场及个股的趋势性运行、波动轨迹变化和均线系统的方向性扭转等进行分析、监控、判断和操作为目的，所以，具有很高的实战操作效能。

趋势框架线，首次以移动平均线的组合方式，用扭线原理的技术诠释，将市场和个股技术运行演化的规律性轨迹和趋势变化扭转的动作，完整、连续、全景式地铺展在你的眼前。

作为“扭线原理”技术中的一套重点实战技术应用平台，趋势框架线首次以简洁的均线系统组合套路模式，清晰、深入、全景式地揭开了市场(个股)运行中，各个趋势阶段的均线系统轨迹变化的特点、股价脉络变化特征、技术动作套路演化规律、多空双方力量的此消彼长的技术表现形式的真正面目。

3.“趋势框架线”的周期单位设定及其规律关系

趋势框架线一般由四个周期单位组合而成：月周期(单个月)、双月周期(两个月)、季度周期(三个月)、半年周期(两个季度)。

四个周期单位之间相互组合关系具有“倍数关系、周期相邻关系、相互支撑压制关系、运行方向相互确认关系”。

此四条线一般均处于整个均线系统中的中间位置，周期单位既涵盖了短期系统中的“月周期(21日)”单位，也包括了长期系统中的“半年周期(144日)”单位。同时该组合的重点又是以中期系统为主体建立的，特别适合以中期趋势波段变化为主要运行特点的交易市场。

具体的周期参数值，可以用自己所习惯使用的均线系统套路参数值为基础来设定，但每条线的周期单位属性必须依据这四个周期单位。例如：你所使用的月周期(单个月)参数是30日线，就设定30日线；双月周期(两个月)你用的是60日线，就设定60日线。而另一个人所使用的月周期(单个月)参数是21日线，就设定为21日线；双月周期(两个月)你用的是55日线，就定55日线，等等。每个人有每个人对均线系统的使用习惯，可以个性化来设定。但设定时每个周期单位的属性必须是固定的，不能偏离这个属性太多来设定。比如：设定双月周期线时，一般选取的参数范围在40日到60日之间，如果低于40日，与实际双月的交易日期差距就过大了，而如果选取参数超过60日，则很容易与季度周期参数形成干扰。

再者，就是周期参数设定时应有“倍数关系”相联系，这个也是在设定趋势框架线几条线的参数时必须要遵循的。如果你将月周期线设定为20日线，顺应的双月周期线就应设定为与 20 日有一个倍数关系的线，可以是 40 日，也可以是 48 日，最多也只能是在 50 日之内的参数值，原则是：在一个倍数关系之内，达到或超过两个以上倍数关系，就会造成两条线之间出现"周期空白区域"，实战应用时形成过大的技术空白区。这样在实战中进行风险判断时会增加两条均线数值在移动中的重叠现象增加，或者两个数值之间的空白区域又过大，形成对股价监控、支撑、压制等多个方面的动作出现技术盲点、技术误导信号等等现象。因此，这是一个必须重视的问题，不能随心所欲打乱均线各条线之间的"技术均衡关系"而设定。倍数关系，也就是线与线之间的均衡关系的具体体现。

扭线原理技术中，对这四个周期单位均线是这样划分的(图 1-5)：

月周期(单个月)：为 21 日线。通常视为"护盘线"。

双月周期(两个月)：为 48 日线。通常视为"护航线"。

季度周期(三个月)、半年周期(两个季度)：为 89 日线和 144 日线，并将此两条线组合称为"护航带"。

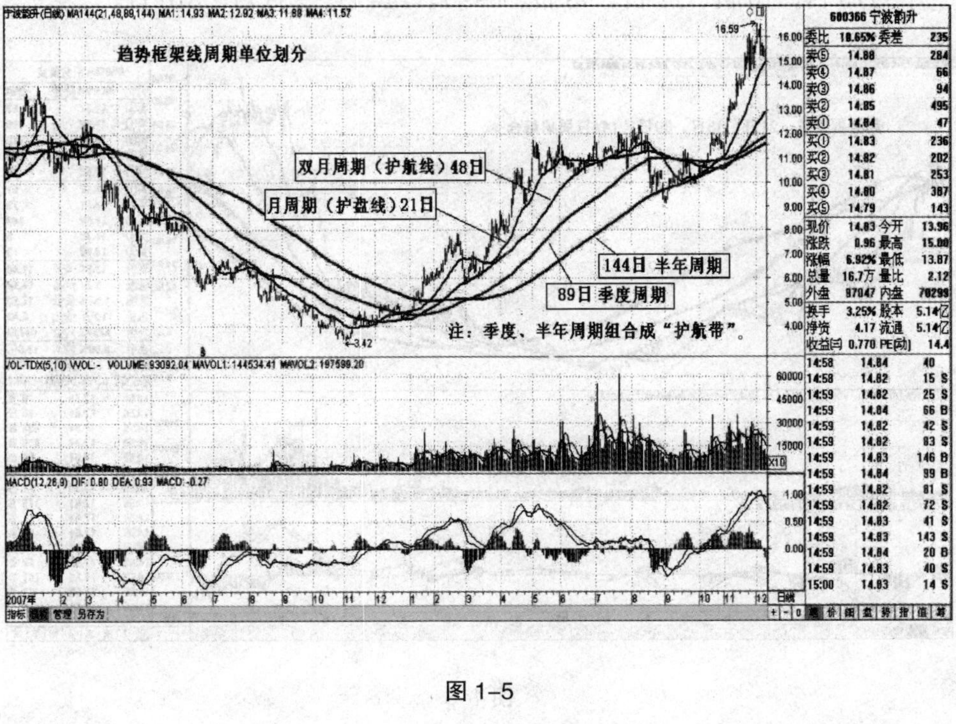

图 1-5

因为 89 日和 144 日两线在扭线原理技术中是被视为一组均线(护航带)，再加上 21 日护盘线和 48 日护航线，所以也将趋势框架线的这套均线组合简称为“趋势三线”(注：后面讲到“三线内、三线外”等技术时，即是由此而来)。

第二节　趋势框架线常见系统

1. 多套均线系统框架线的标准设置

根据每个人应用不同套路的均线系统的周期习惯，在每一套均线系统中，均包含有一套趋势框架线。只要按照趋势框架线的设置原则来设置，均可以达到实战技术操作的目的应用。

下面是将目前市场中比较常见的几套均线系统周期设置作为范例，从中设置出适合各套路的趋势框架线周期参数。

2. 比较常见的 5 套均线系统

(1)5 日、10 日、21 日、48 日、89 日、144 日、288 日、576 日。

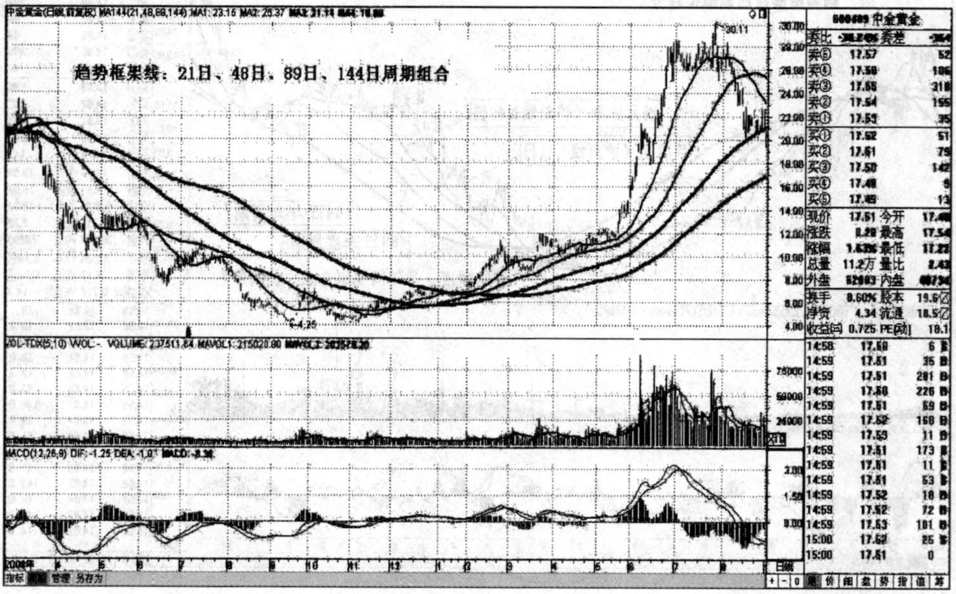

图 1–6

趋势框架线：21 日、48 日、89 日、144 日。

技术说明：这一套是“扭线技术”中的全周期均线系统参数(图 1-6)。

(2)5 日、10 日、30 日、60 日、90 日、120 日、250 日、500 日。

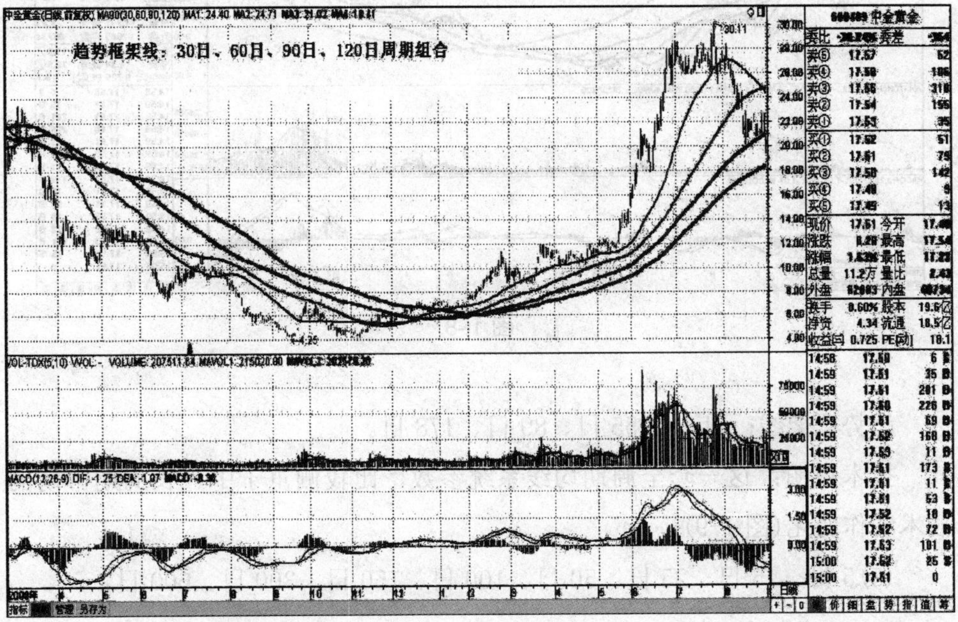

图 1-7

趋势框架线：30 日、60 日、90 日、120 日。

技术说明：这一套是市场中比较常见的全周期均线系统参数(图 1-7)。

(3)3 日、8 日、13 日、34 日、72 日、144 日、288 日、576 日。

趋势框架线：13 日、34 日、72 日、144 日。

技术说明：这也是一套市场中比较常见的全周期均线系统参数。这套全周期参数在选取周期时，比较侧重于短、中期市场的细节技术动作变化(图 1-8)。

(4)5 日、13 日、21 日、55 日、89 日、178 日、356 日、712 日。

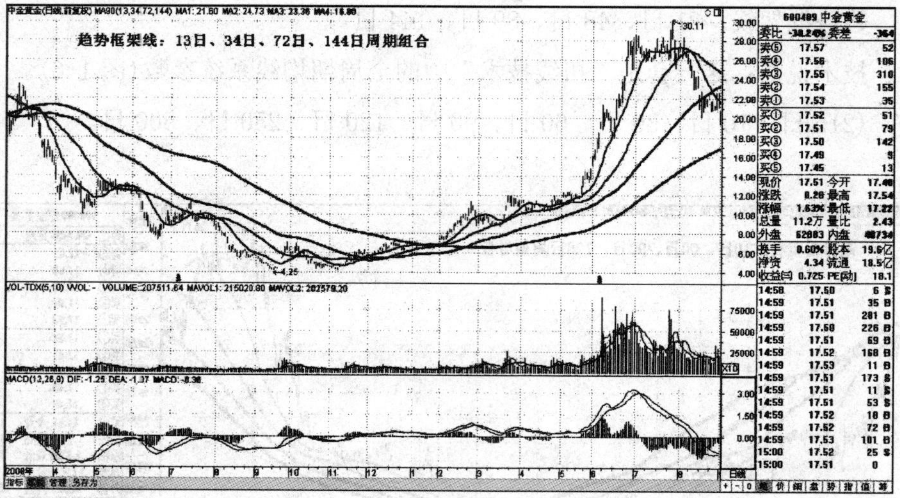

图 1-8

趋势框架线：21 日、55 日、89 日、178 日。

技术说明：这一套全周期均线系统参数，比较侧重于中、长周期市场的技术动作变化(图 1-9)。

(5)5 日、15 日、25 日、50 日、100 日、150 日、300 日、600 日。

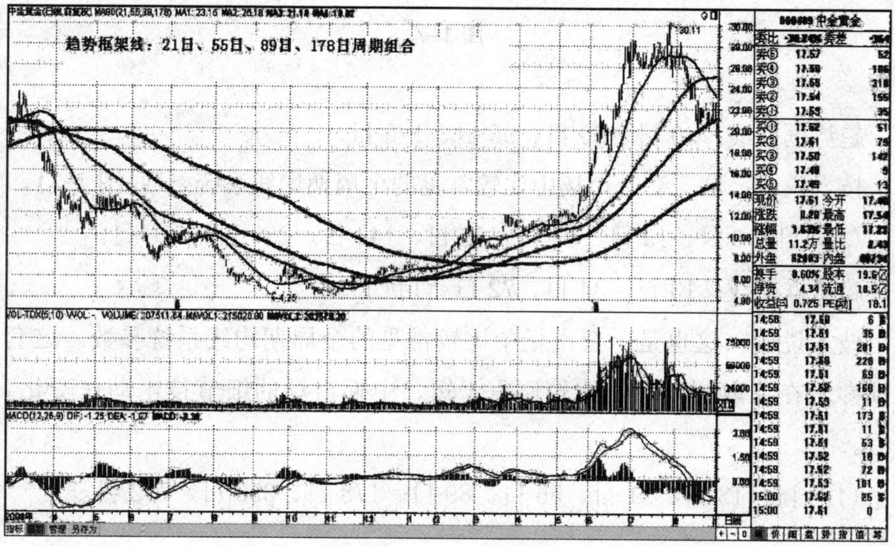

图 1-9

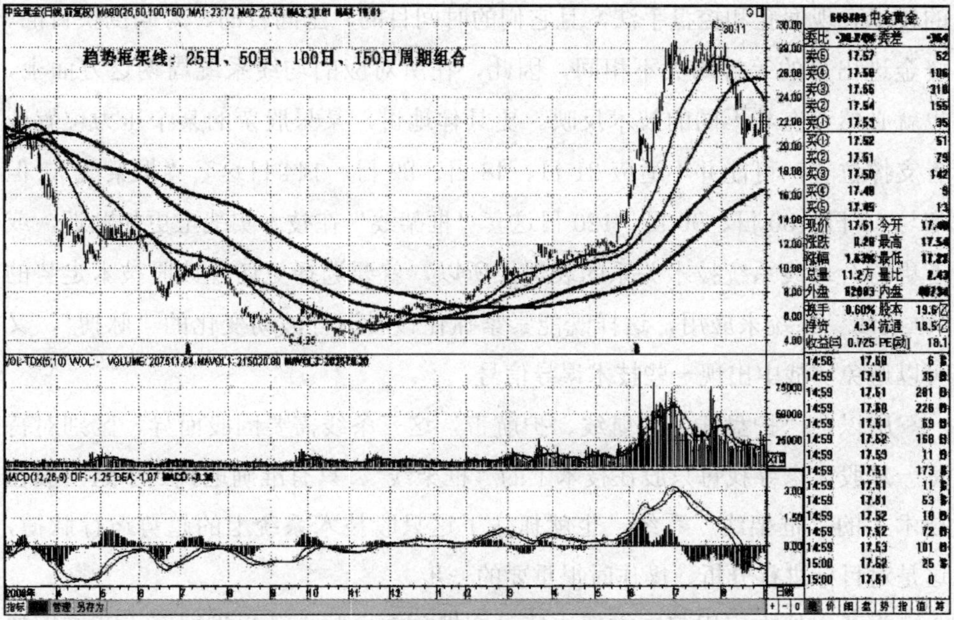

图 1-10

趋势框架线：25 日、50 日、100 日、150 日。

技术说明：这也是一套市场中比较常见的全周期均线系统参数，以增强各周期之间的均等倍数关系(图 1-10)。

第三节 趋势框架线实例

1. 框架线在实战中的切换应用

通常至少设置两套框架线。

可能有人会对这个问题有疑问，为什么一定要至少设置两套框架线呢？

回答这个问题，我们先从很多人的一个错误的技术思维逻辑讲起。市场中有 2000 多只股票，但并不是一个主力在控盘。每只股票都存在有不同的控盘主力资金，因此，市场中的每只股票的均线系统技术走势，都具有不同之处。有时它们的技术走势具有类同性，是因为市场集体力量的缘故，有些时候，则是由于板块热点的相互借力原因，但究其细节，每只股票都有着不同的技术表现面孔和控盘手法，且它们的时间目的、空间目的、筹码倒换目的、资金进出目的等等均大不相同，因此，在所对应的均线系统周期这方面上，也就必然存在着不同的技术反映。更具体地讲，某只股票的某个压力位置或者支撑位置，可能并不适应21日、48日、89日、144日这套“框架线”，但却与30日、60日、90日、120日这套“框架线”在技术实战上更加贴近，或者更符合均线系统技术关系的表现。所以，就要选择更切合该股技术走势的“框架线”系统来应用，这样既能紧紧抓住该股运行波动变化的“脉搏”，又可以避免实战中出现一些技术误导信号。

所以，“护盘线、护航线、护航带”这三条线需要因股而异，区别对待每一只股，来寻找每只股在技术上的“框架线”。只有准确地找到了这只股在技术上的“框架线”系统，也就抓住了这只股技术系统上的趋势运行脉搏，这是对目标进行分析、操作时很重要的一步。

为了实战中应用起来方便快捷，应提前在电脑上预先设置至少两套框架线，然后就可以在实战中对所选的目标股进行“框架线”系统的快速技术定位，达到简单、实用、方便、准确的目的。

例如：我们预先设置两套不同周期参数的框架线(当然，你也可以多设置几套，具体自定)：

一套是MA90模式：30日、60日、90日、120日。

说明：此套框架线模式为比较常见的一套周期系统参数组合而成。该模式名称可自定。

另一套是MA144模式：21日、48日、89日、144日。

说明：此套框架线模式是“扭线技术”中的典型周期参数组合而成。该模式名称可自定。

2. 框架线系统技术定位的标准

实战中，对目标股进行快速技术定位时，必然要在不同的框架线周期套路中切换，来选择其中一套给这只股定位。在切换定位判断时，有以下六点判断标准很重要：

(1)找到“护盘线、护航线、护航带”技术支撑、压制位置的高契合度。应从前次完整运行波段(至少应在中期趋势攻击波行情以上)的下跌行情中来测定。下跌时是主要压制线，扭转过来后，则会成为主要支撑线。

(2)在前期下跌行情中，均线发生交叉、纠缠的次数越少越好。

(3)顶部扭转、底部扭转的均线聚拢点越清晰越好。

(4)在底部出现扭转动作时，顶、冲、穿、坐等技术动作与压制均线的契合度越高越好；以及牛铃线、交叉见底、回打时均线的支撑作用等其他技术动作清晰明了(注意：冲、穿两个动作的分析难度大于顶、坐、拉三个动作)。

(5)参考“二二法则”。

(6)如果在上攻趋势行情的“横盘震荡平台”确立“框架线模式”时，可参照：①“三线内”平台框架模式优于“三线外”平台框架模式。②“顺势起”启动动作优于“交叉”启动动作的次序选定框架线模式。

依据以上六点判断标准，在 MA90 和 MA144 两套模式中(或者你自己另外预设的框架线系统模式中)选择出技术契合度最高的一套应用。

3. 框架线切换定位图例

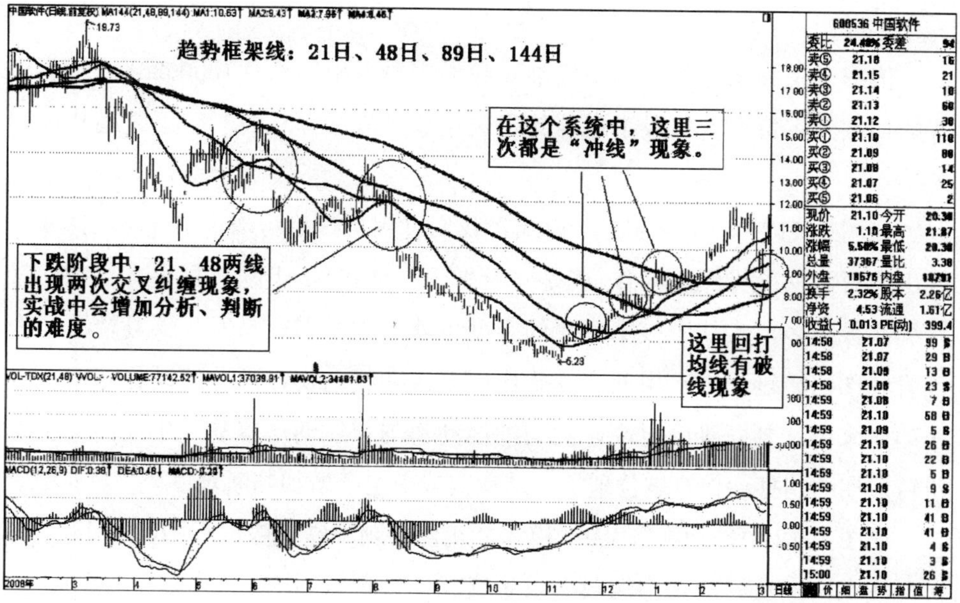

图 1–11

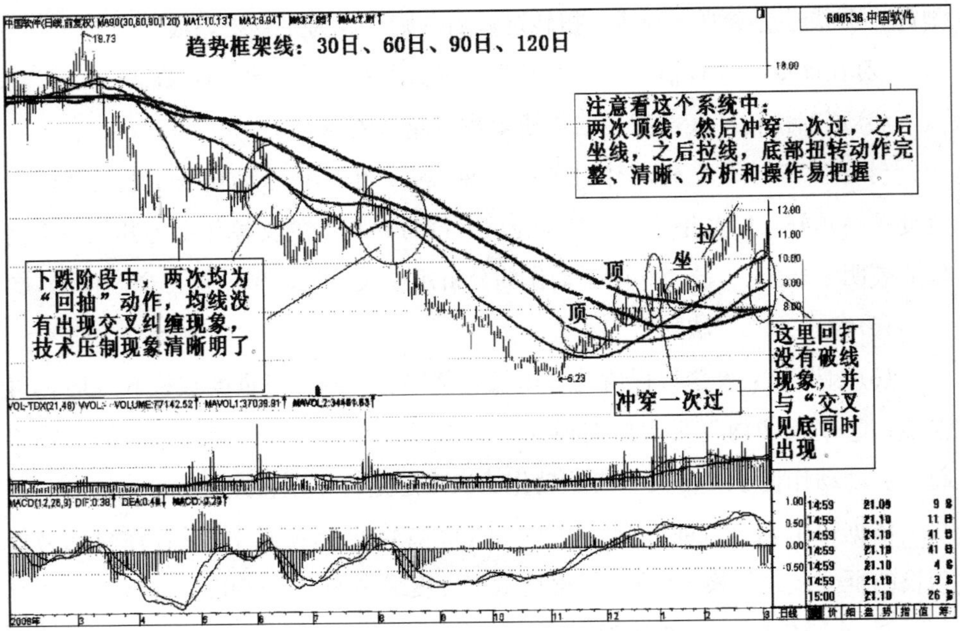

图 1-12

依据以上技术定位的六条标准，我们来看看中国软件(600536)的两套模式的切换和定位。一只股票最佳的定位起点一般选择从前一个下跌趋势过程开始。

在图 1-11 中，先用 MA144 模式，我们看到下跌趋势中，21 日线与 48 日线出现有两次交叉纠缠动作(就是"反弹下"动作)，下跌过程中，均线交叉纠缠次数越多，实战中技术判断的难度也就越大，很容易发生误判情况。在该股底部扭转过程中，用此套模式出现多次冲线动作，而冲线动作相对于顶线动作来讲，判断难度更高，因为冲线动作与穿线动作容易发生混淆。底部扭转后期的回打动作有破位现象，这在实战中也会增加判断难度。

在图 1-12 中，切换到 MA90 模式，我们看到下跌趋势过程中，30 日与 60 日两线在两次反弹震荡中均没有发生交叉纠缠现象(均为"回抽"动作)，如此，在实战中，比较容易判断出均线系统压制作用和后期延续向下的走势，相对 MA144 模式，技术走势更加清晰、明朗。底部扭转过程中，前期均为顶线动作，后面"冲穿一次过，回坐反手拉"，技术轨迹清晰，易判断。扭转后期的回打动作明显得到60日线的支撑，作用明显。

通过切换对比定位，MA90模式要比MA144模式与该股技术走势的契合度更高，因此，确定该股适合应用MA90模式的框架线系统进行技术分析和操作判断。

再来看莱茵置业(000558)的两套模式技术切换定位。同样是从下跌趋势开始处作为技术定位的起点。

图1-13中，先用MA90模式，我们看到下跌起始的位置处，有一个明显的反弹动作，用该套模式，此处股价冲出多条均线压制。实战中，特别是一个下跌趋势刚刚展开之时，由于人们心理上思涨意识还是依然较浓厚，因此再次反弹上破多条线，很容易使人误判而抢筹买入。因为实战中，确实有很多人的被套位置，恰恰就是在下跌动作展开初期买进的。该股下跌途中，有一次明显的震荡反弹动作，可以看到30日与60日两线发生了交叉动作(反弹下)，这个反弹的幅度比较大(从3.66元到6.29元，幅度超过70%)，持续时间超过一个月，注意看反弹过程中的护盘线支撑作用，该套模式上，技术上不是特别契合。底部扭转过程中，股价多次击破30日线支撑，特别是坐线动作与交叉见底动作形成错位现象，实战中，一般来讲，坐线动作是一个很重要的最佳介入时机位置，而此种错位现象，增加了坐线动作能否坐住的有效性判读难度。

从图1-14中看到，再切换到MA144模式，同样是在下跌起始位置处，反弹动作明显受到144日线的压制，利于实战判断，避免操作错误发生。下跌途中的震荡反弹动作(反弹下)过程中，护盘线短线对股价的支撑作用明显，技术契合度高，易于判断。底部扭转过程中，48日线对股价的几次支撑作用明显，特别是坐线动作与交叉见底动作形成共振现象，可以作为一个最佳买入机会进行把握，实战中技术判断简便、准确、清晰。

通过切换对比定位，MA144模式要比MA90模式与该股技术走势的契合度更高，因此，该股适合应用MA144模式的框架线系统进行技术分析和操作判断。

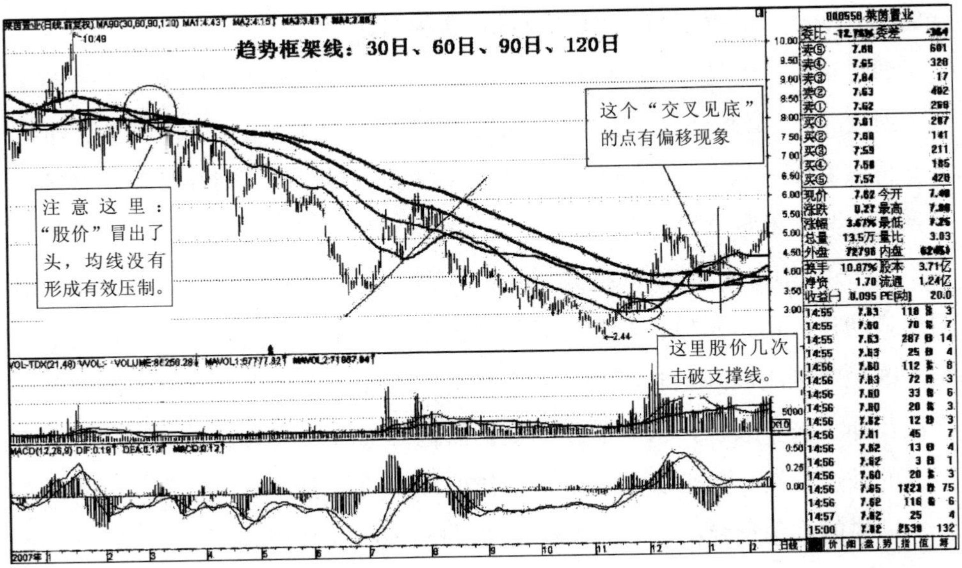

图 1-13

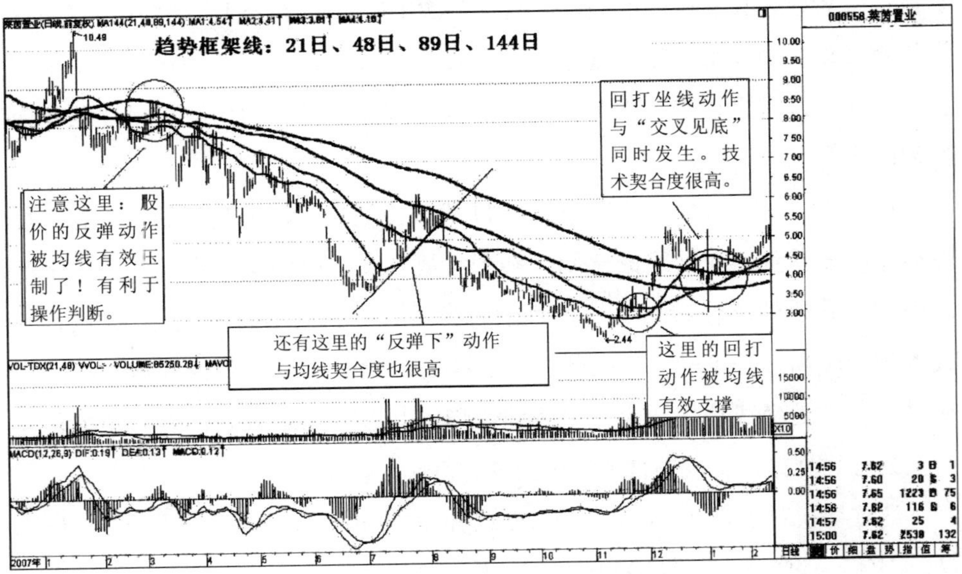

图 1-14

长春经开(600215)，用两套模式来切换定位。还是从下跌趋势过程作为技术定位的起点。

图 1-15 中用 MA90 模式，下跌趋势中，形成一次反弹下动作和一次反弹平台动作，此两个动作均不会发生均线交叉纠缠现象，因此，判断下跌趋势延续比较容易。底部扭转过程中，几次顶线动作清晰，90 日和 120 日各次对股价的压制作用明显，易判断。特别是坐线动作与交叉见底动作(90 日上穿 120 日)形成共振，技术契合度高。震荡上攻途中，护盘线的多次支撑作用比较明显，有效。顶部扭转时，多线聚拢交叉破位动作也清晰。

图 1-16 再用 MA144 模式，下跌趋势中，虽然两次为回抽动作，但由于均线没有发生交叉纠缠动作，因此，判断起来也较容易。但在底部扭转过程中，首先是几次攻击动作时，顶线和冲线动作容易发生混淆判断，特别是顶线动作要比冲线动作的判断更加容易辨认和确认，坐线动作时，也与交叉见底动作形成错位现象，不能够及时做出坐线动作是否能够成功的判断，影响到对最佳买入机会的把握，实战中判断、操作难度都比较大。震荡上攻途中，护盘线多次反复被击破，支撑作用缺失，也容易导致持仓难以稳定。顶部扭转虽然出现多线聚拢交叉动作，但明显滞后，与股价动作契合度偏小。但有一个优点，就是上攻过程中，有几次股价回打到护航带时，支撑作用明显。

总体来看，通过切换对比定位，MA90 模式要比 MA144 模式与该股技术走势的契合度更高，因此，该股适合应用 MA90 模式的框架线系统进行技术分析和操作判断。

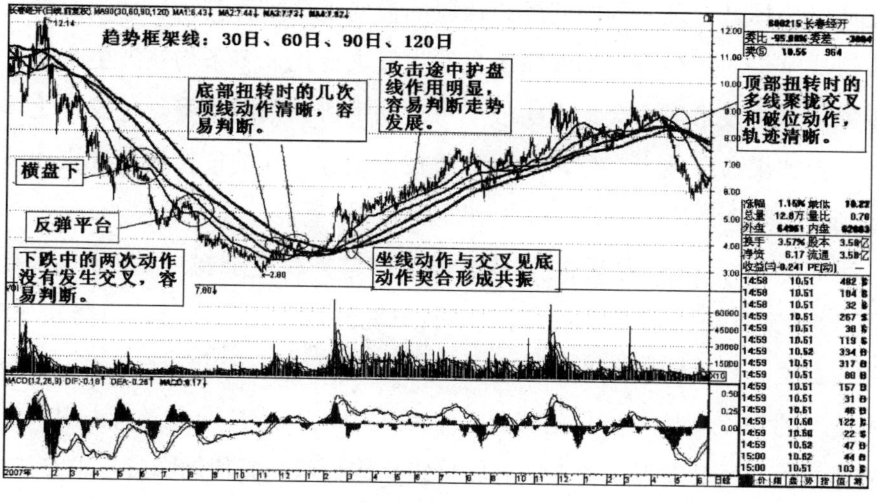

图 1-15

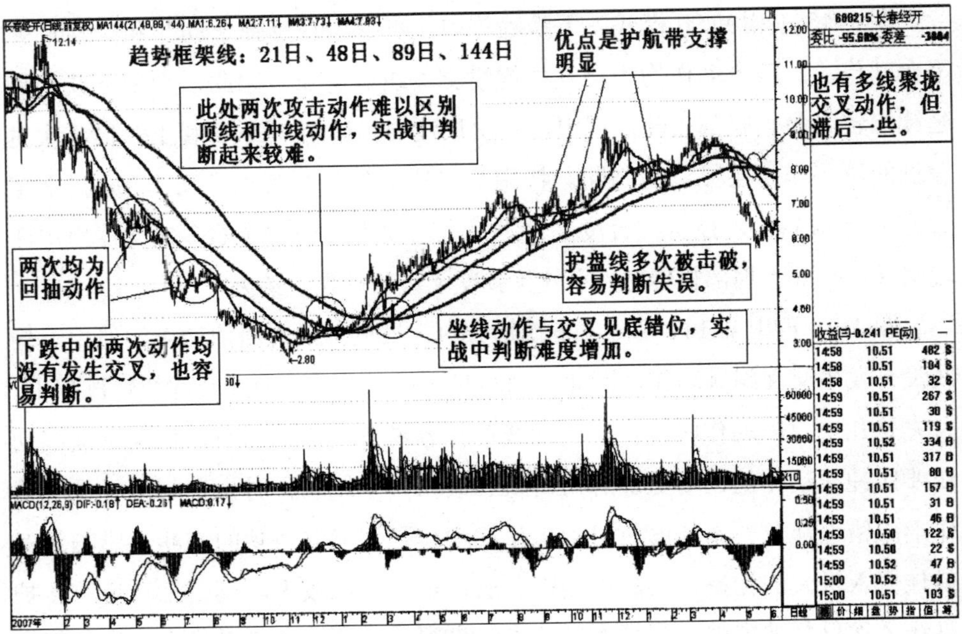

图 1-16

选用洪都航空(600316)作为一个例子，是因为实战中经常会碰到这种上升大趋势出现一段时间的横向震荡平台(注：关于横向震荡平台技术，本书后文有专门论述)，此时，很容易出现技术误判和操作失误。最主要是有很多人会在此时抉择是否该介入的问题。该股的横向震荡平台构筑后期，股价向下破位形成空头弱势格局，均线系统也发生较大变化，多条均线发生交叉、纠缠现象，这些技术现象会加大实战中对后期走势的判断难度，使操作上难以决断。但如果通过技术定位，用与该股技术契合度高的框架线模式来做技术趋势判断，则会简洁、有效，提高判断操作的准确性。

我们先看图 1-17 的 MA90 模式。股价破位下跌处于弱势时，几条均线，特别是护航带(90 日和 120 日)两线不断出现黏合、交叉现象，一会儿死叉，一会儿金叉，技术判断起来难度会很大，有些人此时就常常也会提出“技术无用论”的观点。技术，只是工具，不是无用，而是在于人怎么去用。上攻趋势展开后，又会发现，护盘线与股价距离比较远，股价的回打寻求支撑时，总是处于“悬空”状态，这说明护盘线的支撑作用没能有效发挥。

我们再看图 1-18 的 MA144 模式。横向震荡平台后期，股价破位形成弱势盘整时，护航带(89 日和 144 日)两线始终未发生交叉、纠缠现象，这种股价短期弱势，框架线保持强势延续的不同技术现象，一目了然，最终股价再次返回框架线之上，展开新的上攻走势。注意一点：这里的框架线状态属于“三线内”，不同于 MA90 模式中的“三线外”状态，在实战判断时，简便、清晰。

因此，通过切换对比定位，我们很容易得出 MA144 模式要比 MA90 模式与该股技术走势的契合度更高，该股更适合应用 MA144 模式的框架线系统进行技术分析和操作判断。

通过以上几组例子，会发现：如何应用趋势框架线技术来快速切换、进行技术定位的模拟，特别是在实战中，不同的个股技术状态，需要有切合度高的技术系统来加以配合应用，才能够以更加简洁、清晰的方式提高实战操作的准确性和发挥技术工具应用的最大效应。同一只股票，由于你介入操作的位置不同，可能所要选择的技术定位的起始点不同，但方法是一致的，切换定位的技术标准是一致的。要熟悉、熟悉、再熟悉这六点标准，并在思维上要树立不同的股票是具有各自不同的技术配套系统的，以上两套模式只是一种例子。实战中 2000 多只股票是不限于这两套模式的，照猫画虎，只会越学越死，举一反三才是其中的真谛。

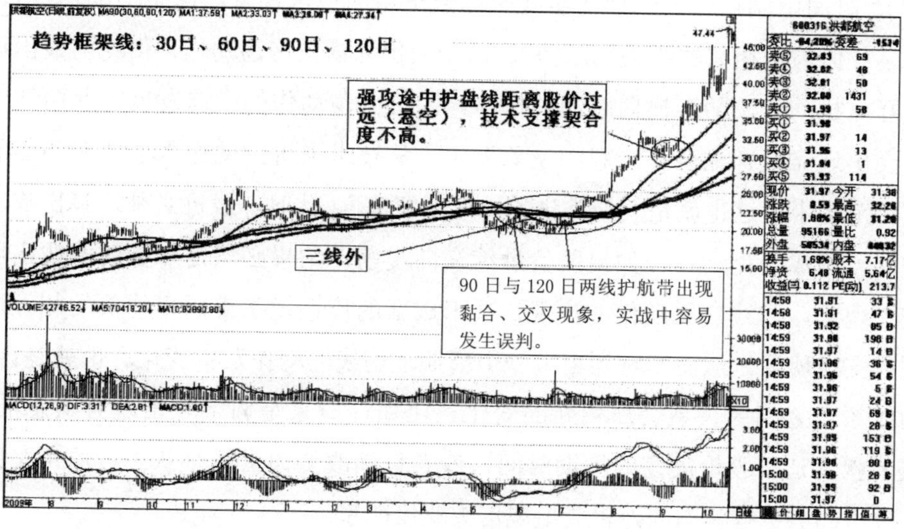

图 1–17

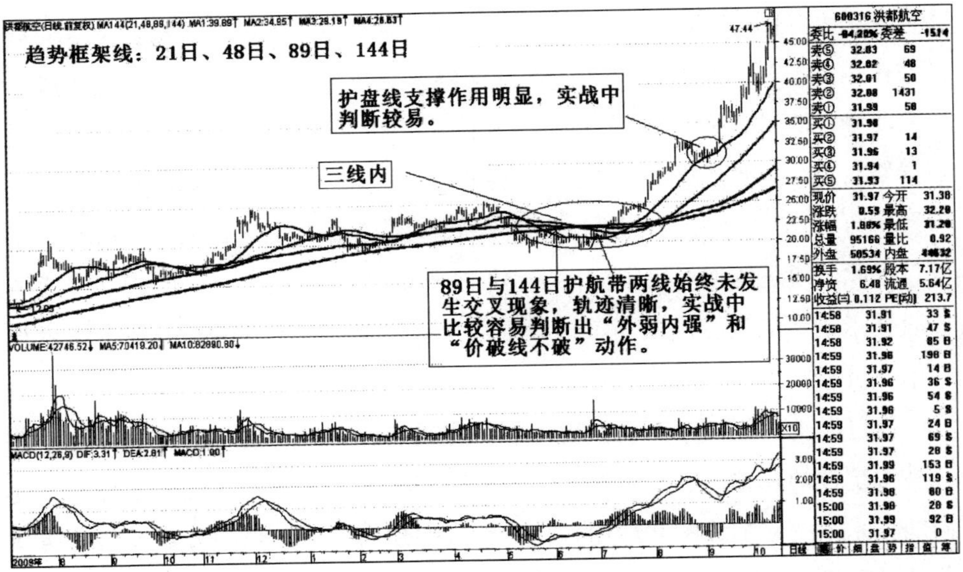

图 1–18

第四节 “时间限制点”技术

1.“时间限制点”技术概念

“时间限制点”是一种在实战中频繁出现的技术现象。两条周期均线(可以是任何周期相邻的两条线)之间，由于股价的横向震荡动作，促使两线出现相互靠拢动作，随着横向时间的推移，股价震荡动作的横向发展，此两线必然会出现靠拢、黏合在一起的现象发生，从技术上讲，就进入了“时间限制点”范围中，这也就是人们常讲的“时间窗口”。此时，股价必须选择出攻击方向，形成变盘动作，如果股价继续横向震荡，结果必然是靠拢的两线出现交叉现象，均线交叉动作的出现，会形成新的周期换手筹码平均值的相互压制或支撑现象，从而影响到更大一个周期平均线的动作发生变化。也就是讲，均线系统之间的关系会产生新的变化。比如，原来是向上攻击趋势状态的，或者就要延长股价震荡的周期时间，或者直接改变向上运行状态。原来是向下攻击趋势运行状态的，也会出现这类变化现象。

“时间限制点”技术现象，可以发生在任何一个周期、级别、系统中。这是一种技术运行中产生选择方向性变化的一个必然规律现象。区别只在于，级别较小的系统中发生，所产生的变盘级别就小，而级别较高的系统中发生，所产生的变盘级别就大。

“时间限制点”的实战技术优点，是可以提前告诉我们某个周期级别即将进入一个变盘状态中，股价即将要选择方向性的攻击变化，这在实战操作中，不仅仅是技术思维提前一步，也是可以直接导致操作策略提前一步进行筹谋，所以很重要。即使最终变盘动作拖后，两线最终也发生交叉现象了，但技术思维上已经提前关注到这变盘动作的即将到来，是很有利的一点。因为股价是不可能永远横向震荡的，最终还是要出现方向性变盘动作，只是此两线靠拢进入“时间限制点”后，股价没有发生变盘动作，但随着时间和股价横向震荡推移，将会进入另两条线的周期级别“时间限制点”范围中，这就是一种周期级别上压制位置或支撑位置的空间换位、提升现象。

比如：股价横向震荡，随着时间推移，5 日与 10 日两线靠拢，进入“时间限制点”范围，但直到两线发生交叉现象，股价都没有发生变盘动作。股价继续横向震荡，随着时间推移，10 日与 21 日两线也发生靠拢，进入“时间限制点”范围，但直到两线发生交叉现象，股价还是没有发生变盘动作。股价接着继续横向震荡，随着时间推移，21 日与 48 日两线也出现靠拢动作，也开始进入“时间限制点”范围，当两线靠拢黏合时，股价发生了变盘动作，再次向上攻击，随着股价的攻击牵引，21 日与 48 日两线从黏合状态开始向上分开、发散、跟随、支撑向上攻击。

以上的这个例子说明，当两线出现相互靠拢很近时，就会进入到某个周期级别的“时间限制点”范围中，变盘动作不是一定会在此周期级别中发生，但最终会在某个周期级别上发生(比如提高一个周期级别)，这一点是确定的。

2. 时间限制点技术的四个要点

(1) 当均线与均线之间形成相互靠拢之态时，在聚拢点或交叉点位置处，即会出现必须选择股价方向性变盘的“时间限制点”技术现象。

(2) 多发生于横向震荡平台的结束位置处。

(3)“时间限制点”也是技术运行中产生方向性变盘的必然规律现象。

(4)“时间限制点”往往也是风险与机会出现的技术临界点。

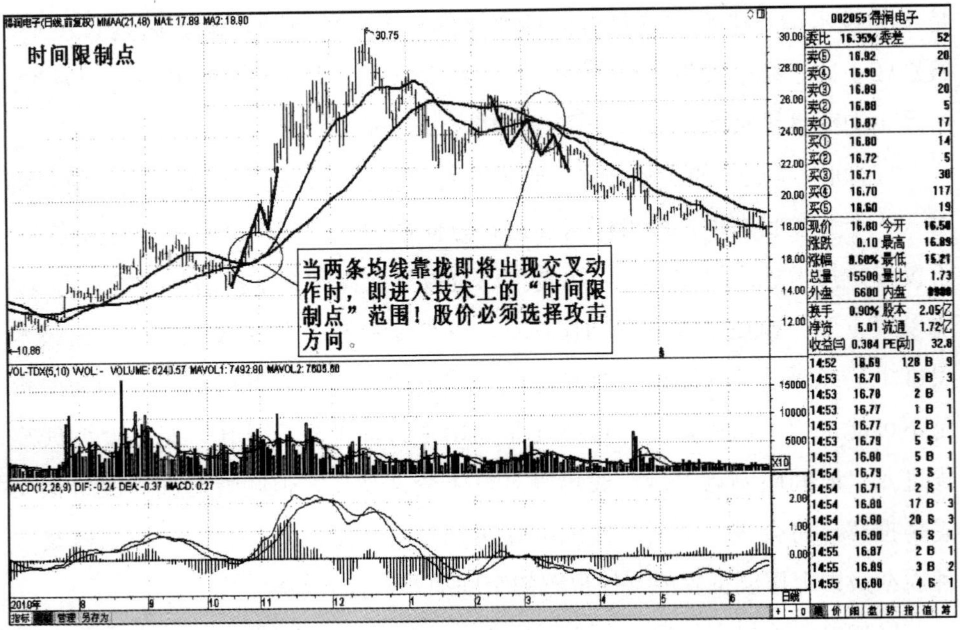

图 1–19

为了更清晰地反映“时间限制点”技术现象在实战中的表现，得润电子在图 1-19 中以 21 日与 48 日两线来显示。图中无论是上攻过程中，还是下跌过程中，每当 21 日线与 48 日线相互靠拢很近时，“时间限制点”现象就自然出现了，此时，股价只有提前一步选择出攻击的方向，才可以化解两线即将出现的交叉结果。当然，实战中两线处于多头状态时，一旦股价提前回到两线上方，后期向上攻击的几率比较高；反之，两线处于空头状态时，一旦股价提前下跌到两线下方，后期向下攻击的几率比较高，这也属于一种顺势攻击现象。但实战中有时会出现“人为”控制变化。比如：一种情况是，两线靠拢很近时，股价先快速下跌击破，造成两线黏合现象，然后以短线连续大幅上攻手法将两线拉开为多头状态，拉开后股价再回打；另一种情况是，两线靠拢很近时，先打，造成两线死叉，之后，再上攻，两线再金叉(这实际上是破位震的技术动作特点)。因此，对于“时间限制点”现象在实战中，如果作为买入机会来把握时，重点应关注哪些两线靠拢，而股价能够提前回升到两线之上的品种。两线靠拢，“价破线不破”之后，股价重新回升到两线之上的也是一个重点。当然，这些还需要股价拉起来时放量的配合，以及指标的确认动作，才更准确。

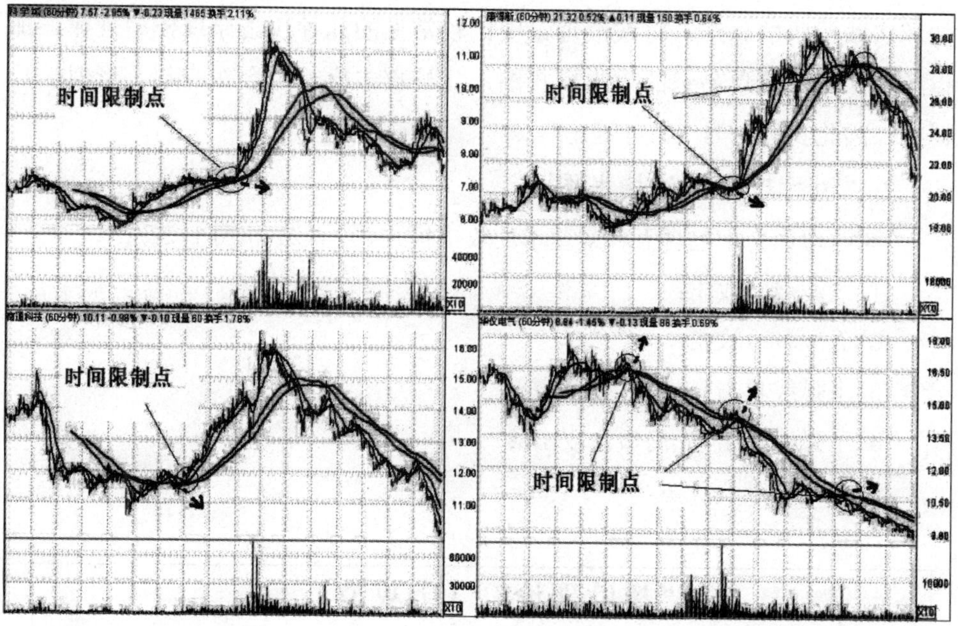

图 1-20

图 1-20 中的四只股并列，显示了个股运行中，不同的时间限制点出现之处，以及股价和均线的后期变化。有些是出现了金叉现象，有些则是两线靠拢而不交叉，有些是出现了死叉现象。有多头支撑状态中的时间限制点现象，有空头压制状态中的时间限制点现象，也有底部扭转完成时的时间限制点现象，以及顶部扭转完成时的时间限制点现象。注意观察其技术原理是相同的。

第五节　“树叶理论”技术

1.“树叶理论”技术定义

“树叶理论”技术在《玩转移动平均线——扭线原理及实战应用》中已经论述过，但这里要再讲一次，主要是《玩转移动平均线——扭线原理及实战应用》中，只是从技术原理上进行了论述，没有从实战方面来讲“树叶理论”技术的应用。

“树叶理论”来自于波浪理论技术原型，只是根据我多年实践中的个人认知和实践经验的总结，将波浪理论中比较常见的几种攻击原理模型规律，加以整合，形成简单易记的攻击模式图，几种攻击模式组合在一起，形似一片树叶，因此我称之为“树叶理论”。

2.“树叶理论”的技术图形

“树叶理论”中包含五种最基本的攻击模式(图1-21和图1-22)：

(1)三波(浪)攻击；

(2)五波(浪)攻击；

(3)上弧线攻击(先快后慢攻击)；

(4)下弧线攻击(先慢后快攻击)；

(5)45°标准线攻击。

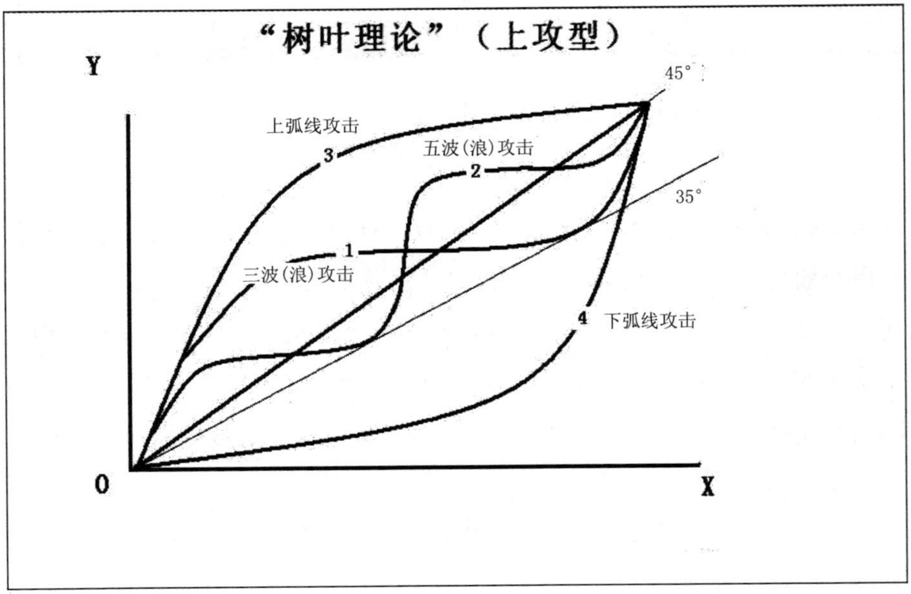

图1-21

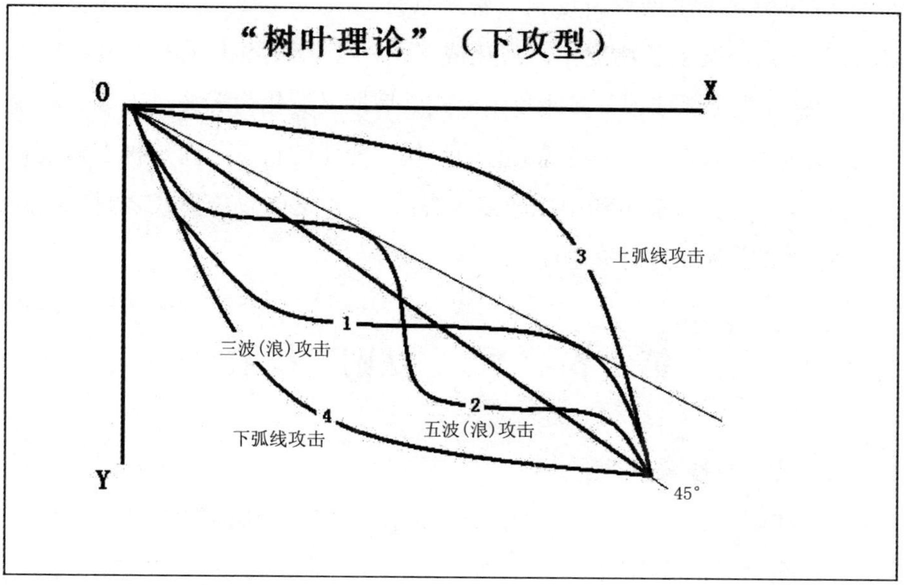

图 1-22

"树叶理论"的技术图形，不仅仅是简单地将几种攻击模式组合在一起，其中的每一种攻击模式中，还包含着其不同的几个攻击阶段中的攻击角度、攻击速度、支撑受力点、压制压力区域等，这些技术特点，不仅仅体现在股价攻击中，在均线系统的攻击上也具有同样的内在规律性。同时，在波浪理论技术最常见的三浪攻击、五浪攻击之外，我将切线技术中的上弧线攻击、下弧线攻击，以及 45° 攻击三种也结合了进去。

在实战中，上述这五种攻击模式是最常见到的，当然，波浪理论中还有八浪攻击、延伸浪攻击等等攻击模式，因为均是从简单攻击浪型一步步演化出来的多浪攻击模式，而最简单、最常见的莫过于三浪攻击和五浪攻击两种(多于五浪攻击的，统称为多浪攻击模式)，因此，从攻击的原始模型来看，此两种攻击模式是最基本的模式。而上弧线攻击模式与下弧线攻击模式，则既区别于三波攻击与五波攻击模式的攻击角度和攻击速度变化；同时攻击过程中得到支撑的受力点和压力制约位置也不同，具有其技术上的独特性。同时此两种攻击模式，又与三波攻击和五波攻击有相结合的地方。比如：底部扭转之后的初期、中期攻击过程，明显具有三波或五波攻击的技术特点，但之后的攻击轨迹发生了新变化，演化成了新的上弧线攻击或者下弧线攻击模式，或者初期为上弧线或下弧线攻击模式，后期又变化为三波攻击或五波攻击模式了。因此，这两种攻击模式具有明显模式变化的轨迹，而这种上弧线和下弧线攻击模式，在目前市场中比较多见(注：关于这些攻击模式之间的实战变化，后面章节中有专门的论述)。

第六节 "二二法则"技术

"二二法则"技术分类：

"二二法则"分为均线"二二法则"和股价"二二法则"两种。

(1)均线"二二法则"

均线"二二法则"A：一条趋势线运行中具有重要支撑和压制作用的均线，对趋势状态中的股价一般具有至少两次明显的支撑(或压制)作用(包括股价短时间穿破该均线)(图 1-23 和图 1-24)。

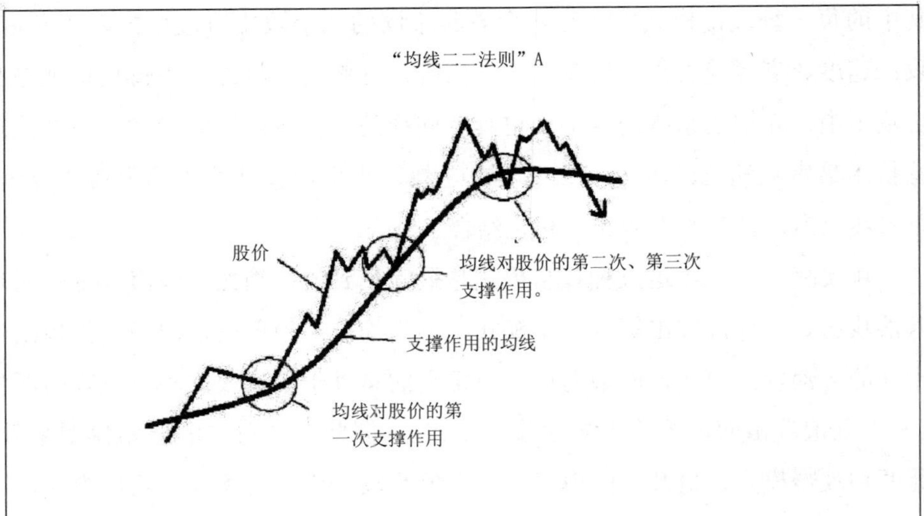

图 1-23

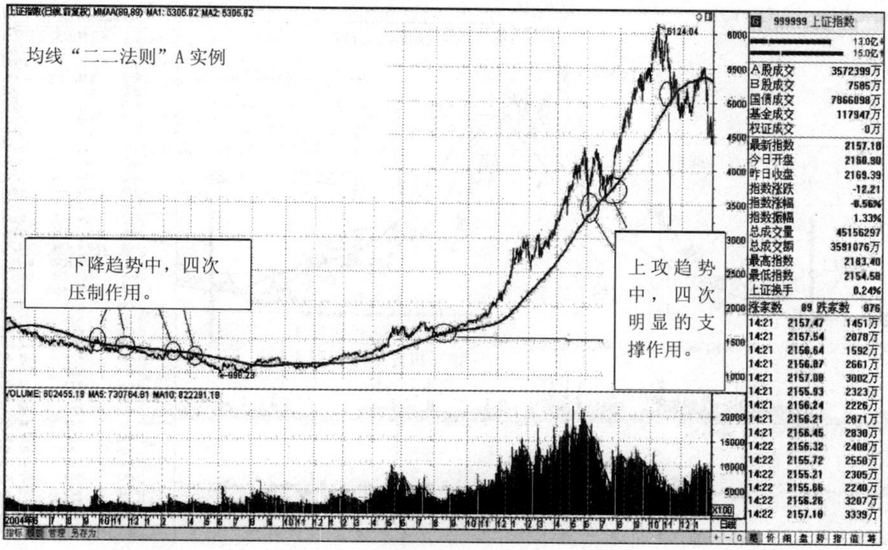

图 1-24

均线“二二法则”B：两条趋势线运行中具有重要支撑和压制作用的均线，在整个趋势发展运行中，相互间具有至少两次强有力的支撑(或压制)作用(包括两线出现交叉现象)(图 1-25 和图 1-26)。

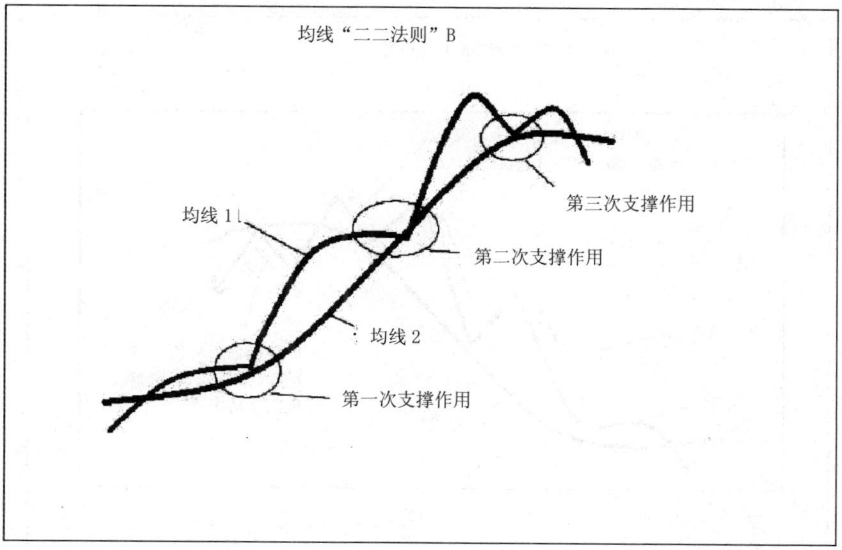

图 1-25

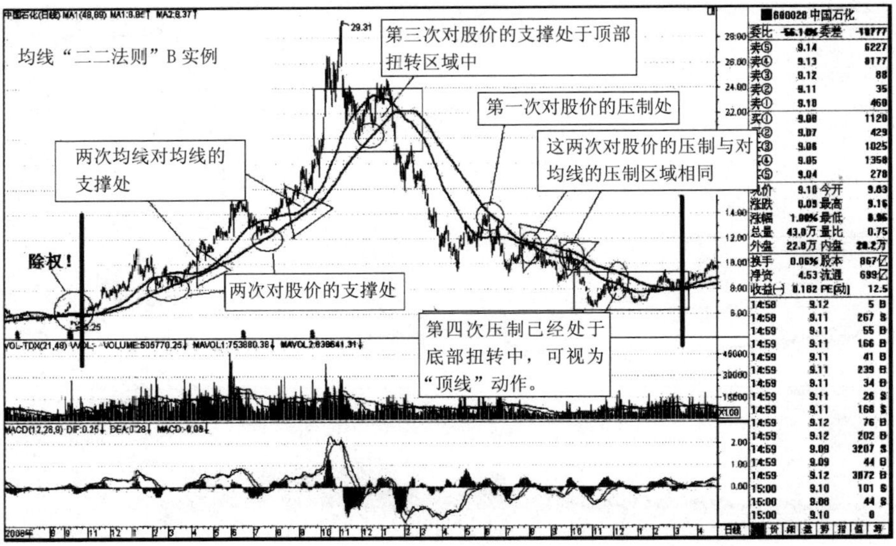

图 1-26

(2)股价“二二法则”

股价“二二法则”A：股价在每次攻击(向上或向下)时，会产生至少两次(或以上)的攻击动作(图 1-27 和图 1-28)。

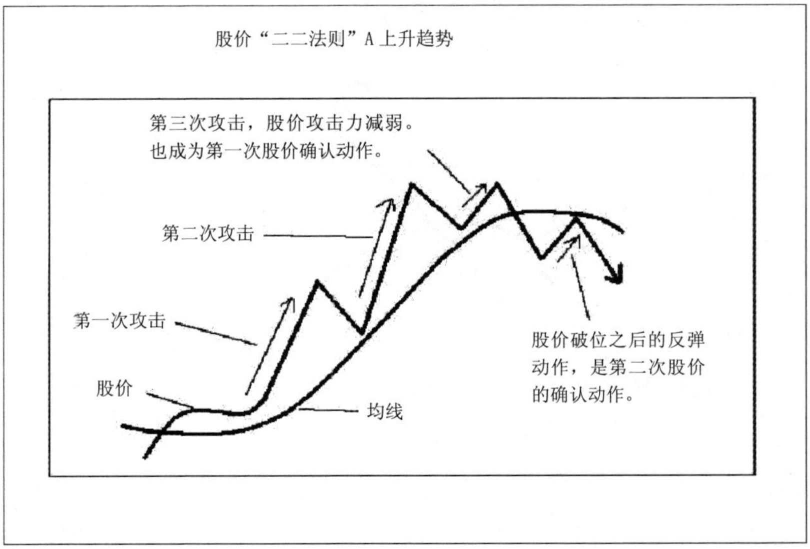

图 1-27

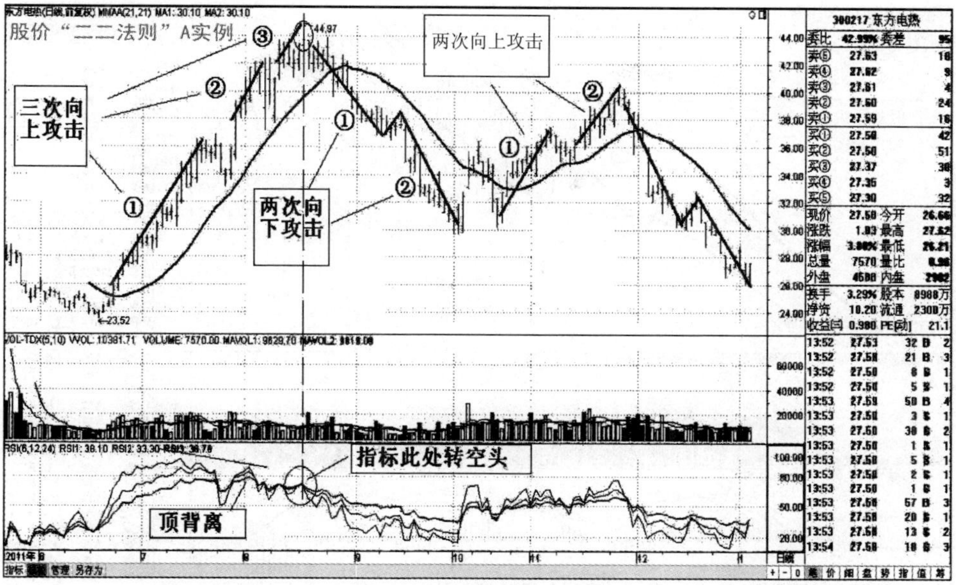

图 1-28

股价“二二法则”B：股价在确认转折(发生扭转)时，会形成至少两次(或以上)的确认动作(图 1-29 和图 1-34)。

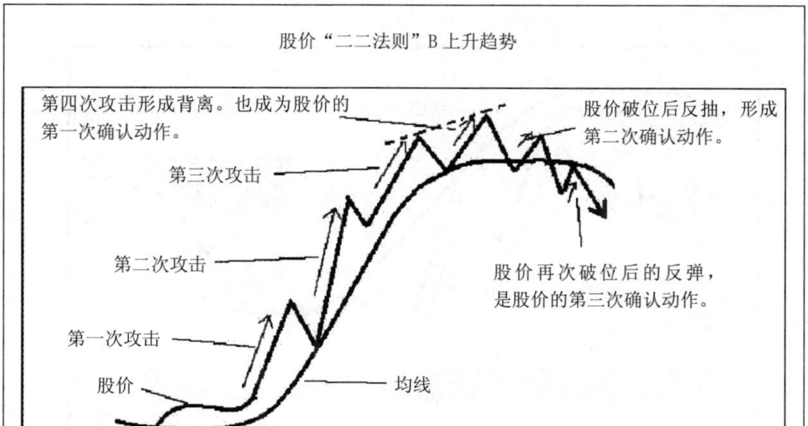

图 1-29

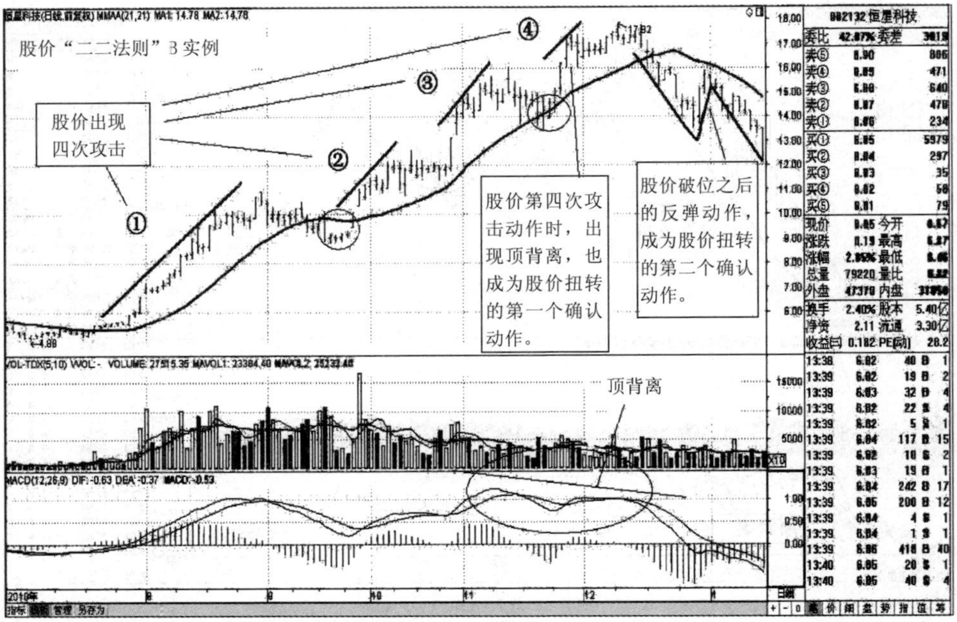
股价“二二法则”B 实例
股价出现四次攻击
①
②
③
④
股价第四次攻击动作时，出现顶背离，也成为股价扭转的第一个确认动作。
股价破位之后的反弹动作，成为股价扭转的第二个确认动作。
顶背离

图 1–30

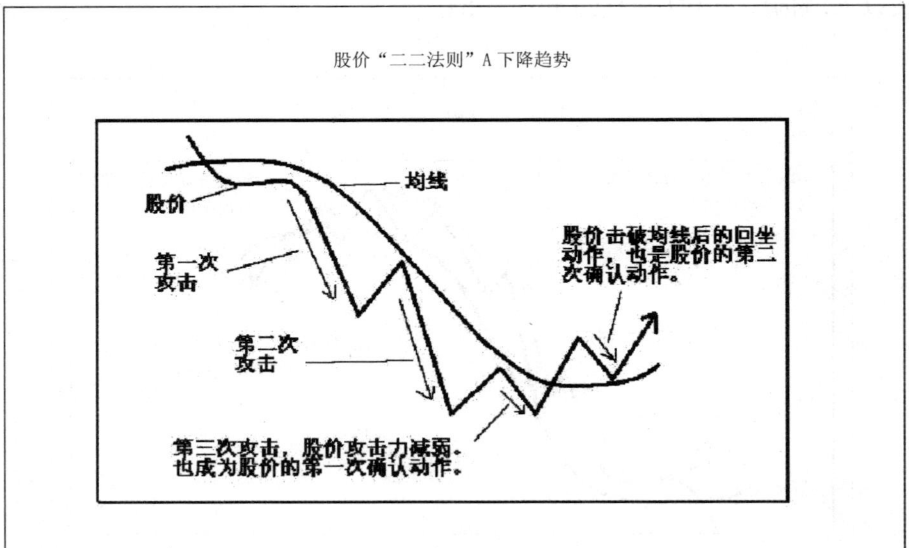
股价“二二法则”A 下降趋势
均线
股价
第一次攻击
第二次攻击
第三次攻击，股价攻击力减弱，也成为股价的第一次确认动作。
股价击破均线后的回坐动作，也是股价的第二次确认动作。

图 1–31

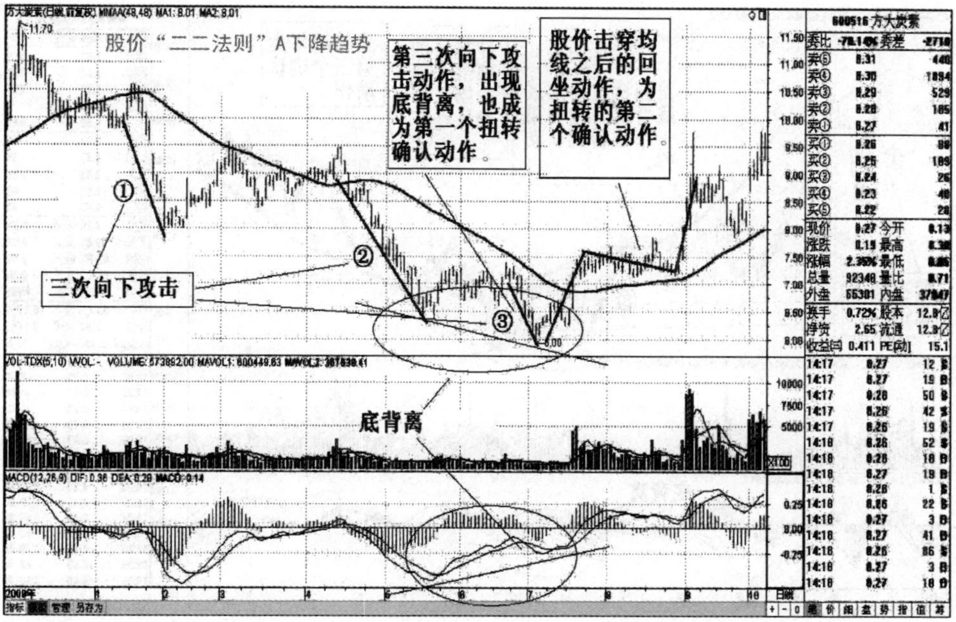
股价“二二法则”A下降趋势
第三次向下攻击动作，出现底背离，也成为第一个扭转确认动作。
股价击穿均线之后的回坐动作，为扭转的第二个确认动作。
①
②
③
三次向下攻击
底背离

图 1-32

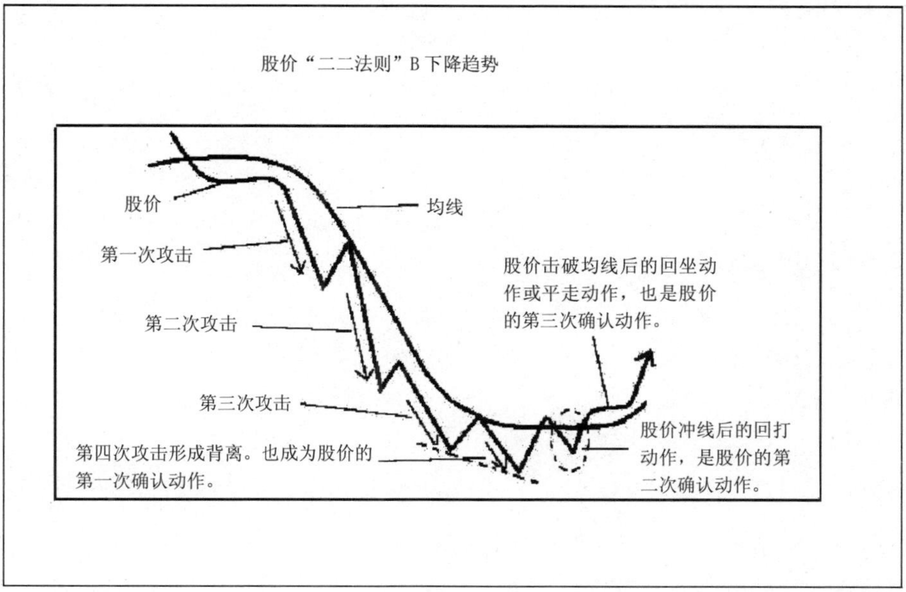
股价“二二法则”B下降趋势
股价
均线
第一次攻击
第二次攻击
第三次攻击
第四次攻击形成背离。也成为股价的第一次确认动作。
股价击破均线后的回坐动作或平走动作，也是股价的第三次确认动作。
股价冲线后的回打动作，是股价的第二次确认动作。

图 1-33

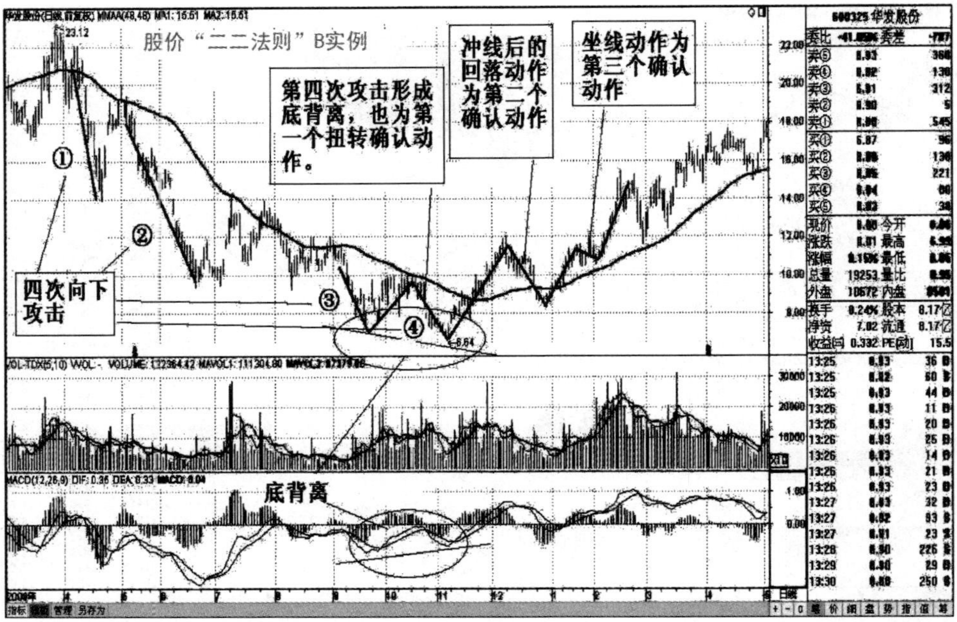
股价“二二法则”B实例
第四次攻击形成底背离，也为第一个扭转确认动作。
冲线后的回落动作为第二个确认动作
坐线动作为第三个确认动作
四次向下攻击
底背离
600325 华发股份

图 1-34

第二章　框架线之“底部扭转”

第一节　重要技术动作

“底部扭转”中重要的 13 个技术动作(图 2-1 和图 2-2)：

①顶线；②冲线；③穿线；④坐线；⑤拉线；⑥多线聚拢，变盘窗口；⑦交叉见底，交叉见顶；⑧吸货小平台；⑨顺势起；⑩蓄势起；⑪破势起；⑫牛铃线；⑬多线交叉，起涨起跌。

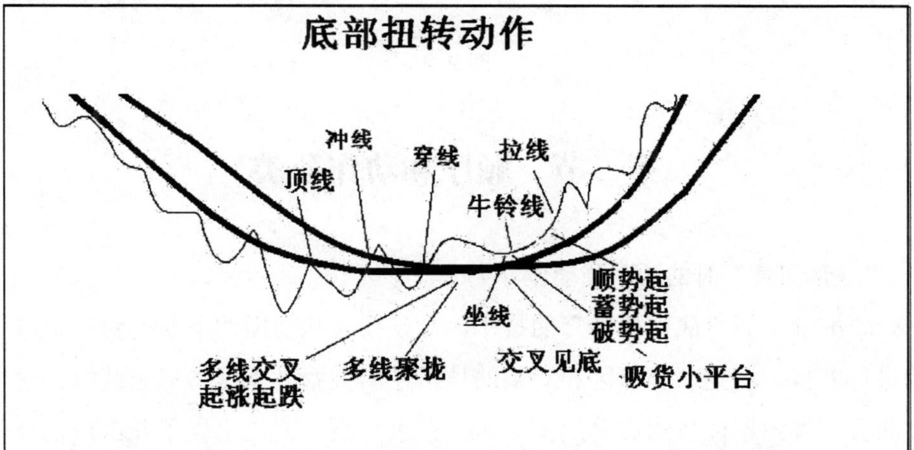

图 2–1

另外，底部扭转动作还有 5 个动作现象属于“通用型”(任何时候都常出现)：脱线(上、下)，八爪线(上、下)，价穿线不穿、拐点必出现，背离现象，共振现象。

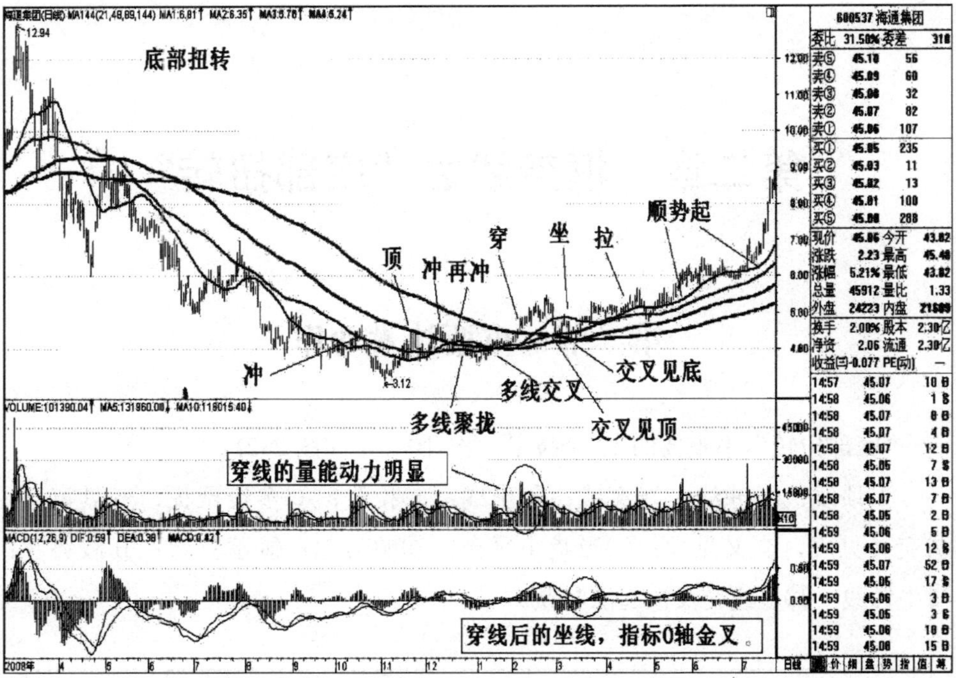

图 2–2

第二节　顺序和动作分类

“底部扭转”时的顺序和动作分类：

要准确掌握“底部扭转”的技术，必须要先从前面的下跌趋势行情中开始进行分析。这是一个前因和后果的技术逻辑关系。下跌趋势延续时，途中不断会出现短期性质的震荡反弹动作，但有一点，无论出现了几次震荡反弹的动作，只要趋势框架线(以下均简称框架线)的多条周期线出现减速动作，一般来讲，这个下跌趋势还会延续。特别是“护航带”两线的减速动作比较关键，因为有些下跌趋势中，一旦下跌时间比较长，短期系统与中期系统之间就会因股价重心不断加速下移，而造成两个系统间出现相互脱离和明显的八爪乖离现象，因此就会自然产生比较大的震荡反弹过程，有些震荡反弹力度还比较强，就必然会影响到 21 日线(护盘线)和 48 日线(护航线)两线发生短期性扭转、交叉、纠缠现象，但由于“护航带”两线的强大下降压制作用持续，这种震荡反弹过程就只会是一个短期性的变化，难以改变整体下跌趋势系统的延续(特别是中期系统的下跌延续)。

还有，随着下跌行情的进一步延伸，下跌的级别性质也可能发生升级现象，此种情况下，一般会有一个典型的技术特点：就是年线和双年线也会加入到下行的空头排列系统压制中(注：年线和双年线必须已经向下形成并列下行状态)。比如，2003 年 11 月至 2004 年 4 月期间的市场中期性质大幅上攻行情，虽然具备中期性质的底部扭转上攻行情，但由于年线 288 日线和双年线 576 日线下行的空头压制，最终还是没有被扭转，因此，技术上，自 2001 年 6 月展开的下跌趋势，还是在延续中，这就是一个典型的大趋势下跌状态延续的例子。同样，在 1997 年 5 月到 1999 年 5 月的上攻趋势途中进行的大型横向震荡动作中，由于 288 日年线和 576 日双年线的多头状态始终延续，这个大趋势的上涨状态得到了延续，这些均属于大级别的框架线行情波动状态变化。但在这种大型框架线系统构架之内，市场存在着很多具有中期上涨和下跌的框架线级别行情，因此，不同的级别框架线系统中，就会有不同级别的底部扭转动作出现(图 2-3)。如果更微观点看，比如分钟图上的一个底部扭转之后展开的阶段性上攻动作，也是同样的技术原理，只是级别性质和行情持续的时间周期不同而已。

有一个重要的规律，就是下跌趋势结束时，最先出现的是“减速”动作，这里是指均线的减速动作。股价的减速动作出现更早些，一般在最低点出现之前的最后一次震荡反弹动作，就属于股价的先期减速动作了，这种股价的减速动作，内在动因是由于低位开始有资金试探性逢低分批介入，形成一种股价重心虽然还在下移，但随着微小的震荡反弹，多头力量不断加强，指标上就会表现为向 0 轴修复的现象(MACD 指标)。这里的资金介入动作是随着股价的继续下跌而展开的，因此，股价必然还是继续下跌的，或者形成一次震荡反弹平台后，再次向下破位下跌。这些均属于资金的先期介入动作，一般来讲，散户不适宜跟随介入(做短线反弹利润的除外)。散户最早的介入位置，也要放在指标出现底背离现象时(或者穿线动作出现时)才考虑择机，此时，恰好和框架线的“减速”动作开始合拍，最大的技术表现是在股价底背离之后反弹起来时，短期三线很容易先行扭转形成多头排列，这是短期系统要进行上攻的一个重要信号。在底部扭转过程中，均线的“减速”动作是无法被跳过的一个重要过程，即使这个过程时间持续很短，细致看，它还是存在这样一个环节。顶线、冲线这两个动作是底部扭转“减速”过程中最主要的两种表现动作。它们可以先顶后冲，也可以先冲后顶，即可以只顶不冲，还可以只冲不顶等等，但无论是顶还是冲，均可以迫使压制均线减速。有一点是，顶线、冲线阶段中不宜过早判断，这里的底部扭转肯定会成功，实战中，顶线、冲线的过程也是以反弹机会来对待的。因为有些时候顶线、冲线过程之后，还会有新低出现(比如创出新低时形成底背离)。

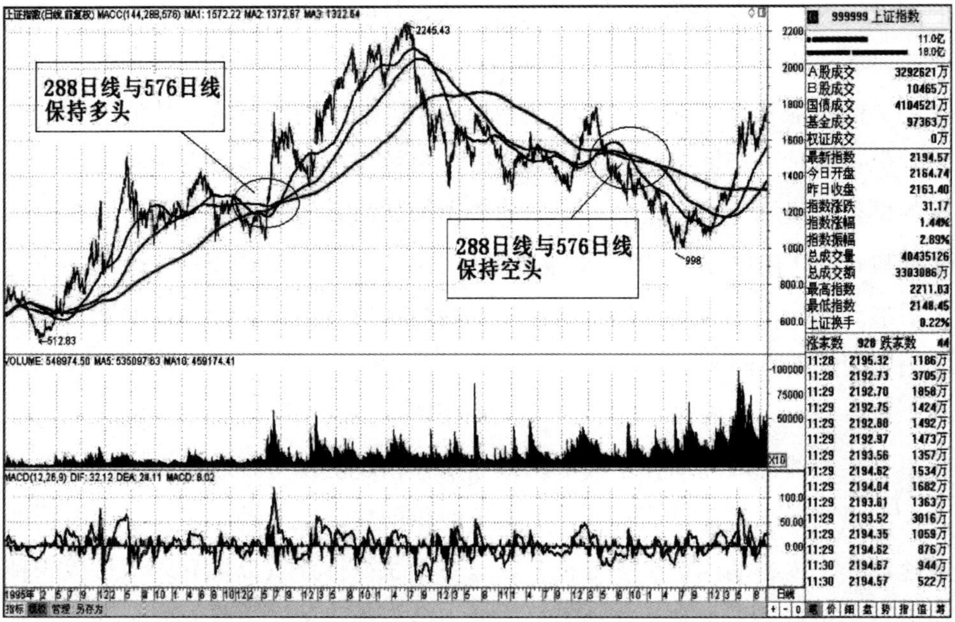

图 2-3

均线“减速”动作之后，就将进入到均线的“聚拢”动作中，这是又一个重要的底部扭转步骤。只有先“减速”，才会有“聚拢”。这种均线收拢过程，有时会很快，有时则持续时间比较长，有时甚至可以达到 3 个月或更长(个股情况不同，区别对待)。在底部扭转过程中，均线的收拢动作也是一个必然的、不可被逾越的规律性动作。很简单的道理：下跌状态中，均线系统必然是向下排列散开的，要从向下排列变为向上排列，其中必然会有一个均线收拢、再各自上穿、直到形成多头排列过程。这是技术上一个自然内在规律的表现，无论是底部扭转中的多线聚拢类，还是“井”字形扭转类，均会有这种现象发生。底部扭转的动作花样、方式方法可以是千奇百怪、千变万化，但这内在的最原始规律无法打破！

均线收拢动作也是一个多周期、各系统移动平均值趋向统一的过程，这有别于下跌趋势中的各周期移动平均值之间价差逐步拉开的表现。趋向统一的平均值，更有利于股价移动平均值的一次性上穿动作的展开。收拢动作，也就为下一个规律性动作——进入底部扭转中最关键的“穿线”动作做好了铺垫。穿线动作在任何形式的底部扭转过程中，只会出现一次，并且是必然会出现，这是很重要的一条，谨记！

顶线、冲线、坐线、拉线，这几个动作在底部扭转过程中，可以重复、多次出现，比如，可以出现几次顶线动作，或者几次冲线动作，几次坐线动作，几次拉线动作，但“穿线”只会出现一次。这与技术扭转中“穿线”的技术定义有很大关系(可参阅《玩转移动平均线——扭线原理及实战应用》中关于35个技术动作的阐述)。因为如果“穿线”动作夭折了，失败了，它就不会是“穿线”动作了，只能算是“冲线”动作，而冲线动作还属于反弹动作范畴，穿线的性质就不同了，具有典型的扭转性特点。因此，如果某个底部扭转动作会持续进行的话，后面就必然会有“穿线”动作出现。反过来，如果“穿线”动作成功了，“坐线”动作就是成功的，“坐线”成功，才能够确认“穿线”动作的成功，所以，坐线和穿线这两个动作是相辅相成而完成的，关系紧密相连，坐线完成(确认了穿线动作的成功)之后，后面的“拉线”就成了顺理成章的事情。“穿线”动作中的一个重要表现是，穿线过程中，成交量的持续性放大堆积现象，以及MACD指标的两线必须到0轴以上。两者缺其一，都可能不是“穿线”动作，或者“穿线”动作会夭折，后面的坐线动作很容易出现再次破位打下来的情况。所以，顶线、冲线是一种准备动作，从穿线动作开始，才可以在技术上确认一个底部扭转正在形成中，而坐线的完成，可以基本确认底部扭转的即将完成，拉线动作出现，拉动护航带两线上攻，就是底部扭转过程的彻底完成。

底部扭转过程中，先“减速”、再“聚拢”、然后“穿线”、才会出现“多线交叉”。“穿线”动作肯定是在“多线交叉”动作前面发生的，这是因为“穿线”动作会加速多条均线的收拢和“交叉”动作。有些股可能不会是“多线聚拢交叉”，因为这与框架线底部扭转中的种类和方式不同有关(后面会讲到“两大类、五种型态”)，但必然会有均线出现相互交叉动作，而这个相互交叉动作的动力，均来自于“穿线”动作。多线交叉动作如果是先形成“多线聚拢”的，就会形成“多线聚拢交叉”类型的底部扭转，多条周期线的平均值趋向统一后，形成交叉；如果先期没有形成“多线聚拢”动作，也会形成各条线从下到上依次上穿上面的压制均线，最终完成框架线的整体扭转交叉状态，这就属于“井”字类型的底部扭转。

“多线交叉”之后，此时，股价已经穿过了“护航带”两线的压制，短线的上攻幅度利差，以及集中密集换手完成之后，就需要一个震荡动作来进行震荡清理短线浮筹。此时，出现的回落动作就属于“坐线”动作范围了。“坐线”的方式有很多种，最常见的是股价和短期均线回落“坐”在“护航带”支撑上，且缩量；有的是以横向震荡小平台方式来完成，这种是比较强势的一种表现，有些更强的“坐线”动作，只是以K线现实的剧烈震荡在“护航带”上方来完成，短期三线的攻击通道都不发生交叉现象。但内在的规律是：①清理短线浮筹；②确认“穿线”动作的成功。

“坐线”之后的“拉线”动作主要是拉动“护航带”的扭转动作，“护航带”从前期的下跌状态，经过“减速”、“聚拢”过程，已经转为水平运行，再经过“穿线”和“坐线”动作，股价的底部扭转过程已经被得到确认，“拉线”(扭转上攻启动动作)动作的作用影响力量就自然转换到“护航带”上，拉动“护航带”两线(首先是89日线，再是144日线)从平行运行，转为向上运行。至此，均线系统的底部扭转动作完成。

实战中，会遇到一个现象，就是“拉线”动作出现后，没有能够带动“护航带”两线的向上拐头上行，这种现象多数会出现第一次“拉线”动作之后，打回来，再次“拉线”。“拉线”动作可以是多次进行，但通常最多会在3次内完成。同时“拉线”动作的成功与明显放量配合也有很大关系，没有量能配合，也容易失败。失败后，只要护航带的扭转动作能够继续，后面就还会有再一次“拉线”动作出现，如果失败后，护航带被彻底击穿破坏，则说明这一次整体的底部扭转技术状态也被破坏，后面会有两种情况出现：①下跌趋势继续延伸，均线系统压制级别随之上升到年线和双年线的压制状态中(一般比较长时间、大周期的下跌趋势中会出现这种现象)；②重新构筑底部扭转，这种情况说明该股的底部运行时间会延长，很多情况下，与市场整体环境还没有构筑底部有关。技术操作、节奏思维上，需要重新进行调整，顺应市场整体大环境的变化。

在 2001 年到 2005 年 7 月之间的下跌趋势(图 2-4)，就是一次大型趋势性下跌过程，期间，特别是 2003 年 11 月至 2004 年 4 月间的一个中期上攻行情，期间最大涨幅达到 80%，持续时间 5 个月，也出现了框架线的底部扭转动作，但最终还是受制于更大级别周期(288 年线和 576 日线双年线)的强大压制，之后，继续下跌(图 2-5)。这次中期性的上攻行情，转变成为了大型下跌趋势中的一个大型震荡反弹动作。这就是一种典型的中小周期级别(21 日、48 日、89 日、144 日框架线属于此类)，受制于长周期级别压制或者支撑的一个

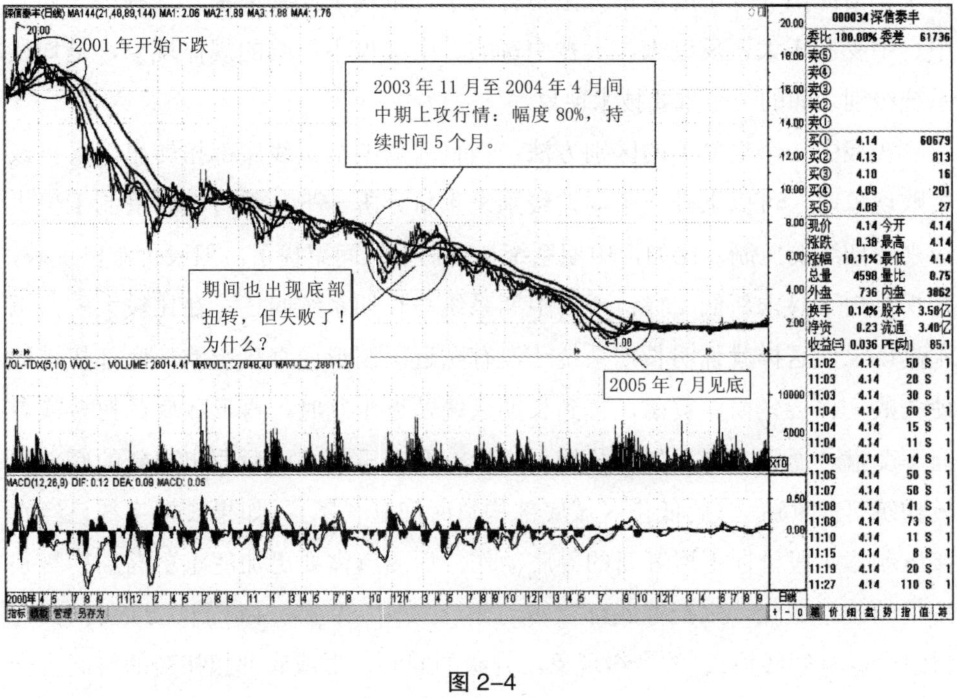

图 2–4

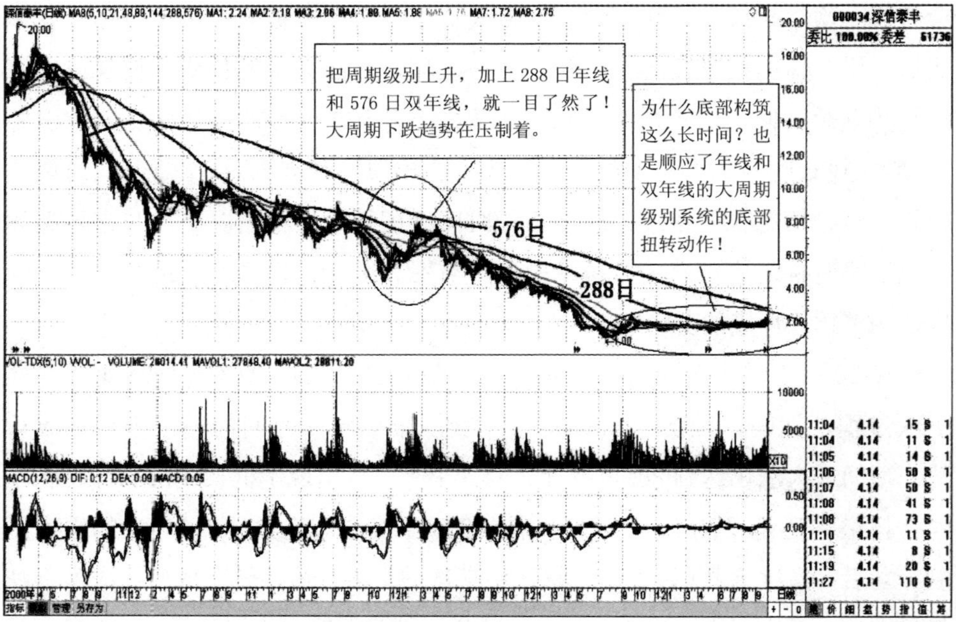

图 2-5

例子。前面图 2-3 中的沪市大型走势例子，也属于此种现象。这种小受制于中、中受制于大，反过来，大被中影响、中又被小影响的规律现象，是均线系统级别之间的一个重要技术现象。

实战中一个很简单的区别方法：当目前周期框架线底部扭转出现夭折或失败现象时，可以上升一个周期级别来重新分析一下，看看是否受制于更大级别周期线的压制，比如，中期系统与长期系统间聚拢了，但股价难以上破，而拐头向下寻求新低支撑；或者中期系统与长期系统间还存在比较大的八爪乖离现象，这样就说明长期系统还没有贴近压制形成直接影响，底部扭转即使失败，也会先横向震荡，直到长期系统贴近压制时，再形成底部扭转或者向下变盘。通常来讲，如果长期系统没有贴近压制，则后面出现新的底部扭转构筑可能性就大(此低位区域底部构筑时间延长了)；如果长期系统已经直接压制影响股价向下展开新的寻底动作，后面就需要更加注重更高周期级别系统的技术变化，来把握底部扭转动作(比如用 89 日、144 日、288 日、576 日组合成框架线模式)的升级现象，升级的同时，形成底部扭扭转的时间也会相应的拖后或者延长，直到下一次这些线再次出现减速、相互收拢时。规律还是这个规律，技术还是这个技术，只是技术思维、操作策略要顺应市场变化进行一下新的调整。

“拉线”动作出现时，经常可以见到顺势起、蓄势起、破势起、牛铃线、上弧线(先急后缓弓背形)、下弧线(先缓后急弯弓形)等等技术动作重叠出现。

底部扭转的步骤顺序：

减速—聚拢—穿线—多线交叉—坐线(吸货小平台)—拉线(启动攻击动作)。

(1)减速:“顶线、冲线”首先起到减速效果。

(2)聚拢：多线聚拢，开始进入变盘窗口。

(3)穿线：底部“穿线”动作只会有一次。

(4)多线交叉：一般在“穿线”后出现。注意：向上交叉时，股价须在交叉点上方为准。

(5)坐线(吸货小平台)：一方面是洗盘需要，一方面是吸货需要。坐线为回落，小平台，有时平向，有时会向上倾斜形成(强中强)。

(6)拉线(启动攻击动作)：顺势起、蓄势起、破势起、牛铃线、上弧线(先急后缓弓背形)、下弧线(先缓后急弯弓形)。

“交叉见底、交叉见顶”，这个动作在底部扭转中是频繁出现的动作现象，适时地应用即可。

如图 2-6 所示，图中佛塑科技(600973)底部扭转过程清晰明了：自 2.30 元见底后，21 日、48 日两线：①出现减速现象；②框架线系统四线形成收拢聚拢现象；③穿线动作，量能配合和指标金叉确认明显；④穿线的过程中，框架线系统自然形成相互金叉现象；⑤穿线之后回落坐线(坐 48 日线)；⑥坐线完成，进入震荡拉线。

再看海通集团(600537)的底部扭转过程(图 2-7)，同样经历了“减速、聚拢、穿线、交叉、坐线、拉线”几个过程，完成了整个系统的底部扭转。

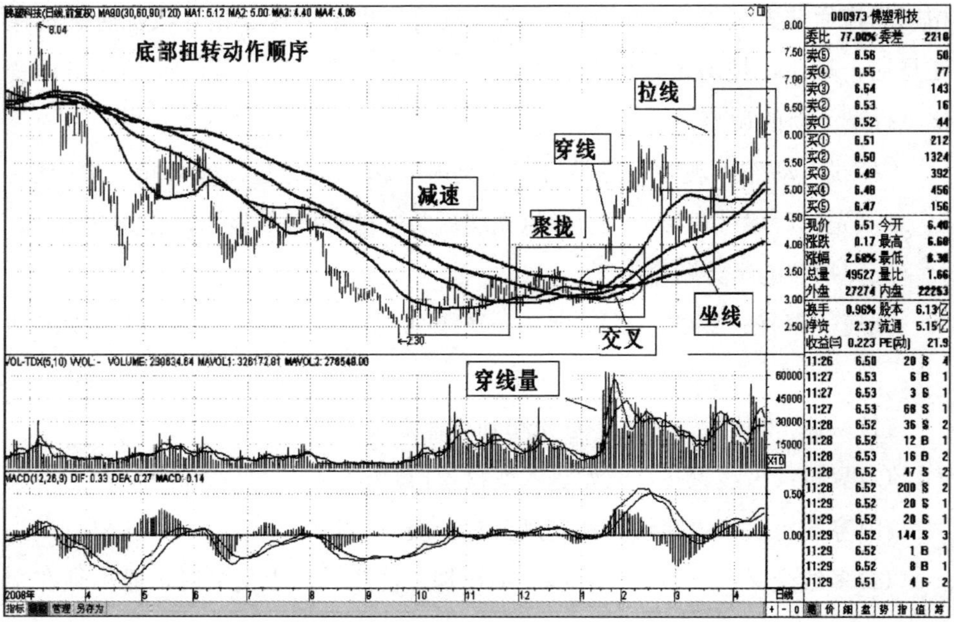
底部扭转动作顺序
000973 佛塑科技
减速
聚拢
穿线
拉线
交叉
坐线
穿线量

图 2-6

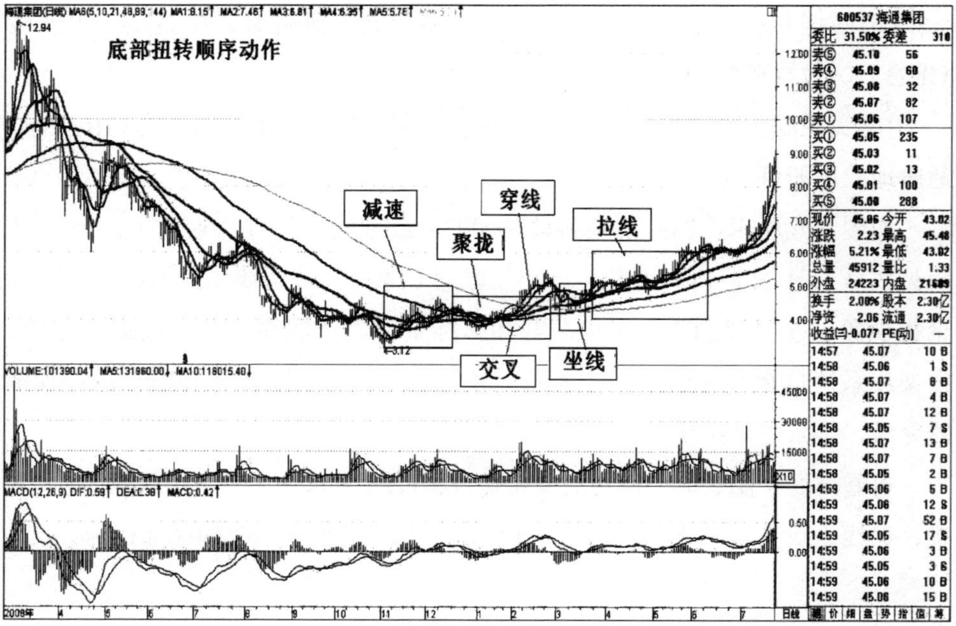
底部扭转顺序动作
600537 海通集团
减速
聚拢
穿线
拉线
交叉
坐线

图 2-7

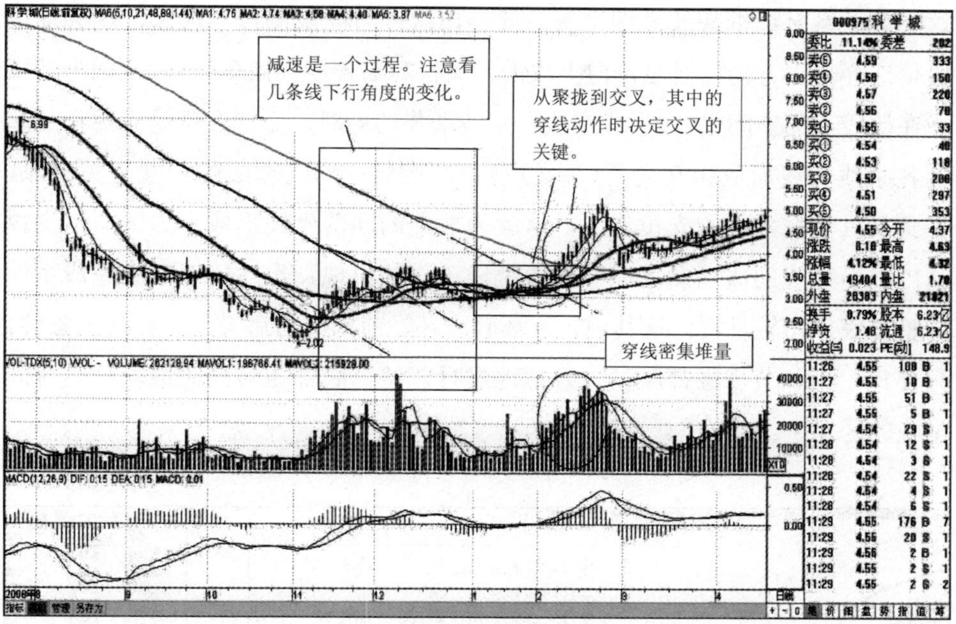

图 2–8

为了能够更加清晰地掌握这几个过程，以科学城(000975)为例，分步来看：减速过程中，由于 21 日线在框架线系统中周期最短，波动轨迹紧随股价的脚步。但 48 日、89 日、144 日三条线由于其周期长一些，从下降状态减速转为平向运行时，一方面具有逐条转平的特点：先是 48 日转平，再是 89 日转平，最后是 144 日转平；另一方面股价在减速过程中，也是逐层冲击上面的压力线，并且期间配合的成交量水平，明显要大于前期下跌行情过程中每次反弹平台时的量能水平。同时 MACD 指标会在这个过程中，回到 0 轴上面，或至少会回到 0 轴附近区域，如此，一旦穿线动作展开，指标就会很快穿上 0 轴并远离 0 轴，这样，也为穿线之后回落坐线时，指标多数情况下不会再下破 0 轴形成一个空间差，坐线也更容易成功。

穿线动作出现前，框架线系统首先会出现相互收拢(聚拢)的现象，从某种角度讲，框架线系统各线越是收拢较近，穿线时越容易一次性连续穿过多条均线，而不会在短时间里形成比较大的技术乖离，同时也会在比较短的时间里完成框架线系统各线的相互金叉扭转。整体上，底部扭转也更容易完成。

这里的关系是：框架线系统聚拢，就会出现“时间限制点”现象，就会促成股价选择攻击方向；而股价向上攻击，又很容易连续穿破多条均线(因为都聚拢在比较小的空间里)，形成穿线；穿线动作的同时，必然会带动聚拢在一起的各条线均线形成相互交叉(金叉)现象；多周期均线形成的相互金叉现象，本身又具有技术上的支撑作用，这就为后期的回落坐线形成有力的技术支撑基础。而坐线的成功，才能够促成拉线动作的出现，也才能够彻底完成系统的整个底部扭转过程。这其中，一环套一环，前因成为后果的必然基础条件，只要每一个环节步骤都顺畅、合理地进行，整个底部扭转的完成就只是时间早晚的区别了。

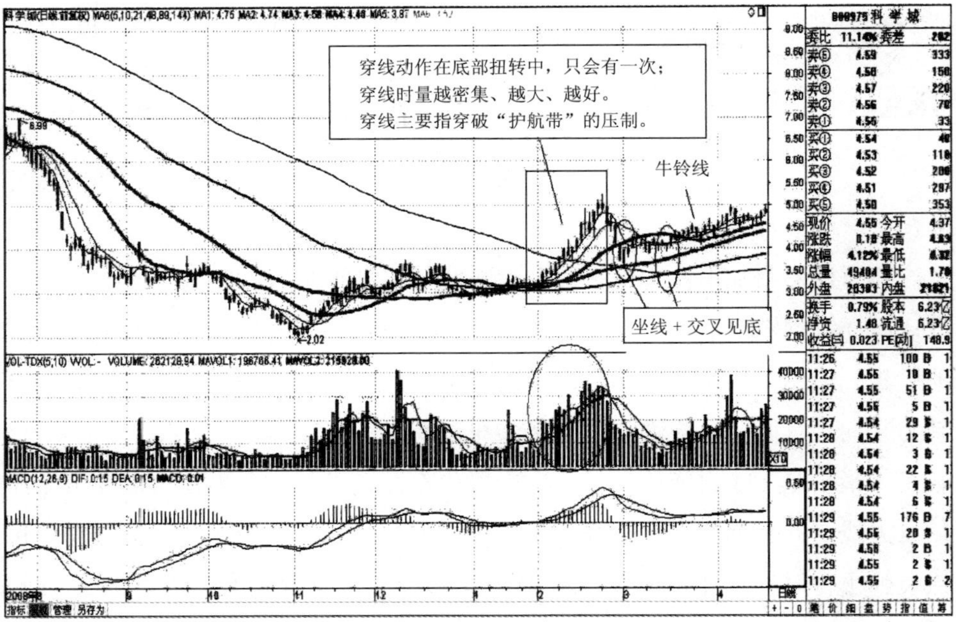

图 2-9

图 2-8 是“减速、聚拢、穿线、交叉”，图 2-9 是该股后面几个步骤的走势。这些步骤中穿线动作很重要，并且在任何形式的底部扭转中只会出现一次，如果穿线动作夭折失败了，就会变成冲线动作，而不是穿线动作了，这一点要切记。穿线动作不仅仅是股价连续攻击上穿多条压制均线这样一个目

的，还有带动多条均线同时发生相互交叉(金叉)的现象出现，因此，穿线过程时，成交量的持续放大就成为一个很重要的配合条件，如果成交量配合不好，比如，穿线时量不能够持续放大，或密集型堆量现象不明显，穿线动作也会夭折。另外，穿线动作中，股价必须要上穿 144 日线之后，才算穿线动作的完成，通常股价上穿 144 日线后，还要上攻一下，拉开股价与 144 日线间的距离才会结束穿线动作，这是因为后面进行坐线动作时，股价回落必须要有一个空间差，坐线才更容易成功，如果这个空间差太小，股价很容易再次下破框架线各线，这就不是穿线，而成为一次冲线动作了。穿线时，MACD 指标也应离 0 轴远一些，这样后面坐线时，指标就不会轻易地再次下破 0 轴，而维持在多头市场中运行。

坐线时，可以坐一次，也可以坐几次，但若出现“交叉见底 + 缩量 + 指标不破 0 轴”的现象，则坐线成功的几率就更高些，当然，这时也是最佳介入时机。坐线，一般都是在框架线系统中出现八爪线时进行的。比如 21 日与 48 日两线间出现八爪时，进行坐线的现象比较多见，但有时也可能是 48 日与 89 日之间出现八爪了才开始坐线，也有 10 日、21 日两线的八爪出现时开始坐线的，不同的周期级别，说明坐线的强度不同。八爪的两线周期级别越小，坐线的运行时间也会相对短些。反之，八爪的两线周线级别越大，坐线运行的时间也会相对长些，但只要最终能够坐线成功才是关键，因为如果坐线夭折失败了，就会连带前面的穿线动作也夭折，穿线变成了冲线动作，那么，后面股价自然会再下跌，进行再次探底，然后再积蓄能量，重新进行穿线、坐线动作。

从底部扭转的动作顺序中可以发现，任何一个底部扭转动作，都不是突然出现的，有前因才会有后果，是一步一步转变而形成。很多人总是将目光集中在底部扭转的股价变化，就失之偏颇。要把握好底部扭转的形成和完成，必须要先了解前面均线系统的下跌趋势是如何一步步跌下来的，当然要结合量的变化和指标的变化，不能仅仅关注均线系统，这个分析的过程，是个很重要的能力锻炼。一个底部的诞生是有前奏的，诞生过程中，每一步都是资金和技术运行规律发生“和谐共振”的结果。有些个股的底部扭转动作夭折、失败了，不奇怪。因为，有资金方面掌控股价能力的关系，有市场环境因素变化影响的关系，也有些是源自于该股场内筹码互换没有达到目的的影响，还有一些是控盘人员能力问题的反映，控制盘面换手的能力弱，不能够与市场环境、场内筹码调动换手以及技术系统形成协调性共振，不但无谓地增加了成本，也无法达到顺畅扭转的目的。所以不得已，只有顺势再探出新低，重新协调梳理系统，进入另一个底部扭转过程。

第三节　关键位置的分析判断

“底部扭转”中五个关键位置的分析判断：

(1)在股价又上又下形成“冲线”时，由于各条均线在减速后逐步转为平走状态，而均线平走状态是均线支撑力度比较弱的时候(当然压制力度也弱)，因此，这属于“蓄势扭转状态”。问题就在于，如果在多线聚拢出现变盘窗口后，迟迟不出现“穿线”动作，来确认此区域的“冲线”动作是底部扭转中的一个蓄势程序的话，就不能排除此位置蓄势扭转失败，股价还会再次打下来，重新蓄势，但最终必须以“穿线”动作来确认此位置的这种蓄势、均线收拢动作，才能够确立此处底部扭转的有效性。如果此处底部扭转无法构筑的话，那么，一般会比较凶猛地再次向下探寻新低，破坏掉这里扭转前的蓄势过程。

图2-10中多伦股份(600696)的底部扭转过程就是一种变化，几个步骤都是一样的，但具体运行过程中有一定的区别。先是通过冲线动作形成减速，然后是通过多次冲线动作来达到框架线系统相互聚拢过程，当几条线聚拢到很近时，并不急于穿线，而是股价短线向下先打散这几条线，然后再冲线一次，接着才是穿线动作，而穿线之后的坐线和拉线均没有再出现新的变化，很“规矩”。该股的底部扭转过程中，控盘手将大量的精力放在了穿线之前的过程中，虽然主要运行轨迹均是沿着底部扭转的各步骤进行的，但具体到该股上，却“刻意”加大了前期的“折腾”手段，即使多线聚拢在一起，也不进行穿线，而是再玩一次手段，把线打散，这样很容易使得低位散筹持有者心生恐惧而离场，之后再进行穿线。内在的规律没有变，变的只是外在的手法，实战中的犯错，很多情况下都是这种“外变而内不变”的现象而造成的。

所以，掌握技术时，重在吃透其中内在的技术变化规律，不要“死记硬背”其技术的表现形式，如此，才可以应对实战中很多手法上的变化，紧盯其内在的技术变化轨迹，只要没有发生改变，就不会轻易被迷惑。

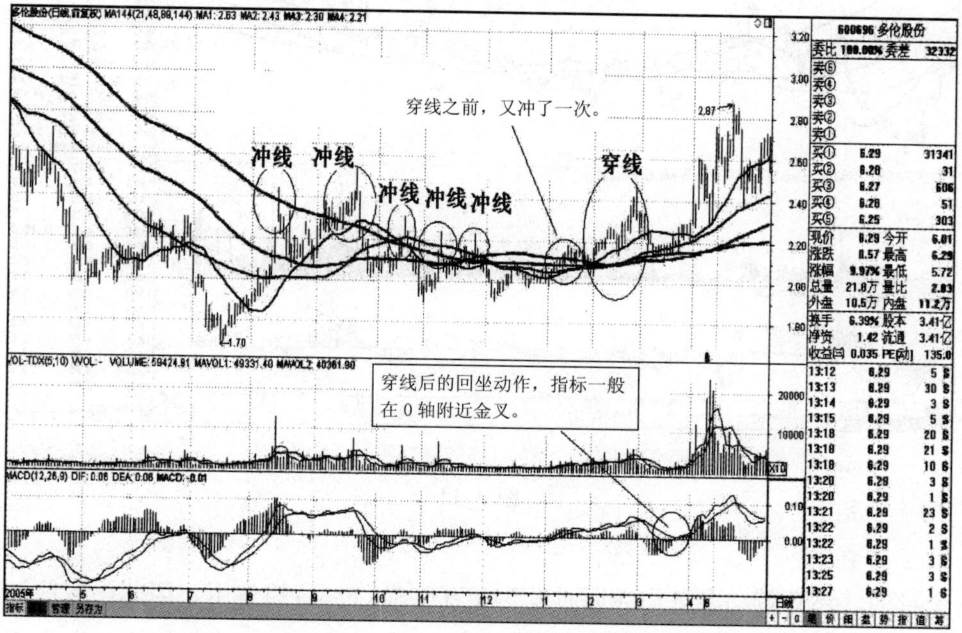

图 2-10

(2)在底部扭转过程中，顶线、冲线、坐线、拉线这几个动作都可以出现一次，或者出现几次，甚至有些会不出现，但“穿线”动作一定会出现，而且只会出现一次。从穿线动作开始，技术上才开始确认一个底部扭转过程正在形成中(图 2-11)。还有一点，穿线过程时，会出现典型的“三个持续性特点”，即：股价攻击时的短线攻击通道具有持续性；成交量放大具有持续性；指标强势攻击状态具有持续性。出现此三个持续性现象，穿线成功的几率就会很高。

底部扭转中，穿线动作只会出现一次，并且在任何形式的底部扭转中只会出现一次，如果穿线动作夭折失败了，就会变成冲线动作，而不是穿线动作，这一点要切记。穿线动作不仅是股价连续攻击上穿多条压制均线这样一

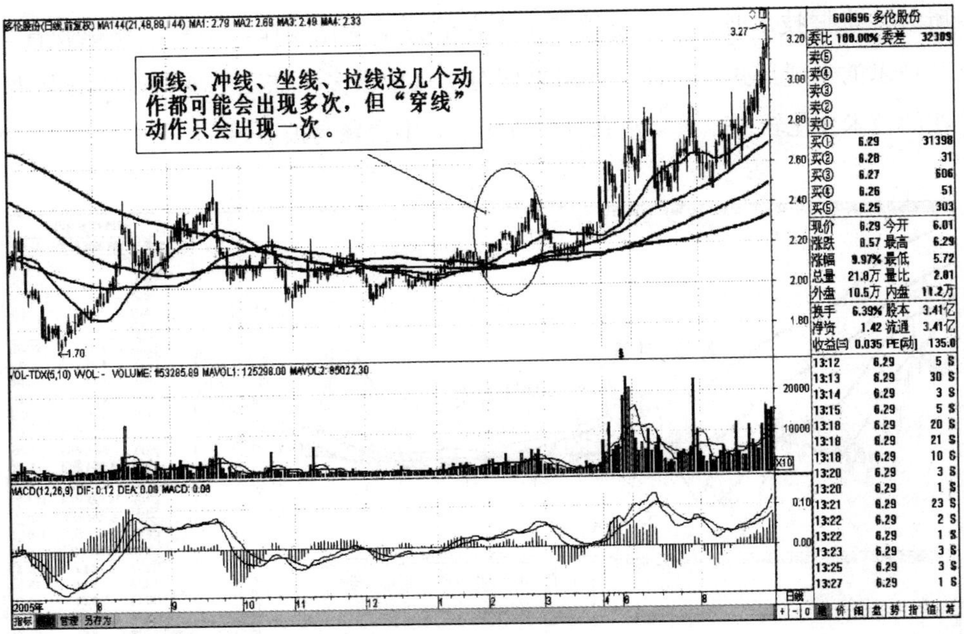

图 2-11

个目的，还有带动多条均线同时发生相互交叉(金叉)的作用，因此，穿线过程时，成交量的持续放大就成为一个很重要的配合条件，如果成交量配合不好，比如，穿线时量不能够持续放大，或密集型堆量现象不明显，穿线动作也会夭折掉。另外，穿线动作中，股价必须要上穿 144 日线之后，才算穿线动作完成，通常股价上穿 144 日线后，还要上攻拉开一下股价与 144 日线间的距离才会结束穿线动作，这是因为后面的坐线动作时，股价回落必须要有一个空间差，坐线才更容易成功，如果这个空间差太小，股价很容易再次下破框架线各线，就不是穿线，而成为一次冲线动作。穿线时，指标也应离 0 轴远一些，这样后面坐线时，指标就不会轻易地再次下破 0 轴，而维持在多头市场中运行(注：这一段话，前面讲过，这里再重复一次，加深一下印象)。

(3)坐线时，实战中要允许短时间下破支撑线的现象出现。因为这与有些控盘手总喜欢“能坐住也要破一下”的心理战有关。坐线动作完成，才可以确认底部扭转过程的即将完成(图 2-12)。

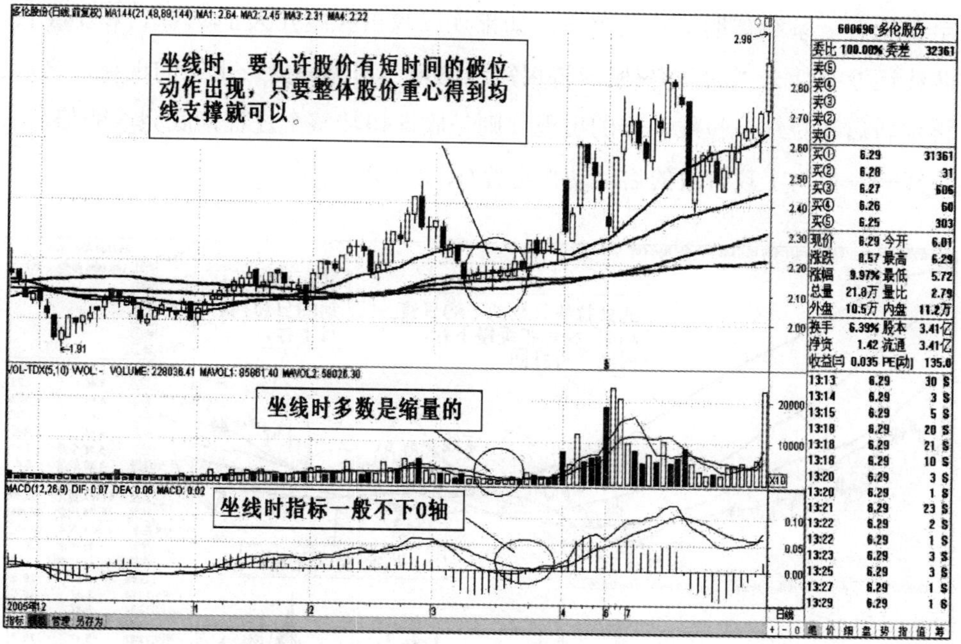

图 2-12

坐线时，不仅要看股价的回落动作是否够深，以及均线的支撑作用是否够强，还要同时注意量的变化，越是回落到某个均线支撑附近时，或者回落到某两条线形成交叉(金叉)处时，量越要明显地萎缩才更容易支撑住，这一次的坐线也更容易成功，如果量萎缩不明显，也应有强大的市场环境处于多头氛围来增强个股的坐线成功率。从量的运行节奏来讲，坐线时，最好还是明显萎缩比较好，因为前期穿线时需要量持续性放大配合，现在回打坐线，量萎缩是合理的节奏。坐线时的指标也比较关键，多数情况下，可以通过监控 MACD 指标两线回落时，距离 0 轴的空间远近，结合股价和均线支撑来判断坐线过程是否接近尾声，越是回落距离 0 轴较近时，出现的明显量萎缩和股价回落到某个支撑位，越要盯紧，如果再有均线将在股价下方形成金叉发生，就更要特别注意——因为一个最佳介入机会将随时出现。要充分利用均线系统稳定性、持续性的运行特点，以及价线、线线的关系规律，通过对各均线进行先期计算，就可以提前对很多技术动作未来的动向有一个演化和把握。

(4)拉线时，特别要注意中期均线(护航带两线)是否被拉动起来的现象，至少应有一条线被明显拉动起来。如果连续攻击拉线几天了，89 日和 144 日两线还没有什么“动静”，则应警惕短线出现“暴力回打一下”的现象，之后再重新启动拉线。拉线动作的出现，则是底部扭转整个过程彻底完成的信号。拉线——也与上攻阶段的启动动作重叠(图 2-13)。

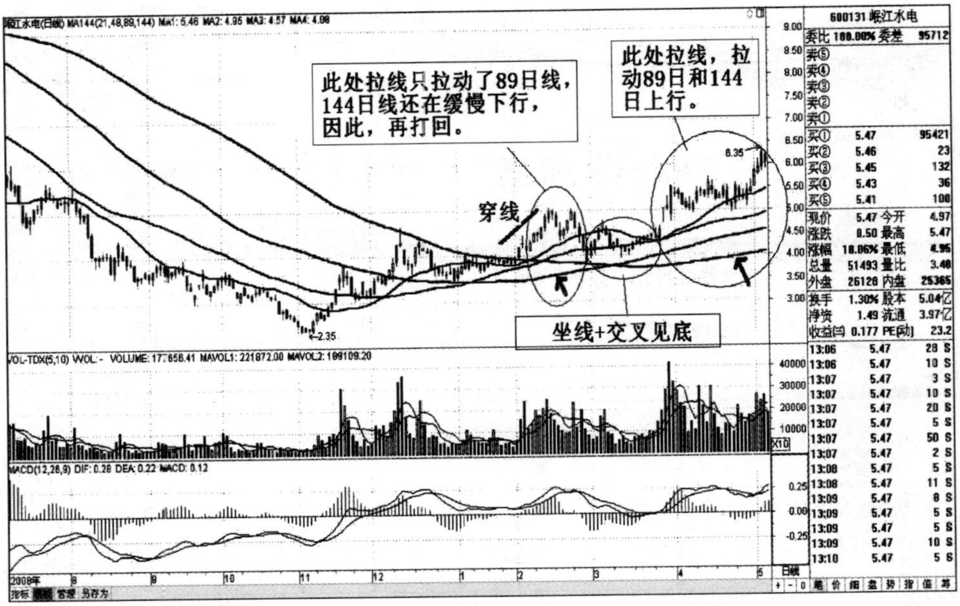

图 2-13

拉线动作也是一个启动攻击的动作，顺势起、破势起、蓄势起是最原始的三个启动动作，牛铃线是来源于最强的一个原始启动动作——顺势起。图 2-13 中岷江水电(600131)前期的几个步骤均符合底部扭转的过程特点，拉线时，重点拉动的是 144 日线，从平向运行转为向上拐头攻击。如果拉不动 144 日线，实战中就会再次回打下来，然后再启动拉线，因此，有些股底部扭转到最后时，出现了几次拉线动作，一方面是技术上未拉动 144 日线的原因，一方面也有趁机进行多次震荡清洗筹码，并加大低位吸筹力度的意图。

(5)还要注意重要的一点：一般在整个下跌行情过程中，会有一条均线在下跌途中始终没有被股价冲击过，但这条线始终伴随着下跌趋势运行，那么这条均线的压制力度也就是最强的。比如，可以是 48 日线，也可以是 89 日，也或者是 144 日线(有些大型的下跌长期的下跌行情中，也可能是 288 日线或者 576 日线)。当这条压制力度最强的均线在底部扭转构筑过程中，被冲破的现象发生时，就要特别注意，通常一个底部扭转过程正在完成中。

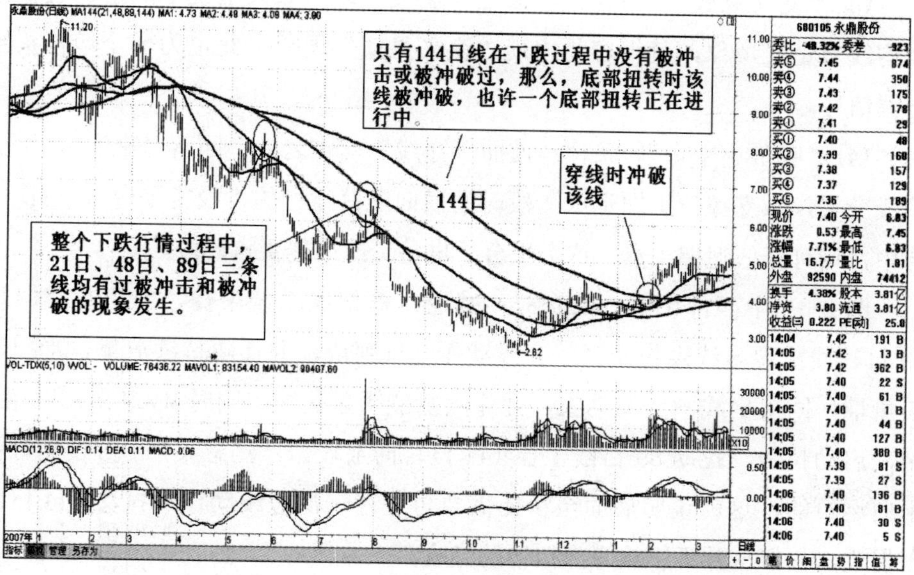

图 2-14

图 2-14 中永鼎股份(600105)的 144 日线，在整个下跌行情中，始终没有被冲击过，因此，这条线始终保持着最强的压力，但没有只跌不涨的个股和市场，一旦吸筹底部扭转时，再强的压制线，也必须要被冲破。所以，有时在判断是否有底部扭转可能性的时候，注意一下这个问题，对分析判断也有很大帮助。

第四节　最佳介入点的选择

“底部扭转”中最佳介入点的选择：

(1)“穿线”。条件：已经多线聚拢，进入变盘窗口，出现一次连续穿过几条压制均线，成交量持续放大，明显大于前面“顶线、冲线”时的成交量，MACD 指标最好进入 0 轴以上区域。一般以在穿线时，下面出现“多线交叉”

现象时为一个最佳买点(盘中、次日均可择低把握)。

(2)“坐线”。条件：“穿线”后的回落缩量坐线动作，是当然的最佳买点之一。

(3)“交叉见底”。条件：一般在“坐线”时，如果出现了回落的股价下面均线有金叉现象，就很容易出现“交叉见底”现象。此也为一个最佳买点把握信号。

(4)“吸货小平台”。条件：前面“穿线”动作之后，回落“坐线”，下面多线交叉，做支撑。上面形成一段时间横向震荡运行的“吸货平台”，再次平台中，均可择低把握买点。这个平台，也是一次最佳买点时段。

图 2-15 中西部矿业(601168)，减速，框架线系统聚拢，21 日、48 日、89 日三线出现多线聚拢交叉，穿线动作一气呵成，并伴随持续放量，形成密集量堆，回落坐线 + 交叉见底，并伴随量能明显萎缩，同时 MACD 指标回落 0 轴，启动拉线，拉动 89 日线上穿 144 日，向上攻击。注意！144 日线此时是平向运行的，这就说明后面至少还需要再进行一次拉线动作，拉动 144 日线上拐攻击，但这并不影响底部扭转的完成。

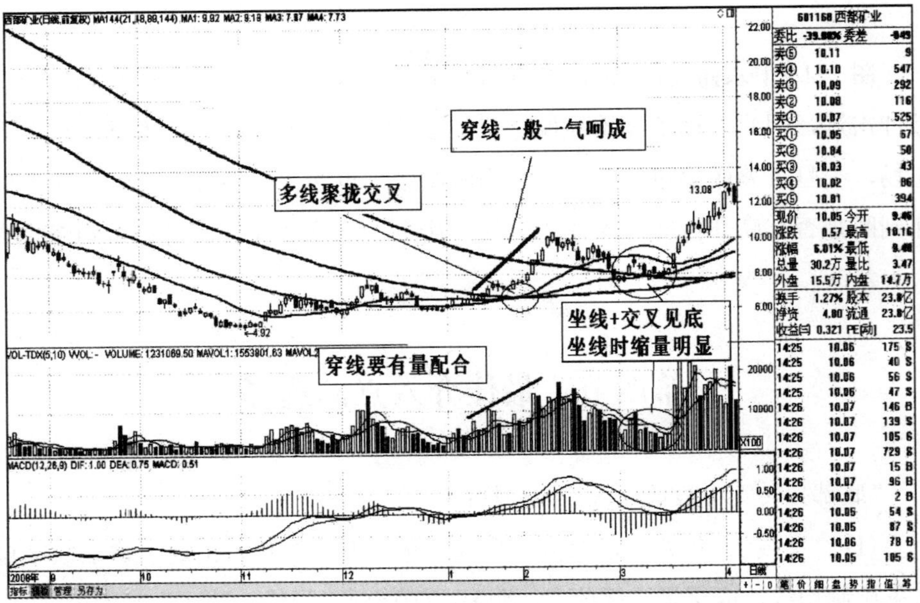

图 2-15

图 2-16 中中国石油(601857)，先加速出现的攻击动作，连续上破框架线系统各线，很有穿线的特点，但由于股价再次下破各线，这里就成为了一次冲线动作，多线聚拢，穿线开始，之后的坐线过程，是一个典型的吸货小平台，注意看量，虽然有时也有放大现象，但每当股价回落下来寻求支撑时，都会明显缩量，因此，坐线容易成功，还有看指标，坐线过程中，回落而不下破 0 轴，保持指标在多头市场中运行。坐线成功，拉线顺理成章。

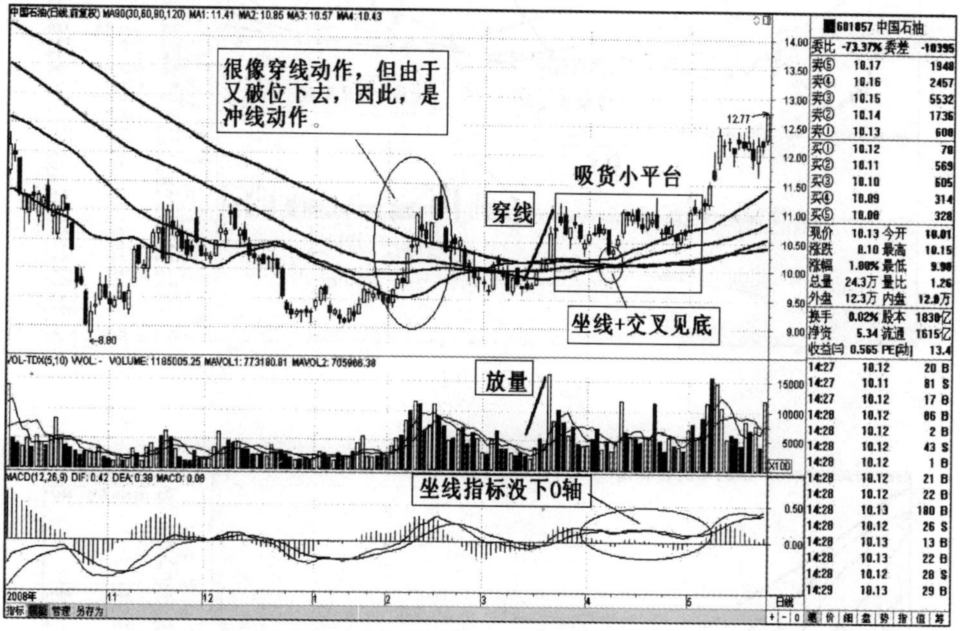

图 2-16

图 2-17 中中海集运(601866)的底部扭转步骤清晰明了，可以试着自己分析，掌握一下各个步骤的衔接和变化。

图 2-18 中豫能控股(001896)的底部扭转，同前面点评过的深信泰丰(图 2—5)的底部扭转较为类似，减速、框架线系统收拢，多次冲线动作，控盘手将大量精力放在了穿线之前的过程中，反复折腾，增强技术上的不稳定感，有利于清洗低位持仓比较多的散筹。但穿线之后的坐线、拉线动作均变得清晰明了。最终完成底部扭转之后，又多加了一次震仓动作(图中价破线不破

处)，该股 1.75 元也是自上市以来的历史最低价格，底部扭转后最高上涨到 10.28 元，涨幅达 4.87 倍。所以，低位底部扭转过程中，如此反复的震、洗，也是一种夯实低位筹码基础的合理手段。

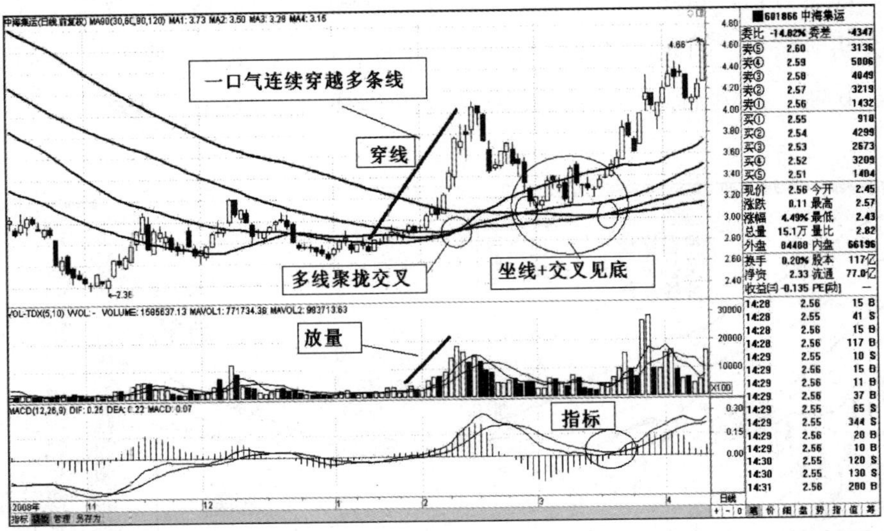

图 2-17

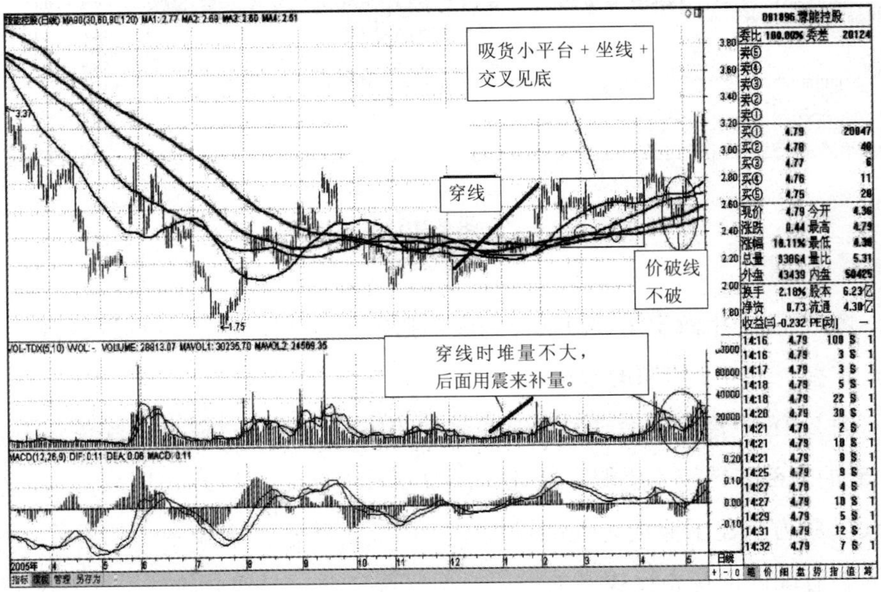

图 2-18

图 2-19 中锌业股份(000751)的底部扭转其他步骤均简单清晰，只是在穿线之后的坐线过程有些手段上的变化，形成了一种收敛形的震荡小平台过程，由于这个坐线过程的支撑是框架线系统中最短的 21 日线，因此，从股价内在的强度上，是一种强势震荡坐线动作，所以，MACD 指标的回落都没有靠近 0 轴附近，而是具有一种“飘”在半空的现象，这其实是一种强势表现。坐线时的缩量还是明显的。虽然短线比较强势，但由于框架线系统各线没有经过一个相互收拢、化解八爪的蓄势过程，因此，该股短线在拉线完成后，由于框架线间出现多八爪现象，又转为进入长时间的横向区域间震荡过程中。

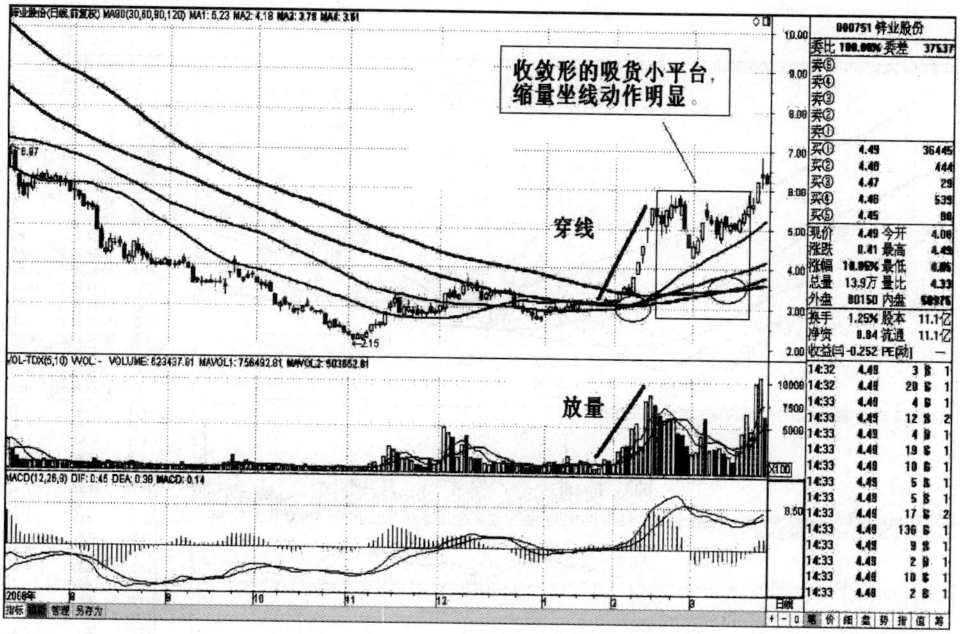

图 2–19

(5)“价破线不破”。条件：这种现象在此处一般发生在“吸货平台”中。如果第一次回落 5 日下破了 10 日线，而拉起来后，第二次回落时，股价回落了，而 5 日线不再下破 10 日线，就是“价破线不破、拐点必出现”的技术现象。也是一个最佳买点。

(补充：别死板地用！如果某股第一次是 10 日下破了 21 日线，而第二次

10 日不破 21 日线了，也是一样的内在规律。比如，“先震后洗攻”这个组合动作就是一个典型，以此类推……)

(6) 拉线、顺势起、蓄势起、破势起、牛铃线这几个启动攻击的技术动作发起攻击时(自然成交量明显配合放大)，是底部扭转中最佳买点把握机会。

图 2-20 中巢东股份(600318)的底部扭转过程中，在前期顶线、冲线、穿线过程中，出现了 21 日与 48 日的牛铃线，这种现象有利于保证这些步骤动作的成功几率，因此，实战中如果在这些步骤中发现牛铃线伴随其中，是个好现象。坐线之后 21 日与 48 日形成的顺势起，则为一个启动动作，也是拉线动作。该股此处明显拉动了 144 日线上拐攻击。

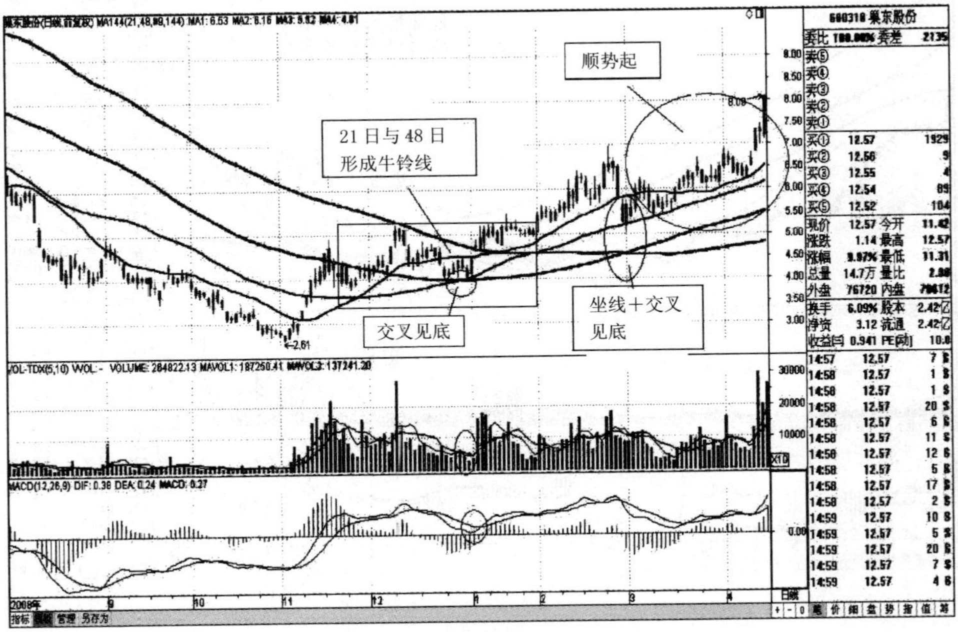

图 2-20

图 2-21 中东北制药(000597)的底部扭转过程中，我们看 21 日与 48 日两线的变化关系：①位置处 21 日线下破死叉 48 日线；②位置处 21 日线又上穿金叉 48 日线；③位置处再次死叉；④位置处再次金叉；特别注意⑤位置处：股价震荡，但 21 日线与 48 日线没有发生死叉动作；前面几次，21 日线均是

死叉 48 日线的，但此处不再发生死叉，说明其内在力量中多头逐步占据上风，“前面死叉、后面不死叉”这就是一个典型的技术走强表现。因此，实战中遇到此技术现象时，也是一个最佳介入点选择。当然，该图中后面的猛震动作，形成价破线不破动作，也是一个介入把握点，因此，下面的护航带处于多头支撑状态，又是缩量打，形成破势起。还有一点，图中的虚线大方框内，总体动作是一个吸货震荡平台的运行方式。实战中，心要细，同时还要不断熟悉这些技术动作和技术现象的重叠共振效应，这样，判断操作的准确性会大幅提高。

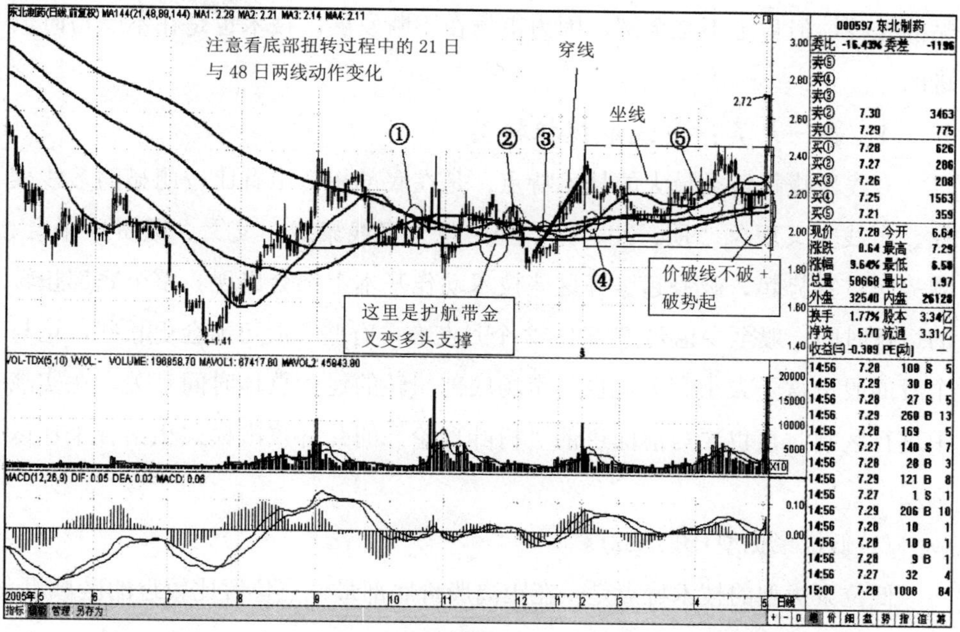

图 2–21

第五节　技术种类

“底部扭转”的技术种类(两大类，五种具体类型)：

底部扭转的技术形态，主要是以价格的底部扭转技术构筑形态来进行分类的，比如大家比较熟悉的有：V 形底形态、双底形态、头肩底形态、圆形底形态、箱形底形态等等，这些均属于以价格波动轨迹划分的底部扭转形态。

扭线技术，则主要以均线系统为主体来划分底部扭转的技术形态。特别是在趋势框架线系统模式中，这种以均线系统为主体的划分方法，在实战中应用于分析操作时，有其技术独特性和稳定性，同时在底部扭转过程中，对介入时机点的把握上准确性也有很大的提高。主要是发挥了均线系统自身运行中的很多规律性技术特点，以其独特的直观、连续、稳定的扭转动作，并与价格底部形态的一些技术特性相结合，更加完整和清晰地诠释了底部扭转的一些技术精髓。我这里所讲的，主要是以均线系统为主体的底部扭转中的技术要点，同时，所总结的这些种类和形态包含了市场中最主要，也最为常见的几种，但肯定不是全部，因为市场在不断发展，技术也是在不断与时俱进的。

1. 第一大类：多线聚拢扭转类

多线聚拢扭转类最大的技术特点，是在底部扭转中有比较明显的多线聚拢、多线交叉现象。顶、冲、穿、坐、拉、多线聚拢、交叉、吸货小平台、顺势起、蓄势起、破势起等等这些技术动作基本上都会出现。整个底部扭转的运行时间一般至少也要持续 1～2 个月左右，有些个股可能会更长些，这与个股的股份盘子大小有关，也与市场底部扭转的运行总体时间有关。在实战中进行区别时，也要与前面讲的“树叶理论”的几种攻击模式相结合来加以确定。

(1)低位聚拢型(图 2-22)。

低位聚拢型的技术特点是：在距离股价底部最低点位置比较近的区域里，形成低位的多线聚拢、交叉现象，完成底部扭转。

图 2-23 和图 2-24 兴业矿业(000426)属于典型的低位聚拢型。下跌最低点价格为 2.90 元，经过一次顶线(顶 48 日线)、两次冲线(冲 48 日线)之后，21 日、48 日、89 日三线出现明显收拢动作。后面出现的穿线动作持续长达一个多月时间，5 日、10 日两线形成短线攻击通道，支撑穿线动作完成，连续穿越 21 日、48 日、89 日、144 日框架线压制系统。持续的穿线动作，必然带动收拢的均线加速靠拢，并最终完成了 21 日、48 日、89 日三线的聚拢交叉动作，这个聚拢交叉动作，就是这种“多线聚拢扭转”类的标志性特点，由

于这个多线交叉点价格为 3.70 元，距离该股前期最低点 2.90 元的高低价差相对来讲，不是很大，还有这个多线聚拢动作交叉动作出现时，交叉点位置距离 144 日线比较远，144 日线此时还在上面压制着，多线交叉点在框架线系统中，位置偏低，因此属于“低位聚拢型”。

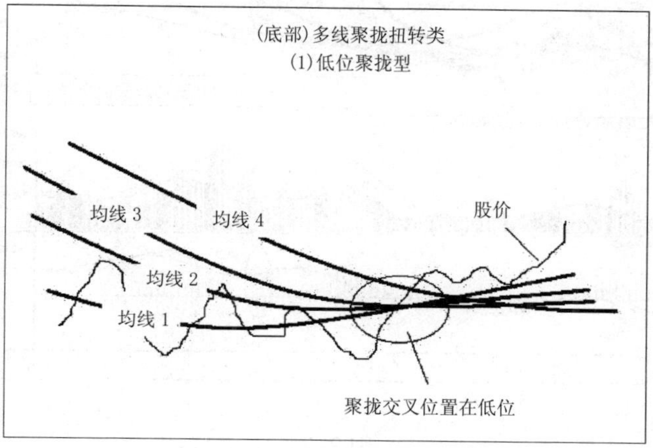

图 2-22

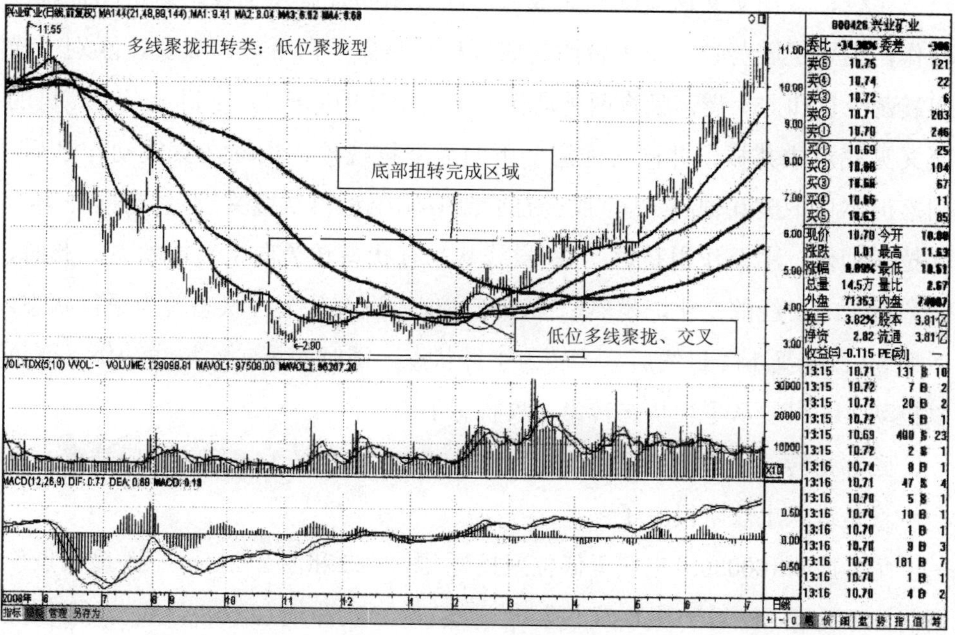

图 2-23

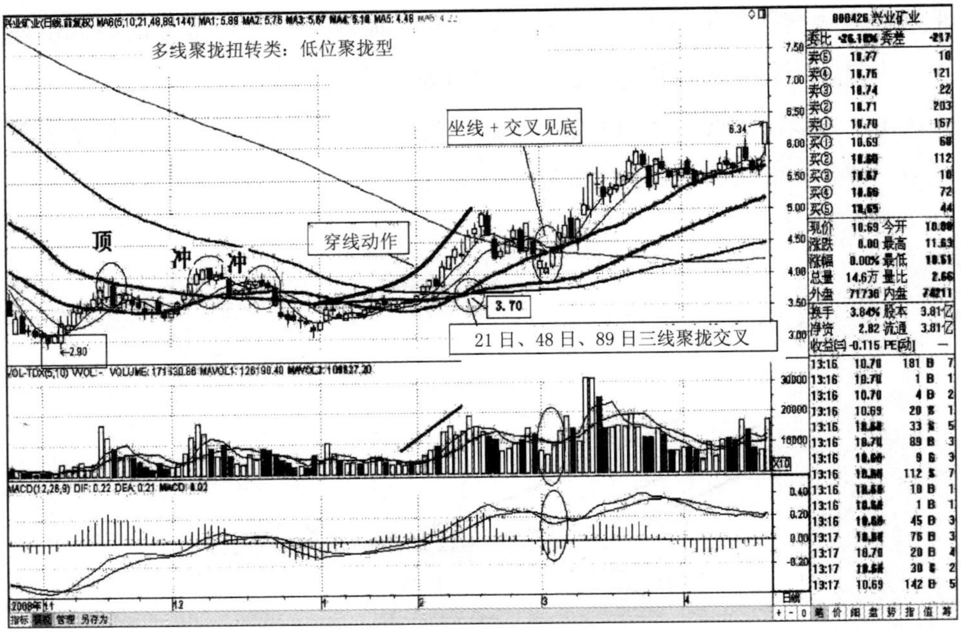

图 2-24

穿线、聚拢交叉这些动作完成之后，开始回打震荡坐线，这个回打震荡动作，也属于震荡吸货小平台的完成过程，是属于向下震荡吸货，区别于横向震荡吸货和向上震荡吸货两种动作。坐线动作的完成与 21 日金叉 144 日的交叉见底形成共振，并同时注意一下明显缩量现象，指标在穿线动作之后，回落但不再下破 0 轴(有些个股会打回到 0 轴附近再次金叉)。然后展开第一次拉线动作，主要作用是拉动 89 日线从平行状态转为向上攻击状态。此时，注意看 144 日线的变化，虽然已经减速，但还没有从下行状态转为平行状态，后期 89 日金叉 144 日线后，才转为平行状态，那时的第二次拉线动作，就可以拉动 144 日线从平行状态转为上攻状态了。

底部扭转的整体动作区域，一般在完成 89 日金叉 144 日动作后结束，下一步就是进入上攻阶段中了。

华泰股份(600308)也属于低位聚拢型(图 2-25 和图 2-26)。下跌最低点价格为 3.02 元，经过一次顶线(顶 48 日线)，一次冲线(冲 48 日线)，再顶线(顶 89 日线)之后，21 日、48 日、89 日三线明显收拢。展开穿线动作，同样是 5 日、10 日两线组合成短线攻击通道支撑股价连续穿越 21 日、48 日、89 日、144 日框架线压制区域之后，展开回落坐线动作。两次坐线动作中，第一次出现 5 日线下破 21 日线形成交叉见底，并伴随缩量动作；第二次再坐线，48 日金叉 144 日又一次形成交叉见底，缩量。注意此时 MACD 指标已经回落到 0 轴附近，拉线动作刚好形成指标金叉。坐线过程也属于震荡回落形式的吸货小平台。之后展开第一次拉线动作，拉动 89 日线上行，并最终 89 日线金叉 144 日线，完成整个底部扭转过程。此时，144 日线刚从下行状态转为平行状态，因此，后面还需要有二次拉线动作来拉动 144 日线转为上攻。

一个完整的底部扭转动作过程中，从最开始的顶线或冲线，一直持续到扭转过程完成，在均线系统(用框架线系统就看得很清楚)上是一个连续且连贯的动作过程，扭转过程中间如果出现意外情况，中断了均线系统的这个持续过程，都会造成底部扭转的夭折，后面就要再次重新探底、再次重新进入底部扭转过程。实战中，既要熟悉均线系统底部扭转的整个过程，也要注意一旦夭折之后的灵活应变策略预设。

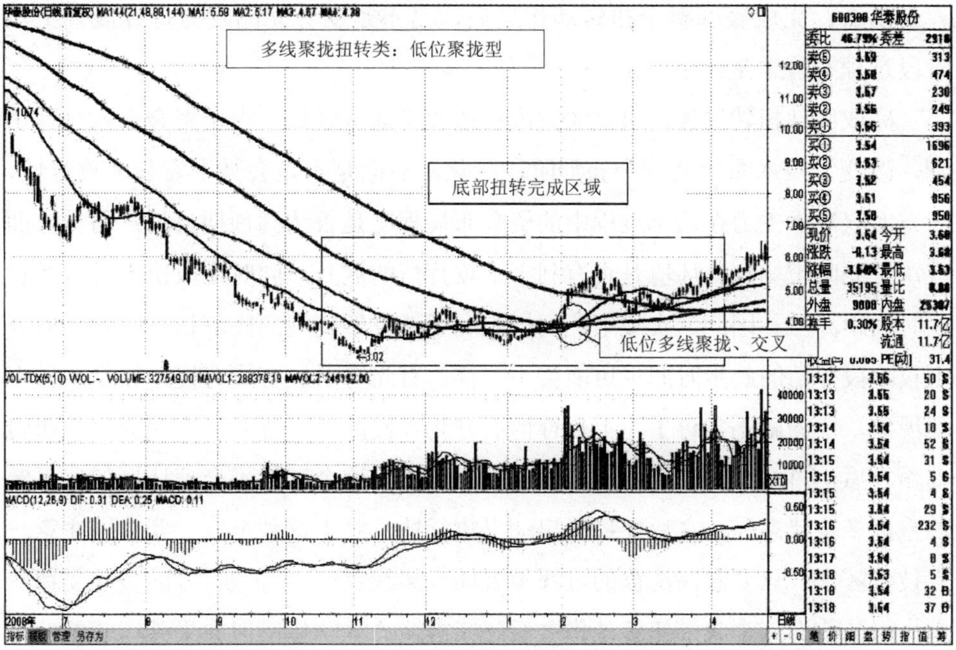

图 2–25

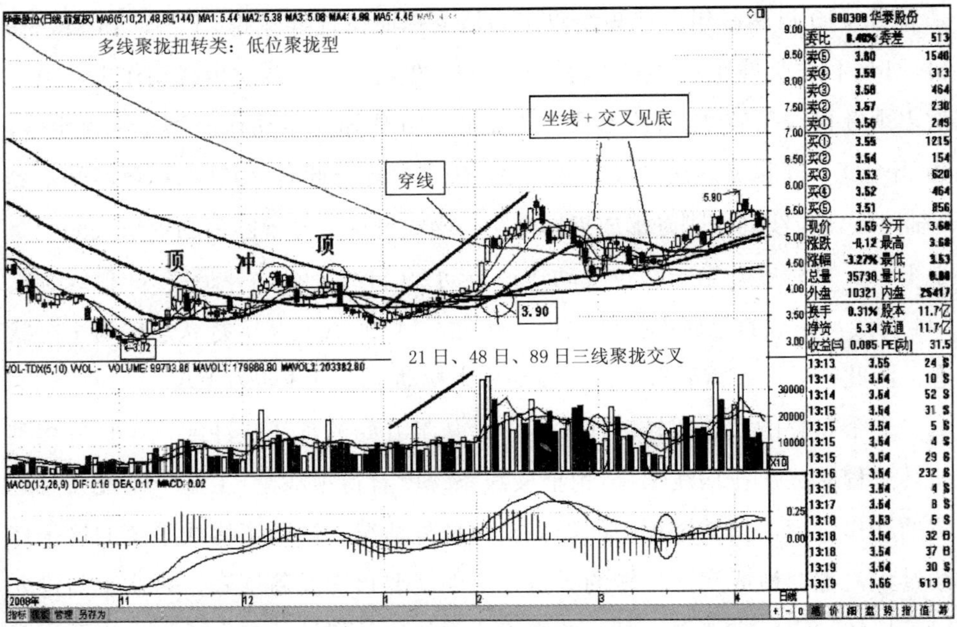

图 2-26

那么，完成底部整个扭转动作之后，是不是就会立即发力持续展开上攻阶段过程？答案是：不一定。

完成底部扭转过程，只是先完成了该股在低位区域，由于资金介入过程影响，改变了技术系统的一个布局阶段变化，后面是不是会马上发起上攻行情，一方面取决于主力在这个过程中的资金布局程度是否达到预期目的；另一方面取决于此时市场整体环境是否有利于上攻行情的展开；同时还取决于配合题材的时间距离差。因此，实战中，同样是属于低位聚拢型的底部扭转个股，展开上攻阶段行情的起步时间也可能会不一样，有先有后、有快有慢，这是一种合理现象。快的就不多讲了，上攻行情展开起步慢的个股有时会在完成底部扭转动作之后，再经过一个震荡洗盘过程——当然，这个过程不会破坏框架线系统的整体多头状态——之后才择机启动上攻行情。对于这种个股，要特别注意一点技术区别：只要震荡洗盘的过程不破坏框架线(特别是护航带)的多头支撑状态，就是前面这个底部扭转动作之后延续震荡清洗动作；但如果破坏了护航带的多头支撑，则说明这个底部扭转动作夭折了，后面需要重新完成一次底部扭转动作(不排除会有新低产生)，才会展开上攻阶段行情。

谨记一点：对于前面有下跌趋势过程的个股，不经过底部扭转动作过程，是不可能有上攻阶段行情展开的。

(2)拉高平台聚拢型(图 2-27)。

拉高平台聚拢型的技术特点是，一般会先快速拉起来，再形成一个相对底部最低点位置高一些的(吸货、洗盘)平台，在这个平台震荡中形成多线聚拢、交叉等现象，完成底部扭转。

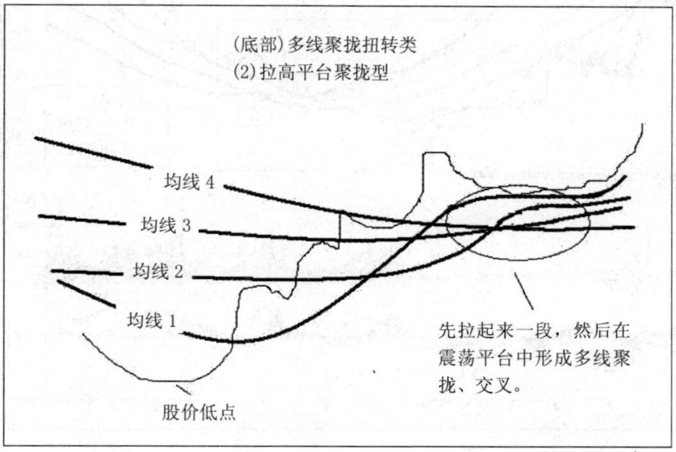

图 2-27

宁波热电(600982)在底部扭转过程中，框架线系统的各线收拢、聚拢交叉位置相对高，因此属于典型的拉高平台聚拢型(图 2-28 和图 2-29)。这个高，在技术上有两点判断标准：①区别于低位聚拢型中框架线系统中的聚拢交叉动作，是不包含 144 日半年线的，144 日半年线是在聚拢交叉点的上方形成压制力量。而在拉高平台聚拢型中，框架线聚拢交叉动作中是包含着 144 日半年线的，绝大部分情况下，半年线是直接参与了这个聚拢交叉动作的，即使有时半年线没有参与其中，也会与其他各线聚拢，处于同一水平高度区域里运行，没有与其他各线形成明显的高低空间差分离现象。②另一个高，是指股价最低点价格与这个框架线系统聚拢交叉位置的价格空间差比较明显，有一定的高低落差表现。

图 2-28 中该股股价最低点为 2.70 元，而多线聚拢交叉的位置价格则为 3.98 元，高低空间落差相比低位聚拢型要更为明显，并且 144 日半年线直接参与了这个聚拢交叉动作。

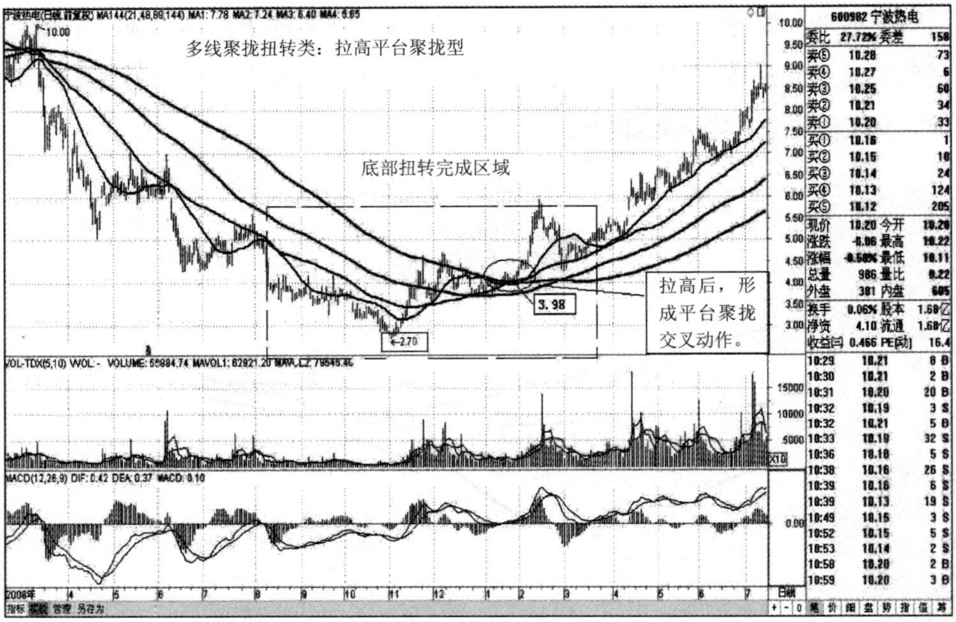

图 2–28

图 2-29 中的三次冲线动作，是针对 144 日半年线而形成的，这种强力遏制 144 日线下行的动作，在冲线攻击的力度上要比冲 48 日或者 89 日线更强一些，也说明了该股短线扭转过程中的一种资金强势表现。冲线动作的回落结束，两次与交叉见底动作形成一致性，这种现象在实战中也是一种短线选择最佳介入点的技术参考判断点。特别是 48 日线金叉 89 日线时的交叉见底动作，是一个明显的介入点判断位置。之后的穿线动作中，5 日、10 日两线的攻击通道保持强势支撑，股价则是以一种小连阳方式持续穿越所有压制框架线，量虽放得不是很暴，但具有持续性。这种沿着 5 日、10 日两线攻击通道形成的穿线动作过程中，也是一个最佳介入点选择时机。不是某一天，而是整个小阳缓攻(不脱线、不八爪)的过程中，均属于最佳介入点择机的时候。

抓买点时，特别注意一下通道不要有八爪，并且根据是沿着通道震荡攻击还是贴线攻击，来进行买点的预设。震荡攻击时，股价每次回落基本会回到通道内，而贴线攻击时，股价每次回落是以 5 日线为支撑的，实战策略自然有细节上的区别。

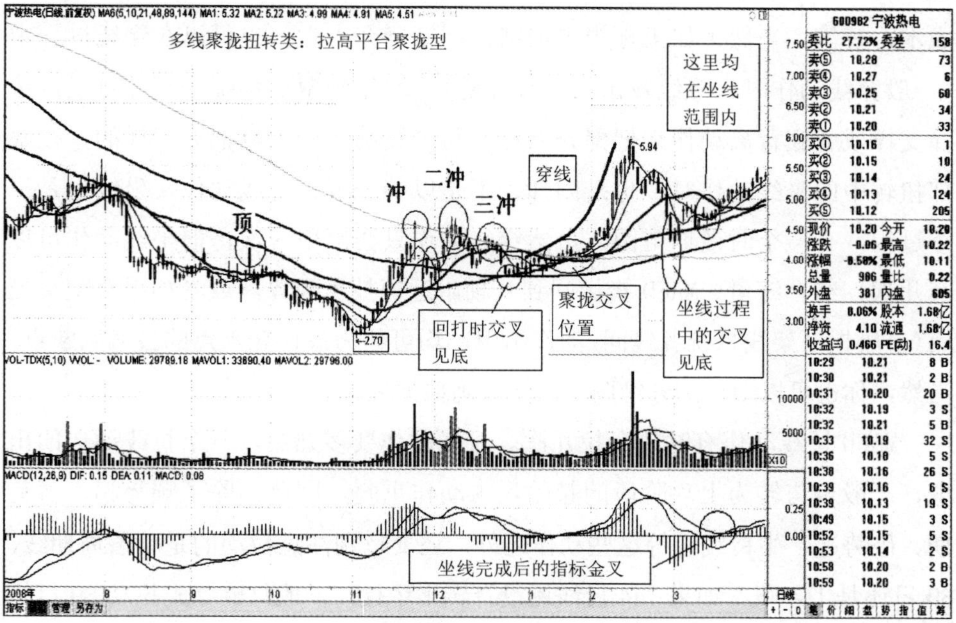

图 2-29

这里要讲一下，扭线技术中，绝大部分买入或者卖出的时间点选择把握，不同于其他技术中的时间点把握，因为扭线技术是以均线系统为主来选择时机点的，均线的特性不是一个点，而是一个线性的运行，具有其一定的延伸和稳定性，因此，在实战中利用扭线技术来把握时机点时，不能够只盯着某一天，或某一个点，而是应以某一个技术动作的时效期来看待。如果能够再利用一下 5 分钟、15 分钟 K 线图上的支撑位，则更准确些。比如，穿线动作不是一天完成的，而是由一个持续的、有一个时间段的动作来完成的，那么，从技术介入点定位上来细化，这个穿线动作过程中，只要短线攻击不出现脱线和 5 日、10 日八爪现象，短期攻击通道(比如 5 日、10 日的攻击通道，也有一些震荡缓攻股是以10日、21日为攻击通道)始终保持着成交量持续性伴随放大，MACD指标也持续走强，则在此运行过程中的每一天均属于最佳时机点范围。实战中，为了尽可能降低介入成本，可以在穿线攻击过程中的某天盘中，静待回打、回落动作，择低来完成介入动作。这样做的好处有：不急于一时，而追高成本；可以分批介入，化整为零；还可以有T+0的机会降低成本，等等。当然，如果你想更加细化、精确介入点，也可以在穿线过程中(一般穿线动作时，短线攻击通道会伴随)，细化到微观系统(分钟图)里，选择支撑或者底背离动作来把握介入点。与穿线动作介入点把握一样的，在底部扭转中的坐线动作时，也是同理，不是以某一天为坐线动作，坐线也是一个过程，有一个时效期范围，虽然穿线动作只会出现一次，但坐线动作可以有几次，结合缩量、MACD指标回到0轴附近等技术现象，或者如果有交叉见底(一般指框架线系统各线间)动作出现，均可作为最佳介入点的技术判断点，当然，你也可以细化到分钟图上去更精确地把握。

MACD拉线动作有时也会拉几次。拉线动作要多熟悉，一个拉线动作的出现，一般也与转为上攻阶段的起始攻击动作重叠，因此，除了顺势起、蓄势期、破势起、牛铃线、等这些动作之外，还要特别注意拉动的是哪条周期线，89日还是144日？如果144日线还没有转平运行，一般只能够先拉动89日线上攻起来，但意味着这个拉线动作之后，可能还会有一次回打动作出现，有时股价会再次打回拉线启动位置区域，再次拉线。总之，只有拉动144日线上攻，这个上攻阶段的动作才能够彻底展开，框架线系统才会彻底扭转为上攻状态。有些个股，如果总是拉动不起来144日线上拐攻击，甚至会导致底部扭转的整体失败，股价下破所有支撑均线，再次探底，再次重新做底部扭转的动作。因此，拉线动作能否拉动护航带两线扭转上攻，是这个底部扭转动作能否彻底成功的一个关键技术判断点。

图2-30中，穿线之后，有两次明显的坐线动作，第一次与交叉见底共振，第二次则是与指标共振，很明显，这个范围里均属于坐线过程，不是某一天，而是一个动作过程，介入点的把握，也就不是某一天某一刻的问题了，而是这个过程中，这么多天里，你能否把握住多次时机点的问题。明白了这个道理，顺应均线技术的运行特点，是不是会觉得介入时机点在某一个动作

过程中，会多次出现，或者每天都存在？你还会执着于某一个时机点的得失而破坏自己平静的操作心态吗？先把这一点在思维上想通，很重要！那么，扭线技术中，是不是存在必须在某一点上进行决断性操作呢？有。当讲到那些位置时，会重点提醒一下。

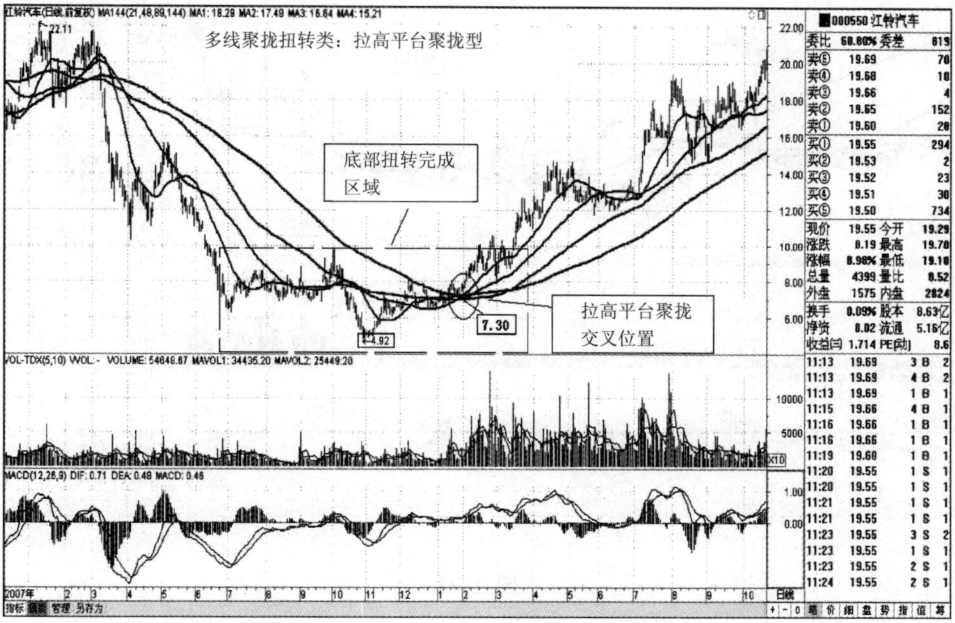

图 2-30

江铃汽车(000550)此处也属于典型的拉高平台聚拢型。图 2-31 中底部扭转过程中，出现有三次顶线动作，两次冲线动作，其中，有前后两次顶线动作是针对 144 日半年线的，有两次冲线动作也是针对 144 日半年线。与宁波热电底部扭转中不同的是，该股的穿线动作很短促，连续 5 个交易日就完成了穿线动作，之后，接着回落坐线。坐线动作与交叉见底共振，缩量明显，但注意 MACD 指标没有出现死叉现象，指标已经表现出一种短线的强势运行，因此，坐线动作也比较短，一周内就完成了。之后，进入拉线，但是注意细看，在这个拉线动作过程中，护航带两线均以平向运行为主，尽管股价短线上攻幅度还是很明显的，但没有拉动护航带两线，因此形成再次震荡吸货小平台。虽然震荡动作剧烈，但总体维持在短线的高位，也是一种强势表现。直到 89 日线金叉 144 日线之后，才再次拉线、再次启动。

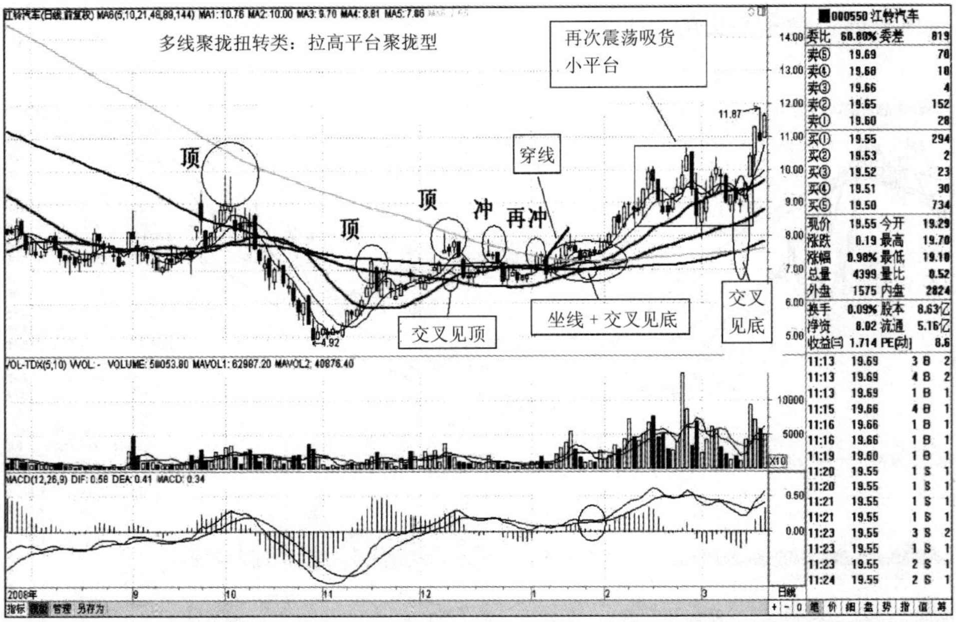

图 2–31

这里要细讲一下，底部扭转过程中框架线中另一个技术动作现象，就是注意寻找牛铃线的出现，牛铃线不仅会出现在坐线之后，而且在穿线动作时也会出现，因为实战中有些穿线动作的启动就与某个牛铃线完成后的启动上攻动作相重叠。牛铃线有时会出现 21 日线与 48 日线金叉之后的运行中，有时会出现在 48 日线与 89 日线金叉之后的运行中。在中期底部扭转动作中，出现在 89 日与 144 日两线上的几率比较少，只有在比较长时间的大型底部扭转中，才会常常看到。前两种牛铃线的出现，一般都会是支撑底部扭转动作延续的一个典型技术现象，也是短期内资金逐步介入该股后对股价重心形成层层支撑的一种内在表现。单独分解来看，牛铃线中两线金叉后，从八爪到收拢，之后很容易出现一个新的攻击动作，因此，耐心等到两线收拢之后的再次放量攻击之时，也属于一个最佳介入点的选择位置。而这种再次放量攻击，有时可能就与冲线或穿线或拉线动作的启动动作形成共振现象，只要实战中你分解细看就会发现。该股 21 日与 48 日在低位金叉之后形成牛铃线，之后两线收拢，再次放量攻击时，恰好与穿线动作共振。有共振现象产生，当然，也就是一个最佳介入时机的诞生。

2. 第二大类：“井”字形交叉扭转类

“井”字形交叉扭转类最大的技术特点，是不出现明显的多线聚拢现象，而是在底部扭转中形成“井”字形均线交叉现象。其中也会出现顶、冲、穿、坐、拉等个别技术动作。这个种类中，有些个股由于底部扭转动作比较凶猛、快速，在持续时间上会比较短，比如“强势弓背形”和“强势飞龙形”两种，底部扭转初期上攻动作短促、凶猛；也有些个股则以一种比较缓慢、绵长的波浪形上攻动作来逐步完成底部扭转，所持续的时间就会比较长，有些个股甚至可以持续半年以上。在实战中进行区别时，也要与前面讲的“树叶理论”几种攻击模式相结合来加以确定。

(1) 强势弓背形(也称上弧线，图 2-32)。

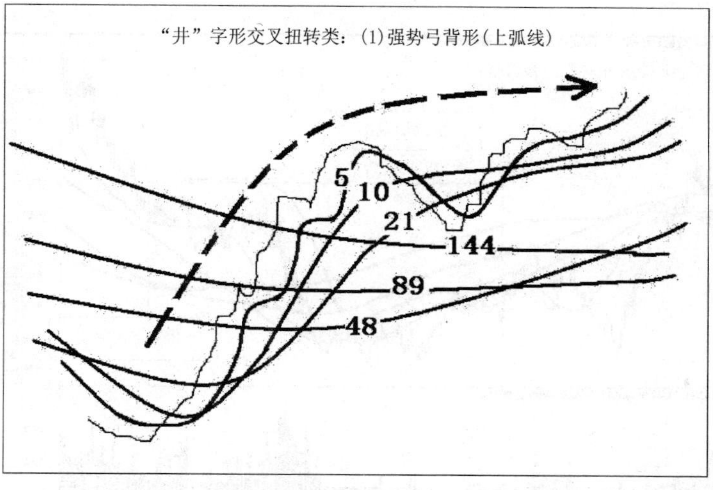

图 2-32

技术特点：

①在见底后急速扭转，凶猛、强势、急速攻击、持续放量、边拉边震、形成“强势弓背形(上弧线)底部扭转。

②一般此类型个股多以 5 日、10 日两线为攻击通道，持续穿过一条条压制均线。

③一般均会在穿越半年线(144 日或 120 日)后才出现比较明显的回落动作。

(特别记住：此类边震、边拉、边洗，5 日、10 日两线攻击通道清晰、简洁的技术走势股，在穿破半年线压制之前的放量震仓时，缩量回打洗盘时，均为最佳买点机会。)

天山股份(000877)底部扭转属于强势弓背形(上弧线攻击)。弓背形的攻击轨迹明显带有上弧线特点，顶线动作在低位只针对 48 日线，之后，以凶猛、急促、强势、连续的攻击一口气连冲带穿击破全部压制均线，这是典型的“冲穿一次过”。一般这种冲穿一次过只出现在底部扭转时，非常强势，又比较持续，同时伴随换手很大的个股上(图 2-33 和图 2-34)。细看穿线动作的起涨点，恰巧为 5 日、10 日、21 日三线的多线聚拢交叉动作共振，形成多线交叉起涨。之后，短线上攻，主要依托 5 日、10 日两线组成的攻击通道支撑，攻击途中的几次大阴线震仓动作也与几次均线交叉形成共振，但整体看，这个短

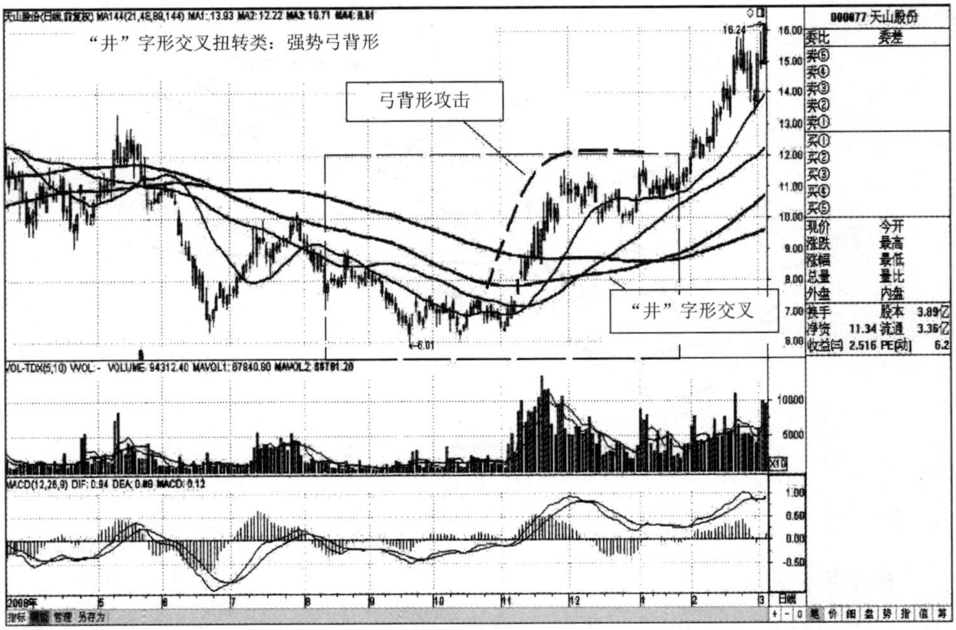

图 2-33

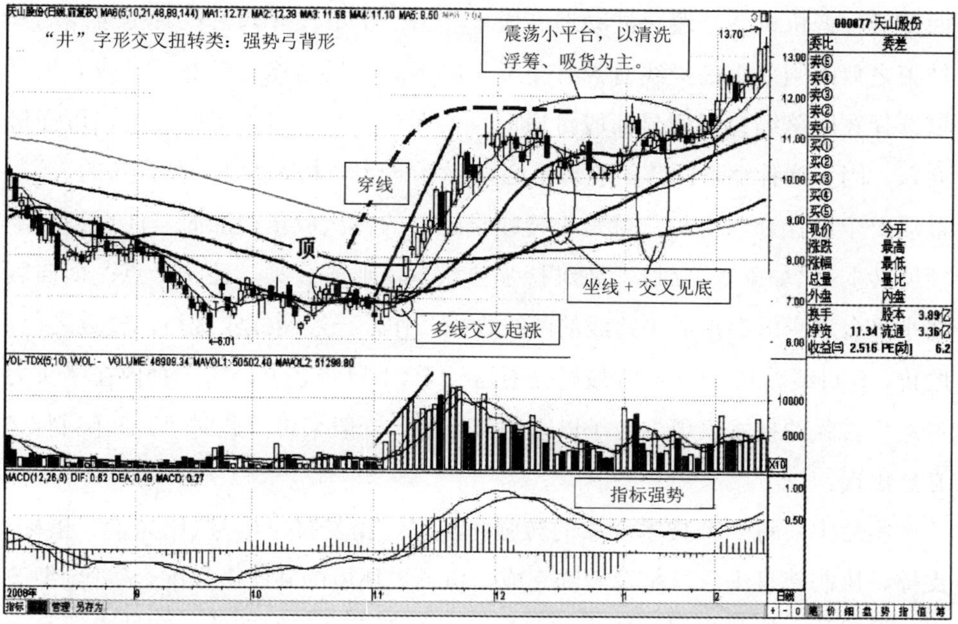

图 2-34

线攻击具有明显的持续性，属于边拉边震手法，伴随着大量高换手收集筹码动作，完成穿线攻击动作之后，转为横向的震荡清洗浮筹和再次吸货小平台，其中包含着坐线过程，特别是有两次坐线动作与交叉见底形成共振。注意看，震荡下平台过程中的 21 日与 48 日两线，形成明显的牛铃线动作，因此，在 89 日线金叉 144 日线之后，拉线动作与牛铃线的起涨动作形成共振。

从框架线系统看，很明显区别于前面讲的多线聚拢交叉类，框架线各线之间没有明显的聚拢收拢现象，而是以一种变形的“井”字形状态，形成各次交叉，直到完成整个底部扭转。在实战中，比较容易识别。

此类强势弓背形的底部扭转形态个股最佳介入点，主要在冲穿一次过的这个过程中，特别是穿过 144 日半年线之后的大阴震仓动作是一个机会，而整个穿线过程中，由于该类股本身就会成为市场中的明星股，很容易引起各路资金的追逐，所以穿线过程中，要特别注意 5 日、10 日两线攻击通道的延伸性，最佳介入位置选择在 5 日线或 5 日与 10 日之间为好，因为这种凶猛攻击动作的持续性特点，今天盘中如果已经错过低位机会，可以静等次日或后面的盘中低位机会，避免冲动追高成本。另一个最佳介入时机就是穿线动作结束之后的回落震荡坐线时，有交叉见底形成共振当然是最好了，或者也可以选择在回落缩量很明显而股价横向重心还是比 144 日半年线高时，可择机介入。因为这种缩量回落但股价重心维持不下沉，本身就是一种强势的表现。最后一个最佳介入时机，就是牛铃线收拢后的再次放量起涨时，注意指标不能够转弱(比如下破 0 轴)，要维持强势状态，形成金叉。还有一点：横向震荡小平台本身就会形成牛铃线的两线收拢动作，一般两线收拢得比较近之前，股价、5 日线、10 日线三者最好提前运行于 21 日线之上，为一种内在多头力量逐步转强的技术表现，应予以密切监控了，一般来讲，此时“时间限制点”必然出现。

实战中，每一个技术现象的转强和转弱，需要技术信号(比如量、指标、支撑、压制、盘中浮筹是否清洗完成、市场大环境的某次上攻配合等等)细节来加以确认，股价走强，绝大部分情况下，都不是突发性的，在技术运行上都会出现铺垫动作。因此，心细些是可以观察到的，但不能去赌时候发起攻击，因为发起攻击性动作的决定权没有掌握在手中(除非你掌握着，呵呵)。有些人，看到一些包含着起涨动作的技术现象时，就会自然产生马上发起攻击的幻想，而急于自我断定某个时间点，这种心理容易在实战中吃亏，要等到需要的确认技术信号出现才可以。即使掌握了一些技术变化的运行规律，但是处于主控位置还是处于跟随位置这个概念必须时时清楚。

中珠控股(600568)底部扭转过程，也属于典型的强势弓背形(图 2-35 和图 2-36)，虽然后期该股上攻趋势又转化为具有典型飞龙线攻击模式的技术特点，但在底部扭转的过程中，还是具备明显的强势弓背形特点，我们这里主要是针对底部扭转过程，因此，这种一个阶段的技术形态与整体趋势性的大技术形态有不同的状态，是一种常见的、合理的技术现象。这个问题，在技术思维层次上，是大与小的区别关系。

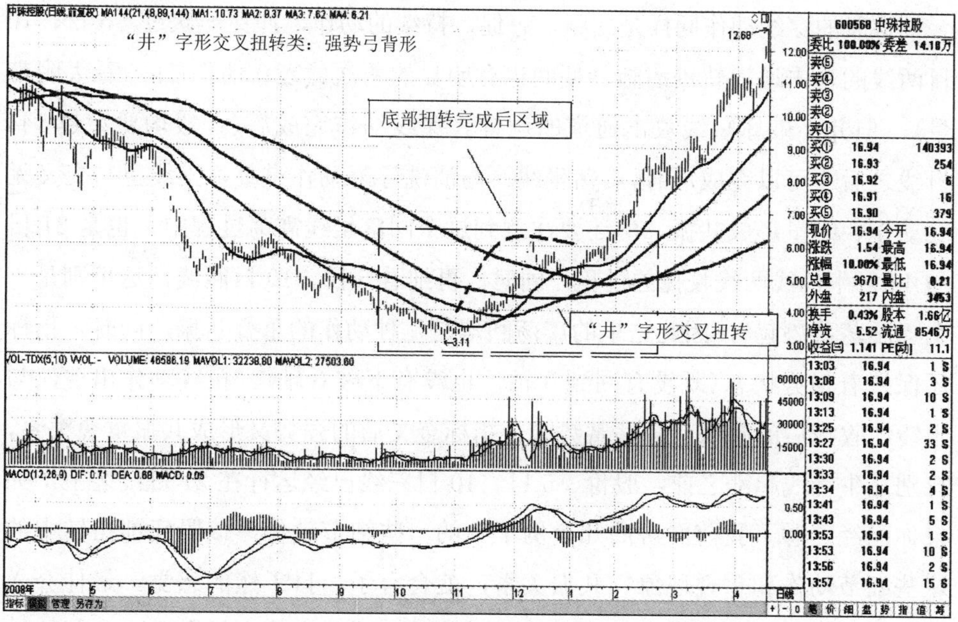
中珠控股(日线,前复权) MA144(21,48,89,144) MA1: 10.73 MA2: 9.37 MA3: 7.62 MA4: 6.21
“井”字形交叉扭转类：强势弓背形
底部扭转完成后区域
“井”字形交叉扭转
600568 中珠控股
VOL-TDX(5,10) VVOL: - VOLUME: 48586.19 MAVOL1: 32238.80 MAVOL2: 27503.60
MACD(12,26,9) DIF: 0.71 DEA: 0.68 MACD: 0.05

图 2-35

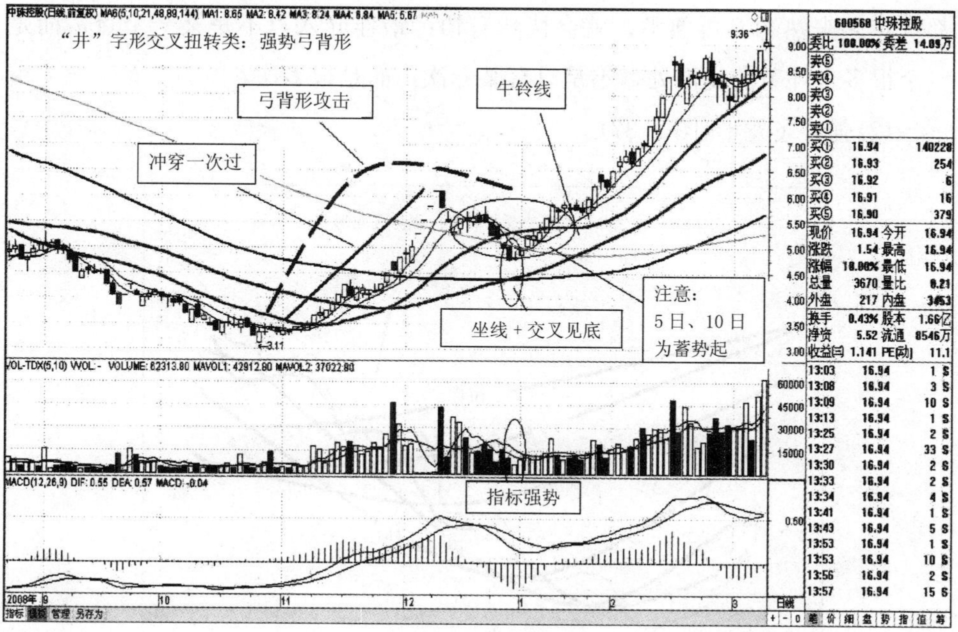
中珠控股(日线,前复权) MA6(5,10,21,48,89,144) MA1: 8.65 MA2: 8.42 MA3: 8.24 MA4: 6.84 MA5: 5.67
“井”字形交叉扭转类：强势弓背形
弓背形攻击
牛铃线
冲穿一次过
注意：
5日、10日
为蓄势起
坐线＋交叉见底
指标强势
600568 中珠控股
VOL-TDX(5,10) VVOL: - VOLUME: 62313.80 MAVOL1: 42912.80 MAVOL2: 37022.80
MACD(12,26,9) DIF: 0.55 DEA: 0.57 MACD: -0.04

图 2-36

该股的穿线动作同样是凶猛、急促、持续的动作，冲穿一次过，5 日、10 日两线的攻击通道轨迹清晰，期间也有明显的两次猛震仓动作(注意看大阴带量)，但并不破坏短线攻击通道的运行。穿线动作完成后(一般均要穿越 144 日线之后才可以完成)回落震荡坐线，与清洗浮筹动作重叠，坐线也与交叉见底动作、缩量形成共振。但还要注意到这个回落坐线震荡过程中，也是 21 日与 48 日牛铃线两线收拢的过程；同时，再细看 5 日、10 日两线，这里则是一个“震荡蓄势起”，因此这里的震荡回落是几种动作的重叠共振，同时，指标还保持着强势状态(既没有回到 0 轴，也没有下破 0 轴)。拉线动作出现，与牛铃线收拢后的起涨、震荡蓄势起、指标金叉后的强势又形成共振重叠关系，特别是牛铃线起涨之前，股价、5 日、10 日三线已经运行在 21 日线之上。如果你已经熟悉了我前面讲的几个例子中的一些细节动作，该股底部扭转中的这些细节动作和重叠现象、共振关系，就会有了一目了然的感觉。最佳介入点的选择，由于该股技术变化走势相对简单，因此实战中抓取时，也就比较容易把握到。穿线过程、穿线之后的震仓、坐线 + 交叉见底、牛铃线起涨、震荡蓄势中的 5 日金叉 10 日线、拉线、时间限制点、量、指标等等，把这些都贯穿起来熟悉、再熟悉，就会恍然有悟：最佳介入点不是某一个点，而是一个很多个环节的交汇处，不是只有某一次，而是很多次。

(2)强势飞龙形(图 2-37)。

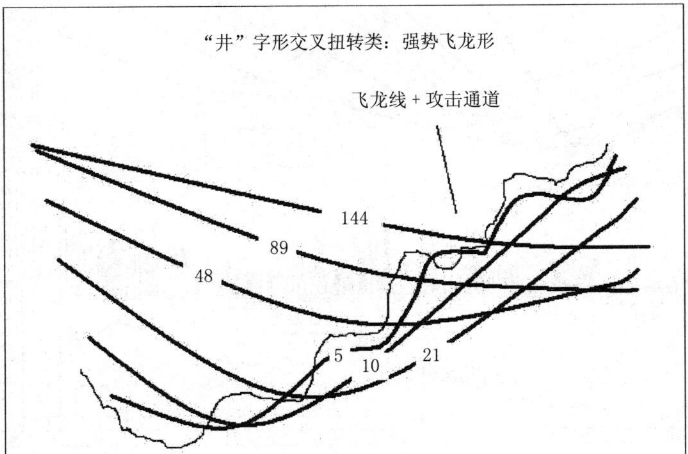

图 2-37

强势飞龙形的技术特点是底部扭转攻击过程中，基本以45°角震荡缓攻，具有“飞龙线”攻击特点。一般5日、10日两线组成的攻击通道(有些则为10日、21日两线组成“攻击通道”)清晰、简洁。21日线(护盘线)的持续支撑作用明显，穿过半年线后回落震荡或形成小平台。

强势飞龙形从技术形态上看，与强势弓背形有某种类似。这是因为，强势弓背形和强势飞龙形均属于底部扭转的“井”字形交叉扭转类别中，比较剧烈变化而形成的底部扭转动作；同时，两种形态的扭转过程中，均是以短期攻击通道(5日、10日组成)强势穿越144日半年线，并伴随比较密集的换手成交量为主要技术表现；指标强势保持；框架线为“井”字形交叉扭转，底部扭转中的大部分最佳介入时机点均在类似位置等等。

不同点，首先是攻击角度，一个明显有弓背形(上弧线攻击)特点，一个则是以45°飞龙线角度攻击而完成；其次，强势弓背形中的穿线攻击动作，主要是以5日、10日两线组合成的短线攻击通道持续支撑股价完成的；而强势飞龙形中的穿线攻击动作，有时是5日、10日的攻击通道支撑完成，但多数则是以10日、21日两线组合成的攻击通道支撑完成，这不是简单的攻击通道周期线的不同，而是说明了强势弓背形的短线穿线攻击动作更加凶猛、角度更加陡峭、资金介入的力度更加强劲，所以才会形成5日、10日两线这种相对比较短期的攻击通道支撑股价；强势飞龙形正因为是10日与21日两个相对大一点的周期组合而成的攻击通道，所以，穿线攻击角度就相比强势弓背型要平缓一些；同时，所使用的穿越时间也就会增加一些，那么，资金介入的力度虽然也是很坚定和强势，但相比弓背形攻击来讲，在攻击过程中，会多一些震荡动作夹杂其间，整体底部扭转的过程时间周期也会相对长一些。最后，飞龙形相比弓背形从资金布局进场角度来看，稳定、持续性更高些，资金介入的规模上也会更大一些。因此，两种形态的底部扭转过程，以特有的技术语言方式告诉了我们很多信息。实战中对于不同的个股，再做具体的、客观实际的分析和判断。

通策医疗(600763)(图2-38和图2-39)在底部扭转过程中，明显不是5日与10日线组成的攻击通道在支撑股价的震荡攻击动作，而是10日与21日两线组成了攻击通道。因为攻击期间，5日与10日线出现了交叉纠缠现象，而

10 日、21 日线的攻击通道保持着畅通，并且直到完成上穿 144 日半年线之后，10 日线与 21 日线的攻击通道才持续封闭交叉动作，这是最典型的强势飞龙形的震荡穿线攻击特点。穿线动作是以震荡攻击方式进行，具有持续性，在穿越 144 日半年线之前，虽然有小的震荡回打动作，但不会破坏和结束这个持续的穿越过程。虽然没有强势弓背形 5 日、10 日线的攻击通道那样攻击力量强劲，但也是要完成这个持续的穿越动作才转入下一个环节动作。从图 2-39 中还可以看到，该股在整个震荡穿线过程中，还存在着更细化的两次顶线和一次冲线动作，当然，也可以将这些细节性动作统一到整个的穿线动作中来对待，但这种现象说明了这个震荡穿线动作的包容性，因为我们还在其中发现了一个低位的牛铃线(10 日与 21 日形成的)，这个小牛铃线恰恰是震荡穿线动作的起始动作，同时看震荡穿线过程中还包含着几次比较剧烈的大阴线带量震仓动作，以及整个穿线过程中的持续堆量现象配合，更说明了介入资金的坚决态度。震仓 K 线被均线攻击通道支撑着，均线攻击通道本身又具备穿线特点，穿线动作又有持续堆量换手来支撑，再加上指标保持的强势攻

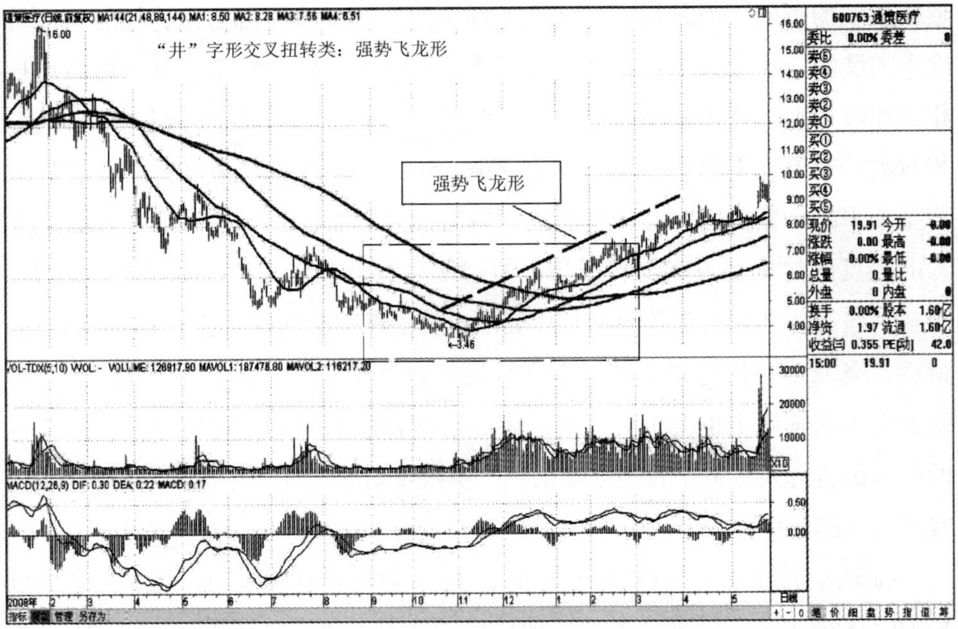

图 2-38

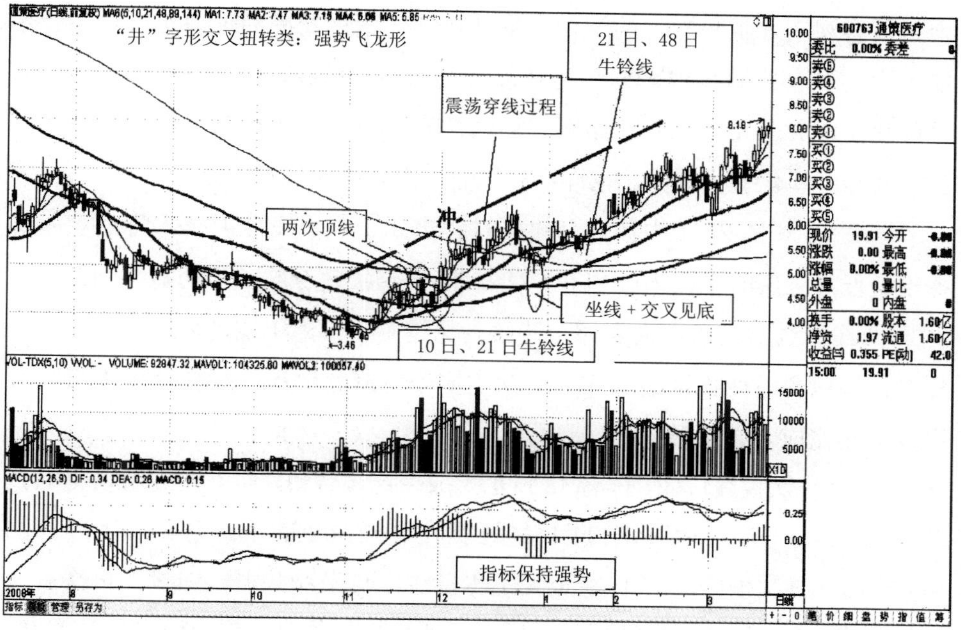

图 2-39

击状态(整个穿线过程中)，所以这些技术现象明显具有相互印证和相互确认的关系。穿线完成之后的回落坐线与交叉见底共振，坐线过程是一个震荡蓄势的过程，也是一个震荡清洗浮筹和吸货的小平台，同时，21 日与 48 日线形成牛铃线，收拢、放量、启动拉线，哪个动作都不是多余的，都有其技术目的和转接、变化的合理性。应以运行、变化、发展的思维来看这些过程，一步步如何而来，又一步步如何而去，这才是技术思维的真正精髓。

有人也许要较真儿了，你这图是过去发生过的，已经有走势轨迹了，你怎么说都行，如果是正在发生的，又怎么看呢？这个真儿较得好。扭线技术不是一个静态的技术，其中精髓之一，就是诠释了均线运行的特有规律和技术轨迹变化，是一种动态的技术演化，这种演化立足的基础有两个：一个是市场的实际客观走势；另一个是技术运行的变化规律，并且后者来源于前者，是去除其众多表象因素，而提炼出来的相互连接、相互转化过程中的一些规律。因此，扭线技术一大优点，就是可以进行下一步技术动作的推演，这区别于瞎猜，也区别于凭空幻想，而是立足在技术运行内在规律基础之上，结合目前客观实际走势进行的一种未来技术动作变化发展的推演思维。当技术能力提高到一定地步的时候，这种能力会自然产生，扭线技术把它形象化、具体化了，并与实际操作相结合。后面会有一节涉及一些简单的扭线技术动作之间相互演化变化规律，也许看后你能领悟其中的奥妙之处了。

图 2-40 和图 2-41 中的底部扭转过程也属于强势飞龙形技术特点。股价探出最低点之后的牛铃线(10 日与 21 日组合)，震荡穿线动作明显得到 10 日、21 日两线组合的攻击通道支撑，持续到穿越 144 日半年线之后结束，穿线过程中，还包含着两次顶线动作，几次大阴带量震仓动作，指标持续攻击直到穿线动作完成。之后转入坐线过程，与交叉见底、缩量、形成共振。进入拉线动作(第一次拉线)，21 日与 48 日也形成牛铃线启动，也有量配合，但只拉动了 89 日线上攻，此时，144 日线还存在缓慢微小的下行动作，因此打回 144 日线，再次坐线，89 日线金叉 144 日线，与坐线共振，缩量。再次震荡转强蓄势，144 日线开始转平行，后面只要再次拉线时，配合明显量能推动，拉动 144 日线转为上行，就成为必然。

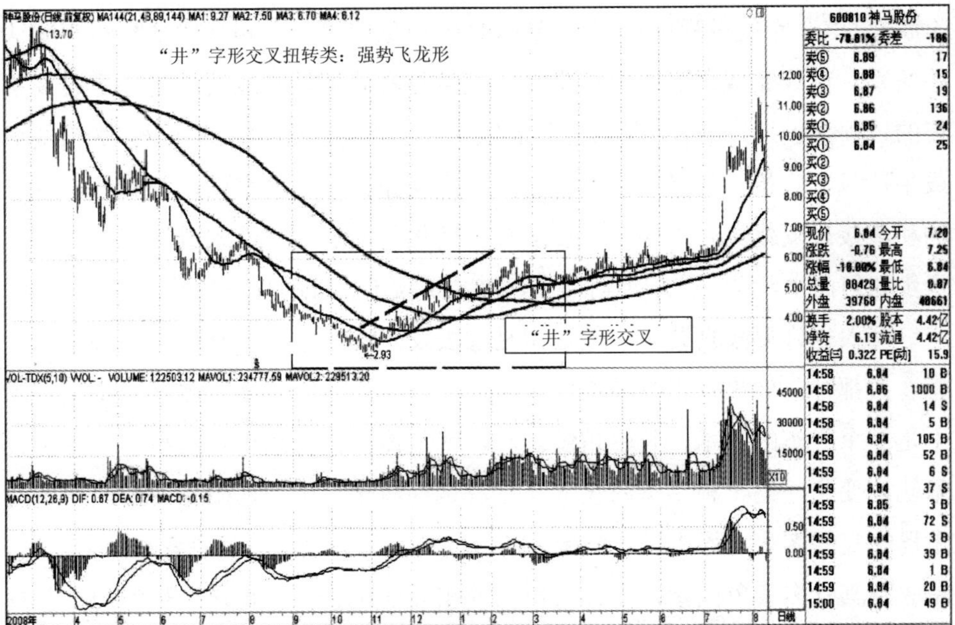

图 2-40

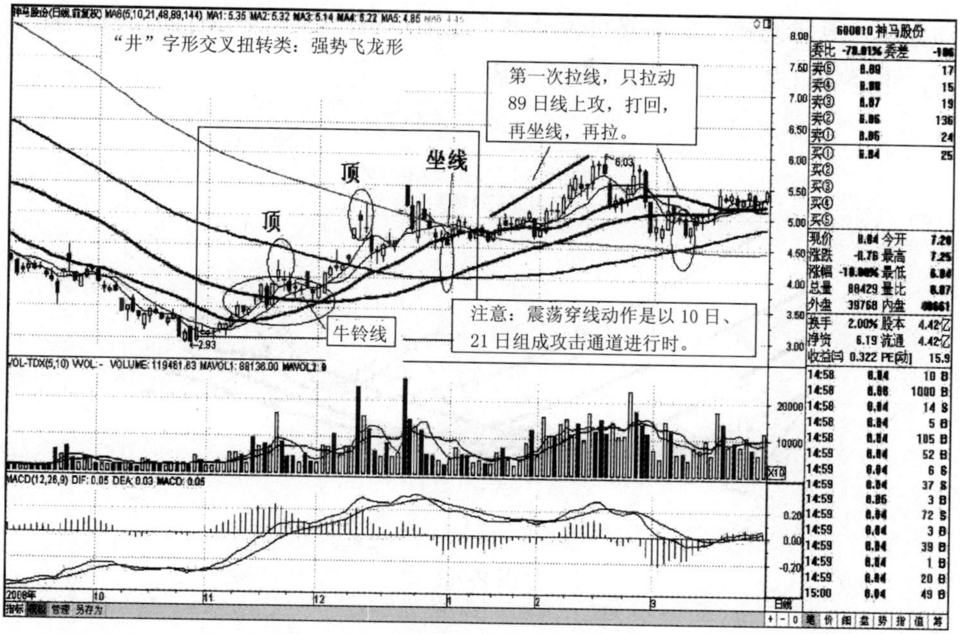

图 2-41

底部扭转的整个过程就是这样完成的。其中的最佳介入时机点与前面的几个例子中的最佳介入点的选择把握是一致的，该股上也是同理，这里不再赘述。这里只提醒一点：最佳介入时机点与K线上的机会点有不同之处，K线技术思维特点是点，均线技术思维特点是线，似流水，是动态的，是变化着的，因此，买点就会多一些，在某个动作运行过程中，几乎每天都是最佳介入点，逢低就可以，只是在出现脱线、八爪线以及阳线猛冲时，可以等待一下，没有必要追着买。

(3)分层震荡缓攻形(图 2-42)。

分层震荡缓攻形的技术特点是：

①在底部扭转中比较常见，会形成一层一层的逐波推动、震荡缓攻状态的典型走势，化解一条条压制均线。

②没有持续的5日、10日组成的攻击通道，也没有持续的10日、21日组成的攻击通道，短期三线容易出现相互交叉、纠缠现象。

③扭转走势相对“漫长”，比较容易出现多层“吸货平台”台阶形式的震

荡平台，有时完成一个底部扭转可以长达半年(甚至更长)的时间，但此类股中，也经常出现“让人惊异”的大牛股。

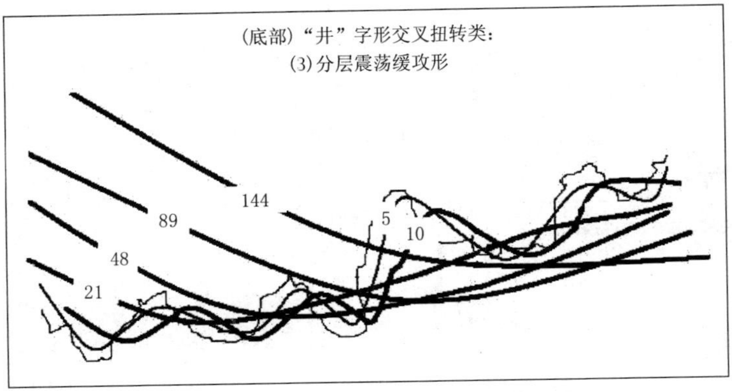

图 2-42

分层震荡缓攻形在市场中属于比较常见的一种“井”字形的底部扭转。既区别于低位聚拢、拉高平台聚拢这类多线聚拢交叉扭转，也区别于比较剧烈攻击的“井”字形中的强势弓背形和强势飞龙形底部扭转过程。强势弓背形扭转最急促，所以常会看到是 5 日、10 日两线组成攻击通道；而强势飞龙形要比弓背形角度缓一些，因此，常会看到 10 日、21 日组成的攻击通道；相比之下，分层震荡缓攻形的攻击角度就更加平缓了，主要维持的是 21 日与 48 日的攻击通道(此两线也容易出现低位的牛铃线)，我们从攻击通道的组合周期上就可以明显看出来，分层震荡缓攻形属于比较缓慢的一种底部扭转过程。但是，慢并不说明它就弱，后期涨幅就不大，反而在此类股中，常常可以看到一些长达几年的上攻牛股，上攻幅度也大的惊人。当然，不是讲这种类型股每只都会有这样的惊人表现，但确实在实战中经常会看到一些大牛股的底部扭转过程属于此类型。

大有能源(600403)的底部扭转过程就属于这种类型(图 2-43 和图 2-44)。首先就可以看到，整个底部扭转过程的完成，有 5 个多月时间；其次可以明显看出，扭转攻击的动作是属于震荡方式的，就像浪花一样，一层一层地去化解上面压制的均线，这就是分层震荡缓攻的典型表现；最后还可以看到，在分层震荡缓攻穿越上面所有压制均线的过程中，短期三线(5 日、10 日、21 日)相互之间有交叉纠缠动作出现，这明显区别于强势弓背形和飞龙形。正因为这个震荡缓攻过程持续时间更长，在攻击过程中所包含的其他技术动作也就更多一些。比如，该股在图 2-44 中，先冲 48 日线，再冲 89 日线，然后是两次顶 144 日半年线，而不直接穿越过去，这些过程中，还包括着交叉见底、牛铃线(21 日与 48 日组成)。之后，穿线时，也出现了 5 日、10 日的攻击通道伴随支撑，但这个穿线动作也具有拉线的作用，这就是连穿带拉、一举两得的手法。注意看，穿线时，下面的 89 日线被拉动上攻，但此时 144 日线还正在转平运行，之后回打坐线，回打动作比较凶，但又刚好与 89 日金叉 144 日线的交叉见底形成共振关系，这么凶的回打动作，都能够戛然而止，就说明了回打动作属于外凶内柔，具有人为控制手段，震仓清洗目的明显，同时化解了技术上短线乖离过大。坐线之后的再次拉线动作又与顺势起重叠，这次拉动了 144 日线转为上攻。就是这种看似清晰明了的底部扭转过程，却用了 5 个多月的时间，实战中，对很多低位持仓的人来讲，这是一个比较难熬的过程，期间的持仓心态会经历多次和反复的沉浮变化。实战中，很多人遇到此类股时，半途而废的操作会很多，一个原因是其扭转过程中的震荡动作太多、时间运行也长，并且常会出现大阴带量的震仓动作，如果细化来看，几乎每上一层台阶，都会出现震仓动作来清洗浮筹和跟风盘，对于短线客来讲，跟起来很难受，刚赚一点钱，又开始回打震荡。只有那种为数不多的具备长线操作特点的资金参与者，才会在这类股上坚持到未来主升段利润的到来，因为从底部扭转开始，也许主升段在一年之后，甚至两年后才出现。这也算是此类股的一大市场特点吧。实战中，我的观点是根据自己的操作优势和个性并结合扭线技术底部扭转的类型特点，来选择适合自己操作习惯的不同种类股票，这样做起来成功的几率会比较高，如果受到某种区别于自己操作个性的利润期望吸引，而改弦易辙，反而容易失败和失误。成功率才是关键，有了成功率，才能够有资金的效益成倍保障，这就是技术应用时个性化的问题。

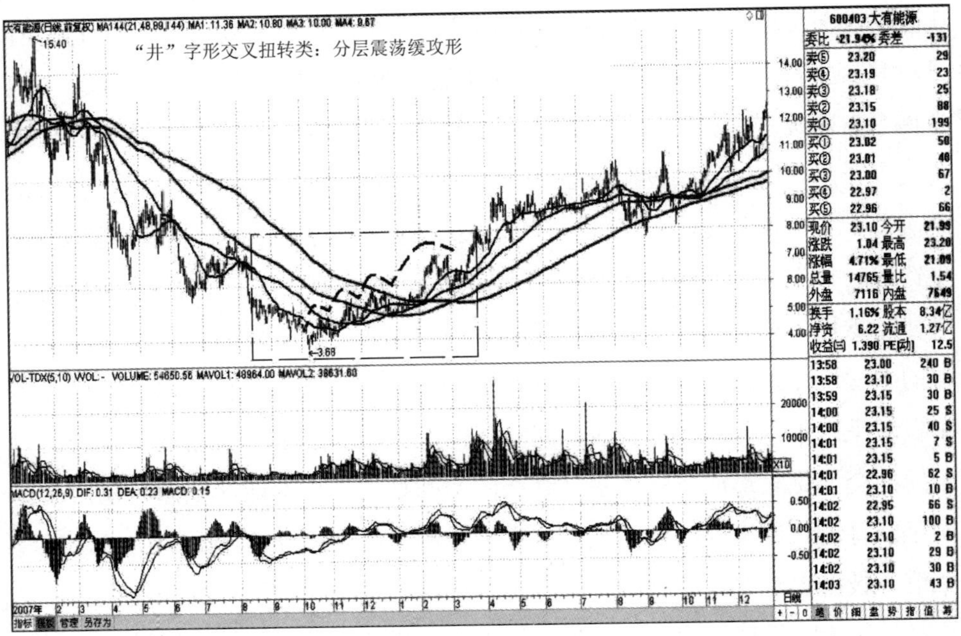
“井”字形交叉扭转类：分层震荡缓攻形
600403 大有能源

图 2-43

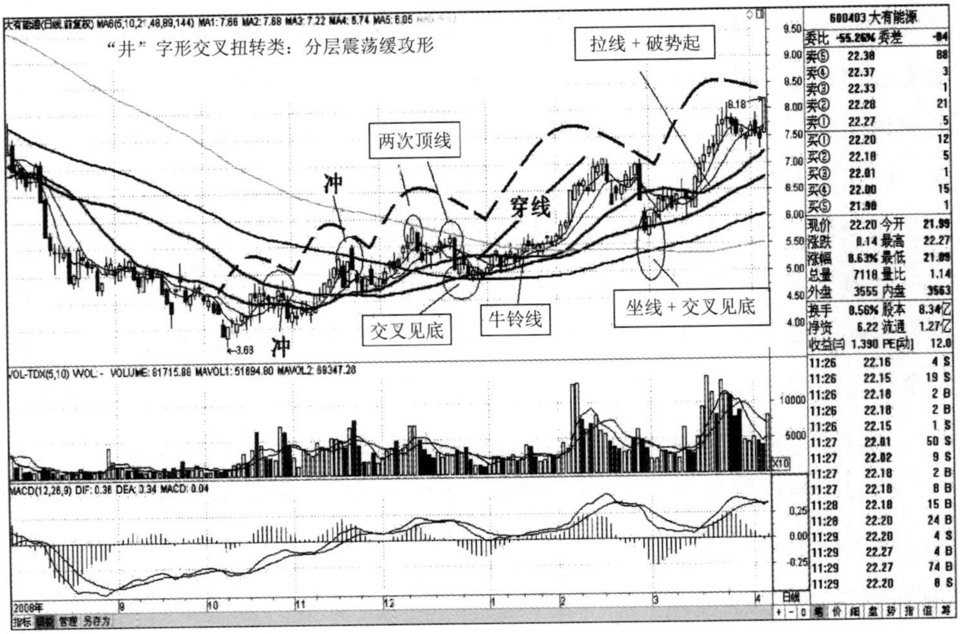
“井”字形交叉扭转类：分层震荡缓攻形
拉线＋破势起
两次顶线
冲
穿线
交叉见底
牛铃线
坐线＋交叉见底
冲
600403 大有能源

图 2-44

分层震荡缓攻形的个股最佳介入时机点的把握，与其他集中类型的底部扭转过程中的最佳机会点一样，这里主要是探讨操作策略上应注意的几点(其他几种类型也适用)：

①无论是哪几种类型的底部扭转，顶线、冲线阶段一般不作为介入点来把握，但对于低位的牛铃线(10日与21日，或者21日与48日)收拢后的放量启动攻击，可以作为一个最佳时机点来把握，但这种情况还主要是适用于短线操作，或者是中线布局时的分批操作(初期)。

②穿线动作过程中，特别是穿越89日和144日线组成的护航带时，如果出现5日、10日线组成攻击通道，或10日、21日线组成攻击通道时，也可以作为一个最佳介入时机来把握。因为此时量明显有配合，MACD指标也已经运行在0轴之上，并保持着强势，此时应避免追涨(脱线和八爪线要回避)，而是在回打缩量日的盘中低位选择时机。

③就是穿线动作之后的回打、回落坐线动作，如果有交叉见底动作、缩量动作配合，比较容易抓，如果没有交叉见底，那么，就要以144日线能够支撑住缩量回打的股价为一个判断点来把握，同时，还可以细化到分钟图上，注意把握出现回打之后的底背离现象。一般来讲，坐线时，21日与48日两线如果有八爪现象，就要考虑到震荡清洗小平台的形成(吸货小平台)，当两线收拢(也可能会形成一个牛铃线)，而股价提前运行到21日线之上时，也是一个最佳介入时机位置。

④之后的拉线启动动作开始时，也是最佳介入时机。但一般来讲，拉线启动之后不适宜追涨，此时可以注意一下144日线是否被拉动上攻，如果没有，后面再打回来的几率还是比较高的，可以再把握下一个回打时的低点(一般最多打到护航带两线区域)，也是一个最佳介入时机位置。再就是下一次拉线启动动作时，也是一个最佳介入时机。

⑤底部扭转时的市场环境影响也有区别。市场环境如果处于熊市下跌状态中，市场只是在做反弹动作，个股底部扭转的成功率并不高，成功的只是少数。特别是在一次又一次的扭转攻击时，换手成交量能萎缩的，或者有时有、有时没有明显量能配合的，容易失败。成功的往往是那些资金换手持续性高的个股。这一点，要记住。

市场环境处于震荡市中(大盘横向区域性震荡)，每当市场出现一个阶段性底部时，具备底部扭转过程的个股就容易成功，当然也需要持续量的配合。

市场环境处于牛市中，特别是牛市的初期、中期时，市场强势，绝大部分个股出现底部扭转动作，都容易成功，即使有些个股底部扭转动作出现的延迟一些，底部构筑复杂一些，最终也会成功(以上仅仅是从技术面来讲的，没有添加基本面的影响因素，实战时，个股的基本面因素，也要结合起来分析，这样更会提高准确率)。

巢东股份(600318)也属于分层震荡缓攻形(图 2-45 和图 2-46)。一冲(冲 89 日线)一顶(顶 144 日线)，两次回落均与交叉见底动作共振。21 日与 48 日线形成牛铃线，再次攻击为穿线动作，攻击通道为 10 日与 21 日组成，此处穿线也是与拉线动作重叠，连穿带拉。之后回打坐线，也是很凶，但在 48 日线就得到支撑，且戛然而止，外凶内柔，同时与 89 日线金叉 144 日线的交叉见底共振。但注意，此时 MACD 指标刚刚死叉不久，如果立即上攻，容易形成指标顶背离现象，因此，这里的小震荡动作很合理，当指标回落到 0 轴附近时，再次上攻拉线，此时量、指标均形成顺势放大和金叉动作，这就是技术动作上相互配合的顺畅现象，不别扭，相互不掣肘，而是相互借力。实战中，要特别注意上攻动作出现时技术各因素的相互协调性配合，上攻启动容易成功。如果股价上攻，均线凌乱不协调，量配合也不理想，指标更是不能够形成金叉来确认这个攻击启动动作，启动攻击就容易夭折和失败，甚至形成一个背离高点。这就像跑步，如果臂膀和腿部动作不协调，就很容易摔倒。后面的再次拉线(前面是穿线和拉动 89 日线共同完成的)与顺势起重叠，拉动 144 日线上攻，进入上攻阶段过程中。最佳介入点，前面已经讲了很多，都是同理，可自己试着来熟悉一下各个最佳时机位置的把握。

本章重要提示：后面章节中会讲到“下跌阶段”的框架线技术，从一个完整的技术运行变化角度来讲，需要把“下跌阶段”技术与“底部扭转”技术结合连通起来学习，才更容易熟悉和掌握底部扭转动作发生的前因与后果，以及其中的玄妙。

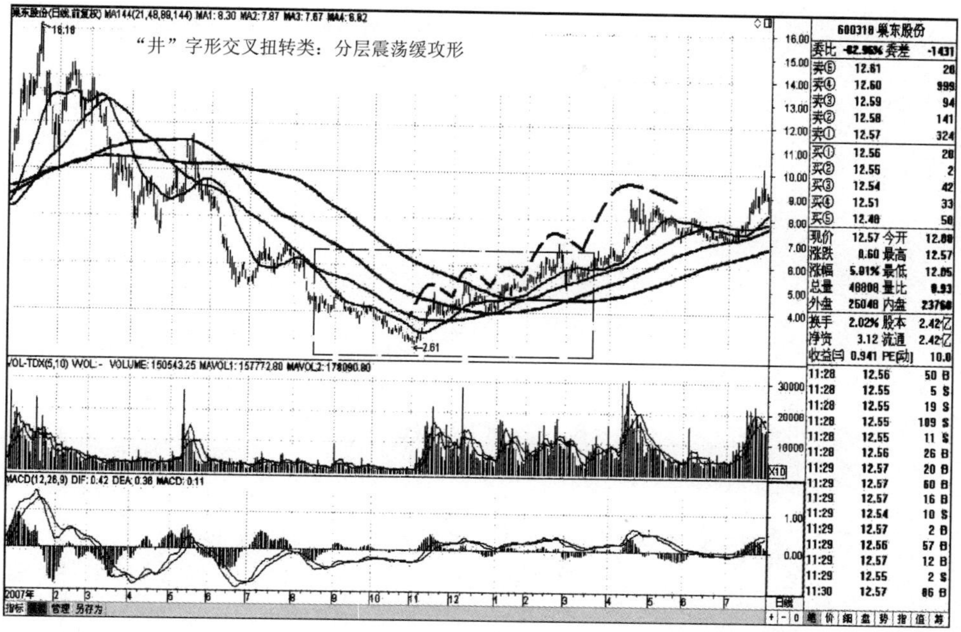
“井”字形交叉扭转类：分层震荡缓攻形

图 2–45

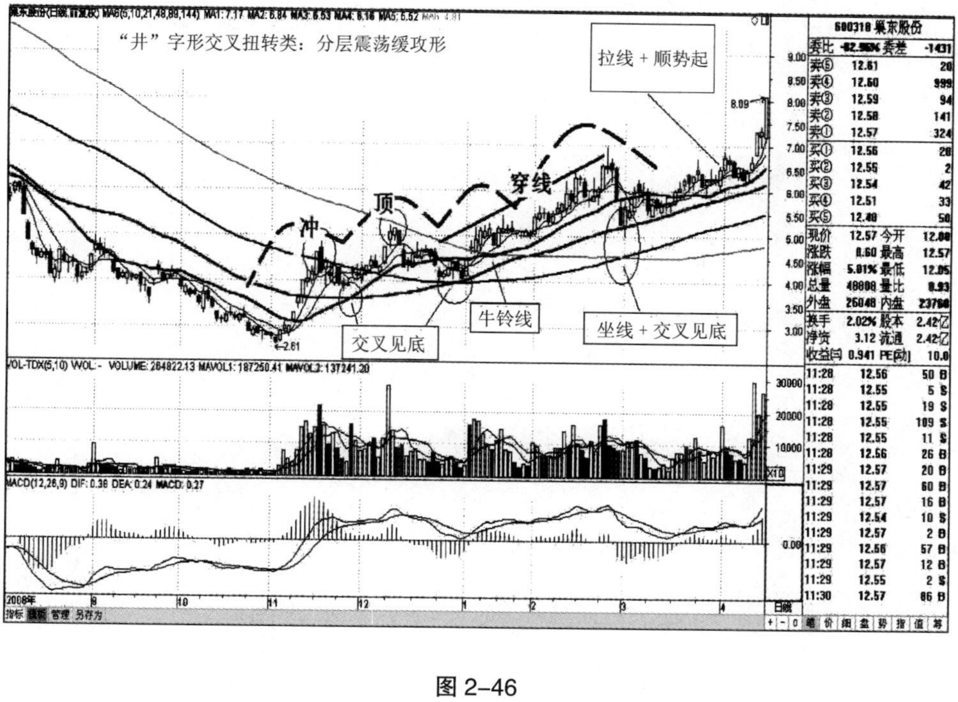
“井”字形交叉扭转类：分层震荡缓攻形
拉线＋顺势起
冲
顶
穿线
交叉见底
牛铃线
坐线＋交叉见底

图 2–46

第三章 框架线之“横盘震荡平台”

第一节 横盘震荡平台

1. 均线系统循环运行层级划分

“超级趋势波”是为市场生存、空间循环、理论概念性划分(从市场诞生到市场关闭)，其中包括N个循环的“大型趋势波”；一个“大型趋势波”上攻行情中，包含一个或几个“趋势攻击波”；一个“趋势攻击波”中，包含一个或几个“攻击波段”；一个“攻击波段”中，包含一个或几个“攻击动作”。

超级趋势波：以市场生存、空间循环、理论性划分(从市场诞生到市场关闭)(注：一般仅作为市场最大生存性趋势循环的理论概念基础，对于实战实际操作意义较小)。

大型趋势波：以一个完整牛市(或一个完整熊市)运行来划分。周期级别以288日、576日两线组合成一个完整运行循环来界定。

趋势攻击波：以一个中期以上趋势性攻击波来划分。周期级别以89日、144日护航带组合成一个完整运行循环来界定。

攻击波段：以一个阶段性攻击波来划分。周期级别以21日、48日、89日三线相互交叉，但144日线不参与交叉的一个完整运行循环来界定。

攻击动作：以短期性攻击动作来划分。周期级别以5日、10日、21日三线的一个完整运行循环来界定。

如果我们首先对均线系统的循环运行与层级划分，有一个技术概念上的层次掌握，在实战中技术思维就会不容易发生混乱现象。从另一个角度讲，均线系统的趋势和波段划分要比股价的趋势和波段划分简单些，这是由于在均线系统的波动中，化解了很多股价波动动作而自然形成的。

在实战中，掌握均线系统的“大型趋势、趋势攻击波、攻击波段、攻击动作”的这种大、小级别概念，有利于思维层次清晰。大、中、小之间关系也能够通过框架线的延伸和交叉现象来进行快速定位和分析，有利于操作准确性的提高。道氏理论和波浪理论，由于一直是以股价的运行轨迹和价格空间延伸来进行级别层级的界定划分，因此，它们的级别概念很清晰，但具体到实战划分时，却由于股价的不稳定性和价格空间的重叠现象，容易产生混乱和技术盲点，根源就在于没有一个直观的技术工具来进行实战性划分。

扭线技术首次采用以均线系统(框架线)这个简单、直观，同时具备周期时间属性的技术工具，来进行市场运行级别的划分，恰好发挥了均线系统的直观和周期性切分的优势特点，也弥补了多年来道氏理论和波浪理论在实战中存在的应用问题。在实战中，通常用到最多的是具有中期攻击行情属性的“趋势攻击波”、“攻击波段”和“攻击动作”这三者。“大型趋势”级别处于辅助性分析范畴中，只在 288 日与 576 日两线靠拢、靠近时，进行一段时间的“时间限制点”方面的重点监控，以确认“大型趋势”的延伸或结束(或者一个“大型趋势”的开始)。对于参与日常交易者来讲，更多的只是在技术思维上，对大趋势框架运行格局起到一种认知作用。

2. 横盘震荡平台概念

在一个“攻击波段”与另一个“攻击波段”之间，存在一个休整、转换的震荡过程，这个过程即为“横盘震荡平台”。

完成了底部扭转过程后，就进入到上攻阶段中。与底部扭转相比，上攻阶段包含的技术动作和内容多了很多，首先要从上攻趋势、波段类型上来认识一下均线系统运行过程，其中有很多内容是扭线技术里特有的一种技术划分方式，区别于波浪理论中的有些划分方法，同时又与“树叶理论”中的几种攻击模式密切相关，打破了过去一些理论中的条条框框，以多年实战中的经验总结为主，结合均线系统的运行特点来划分上攻中的不同波段，如此，可以发挥均线系统技术的最大优势特点，为实战中很多技术盲点的困扰，给予了新的技术诠释。

以趋势框架线系统来划分，有三个标准和四个应用。

(1)三个标准：

①以“护盘线和护航线”两线来做攻击波段行情延伸的测定标准。

②以“护航带”来做趋势攻击行情(趋势攻击波)延续的测定标准。

③以框架“三线”发生交叉纠缠现象，为趋势攻击波的技术分界点。

(2)四个应用：

①一个“趋势攻击波”中，“护盘线”、“护航线”、“护航带”之间均不发生任何交叉现象时，说明目前正在某个“攻击波段”中运行，应以“5日、10日与21日护盘线”的走势关系为主来划分“攻击动作”。

②一个“趋势攻击波”中，“护盘线”只与“护航线”之间发生交叉现象。以此两线的走势关系为主来划分“攻击波段”。

③一个“趋势攻击波”结束后，“护盘线、护航线、护航带”三者之间均发生交叉现象，以此现象作为划分一个“趋势攻击波”结束的分界位。

④要经常应用“二二法则”来测定“护盘线”、“护航线”、“护航带”(特别是“护航带”两线)在趋势攻击波中支撑力度的逐次衰减现象。

图 3-1 框架线为 MA90 模式：30 日、60、90 日、120 日组合。

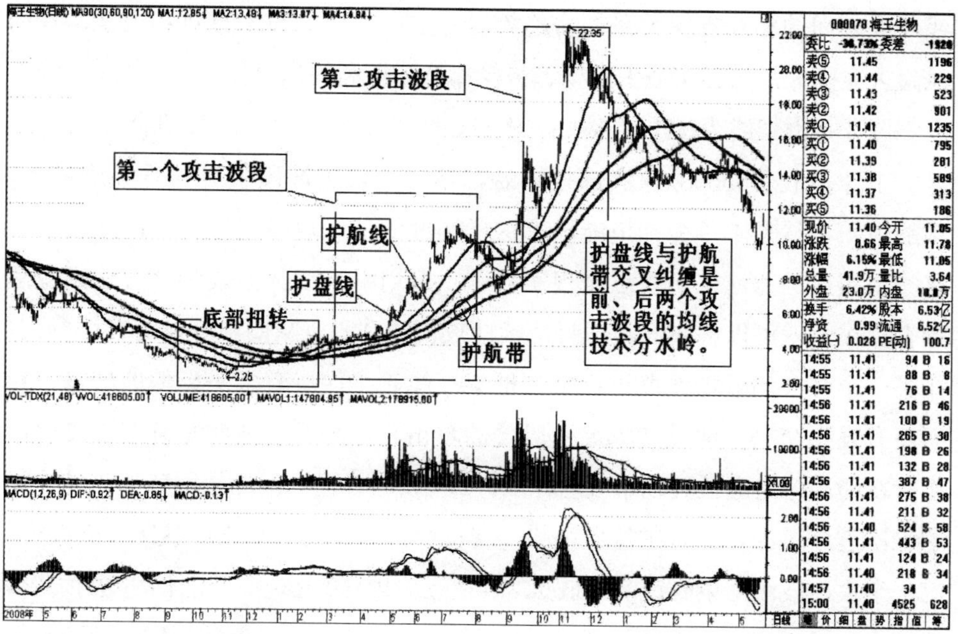

图 3-1

图中底部扭转区域为一个独立运行区域；注意看护盘线(30 日)与护航线(60 日)两线在完成底部扭转之后，直到第一个攻击波段完成，两线期间均没有发生相互交叉、纠缠现象。之后的股价震荡动作中，护盘线和护航线才出现交叉现象，但下方的护航带两线(90 日、120 日组成)并没有加入到 30 日与 60 日的交叉纠缠动作中，同时始终支撑着 30 日与 60 日的交叉纠缠震荡过程，这说明中期趋势攻击动作是延续保持的，没有被破坏掉。之后的第二个攻击波段明显比第一个攻击波段更加强势，攻击角度也明显加大，直到完成这个趋势性的上涨，进入构筑顶部。

海王生物(000078)的整体涨幅接近 10 倍，时间运行持续一年，如果以股价波浪类型来划分其中的攻击过程，可以划分出很多个攻击浪，但以均线系统趋势框架线来划分，就只有三个过程：底部扭转是一个；第一个攻击波段，震荡平台，第二个攻击波段；然后是顶部扭转。注意一点，我们是以均线系统运行来划分的，不同于以股价系统运行来划分，发挥了均线系统特有的趋势延伸特点。参照“三个标准”，可以将趋势攻击中很多繁琐的细节性动作，化繁为简，只把握趋势运行中轴轨迹，也发挥了均线系统特有的稳定性特点，线与线之间的相互支撑关系，将趋势运行中容易产生技术盲点和失误操作的风险大大降低，增强实战中中期趋势操作持续盈利的稳定性。

图 3-2 框架线为 MA144 模式：21 日、48 日、89 日、144 日组合。

中珠控股(600568)在底部扭转后，第一个攻击波段强势并且幅度最大，实战中，当然是不可能知道能够有这样幅度的持续攻击出现的，因此，需要有一个实用的方法来解决这个现实问题。应用框架线的波段划分方法来跟随持有操作，就可以解决此类强势持续性攻击的个股。从图中可以明显地看到，在第一个强大的攻击波段过程中，框架三线始终保持着多头延伸的状态，期间没有发生交叉、纠缠现象。从股价的攻击轨迹来看，期间是有三次震荡动作存在的，但是在框架线系统运行中，21 日和 48 日两线比较强势地支撑住了这三次震荡过程，一直维持着强势，支撑股价延续向上攻击的状态没有改变。第一个攻击波段结束时，从最低点 3.11 元到 19.50 元，空间涨幅超过了 500% 的幅度。之后进入震荡的波段中，21 日、48 日、89 日三线均出现相互交叉、纠缠现象，但 144 日半年线则始终没有加入到交叉、纠缠之中，一直保持着延续上攻的状态(注：这就是典型“三线内”技术现象，后面章节会讲到)。第二个攻击波段虽然创出了新高，但攻击幅度和整体量能配合均弱于第一个攻击波段，指标上也明显属于顶背离现象。因此，这第二个攻击波段同时也与构筑顶部的初始动作形成重叠。还记得前面(第一章第六节)讲过的“股价的二二法则”吗？其中在讲到股价扭转的确认动作时，这种带有明显背离现象的攻击，也是第一个确认动作(即确认攻击的结束，也确认扭转的发生)。该股这里就反映得很典型。

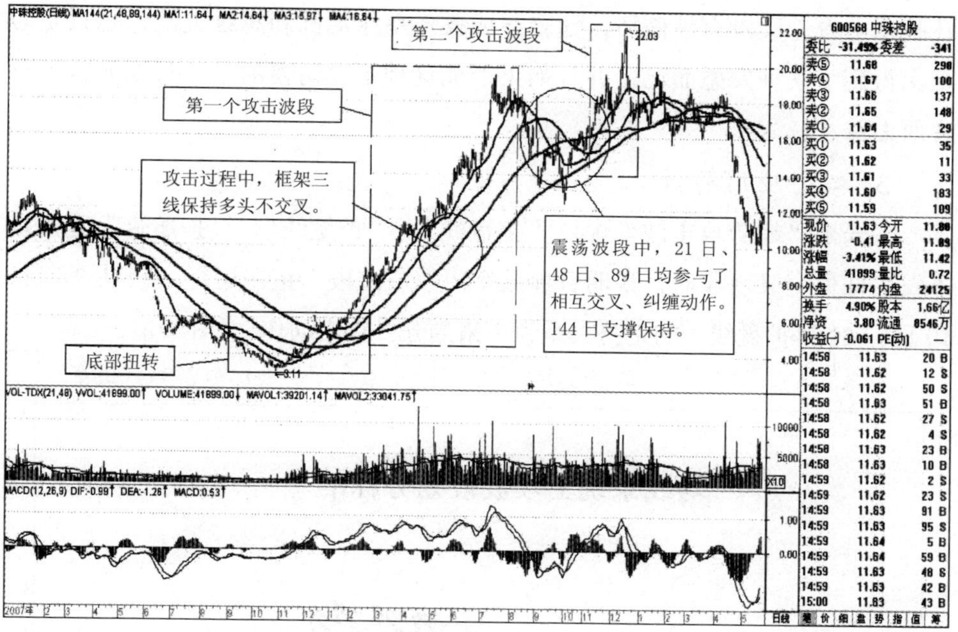

图 3-2

从以上两个图例中，均可以发现，护航带在趋势攻击过程中，起着很重要的趋势支撑作用，一旦护航带发生交叉、纠缠，很容易出现一个顶部。但这并不是讲，护航带一旦加入到框架三线的交叉、纠缠中，就肯定会形成一个顶部，因为还可以形成“三线外”的空中扭转动作。在有些趋势攻击过程比较复杂或比较长的个股上，护航带的交叉动作，形成的是一个大型趋势攻击过程中(以一个完整牛市来看待)的中期波段顶部(整体看也属于一个大型的震荡阶段过程)。

出现这种现象的个股，如果将框架线周期参数统一上调一个(或两个)级别(比如，89 日、144 日、288 日、576 日作为框架线组合)，就可以看得很清楚。但实战操作中只建议参考切换分析一下，以理清大型趋势走势，但不可以将已经进入实战操作、具有中期趋势运行特点的现定框架线参数平台，进行中途修改使用。这样容易发生技术思维漂移，反而增加操作失误的几率。选定了的参数，在实战操作过程中，进行修改是大忌。技术状态被破坏了，就是被破坏的信号，做出相应的操作决定就可以，如果总想通过修改一下，让技术上看着又没有被破坏，这会造成操作系统混乱和思维混乱，也只是心理上得到了某种安慰而已，并且如果形成这种不良习惯的话，长期而言，有害而无益。

3. 四个应用解析

①一个“趋势攻击波”中，“护盘线”、“护航线”、“护航带”之间均不发生任何交叉现象时，说明目前某个“攻击波段”正在运行，应以“5 日、10 日与 21 日护盘线”的走势关系为主来划分“攻击动作”(图 3-3)。

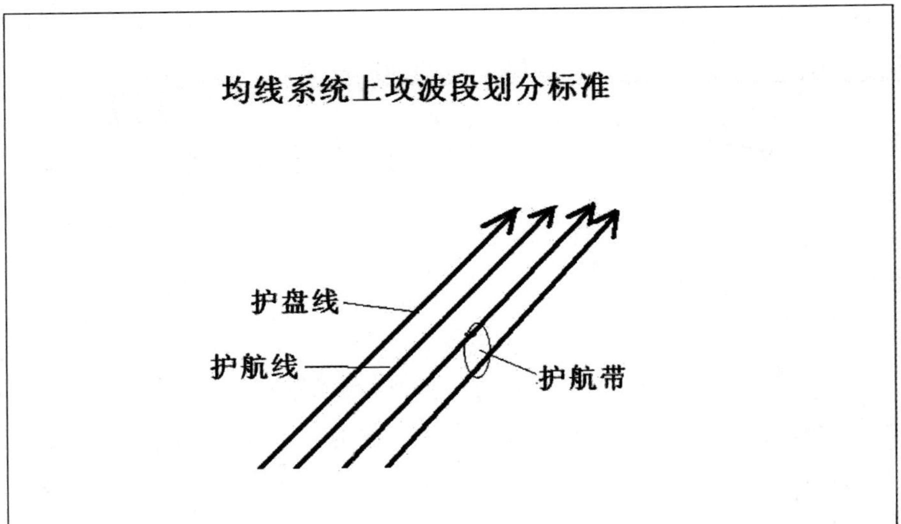

图 3-3

为了能够在理解上有个连续性思维，我们用星马汽车(600375)这只股在2008年11月到2011年5月间的完整行情来诠释实战中框架线技术的这“四个应用”。

图3-4是该股的一个行情全景图。从谷底的底部扭转之后，技术上开始进入上攻阶段过程中，图中①方框内的攻击波段过程中，框架线各线之间均没有发生相互交叉、纠缠现象，因此，这个攻击波段轨迹很清晰。实战中，只需要重点注意监控“股价、5日、10日、21日”这几者之间的技术变化关系就可以(后面有图细化讲)。这个攻击波段结束之后，21日、48日、89日三线均发生交叉、纠缠现象，而护盘线与护航线之间的交叉动作，本身就是一个划分前后波段的技术分界位，何况此处89日线也加入了交叉动作中。但这里的交叉、纠缠动作中，144日线没有参与其中，因此，89日和144日护航带是保持畅通延伸的，这也是趋势攻击波(区别于波段攻击波)继续延伸的典型技术信号。我也将此现象称为“三线内”技术现象(后面章节会专门讲)。之后，第二个攻击波段出现，这次有明显的急攻现象，连续涨停之后的放量换手，再次形成横向震荡动作，虽然保持着强势震荡状态，但其间21日与48日还是出现了短暂的交叉现象，因此，这里又称为技术上划分攻击波段的一个分界位。之后，是第三个攻击波段。三个攻击波段共同组合而成这个趋势攻击波，特别注意一点，这个趋势攻击波中的三个攻击波段，均为一个比一个高的明显上升状态展开的，这种一个比一个高的攻击波段组合，也是最常见、最合理的攻击波段组合现象。相对应的，则是前面一个攻击波段高，而后面一个攻击波段低，形成一种股价重心和均线系统均发生转平运行的攻击波段现象(后面有图讲到这一点)。

实战中，后一个攻击波比前一个攻击波创出新高，是具有空间拓展的攻击性质的攻击波；如果后一个攻击波比前一个攻击波高度低，则是具有空间平衡的震荡性质的攻击波。前后攻击波组合发生的性质变化，往往是参与的资金群体态度发生变化的一个明确信号，要特别注意！

在图3-4中，第二个趋势攻击波与第一个趋势攻击波的分界位，是在框架线中护盘线、护航线、护航带几条线之间均发生交叉、纠缠现象的位置处。在该股实际走势中，前一个趋势攻击波已经完成了绝大部分空间的拓展动作，其实也就是我们常讲的“主攻行情”已经完成，因此，完成之后的震荡过程中，框架线各线都参与了交叉、纠缠动作，这一方面说明这里震荡过程的时间比较长，另一方面说明股价的空方压制力度比较强，护航带两线才会发生交叉动作。后面的第二个趋势攻击波，攻击空间高度没有前一个大，成交量堆量也明显小于前面的攻击波，更重要的是，前面的攻击波段都是一个比一个高的空间拓展性质，而这里变成了前高、后低，这种攻击波组合是明显的震荡性质表现。高位震荡，都是需要警惕的。从这个全景图上，我们看到第二个趋势攻击波是与顶部扭转相互重叠形成的。但实战中，你是无法提前知道这一点的。那么，如何来判断这里的攻击波与顶部扭转之间的关系呢？我们后面还有图，一步步来讲。同时，后面还有专门讲顶部扭转的章节。技术要一层一层来诠释，它们之间的关系也是一环套一环的。

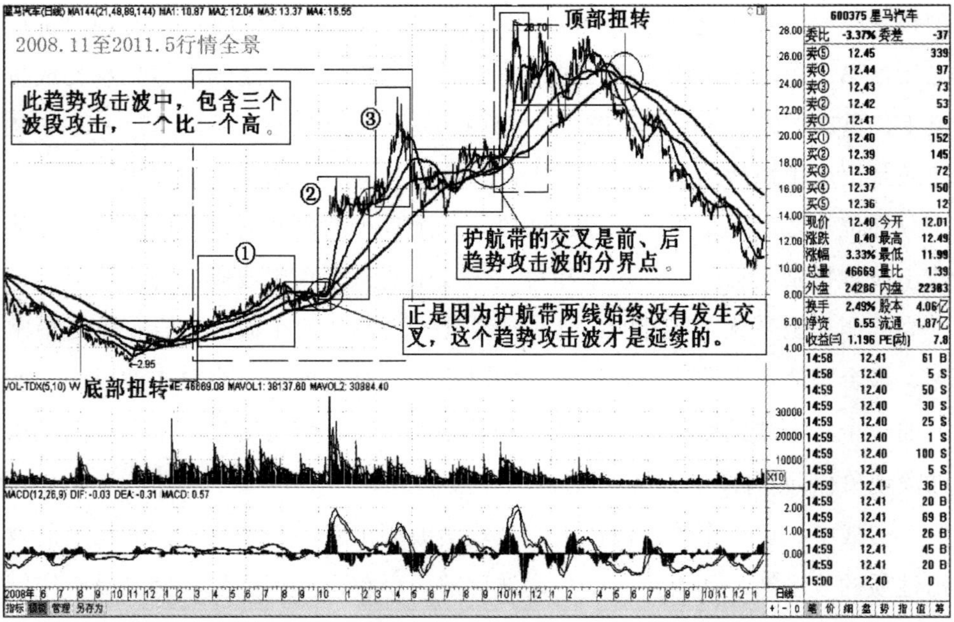

图 3-4

图 3-5 是底部扭转之后第一个攻击波段的技术细化图，除了框架线之外，还添加了 5 日、10 日两线。原因很简单：上攻趋势中，“护盘线”、“护航

线”、“护航带”之间均不发生任何交叉现象时，就以“5 日、10 日线与护盘线”的走势关系为主来划分“攻击动作”。实战中，框架线是趋势性质的线，但如果框架线之间各线均不发生交叉、纠缠现象时的攻击过程，就可以细化到以“短期三线”(5 日、10 日、21 日)为重点来监控“攻击动作”的技术变化。这个攻击中，主要是“股价、5 日、10 日、21 日线”这四者之间关系密切、相互影响直接、对短期盘面的监控有很大帮助，在完成这个波段攻击的过程中，其他框架线(48 日、89、144 日)属于辅助性质。

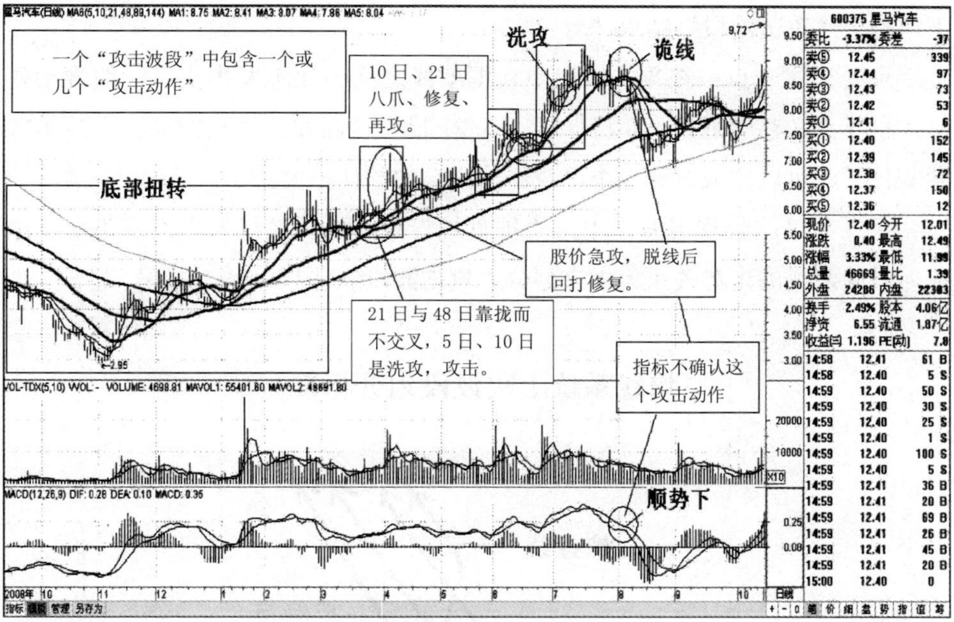

图 3–5

在图 3-5 中，21 日与 48 日靠拢而不交叉，此时，如果股价、5 日、10 日线已经处于 21 日线之上，一旦有量配合，就很容易出现一个短线的启动攻击动作(方框内为第一个“攻击动作”)，该股这里就是启动攻击之时(注：实战中，注意一下 89 日上穿 144 日线后的这首个“攻击动作”，是否能够拉动 144 日线上攻，前面讲过)，此处攻击时，成交量明显放大，股价为急攻，脱线了，又回打下来化解修复，既修复股价与 5 日线之间的脱线乖离，也化解 5

日与 10 日线之间的八爪乖离，之后再攻击。经过一段时间的横向震荡之后(因为 21 日线的支撑作用，这个震荡动作比较强势)，之后展开第二个“攻击动作”(中间方框内)，上攻之后可以看到 10 日与 21 日出现八爪了，回打修复，修复之后两线靠拢(短线这又是一个时间限制点)，再次带量攻击起来(第三个“攻击动作”，最上方框内)，攻击起来后，5 日与 10 日线形成八爪，震荡收拢修复化解，形成强势洗攻，继续攻击。21 日与 48 日线之间距离过大，回打修复后再次攻击，无量配合，攻击力量衰减，出现“诡线”(“诡线”在后面章节中会讲)，同时，下面指标不发生金叉来确认这个攻击，并形成顺势下，整个“攻击波段”结束。

只要记住一点：在攻击波段中，框架线之间各线不发生交叉、纠缠动作时，只重点关注“股价、5 日、10 日、21 日”这四线的“攻击动作”技术关系变化，就可以完成对这一个“攻击波段”的整体把握。

②一个“趋势攻击波”中，“护盘线”只与“护航线”之间发生交叉现象。以此两线的走势关系为主来划分“攻击波段”(图 3-6)。

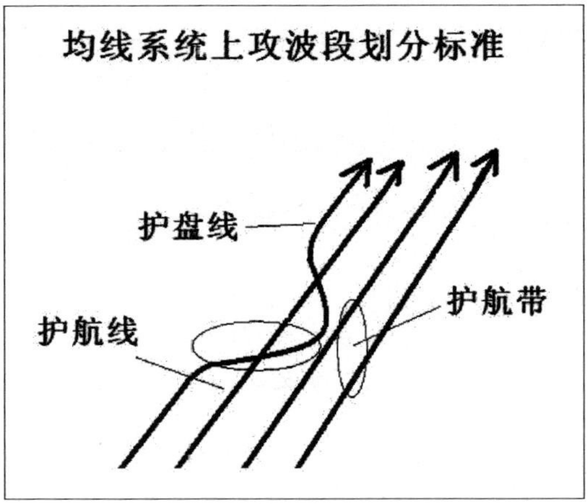

图 3-6

如图 3-7 所示，上攻过程中，护盘线与护航线两线之间如果发生交叉、纠缠现象，那么，这就是前一个“攻击波段”与后一个“攻击波段”的技术分界位出现了。这样讲，不是说每个趋势攻击波中，只有两个攻击波段，也可能是三个、四个、五个或多个。关键一点是：攻击波段之间的划分是以护盘线与护航线之间发生交叉、纠缠现象来进行技术界定的。也许有人会问：如果某只股从底部扭转之后，进入上攻阶段过程中，期间一直都没有发生过各框架线之间相互交叉、纠缠的现象，那么，如何来做技术划分呢？答案是：很简单，这就是典型的“一波到顶”的“趋势攻击波”行情！并且，其中也只包含着一个“攻击波段”，也就是讲，一个“攻击波段”就完成了一个“趋势攻击波”行情，两者在技术概念上是重叠为一体的。我们只需要在这个“攻击波段”中细化一个或几个“攻击动作”出来就可以了，这样比较简单，也实用。用均线系统技术来做划分，就是这样的，不同于用股价系统来划分那么复杂。为什么一定要划分得那么复杂呢？一切以实战中最简单的划分方法来解决这些技术上的攻击波段界定，更有利于技术思维层次的清晰和把握。这也是我多年来很有效的实战经验。

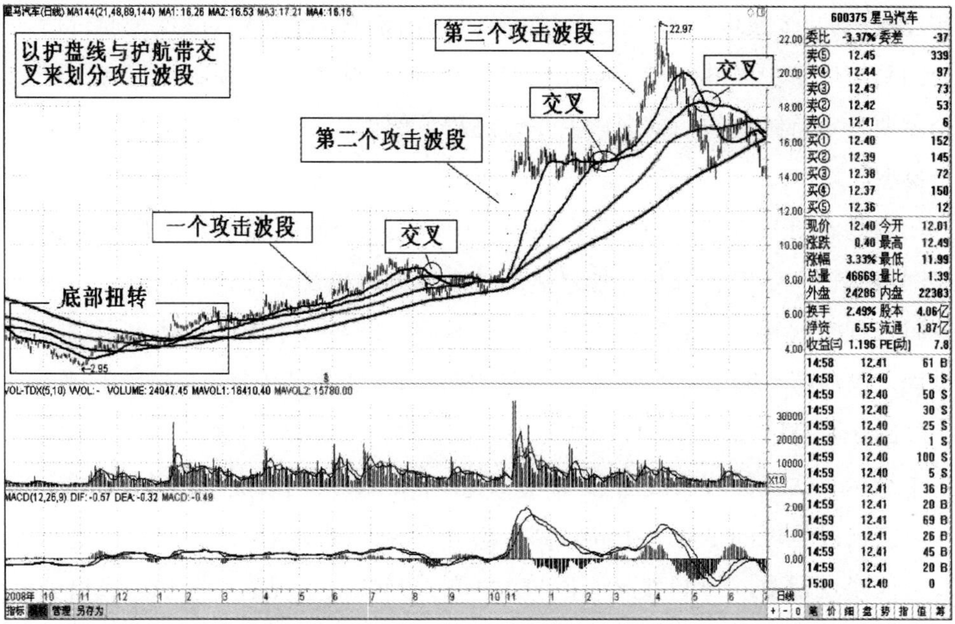

图 3-7

在图 3-7 中，可以很明显地划分出三个攻击波段(注：因为这三个攻击波段均发生在护航带没有发生交叉的这个趋势攻击波中，所以共同组成了这一个趋势攻击波)。如果有人更加细心点，可以发现，在第二个攻击波段和第三个攻击波段中，下面的 MACD 指标是典型的顶背离现象。为什么没有第四个攻击波段出现，这已经在技术上表现出来了，第三个攻击波段是属于攻击力量明显衰减状态的攻击，攻击量堆也不如第二个攻击波段。还有一点，前面几次攻击波段，89 日线均没有太过明显的运行变化，而这第三个攻击波段中，89 日线加速远离 144 日线，护航带两线之间明显出现八爪现象了。有八爪现象，就需要有化解动作，虽然当时情况下，你是无法知道什么时候才会化解 89 日与 144 日线之间的八爪乖离，但这个明显的八爪出现本身就是一个技术警告信号。实战中，一旦护航带两线出现八爪现象，均预示着后期会有一个大幅震荡的化解动作出现，并且股价化解此两线的八爪乖离动作，会回落到两线之间，这一般是合理化解的技术位置区域。如果顶部扭转完成，就不单单是化解八爪乖离这么简单了。因此，这种情况出现时，你至少可以及时(提前)掌握到几个技术信号：首先是短期，一个高点即将产生；其次是股价后期会回到护航带中区域；最后即使出现的不是一个趋势性的顶部，也会出现一个需要一定持续时间的横向震荡平台过程，例如“三线内”震荡平台就是一个典型。

因此，星马汽车(600375)在图 3-7 中，第三个攻击波段结束后，股价最终回落到护航带中区域是一种自然的技术现象，也是一种合理现象。从内在筹码获利空间和各周期的筹码移动成本来讲，需要一个筹码群体进行互换的过程，以消解季度、半年(就是护航带周期)的群体筹码利润累积过大的现象。

图 3-8 是第二个趋势攻击波与顶部扭转动作重叠在一起的技术变化过程。图中显示二次趋势攻击波中(只注意看 21 日和 48 日两线支撑的攻击波段)两次攻击波段呈现的是前一个高点高于后一个攻击波段高点。同时，看前一个攻击波段过程中，89 日线又一次与 144 日线形成八爪现象。图中，我也画出了“A、B”两种不同的攻击波段组合攻击原理图，该股明显是属于“B”原理图的。“A”原理图是一波比一波高的向上拓展型攻击波，“B”原理图则是明显把向上拓展空间的攻击波段，转为了横向拓展空间动作。这种空间拓展的攻击波组合变化，在技术变化运行中(特别是均线系统的变化运行中)说明

从向上转为横向运行的系统发生了变化。实战中，每当攻击系统(特别是均线系统)出现此种变化，均须警惕向上攻击拓展空间的阶段性结束，如果这种转变中涉及了框架线中的护航带两线从八爪转为收拢，还要警惕一个趋势性攻击波的结束。其中的技术扭线原理是相通的，只是涉及不同的周期级别线，所代表的攻击波级别(或为波段性质，或为趋势性质)发生转变的级别不同而已。波段性质的转变，只是短期性的，因为没有涉及护航带两线；而趋势性质的转变，则至少为中期性，因为涉及护航带两线的级别后，其转变级别周期必然能回上升一步，无论形成的是一个顶部扭转，还是一个横向区域的震荡动作，均至少是中期级别以上，而不会是短期。这些大框架的系统运行变化现象，在思维上首先要有清晰地判断。然后就可以细化技术系统来分析、判断顶部与横向震荡的区别了(这方面的技术论述在后面的“三线外”技术和“顶部扭转”技术中会进一步讲)。

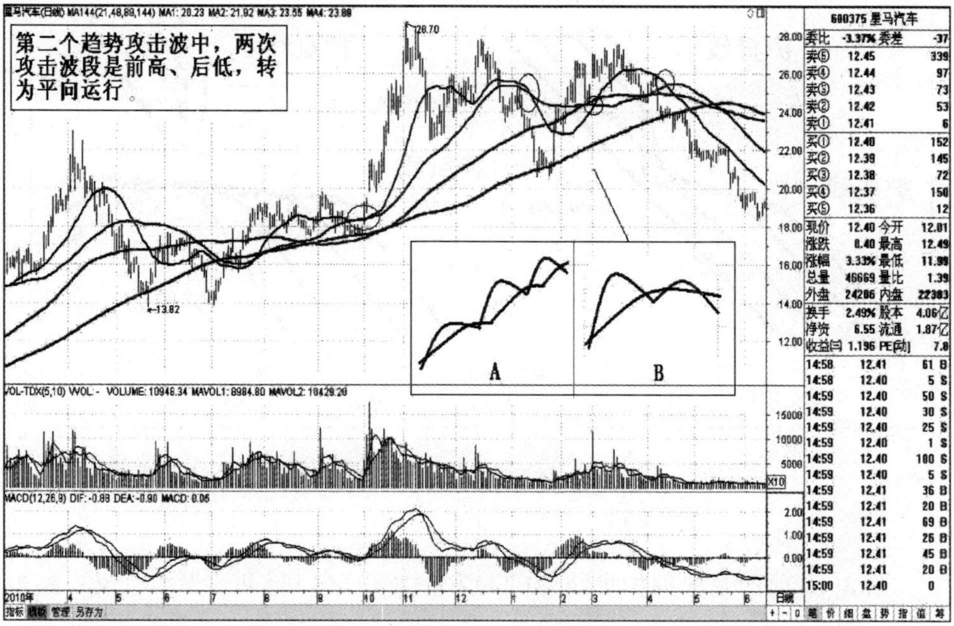

图 3-8

③一个“趋势攻击波”结束后，“护盘线、护航线、护航带”三者之间

均发生交叉现象，以此现象作为划分一个“趋势攻击波”结束的分界位(图3-9)。

其中又分为两种情况：

第一种是“简单型”：21 日、48 日、89 日三线发生交叉，而未与 144 线发生交叉现象。此种现象说明这个“趋势攻击波”还在延伸，没有结束。监控重点是“护航带”中的 144 日线。

第二种是“复杂型”：21 日、48 日、89 日、144 日四线均发生交叉现象。此种现象说明这个“趋势攻击波”已经结束，正在形成一个中继性的横盘震荡平台，或者是顶部扭转。监控重点是“时间限制点”出现后的攻击方向。

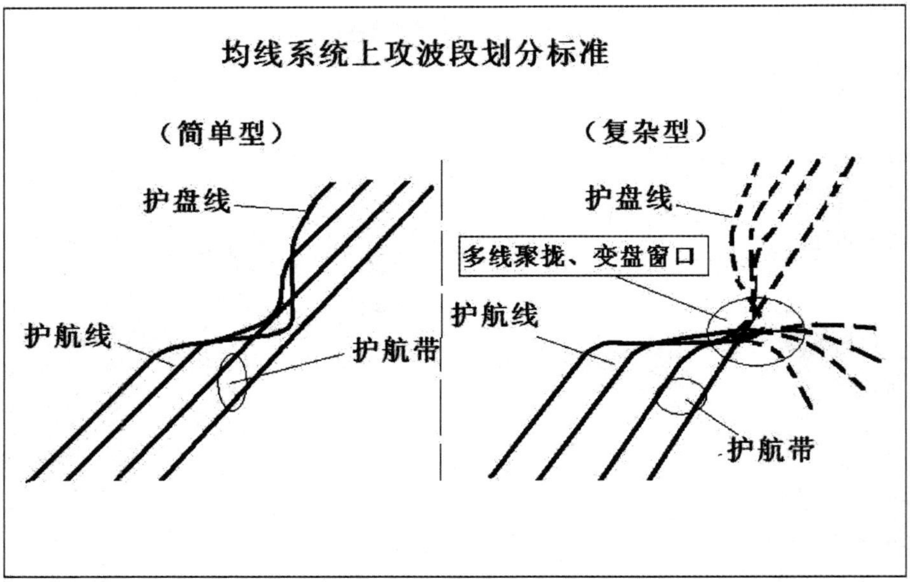

图 3-9

图 3-10 前面是根据护盘线(21 日)和护航线(48 日)两线发生交叉、纠缠现象来划分波段攻击。但如果框架线中护盘线、护航线、护航带都参与到交叉、纠缠中时，那么，如何进行技术划分呢？有两种情况：一种是“简单型”；一种是“复杂型”。这恰好在图 3-10 中均有表现，一目了然。“简单型”中的交叉动作，不涉及到 144 日线，因此，这个趋势攻击波是继续保持、

延续的。“复杂型”中的交叉动作，则把框架三线均涉及在内，出现这种技术现象后，面临两种结果：一个是横向震荡之后，再次形成新的趋势攻击波，这就是空中扭转的“三线外”；另一个结果则是震荡构筑形成一个顶部，由于护航带两线涉及其中，在构筑形成顶部之前，你就可以判断出这里的顶部会是至少具备中期级别以上的顶部。图中的第一个“复杂型”交叉过程是横向震荡，注意看 89 日线下破 144 日线之时，股价和其他均线已经提前上涨到护航带两线之上，这是一种股价重心和短期系统均线提前走强的典型技术信号，因此，后面很容易再次形成新的攻击波。而再看顶部扭转时的那个“复杂型”交叉，护航带两线死叉时，股价重心和框架线中其他短期均线已经提前破位运行到护航带两线之下了。这样，一个高位顶部区域就“水落石出”了。

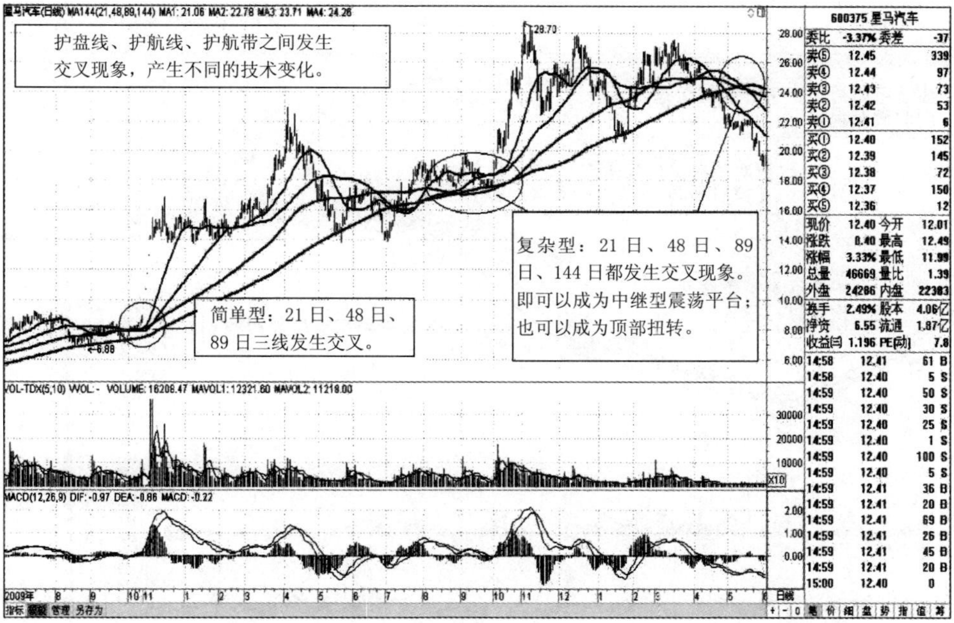

图 3-10

④要经常应用“二二法则”来测定“护盘线”、“护航线”、“护航带”(特别是“护航带”两线)在趋势攻击波中支撑力度的逐次衰减现象。

“树叶理论”中的几个攻击模式在实战中会频繁出现，前面“全景图”中已经体现。底部扭转后，先是一个趋势性攻击波(内含 3 个攻击波段)，然后回落横向震荡平台(就是护航带两线交叉这个水平区域)，之后是另一个趋势性攻击波(内含 2 个攻击波段)，但此趋势攻击波的攻击能量明显衰减，因此与顶部扭转动作重叠形成，然后扭转向下，进入下跌阶段过程中。

在图 3-11 中，星马汽车(600375)是典型的“树叶理论”中的三波攻击模式。有一点，三波攻击模式中的主要攻击阶段，是在第一个趋势攻击波中完成的，而不是通常我们所熟悉的，在横向震荡之后再出现主要攻击阶段(主升段)。这就是市场实际运行中的一个技术变化，谁也不能够规定主升段必须是在横向震荡之后才会出现。扭线技术是以承认市场走出的实际走势为主的一个实战技术，无论它怎么走，都是市场技术的一种合理表现，但这些合理的技术表现，又必然与扭线技术中所总结的技术内在运行变化规律相一致。

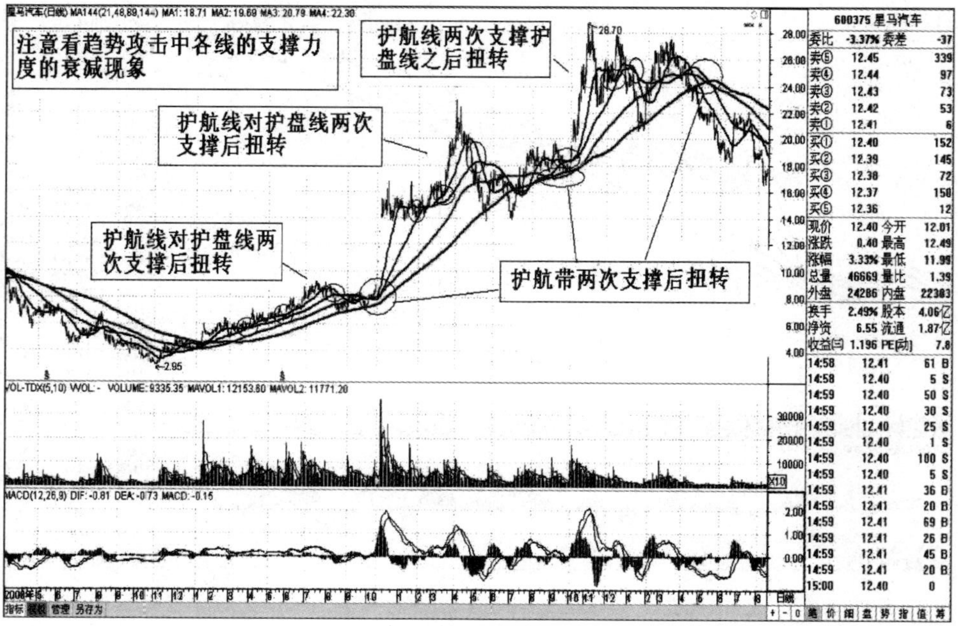

图 3-11

运用“二二法则”，可以测定框架线各线在攻击过程中，会有一个支撑力度逐步衰减的现象发生，图 3-11 中画圈的地方，都是相互有影响和关系的。

从图中(几个画圈处)可以明显看到，每一个攻击波段过程中，护航线对护盘线均有至少两次的支撑作用表现，之后，才会发生护盘线下破护航线的短期扭转动作出现。还可以看到，在整个趋势性行情中，护航带两线相互之间，也有明显的两次支撑作用(前一次两线靠拢而没有交叉，后一次，两线交叉但出现新的攻击)，然后形成顶部之后的两线再次交叉(死叉)则是进入下跌阶段过程的一个开始信号。实战中，还可以细化到5日、10日、21日短期三线上，也会发现“二二法则”的规律性表现。技术细化的过程，其实就是一个从分析向操作的进行过程，一层层细化技术后，操作的决定自然也就产生了。每个人不同之处，只是在于技术水平和操作能力的不同，有些人在完成这个过程时，所需时间较短，有些人则所用的时间相对比较长。短，很多市场中的随机性时机点就容易抓到；长，则不适应于抓短线性质的随机时机点，但适合抓区域性的技术时机点。短和长，没有绝对的好与坏、对与错。重要的是能够与自己的技术操作优点很好融合，就很容易出成绩。即使非常聪明，但没有把自己的优点融合在操作中，失误和亏损就会是必然结果。这种区别，什么时候体会到了，也就知道自己更适合哪一种实战方式，应该给自己制定何种操作策略和执行纪律，才能更容易成功。

在图中，要特别注意看星马汽车(600375)护航带两线(89日、144日)从底部扭转一直到顶部扭转这个过程中，护航带两线的前两次支撑作用，就已经有明显变化，最开始一次支撑时，为“三线内”状态的强势支撑；之后的第二次支撑时，则89日有下破144日线的现象发生，虽然之后再次金叉上来，股价也创新高。但护航带前、后两次支撑为“先不穿后穿”的现象，这本身就是一种支撑力度衰减的具体表现，因此，第三次两线彻底形成扭转交叉，也是支撑力度进一步衰减的必然现象。实战中，任何一条均线出现这种“先不穿后穿”的支撑力度衰减现象，都要警惕下一次的支撑会进一步被迫衰减，出现扭转动作的发生！这个动作的镜像动作是“先穿后不穿”，是一种支撑攻击力度越来越强的表现，一般出现在启动时和最后加速冲顶时。

如果有心，还可以进一步思考：在下跌过程中，出现“先破后不破”、“先不破后破”，会是什么样的技术状态变化？

均线的支撑力度衰减现象和均线的压制力度衰减现象，是一种技术的自然规律现象，也有人认为与自然界的地心引力(价格重心引力)有关。是不是呢？我们不去钻研这个“太深奥”的问题。从实际的市场行为来看这个问题，可能更客观和实用些。

上攻动作必然形成空间拓展现象，空间拓展的同时，又会形成空间筹码换手现象，这种空间筹码换手现象，自然会形成筹码进一步分化、累积，这就必然产生多空筹码群体的分化位移。比如某股的价格在其空间低位区域时，筹码拥有者群体为1万人，当形成底部扭转时，由于有资金的收集动作，促成股价的低位回升和周期性的堆量换手，筹码拥有者群体必然会有一个明显的缩减现象发生，如当底部扭转完成时，缩减到7000人；上攻行情的过程，其实是筹码拥有群体不断分化、沉淀，再分化、再沉淀的过程，筹码拥有者群体的人数进一步缩减到5000人，之所以能够循环出现分化、沉淀这种现象，就是因为不断有新的资金参与进来换手，从理论上讲，一旦没有新资金参与进来换手，该股的股价拓展空间动作就会结束。但实际上并非如此，由于有些个股的控制换手现象经常会发生某控制群体在所控制的筹码群体内进行内部筹码换手，从而维持这种表面看似为市场自由资金换手的局面，直到价格拓展空间达到既定目标。这种筹码换手从市场自由的新进资金参与换手，到筹码控制群体内部维持筹码的变换现象，在市场上技术方面是难以表现出来的，一般只会在该股筹码的原始记录中才会有明显迹象，因此，绝大部分人是通过市场经验分析来把握的。另一种途径就是通过每季度公司报表中的股东人数与持股数据变化，以及股东进出、手中所持股份增减变化来掌握到期信息，但由于报表的定期性质(定期，就会产生信息披露滞后现象)，往往也会成为控盘主力迷惑大众的一个窗口。

当股价拓展空间的行为结束时，筹码继续处于分化、沉淀，再分化、再沉淀的过程中，但对筹码控制群体来讲，这个分化、沉淀的过程，已经与前期股价在空间低位时截然不同了，那时的分化、沉淀过程循环中，筹码控制群体手中沉淀的筹码是越来越多的，而达到股价拓展空间之后的分化、沉淀循环，则转变为手中沉淀筹码越来越少的循环中，从该股整体上看，筹码沉淀部分还是依旧，只是持有并沉淀下来的筹码的群体对象发生了转移，如果这个对象是广大散户的话，由于没有筹码账户的集中聚集现象，筹码拥有者群体数字可能就会大幅度扩大，如又回到 1 万人，甚至超过 1 万人。但是，从原来的 5000 人增加到 1 万人，不是一朝一夕完成的，这里面有个过程，也会有个短暂的平衡间隙。就像是翘翘板效应，而跷跷板中的平衡现象在博弈市场中只会是短暂存在，但却是必然存在的一种规律现象。短暂的直接原因，就是因为筹码的分化和沉淀循环一直没有停止，而资金进入博弈市场的目的就是为了资金升值，这个最原始的资金目的性，必然形成筹码换手的多空平衡都只是一种暂时现象，而最终总会有一部分资金群体处于被动、被压制地位，另一部分资金群体才能够获得资金的升值机会。这种根本的市场属性，表现在技术上，特别是在均线上，更加明显和直观：当均线处于攻击(要双向思维)过程时，其支撑(或压制)的力度作用会出现逐步衰减现象，并最终出现均线的扭转动作。这也同当万众一心(攻击最强)达到一个峰值后，自然会出现三心二意(攻击力衰减)的现象一样，是一个博弈的必然规律。“二二法则”恰好是把握这种衰减过程的最佳方法，实战中，再结合上框架线的波段划分方法以及成交量变化、指标变化等技术标的，就能够及时发现在攻击波过程中均线支撑和压制力度的逐步衰减现象。

第二节　攻击模式

“树叶理论”的上攻波段划分是结合前文中所讲的框架线划分波段的“三个标准、四个应用”原则，以进一步框架系统模式化。应用框架线系统划分攻击波段，我们既要重视攻击波段的过程，更要注重研究一个攻击和另一个攻击波段之间的那个震荡过程，这个震荡过程，既是技术修复的过程，也是控制攻击资金群体(也就是控盘主力群体)进行筹码重新清理的过程(震和洗只是清理方式的不同选择)。因此，这个震荡过程，绝大部分情况，是以一种横向震荡平台的形式出现的。那么，除了攻击段，横盘震荡平台——就成为各种阶段性和趋势性攻击过程中必不可少的一个技术整理过程，这个过程在技术上很重要，或者讲，比攻击波过程更加重要！原因很简单，攻击波的主要目的是以拓展空间差为主，其中攻、洗、震等五花八门的手法均是为此目的服务的。横盘震荡平台就不同了，其中不但包含着攻、洗、震的手法，还隐藏着很多其他目的，有时是为了分批换出筹码，有时是为了收集筹码，有时是为了沉淀筹码，有时是为了震掉筹码，有时仅仅只是一种维持和等待，因此，当所有人的目光总是被攻击动作所吸引的时候，就会对横盘震荡动作大为忽略了，而控盘主力的大多数工作，则恰恰是在横盘震荡平台中完成的。任何时候，横盘平台的分析和研究，在技术上都处于非常重要的位置。

扭线技术中，对于平台的重视程度不亚于对攻击波段的重视。因为一个平台既可以成为承前启后两个攻击波之间的重要过渡环节，又可以转化为一个顶部(或底部，双向思维)，而几乎所有重要的扭转动作变化都隐藏在这个过渡或者转化过程中。同时，平台过程也是很多技术理论上最容易出现判断失误和技术盲点的位置，很多情况下操作成败就系于此处！

1. 上弧线攻击模式(先快后慢，图 3-12)

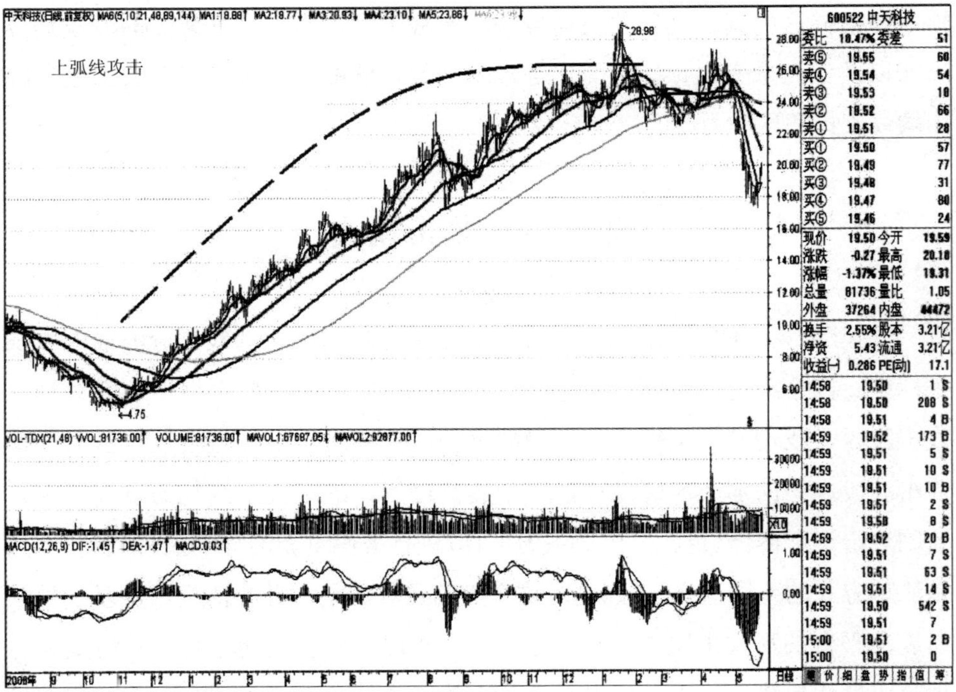

图 3-12

2. 下弧线攻击模式(先慢后快，图 3-13)

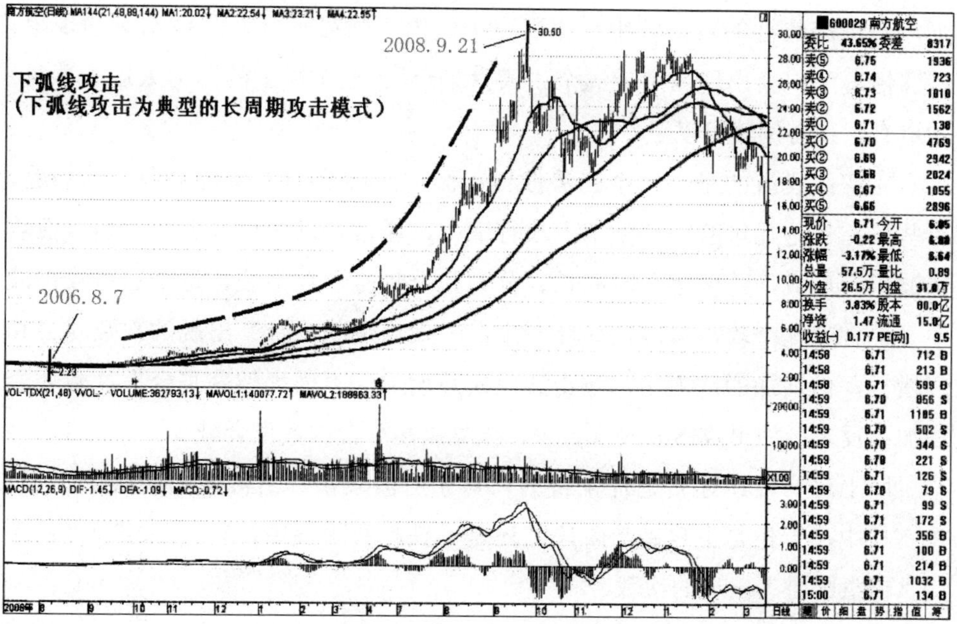

图 3-13

3. 三波攻击模式

“树叶理论”中对三波、五波(注：为了在实战中能够快速进行技术定位判断，五波或超过五波的攻击模式均可视为“多波攻击模式”)攻击模式的一个关键定义，是这个“横盘平台”。三波攻击，整个过程中必然只有一个“横盘平台”出现；五波(多波)攻击，整个过程中就会有两个“横盘平台”出现；依次类推，实战中有些股上会出现三个“横盘平台”、四个“横盘平台”、五个“横盘平台”等。在上攻趋势阶段过程中会如此；在下跌趋势阶段过程中也会如此。这种技术思维划分既类同于波浪理论中的攻击浪类型划分方式，但也会有不同，不同之处就在于，以实际市场的走势为准进行技术规律上的延伸。我们只要把握住“横盘平台”的出现次数，结合攻击波段的个数，就可以始终把握着市场的攻击运行节奏，而不局限于最终出现了几个攻击波段。根据我多年来总结的经验，通常比较大型的一个趋势性攻击波中，比较多见的是出现一个平台、两个平台、三个平台，而四个平台以上的例子，也有，但比较少见，超过五个平台的现象则属于非常罕见。因此，在绝大多数情况下，一个趋势性的攻击波中，出现三个以内“横盘平台”是很常见的现象。特殊情况下，会出现四个或五个“横盘平台”，五个以上的因为太过于罕见，知道有这种特例就可以了。

注意：我讲的是在一个趋势性攻击波中出现几个“横盘平台”的问题，有些股在长达几年的完整牛市上攻行情中，通常是以两个或者三个趋势性攻击波组合形成，跨度运行时间长、分为几个趋势性攻击波、每个趋势攻击波中又包含着几个攻击波段，如此一来，“横盘震荡平台”出现的次数就会相应增加，但增加的前提是，攻击波段次数增加，“横盘震荡平台”次数才会增加；反之，如果攻击波段次数少，横盘震荡平台次数也会减少。

以上这一段讲述是延伸来讲的，对于三波攻击、五波攻击模式的应用，在实战中，无论是上攻趋势阶段，还是下跌趋势阶段中，首先记住一点：关注“横盘平台”出现的次数。

标准的三波攻击模式为(图 3-14)：

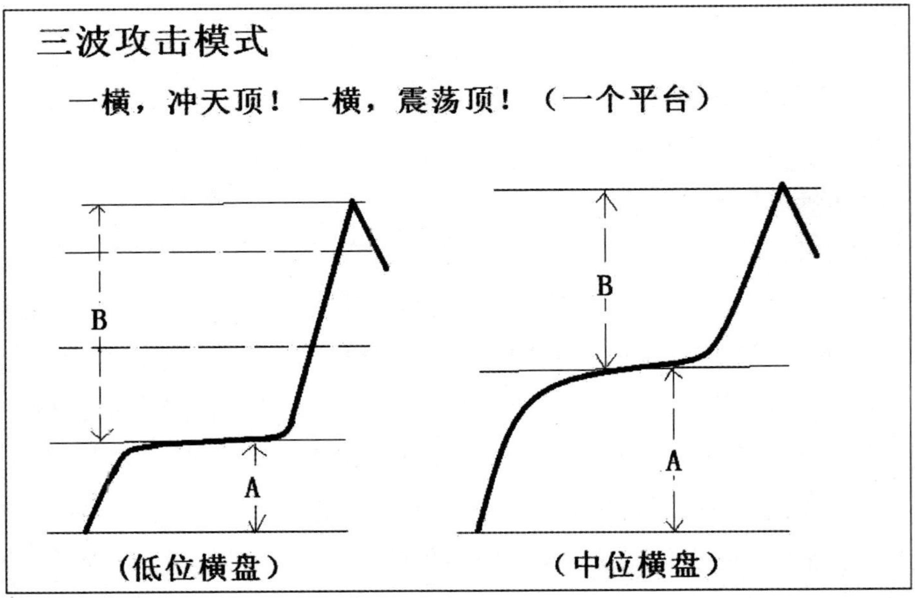

图 3–14

一横，冲天顶！一横，震荡顶！(一个平台)

可细分为“低位横盘”和“中位横盘”两种。

说明①“高位横盘”现象一般在“上弧线攻击”中比较多出现。三波攻击中，以“低位横盘”和“中位横盘”为主要表现形式。

说明②“低位横盘”的特点是，上半部分的攻击空间幅度通常为下半部分攻击空间幅度的两倍以上；“中位横盘”的特点是，上、下两部分的空间攻击幅度基本一致。

说明③冲天顶，一般以直上直下的尖顶形态表现；震荡顶，则一般会形成高位的横向震荡过程，类似横盘平台，但属于失败的横盘平台，反而是资金震荡出货而形成的。实战中，一个是顶背离的出现，一个是“时间限制点”临近，但在此启动攻击量配合明显萎缩，攻击很快就夭折，这几种现象结合起来判断这个横盘平台的成功与否。当然，如果细化到分钟级别上来把握，这种横盘平台之后的攻击夭折现象会更为明显些，指标走弱也会更迅速。

三波攻击模式均会在其上攻途中，只出现一个震荡平台，这就是处于三波之中的“一横”现象，但区别在于这个途中的震荡平台在整个三波攻击模式中所处的位置高低，也是实战中判断该股未来空间攻击拓展高度时一个重要的技术参考。无论是“一横，冲天顶”还是“一横，震荡顶”，这个“一横”所处的位置有低与高的区别，即“低位平台”和“中位平台”之分，理论上讲，出现低位平台的个股，容易形成“一横，冲天顶”；而出现中位平台的个股，容易形成“一横，震荡顶”。但如何来界定出现的这个震荡平台属于“低位”还是“中位”呢？有一个比较简单的空间分层拓展办法：即如图 3-14 中所示，“A”的空间高度，是指第一波的攻击动作所形成的空间攻击幅度，那么，以此空间高度来划分上面“未来空间拓展”的高度，并且以 1:1 的空间高度比例来逐层拓展。如图中“中位平台”“A、B 上下两层空间拓展高度”是大约相等的(实战中不宜苛求精确相等)，这通常是“中位平台”盘整结束后股价空间拓展大致高度的主要特点；而图中“低位平台”“B”的空间高度明显是“A”的空间高度的大约 2.5 倍。这只是一个理论示意图，实战中，“B”的空间拓展不一定都会是 2.5 倍，也可以是 3 倍、3.5 倍或 1.5 倍等等，也不一定会是倍数的整倍数，总之会大于 1:1 的空间拓展高度均属于“低位平台”的技术特点，记住这一点就可以了。实战中将此方法与框架线系统的运行变化相结合，在出现震荡平台后的未来高度分析测算判断时，将起到重要帮助。

同时，可以对某股的整体运行模式有一个大致的技术框定，因为如果不是上弧线和下弧线上攻模式的话，就必然是三波、五波的攻击模式了，而五波也是从三波模式延伸变化而来的，那么，先界定为三波攻击模式。如果是三波攻击模式，目前已经攻击了一波，正处于第二波的横向震荡平台过程中，那么，该股这个震荡平台起码应是“中位平台”吧？也就是股价未来再拓展的高度“B”空间与第一波的攻击高度“A”大致是相同的。如果该股最终是如此走势的，就会在完成同等空间攻击高度时，转为进入构筑顶部的动作，这里注意一点，“中位平台”容易形成震荡顶。但如果该股实际达到同等攻击空间高度后，并没有转为构筑顶部，这就反过来推定了震荡平台不是“中位平台”而属于“低位平台”，而“低位平台”的个股，一个是“B”段的空间攻击高度会大于“A”段空间高度，另一个就很容易出现“冲天顶”。当然，如果将这些分析判断与框架线系统的分析结合起来，然后再加上量的变化、指标的变化，以及其他级别周期图的分析，就更可以提高分析判断的精确性，从而相应地制定出合理的操作策略，以及应对灵活变化的仓位控制策略了。剩下的事情主要就是监控和根据该股时间走势进行修正自己的分析，如果最后三波变化为五波模式，随之修正就可以了。

由于每一个人的技术水平不同，在实战中又要避免生搬硬套，这里再给一条重要建议：一旦操作的股实际走势与之前分析判断出现较大变异现象，又难以理清将后期发展成何种攻击模式和演化轨迹(简单讲，就是思维混乱看不明白了)，先减仓(如果该股前期攻击空间幅度已经比较大时可以先出局)，再观察分析。

金瑞科技(600390)就是一个典型的“一横，冲天顶”(图3-15)。震荡平台结束时，看框架线系统是属于“三线内”状态的，因此，在实战中比较容易判断后期股价会向上选择攻击，而攻击的高度随着股价的延伸拓展空间，远大于下面第一波的空间高度，即为“低位平台”型，而“低位平台”型的个股，很容易出现“一横，冲天顶”，除非它后期会变化为五波攻击模式。该股实际上没有变化为五波攻击模式，因此，熟悉不同的攻击模式，应用于实战中时，还是可以在前期分析判断时起到一定的帮助作用，未来有变化就随变化改变应对操作策略，未来没有出现变化，就按原来的既定应对操作策略继续执行，只有当技术思维能够与实际走势形成共振和融合，操作的过程才会成为一种顺畅、平静的过程。

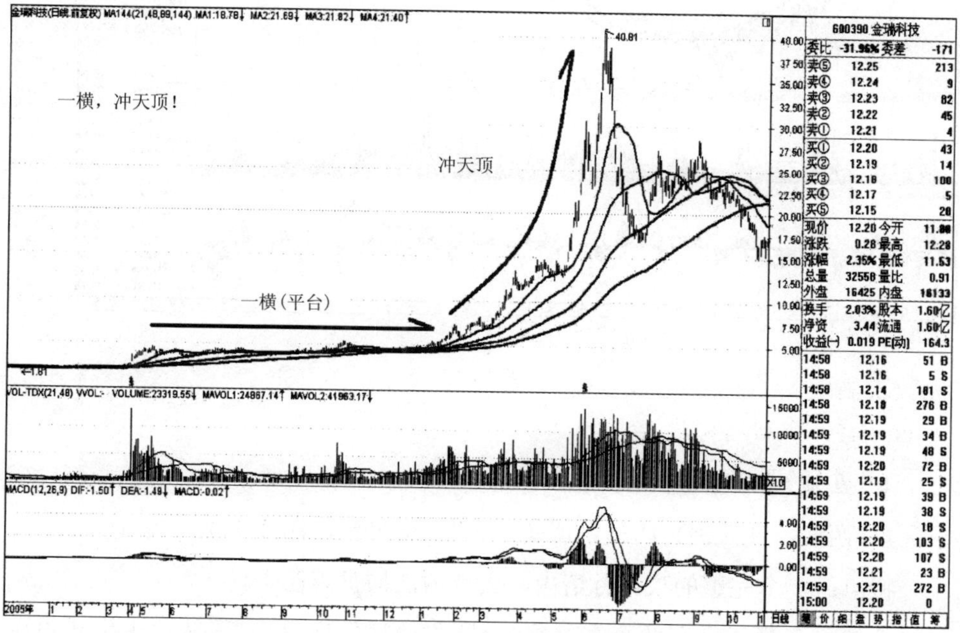

图 3-15

龙净环保(600388)属于“一横，震荡顶”(图 3-16)。前面讲过，“中位平台”之后股价的空间拓展高度与下面第一波的空间高度大约等同，而“中位平台”的个股又很容易形成“震荡顶”构筑现象。

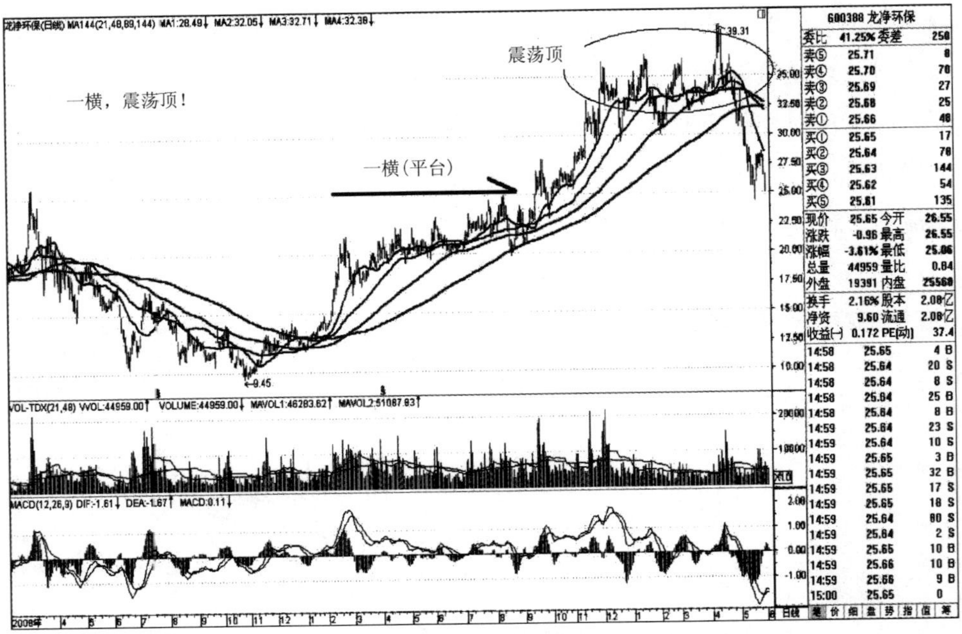

图 3–16

4. 五波(多波)攻击模式

(1) 两横，冲天顶！两横，震荡顶！(两个平台，图 3-17)

特点：一个完整的攻击行情中，出现两次横盘震荡平台。

五波攻击模式中有两个震荡平台(即“两横”现象)。三波攻击模式也可以演变成五波攻击模式。大多数情况下，五波攻击模式中的第三波攻击段，为主攻击波，也就是股价的空间拓展幅度占比最大。五波攻击模式中也分为“两横，冲天顶”和“两横，震荡顶”。从多年实战经验来讲，即使是五波攻击模式，如果以三波攻击模式的操作策略来应对，反而可以达到博取利润的最大化，为什么呢？因为通常来讲，三波攻击模式的最高点位置是绝大多数人都比较难抓到的卖点，一般都会选择次高点位置来卖。而如果该股从三波攻击转变为五波攻击时，是比较容易卖在股价再创新高的区域里，虽然这并不是该股空间拓展的最高点位置，但通常也距离最高点差距不是很大了。同样的道理，五波攻击完成时，绝大多数人也难以抓到最高点位卖出，也会选择此高位置来卖，而次高位置距离以前面三波高点之后新高出现后的高点差距就更加小了，如果该股冲出五波最高点之后，出现快速下跌的话，以五波高点为参考来选择卖点的人，还有可能卖的不如以三波高点做参考卖出人的位置高。这有点儿像“以低博高”，“低就是高”的哲理。因此，实战中，完成三波攻击后，如果再出现新高，反而应该在冲高中分批减仓，直到全部出货，别等股价见顶拐头。所以，学会分批建仓、分批减仓的操作流程也很重要。

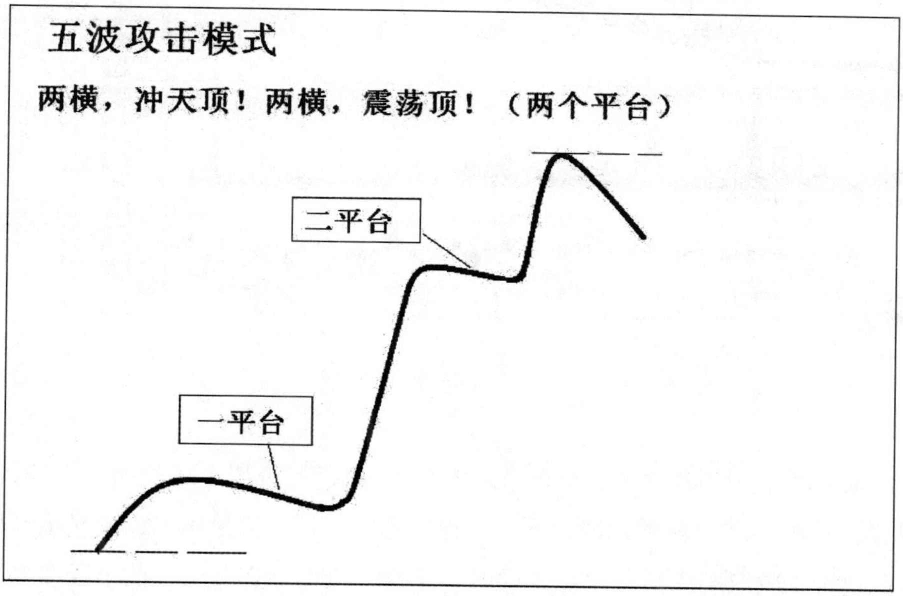

图 3–17

南方建材(000906)就是一个“五波攻击模式”，并且是“两横，冲天顶”型(图 3-18)。从波段划分来看，第四波的震荡平台(就是二平台)结束时框架线系统还是保持着“三线内”的攻击状态。后面第五波的攻击动作(最后一段创新高)过程中，如果是以三波操作策略应对的话，那么在创新高冲击过程中，分批减仓，反而能够达到利润收取的最大化效果，冲天顶结束后的连续下跌说明，如果是以五波模式操作策略应对，反而可能没有前一种方法收取的利润大。

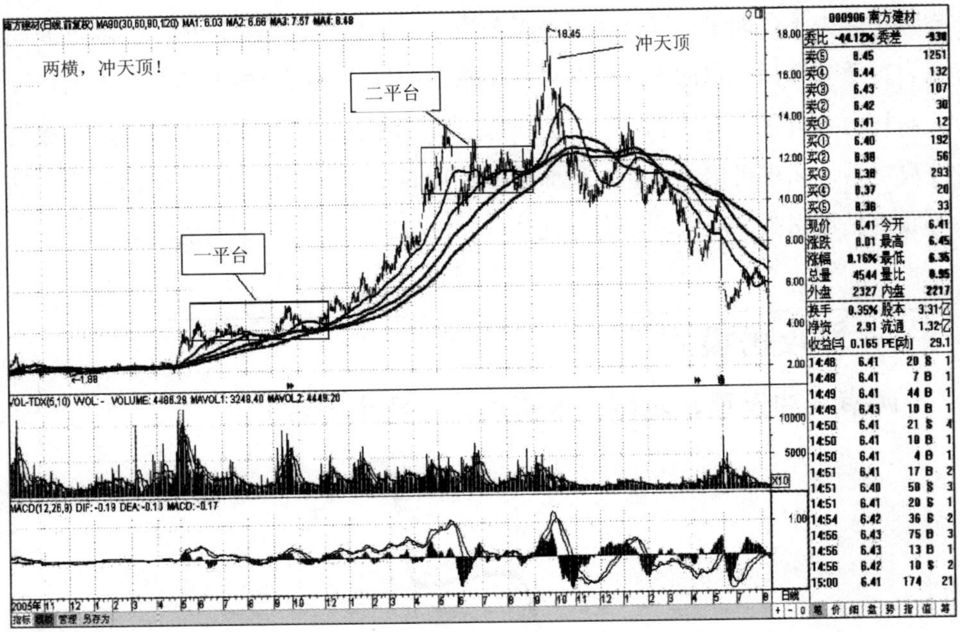

图 3-18

银河动力(000519)也是一个“五波攻击模式”，但属于“两横，震荡顶”型(图 3-19)。与“两横，冲天顶”的操作思维一样，如果用三波操作策略应对，也可以收取利润的最大化，同时，还有一点，“震荡顶”的个股在技术上更容易出现顶背离现象，股价创新高(第五波攻击)，而指标没有创新高(相对于第三波的高点顶)形成顶背离，该股在图中就出现了这种现象，虽然后面再冲起来再创新高形成震荡顶，但以顶背离现象作为出局点，本身就符合技术操作规律，其股价高度也距离最高点很近。

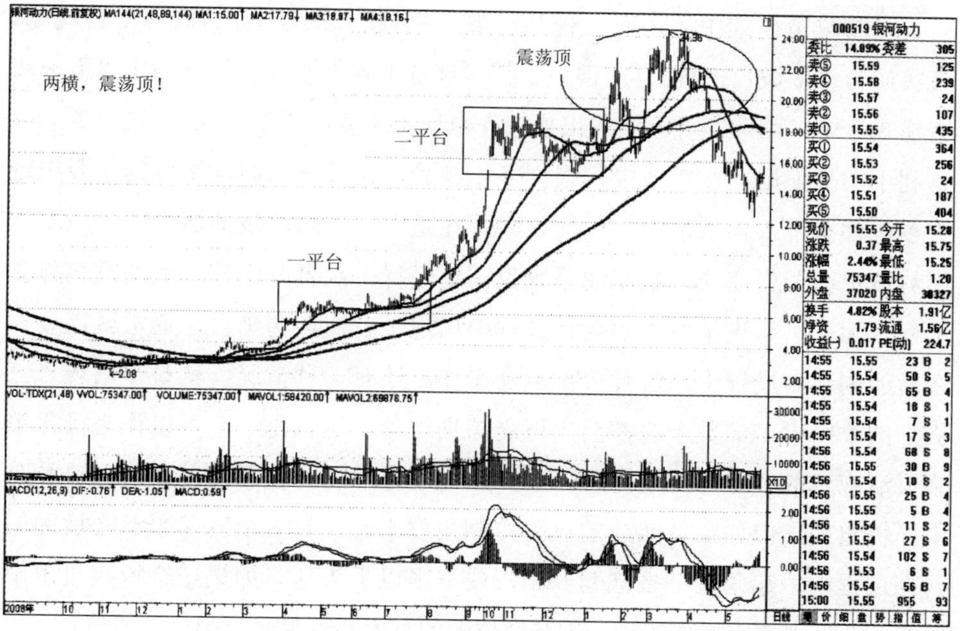

图 3-19

(2)三横，震荡顶！(三个平台(图 3-20))

特点：一个完整的攻击行情中，出现三次横盘震荡平台。

记住一点：凡出现三个平台之后的攻击动作，都要特别警惕和注意！

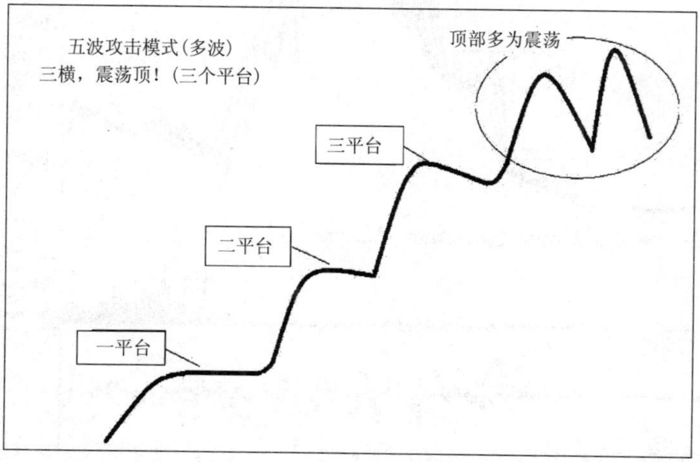

图 3-20

五波攻击模式中，还有一种是出现三次(或三次以上)的震荡平台现象，其实质为“多波攻击模式”，但为了技术理解上容易掌握，将它归于“五波攻击模式”中，因此，“五波攻击模式”也属于“多波攻击模式”，这样的划分有利于实战使用。在实战中，根据多年经验，超过三次震荡平台的个股中绝大多数都会进入构筑顶部，即使该股是在走一个大趋势波的运行，一般本次趋势波也会即将完成，框架线系统也需要进行一次具有中期性质的震荡休整过程。因此，如果某股上攻运行过程中出现过三次震荡平台，通常就需要在之后的创新高过程中，进行分批减仓操作。还有一种情况，就是在出现“三横”的个股中，多数个股都会出现震荡顶现象，这也是一个可以作为操作策略灵活应对的参考点，就是可以选择在见顶之后的高位震荡过程(构筑顶部)中择机出局。但如果从实战的风险控制角度来看，第三个震荡平台之后的创新高过程中，起码应分批减仓一半，或一半以上为佳。如果结合短线攻击中脱线和八爪现象来操作的话，则减仓位置的高度距离最高点都会比较近。

华联综超(600361)就属于“五波攻击模式”中的“三横，震荡顶”型(图 3-21)。第三个震荡平台属于在“三线内”状态中完成，因此，实战中可以分

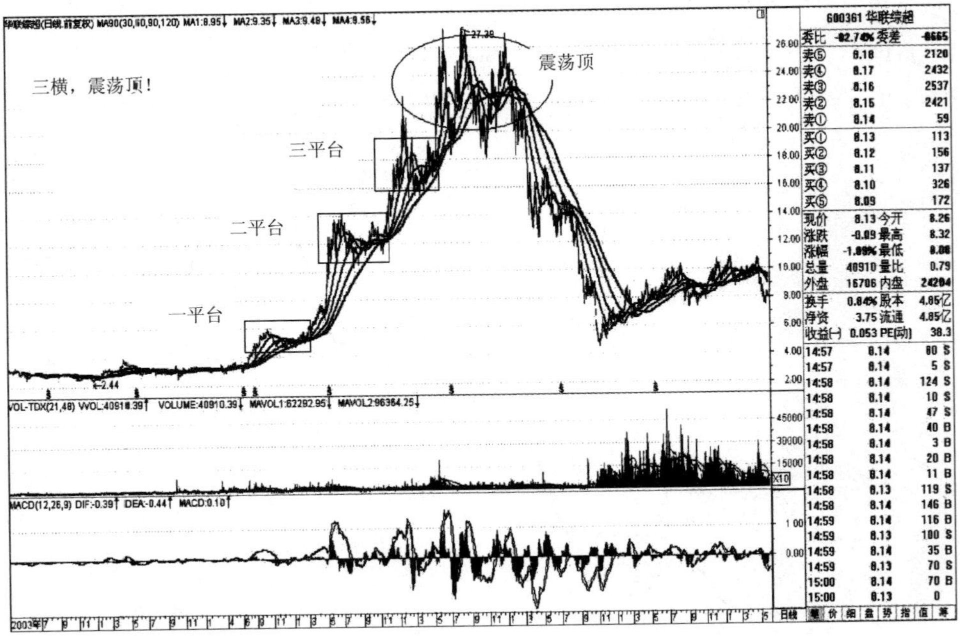

图 3-21

析出后期还会有新高出现。创新高过程中，以短线的“脱线 + 八爪”现象来选择分批减仓机会，可以达到收取利润最大化的目的。图 3-21 中还有一个机会，就是构筑顶部时出现的顶背离现象，第三个出局机会则是顶部构筑中的诡线波(注：关于顶部卖点机会选择把握方法，在“顶部扭转”篇章中有专门论述)。

5. 45° 标准线攻击模式

此攻击模式，实战中一般会稍大于 45° 标准，是一种强势持续攻击状态表现，比如“飞龙线”就是一个比较典型的代表。

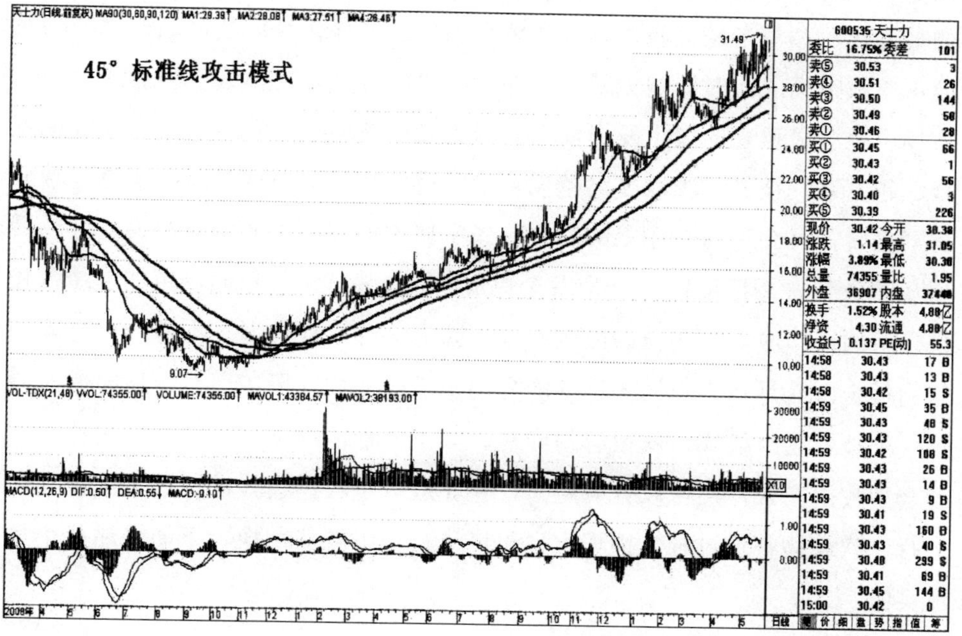

图 3-22

天士力(600535)是典型的“45° 标准线攻击模式”(图 3-22)。熟悉扭线技术的人一目了然，该股是典型的“飞龙线”动作攻击。框架线系统在此类攻击模式中，各线运行较为稳定，轨迹舒缓、平滑。清洗筹码的手段基本上都在以 K 线为主来做的，如果以框架线系统来监控，才可以守得住低位筹码。此类攻击模式个股，不宜盯盘过细，否则容易钻“盘内争斗”的牛角而心态浮躁，过早卖出筹码。45°攻击模式的个股，通常只会是整体攻击形态中的一部分过程，最终绝大多数都会出现形态转变，比如，转变为上弧线攻击、下弧线攻击，或者三波攻击，而转变成五波攻击的现象比较少见。因此，持有此类攻击模式个股的人，更应静心监控，当后期攻击模式发生变化之后，再调整应对策略，而在45°攻击过程中，多看框架线系统变化，少看K线，以守为主。

6. 混合型攻击模式

混合型攻击模式是指一个完整的攻击行情是由几种攻击模式相结合而完成的。随着市场技术层次的深入，股民技术能力的不断提高，市场影响因素的多元化，参与市场交易的资金群体目的性的多样化，以及市场衍生产品对股市主板市场的即时影响力量不断加深，“混合型攻击模式”将会成为未来市场、个股最重要的技术发展演变方向也是必然的发展趋势。攻击模式越混合、越复杂，技术思维深度就越需要不断进化、拓新。这是总体来讲，若分解开来看，又会化为规律上的简单，先掌握透彻各个单质的攻击模式，然后相互结合形成“混合型”；巧取各个单质的攻击模式应对策略，也加以结合起来，新的操作应对策略自然应运而生。因为这种“混合型”不是一种打碎之后的糅合，而是从一个模式转变成另一个模式的相互衔接而已，只要灵活调整一下技术思维模式，就很容易应对。如果某种情况下，确实难以整体应对混合型攻击模式，还可以分开应对，在完成一个攻击模式后，通常股价都会进行一次震荡整理过程，操作上也可以进行一下顺势切换。下面讲述几个具体实例。

(1)“上弧线与下弧线相结合”：

龙净环保(600388)是“下弧线攻击模式”与“上弧线攻击模式”相结合而成的一种“混合型攻击模式”(图3-23)。虽然后半部分是“上弧线攻击模式”，但当前半部分完成了“下弧线攻击”之后，其股价的空间拓展高度已经比较大，距离其最终的最高点，空间差并不大。因此，以“下弧线攻击模式”的应对策略来收取利润，也可以达到最大化的目的。该股“上弧线攻击”部分，大多数时间都是震荡为主的，空间拓展没有“下弧线攻击”拓展的大，这也是各自攻击模式在技术原理上“先天性缺点”造成的。“下弧线攻击”

是先慢后快，自然后期空间拓展大；而“上弧线攻击”是先快后慢，后期空间拓展小。两者相结合，前期“下弧线攻击”中的“后快”段与后期的“上弧线攻击”“先快”段刚好形成重叠现象。因此，以“下弧线攻击模式”的应对策略(上攻结束就分批减仓)为主是最合理的。

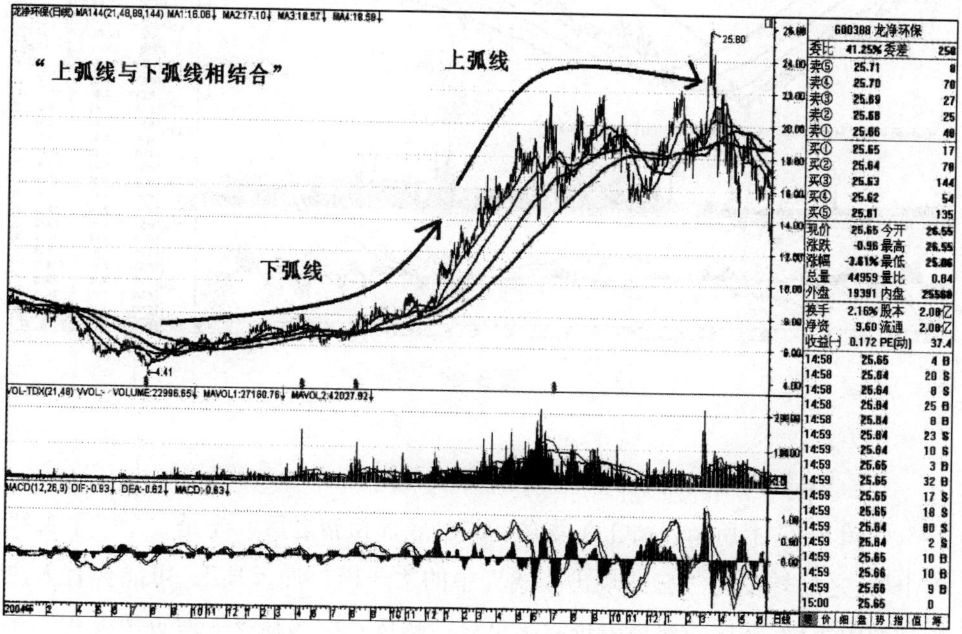

图 3–23

(2)“上弧线与三波或五波攻击模式相结合”：

钱江摩托(000913)先是一个“上弧线攻击模式”，之后转变为一个“五波攻击模式”。底部扭转之后，先是一个“上弧线攻击”，之后转变为“五波攻击模式”中的“两横，冲天顶”(图 3-24)。应对策略前面均讲过，此处不再重复。

重要提示：如果“上弧线攻击模式”出现在某个攻击模式之后的高位时，应警惕为主！反之，如果“上弧线攻击模式”出现在低位(比如底部扭转之后先是“上弧线攻击”)时，则注意框架线系统的变化，特别是能够保持“三线内”状态，则说明后期会转变成一个新的攻击模式，可以采取先守为主。

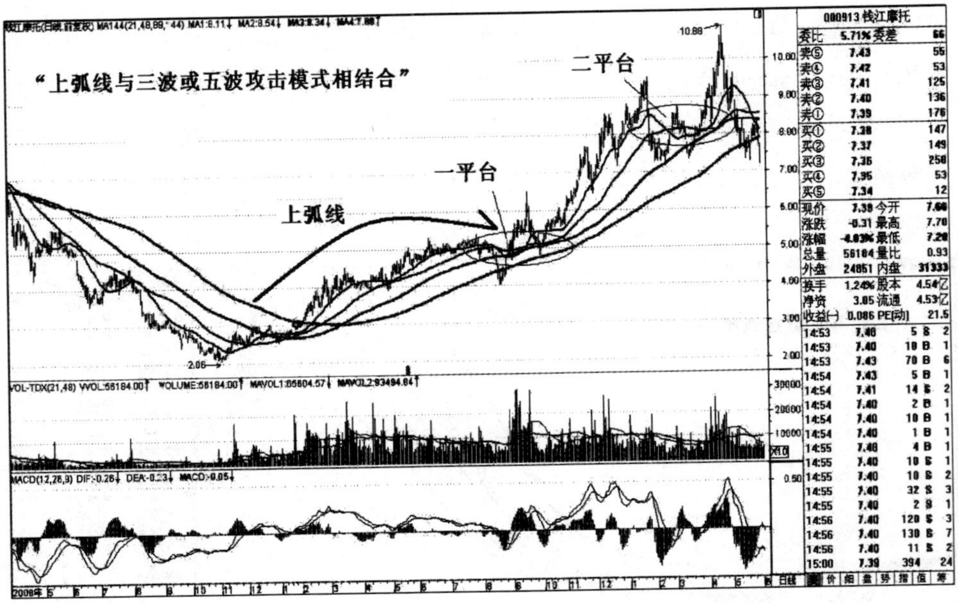

图 3–24

(3)"下弧线与三波或五波攻击模式相结合":

如图 3-25 上所示，海王生物(000078)底部扭转之后，先是一个"下弧线攻击"，之后转变为"三波攻击模式"中的"一横，冲天顶"。可能会有人注意到图中"A"区域的那个股价震荡平台，整体看应该是"五波攻击模式"才对，怎么会是"三波攻击模式"呢？这里讲解一下，"A"点方框内，这个位置的横盘震荡动作，是属于股价型的，因为框架线没有参与其中，而是依然保持着向上的攻击状态，所以，这里并不视为均线系统的一个横盘平台动作。这一点，在实战判断时，可以辅助性地提高该股上攻状态保持(虽然股价短线在剧烈震荡，但均线系统保持强势支撑状态)的技术判断准确性。从技术关系上讲，如果只有股价形成横向震荡，最邻近的均线继续保持攻击状态不变时，说明股价是以一种脱线攻击之后靠拢支撑均线的合理动作来运行的，靠线而起带放量(指标保持多头或出现金叉来确认)，这是正常的继续攻击的表现。如果靠线不起，也不放量，指标空头也金叉不了，则不能确认这个启动攻击动作，下一步，一般会破掉此支撑均线；最强走势，也只是此位置横向震荡时间期加长，震荡上下区域可能会加大，需要探寻下一条周期均线来做支撑。

因此，按照扭线技术的波段划分标准，“A”区域这里的震荡动作不视为一个震荡平台的波段来划分。所以整体看，该股是转变成了“三波攻击模式”。

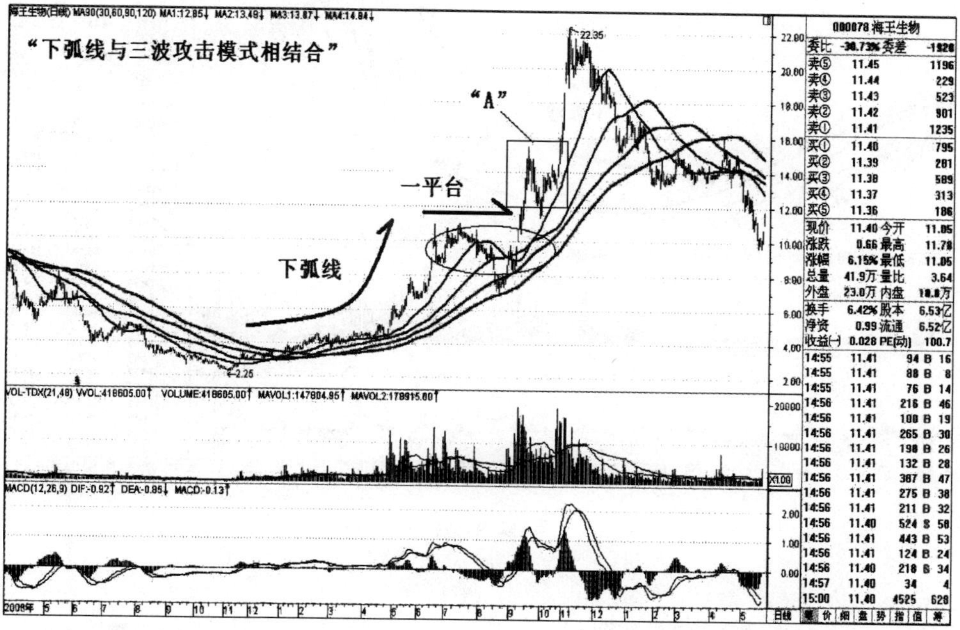

图 3-25

从华芳纺织(600273)的“下弧线攻击模式”转变成“五波攻击模式”(图 3-26)，结合前一幅图 3-25(下弧线攻击转变为三波攻击模式)看，特别是注意看框架线系统在趋势上攻过程中的相互交叉现象，图 3-25 中只出现过一次，而该股上出现过两次，所以，图 3-25 为转变成“三波攻击模式”中的“一横，冲天顶”，而该股则是转变成“五波攻击模式”中的“两横，震荡顶”。

“45° 攻击模式与上、下弧线攻击模式相结合”、“45° 攻击模式与三波或五波攻击模式相结合”等，形成“混合型”的攻击行情走势(图 3-27)。

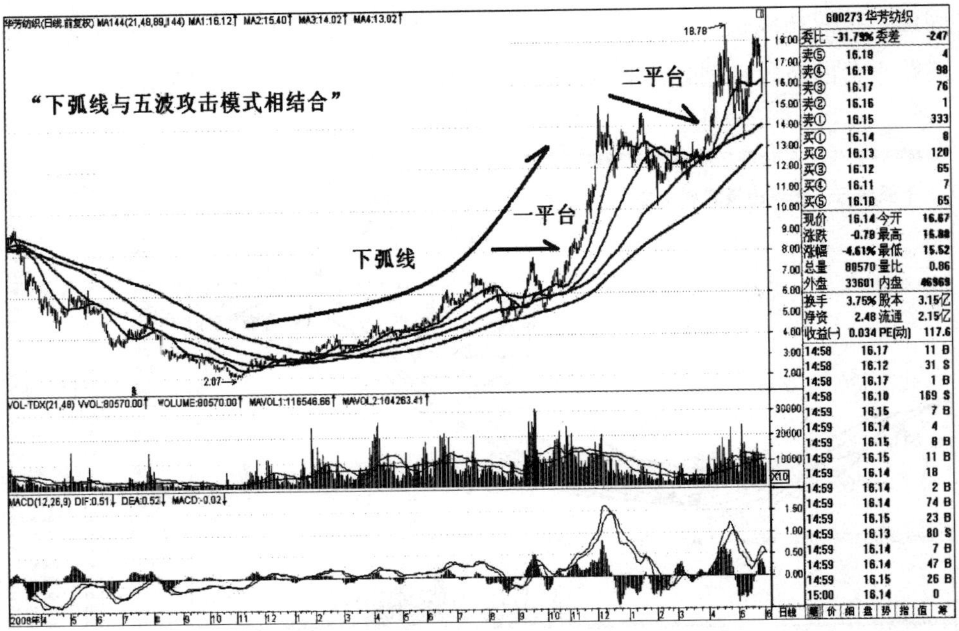
华芳纺织(日线 前复权) MA144(21,48,89,144) MA1:16.12 MA2:15.40 MA3:14.02 MA4:13.02
600273 华芳纺织
“下弧线与五波攻击模式相结合”
二平台
一平台
下弧线
18.78
2.07

图 3–26

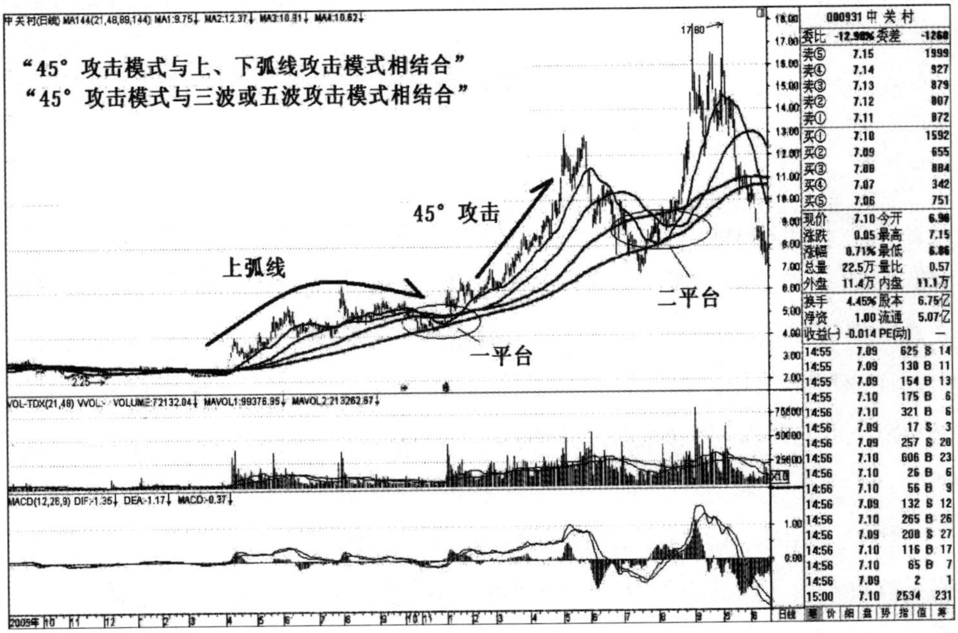
中关村(日线) MA144(21,48,89,144) MA1:9.75 MA2:12.37 MA3:10.81 MA4:10.62
000931 中关村
“45° 攻击模式与上、下弧线攻击模式相结合”
“45° 攻击模式与三波或五波攻击模式相结合”
45° 攻击
上弧线
一平台
二平台
17.80
2.25

图 3–27

为了实战中易于辨认、识别，更准确地把握机会与风险，我将繁杂、难掌握的“波浪攻击形态”，取其内在波动规律特点加以简化，结合以均线系统的特有运行特点，用一种新型的、比较简单、清晰、易辨认、可以快速掌握并用于实战的攻击行情技术方法来做判断。目前股指期货和融资融券对市场控盘运行的影响加强，势必导致在攻击性行情走势形态上发生新的市场变化特点：持续性攻击现象、持续性的横向震荡平台会越来越多。用简洁的方法来把握“几种攻击模式”具有更实用的特点，特别是“混合型攻击模式”必然成为市场未来发展中趋势运行的主要表现特征。复杂，就是将几个简单融合起来形成的！

第三节　“三线内”震荡平台

1.“三线内”震荡平台定义

“三线内”震荡平台是指在上攻趋势的过程中，形成横向震荡平台时，虽然“三线”发生相互交叉、纠缠现象，但始终会有一条“支撑线”不会被其他“三线”所“击破”(注意：这里是指均线与均线之间的击破现象，而非股价与均线的关系)。因此，把这种震荡平台定义为“三线内”震荡平台。

永新股份(002014)的震荡平台过程中(图 3-28)，框架线系统 21 日、48 日、89 日三线发生相互交叉、纠缠现象，但 89 日、144 日护航带两线虽然有靠拢动作，但始终没有发生相互交叉现象，这说明护航带始终保持着支撑状态没有改变，也预示着股价震荡结束后选择向上攻击的几率很高，特别是当框架线系统各线相互聚拢进入“时间限制点”时，股价率先上升到各线之上运行，后期该股再次启动新的攻击波。

在股价拓展到 19.95 元出现一个高点顶之后，框架线系统再次出现相互收拢现象，但此处的震荡平台后期，护航带两线再次相互靠拢，此时股价已经先期下跌到框架线各线下方运行，此时，要特别警惕这里的“三线内”震荡平台也许难以形成，如此，就只有两种演化结果：一个是“三线外”震荡平台，形成空中扭转再启动新的攻击波；另一个结果就是，此处可能会形成顶部扭转。应对策略此时则应以减仓或先行出局避险为主。如果后期演化为

“三线内”震荡平台，空中扭转再次启动新攻击波时，再择机加仓或重新介入，抓该股的下一波机会。

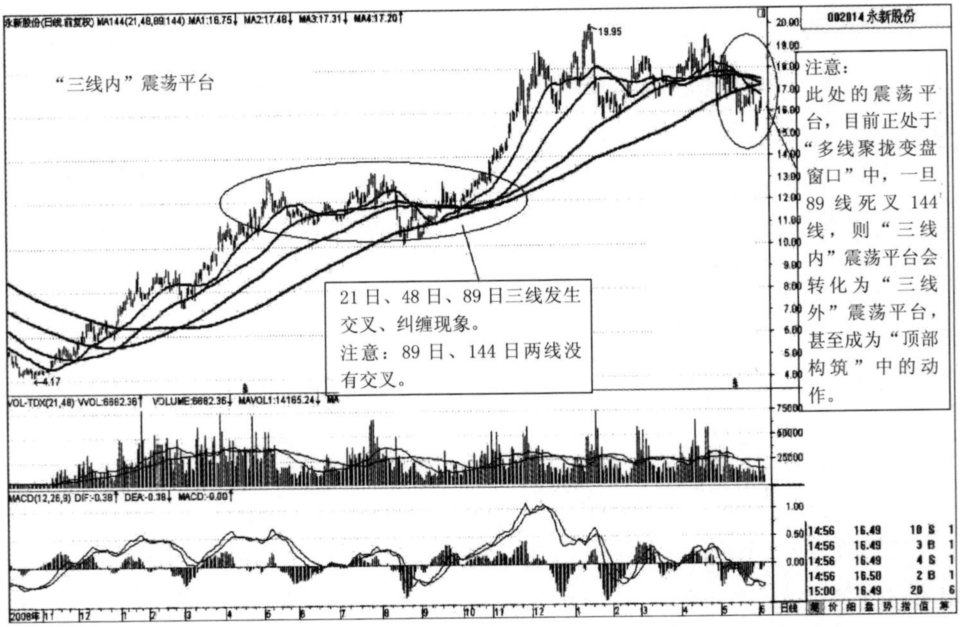

图 3-28

2.“三线内”震荡平台技术特点：

(1) 时间上会有“限制点”出现。因为总会有一条线，如果不会被其他线所击破，就会进入新一波的攻击动作，所以这条均线的强力支撑作用就自然形成横向震荡的技术“限制点”。

(2) 横盘震荡技术区别。一般划分为：

①护盘线和护航线两线不发生交叉，且只出现靠拢现象的为“强势震荡攻击”(注：这属于“攻击动作”范围，这个“攻击波段”还是延续的)。“强势震荡攻击”动作由于主要是化解护盘线和护航线之间的八爪乖离现象而产生，一般持续时间 1～2 个月，属于短期性质的强势震荡动作。

②护盘线和护航线两线发生交叉、纠缠现象，且不涉及其他线的，为“小型震荡平台”。“小型震荡平台”由于只涉及护盘线和护航线周期级别，

一般持续时间在 3 个月左右，但有时会发生连续出现 2 个(或 2 个以上)的“小型震荡平台”相连接出现的现象，运行时间就会相应延长。

③护盘线、护航线、护航带(其中只有 89 日线)三条线发生交叉、纠缠现象，为“中型震荡平台”。“中型震荡平台”由于涉及均线周期数值高一个级别，因此，震荡平台的运行时间会比较长，一般持续时间在 5 个月左右，如果出现延伸段现象，则运行时间还会相应延长。

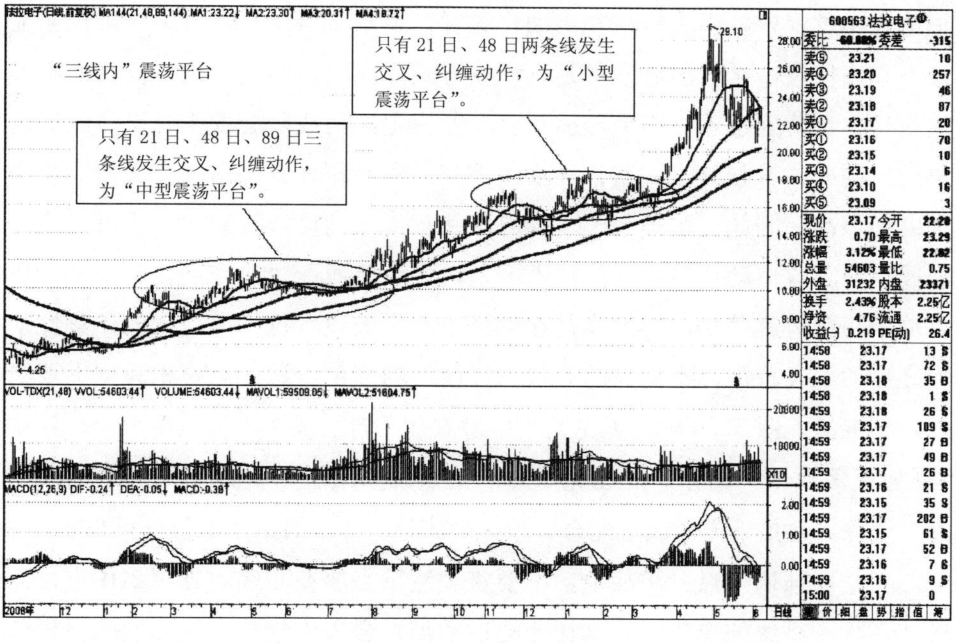

图 3-29

法拉电子(600563)上攻过程中，出现过两次震荡平台，均属于“三线内”震荡平台(图 3-29)。但再进一步分析，会发现第一个震荡平台时是 21 日、48 日、89 日三条线发生了相互交叉、纠缠现象，这是“中型震荡平台”的技术特点；第二个震荡平台时，只有 21 日、48 日两线相互发生交叉、纠缠现象，从震荡平台保持的上攻强度上讲，要比第一个震荡平台升高一级，为“小型震荡平台”的技术特点。攻击强度的升级现象也说明该股已经开始进入逐步升级攻击的状态，就是每当震荡平台出现时，框架线系统支持强度的升高，也预示着距离最后的急攻、强攻，出现高点或顶部越来越近了，在操作策略应对上应顺势加强监控，一旦出现连续急攻或强攻动作，结合脱线、八爪等技术现象，就可以采取分批逢高减仓来操作。

在图 3-30 中长春高新(000661)同时表现了横盘震荡平台中的三种平台技术特点。从下向上这个趋势攻击波运行过程中，首先出现的是一个“中型震荡平台”(21 日、48 日、89 日三条线发生交叉纠缠动作)；之后，又出现了一个“小型震荡平台”(21 日、48 日两条线发生交叉、纠缠动作)；之后，进入加速攻击过程中，由于短线攻击动作过猛，造成 21 日与 48 日两线出现明显八爪乖离现象，化解的过程，是以洗攻方式完成的，两线靠拢、收拢而不发生交叉，这就区别于“小型震荡平台”过程中，两线是会发生交叉、纠缠现象的；同时技术强度上，这种洗攻而不交叉的动作也要比出现交叉动作攻击强度明显高，因此，这是一个“强势震荡攻击”动作。我们前面讲过“攻击波段”与“攻击动作”之间的技术区别，这个就属于“攻击动作”范围，所以这个“强势震荡攻击”动作是在一个“攻击波段”过程中完成的休整性动作之后的继续攻击，不是新的“攻击波段”的产生。这一点技术思维上要清晰，不混淆。图 3-30 中，无论是“中型震荡平台”或“小型震荡平台”还是“强势震荡攻击”动作，均在完成之后的启动攻击位置处，出现“时间限制点”现象，包括下方的放量配合、指标确认等，在实战中要综合分析判断。

还是再强调一点：实战中，不要将关注重点放在 K 线的震荡动作上，而应放在均线系统的变化上，这样才会过滤掉很多人为性震、洗目的的误导信号影响。

(3)如果“护航带”中的两线(89 日线和 144 日线)之间发生交叉现象，则为“三线外”震荡平台，不交叉，则均为“三线内”震荡平台。这是“三线内、外”的唯一技术区别标准。“三线内”震荡平台比“三线外”震荡平台，趋势延续性更高、技术判定更容易。

(4)震荡平台结束时通常技术上会出现“三个条件”：

①多线聚拢，进入变盘窗口，或者股价、5 日线、10 日线三者已经提前被拉到“时间限制点”之上了。

②MACD 指标多数情况下会在 0 轴附近出现启动金叉。

③新一波攻击动作启动时，一般都会伴随持续性的明显放量现象。

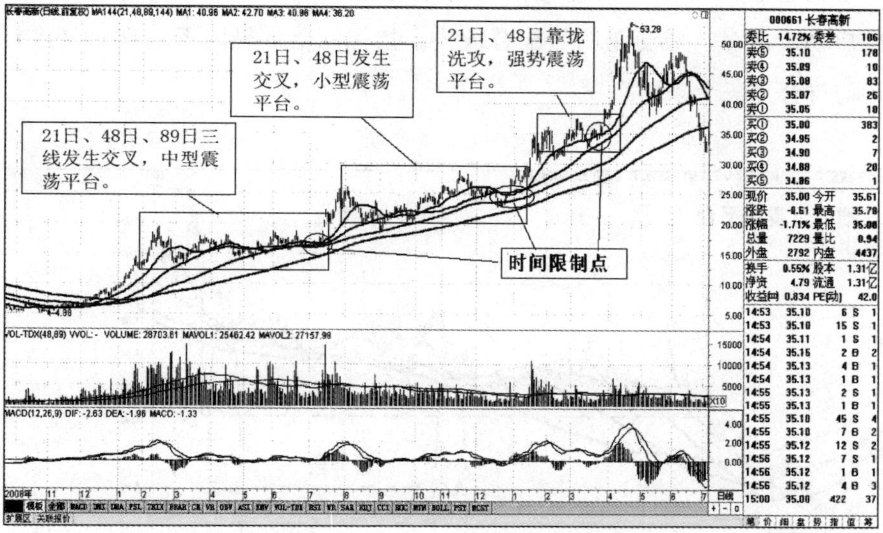

图 3-30

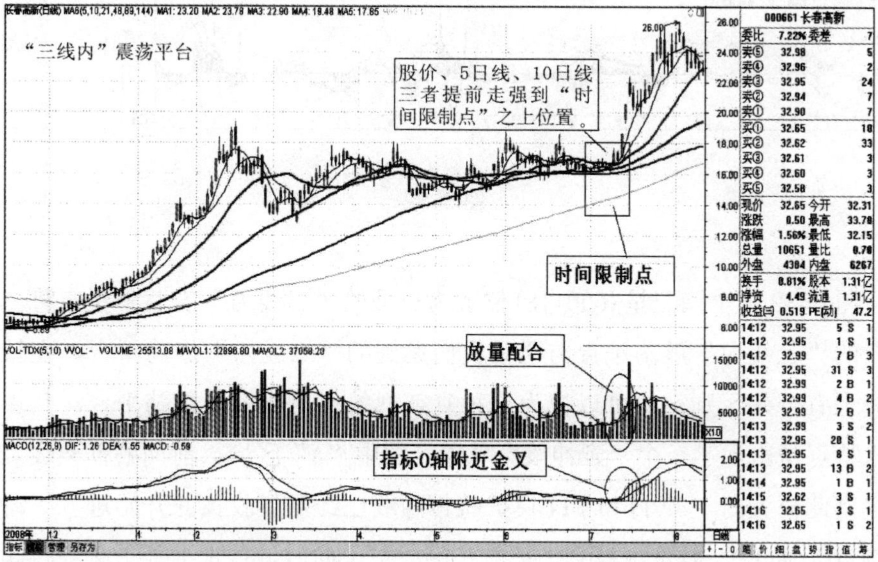

图 3-31

图 3-31 中长春高新(000661)这段“三线内”震荡平台结束时，多线聚

拢，进入变盘窗口，并出现“时间限制点”现象，此时股价率先上升到所有均线之上运行，5 日、10 日两线也被带动穿上来形成短线对股价的支撑作用。再次启动攻击时，成交量明显配合放大。指标回落 0 轴附近出现金叉进行确认。均符合“三个条件”。

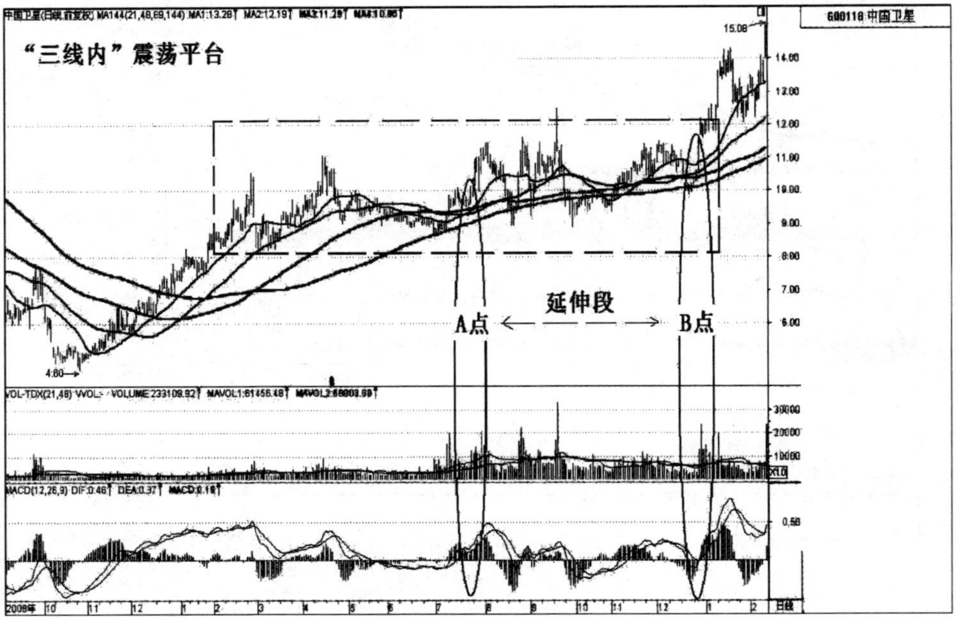

图 3-32

图 3-32 中中国卫星(600118)位置为典型的“三线内”震荡平台走势。但该股的“三线内”震荡平台与通常我们见到的“三线内”震荡平台，在技术走势上有一些区别，也可以视为一种复杂型的“三线内”震荡平台。其主要技术特点是出现了一个“延伸段”现象。图中“A”区域，前期的框架线震荡收拢到此位置时，89 日和 144 日护航带两线已经明显收拢并开始进入“时间限制点”，同时，股价也得到了护航带的支撑。此时，技术上处于必须拉起攻击的“时间限制点”处，如果继续横向震荡，就有可能演变为“三线外”状态(而“三线外”状态与顶部扭转类似)，该股的短期的技术风险就会大幅度提高。该股此处出现了拉起攻击动作，也有放量配合，指标上虽然不是 0 轴附

近的金叉配合，但指标也处于强势中，三个启动条件基本算是具备了。

攻击起来之后，我们发现该股并没有完全形成新的攻击波，而是演化为一种此区域震荡平台的延伸状态运行，期间还出现了股价几次击破护航带的震洗动作，但这个延伸震荡过程中，却始终保持着护航带两线(89 日、144 日)没有发生交叉现象，因此，这里的框架线系统始终维持着“三线内”状态。运行到图中“B”区域时，21 日、48 日两线再次提前走强到护航带两线之上，这里再一次形成了一个启动动作，股价提前走强，放量配合，指标此时恰好回落到 0 轴附近，形成金叉予以确认，三个新攻击波启动条件同时具备，启动攻击，进入新的攻击波。

由于市场变化和影响因素的多样化，再加上控盘主力有时会“故意”将一些比较简单明了的技术启动点在实战中进行新的变化，因此，这种“三线内”震荡平台结束时的启动新攻击波段的启动动作，出现延后或增加技术判断难度是一种合理的市场技术表现。但是万变不离其宗，只要“三线内”的技术状态不发生根本性改变，即使由于某种原因造成某次启动动作的不成功(有时是故意，有时可能是别的原因影响)，但最终还是会出现启动动作的，在这一点上，“三线内”震荡平台要比“三线外”震荡平台在技术上判断起来准确性更高些。其主要原因是，“三线内”震荡平台是这个趋势攻击波延续过程内发生的，无论如何发展变化，这个趋势攻击波都会延续；而“三线外”震荡平台是一个趋势攻击波结束的分解位置，同时“三线外”震荡平台也可能是一个顶部扭转的构筑过程。所以，顺便提一句：实战中，当选择在震荡平台阶段介入的话，首选“三线内”震荡平台，而对于“三线外”震荡平台的个股，在技术分析和判断上，需要更加细密和谨慎些。

(5)应用“树叶理论”或“二二法则”，以及前面讲过的“均线系统上攻波段划分标准”来进行综合技术判定。

3.“三线内”震荡平台操作策略标准

(1)震荡平台中宜先采取减仓、半仓、保守操作策略(如果出现顶背离，应将仓位减到 1/3 仓或先锁利)。待平台后期进入“时间限制点”时，再确定加仓或是出局。一般来讲，震荡平台刚开始形成时，是难以判断出会形成“三线内”还是“三线外”，甚至是顶部扭转的，所以，策略上一般还是采取保守型策略为佳，特别是要注意一下护航带两线是否八爪很明显，如果乖离过大，要警惕会形成“三线外”。

(2)在震荡平台过程中，择机 T+0 也可以。

(3)最佳加仓或新介入时机点为“三个条件”出现时。

第四节 “三线外”震荡平台

1.“三线外”震荡平台定义

“三线外”震荡平台是指在上攻趋势的过程中，形成横向震荡平台时，“框架三线”发生相互交叉、纠缠现象，特别是“护航线”中的两条线(89 日线、144 日线)发生了交叉现象，这种震荡平台定义为“三线外”震荡平台。“三线外”震荡平台，既属于“大型震荡平台”(区别于前面讲的“小型震荡平台”和“中型震荡平台”)，同时也属于在两个趋势攻击波之间的“空中扭转”技术范围。

“三线外”震荡平台由于是处于前后两个趋势攻击波之间的一个“大型震荡平台”过程，所以，具有典型的“大趋势”运行过程中的“空中扭转”过渡波段。而“三线内”震荡平台，只是一个“趋势攻击波”运行过程中发生的震荡休整过程，不属于“空中扭转”技术范围。此为两个震荡平台的又一个技术概念区别。

图 3-33 中天山股份(000877)在震荡平台后期，89 日线下破 144 日线，护航带两线出现交叉现象，但股价虽然有下破框架线各线的现象，但距离 144 日线空间并不远，继续震荡，最终 89 日线再次上穿 144 日线，展开新的攻击波，此即是“三线外”震荡平台的技术特点。

2.“三线外”震荡平台技术特点

(1)“三线外”震荡平台是复杂型震荡平台，技术判定难度大，因为“三线”框架会重新进行一次“空中交叉、扭转动作”。

(2)“三线外”震荡平台与“顶部构筑”过程极为相似，并且也可能会转化为“顶部构筑”动作。“三线外”震荡平台一般在 144 日线之下的 20%(注：

做参考）空间幅度之内就会完成再次扭转而重新回到所有均线之上，此为比较强势的“三线外”空中扭转，还有一种比较弱势的“三线外”空中扭转，其回落幅度甚至接近底部扭转区域的上沿。若“顶部扭转”破位 144 日线之后，反弹动作总会被 21 日、48 日、89 日三线压制，则跌幅会逐步扩大。

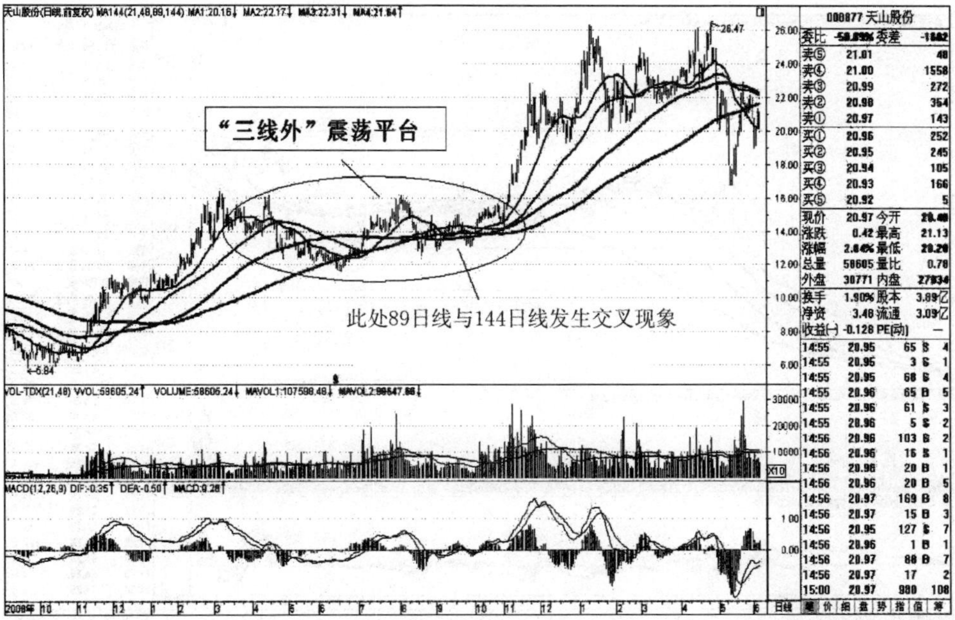

图 3–33

图 3-34 中广晟有色（600259）也属于“三线外”震荡平台技术特点，护航带两线（89 日、144 日）出现相互交叉、纠缠现象，股价在下破 144 日线之后，没有远离 144 日线，震荡幅度基本保持在 20%的空间内，之后 89 日线上穿 144 日线，形成空中扭转，启动新的攻击波。此类股价下破 144 日线后，股价震荡幅度不大很大，也没有远离 144 日线，为比较强势的“三线外”空中扭转动作。而实战中有些个股，其股价在下破 144 日线之后，下得幅度较深，空间上会远离 144 日线，框架线系统会有一个转为空头排列的过程，之后再启动新的攻击波，这就属于比较弱的“三线外”空中扭转动作。从操作策略上讲，对于“三线外”震荡平台，均应先采取锁利出局的策略为稳，因为有

时看似像“三线外”震荡平台，但最终演化成一个顶部扭转的可能性也比较大，同时，即使最终完成的是“三线外”震荡平台的空中扭转动作，但也可能会是一个段价下跌比较深的“弱势空中扭转”，所以，从多种角度来权衡，先锁利避险为最佳方案。

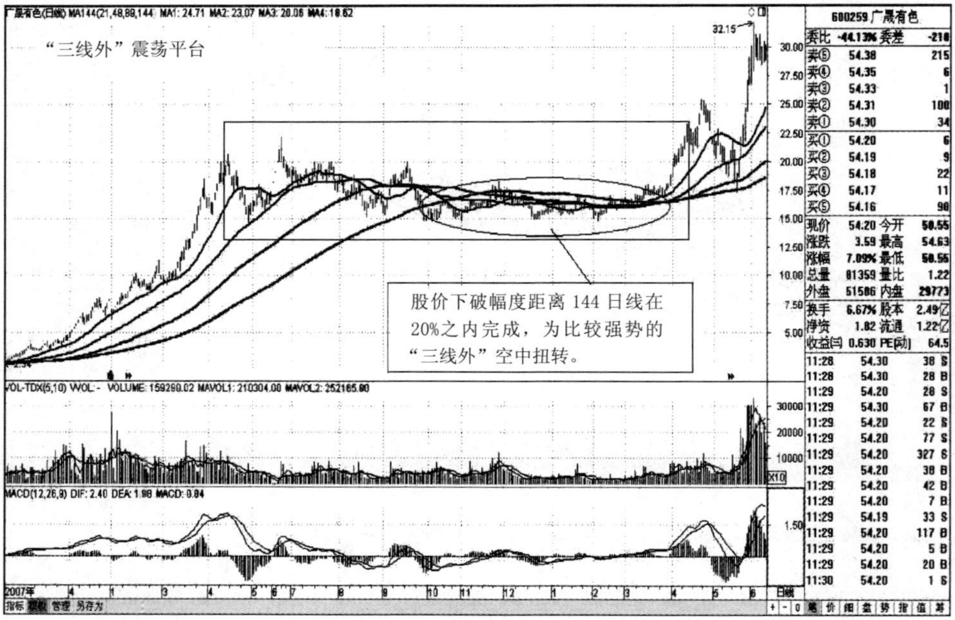

图 3-34

图 3-35 是苏州固锝(002079)一个顶部扭转的走势图，与“三线外”震荡平台相比较，可以发现，其在构筑顶部的过程，与“三线外”震荡平台的构筑过程相类似。也出现有下破护航带现象，注意图中“A”框区域，如果是“三线外”震荡平台，89 日线下破 144 日线之后，股价与护盘线、护航线应快速回升到 144 日线之上，如此，才可以维持“三线外”震荡平台的持续运行，并形成一个空中扭转。但顶部扭转构筑完成之后，下破了护航带动作，之后是不会再次很快回升到 144 日线之上的，同时，已经开始形成下跌阶段的动作展开，股价的每次反弹动作均会被框架线压制，从而进一步展开下跌动作。另一个在实战中能够配合分析判断的要点是，一般在底部扭转之后，先完成

一个趋势攻击波，然后展开形成的“三线外”震荡平台过程，出现顶部构筑扭转的几率比较低；反之，股价空间的高位区域形成具有“三线外”震荡平台技术特点的运行过程中，应首先要考虑顶部扭转构筑的几率会比较大些。因此，实战中，“三线外”震荡平台出现的空间位置区域高低，也是区别顶部扭转和震荡平台的一个首先注意的问题。原因是，空间位置的高处区域，筹码控制群体已经在前期完成了底部扭转、筹码整理清洗、上攻拓展空间等这些目的性的阶段了，因此，很容易在空间位置高位区域，利用横向震荡平台(其实也是顶部构筑过程)来进行筹码的分散派发换手工作。该股这个顶部扭转构筑区域已经是底部扭转区域的近 10 倍空间位置，实战中，像这种已经产生巨大空间幅度利润的情况下，即使再一次形成一个“三线外”震荡平台，也要警惕已经处于一个大型完整趋势波完成时的空间顶部区域里。

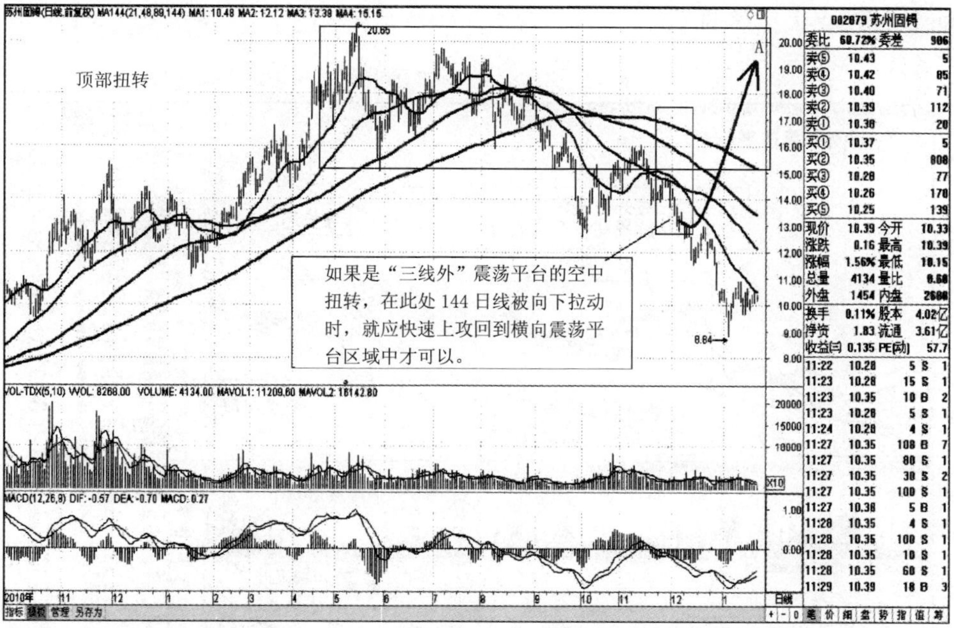

图 3–35

通过这一点，也可以明白一个重要市场技术规律现象：同一个技术动作，当处于不同的空间位置区域时，其技术目的会发生转变现象。因为技术工具归根到底是为利益目的服务的一个工具。首先筹码控制群体是在利用技术工具达到自己的利益目的；其次广大利益追随者也要学会利用技术工具掌握筹码控制群体的不同阶段目的的变化，以从中获得自己的一部分利益目的。两方面群体(或者多方面群体)都是在利用技术工具达到其利益目的，这一点上是一致的，不同点在于广大利益追随者群体对技术工具的掌握使用难度远高于筹码控制群体的掌握和使用。

(3) 多数情况下，“护航线”中 89 日、144 日两线出现明显的“八爪线”现象后，出现的横盘震荡，容易形成“三线外”震荡平台，或形成“顶部构筑”动作。

(4) “三线外”震荡平台，有时会出现延长型现象，即为 2 个(或 2 个以上)的空中扭转相连接形成。通常一个空中扭转的“三线外”震荡平台持续时间为 6～8 个月时间，而如果出现延长现象，运行时间可以达到 1 年以上。因此，属于“大型震荡平台”。

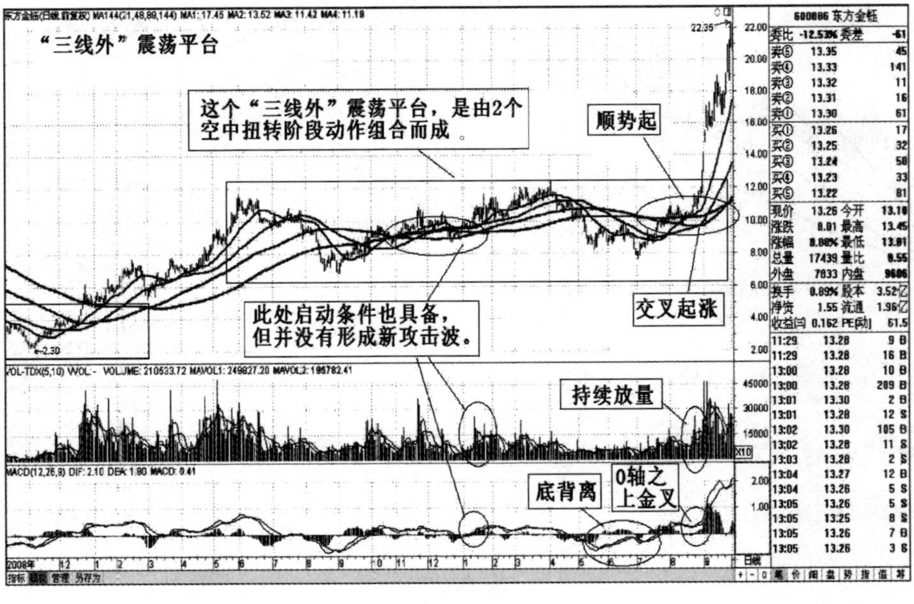

图 3-36

图 3-36 中东方金钰(600086)的“三线外”震荡平台，是由 2 个空中扭转

阶段动作组合完成的。图中第一个空中扭转动作完成时，框架线系统多头排列，启动攻击有持续放量配合，指标也符合启动条件，但并没有形成新的趋势攻击波，而是股价再次下破护航带的支撑(注意，在“五个条件”中这一条没有符合启动条件)，又出现第二个空中扭转，第二次启动时，“五个条件”均同时符合，启动成功，也结束了这个组合型的“三线外”震荡平台过程。该股这个组合型“三线外”震荡平台，持续运行时间达到15个月，第一个空中扭转完成时，已经运行了8个月时间，因此，“三线外”震荡平台运行时间长属于“大型震荡平台”，明显区别于“三线内”震荡平台的“中型震荡的平台”和“小型震荡平台”等运行时间。

关于为什么第一个“三线外”的空中扭转完成后，并没有形成新的攻击波，而会出现又一个空中扭转的原因，大致可以分为三种：

①控盘主力的技术目的原因：诸如筹码收集没有达到预期性目的或筹码清洗没有达到预期性目的等。

②启动新攻击波的时间点原因：诸如控盘主力对于新攻击波的启动时间有些是有计划性的，或者与公司某个基本面因素影响的时间点有关，或者与国家的某项政策的出台、实施等时机点有关等。

③市场环境、行业板块热点切换运行节奏原因：诸如启动时如果与市场环境的运行状态相背离，会增大启动运行成本控制，或者启动时如果能够与其所处行业板块形成联动效应，也会达到“四两拨千斤”的低成本、高收效等。

实战中，一些具体的原因，很可能是难以掌握到的。但只要密切监控技术面的变化，结合“三线外”震荡平台构成的技术要点，以及其结束时震荡平台而启动新趋势攻击波的“五个条件”，就可以把握新的启动动作。

图3-36中，新趋势攻击波启动时，框架线扭转形成多头过程，并出现交叉起涨点，顺势起动作，持续放量配合，指标在0轴之上再次金叉确认。特别是第二个空中扭转时，有底背离现象发生。这些均符合“五个条件”要求。

(5)“三线外”震荡平台结束时通常技术上会出现“五个条件”：

①股价与均线系统(框架线)扭转成多头排列(有时也会出现“多线聚拢、向上交叉”现象)。

②MACD 指标要在 0 轴之上再次出现启动金叉，或者延续指标在 0 轴之上的多头走势(也有些个股会在 0 轴之下形成底背离现象)。

③新一波攻击动作启动时，需要有持续性放量配合。

④“顺势起、蓄势起、破势起、缓攻、跳攻、攻击通道、牛铃线”等启动技术动作。

⑤“护航带”两线(89 日、144 日)出现金叉现象后，股价不再下破此两线支撑。

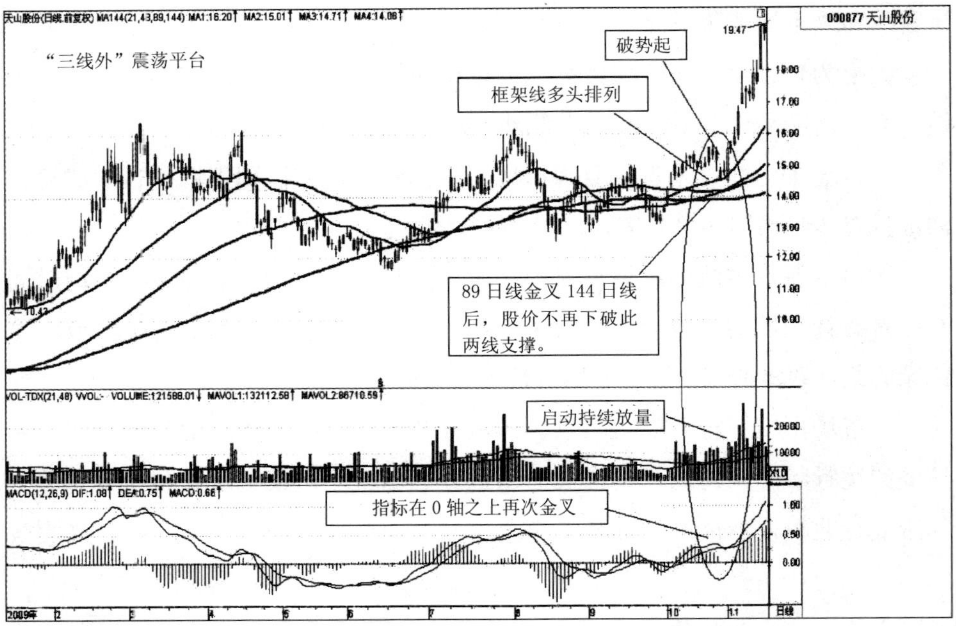

图 3-37

图 3-37 中天山股份(000877)的“三线外”震荡平台是一个典型的空中扭转，震荡平台运行时间为 8 个月，股价下破 144 日线的震荡幅度小于 20%，因此是比较强势的空中扭转。一般这种比较强势的空中扭转过程中 144 日线基本会保持平向运行状态，甚至也会有个股以比较缓慢的向上移动状态出现，这两种运行状态，均说明这个震荡过程中，股价的多头始终在维持着一种相对的强势保持。所以一般股价下破 144 日线后的震荡幅度就会比较小，并且

很容易回升到 144 日线上来。

结束“三线外”震荡平台时，此种比较强势的空中扭转，由于其震荡幅度是收敛性质的，因此很容易形成框架线的多头排列状态。实战中要敏锐观察到这个启动前的均线系统理顺现象，往往也是最佳介入时机位置。反之，比较弱势的空中扭转，首先是会先出现框架线空头排列现象，之后空中扭转，从“坑”里直接发起攻击，因此，框架线的多头排列状态是在向上攻击过程中逐步完成的，而区别于比较强势的空中扭转发起攻击前，框架线就已经先期处于多头状态这个现象；其次，比较弱势的空中扭转，其股价在 144 日线之下的震荡幅度空间，由于框架线会先形成空头排列状态，震荡幅度空间很容易超过 20%，相比强势的空中扭转过程，弱势的空中扭转过程在实战中与下跌阶段的初期动作相类似，分析判断起来难度大一些。因此，在选股时，应首选强势空中扭转过程中的个股，而对于弱势空中扭转过程的个股，可以先采取保守观望策略，待到其空中扭转动作出现，股价能够回升到 144 日线之上时，再选择介入时机。两种空中扭转发起攻击前的框架线不同状态，以及控制扭转过程中时机位置的把握，在实战中要特别注意区别。

图 3-38 中红星发展(600367)的“三线外”震荡平台，也是由 2 个空中扭转动作组合而成。如果再细化来看，其中第一个空中扭转动作是强势空中扭转，但由于启动时没有持续的量能配合，或者一些其他因素影响，而没有形成新的攻击波(前面已经分析过发生这种现象的三种原因，可参看)；第二个空中扭转动作则是弱势空中扭转动作，股价震荡的幅度比较大，甚至接近前期“底部扭转”区域的上沿位置，但是震荡低位出现了一个底背离，结束下跌震荡过程。这种底背离现象在震荡幅度比较大的弱势空中扭转个股上很容易出现，因此，实战中这一技术现象也可以作为分析、判断下跌震荡过程结束的一个技术参考信号。思维上要灵活些，如果有些个股上没有出现底背离现象，就要继续观察，最好的方法还是在回升到 144 日线之上展开短线整理动作时，再选择介入时机比较稳妥。

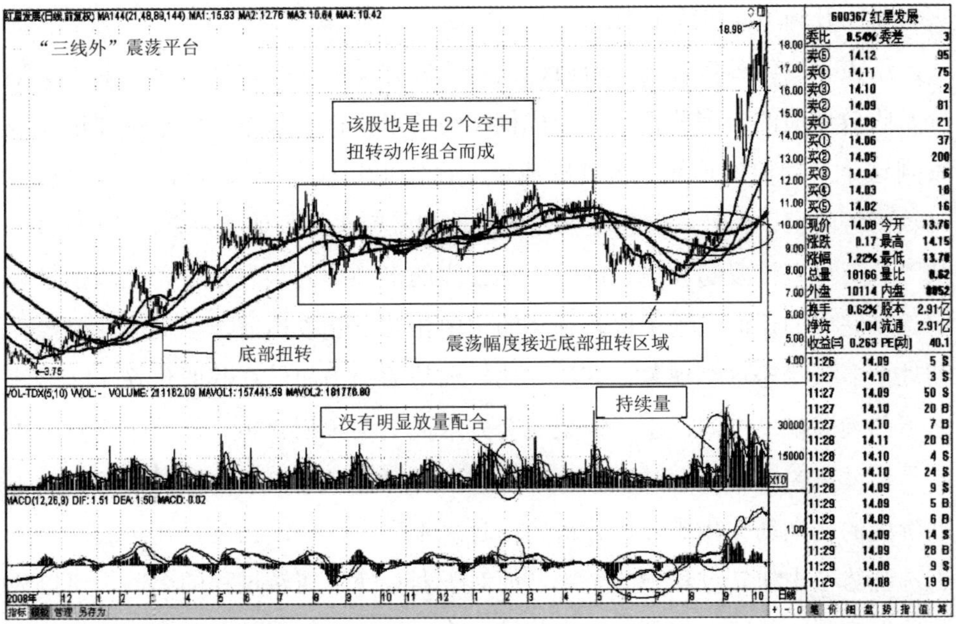

图 3-38

图 3-39 中重庆啤酒(600132)在“三线外”震荡平台之后，又连接着一个“三线内”震荡平台，因此这又是实战中的一个变化现象。从图中细化分析来看，在前面的“三线外”震荡平台空中扭转之后的启动过程中，看“A”区域，没有明显量能配合，同时，指标有短线处于高位的现象，因此再次形成一个震荡平台过程，但这个震荡平台过程中，护航带始终维持着多头状态，因此是典型的“三线内”震荡平台特点；再看“B”区域，由于是“三线内”震荡平台状态，此处的启动动作就是顺向形成，启动也符合“三线内”震荡平台结束时启动新攻击波的“三个条件”。这种“三线外”震荡平台与“三线内”震荡平台相连接形成的组合过程，在技术层级划分思维上要清晰。前面的“三线外”震荡平台形成空中扭转动作，虽然后面跟着一个“三线内”震荡平台，但这个“三线内”震荡平台已经是属于新的一个趋势攻击波的划分范围。实战中，这种组合现象一般是控盘主力增加了一个强势中型震荡平台过程，以进一步清洗整理筹码。由于是强势状态的，必然也会有新资金继续介入，吸收清洗筹码。所以，前面的“三线外”震荡平台由于震荡幅度猛烈，

成交换手明显增大，主要是利用震、洗动作进行筹码群体性换手，而后面的"三线内"震荡平台因为震荡幅度相对平缓，则转变为进一步保持强势状态下的清洗盘面浮筹并吸筹的过程。前后不同的筹码换手现象，结合量短期内的成交量变化，以及均线系统的状态变化就可以进行分析判断。

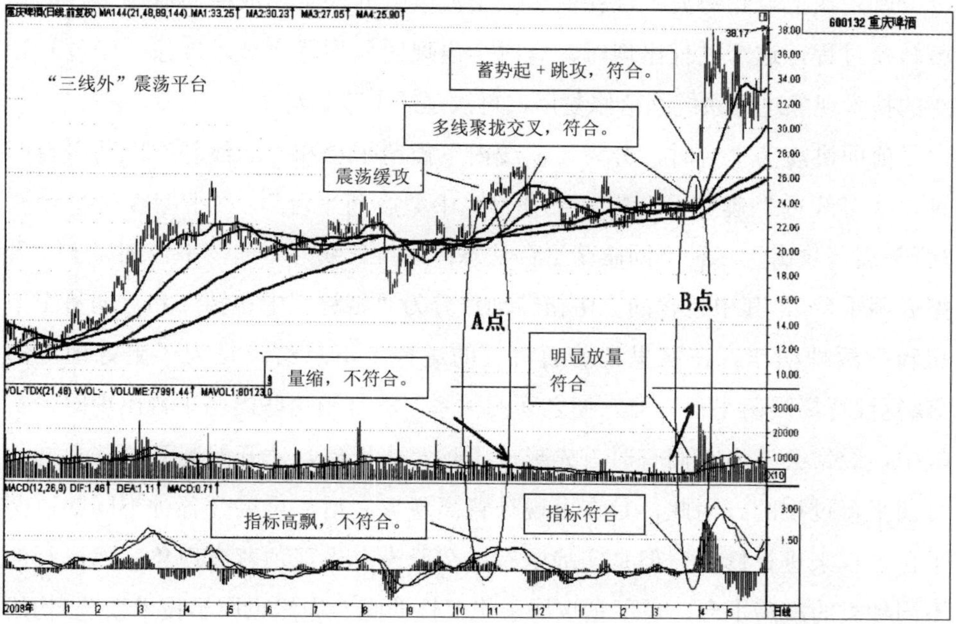

图 3-39

(6)应用"树叶理论"、"二二法则"，以及前面讲过的"均线系统上攻波段划分标准"来进行综合技术判定。

3."三线外"震荡平台操作策略标准

(1)震荡平台刚开始形成时，难以判定是"三线外"，但"护航线"两线(89日、144日)有明显"八爪线"现象时，可先采取出局锁利的保守操作策略。

(2)在震荡平台过程中，以不参与和观察为主。

(3)最佳加仓或新介入时机点，应在"五个条件"出现时才可择机介入。

第五节　修复性背离震荡平台

1. 修复性背离震荡平台定义

就是在上攻趋势波中，在两个攻击波段之间，会形成横向震荡平台的休整转换过程。这个过程出现时，有时会出现明显顶背离技术现象，经过对超买的技术现象进行系统回落修复后，再次延续上攻趋势。

前面讲震荡平台时，分为“三线内”震荡平台和“三线外”震荡平台两种。“三线内”震荡平台中，又分出“中型震荡平台”、“小型震荡平台”、“强势震荡攻击”三种不同震荡平台状态；而“三线外”震荡平台则属于“大型震荡平台”，其中包含的空中扭转动作分为“强势空中扭转”和“弱势空中扭转”两种动作。在这里把前面讲过的进行一下总结，是为了更好地理解“修复性背离震荡平台”与它们之间的关系。就是当这些震荡平台出现时，实战中，经常会发现它们有时首先形成了顶背离现象，才开始展开这些不同的震荡平台过程的。因此，是在出现顶背离现象之后，再展开各种不同的震荡平台过程来进行修复。但是实战中有些个股没有出现顶背离现象，而进行的不同种类的震荡平台，是不是也属于修复性的呢？当然也属于技术系统(均线系统)修复的过程，只是没有出现顶背离现象而已。

2. 修复性背离震荡平台技术特点

(1)修复性背离震荡平台的出现，均会先有一段比较凶猛的攻击波段动作，促成短线形成顶背离现象，之后转入横向震荡平台过程。

(2)修复性背离震荡平台中的“顶背离”现象与“顶部阶段的顶背离现象”技术上是一致的，因此在采取策略上应与波段顶部策略一致。

(3)修复性背离震荡平台在“三线内震荡平台”和“三线外震荡平台”中均会出现，也容易成为顶背离的顶部构筑动作。

图3-40中中国卫星(600118)是一个“三线内”震荡平台，前面已经讲过，这里需要注意的是，该股在完成前面的攻击波段之后，首先形成了一个顶背离现象，特别是在形成这个顶背离现象时，下面的48日、89日、144日

三条线之间，明显已经出现距离过大的技术乖离现象，因此，当顶背离现象出现，就成为该攻击波段结束的一个明显信号。由于无法提前准确判断后期展开的是“三线内”还是“三线外”震荡平台，甚至是不是一个顶部构筑动作，在实战中，遇到这种顶背离现象时，合理的操作策略应是采取保守一些的减仓或平仓来控制即将出现的震荡风险，如果是在大牛市过程中，至少要做到控制仓位、预备回转仓位交易。仓位的增加或重新介入时机选择，可以参考“三线内”震荡平台的“三个条件”和“三线外”震荡平台的“五个条件”来把握。

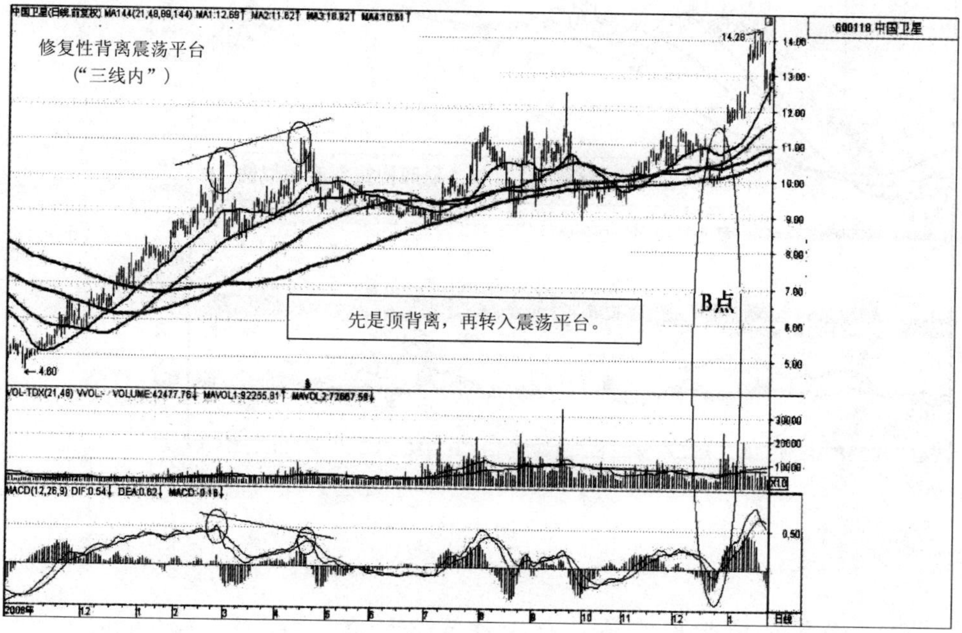

图 3-40

图 3-41 赛马实业(600449)同时反映了修复性背离震荡平台与顶部扭转技术特点上具有一定相似性。“A”区域中是一个“三线外”震荡平台，先有顶背离现象，才展开震荡平台；而“B”区域则是一个带有顶背离现象的顶部扭转。注意看两个区域中框架线系统的变化过程，特别是 48 日、89 日、144 日三条线之间乖离大小变化，从出现顶背离现象时，到后期收拢的过程，这几

条线在前半部分运行中，几乎是一样的走势轨迹，只有到了后期，“三线外”震荡平台和“顶部扭转”过程才出现了不同走势变化。而在实战中，当顶背离现象出现时，是无法准确判断出后期是否会形成顶部扭转，因此，实战中，还是坚持一条标准：当完成一个波段的攻击之后，出现顶背离现象时，首先采取保守策略减仓或平仓，是比较稳妥的合理操作策略。

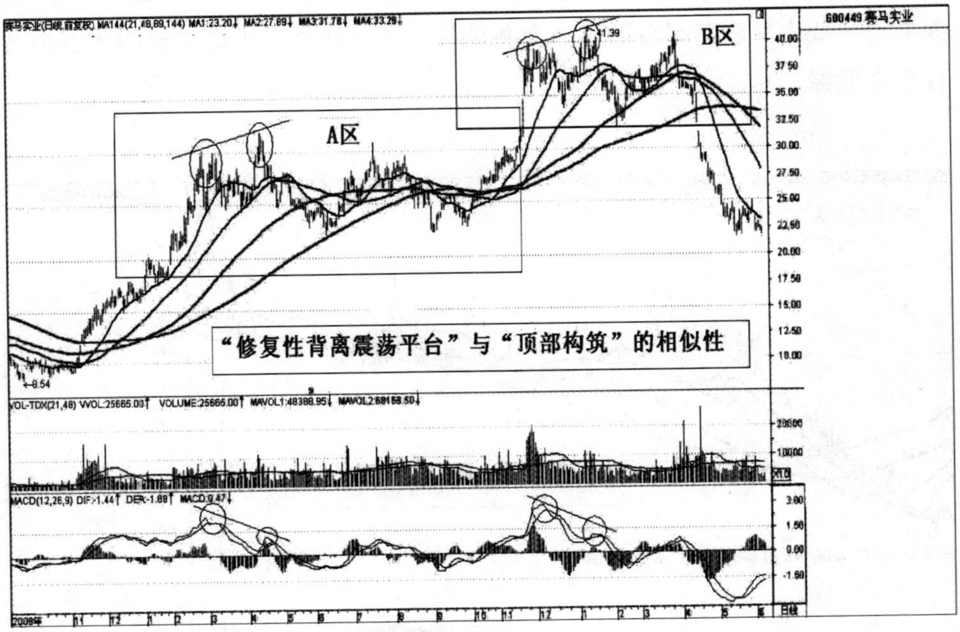

图 3-41

3. 修复性顶背离震荡平台操作策略标准

(1) 操作策略以波段性顶背离对待，先减仓或锁利出局观望，回避风险为主。

(2) 结合“三线内、三线外、顶部扭转（后面章节有专门论述）”震荡平台技术特点，判别震荡平台结束，或者是顶部构筑完成。

4. “修复性背离震荡平台”与“修复性背离震荡攻击”的技术区别

“修复性背离震荡平台”为横向运行，通常框架线各线之间会出现线与线的交叉、纠缠动作，因此，这也是一种上攻趋势波中前后攻击波段之间的一个技术分界位置处所产生的横盘平台现象。

“修复性背离震荡攻击”为一种强势震荡攻击动作，均线系统中的护盘线与护航线会继续保持向上延伸走势，它不是攻击波段与攻击波段之间的分界位置处所产生的横盘震荡平台，而是在某一个攻击波段的运行过程中，在前一个攻击动作与后一个攻击动作之间所产生的强势震荡动作(可以多读几遍这句话，虽然比较绕口)。

再具体讲，“修复性背离震荡攻击”过程中，“护盘线与护航线”两线不会发生死叉现象，并且此两线延续着向上攻击，两线形成“洗攻”现象比较多见，特别注意：两线是不会发生死叉现象的。这是一个明显的技术区别点。因此，这是一个典型的攻击动作节奏中，短线性质的强势切换休整现象。

因此，“修复性背离震荡平台”，属于两个“攻击波段”分界过程中的动作；而“修复性背离震荡攻击”，则属于“攻击动作”的范围。

(提示：前面讲过，均线系统的级别层次划分为大趋势、趋势攻击波、攻击波段和攻击动作四个技术层次。)

前面讲过“强势震荡攻击”动作，护盘线、护航线两线从八爪乖离状态开始化解收拢，但并发生不交叉，随机继续展开攻击动作。在实战中，有时会在这个强势震荡攻击中带有顶背离现象，不要小看这个顶背离现象，它具有很强的技术迷惑性，一般按照技术操作者原则，出现顶背离现象，又发生在相对空间高位区域中，均会至少以减仓动作来回避后面可能发生的风险，这样做，错了吗？没有错。这里要讲的是，减仓或出局后，发现 21 日与 48 日两线形成的是一个“修复性背离震荡攻击”动作的话，可以转为短线操作思维介入操作，仓位轻重上也可以控制一下。一个原因，是这个“修复性背离震荡攻击”动作出现的位置发生在空间区域的高位时，这种操作策略的转变，有利于控制风险；另一个原因，是这种“修复性背离震荡攻击”动作的前期已经有“三线内”或“三线外”震荡平台过程，那么，这个“修复性背离震荡攻击”动作是加速攻击之后、再次加速攻击之前的一个短期强势整理过程，这个运行中的攻击波段还是持续的，因此，技术上 21 日、48 日两线出现的洗攻动作，后面很容易出现一个短线的加速攻击，并形成一个阶段性高点。但是，如果这种“修复性背离震荡攻击”动作出现在底部扭转之后的上攻趋势初期区域时，则又需要有另一种技术思维来应对(后面有图来讲)。

由于不是每次“强势震荡攻击”动作都是以“修复性背离震荡攻击”动作来进行的，所以策略上灵活一些，就可以应对这种技术动作上的变化。

从图 3-42 中可以看到，当“修复性背离震荡攻击”过程结束，继续启动攻击时，首先股价会再次站在护盘线之上，成交量会从震荡过程中的缩量状态变为再次明显放量，同时，指标在顶背离之后，回落 0 轴附近再次金叉以确认价、线、量的变化动作。还有，一般再次攻击的时候，会主要以 5 日、10 日两线组合成攻击通道来完成攻击段动作，如此，攻击必然会再一次拉开 10 日与 21 日，21 日与 48 日之间的距离，形成新的技术乖离，之后，也可能一个阶段性高点就出现了，这就是后期技术变化了，这里不多演化。但这样的变化过程在实战中是经常会碰到的，因为这里面有均线系统运行规律存在。之所以讲这个连续的变化过程，就是为结合前面讲的如果看到顶背离现象，而减仓或平仓后，又转变为短线操作策略时一个很实际的问题，如果不明白这些技术变化衡量的标准，短线操作就会出现技术盲区。

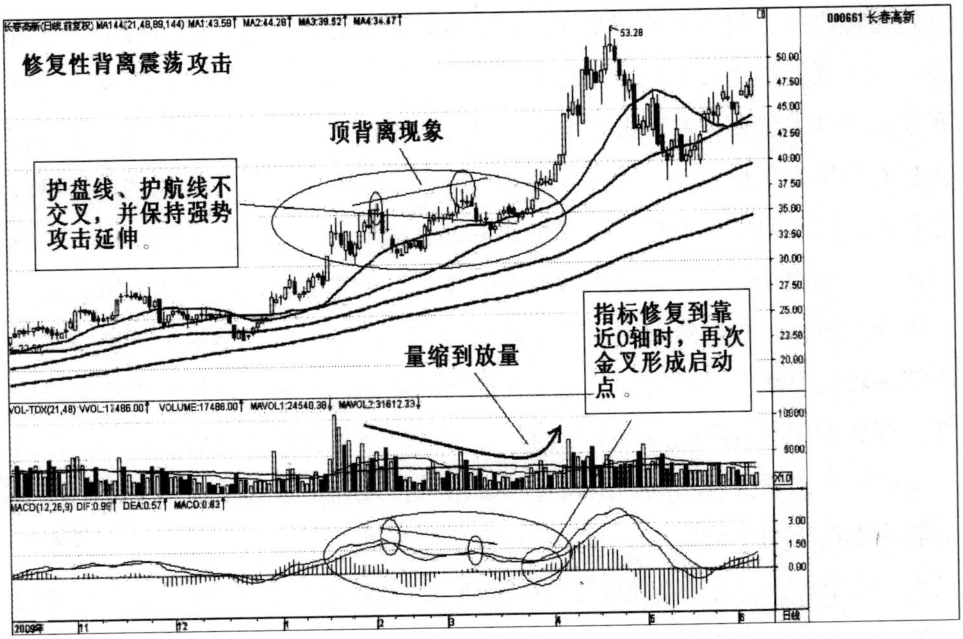

图 3-42

中恒集团(600252)是典型的飞龙线特点的攻击(图3-43)。框架线在上攻过程中始终保持相互不交叉状态，我们已经讲过，这是最强势的框架线系统攻击过程。图中连续出现3次“修复性背离震荡攻击”动作，每次均会带有顶背离现象，股价上攻过程中，主要依靠的是护盘线和护航线的支撑作用，而同时此两线始终没有发生交叉、纠缠现象，虽然以K线运行来看，似乎比较缓慢，但看框架线系统运行，就非常的强势。是不是这种强势、持续的攻击过程，就会一直能够稳定持股呢？实战中，却是很多人都没有能够稳定地持股一直到高位，赚取高利润收益，原因就出在每次的“修复性背离震荡攻击”动作过程中，总是伴随着顶背离现象，特别是一些技术派操作者很容易陷入技术思维混乱中，从而丢掉了一条“大金鱼”。了解掌握了扭线技术中的“修复性背离震荡攻击”动作的技术特点，再结合上前面讲的框架线波段划分方法，以及“飞龙线”、“树叶理论”、“二二法则”这些技术，实战中，是可以做到对此类型个股运行的技术把握和操作的稳定持仓。

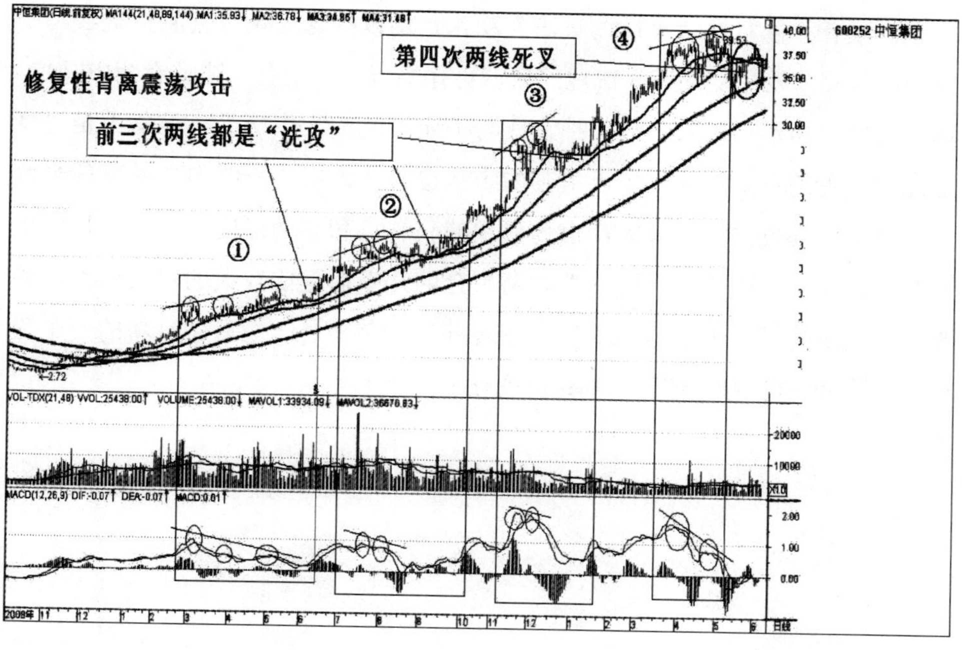

图3-43

以该股来讲，前面的①、②两次“修复性背离震荡攻击”动作，由于距离底部扭转区域比较近，属于展开上攻趋势的初期，此时的顶背离和修复震荡化解动作主要是以清洗筹码和资金介入为主的过程(注意下面的量群表现和指标的修复过程)，出现问题的地方，一般多会集中在③这里，这个虽然同样又是一次“修复性背离震荡攻击”动作，但由于此时股价已经拓展到空间的高位区域中，并且这里的顶背离组成过程也必将剧烈，加上同前一次顶背离(②处位置)时的量群相对照，有明显的萎缩现象，带有量背离现象，所以，这个顶背离动作很容易促成减仓或平仓的动作出现，这是一种合理的操作应对方式，不同的是，后期再次完成“修复性背离震荡攻击”动作，而再次攻击时，可以参照前面所讲的，以短线操作思维来再次介入，当然，控制一下仓位也是合理的，这是一种实战中的合理操作策略的转变。

还有另一种操作策略来应对此类型走势个股，就是遇到底部扭转之后，以飞龙线特点展开趋势攻击的个股，始终注意着护盘线和护航线的走势变化，只要此两线没有发生过交叉现象，无论攻击途中出现几次“强势震荡攻击”动作，或者“修复性背离震荡攻击”动作，均以持仓为主，直到护盘线与护航线两线某次发生交叉、纠缠现象后，再择机减仓或平仓。注意看图中高位，第四次出现顶背离现象之后，护盘线与护航线两线发生交叉，这就不是“修复性背离震荡攻击”动作了，最强的走势也只会走出“三线内”的震荡平台来，由于持续攻击幅度很大，市场累积的获利盘和利润厚度很高，即使做出一个顶部扭转，或者“三线外”震荡平台的几率都是比较大的。实际上，该股后期做出的是一个剧烈回落的“三线外”震荡平台，之后，是新的一个趋势攻击波(可自行参看该股后期走势变化)。

第四章　框架线之“上攻阶段”

第一节　上攻趋势中的19种常用技术动作

1. 上攻趋势中的19种常用技术动作

①八爪线；②脱线；③靠线；④洗攻；⑤回震；⑥破位震；⑦攻击通道(轨道线)；⑧飞龙线；⑨缓攻；⑩跳攻；⑪急攻；⑫上攻交叉线；⑬震荡蓄势起；⑭先震后洗攻；⑮价破线不破；⑯缓上急出顶；⑰中字K线、炸弹坑、变脸线；⑱多线聚拢、交叉；⑲诡线。

在上攻趋势过程中，通常比较常见的有19种技术动作(具体技术动作定义概念，可参看《玩转移动平均线——扭线原理及实战应用》中“35种基础技术动作”)。在本书中主要是从实战方面出发，将不同的技术运行阶段过程中常见到的一些技术动作进行了分类，比如底部扭转阶段，有其常见的技术动作；上攻阶段中，也会有其常见的技术动作；顶部扭转阶段，下跌阶段，均会有其常见的技术动作频繁出现，这样划分更有助于在实战中不同阶段技术思维的掌握和应用。

2. 以实例分析上攻趋势中的常用动作位置

以中国联通(600050)攻击波段为例(图4-1)，我们一步步揭开其上攻过程中常见的一些技术动作出现的位置，同时，要特别注意，有些技术动作之间的一种相互组合出现现象，因为每个技术动作的出现都不是凭空而来的，都是为某种目的而服务的。因此，一个技术动作可能只是另一个技术动作出现前的铺垫动作，或者一个技术动作可以转化到另一个技术动作，这种前后技术动作的转化和连接现象，我称之为技术动作上的一种“演化现象”。这种技术动作的“演化现象”不仅是表象的一种表现，而是有其内在的技术动作相互变化规律存在的(后面有专门论述)。因为很多技术动作都涉及短线技术动作的变化，因此，图中设置的均线以短期系统为主(5 日、10 日、21 日、48 日)，在技术思维层级上，这属于比“框架线”更加细化一些的技术运行中的变化。

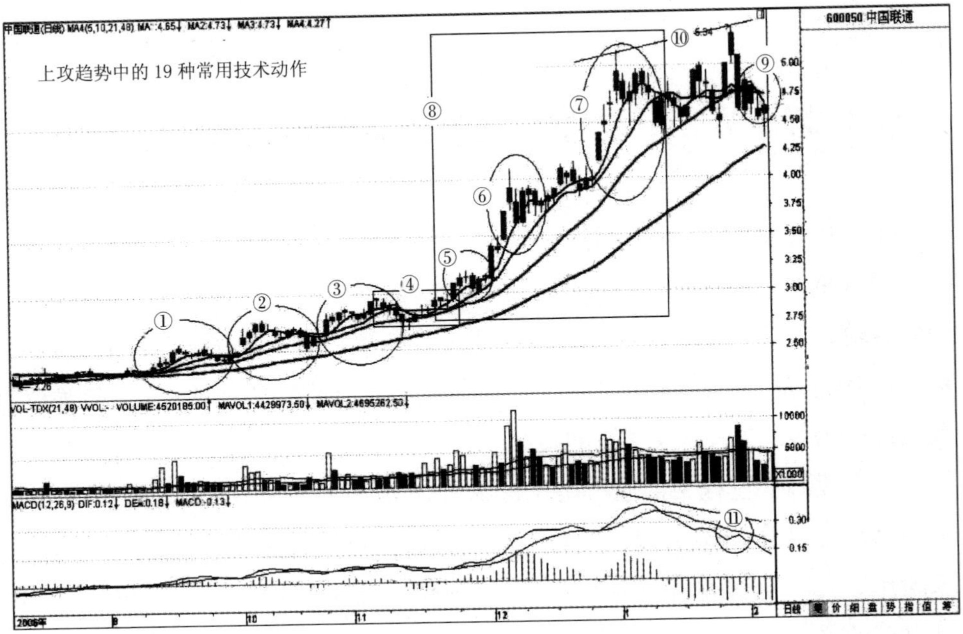

图 4-1

图 4-1 中①区域：多线聚拢(5 日、10 日、21 日、48 日)之后形成多头排列，上攻动作展开，但是，上攻过程还属于比较缓慢的，区别于那种连续大阳线急攻，因此，这是一种缓攻动作过程。缓攻动作过程中，一旦短线出现八爪乖离，都会及时化解。因此，可以看到 5 日、10 日、21 日之间出现了八爪乖离，就马上出现化解的动作过程，化解得到 21 日线支撑后再次出现攻击。

②区域：先是连续三天的一个急攻，明显具有脱线现象，不但脱线，5 日与 10 日出现八爪乖离，回打震荡化解，注意 5 日与 10 日线化解靠拢之时，此时 10 日与 21 日之间也出现八爪乖离，如果此时继续上攻，这个八爪就会继续扩大乖离率，因此，股价不但下破 10 日，还下破 21 日来化解 10 日、21 日两线间的八爪，当 10 日与 21 日两线收拢之后，再次上攻。

③区域：这里的上攻过程继续保持缓攻动作进行，再细化，这个缓功的前半部分里，5 日、10 日线有八爪，震荡化解，后半部分 10 日线又与 21 日线出现八爪，又是回打破 21 日线来化解。至此，总体来看，前面这是连续性的 3 次缓攻动作相互连接组合，一般缓攻过程也是边攻击、边清洗、边收集的过程。

④区域：与前面第③区域的缓攻结束相连接，这里是加大了清洗力度的一个过程，这是一个“震荡蓄势起”动作，同时，由于只涉及短期三线(5 日、10 日、21 日)范围，因此，也是一个小的“上攻交叉线”。实战中，经常会发现某个时候，有两种技术动作或现象会发生重叠现象，这是正常现象，从技术分析角度讲，由于具有两个动作重叠效应，只要这两个动作的运行攻击方向是一致的，反而更加容易做出后期方向性的攻击判断。运行到此位置时，回看前面的缓攻过程中，21 日护盘线已经出现过 3 次对 10 日线的支撑作用了，因此，根据“二二法则”，此位置震荡过程，或者是一个攻击波段的结束，或者是一个不同于前期的攻击动作出现的几率比较高，结合这里正在形成一个“震荡蓄势起”与“上攻交叉线”的重叠动作，实战中，主要监控的是 10 日与 21 日两线的关系变化，正因为到目前位置股价攻击和震荡动作均在 21 日线的支撑之上完成，因此，短线技术状态是处于比较强势状态，只要这种强势状态能够持续，后期出现加速攻击的几率本身就比较高。

⑤区域：这里的攻击动作明显区别于前期的缓攻，但不是直接进入急攻和强攻状态的，刚开始，还是延续了一段缓攻过程，这也可以视为是资金还在逐步加仓的一种现象。特别注意一下此处的 5 日与 10 日的金叉，从此处开始，这个 5 日和 10 日线组成的攻击通道，一致持续到这个波段攻击空间高度的拓展完成，才出现死叉封闭通道。

⑥区域：大阳急攻、跳攻、连续脱线、股价攻击带动 5 日线拉开与 10 日线之间距离，形成八爪乖离，以中字 K 线结束这一次的攻击动作，开始化解八爪。但注意一下，虽然化解了 5 日与 10 日间的八爪，但 10 日与 21 日之间也出现了八爪乖离，因此，这里化解完成 5 日和 10 日的八爪之后，并没有马上进入攻击，而是以一种洗攻动作，在强势状态中，边攻击边化解 10 日和 21 日八爪，当 10 日与 21 日两线出现收拢动作时，才进入加速攻击。实战中，

特别是在攻击过程中，要多注意各线之间发生的八爪乖离，如果发生了，或者会向回打来化解(比如回震动作)，或者会横向震荡来化解(靠线动作)，以及以缓慢的边攻击边震荡(多见为洗攻动作)来化解，一般多为此三种过程，特点是，这三种化解过程的完成，两线并不会发生相互交叉现象，因此是属于强势攻击状态保持。还有一种是破位震，需要化解的两线会发生交叉现象(先死叉后金叉)，虽然也算是强势型的化解范围，但攻击状态的强度要逊于前三种。如果再低一个强度的化解过程，就要用横向震荡平台来完成了，一般只有 21 日与 48 日以及以上周期级别线之间出现明显八爪乖离率比较大时，才会出现这种情况(本书后面章节中，有专门讲“双八爪”新技术动作，可以参考)。

这里在化解 10 日与 21 日之间的过程中，可以看到 5 日与 10 日的攻击通道始终保持着，这本身也是一种短线强势状态延续的典型现象。还有一点，期间有一天的股价下破了 10 日线，但次日被迅速拉回，这当然就是“价破线不破”的典型现象了，图中其他地方也有，可以仔细找出掌握。

⑦区域：化解了 10 日与 21 日八爪后，继续攻击，又是急攻过程，跳攻、连续脱线、八爪、中字 K 线，结束攻击，先化解 5 日、10 日八爪，之后化解 10 日、21 日八爪，注意这里两点：一个是 5 日、10 日攻击通道死叉封闭，说明这一个持续的攻击动作结束；另一个是 21 日线第四次支撑股价。

⑧区域：这是表现 5 日、10 日组成长攻击通道的运行过程，其中可以明显看到 5 日与 10 日两线有两次靠拢，得到 10 日线支撑后延续攻击的现象，符合“二二法则”。

⑨区域：这里是一个多线聚拢、变盘窗口位置。

⑩区域：顶背离现象。

⑪区域：指标的顶背离现象，注意上面股价的新高攻击，这里指标是不予确认的。

总体来看，从下面缓攻开始，到高点出现顶背离，结束这个攻击波段，具有典型的下弧线攻击模式(“树叶理论”)。

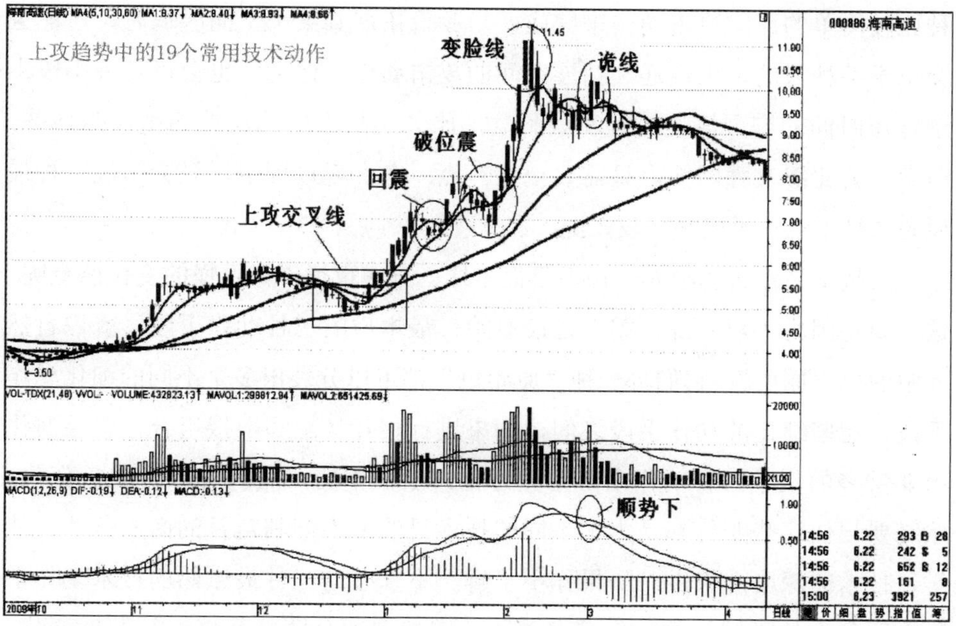

图 4-2

图 4-2 中海南高速(000886)的急攻、脱线、八爪、洗攻、中字 K 线、靠线、攻击通道均有，可以自己试着去寻找一下，注意从最下方启动趋势攻击开始一步一步、一个环节一个环节看。我主要是将一些有特点的技术动作在图中圈出，这样可以对这些技术动作有一个直观认识和掌握。其中“诡线”技术动作，因为是新补充的技术动作，在本书第九章中有专门讲述，可参看。还有，指标上出现的“顺势下”动作要重点记住，很多均线上的技术动作，在指标上也会有同样的技术规律体现，实战中，应与均线动作、成交量变化相结合，可以更准确地进行分析判断，操作精准性和成功率亦会大幅提高。

第二节 上攻趋势中三种原始性技术动作

上攻的过程，本质就是一个股价空间拓展的过程，在这个拓展过程中，由于期间需要对盘面浮筹和获利筹码进行一次次地清洗，并不断吸引新的资金进来，形成一层一层的筹码沉淀获利效应，因此，控盘主力一般不会以一种比较简单的连续攻击动作来完成，当股价拓展到某个空间区域时，可能也会出于某种目的，出现连续拓展空间的攻击动作，但期间也会以各种手段来进行短时间的剧烈清洗浮筹和获利盘，比如震的手段就比洗的手段强烈些，而急攻就比缓攻强烈些。只需要记住一点：在上攻过程中，只会出现三种最原始的技术动作手段——攻、洗、震。

实战中为什么会给人一种手段很多样，方式也很千奇百怪的变化感觉呢？这主要是因为“攻、洗、震”是最原始、最本质的三种动作手段，就像自然界中的“三原色”，它们每一种“原始色”都可以分裂出多个不同的细化动作手段，这些细化的动作手段之间，如果进行相互搭配和衔接组合，就会演化出非常多的技术组合动作来。千变万化，层出不穷，这些都只是表象变化，始终要记住这些变化都是为了不同的技术目的或不同利益目的而服务的。从学习技术的深度上来讲，如果你不了解、不掌握这三种最原始的技术动作手段中所包含的不同技术动作都有哪些，实战中就会随着行情运行发展变化，出现一会儿思维清晰，一会儿又思维混乱，操作也就变得时好时坏、有时对有时又错了这种反复循环中。所以，从这一点来讲，深入掌握“攻、洗、震”里面不同的技术手段动作，是非常必要的一个过程。

扭线技术是一个系统技术平台，所谓系统技术平台，就是从理论到技术方面均进行了深入的解析，也是对均线系统技术深入诠释的重要过程。技术动作不是单一地表现某个技术目的或利益目的，它们之间是连续的、组合的、持续进行中的通过相互衔接和演化来完成某个技术目的或利益目的的。这个思维逻辑很重要！我讲某个技术动作时，是以一种静态、静止的“定格”方式来解析的，但实战中，动作一直都是处于运动中的，因此，任何一个技术动作都不能单独脱离前后的运行变化来看，而应该一环套一环，前后有联系地去分析和判断，也就是动态思维！

1. 攻

攻，就是指攻击。攻击分为向上攻击和向下攻击，但这里是主要讲上攻趋势过程中的攻击动作。

上攻，就是向上攻击，股价向上拓展空间，好像很简单，但是细化攻击动作，就会发现攻击的方式还有很多种，其在实战中的技术目的也截然不同。

向上攻击包括：缓攻、急攻、跳攻、洗攻、八爪、脱线、攻击通道、飞龙线、缓上急出顶、诡线等。

缓攻、急攻、跳攻、洗攻，这些是几种攻击动作的运行节奏与拓展空间状态的区别；八爪和脱线则是向上的攻击动作加速度所发生的必然现象变化出的技术变化动作；攻击通道、飞龙线、缓上急出顶则是攻击动作在均线系统上形成的典型轨迹表现；诡线则是带有明显诱骗性的攻击动作。

这里要先掌握上攻强度变化通常会出现四种具体表现：①脱线攻击；②贴线攻击；③震荡攻击；④变轨攻击。

脱线攻击属于最强势的攻击表现，主要是指股价脱离了 5 日线的支撑进行的攻击，跳攻、急攻(特别是具有连续性)是最典型的动作。

贴线攻击属于次强势的攻击表现，主要是指股价依托某条均线(通常是指 5 日线)进行的攻击，强攻动作是典型表现。

震荡攻击属于比较多见的攻击表现，主要是指股价依托某个攻击通道进行的攻击，攻击通道、飞龙线、洗攻、缓攻等这些均是比较典型的动作代表。

变轨攻击是从前一种攻击状态转变为另一种攻击状态的攻击加速现象，统称为变轨攻击现象。比如，从震荡攻击转为贴线攻击或脱线攻击；从贴线攻击转为脱线攻击；或者从缓攻转为贴线攻击或脱线攻击等这些攻击加速变化时，股价会脱离原来所依托的某个攻击通道和原有保持的上攻角度，出现升级变轨到更强的某个攻击通道(或支撑均线)，或更陡峭的上攻角度形成攻击加速。注意，变轨攻击是攻击动作相互切换时所产生的一种状态变化现象，而不是某个攻击动作状态。例如我们通常把震荡攻击转变为贴线或脱线攻击的这种升级变化现象，称为变轨攻击。变轨攻击时，自然会产生一个变轨点，也是一个启动加速点。

图 4-3 中同达创业(600647)的这个上攻波段中，股价脱离 5 日线进行连续上攻，属于连续的“脱线攻击”技术特点。

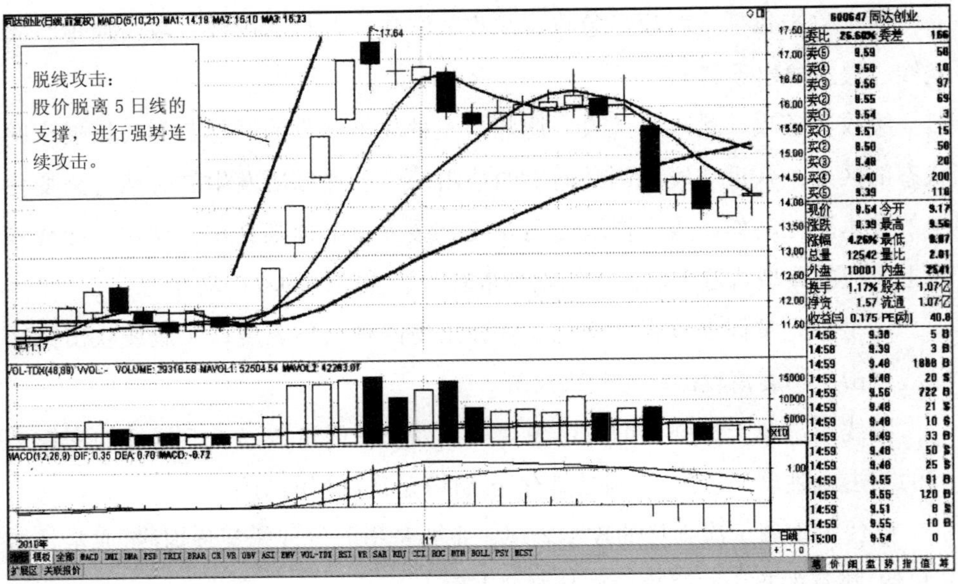

图 4-3

图 4-4 中明星电力(600101)的这个上攻波段中，股价始终贴着 5 日线进行上攻，属于“贴线攻击”技术特点。

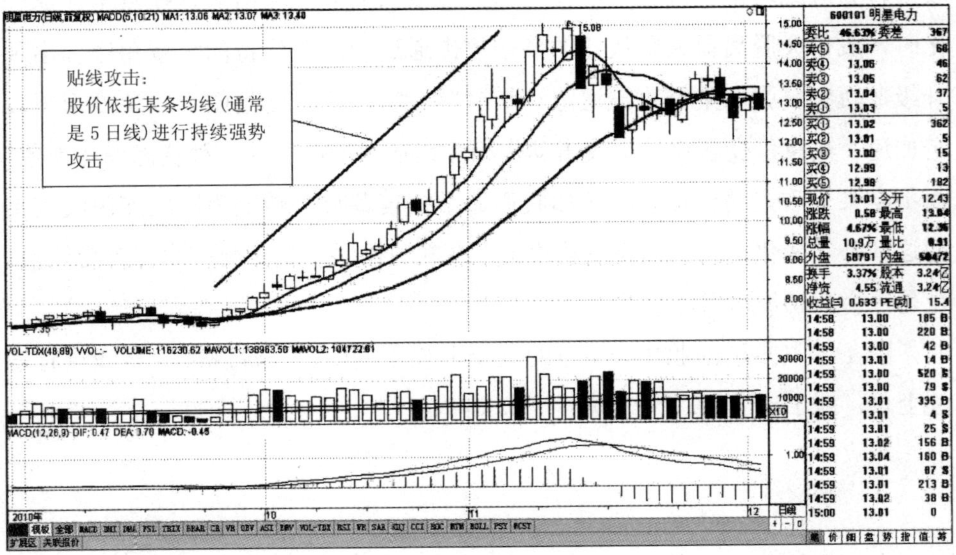

图 4-4

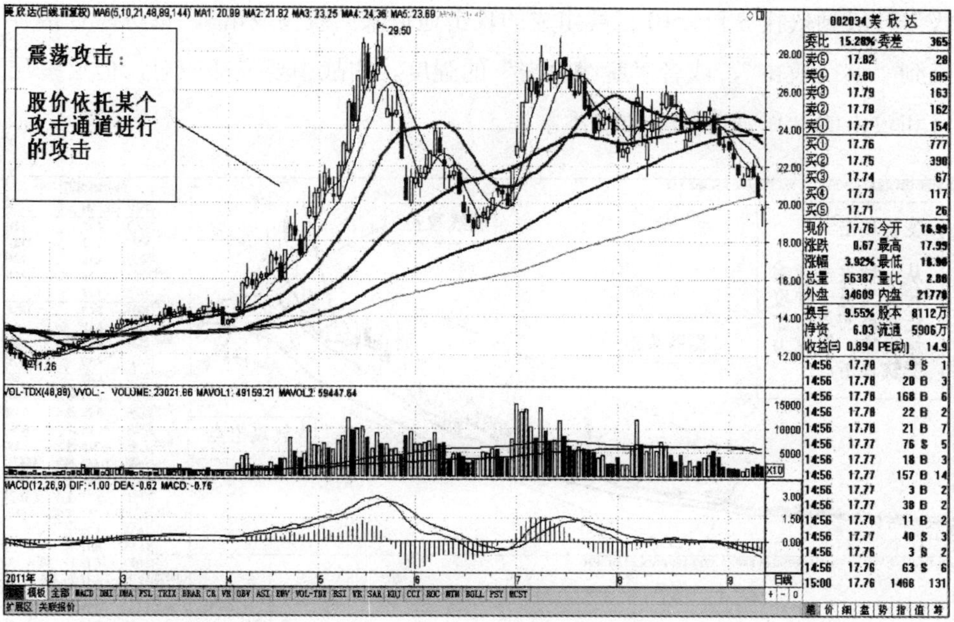

图 4-5

图 4-5 中美欣达(002034)在这个上攻波段中，股价是依托 5 日、10 日两线组成的攻击通道进行攻击的，每次股价回打动作均会得到 10 日线的有力支撑，攻击通道也始终保持到攻击结束，是典型的“震荡攻击”技术特点。注意，实战中的“震荡攻击”不局限于只依托 5 日、10 日线组成的攻击通道，依托其他周期线组成的攻击通道进行攻击，也属于此技术范围内。区别在于所依托的攻击通道的周期线级别越短，说明攻击的强度越高；反之，依托的攻击通道的周期线级别越长，说明攻击的强度越低。当然，绝大多数个股都会是一种逐步升级的攻击过程，比如：先依托 48 日、89 日线组成的攻击通道缓慢震荡攻击，然后升级到 21 日、48 日线组成的攻击通道进行震荡攻击，然后再升级到 10 日、21 日线组成的攻击通道进行震荡攻击，最后升级到 5 日、10 日线组成的攻击通道进行震荡攻击。如果再升级，就是股价贴着 5 日线进行“切线攻击”，最高的级别，就是“脱线攻击”了。这只是一种升级的层级，并不代表每只股都会这样一层一层地升级来进行攻击，也会出现“跳级”现象，比如：从前期依托 21 日、48 日线组成的攻击通道“震荡攻击”，“跳

级”升级到依托 5 日、10 日线组成的攻击通道来“震荡攻击”，也可以直接升级到“贴线攻击”，或者“脱线攻击”的强度。实战中要灵活应对，但这些层级和攻击的动作强度区别要熟悉掌握。

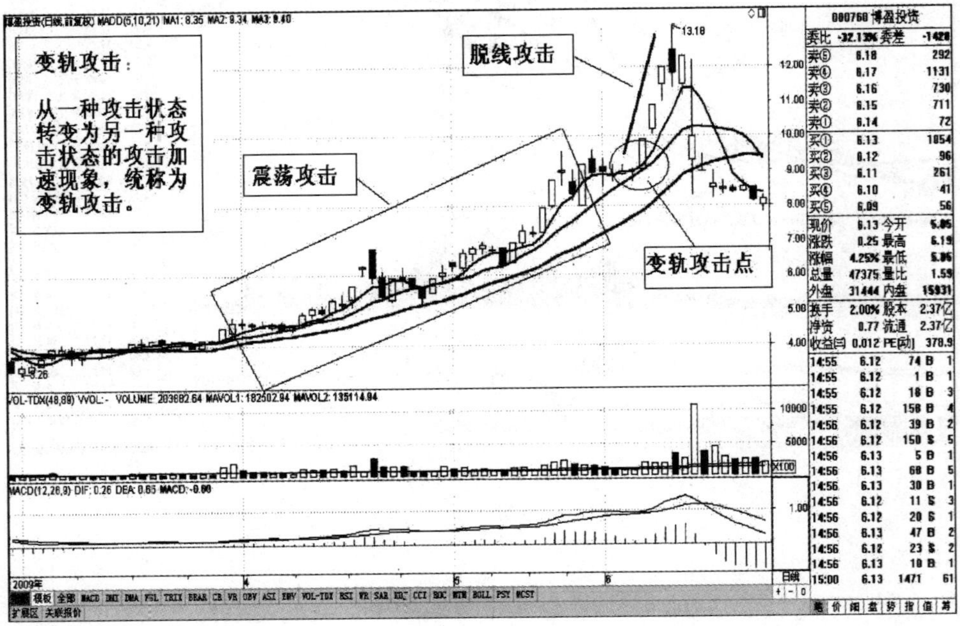

图 4-6

图 4-6 中博盈投资(000760)先是一段依托 5 日、10 日线的攻击通道进行的震荡攻击过程，然后升级为脱线攻击的强度。那么这种升级(或“跳级”)现象，就称之为“变轨攻击”；其前、后两种攻击状态变化的位置处，称之为“变轨点”。

细化来看，缓攻动作分为以短期系统为主的缓攻过程和以中期系统为主的缓攻过程。以短期系统为主支撑运行的缓攻动作中，5 日与 10 日线始终保持攻击通道的，则为相对强势的缓攻动作，这种缓攻过程中，股价一般以比较密集的小 K 线多见，股价的回打动作比较短促，即使股价下破 10 日线，也不会破坏 5 日、10 日线保持的通道，只要此时 5 日、10 日、21 日三线之间没有明显八爪现象，均是短线最佳介入、加仓机会。

如果是以 10 日和 21 日线的攻击通道为主支撑的缓攻过程，强度上相对低些，并且缓攻过程中，由于5日与10日两线常常会发生交叉现象(10日与21日两线始终保持通道通畅)，从短线来讲，就具有震荡攻击的特点，好比一个个小浪花相连接在一起，但下方始终有支撑，股价的重心不是短时间里持续升高，而是在以月为交易单位的时间周期中，逐步升高起来的。实战中，对于此类股的操作策略，以监控10日与21日线的攻击通道始终保持为主，介入与加仓的最佳时机选择也是以股价回落此通道支撑区间，同时此通道没有八爪时择机介入。有些个股的缓攻过程所依托的支撑通道周期线更长一些，比如，依托21日与48日线形成的攻击通道来进行缓攻，那么在这个缓攻过程中，股价的上下波动空间差就会更大些，5日、10日两线相互交叉的次数和对21日线的下破、上穿现象也会比较多见，如此，自然就会产生一些短期系统有时会是空头排列、有时是多头排列、有时处于纠缠状态的现象，如果持仓的是此类缓攻股，所要经受的磨难、折磨也自然要更大。又因为股价所依托的攻击通道周期值比较长(21日与48日)，这种缓攻过程的延续时间通常也比较长一些，只有当股价出现变轨、升级攻击现象，就是从依托21日和48日的攻击通道转变为依托10日和21日的攻击通道，进而变为依托5日、10日的攻击通道，整体上看，就会从震荡攻击状态转变为加速变轨的攻击，然后再进一步转变为贴线攻击或脱线攻击，达到加速攻击的最强状态。因此，从缓攻转变为更强势的加速攻击状态时，必然会有一个变轨点现象出现，进行攻击强度上的升级，通常这个变轨点也是一个最佳介入机会。

实战中，某股出现变轨攻击、升级加速现象，往往会成为短线介入的最佳机会点，因为变轨点也是股价的一个新启动加速点。而对于以稳健为主的操作者，可以从股价上攻所依托的攻击通道的升级现象，来进行介入或加仓的抉择和把握，因为会有一些个股从前期的某个周期值比较长的攻击通道，变轨、升级到周期值短一些的攻击通道中继续缓攻或震荡攻击，这就是股价内在攻击能量增强的主要技术表现，比如，原来股价依托的是21日与48日攻击通道进行缓攻或震荡攻击，然后升级到依托10日和21日的攻击通道中继续缓攻或震荡攻击。股价在不同周期的攻击通道中一层一层地升级，股价自然也就会一层一层地逐步形成加速攻击，同时也是变轨攻击的具体表现，直到加速攻击到切线攻击或脱线攻击这些最强势的攻击状态，完成攻击的抛物线中能量最大化释放，之后，股价的回落就成为早一天或晚一天的问题了。

急攻、跳攻、强攻这些动作则肯定是属于短期系统为主支撑的不同强度加速攻击动作。其中也有更细化的动作区别，以 5 日线为主要支撑线的攻击动作中，就可以分为脱线攻击与贴线攻击两种。

脱线攻击时，以跳攻为最多见，而连续跳攻则攻击强度最高，如果一开始启动攻击就连续这种状态，造成的八爪乖离也会比较大，攻击一旦结束，股价通常都要回打到 10 日与 21 日的区域间来化解八爪乖离；而贴线攻击，有稳扎稳打的特点，攻击强度次高，股价一旦攻击造成脱线现象，马上就会以休整、回打、靠线、压线等动作来化解，一般不会形成持续脱线攻击现象，如果出现持续脱线攻击现象，很可能就是最后加速攻击见顶的先兆信号。绝大多数情况下，以 10 日线为主要支撑线的攻击动作，以强攻为主，急攻和跳攻只会出现在 5 日为主支撑的攻击时。因此，以 10 日线为主的强攻过程中，5 日与 10 日两线之间的八爪乖离变化是一个监控重点，靠拢之后攻击，八爪之后要回打。如果以 21 日线为主支撑的攻击，更多的是具有缓攻的特点，参考看看前面刚讲过的缓攻一段。

飞龙线的攻击通道通常都会以 10 日与 21 日线，或者 21 日与 48 日线为主来支撑运行，因为是以震荡、缓攻过程来进行的，所以其运行的时间也就更长些，攻击的角度也没有急攻、强攻那么陡峭，相对要缓一些，但攻击量能的持续耐力也更高，飞龙线的攻击在后期也可以变轨加速为贴线攻击或脱线攻击，一旦变轨加速攻击，则预示着攻击出现冲顶动作。

图 4-7 中三力士(002224)的上攻过程中，出现了两次变轨上攻，每次变轨上攻都会产生一个变轨点。该股的前两段上攻过程均先以震荡攻击进行，然后变轨转为贴线攻击过程，第三段在震荡攻击之后，出现扭转动作，结束了自 2.50 元低点扭转以来的整个上攻过程。还有，当途中每次出现变轨点转变为贴线攻击之后，均会冲出短线高点。再有，在整个上攻行情过程中，始终保持着 21 日、48 日线组成的攻击通道没有被封闭，这个攻击通道是完成这个上攻行情的重要支撑，最后形成扭转时，该通道才被封闭。

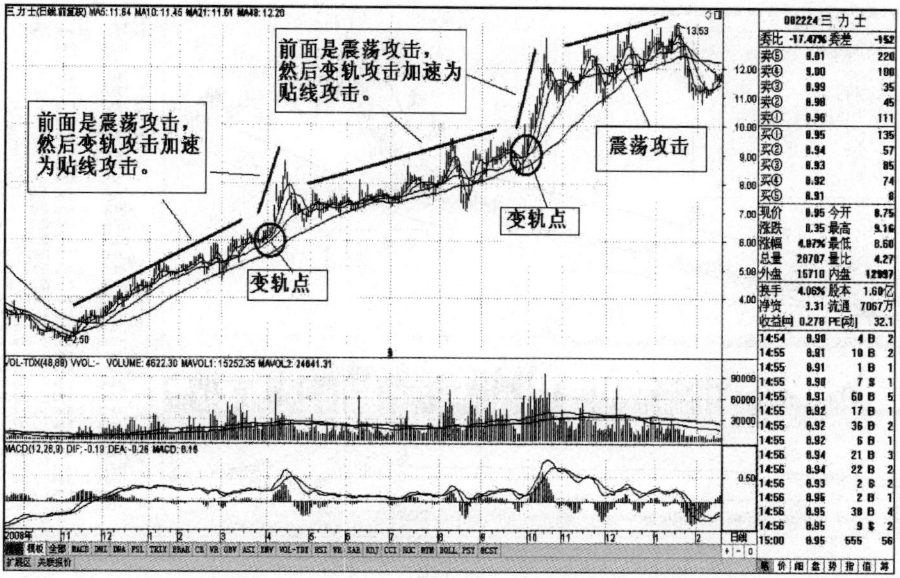

图 4-7

图 4-8 中光明乳业(600597)也是一个典型的震荡攻击过程，依托的也是21 日、48 日线组成的攻击通道。

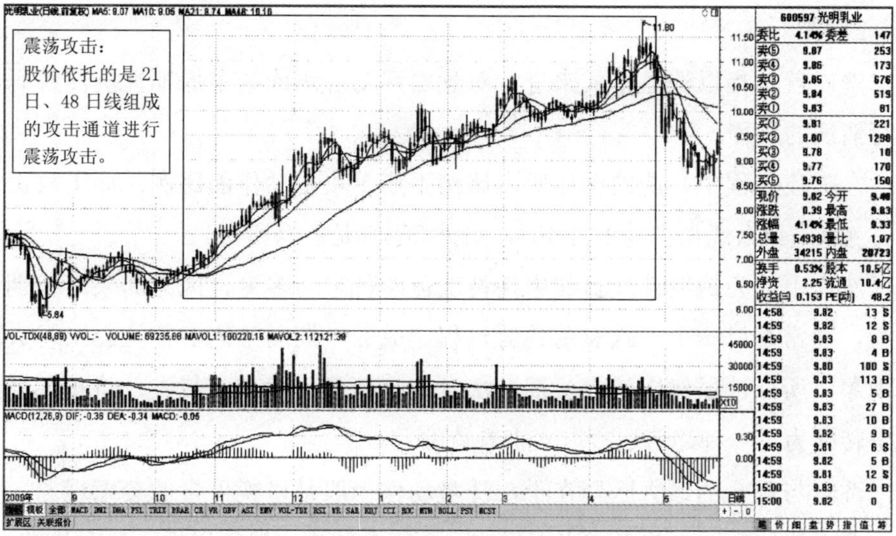

图 4-8

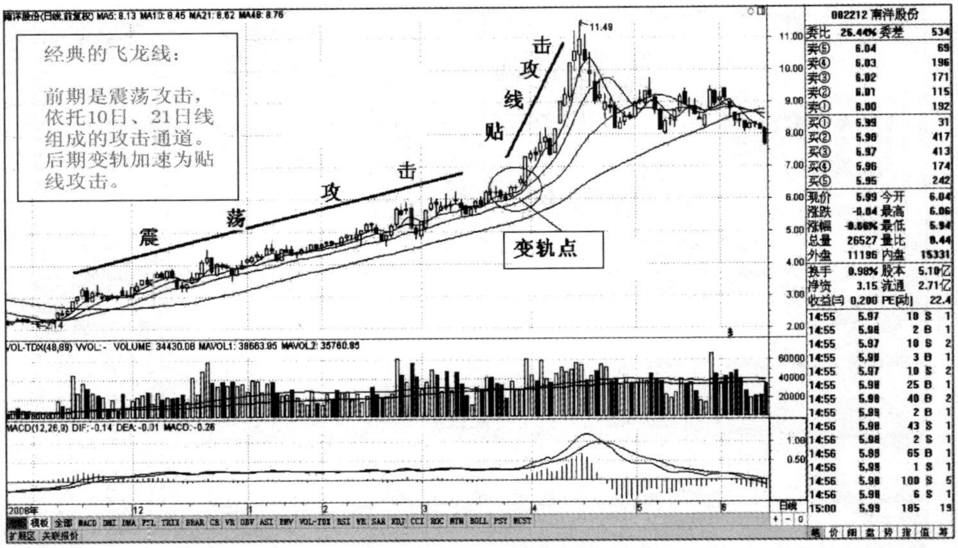

图 4-9

图 4-9 为南洋股份(002212)飞龙线攻击的典型例子。仔细看其实质也是由震荡攻击，然后变轨转变成贴线攻击来完成的，该股依托的攻击通道为 10 日、21 日线，因此，从攻击强度上讲，要比 21 日、48 日线组成的攻击通道的攻击强度要高。

2. 洗

洗，就是指以洗盘方式来进行对盘面浮动筹码或某个周期性沉淀筹码群进行清洗的过程。

在上攻过程中，洗的动作所占比例不亚于攻击动作的比例，如果攻击动作占 40%，那么洗盘也基本占 40%，另外 20%则是震仓所占。

洗盘中分为短期性洗盘和中期性洗盘两种最为多见，因为如果是长期性洗盘，通常是以一个下跌震荡趋势过程完成的，期间筹码群往往会出现大回转现象，所以，虽然应该有长期性洗盘这个概念，但在实战中，将长期性洗盘是转换为另一种趋势运行方式来看待的。

洗盘与震仓的最大区别在于，洗盘动作一般是以换手量的萎缩现象，以及下跌 K 线比较短小的形式来表现的；而震仓动作一般是以换手量明显放大，以及下跌 K 线比较大的形式来表现的。但洗盘动作一定会是缩量的吗？答案是不一定。有些短小K线的放量回打动作也属于洗盘动作，只是盘中带有几次快速震仓动作而形成，而且是盘中每次震仓之后又把股价拉起来。同样，有些比较大阴K线的缩量动作也不是震仓动作，而是洗盘动作，只是盘中特别是尾盘时快速打压低位收盘而形成，但总体全天换手量还是萎缩的，以洗为主。因此，实战中洗盘动作和震仓动作经常会在盘中结合来进行，因为它们的技术目的都是清洗筹码，手段的结合变化是随盘面不同群体而随机应变。

洗盘动作包括：(缩量)回打、(缩量)靠线、横盘、洗攻、震荡蓄势起、先震后洗攻、上攻交叉线等。

(缩量)回打、(缩量)靠线都是一种短线洗盘的典型表现形式；横盘、洗攻则是一种相对强势的洗盘过程；震荡蓄势起、先震后洗攻、上攻交叉线这几个组合动作中，主要表现的是洗盘目的，但一般也会夹杂着一些震仓动作。从某种角度来看，洗盘和震仓有时区别起来并不那么清晰，但这并不是主要的，只要牢记它们的总体技术目的是一致的就可以了。这就像你是用洗衣板来洗衣服，还是用木棒敲打来洗衣服一样，虽然所用的具体方式有些不同，但把衣服洗干净的目的是一致的。

洗盘动作基本上一直贯穿在每一次的攻击动作过程中，攻击波段过程中和趋势攻击波之中，从细微洗盘动作到波段洗盘动作，或者在某个震荡平台过程中都会频繁出现。区别主要在于不同的阶段中，清洗的对象会发生一些变化。

(1)在某个攻击动作中的洗盘动作，一般主要针对那些短线进出，博取短线利益的浮筹，以及一些短线的获利筹码和沉淀不稳定的筹码持有者，因为这些筹码比较难以稳定沉淀下来，一旦启动攻击动作，就会变成获利打压筹码，因此会增加控盘攻击时的成本，甚至会影响到攻击动作的展开和空间拓展。这种洗盘过程一般持续比较短，以不影响短期三线攻击状态的保持为特征，所以，当洗盘不能够快速达到其清洗目的时，就必然会夹杂震的手段，来促成清洗筹码的恐慌感，逼迫其离场。

(2)进行波段性质的洗盘动作，一般持续时间上要比短线洗盘过程长一些，保持的主要是中期趋势的上攻状态，而对短期上攻状态不会刻意去维持，因为这种洗盘主要针对的是具有波段追随者持有的获利盘，以及进行波段回转交易性质的筹码群体。虽然这些筹码群体在波段攻击过程中具有一定的持仓稳定性，但当股价空间拓展完成一个阶段的攻击之后，这部分筹码群体的获利累积也是比较大的，如果股价继续进行空间拓展攻击，必然会分批转化为获利离场的打压力量，从而增加下一步控盘主力的攻击成本，甚至随着获利累积的利润加大，转变为离场压力的筹码群体只会进一步加大，而不会减小(从某种意义上讲，这种洗盘过程主要不是针对广大散户，而是具有资金团的群体)，这样也会影响到后期控盘主力的离场动作展开。所以，波段性质的清洗过程，就要复杂并具有一定的破坏性(针对技术运行系统来讲)，这样，在清洗过程中，洗盘不是几天的事情，震仓的动作也不会只是一天或一次出现，而是以一种“攻、洗、震”相结合方式来进行，股价形成一个横向震荡空间区域，一方面化解技术系统的八爪乖离率，一方面在股价重心下降、拉起来、再下降、再拉起来这种反复震荡中将一些本来沉淀比较稳定筹码群体，打散、揉搓、清洗，而洗和震只是具体手段，水浑了，沉淀的筹码都漂浮起来了，清洗起来就比较容易了。后面股价与均线系统(比如框架线)的收拢动作，则一层一层清洗已经处于不稳定状态的筹码群体，效果不好，可以夹杂连续震的手段，使得股价破位系统支撑(比如破位护航带支撑)，我们前面讲震荡平台时，其中有些个股出现延长震荡平台过程，并且前面是“三线内”，后面再来个“三线外”这种组合，或者一个“三线内”中连续两个“波段震荡平台”组合等，均属于这种现象。总之，不达到目的，震荡过程就继续延续。也有这种原因存在，有个别股(虽然不多见)有时出现在某个区域中横向震荡过程，长达 2 年或更长时间，明显脱离了市场大的行情走势运行节奏在单独运行，就像有两种力量在彼此较劲比耐心。

(3)属于趋势攻击波中的洗盘过程，就明显具有上面那种宁愿结束前面的趋势攻击波，用延长震荡过程来达到其清洗目的的特点。此种主要涉及比较大的资金群体之间的相互较量过程，有些退出了，有些则凭借某种实力坚持着，就出现了技术表现上的一种僵持震荡现象。而大量中小追随者，经常会被大象所伤，而只有黯然退出。技术表现上最大特点，就是方向始终不明朗，有时也会有一个波段的攻击出现，但大的形态还是震荡。当然，那种震荡清洗过程很长的个股在市场中不是很多见，一般的趋势攻击波中的洗盘动作，用弱势型的“三线外”震荡平台，就基本可以达到其技术目的。因为如果时间无限制拖延，对控盘主力的成本控制是很不利的，很容易两败俱伤，并且顺应大市场环境，也是一种“借力打力”，“四两拨千斤”的最佳选择。如果偶尔遇到了这种脱离市场运行环境和延长又延长震荡清洗过程的个股，则可回避，去寻找趋势攻击波明朗的个股为佳。

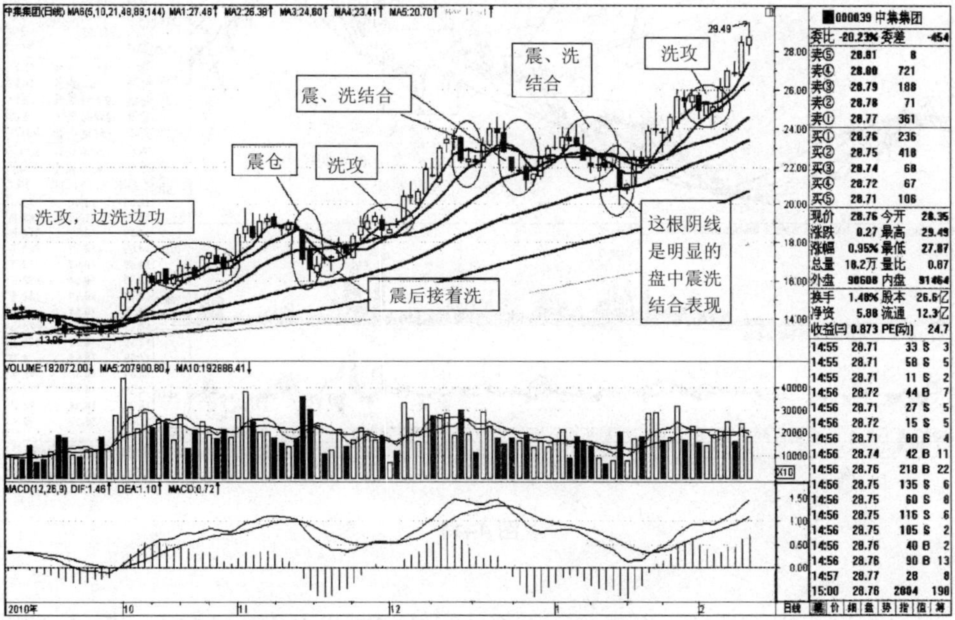

图 4-10

图 4-10 中中集集团(000039)在上攻过程中进行的洗盘动作，是在实战中比较常见的几种手法。一种是边洗、边攻，这种清洗由于不会破坏攻击通道，并且清洗重点主要是以盘中为主进行，因此，也属于强势清洗动作；另一种就是先震仓(以大阴带量比较多见)，然后接着缩量洗盘，这种清洗重点是借助震仓所形成的恐惧心理，再结合技术上的某种破位和“无支撑”状态来进行；还有一种也是震、洗相结合的方式，但却是先以小 K 线洗盘或缩量洗盘为主，之后再以快震动作辅助来完成清洗，前面洗盘时主要是以盘中手段为主，但可能在持续时间上会长一点，而后面快震清洗时，以破位制造恐慌为

主，股价通常在击破某个支撑位或支撑均线后，随机开始上攻，因此，也容易出现长下影线。

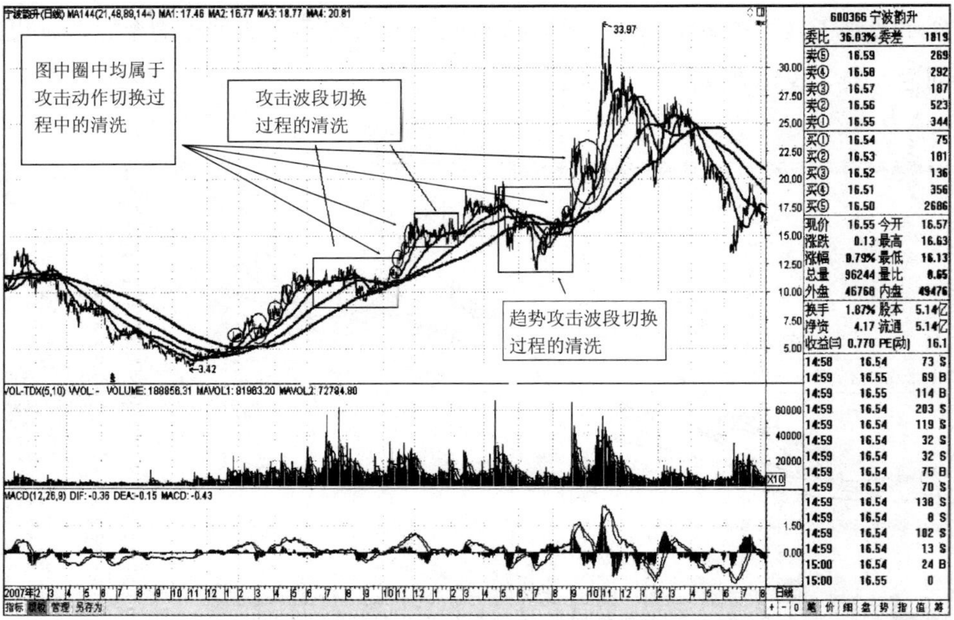

图 4–11

图 4-11 中宁波韵升(600366)表现了三种不同攻击状态过程中的清洗动作在技术上的不同表现方式。图中的小圆圈内是短线的每个“攻击动作”完成后的清洗动作。然后是在完成每一个“波段攻击”之后的清洗动作，在清洗时间和空间力度上明显要大于“攻击动作”完成后的清洗。前面讲过了，如果护航带两线(89 日、144 日)发生交叉现象之后，再起新的上攻行情，就是前后两个“趋势攻击波”的技术划分位置，因此，看图中在“三线外”空中扭转之间的这个清洗过程，就属于两个趋势攻击波之间的清洗过程，在清洗时间和空间力度上就比“波段攻击”结束后的清洗过程更大些。

3. 震

震，就是指以剧烈的股价回打或下跌动作，同时伴随放大换手，对盘面浮动筹码或某个周期性沉淀筹码群进行清洗的过程。前面在讲洗盘的时候，已经多次涉及震仓在实战中的多种不同表现，特别是震和洗有时看就像一对同胞兄弟，洗盘动作相对轻，而震仓动作就很凶猛；也可以看作是清洗动作轻一些，就是洗盘，清洗动作凶猛一些，就是震仓。

震仓在上攻过程中所占比例只有20%左右，虽然不是那么频繁地出现，但每次出现时，其杀伤威力则是很大的。正因为如此，这种重磅性质的动作，主要在洗盘不能达到目的时才用，或者为了加快清洗速度和效率也会用到。但事情总有两方面，震仓动作虽然威力比较大，但正是如此，对控盘方来讲，使用时机或者位置不好，也容易“伤”到自己，反而会大幅增加控盘成本，甚至危及控盘地位。所以，这也是震仓不能够频繁使用的一个重要原因。用，则必要达到目的，否则，延长洗盘过程，增加过程的曲折性，才可以达到清洗目的，控盘度也会逐步提高起来。实战中，有时就可以碰到由于对震仓手段控制力不够，反而一下子处于被动地位的控盘手，后面就要采取更多震荡动作来进行“修复”的现象，这与个人的能力有关。

震包括：回震、破位震、价破线不破、先震后洗攻、上攻交叉线等。

回震、价破线不破，这两种动作主要应用于短线的凶猛震仓，但又不破坏保持上攻状态的强势。破位震则是出于某种特殊目的，加大短线震仓力度的一种威力更大的震仓，特别是破坏技术派跟随者技术思维节奏时，用此方式，效果一般比较好。先震后洗攻、上攻交叉线两种是组合型震仓与洗盘结合的表现形式，其中有洗有震，或边洗边震，还可以更加细化到盘中来进行，由于是一个组合形式的动作过程，持续时间上自然要长一些，其中的变化也就多些，同时也可以达到化解偏大短线乖离率，并理顺系统技术状态的目的，比较稳，又在时间上具有一定的灵活性。

震仓动作是洗盘动作的升级动作，与洗盘动作关系很密切，实战中常见的是“先洗盘，达不到清洗目的，再用震仓”以及“短线跟风盘太多，就先用震仓动作遏制并清洗，根据效果，不一定只震一天，达到目的，再用洗盘进一步细化清洗”两种过程。还有一点，震仓也罢，洗盘也罢，也有层级之分，原因是清洗的对象不同，是有层级的。有盘中洗、震；有日线短线组合来洗、震；有波段组合来洗、震；有延长震荡平台来洗、震。层级不同，对象有针对性，清洗筹码的目的也很明确，效果才会好，前面已经有论述，这里就不重复了。

有一点需要在思维上理清：震仓、洗盘都一定会是阴线来表现吗？答案是不一定。

阴线和阳线与开盘价和收盘价是正数差值或是负数差值有关，但并不一定能够反映当天盘中是否以洗为主，或是以震为主来进行。就比如当天开盘位置不高，盘中震仓凶猛，但收盘拉起来收在高于开盘价的位置上，就会是小阳线报收，也放量了，这种震仓 K 线，就是一种典型表现。还有，当天开盘位置高，盘中全天大多数时间里都是以磨洗为主，换手稀落，只在尾盘时，突然发力猛跌，换手突然加大，之后收盘时，位置明显低于开盘价，必然以大阴线报收，虽然尾盘换手密集，但全天量相比前一天还是萎缩了，这也是一种典型的洗、震结合的典型表现。诸如此类还有很多手段，所以阳线也可以是洗盘、震仓 K 线，具体是攻、是洗、是震或者是相结合，要观察到当天盘中的走势表现，会更精确些。现在很多软件是可以点击看到历史上某天的盘中走势图的，这就方便了提高分析时的精准性，而避免了局限在 K 线是阴线或阳线来做判断，有时容易出现误判主力技术动作的目的性。

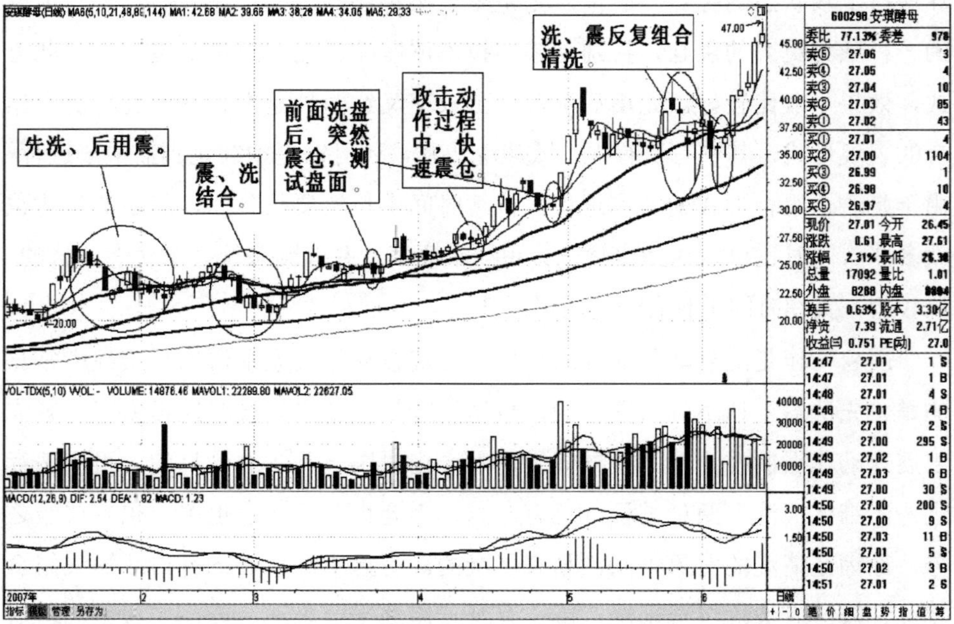

图 4-12

图 4-12 中，主要将安琪酵母(600298)上攻过程中的震、洗动作圈出，可更加清晰地表现出震、洗过程中的一些细节动作变化。

从下往上逐一来看，经过一个短线急攻动作之后，短期三线的八爪乖离已经很明显，随后出现的回打化解过程中，主要是以洗的手段来进行，从下面的成交量控制表现就可判断出在结束这个洗盘震荡回落过程时，很明显出现了一天的震仓动作(阴线带大量)，但注意，K 线形式则是一个小 K 线来控制的，当天猛打得到 21 日线支撑后，盘中即被拉回来。但随后的上攻动作既没有明显量的配合，指标也比较勉强不坚决，虽然最终指标出现一个金叉动作，但反而成了金叉见顶的信号。

这里插讲一下关于指标的这种交叉见顶、交叉见底的技术现象，与均线系统上的交叉见顶、交叉见底是属于同一种技术规律现象。前面也讲过，均线上的一些技术动作和现象，在指标上也有同样的规律性反映，这一点应牢记，实战中多加注意会有很大帮助。指标上的交叉见顶和交叉见底现象，可能相比均线上的同样动作，在实战中的信号确认更容易把握一些。因为，指标上常会出现一个现象：当短线开始上攻时，指标两线开始收拢动作，当上攻动作持续一段时间后，指标两线出现金叉之时，此时攻击已经过了一个过程，特别是遇到某个压力位时，很容易出现指标上的金叉见顶现象；反之，当下跌动作展开后，指标两线开始收拢，当短线下跌经过一段时间后，两线死叉之时，特别是遇到某个支撑位时，也很容易出现死叉见底现象。当然，这里所指的顶和底，只是代表着一个高点和一个低点的产生。因为这是讲指标在短线上的一个技术现象，不是讲均线(均线时，还要看相交叉两线的周期，因此也就可以区别出是短线高点，还是中期高点等)，指标一般都是以短线性质为主，所以，以短线一个高点或一个低点来对待比较合理。

接着前面讲，在短线攻击动作没有量和指标配合后，再一次进行震、洗动作，这里也可以看到 48 日(绿线)与 89 日(白线)之间开始出现乖离加大现象，因此，这里的再一次震、洗动作也刚好打到 89 日线支撑，化解了两线的乖离。同时，21 日与 48 日两线出现收拢动作，注意，两线收拢比较靠近，自然短线这里出现了“时间限制点”，如果不及时展开新的上攻动作，此两线就有死叉动作出现。短线指标也刚好回落到 0 轴附近，金叉确认上攻启动，量有所放大配合，股价就很容易穿过压制均线，说明短线盘面浮筹相对较轻。短线上攻动作又促成了短线八爪的出现，化解，横向，因为距离下面的 21 日和 48 日两线空间较近，因此，向下打的空间有限，这样可以维持此两线多头支撑通道。这里第二次出现了先洗盘，结束时，震一下的组合手段。后面缓攻，脱线了，就回打带洗一下，没有脱线，就继续缓攻，缓攻动作的后面，只要有量出现放大现象，很容易进入加速急攻动作中。该股这里在加速攻击之前，又一次快速震仓，这个震仓，属于典型的将转变攻击状态强度之前的一次快速清洗短线筹码动作。之后的震仓动作又是在短线八爪之后的洗盘动作结束时，震一下，再次加速攻击，注意，这是第三次出现的先洗为主要过程，结束洗盘时再震一下的组合手段。连续急攻，脱线、八爪，又要化解短线乖离和清洗筹码，其中再细化看，先洗盘化解了短线八爪乖离，并得到 21 日线支撑，出现的攻击动作虽然有量配合，但没有得到指标的确认金叉。此时，21 日线与 48 日线之间的八爪乖离开始明显加大，随后的震、洗动作就比较剧烈了，同时化解 21 日与 48 日之间的八爪乖离，此处两个圈中，均是比较剧烈的清洗动作，特别是有两个特点应注意到：一个是这里出现的依然是先以洗为主，结束时以震为主的手段结合；另一个就是两次震仓动作(那两根长下影的阳线带量震仓)，就区别于我们常见的大阴带量震仓动作 K 线，因此，实战中的震仓 K 线不一定都是阴线带量来表现，这一点要记住。前面也讲过这种现象。

综合起来看，该股控盘手有一个典型的习惯性清洗动作：先以洗盘为主展开清洗，当清洗结束时，多数都会用一次快速震仓动作加强一下清洗力度，然后转变成新的技术动作。每个控盘手都有自己的习惯动作组合手段，因为与个人的性格、处事习惯方式、技术控盘动作的喜好偏好以及个人的技术战术水平有很大关系，因此，实战中，在个股的技术运行轨迹节奏上，总是会不知不觉表现出来。对于大多数跟风操作该股的人来讲，面对的其实不是技术表现，而是人的思维、性格、习惯、处事方式、技术控制手段方式、技术运行节奏、技术目的等。不分析了解到这些，只是在技术表面变化上去思维，很难真正掌握到这只股很多变化产生的影响来源。这是“知己知彼”中很重要的一个环节，也是我经常讲的“个股个性化”思维中很关键的一点。

第三节　上攻节奏控制的八种技术手法

前面讲了上攻趋势中三种最原始技术动作：攻、洗、震。似乎比较简单，但是实战中为什么会还是会让很多人犯迷糊呢？这是因为三种原始性的技术动作本身每一种都包含了多个具体的技术动作，它们之间可以相互结合、组合来应用，这就有了多种的变化出来。但这还是不全面的，除了以上我讲的这些，还要再加上八种上攻节奏控制的技术手法“缓、急、脱、跳、破、洗、震、靠”，这些技术手法其实也是产生所有在上攻过程中动作的最原始技术手法根源。它们相互组合，既变化万千，又可以生成新的动作出来，而目的还是为控制群体的利益服务。

上攻节奏控制八种技术手法：

(1)缓：以缓磨耐心，以缓边清洗、边收集、边积蓄能量。

(2)急：先缓后急、先急后缓，在急攻中形成强势突破，吸引跟风盘，攻击能量释放。

(3)脱：脱离原有攻击角度，脱离均线支撑轨迹，形成变轨攻击，强中带诱惑。

(4)跳：以跳来短时间释放追涨力量，抬高买盘成本，跳中带诱。

(5)破：不破不立，破中带诱，快速释放空方力量。

(6)洗：洗为磨，洗为沉淀，将浮动筹码再细化，也为积蓄攻击能量。

(7)震：大起大落，凶中带诱，粗中带细，破中带诱，增强跟风盘危机感。

(8)靠：靠为缓，靠为回，靠为洗，靠为蓄。

第四节　技术动作之间的密切演化关系

在实战中行情是一直延续、变化、发展、运行的，因此随着技术目的的变化和不同，技术动作之间都是前后相连接运行的，这就会形成一种组合现象，而前一个组合，又与后一个组合也相连接运行的，只是技术目的发生了新的变化。而到目前为止，学习技术的人和讲述技术的人，都属于“断章取义”来讲和来学习，只是诠释了运行过程中某一个技术动作的技术目的和变化意义，这是脱离实际行情始终在不断发展运行这个客观现象的，可以视为一种“定格式”的讲解和学习。这样的话，有一个致命的缺点，学习的人所掌握的东西，总是定格式的思维，没有以变化和动态的思维来应用于实战中。扭线技术的学习虽然开始时也是以一种“定格式”的方式来分解讲解一个个技术动作和技术现象，但随着学习掌握的深入，是不断在树立学习者掌握动态、连续、变化的这种实战思维模式的。特别是前后技术动作的转变和变化上规律上，有一定的逻辑和轨迹可以掌握。本节所讲内容就是将前面的内容再进一步深入细化来讲。

前面讲了三种最原始的技术动作“攻、洗、震”，以及八种最原始的技术节奏变化手法“缓、急、脱、跳、破、洗、震、靠”。这些是从技术动作的内在根源上来理解技术动作表现，下面则是以实战中最为常见的几种技术动作组合演化关系，来讲它们之间的运行变化。

技术动作之间的密切演化关系：

(1) 缓攻——顺势起、蓄势起、破势起、攻击通道、飞龙线、缓上急出顶、洗攻、急攻（图 4-13）。

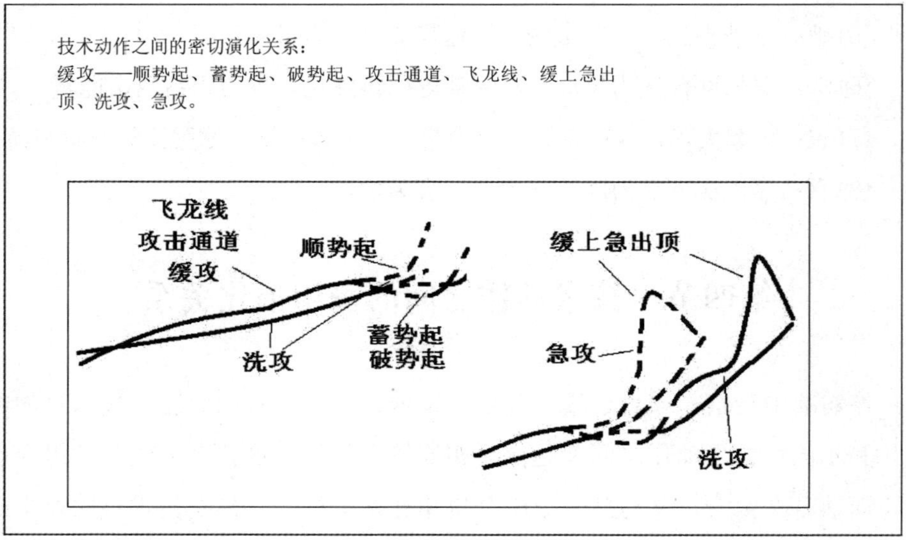

图 4-13

缓攻是一个“以缓磨耐心，以缓边清洗、边收集、边积蓄能量”的过程，缓攻也是一种“攻”的动作范围。实战中，缓攻过程还可以起到随着股价重心缓慢地上移，逐步理顺杂乱周期均线的作用。缓攻过程的持续时间可以延长，但一般都会伴随一个攻击通道，比如短线时，可以是 10 日、21 日线构成的攻击通道，或者周期均线扩大一个级别，是 21 日、48 日线组成攻击通道。短期攻击通道的技术目的，必然带有紧迫性，而扩大一个级别，则是延长震荡缓攻过程的最常见方式，原因可能是筹码清洗不到位，不彻底，或者收集成本被动抬高，需要增加震荡空间过程来降低，抑或是由于计划中的某个因素发生了一些时间上的变化等。但只要维持着某个攻击通道，就说明整体的缓攻过程在延续中。

经过缓攻的过程，达到其技术目的之后，由于始终保持的攻击通道本身就为变轨加速准备着技术系统上的铺垫基础，因此，缓攻之后很容易进入启动攻击动作中，启动攻击动作最常见的是“顺势起、蓄势起、破势起、牛铃线”启动等。一般来讲，“顺势起”是最强的一种启动，“牛铃线”的启动也属于这一类；“蓄势起”次之；“破势起”再次之。但实战中也有不同情况出现，比如“破势起”启动动作，虽然启动前会有短暂的下破支撑线的现象发生，但正因为如此，结合启动前的快速震仓动作，是可以快速达到使“犹豫筹码”离场的效果，这样，反而有时会促成急速启动攻击(比如以大阳带量 K 线，甚至涨停动作)出现。这些细微的变化，要在实战中灵活对待，因为启动动作的主导权在控盘手手中，而他们是根据启动前的筹码清洗状态、沉淀状态、是否需要跟风盘借力等条件，随机应变而实施。

启动攻击起来之后，自然会形成一个新的攻击通道，一般因为技术变轨加速的原因，多数为 5 日、10 日的攻击通道，也有以 10 日、21 日攻击通道为主要支撑攻击的。加速攻击起来后，一般会有两种现象：

①急攻状态就很容易出现脱线和八爪现象，因此，短线急攻攻击动作一结束，由于 5 日、10 日两线的八爪乖离比较大，化解时，股价容易带动 5 日线主动向 10 日线靠拢来化解乖离。

②另一种是相对没有那么急的攻击动作，角度自然也没有那么陡峭，这样，由于 5 日与 10 日的八爪乖离不是那么大，虽然也会出现化解动作，但化

解动作也没有那么剧烈，时间也不需要那么长，就很容易出现洗攻动作来化解。而洗攻动作本身就是一种维持强势攻击状态中的边洗、边攻过程，攻击量能并没有彻底被释放，所以洗攻之后很容易继续攻击，而这个攻击多数都会加速为短线急攻状态。急攻又会产生脱线和八爪，需要化解，如果 5 日、10 日线的八爪不大，10 日与 21 日线之间八爪也不大，就再次洗攻，之后再急攻；如果短期三线之间八爪比较大，短线也可能这个攻击动作就先结束，进入回打震荡化解清洗过程中。上面的这种技术动作之间的组合变化，在实战中比较常见。

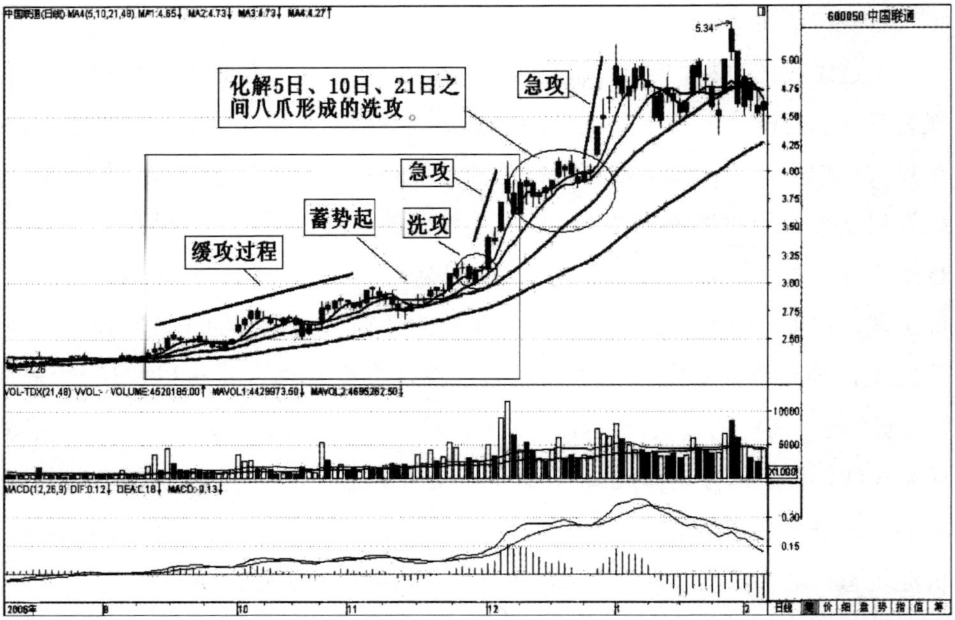

图 4-14

中国联通(600050)图解前面讲过(图 4-14)，但这里我们再从技术动作演化关系方面来看一下。缓攻过程(3 个小波的缓攻攻击动作)之后，进入蓄势起动作，启动之后，没有进入急攻动作，攻击强度虽然提高，但并不急攻，八爪不大，因此，洗攻动作化解，洗攻之后，进入急攻动作，急攻促成短期三线均有八爪乖离发生(此为“双八爪”，书后章节中有补充讲)，因此，这里的化解过程要比一般单个八爪时间长点，但其采取的是一种强势化解方式，5日、10日两线始终不死叉，洗攻(10日与21日组成)之后，再次进入急攻。

如果简化一下该股在这4个多月时间中的技术动作运行过程，有一个很清晰、又前后相衔接、配合不同技术目的要求变化的动作演化关系：缓攻(3小波清洗、收集、理顺系统)——蓄势起(清洗)——启动——洗攻(化解乖离)——急攻(乖离扩大)——洗攻(化解乖离)——急攻(乖离扩大，短期高点)。

(2)急攻——脱线、八爪、中字K线、变脸线。

(3)跳攻——急攻、脱线、八爪、变脸线。

(4)洗攻——急攻、脱线、八爪(图4-15)。

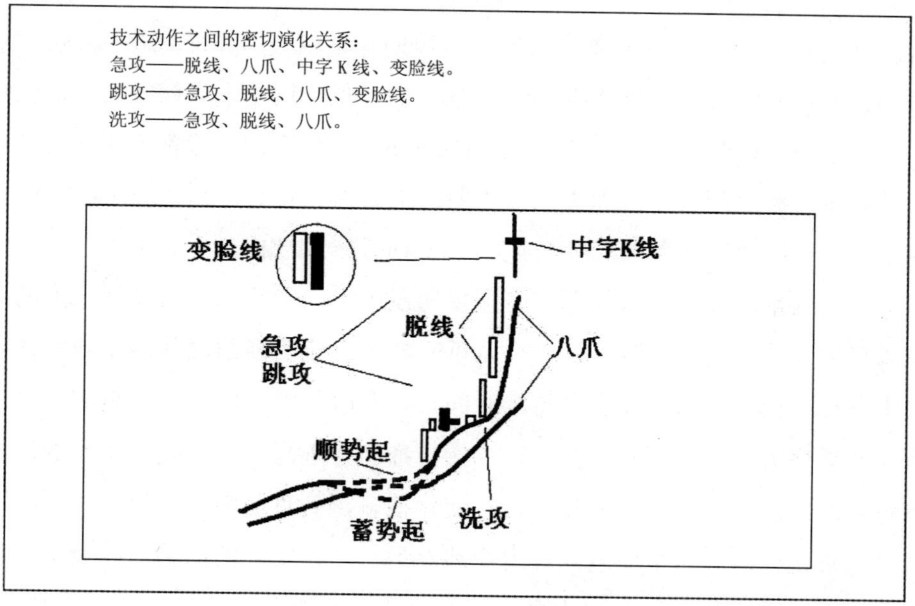

图 4-15

实战中，急攻、跳攻这两个动作均是股价短线加速、变轨攻击的典型动作，此两个动作的前面如果是为启动动作做铺垫，一般多见顺势起、蓄势起、破势起、牛铃线；有时也会看到前面的缓攻动作之后直接加速急攻或跳攻，但细看，从缓攻到形成急攻或跳攻之间，也存在着顺势起的启动动作。其内在演化关系是：前面有一个清洗、蓄势、理顺系统的过程，之后结合启动动作转为加速攻击；另外还有一种是在攻击过程中再次出现的急攻或跳攻，此种情况发生之前，均会有一次化解八爪乖离的清洗动作过程，比如，洗攻之后转为急攻、跳攻，比较常见；还有，回震或破位震之后转为急攻或跳攻动作，其内在演化关系是：前面清洗，之后，迅速进入加速攻击。

急攻、跳攻都属于会产生脱线和八爪乖离现象的动作，实战中，一旦出现急攻、跳攻动作，都要注意脱线和八爪的出现，出现了，自然后面就要有一个化解的动作潜伏着，当然，先要把这个加速攻击过程走完，才会进入化解动作中。有时一出现八爪乖离就震荡化解，这种情况是很难形成连续的急攻动作的，一般可能是有其他技术目的或原因，诸如还在缓攻过程中清洗、收集、积蓄攻击能量，或者此处的攻击能量不强，难以持续等。实战中八爪的化解过程长短，也与形成八爪的两线周期级别以及八爪乖离率大小有关，比如，急攻、跳攻动作只造成5日、10日的八爪，这是小周期级别的，化解时间就短些；如果是10日、21日之间的八爪，化解时间一般都要比5日、10日的八爪化解时间长些；如果此两线的八爪乖离比较大，则化解所需时间自然就会加大；如果这个八爪乖离越大，则时间进一步加长。

讲到八爪乖离的化解问题，有很多朋友提出一个问题：两线间多大的八爪乖离率才需要化解？这涉及一个八爪乖离率量化的问题。从多年的实践经验中发现，由于攻击动作有时持续时间长，有时持续时间短，八爪的乖离率有时明显偏大，有时则不是很大，当然，都会有乖离产生，始终也想解决乖离量化的问题，但实战中的攻击过程变化很多，到目前为止，没有找到一个统一的量化标准。这个问题同时也会涉及另一个很实际的问题，就是一旦量化固定了八爪乖离率，广而告之，反而更容易被“人”(比如控盘手)利用，成为一个新的技术陷阱。但也可以用别的技术方法来参考解决这个问题，如日线级别的短线八爪乖离出现后，用分钟图的攻击动作结束，来判断日线的这个攻击动作结束，或者利用日线上的指标超买现象，或者分钟图上的顶背离现象，来结合判断这个攻击动作的结束。当然，如果你自己发现了某个比较有效的八爪乖离的量化值，我的建议是：你自己默默地使用博取利益就好，别广而告之，因为一旦这样做，很容易被“人”利用成为一个技术陷阱，反受其害。

当股价短线冲出一个高点时，在急攻、跳攻等加速攻击动作中，也比较容易见到中字K线或变脸线，特别是在脱线状态时更容易出现。这当然不是指每个攻击出现的高点都一定会出现这两种K线动作，只是实战中比较常见到而已，可以用作参考。

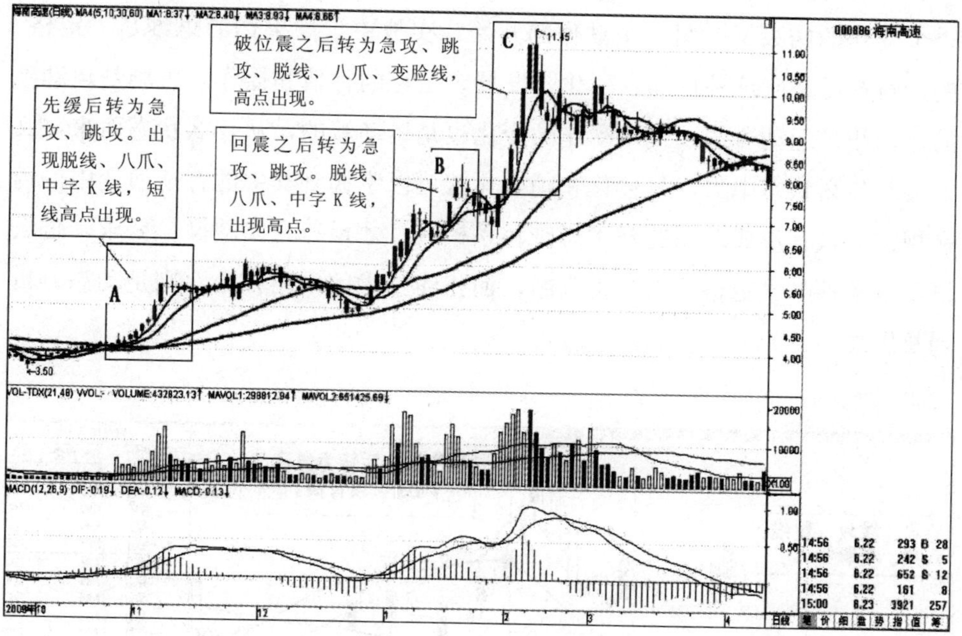

图 4-16

我们看图 4-16 海南高速(000886)其中三处的攻击动作演化关系。

"A"区域：先缓攻，顺势起，转为急攻、跳攻动作，急攻、跳攻自然会加大短线八爪乖离，同时也是脱线状态，出现脱线的中字K线，短线高点出现，回落化解。

"B"区域：前面的八爪之后的化解动作，以回震动作化解，之后又转为急攻、跳攻，脱线、八爪，并且又是脱线状态的中字K线，短线高点，回打化解。

"C"区域：以破位震动作化解了八爪乖离后，再次转为先急攻(靠线攻击，没有脱线)、最后跳攻(脱线攻击)，脱线状态下，出现变脸线，并伴随八爪乖离加大，高点出现。

几个攻击过程中都出现了同一种情况：急攻、跳攻动作很容易出现脱线，而脱线一旦出现，又与八爪乖离加大密切联系，一旦这个攻击动作结束，化解乖离就成为一个必然规律现象。因此，急攻技术动作之间的关系很密切，并前后有一定规律的转化联系：一个动作的出现会促成另一个动作的出现，一个动作的结束又是另一个动作的开始。实战中，如果你的思维是“定格”的，将难以适应这种持续、变化、发展、运行的行情和操作。市场是运动着的，均线是运动着的，技术动作的变化也是运动着的，从什么状态而来，又发展到什么状态中去，具体化和动态化就可以掌握到其中的行情演变中的内在规律，只有形成动态的技术思维体系模式，才最符合实战操作要求。过去很多技术都是“定格式”分析判断，而扭线技术的应用核心，则是动态分析判断思维。

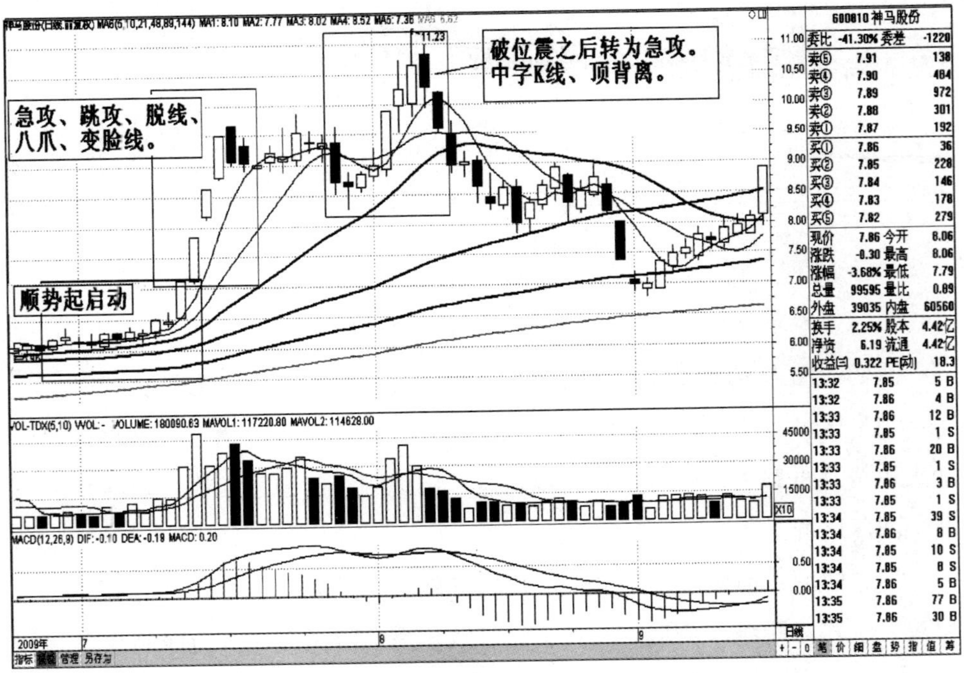

图 4-17

神马股份(600810)这里的攻击过程，图 4-17 中已经做了讲解，自己可以再熟悉一下这种动态过程。

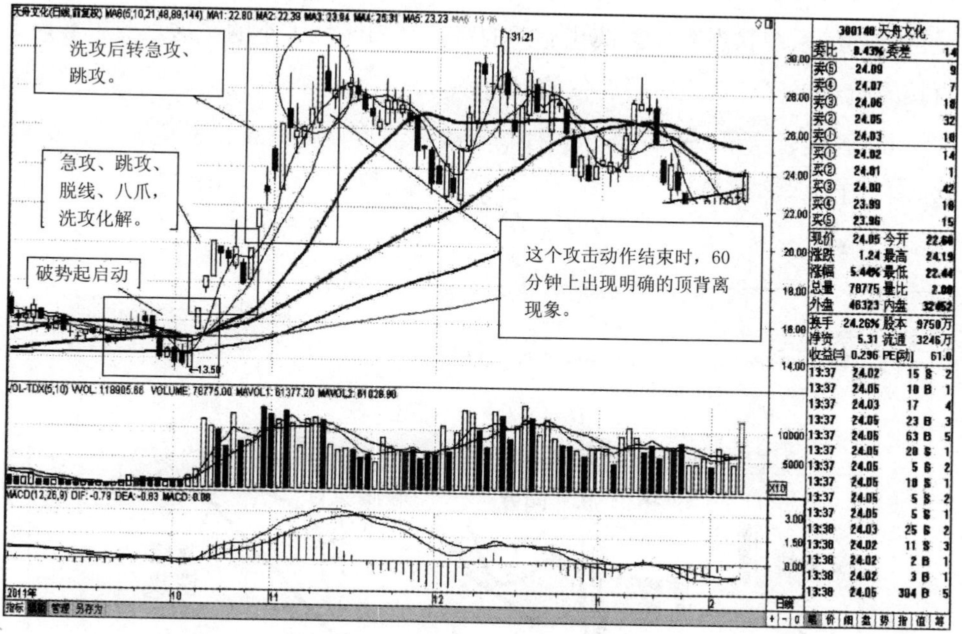

图 4–18

天舟文化(300148)在图 4-18 中的启动动作是一个破势起，转为急攻、跳攻。连续跳攻，虽然促成了多线聚拢交叉，但出现脱线状态，同时八爪乖离加大(5 日、10 日)。以洗攻来化解，之后再次转为急攻、跳攻，可见该股的凶猛，在当时市场中已经成为文化传媒板块的龙头品种。特别要注意的是，该股结束这个持续性的攻击波段时，虽然日线级别上，没有很明显的技术信号，但在 60 分钟上出现了很明确的顶背离现象。因此，实战中遇到此类情况时，思维上灵活一些，可以微观化一下来观察短线攻击动作结束的信号，也可以提高分析判断操作的准确性。再结合日线上见顶时，下方的 21 日与 48 日两线间也出现八爪乖离现象，就要考虑到，一旦攻击结束，化解的不只是短期的八爪乖离和超买，还需要化解 21 日和 48 日线之间的八爪乖离，这就需要更长一些的时间了，并且，48 日线的支撑位置比较低，很可能会结束这个攻击波段的整个阶段，而股价在后期化解过程中的震荡低点位置也提前要有思想准备，判断始终持仓是否合适。因此，实战中，不同级别的周期均线之间如果出现了明显的八爪乖离现象，一旦某一个攻击动作或攻击波段结束，是可以均线系统状态来提前演化后期的震荡空间区域大小的。这一点很实际，直接影响着以何种策略对待仓位的问题。

(5)脱线、八爪——回震、回打、靠线、洗攻、破位震、中字 K 线、变脸线(图 4-19)。

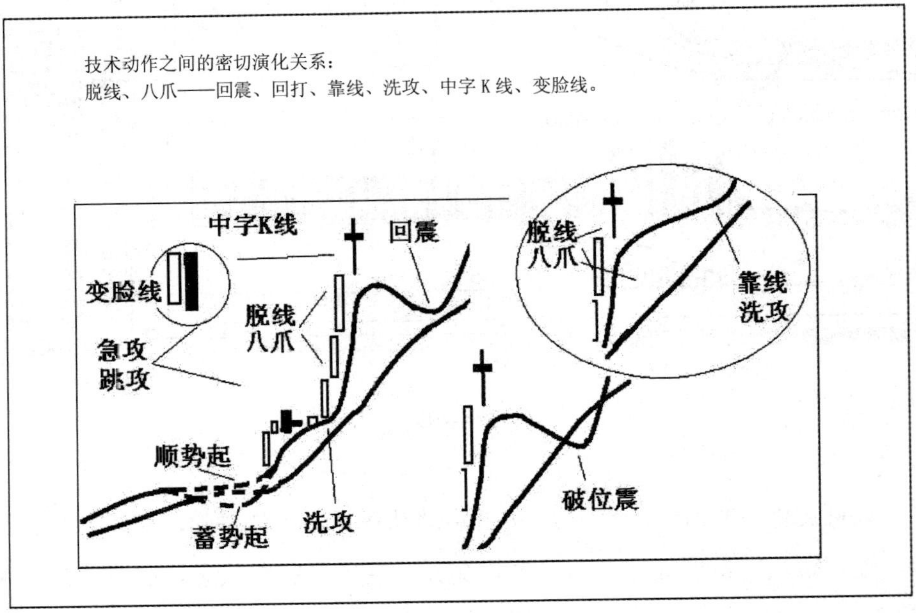

图 4-19

前面已经多次讲到出现脱线和八爪动作时的技术动作转变现象。脱线和八爪就像一对孪生兄弟，有脱线，一般都会伴随着八爪出现；有八爪，多数也会伴随有短线的脱线攻击动作。脱线、八爪之后，肯定是需要一个化解动作出现的，那么，一般会转为什么样的化解动作呢？如果后面还会有攻击动作出现，一般会转为最强势的靠线(之后接着攻击)动作来化解，或者以洗攻、回震这两种属于强势型的动作来化解，或者再回打深一点，可以用破位震动作来化解。但如果这个攻击动作结束了，一般都不只是短线(比如 5 日、10 日)之间出现了八爪乖离，而是起码要涉及 21 日线或 48 日线，甚至更长周期线之间也发生了八爪乖离现象，需要化解，就要注意顶背离现象，分钟图上的攻击动作结束，等攻击波段结束时的信号来分析判断。但有一点，无论是后期还有攻击动作出现，或者一个攻击波段结束了，这个攻击出现的高点上都会出现中字 K 线和变脸线等这些高点 K 线现象的，但这些高点 K 线形态，主要是预警一个高点产生的可能性(其内在变化是短线各方筹码多空力量的博弈变化)，并不决定这个高点的性质。

(6)回震——变脸线、价破线不破、洗攻、背离顶、八爪(图 4-20)。

(7)破位震——震荡蓄势起、先震后洗攻、多线聚拢交叉、变脸线、急攻、脱线、八爪、洗攻、背离顶(图 4-20)。

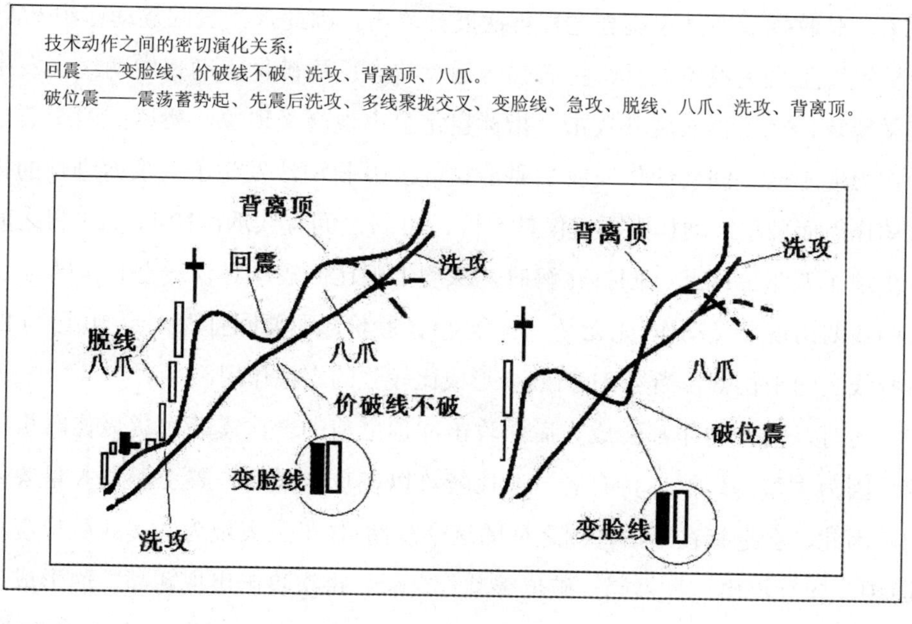

图 4-20

回震和破位震两个动作都属于在上攻过程中经常出现的一种震仓动作过程。这里要特别强调一点：回震、破位震动作不是一般大家所认为的某一根 K

线的震仓动作，而是指两条均线之间发生的震仓动作过程，一般要形成几天的震仓过程，而这个震仓过程中，可以是连续性的震仓 K 线组合出现，也可以是洗、震结合出现，但以震为主要技术目的来表现，所以，这其中有一个短线的运行过程。

回震和破位震出现之前，有一个前提条件：急攻造成明显的八爪乖离。比如，急攻拉开 5 日、10 日间的空间距离，必然要化解，而由于两线间的乖离空间比较大一些，短线急攻形成的获利盘也比较多，如果要在短时间里进行清洗，使用一般的洗盘动作，获利筹码的清洗目的很难达到，跟风盘持续进入动作也难以得到有效遏制，此时，多数情况下，就会出现震仓动作配合进行。两个震仓动作的强度就会有区别，回震动作过程可以促成八爪的两线形成收拢来化解乖离和完成清洗；而破位震则是一种加大清洗力度并以封闭两线攻击通道方式来达到筹码的浮动换手。由于回震动作中两线不发生交叉现象，是收拢后即结束震仓过程再次展开攻击，因此，一般回震动作中 MACD 指标不发生交叉现象，且维持着强势运行状态；而破位震动作中两线会发生交叉现象，之后再次展开攻击，指标也常会出现交叉现象，所以，两个震仓动作力度不同。回震动作一般主要是 5 日、10 日两线发生了八爪而进行的化解动作；而破位震动作则不仅仅是 5 日、10 日之间有八爪，10 日、21 日之间也出现了八爪，因此，回打化解时，深度上就比回震动作深一些，5 日与 10 日两线要出现交叉动作(先死叉、后金叉)，股价起码要回打深入到 10 日与 21 日两线之间来化解，当然 21 日线会形成比较强的支撑作用。

还有，两个动作都会成为后面攻击冲顶之前的一次震荡出货最佳时机位置，因为大型筹码群体持有者一般比较难以在攻击最高位置上派发大量筹码的，因此，会选择在最后冲顶之前的这个震荡(技术上表现为回震或破位震动作)中，先行派出一批筹码，破位震动作之后，再次攻击出现新高，而形成顶背离。一般作为散户股民，可以等到震仓动作之后的新高时，通过顶背离、量背离、指标背离等即时信号来选择出局时机。实战中还有一种变化，就是回震或破位震之后，再次攻击动作难以创出新高，这属于一种顶部高位反弹动作(高位反弹动作：再次攻击难以创出新高；高位反攻动作：再次攻击创出新高。注意两者区别点，后面“顶部扭转”章节会讲述)，说明压力增大，攻击力度快速衰减中，也是一个短线高点的出局抉择时机位置。如果是面临一个攻击波段的结束，后面可能会展开比较长时间的震荡，潜在风险亦会明显加大。

回震、破位震动作在结束下跌震仓过程时，经常会出现变脸线，并明显加大向上攻击配合的成交量。实战中并不是一定会出现变脸线才是结束动作信号，但一般震仓动作结束后，再次攻击时，比较容易出现大阳带量 K 线，以急攻，甚至跳攻动作，快速回到震仓动作开始时的这个高点区域上来。由于急攻、跳攻的出现，特别是对于出现新高的攻击动作，又很容易再次出现八爪线，这里就会出现两种分化表现：一是八爪之后，以洗攻动作化解，然后继续攻击；二是结束这个波段的攻击过程，出现一个顶部，多数会出现顶背离现象，至于这个顶的性质，还要结合其他技术来分析判断。

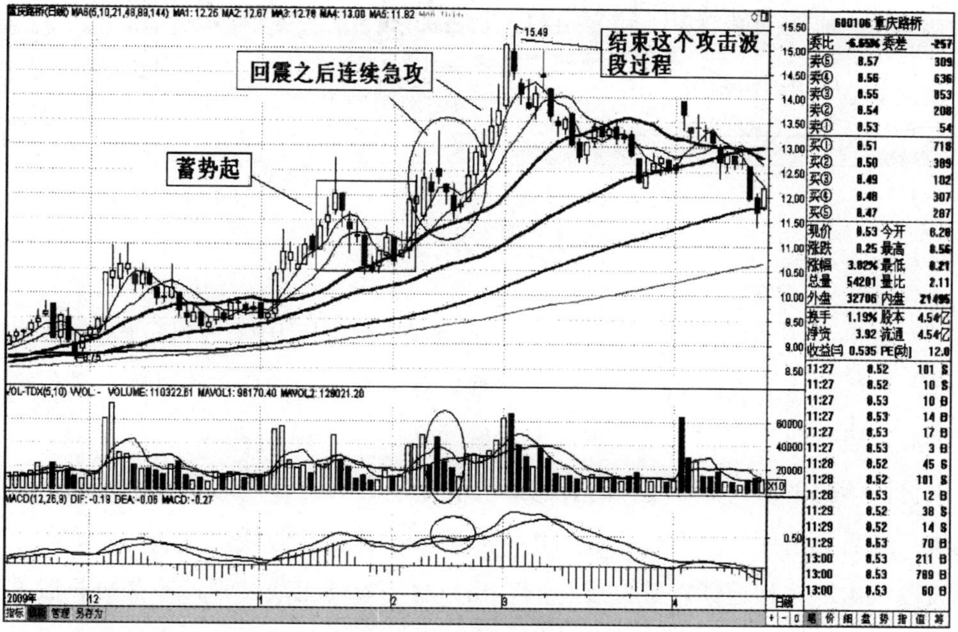

图 4-21

图 4-21 中重庆路桥(600106)先是一个蓄势起，但上攻造成短线 5 日、10 日间出现八爪乖离现象，股价随之回打化解，由于 5 日线有明显的回头下跌，

然后再拐头上攻现象，因此这里是一个典型的回震动作。回震之后，股价贴线加速攻击，冲出短线高点，结束了这个波段的攻击。

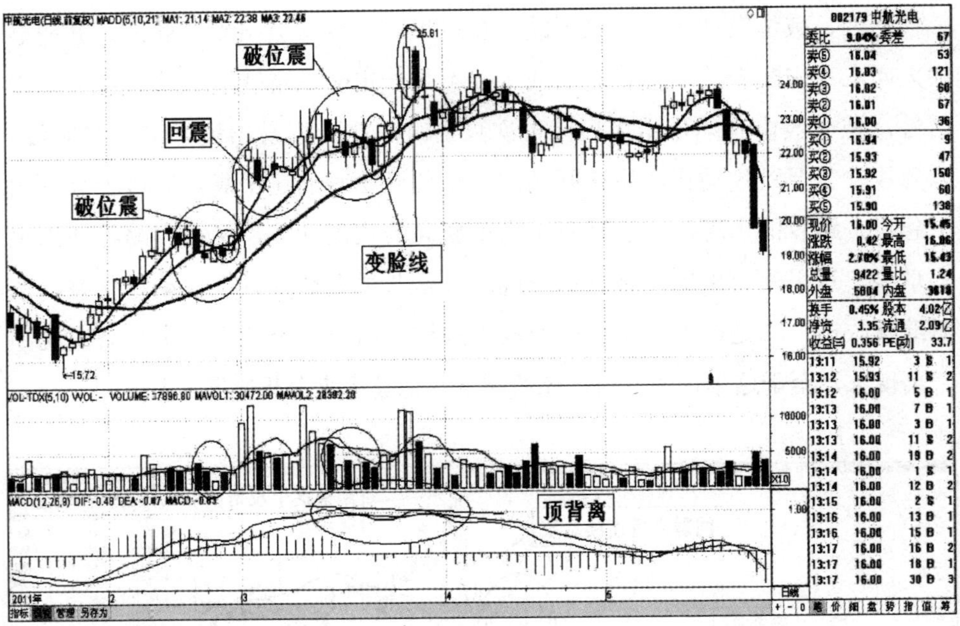

图 4-22

图 4-22 中中航光电(002179)由于股价在回打过程中，5 日下破了 10 日线，之后快速上攻，5 日又金叉 10 日线，这就是典型的破位震动作。破位震之后，股价快速连续上攻，造成股价脱线和 5 日、10 日两线出现八爪乖离，股价回落化解时，5 日线有明显的回头现象，之后再攻，这是典型的回震动作。之后又出现了一个破位震动作，再冲，八爪、变脸线，见顶，完成此个波段攻击。这种连续以破位震与回震相结合的震荡上攻过程，不是每只股都会这样的，主要是与控盘该股的控盘手法个性化有关，有些控盘手喜欢反复地洗盘，技术上一有超买和乖离现象，就洗盘，有时不惜加长洗盘过程来驱离耐心不足之人。有些控盘手则喜欢以猛拉猛震来控盘，在剧烈地上下拉扯中，不断形成“上破位”和“下破位”的股价“冒出头”现象，来达到清洗、翻搅筹码的目的。别看这种手法似乎比较“粗”，但粗中有细，如果要细察盘

中筹码换手时，重点应放在连续性的细小单子的主动买卖上，真正目的在这些细小筹码的处置上可以观察到，而不要被某些显眼的大单子所吸引。

(8)诡线——下脱线、下八爪(图 4-23)。

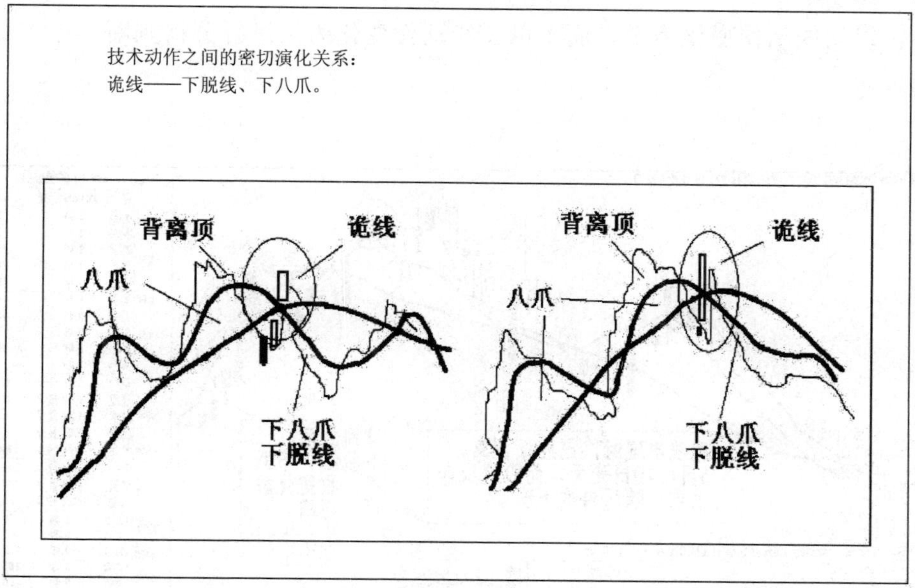

图 4-23

诡线，简单讲就是均线死叉，股价却反向攻击，但没有持续性，之后股价会再次下跌，形成诡线。还有“诡线波”，此为新增三个技术动作之一，后面章节会专门讲述此技术动作现象。因为诡线本身就是一种股价与均线运行动作发生背离的一种技术现象，因此，实战中常常出现在一个攻击波动作结束的区域位置。

诡线动作出现之后，股价由于向上攻击没有均线支持，因此这个反向的攻击动作比较短暂，之后，再次下跌，并常常加大下跌力度，向下拉动本已经向下死叉的 5 日线与 10 日线之间的八爪乖离进一步加大，短线就常常出现股价(向下)攻击脱线，并形成 5 日、10 日线八爪现象。为了技术思维上区别于向上攻击时的脱线和八爪动作，也称之为“下脱线、下八爪”。发生下脱线、下八爪之后，需要化解，而化解一般分为两种：一种是两线收拢化解，而不交叉；一种是两线收拢出现交叉。如果诡线出现时，已经完成了这个波段的攻击过程，比如出现顶背离等现象，那么，即使两线化解出现交叉(金叉)动作，之后还是会再次死叉下跌。而如果只是一次震荡蓄势过程的展开，比如是一个震荡蓄势起过程，后面自然还会有新的攻击动作出现。出现诡线时，以均线动作变化为主，而不以 K 线动作变化为主进行分析判断，这一点很重要。

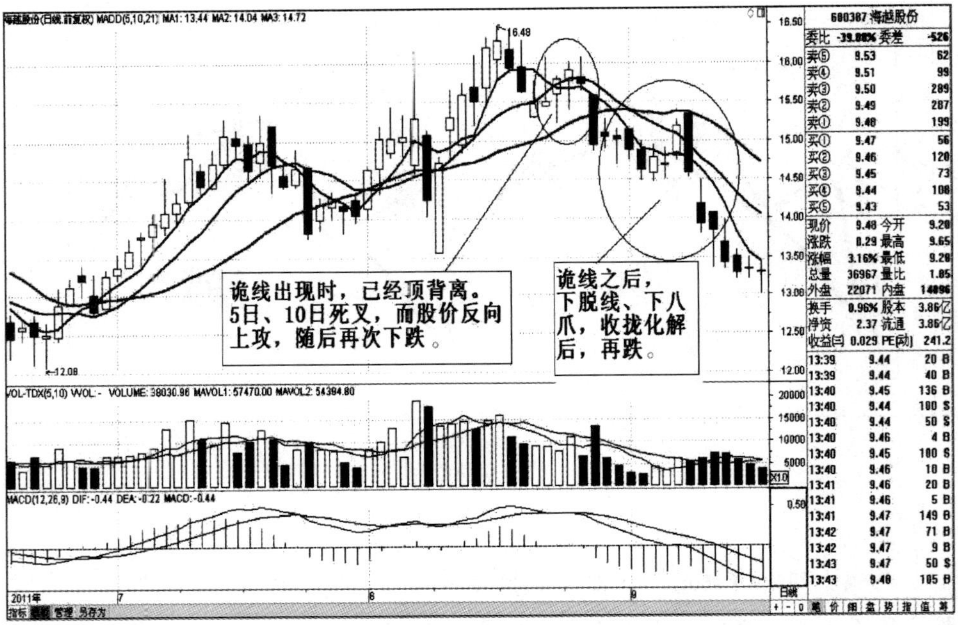

图 4-24

图 4-24 中海越股份(600387)出现诡线动作之前，很明显已经有顶背离现象出现，说明这一个攻击波段已经结束。如果此时你还是在犹豫是否需要出局规避后期可能的风险，当又出现这个诡线动作时，就应该警惕到目前的局面可能将发生重大变化。图中诡线圆圈内，5 日、10 日线出现死叉，而股价却向上攻击起来，但是短暂的攻击并没有改变 5 日、10 日的空头排列状态，并且攻击时的量能配合也并没有比前期的更大，说明无心恋战的心理加重。因此，后面出现跳空的大阴 K 线就为顺势动作了，并且带量，说明有资金出

局态度坚决。之后的股价下跌带动5日与10日线之间出现八爪也是一种必然现象，八爪了，需要化解，该股上就是以“横盘下”动作来化解的(横盘下动作与洗攻动作属于同类，但运行方向不同的动作，一个出现在上攻途中，一个出现在下跌途中，注意区别)，化解之后，继续下跌。现在回头来看这个诡线的出现，虽然当时股价是向上攻击的，但其意图带有明显的“诱惑性”特点。诡线的狡诈和迷惑性，在实战中，特别是对喜欢以K线为主来分析判断操作的人，危害性很大。因此，当股价与均线的运行方向发生背离性攻击现象时，以均线为主来做分析判断，原因是虽然K线(股价)运行很灵活，但需要均线跟随动作来确认，均线不确认，就要警惕股价回头顺应均线的运行方向。

从技术动作演化角度讲，每一个技术动作都可以演化出不同的技术动作来，以上这几种只是实战中比较常见到的几个演化关系，除此之外，还有其他技术之间动作演化关系，以及多个套路之间的演化关系，这些内容在“扭线原理”的另一套实战技术“环环相扣”技术中有更深入、更全面的解析。

第五章　框架线之“顶部扭转”

顶部扭转的过程相对于底部扭转过程要复杂一些，因此，所包含的技术动作和技术现象也比较多，这是因为相对于低位的筹码收集过程和技术系统扭转，高位顶部过程中的筹码派发过程难度要大很多。首先，由于获利盘在各种群体手中均大量持有，谁能够先一步收取利润，保证利润的顺利回收，群体之间本身存在着冲突的利益关系，这一点，与底部低位筹码收集有根源上的区别；其次，高位利润收取时，必须要有支撑力量来形成股价在高位的盘横状态，如果各群体都派发而没有谁愿意付出一定利润成本来支撑股价和技术系统的盘横，股价就会出现直线式下跌，形成大家互杀现象，这种情况会出现在突发性利空因素影响的一些个股上面，绝大多数情况下，掌控大量筹码的群体之间还是会保持一定的默契性配合，形成分批、分群派发，因此，在技术系统状态的演化而运行上，一般都会形成一段时间的横向震荡过程。这里面还有另一个原因，如果有某筹码群体急于出局而造成均线系统短期内形成直线式下跌，其他群体往往还会乘机加力压低股价重心，但由于均线系统从上攻状态转变为下跌状态没有那么快速，反而可以利用首次下跌动作的严重超卖，股价短线过低，而采取不卖反买，低位收集一部分，之后相互群体之间配合将股价再次拉上来，然后利用均线系统的收拢过程，以反弹波或再攻波形式进行筹码的分批派发，这就是利用了技术系统上的一个动作变化过程中的空间差，来达到自己的相对高位派发目的方式。再深入，顶部扭转过程中上上下下的反复过程，也是技术系统内在的一种“平衡”因素的具体表现，这种“平衡”现象，在均线系统的波动运行中(最典型的就是“发散与收拢”的循环现象)更加清晰和易于发现。

散户则与控盘群体不同，一方面是散户力量分散，另一方面是散户求涨心切，下跌就恐慌，上攻则喜欢固守和加重仓位，以期博取利益更大化。

还有，新进场的散户，由于还没有什么利润积累，就常以固守持仓，甚至补仓来以求利润尽快积累起来。所以，在顶部扭转中，散户的利益诉求是与大的筹码持有群体的利益收取目的有根本的区别。在所采取的操作策略上，也就出现很大不同。当筹码群体拉起股价形成震荡状态，分批派发时，散户则以加重仓位，或固守等待为主来期盼利润的积累出现。当股价在高位顶部区域里徘徊，均线系统进行收拢动作时，大量筹码持有群体常常会以上攻动作频繁出现来吸引新资金进场换手，反弹波、再攻波、诡线波均会在此时期出现。

如果你学习掌握了扭线原理技术中对顶部扭转的技术诠释要点，此时，反而应该是倍加警惕的时期，或者视为逢高出局的最佳时机位置。这就是实战中，常常有大量高位顶部区域被套的人群中，买在最高点位置的人并不多，而仓位加重在次高位置区域的人非常多的一个重要原因。对于大量筹码持有群体来讲，次高区域位置，往往是最佳的分批派发位置区域，因为他们手中积累的获利利润已经很大，顶部构筑盘横的目的只有一个：保证大部分利润的收取顺利。

本章内容的重点，就是顶部扭转过程中的技术系统(框架线)变化，顶部扭转的几个运行变化过程，以及其中所包含的多个技术动作与技术目的等。

第一节 顶部重要的 23 个技术动作

顶部重要的 23 个技术动作包括(图 5-1)：

①压线；②下冲线；③下穿线；④下拉线；⑤回顶线；⑥脱线；⑦八爪线；⑧诡线、诡线波；⑨顺势下；⑩蓄势下；⑪破势下；⑫价破线不破(价上线不上)；⑬多线聚拢交叉；⑭变脸线；⑮中字 K 线；⑯断头阴；⑰跳攻(下)；⑱牛铃线(下跌型)；⑲老虎嘴；⑳交叉见顶；㉑见顶前出货平台；㉒出货小平台(见顶后)；㉓急顶下平台。

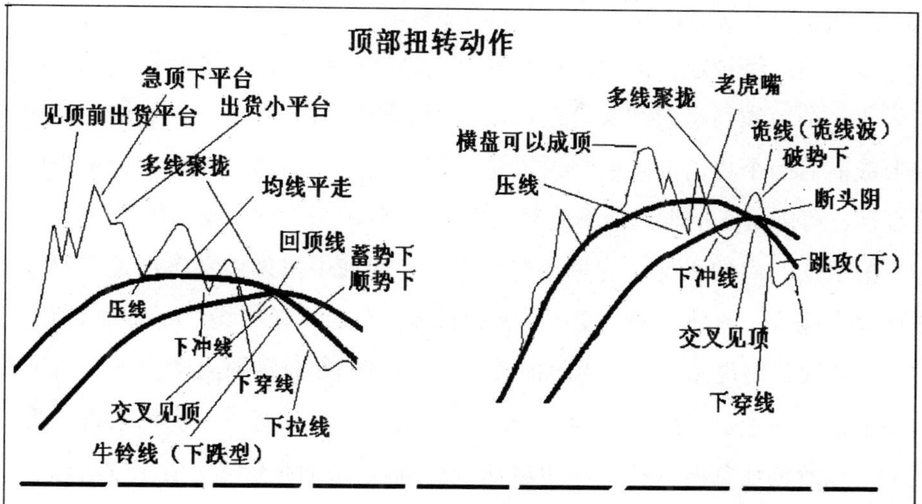

还有 5 个为见顶时常出现的：脱线、八爪、中字 K 线、变脸线、价上线不上，未在图中示意。

图 5–1

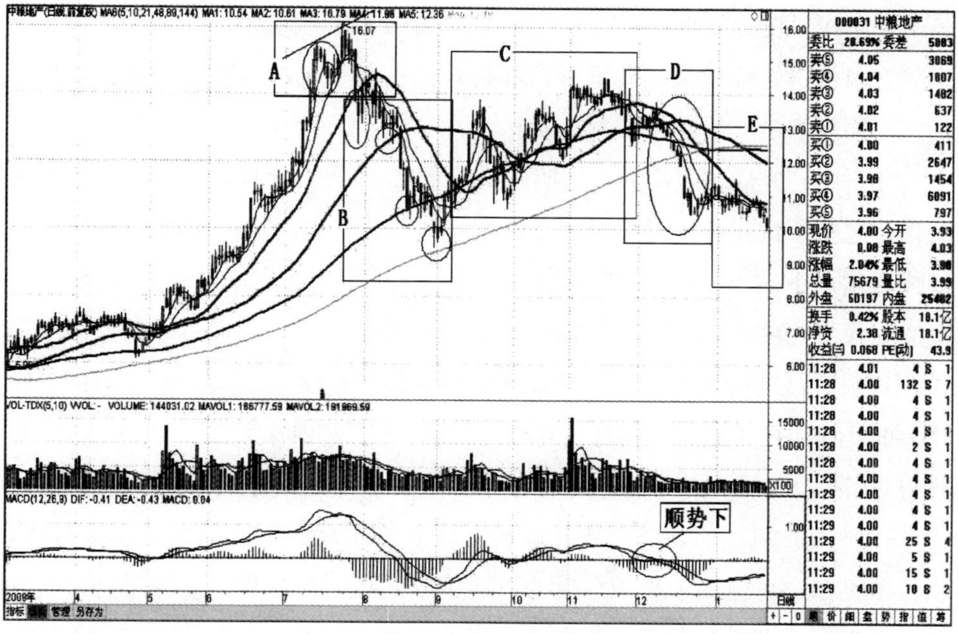

图 5–2

图 5-2 中顶部扭转中的一些技术动作有：

“A”区：经过连续的急攻后，高位出现回震动作，这个回震震荡过程首先形成一个短线高点，回震之后再攻击形成顶背离高点顶，一般这种在短期内形成前后两个攻击高点的情况，是很容易出现顶背离现象的，但由于时间跨度短，可能日线上表现会不明显，但在 60 分钟图上则会很清晰。

关于顶背离的表现，这里还有一点，在实战中可以做参考：通常日线上的顶背离现象，两顶之间跨度达到或超过半个月时比较明显；而通常不超过 2 周之内的顶背离现象，日线上可能并不明显，但 60 分钟图上则会明显。60 分钟图上前后两个高点跨度间至少应超过 3 天以上，顶背离才有所表现；而日线上的顶背离通常两顶跨度至少应达到 2 周以上时间表现才会比较清晰。当日线上的顶背离跨度短时，也可以改用 RSI 或 KDJ 是否有顶背离发生来结合判断。

接着看“A”区内上攻冲顶中的脱线、八爪、回震(这个震荡动作也是一个“见顶前出货平台”)、顶背离、变脸线，然后是大阴线的断头阴(一根大阴切断短期三线)，还有一个诡线动作(注意看 10 日死叉 21 日线时的那根带长上影阳线，反弹动作是在当天盘中完成的，10 日死叉 21 日线，而股价反向上破 21 日线)，完成最高顶的冲击和构筑虽然并不长，但其中所包含的技术动作却比较多，一环套一环。

“B”区：完成顶背离后，大阴断头，下破 21 日线支撑，形成一次下冲线动作，之后短线反弹，反弹过程中出现诡线动作，之后再次下跌，先下压 48 日线，然后下破 48 日线，下压动作就是一个压线动作。下跌攻击对 89 日线形成一次下冲线动作，震荡之后，下破 89 日线，对 144 日线形成一次压线动作。见顶后，连续下跌到 144 日线才得到支撑，这个下跌空间幅度短期是比较大的，已经严重超卖，同时也连续化解了 10 日与 21 日、21 日与 48 日、48 日与 89 日、89 日与 144 日各线之间的八爪乖离，后面展开了反弹波段。实战中，这种比较凶猛的连续下跌化解各线间八爪乖离而形成的顶部构筑过程，比较多见到，这也属于见顶之后的首次下跌回打动作过程，见顶后首次回打动作的深度，在个股上，由于均线系统的发散状态不同，回打下方的支撑力度不同，会有深有浅，但这个过程，也等同于底部扭转过程中的顶线、冲线动作过程，是强烈遏制上攻状态均线系统运行方向的一个常见动作，一般在此动作之后，中期均线系统会从向上攻击状态转变为平向运行状态，自然就会有相互收拢动作现象发生，这一点与底部扭转时的变化作用相同。

"C"区：该股这里的反弹波有三个，反弹高度超过前面见顶后下跌幅度的一半位置。绝大多数情况下，反弹波的高度都可以达到这个水平强度，极个别强度太弱，就达不到，这一点，在实战中如果前面高位顶背离时，没有抓住出局最佳时机，那么，在反弹波出现之后，制定出局策略时，可以有个参考（反弹波，说明高度不会高于前高点顶；反攻波，则会创出新高）。它们的运行过程，通常也是均线系统横向运行逐步收拢的过程，收拢之后，自然就会进入一个"时间限制点"，那么，变盘窗口就会出现。

"D"区：经过反弹波(三次)之后，均线系统逐步收拢，进入"时间限制点"，特别警惕向下变盘动作出现，这个动作就是底部扭转时讲过的"穿线"动作，在顶部扭转中，就是"下穿线"动作。注意下面的指标动作，此处是一个典型的"顺势下"，也已经表明此处位置多方力量的弱势状态。该股此处就出现下穿线动作，连续性下跌，同时，5 日、10 日形成向下的攻击通道压制，当下破再次下破 144 日线后，还出现了跳空攻击动作。之后，由于下跌穿线动作的持续性力度较大，下脱线以及 5 日与 10 日、10 日与 21 日之间均出现下八爪乖离，需要化解，因此产生震荡反弹来化解。

"E"区：这里的震荡反弹过程，化解了 10 日与 21 日间的八爪乖离，但 10 日难以上穿 21 日线的压制，形成一个小的"反弹平台"。这个反弹平台过程，也相对于底部扭转时，穿线动作之后的坐线、吸货小平台动作，但在顶部扭转中，则成为又一个出货小平台过程，之后的下跌顺理成章。

虽然有些顶部扭转的技术动作和现象在中粮地产(000031)图 5-2 中没有体现，但后面进一步深入讲解时，在其他一些图中均会有表现。

第二节 "顶部扭转"中的顺序规律特点

要了解顶部扭转过程，首先要掌握顶部扭转运行过程中的几个顺序规律特点。顶部，特别是具有完成趋势性攻击的顶部构筑，人们常常是以股价(K线)的高点顶为主要技术判断手段的，扭线技术则有所不同，是以均线系统和股价系统两种系统相结合来做判断。特别是均线系统(框架线系统)的顶部构筑过程，是扭线技术对顶部构筑过程进行监控的主要技术手段。

1. 顶部扭转的顺序规律特点总体上分为五个过程：

加速、发散→减速、转平→再攻、反弹→聚拢、交叉→回顶、下拉线(展开下跌趋势)。

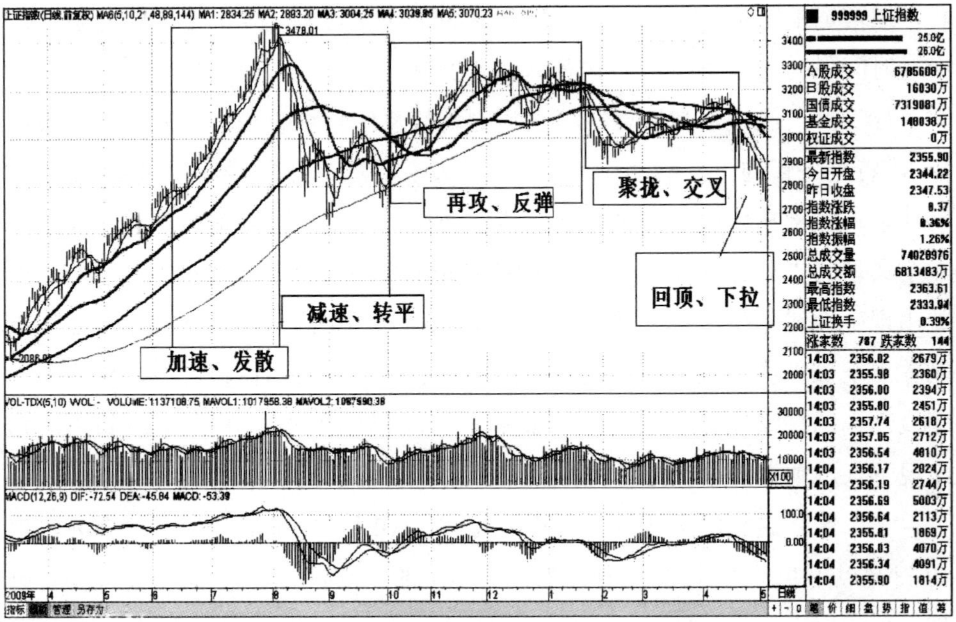

图 5-3

图 5-3 中顶部扭转中的五个过程清晰明了，谨记并熟悉，对于顶部扭转时的技术运行变化把握非常重要。见顶前的加速上攻，特别是连续性加速上攻，必然会造成均线系统(框架线系统)各线间的相互距离拉开、发散现象。股价冲出最高点后的下跌动作，会层层切断上攻状态的各条均线，并“迫使”这些均线减速、转为平向运行。均线系统转平运行出现后，股价就进入反弹或者再攻阶段中。注意：反弹，股价不会创出新高；再攻，股价会创出新高。

股价的反弹或者再攻过程，也与均线系统(框架线系统)各线的平向收拢过程同步进行，反弹或者再攻结束后，股价的再次下跌，会更加集中处于收拢过程中各条均线，这就是典型的均线系统聚拢现象，而多线聚拢，必然就会引发变盘出窗口的出现，顶部扭转，自然就会向下变盘，股价向下跌(常见的有断头阴，一个大阴线打断多条聚拢的均线)，这也相对于底部扭转中的穿线动作，拉动聚拢的均线相互向下交叉。股价下跌到所有均线(框架线系统)之下后，有些也会出现回顶线动作，这相对于底部扭转中的坐线动作，之后再跌就是下拉线。这是一个比较标准的顶部扭转步骤过程，但实战中，不同的个股，具体的某个顶部扭转中，也会有一些步骤上的不同现象，但前后次序和流程基本都是一样的，只是有些时候，动作简化一下，省略了某个过程而已。

(1)加速、发散：股价加速急攻，造成均线系统发散现象，容易出现“脱线、八爪线”。此为冲顶阶段。

进入上攻趋势的冲顶动作后，同时也进入顶部扭转构筑过程中运行。由于上攻拓展空间动作的加速、再加速影响，必然会形成均线系统(框架线)的发散现象。这种股价加速和均线系统发散加大各线之间八爪乖离的现象，在筹码群体利润快速增加的同时，也会促成一个顶部的诞生。因此，冲顶阶段的加速、发散现象出现，就成为顶部扭转的一个重要技术运行展开条件。实战中，当技术系统状态已经开始进入这个技术现象中时，就应开始提高警惕，密切监控日线、60 分钟线图上的攻击动作变化，一旦攻击动作结束，高点顶也就出现了。特别是出现见顶前出货平台的短线震荡动作、顶背离、股价脱线攻击、短期三线中出现八爪乖离、中字 K 线、变脸线、短线的高位横向震荡促成短期三线的多线聚拢交叉(向下)等这些技术动作时，都属于短线高点出现时的常见现象。操作上，至少应做分批减仓或逢高出局操作，以规避高点出现后的风险。框架线系统在此时，通常护盘线、护航线、护航带各线之间已经产生出现八爪乖离现象，这就说明一旦攻击动作完成，后期框架线系统或者进入顶部扭转的过程之中，或者即使是做一个“三线外”震荡平台，其时间运行跨度和期间的震荡深度都可能很大。警惕风险，保住利润成果成为眼前最重要的任务。

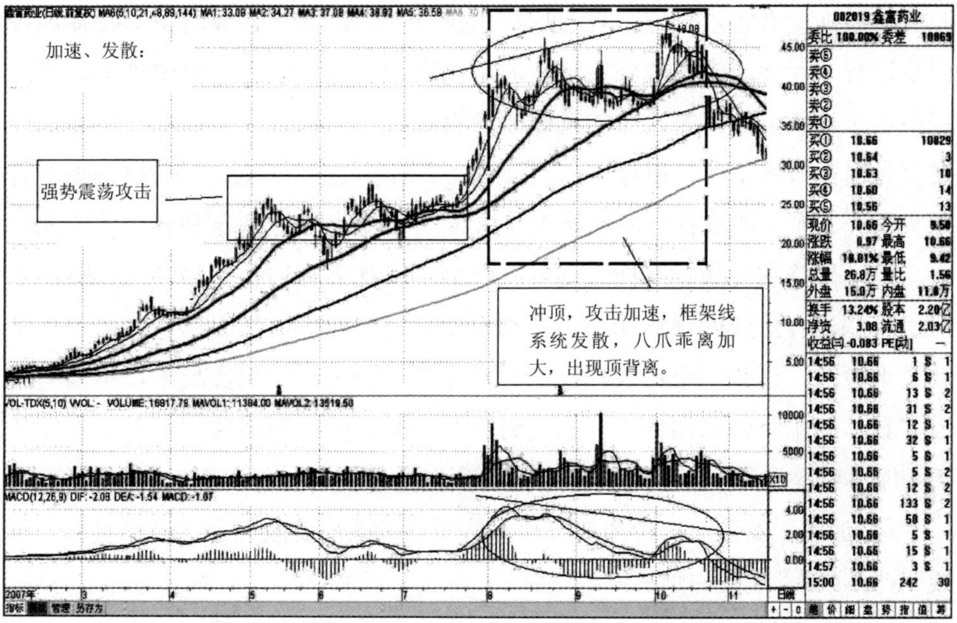

图 5-4

鑫富药业(002019)在趋势波上攻途中(图 5-4)，曾经出现过一次“修复性强势震荡攻击”动作过程，前面讲过，上攻趋势中的某个攻击波段运行中，出现震荡平台过程，但护盘线(21 日)与护航线(48 日)两线始终未发生交叉现象，说明这个攻击波段是延续的，同时这个震荡过程属于强势震荡攻击的动作过程，如果这个震荡过程中出现顶背离现象，则为修复性强势震荡攻击动作过程。因此，该股此处是一个修复性的强势震荡攻击动作，持续时间长达 3 个月左右。因为震荡过程中带有顶背离现象，实战中虽然整体还是很强势，但也具有一定的技术迷惑性。如果你在实战中由于顶背离现象发生，而进行减仓或出局锁利操作，那么，在这个震荡平台的后期，当股价、5 日、10 日此三者回升到 21 日线(此时，所有均线均为多头排列了)时，可以视为加仓或介入的最佳时机位置来参考(结合“三线内”震荡平台结束时的三个启动条件)。

该股再次启动攻击，5 日、10 日两线明显形成攻击通道支撑，股价攻击动作也很强劲，几乎是沿着 5 日线以最强角度来攻击，连续脱线攻击，短时间内攻击幅度比较大，成交量逐步放大后的高位换手增加，10 日与 21 日、21

日与48日、48日与89日、89日与144日各线之间的八爪乖离是明显逐步加大的，当在高位先出现一个破位震动作(也是一个见顶前出货平台)后，再次创新高攻击，包括5日与10日等各线之间的这个八爪乖离率已经处于明显偏大状态，再经过一段时间的震荡过程后，再次创出新高(由于21日与48日还是没有发生交叉现象，所以属于修复后又一个强势震荡攻击过程)，然后出现断头式的快速下跌动作，彻底封闭短期所有攻击通道。实战中，这整个冲顶加速、均线发散，并出现顶背离的过程，已经具有典型的顶部构筑过程中的初期技术特点。

可以注意到该股这个顶部形成的初期，股价前期的上攻明显带有向上的空间拓展目的。而在第一次出现顶背离现象之后，虽然经过一个修复性强势震荡攻击过程之后，再次创出新高(最高的高点)，但整体系统的攻击角度已经向横向运行转变。这就是：整体向上运行，说明处于空间拓展过程中；而整体转为横向运行(即使其中偶尔也出现新高动作，但很快就会被打回来)，不是要做震荡平台，就是要构筑顶部。

总之，关键是顶部形成有一个初步条件，必然先要有一个向上拓展空间的加速动作出现，同时，这个加速动作会明显拉开框架线之间的乖离率，形成八爪现象(各线间都有八爪要化解，仅仅这些个化解动作过程就已经提前预示着一个时间上的跨度有多大，还有，化解下方两线间八爪时的股价回落深度，也预示着要形成一个顶部才可以化解这么深的八爪区域)，再加上有顶背离现象出现也是一个警告信号。

⑵减速、转平：股价顶部冲出后，回落“压线”(压制上攻支撑均线)或以“下冲线”方式来强力减速，并促使上攻支撑线的转平。此为减速转平阶段。

一般来讲，框架线系统发散明显的情况下，顶部高点出现后，回打下来的深度上，首选要注意21日与48日(护盘线与护航线)之间的八爪乖离大小，如果比较大，说明护盘线与股价之间的高度差距比较小，股价拐头下跌时，是比较容易下破掉护盘线(21日)的，那么，第一支撑位置就要先看护航线的支撑力度大小。但48日护航线能否形成有效支撑，还要同时看48日与89日之间的八爪乖离大小，如果也比较大，可能48日的支撑力度会打折扣，对股价只有短线的支撑作用，那么，股价也有下打到89日线支撑的可能性。通常股价如果能够打到89日线深度位置，那么下破一下89日线的可能性都比较大。因为其技术系统内在支撑上，护航带是由89日和144日两线组成的，打到89日与深入到89日与144日之间空间，其护航带的支撑作用都是一样的。

对于这个见顶后的首次下跌动作深、浅度的不同表现，也可以更进一步来推演下跌之后股价回升的高度问题。首次下跌越深，后面越容易形成反弹波走势；而首次下跌越浅，后面越容易形成再攻波走势。这个道理很简单，见顶后下跌幅度浅，一方面说明下方的支撑力度比较强，还有可以创出新高的攻击能量存在；另一方面也是因为下跌的低点位置距离其高点顶部比较近，一旦再次形成攻击动作，比较容易出现新高顶。反过来，如果见顶后首次下跌幅度比较深，即使后面出现的攻击动作比较强，但由于距离前面的高点顶空间差比较远，当攻击到前高点附近时，短线已经形成新的获利盘，这样就大大削弱了多方攻击力量，获利盘很容易转变成为空方盘抛出筹码收取利润，加大压制群体力量。再推演一下，假设在此高位区域有新资金群体进场来接手前期筹码群体的压力盘，那么，接手后，也需要进行一个比较复杂的反复清洗过程。因为高位区域接手大量筹码，成本风险就要高一些，又面对大量获利盘累积很丰厚的筹码盘，其运作难度自然也是比较大的，一般实力的资金群体难以很好地控制住这些风险。但不管怎样，后期都要进入高位震荡运行过程，这一点是技术系统运行中一个必然要经过的转变过程。

还有一点，见顶后的首次下跌动作如果比较深，比如下打到护航带支撑区域，那么，通常反弹波的高度会达到下跌幅度的一半位置附近。这一点在实战操作中可以作为一个参考。同时，也可以参考，一般反弹波高度会达到21日护盘线与48日护航线交叉(死叉)位置附近。技术系统上，这也算是一个框架线系统转变为横向运行时，一个常见的重心位置。

高位顶背离出现，加上各线之间的层层八爪乖离出现，种种技术信号都在预警着一个顶部构筑初期条件已经具备，因此，创出新高点后的断头大阴并带量下跌动作，只是一种封闭短期所有攻击通道(5日、10日攻击通道，10日、21日攻击通道，21日、48日攻击通道)的快速表现动作，有些个股可能封闭动作没有这么剧烈，但性质都是一样的。既要展开对下面各线间的八爪乖离进行化解动作，又不封闭这些攻击通道的情况是不可能出现的。要化解，就只有封闭了，这个是系统变化的特性反映，也算是一个规律现象。可能有人讲了，该股在冲顶动作之前的那个“修复性背离震荡攻击”动作过程中，股价下跌的幅度也大，为什么21日与48日两线始终就没有发生交叉，而此处却一次性就封闭了呢？很简单，那里只是化解到48日与89日线之间的八爪乖离，因为要保持强势攻击状态不改变，化解动作只是一个技术表象的弱势表现，其实质是强势状态延续的。而这里要去化解89日与144日线间的八爪乖离，再加上别看下跌的换手量不是很大，但股价换手中内在的空方力量是比较强大的，股价重心下压明显，在框架线系统上股价下降到的位置比较低(要达到护航带区域)，所以，这里封闭上面几个攻击通道成为一种必然现象。问题是这些攻击通道一旦被封闭，框架线系统各线的上攻状态必然也会发生转变，从向上，转变为平向。这就是顶部构筑过程中的第二个过程：均线运行减速，并出现转平现象。

图5-5中鑫富药业(002019)在断头大阴出现之前，还有一个明显的警告动作信号，就是出现了一个诡线+变脸线的重叠动作。又是诡线(注意5日下破10日后股价反向攻击阳线)，又是变脸线(向下变)，两者重叠在一起出现，严重警告，短线的股价后面将向下运行。如果顶背离现象的发生都没有引起你的警惕，那么，这个诡线+变脸线，同时，断头阴还明显带量，这么明显的警告出局信号，就必须重视了，其实，技术思维正确了，操作只是几十秒的事情，并不占多大时间。因此，熟悉顶部构筑中的这些技术动作所传达的信号，同时，也掌握了筹码控制群体的技术目的意图，对实战操作精确性和准确性会有很大帮助。无论学习何种技术，目的主要就是这个。

图5-5中股价一层层下跌到89日、144日的动作，也是股价向下压线(底部扭转时是顶线动作)动作、向下冲线动作的过程，由于这是股价见顶之后的首次连续下跌动作(深度达到护航带区域)，既化解各线间的八爪乖离，也必然将各条线从向上运行强行压制，转变为平向运行，因此，技术上这个下跌动作，应视为是一种遏制均线系统向上运行，并转为平向运行的动作过程。该股下跌过程中，5日、10日明显组成了向下的攻击通道，来迫使着股价向下跌。当股价下跌到144日线支撑时，注意，21日线下破交叉89日线，这里形成了一个交叉见底。但反弹仍然受到89日线的压制，再次下跌到144日线

测试支撑力度。

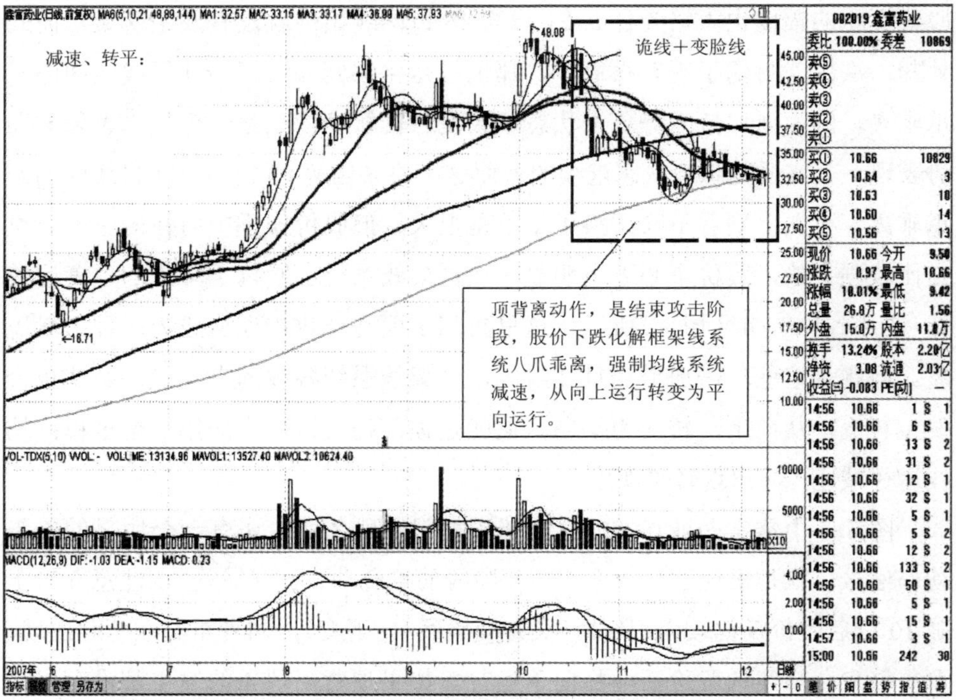

图 5–5

(3) 再攻、反弹：均线系统转平后，此时往往会出现再次攻击、反弹波或做出货平台等反复性的震荡动作，均线系统中的“老虎嘴”现象也容易出现在此过程中。此为再攻、反弹阶段。

顶部构筑中股价首次下跌动作不一定都要打到 144 日线位置来，有些个股只打到 48 与 89 日两线间区域就结束。但这里无论首次下跌深浅，有一点可以做参考，就是 21 日线下破 48 日线（护盘线下破护航线）这个动作必会出现。因为这个动作的出现，一般可以压制影响到 89 日线转平运行，而 89 日线的转平运行一段时间后，也必然会影响到 144 日线的转平动作出现，那么，框架线系统就都会出现转平运行现象。这是相互影响，相互压制，相互封闭关系。而从大量的实战中来看，顶部在高位构筑过程中的第三个过程：再攻、反弹动作出现，均是发生在 21 日下破 48 日线之后，才会展开。再攻，就是可以创出新高的再攻波动作；反弹，就是不会创出新高的反弹波动作。但多数情况下，反弹波动作的高度，基本都可以达到见顶后首次下跌动作幅度的一半位置区域。实战中还发现有些个股在见顶下跌之后，反弹波动作比较小(弱)，达不到反弹一半位置高度，但后期的诡线波反弹，则又达到一半位置高度的现象发生，虽然只是一些个例，但在实战中随机应变时，可以做一下参考。

框架线系统转平运行，出现再攻波、反弹波，由于其实质还是以派发筹码为主要技术目的来展开的，因此，这些攻击波的向上和下来过程中，常常可以看到小的震动出货平台动作。有些个股在框架线系统横向运行过程比较长，股价的反弹波多次反复出现在框架线各线上下纠缠中，也很容易出现“老虎嘴”的技术与股价纠缠现象。而“老虎嘴”技术现象本身就是一种扰乱技术运行节奏，打乱技术思维框架的“搅浑水”动作，目的一般很简单：不是在浑水中收集筹码，就是在浑水中派发筹码。高位构筑顶部过程中，自然是在浑水中派发筹码的目的；低位底部扭转过程中，若也出现这种现象，一般则是收集筹码过程。

图 5-6 中鑫富药业(002019)经过前面见顶，首次下跌化解框架线系统各线间八爪乖离之后，框架线系统已经转为平向运行，此时出现反弹波。图中这个反弹波比较强势，攻击高度接近前期高点顶区域，虽然日线上顶背离现象不是很明显，但这个反弹波中的前后两个高点相处比较近，因此，一般在 60 分钟上有明显的顶背离现象发生。从反弹波下方的成交量堆比较大现象来看，再次在前高点顶区域位置处形成集中换手。如此高密度换手，一方面可以造成强大攻击力的表象，以吸引新资金进场高位接盘；一方面也说明前高点顶区域位置的压力比较强大，也就是依靠强势状态维持，派发筹码的力度比较大，所以促成换手比较大。而 21 日线与 48 日线之间又形成明显八爪现象，后面的再次断头阴式下跌动作在技术上具有需要化解这个八爪的合理性，但当 48 日金叉 89 日线后，股价不是向上攻击，而是再次破位下跌并直接下破 144 日线支撑，这种破位动作的出现，恰恰发生在一个“时间限制点”位置处(因为 48 日、89 日、144 日三线此时是聚拢在一起的，又都在平向运行，

支撑力度有限，很容易被股价击穿)，这就是一种破坏框架线系统的下破动作了。因此，发生在顶部构筑过程的这种破坏系统动作，其危害性很大，往往具有典型的下穿线动作特点。

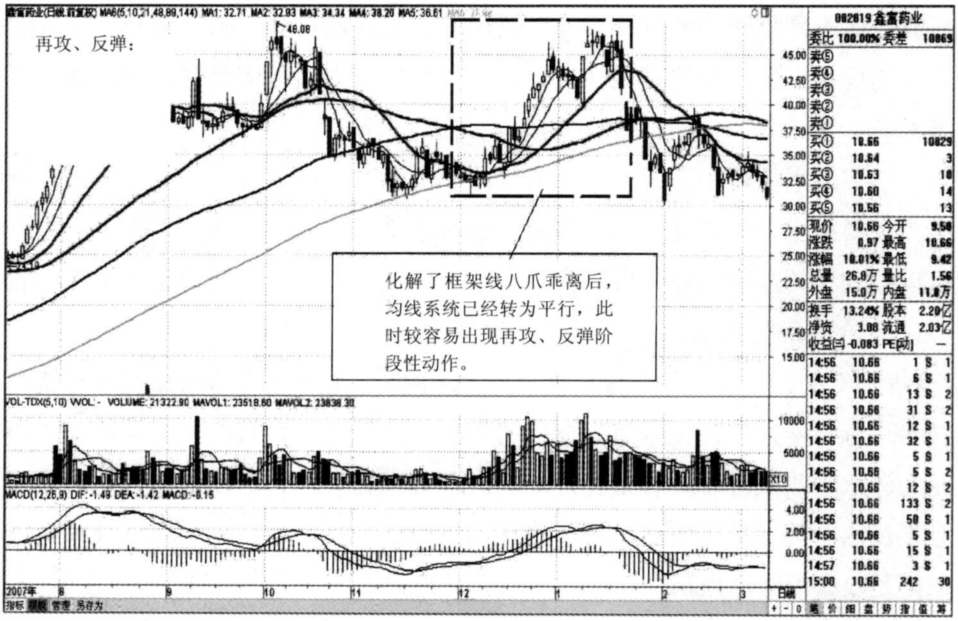

图 5–6

(4)聚拢、交叉：均线系统转平后，自然会向多线聚拢方向发展。在再次攻击、反弹波或出货平台等震荡动作之后的下跌动作，容易出现“再次下冲线和下穿线”的破位动作，这会促成多线加速聚拢、向下交叉的变盘动作。注意：“下冲线”之后会伴随“诡线波”反弹动作；而“下穿线”之后伴随的是“回顶线”动作。此为聚拢、交叉阶段。

诡线波的出现，与先出现的是下冲线动作还有很大关系，因为技术上诡线波本质也是一次反弹波过程，只是出现时框架线系统中线与线之间继续发生着向下相互交叉的动作，因此，诡线波反弹之后，还要再次下跌。还有，诡线波出现时，股价从下破了框架线系统之后，又转为股价向上穿过了所有压制均线，这种现象说明前面的股价下破动作不是下穿线动作，而只是一次下冲线动作，那么，后面就还会有一个下穿线的动作要出现(顶部扭转中，下穿线动作也只会出现一次。与底部扭转时的穿线动作技术特点是一样的)。

实战中，有些个股运行到此处框架线聚拢过程时，即使股价也出现下破框架线系统的动作，但由于框架线系统不是向下相互交叉运行，而是平向运行，没有相互下破动作，仅仅只是股价和 5 日、10 日三者的下破动作，21 日线都不跟随，因此很容易形成的只是一个“三线内”震荡平台过程，而非顶部扭转过程。这一个区别点，要记住。

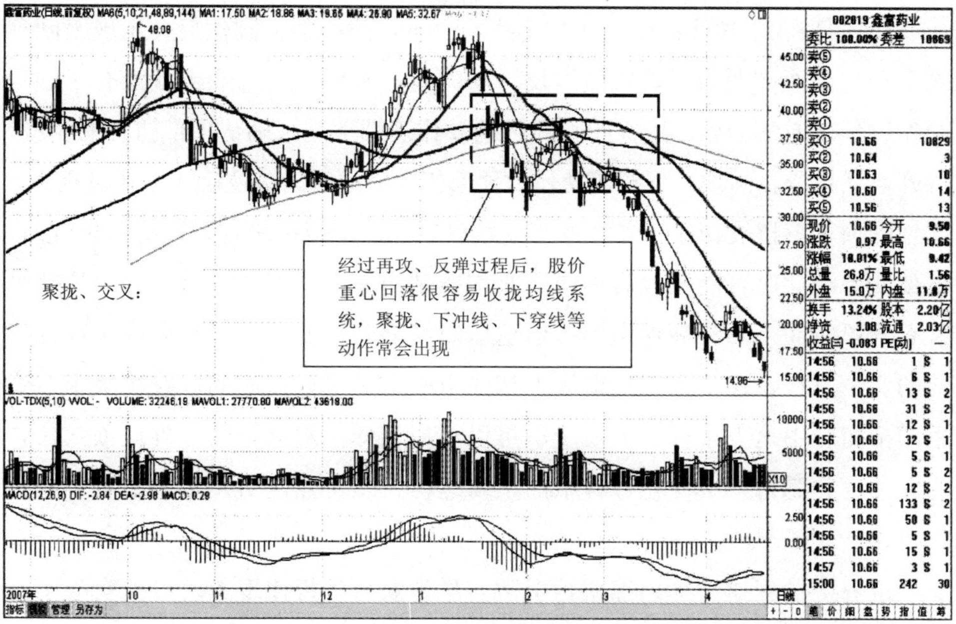

图 5-7

鑫富药业(002019)的下穿线动作出现时，48 日、89 日、144 日三线是聚拢在一起的，其支撑力度有限。下穿线后，图 5-7 中出现回顶动作，但回顶动作又与 21 日线下破 48 日、89 日、144 日三线同时出现，89 日线此时也出现下破 144 日线的动作，这样就在技术上确认了此处两个技术现象：①多线聚拢，向下交叉；②回顶线。实战中，此时短线 5 日、10 日难以再次上穿上面的几条压制均线，也已经明显警示着这个回顶动作上方的压制力度是逐步加大的。

均线的聚拢动作和向下交叉动作，常常与回顶动作、回顶之后的下拉动作有重叠现象发生。原因是，实战中有些个股的框架线聚拢动作出现时，下穿线动作会进一步将各线收拢在一起。而各线的收拢动作过程中，因为有些均线是被股价向下拉动下来与别的线形成聚拢状态的，因此，动态地看，聚拢过程中，有些线已经是在向下穿过一些线。而线与线之间的聚拢、下穿交叉动作，又与股价的下穿线之后的回顶线动作同步进行，所以，常常会发现，这几个动作在实战中会有重叠发生的现象。该股也是具有这个变化特点的。

(5)回顶、下拉线：前面破位动作为“下穿线”的，破位后会出现“回顶线”动作。而前面为“诡线波”反弹动作的，破位后，一般也就没有了回顶动作过程，通常会以“连穿带拉线”的动作连续下跌来确认顶部扭转的完成，展开下跌趋势。回顶、下拉线动作为顶部扭转完成时的破位确认动作过程。

回顶、下拉线动作，以及诡线波结束后的连穿带拉线(向下)动作出现时，框架线系统此时可能还没有形成所有均线都向下交叉现象，这是因为均线系统有一段时间上的滞后性所致，但这些短线的动作变化，已经完成了顶部扭转的整个过程，这一点是提前于框架线下破交叉确认时间的。在实战中，注意顶部扭转中这五个过程的演变，可以更加整体性地来判断、确认顶部扭转的完成，熟悉每一个变化过程中的主要运行状态特点，对实战中应对操作很重要。

这五个过程通常是顶部扭转中常会见到的一种规律现象，虽然实战中由于个股的运行特点不同，顶部扭转的动作变化也是千奇百怪，但从其技术变化的内在规律中，可以把握到有几点是必然要出现的：

①冲顶完成时的框架线发散现象。

②均线系统的上攻状态被股价切断。

③下穿线出现之前的震荡过程。

④下穿线只会出现一次。

⑤确认顶部扭转完成。

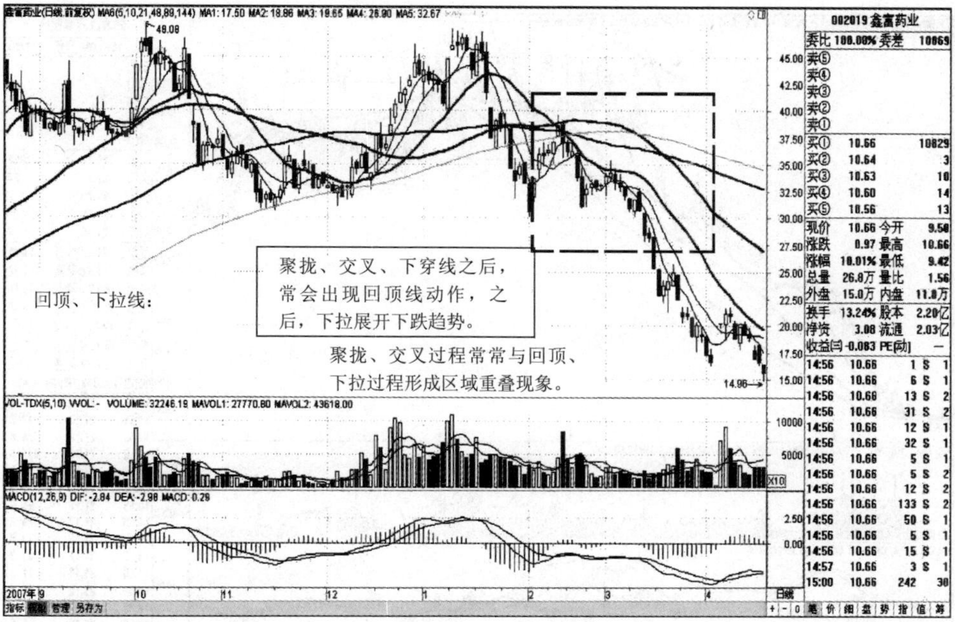

图 5-8

在图 5-8 中，鑫富药业(002019)回顶动作明显受制于上面各线的压制，同时，21 日线也下破各线，89 日线也下破 144 日线，聚拢、交叉动作与股价的回顶确认顶部扭转完成动作重叠在一起出现，之后的下拉线成为顺势动作。实战中，此种回顶线动作，既是确认顶部扭转完成的一个动作信号，也是顶部操作中最后一个出局时机。当然，如果一再错过上面高位背离顶、再攻波高点、反弹波高点或者诡线波(诡线波不是每个顶部扭转中都会出现)高点的最佳时机出局机会，那么，当出现下穿线之后的回顶动作时，这里的出局就会有点被动了，但即使是被动的时机，也要果断出局，因为后面下跌趋势才要从这里一步步展开。从保护资金安全的角度，也要先退出来。

万向德农(600371)顶部扭转过程分解(图 5-9)。

“A”区：加速冲顶，均线发散，破位震(见顶前出货小平台)，顶背离，高点出现。

“B”区：见顶后首次下跌，化解到 48 日与 89 日线间区域乖离，护盘线、护航线转为平向运行，护航带两线八爪继续扩大。21 日下破 48 日形成交叉见

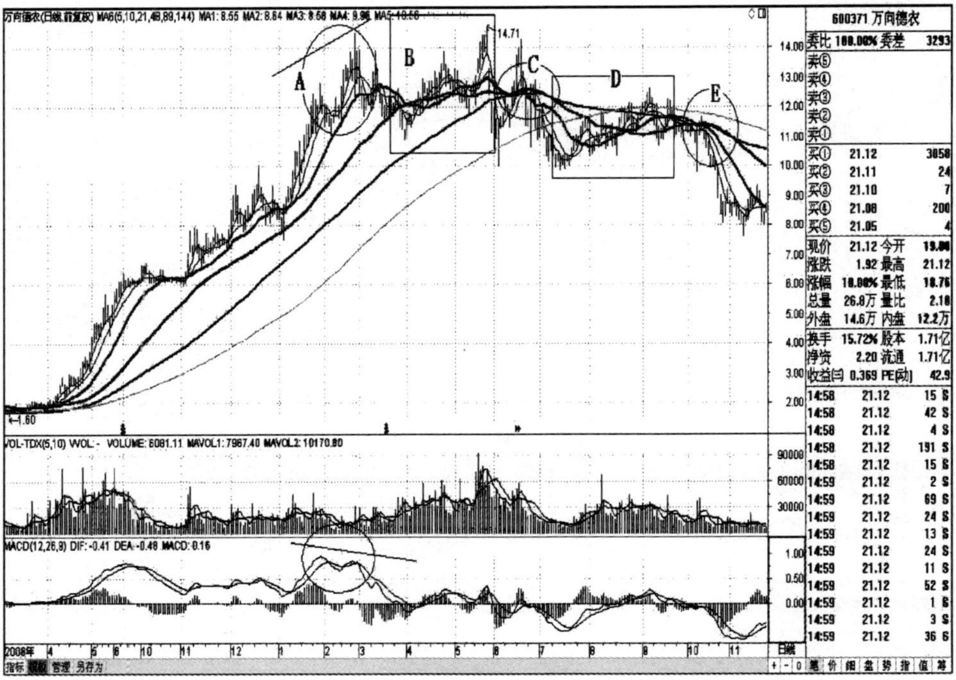

图 5–9

底，由于首次下跌深度浅，再攻波(两小波)很容易创出新高。断头阴，切断短期 5 日、10 日和 10 日、21 日的攻击通道，下冲线(下冲 144 日)，快速化解 89 日与 144 日间乖离。

“C”区：框架线系统转平，诡线波反弹，21 日继续下破 48 日、89 日两线聚拢处，多线聚拢，向下交叉，促使股价重心进一步下降，下穿线动作。

“D”区：连续下穿线动作后，回顶线动作过程，框架线系统已经空头排列，虽然有短线股价上破压制各线现象，但属于回顶动作中的价上线不上现象。顶部扭转已经基本完成。

“E”区：再次出现多线聚拢(21 日、48 日、89 日)现象，144 日线已经形成压制状态，下跌拉线，展开下跌趋势。

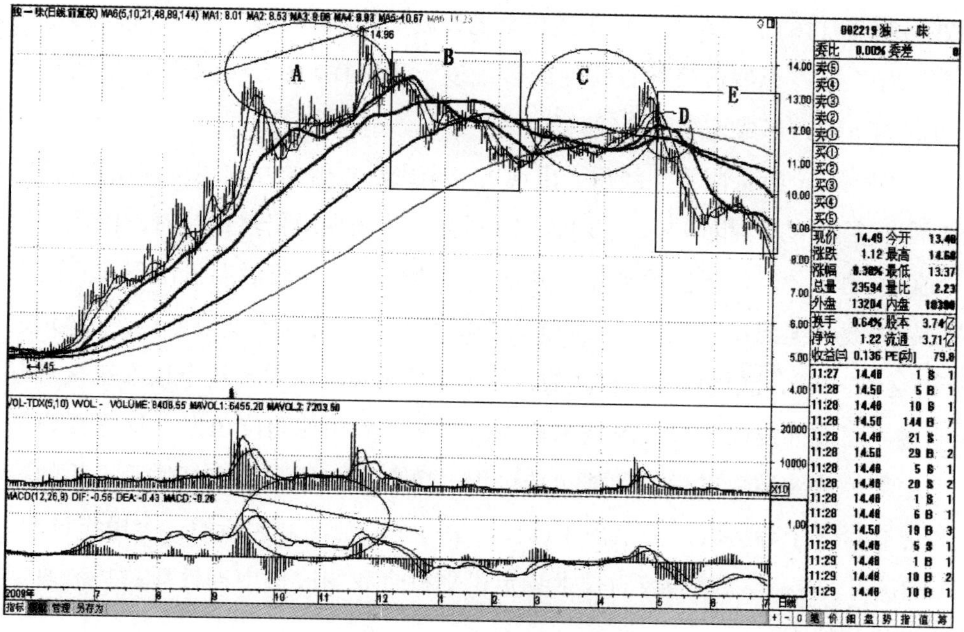

图 5-10

独一味(002219)顶部扭转过程分解(图 5-10)。

“A”区：加速冲顶，均线开始发散，第一个高点顶出现，形成强势震荡攻击动作过程(21 日与 48 日两线没有发生交叉，保持着系统的强势攻击状态)。继续攻击，新高顶(第二个高点顶)，明显顶背离，两顶之间跨度大约 2 个月时间。第二个冲击新高顶出现时，5 日、10 日、21 日、48 日、89 日各线之间均出现八爪线。断头阴先切断短线 5 日、10 日攻击通道，形成震荡出货小平台(见顶后)。

“B”区：短期三线高位聚拢，连续下跌，下冲线(对 89 日)，再次震荡出货小平台，下冲线(对 144 日)。完成见顶后首次下跌过程。

“C”区：均线框架线系统转为平向运行，反弹波被 89 日线压制，再次下冲线(144 日)。诡线波反弹，高度达到首次下跌幅度一半位置区域(但有些诡线波的反弹高度就不一定会达到首次下跌幅度的一半位置，实战中，要灵活对待)。特别是这个诡线反弹波出现时，虽然股价、5 日、10 日、21 日线均上穿 89 日和 144 日线压制，但 89 日却是下破 144 日运行的。反弹动作没有能够遏制89日的下破动作，说明是一个诡线波反弹。

“D”区：诡线波反弹过程促成多线进一步聚拢，反弹结束后，以断头阴方式向下跌，形成连续下穿线动作。

“E”区：断头阴下穿线后，出现了一个比较短暂的回顶线震荡动作(持续4天)，回顶动作期间，短线5日、10日向下攻击通道仍然保持着。因此，短暂回顶动作之后，下拉线动作展开下跌趋势。虽然该股后期再次形成新的上攻趋势波，但此次下跌幅度(从诡线波高点13.41元到下跌最低点7.16元之间)达到-46%。跌幅也是比较大的。从大趋势波运行来看，这个顶部扭转带有明显“三线外震荡平台”的技术特点，但从实战操作角度出发，这里视为一个中期趋势波结束之后的顶部扭转过程，更合理一些。这也是波段操作的一种方式：一个趋势波，一个操作过程，另一个趋势波，为新的一个操作过程。这样，中线操作以趋势波为技术界定，更符合我国股市中期性质趋势波段运行的操作特点。

第三节 “顶部扭转”过程中几个判断要点

(1)顶部判断与底部判断的区别：

底部判断以“框架三线”为主，目的是为了从技术上确认中期以上底部扭转的可操作性，避免纠缠进下跌趋势的短期反弹中。

而顶部判断以“短期系统三线”加“护航线”为主，“护航带”两线为辅。目的是为了能够在高位锁定最大的利润幅度，避免锁利点过低而损失高位利润。同时，顶部时“框架三线”做判断主要是为了确认顶部的周期性质大小(短期攻击波段顶、中期趋势波顶、长期大趋势波顶)。

(2)“顶部构筑扭转”与“三线外”震荡平台的区别：

两种在顶部构筑过程以及破位过程相类似。区别点主要在于“三线外”震荡平台一般在下破144线后的20%(做参考)幅度以内，就会再次形成扭转重新回到所有均线之上，框架三线也会再次金叉；而“顶部扭转”下破144线之后，反弹高度总是被21日、48日、89日三线所压制，跌幅也会逐步扩大，一般跌幅超过40%、50%的比较多见。

(3)即使最终出现了从“顶部扭转”演化成了“三线外”震荡平台走势，实战中也应先以“顶部扭转操作策略”出局应对，这是对资金的保护性措施，不能以被动性套牢为资本来“赌”。

(4)加速冲顶到最后动作时，很容易出现放量的“脱线”或“连续脱线”动作，而在冲顶过程中短期三线很容易出现“八爪线”现象，如果冲击时间延长，护盘线与护航线之间、护航线与护航带之间，均会出现八爪现象(注意：出现八爪现象的均线周期级别越长，要考虑到这个顶部一旦形成后的级别也会越大——比如是中期顶或长期顶等)。“脱线、八爪、放量、顶背离、中字K线、长上影、变脸线”等这些技术动作均是应高度关注的见顶重点。

(5)首个顶部冲击出现后的回落动作比较关键。如果是压线，说明均线转平过程时间会长些，如为下冲线(比如下跌冲破护航线)，说明均线转平过程相对会减少时间。还有，如果首顶出现后，下冲不破护航带，说明此处至少还有再次攻击的机会。而下破了护航带，即使有再次攻击动作出现，也应考虑顶部构筑的问题了。记住，是首个顶出现以后哦！

(6)均线系统转平之后的这个阶段是构筑顶部的主要出货过程。因为这个阶段中常常会出现再攻波(比前顶还要高)、反弹波(没有前顶高，攻击力也弱些)或者形成震荡的出货平台，并且均线系统此时很容易出现“老虎嘴”现象(就是有均线出现死叉，有些却是金叉，股价打下来也能够再拉起来，拉起来又会打下去)，容易出现技术思维的混乱和盲区。切记，对照顶部构筑过程的几个过程运行特点进行判断。

(7)出现多线聚拢、向下交叉之前，通常会先出现股价“下穿多条线”的动作。因为只有下穿多条线动作可以加速多条聚拢中的均线快速形成“死叉”现象。因此，记住这个虽然小，但非常重要的规律性顶部变盘点破位动作顺序：均线转平后—多线聚拢—股价下穿多线—多线交叉(死叉)。

(8)回顶线动作一般比较容易识别，但“诡线波”反弹动作却容易引起“误判”。主要是“诡线波”反弹动作出现时，均会反弹超过上面压制的几条均线。此时，以均线死叉为主来判断反弹起来的诡线波就可以。同时，“诡线波”反弹动作，也是“破势下”的典型动作。

(9)一般来讲，刚刚展开下跌趋势动作时，不能寄希望于很快出现反弹动作。经常会先快速下跌一段，拉开与多线聚拢、交叉点的距离空间后，才会出现比较有力度的反弹动作。

(10)对于断头阴出现的位置要特别注意，一般在冲出高点后的短期三线聚拢时出现断头阴，或者反弹波、再攻波、诡线波出现高点后的断头阴，以及框架线系统多线聚拢在一起时的断头阴，即使这些断头阴不带明显量，也要在断头阴当天尾盘做出减仓或出局来应对为佳。因为，次日很容易出现跳空下跌动作。

(11)结合“树叶理论”、“二二法则”和“上攻波段划分方法”等综合判断。

第四节　“顶部扭转”中最佳卖点选择

1. 16个最佳卖点

脱线、八爪、中字K线、变脸线、诡线、多线交叉、牛铃线(下跌型)、顺势下(高点后)、见顶前出货平台、见顶后出货平台、急顶下平台、交叉见顶、断头阴、顶背离、再攻波高点、反弹波高点。

顶部的最佳卖点虽然有16个之多，但如果把它们再细化一下分类，就比较容易掌握住它们的位置特点。

(1)一类是冲出高点顶时出现的连续脱线攻击，并出现八爪线时，见顶前出货小平台(比如常见的见顶前的回震、破位震动作)，以及中字K线或者变脸线、顶背离等，这些属于高点顶出现时比较常见的一些动作现象。

图5-11中福晶科技(002222)在冲击最高点时，出现了多个需警惕及警告性质的卖出信号。首先是脱线、八爪这两种情况一旦出现，至少应警惕，不能进行追涨操作。中字K线、变脸线是价格上的短线扭转动作组合，很容易出现短线价格高点。而回震动作本身很容易在获利幅度比较大时的高位成为出货前震荡小平台，回震之后的再冲新高，技术上由于距离前面的这个高点比较近，两个高点容易形成顶背离现象，而顶背离更是一种短线高点出现时的典型技术信号。还有，均线系统上，此时框架线系统各线之间的八爪乖离已经越来越大，说明一旦有高点出现，就很容易形成相当一段时间的震荡、回落等动作，来进行化解框架线系统各线间八爪乖离现象，那么，这个高点

顶的性质至少应是波段级别的，但如果随后再此区域的震荡动作升级呢？这个高点顶，就会升级成为趋势波级别的顶部，因此，现在当高点在冲击中出现时，你将如何来进行性操作？答案应该是不言自明：以逢高减仓为主来考虑。

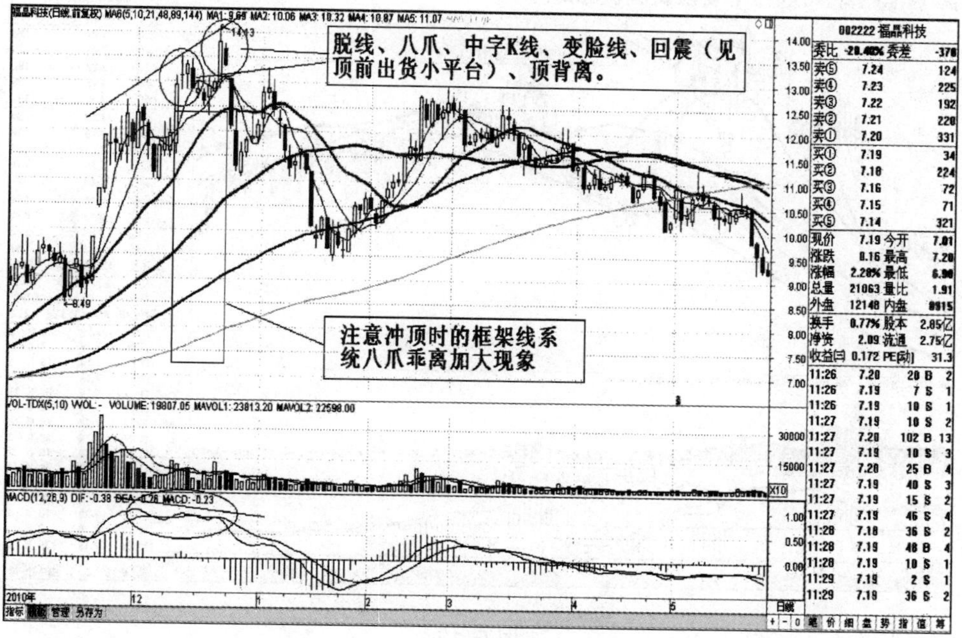

图 5-11

(2)另一类是冲出高顶点之后的一些最佳卖点。比如，断头阴切断攻击通道动作，震荡出货小平台(见顶后)，急顶下平台(这个是快速冲击处的直上直下的尖顶，之后的一个震荡出货小平台)，高点顶出现后股价回落时的诡线动作，以及高点顶出现之后在短期均线(比如 5 日、10 日)上出现的牛铃线(下跌型)，或者在指标上见顶后出现的顺势下动作等，这些均属于高点顶出现之后的最佳卖点选择位置。

图 5-12 中福晶科技(002222)在冲出最高点之后，还有最佳卖点机会，一根大阴打断短期三线(5 日、10 日、21 日)，这个断头阴出现在高点顶区域，本身就是一根很明显的短线见顶的强烈信号，因此，断头阴当天也是最佳卖点机会。短线下跌之后，出现震荡反弹动作，而这个股价的反弹动作中，10

日线却是下破 21 日线的现象，这就是诡线，诡线也是一个最佳卖点机会，但注意，不是每一只股票冲出最高点后，都会出现诡线，因此，这个机会点要灵活掌握，而诡线的反弹过程，也属于见顶后出货小平台的技术现象。

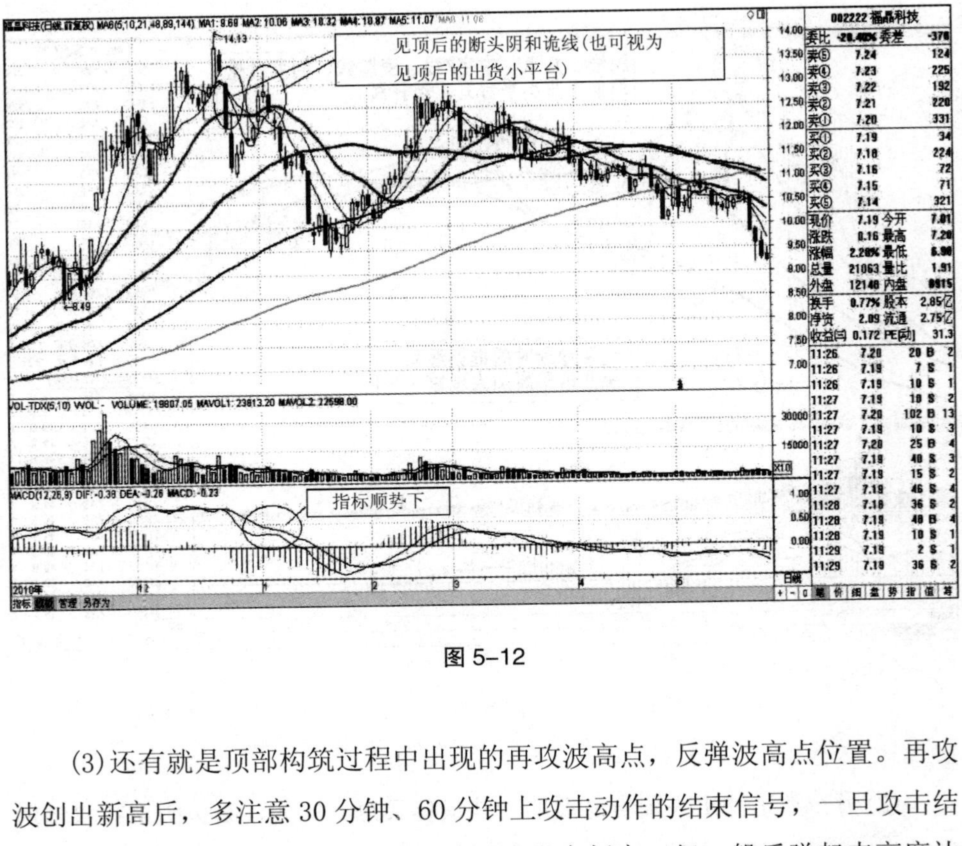

图 5-12

(3) 还有就是顶部构筑过程中出现的再攻波高点，反弹波高点位置。再攻波创出新高后，多注意 30 分钟、60 分钟上攻击动作的结束信号，一旦攻击结束，就是一个最佳卖点出现。反弹波因为没有新高，但一般反弹起来高度达到或超过见顶后首次下跌幅度的一半位置上下，均要密切监控 30 分钟、60 分钟攻击结束的信号，一旦出现，即视为一个最佳卖点出现。再攻波和反弹波结束时，如果分钟图上有顶背离现象出现，当然确认起来更好，但如果没有顶背离现象，再攻波时，卖点以股价下破前高点之前为最佳；而反弹波的卖点以股价首次下跌幅度的一半位置价格做一个参考为佳，不低于此价格上下卖出为佳。当然，实战中始终要谨记灵活应变，不可太死板，有时为了多拿到一点利润，而犹豫不决，是大忌。宁可少拿一点，也要保证大部队(整体账户利润)的全身而退，才是最佳上策。

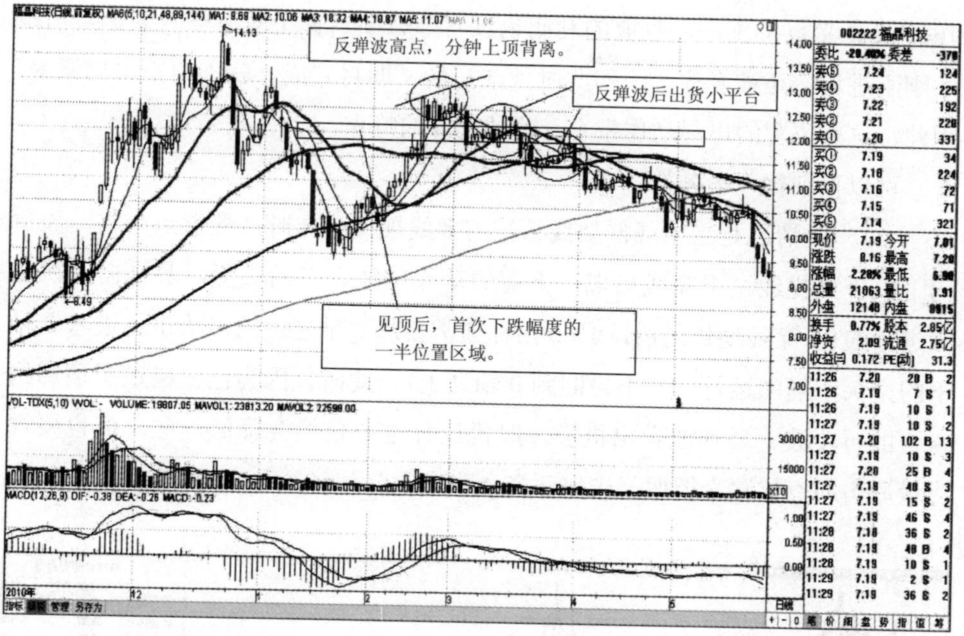

图 5-13

图 5-13 中福晶科技(002222)在首次下跌击破 89 日线(达到护航带区域内)之后产生了一个反弹波。反弹波的攻击幅度一般都能够达到首次下跌幅度的一半位置，该股反弹波攻击超过了一半位置，当攻击结束时，通常在分钟级别图上，出现顶背离现象的比较多见，也可以作为最佳卖点机会参考，如果没有顶背离现象发生，可以反弹超过一半幅度后逢高分批减，反弹波中，通常量堆量明显较小，说明攻击量能的偏弱，出现新高(形成再攻波)的几率也就偏小。还有，反弹波期间，看框架线系统明显已经从前期的向上攻击状态，转变为平向运行了，特别是 21 日、48 日两线会明显些，89 日线没有转平，也会有明显减速现象发生。当反弹波完成后股价再次下跌时，89 日线就会有转平现象发生。框架线系统各线间的收拢现象也会在那时明显起来。

2. 7 个最后出局点

多线聚拢交叉、下穿线、断头阴、跳攻(下)、诡线波、回顶线、下拉线。

最后出局点，是指顶部构筑即将完成时出现的一些技术性卖出机会。这些卖点由于顶部构筑过程中框架线系统的变化，股价的重心可能没有前面那

16 个最佳卖点位置高，收取的利润也没有那么多，甚至对有些人来讲，可能才刚刚进场，还被套住了，但此时顶部扭转又即将完成，就不得不出局避险，因此，这些位置的出局动作带有一些被动性的特点。

可以再细化一下分类：

(1) 一类情况是当出现框架线系统的多线聚拢动作时，变盘点来临，股价向下跌破聚拢线，下穿线出现，下穿的动作可能是以断头阴，甚至向下跳攻来进行的(下穿线动作之后，MACD 指标通常会从 0 轴之上的多头市场进入 0 轴下的空头市场中运行，并不再回到 0 轴之上)，此时，因为已经错过了顶部构筑中的再攻波、反弹波卖出机会，股价运行重心自然会降低一些，但也要视为最后出局点位置来把握，先保证资金账户安全。

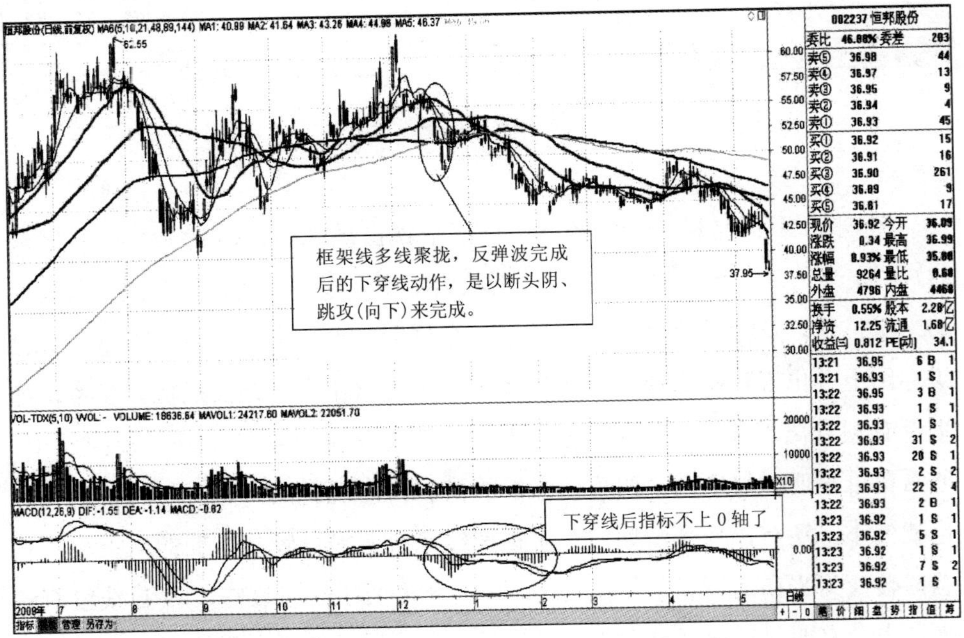

图 5-14

图 5-14 中恒邦股份(002237)在反弹波完成后下跌时，是以断头阴和跳跌动作来进行的，此时框架线系统明显收拢、聚拢，这种凶猛的下跌动作具有向下穿线的技术特点，往往也成为最后出局点。如果此时还守着该股仓位，

应先出局避险为主。即使在断头阴中(特别是一阴打断几条线时)杀跌出局也是合理的策略。通常在下穿线动作时，指标或者已经提前下跌到0轴以下的空头市场，或者正在下破0轴，也是一个卖出技术信号。这里再讲一下，有些个股在反弹波之后，框架线系统各线虽然有收拢现象，但还没有收拢得比较近时，如果大盘市场出现某个反弹动作，个股就会再出现一次诡线波短期反弹动作过程，之后，再下穿线下跌。这一点实战中要根据个股与市场的情况灵活应对，但如果已经在前期顶部扭转过程中出局，有没有诡线波出现，都已不存在仓位风险问题，也最好不再抓这种风险比较大的利润机会，以免在顶部扭转即将完成时，又主动被套住，通常这种情况被套，后面多以不得已割肉了结。

⑵另一类就是诡线反弹波的高点，为什么不把诡线波反弹的高点列入到最佳卖点中，与再攻波高点、反弹波高点一样对待呢？原因是，诡线波出现时，顶部扭转过程已经进入到后期中，一般均会有48日下破89日，或者89日下破144日动作出现，而此时的诡线波反弹高度有时高，但有时并不高(因为受制于框架线系统向下扭转的压制)，同时，诡线波反弹结束后，很容易形成下穿线或连打带穿的快速向下破位动作，因此，把诡线波反弹高点作为最后出局点来对待，比较合理一些。

图5-15中独一味(002219)的诡线波反弹和出现时，股价是从144日线下方反弹起来的，而此时89日线正在下破144日线，股价虽然上穿144日线，但护航带两线已经死叉，典型的诡线波反弹特点。而诡线波反弹的高点可高可低，不好把握，因为多数是主力借助市场的某个反弹动作来进行的一波诱惑性攻击，以发散出更多的筹码，吸引资金接盘而已。正因为如此，诡线波之后下跌时，多数以比较凶猛的断头阴、跳跌等快跌动作来进行。

被套筹码会在犹豫中快速“被迫锁定套住”，被动地成为高位沉淀筹码。此时很多人最容易犯的错误是自我安慰，期望奇迹的出现，股价能够再次扭转上来。但此时恰恰要“笨一点”，既然框架线系统多线聚拢向下穿和发散了，就顺势思维，系统已经走坏，先出局避险。即使有奇迹出现，后期股价能够再次扭转起来，也要等到框架线系统再次扭转过来时再寻找机会点介入(可参考“三线外”空中扭转技术要点)，但现在系统已经走坏是实际情况，就先要认可这个实际情况。讲这些话，似乎是多余的，但实战中对于很多人的心理决断来讲，却是最关键的！

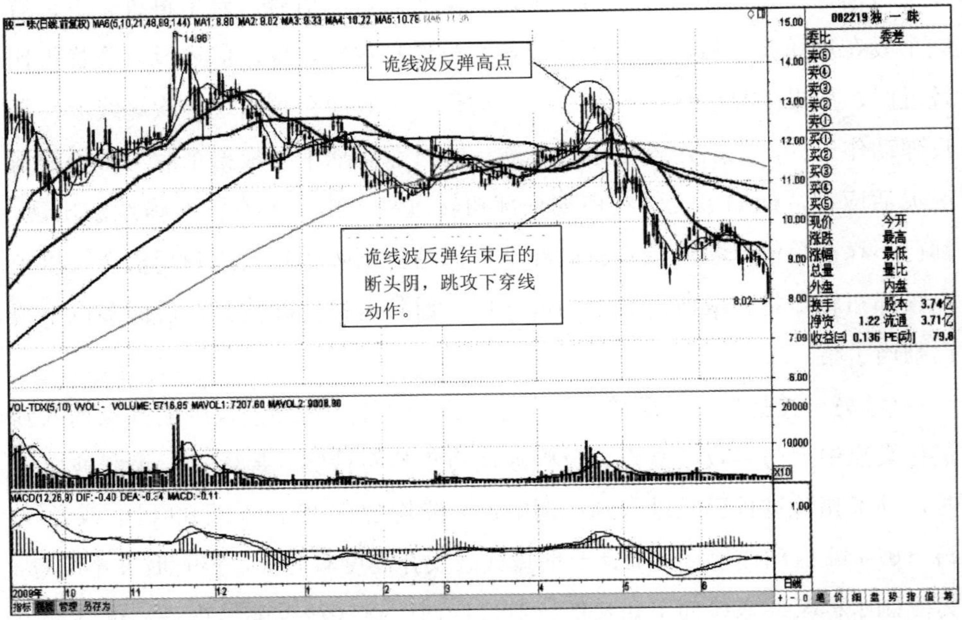

图 5-15

(3)还有一类是回顶动作(就是下穿线之后的反弹动作)、下拉线动作出现时，股价的位置重心已经降低很多，只能够作为最后出局点来规避后期下跌行情趋势展开的风险，并不属于最佳卖点范围，因为此时已经开始进入下跌行情中了，只不过是初期时间。实战中这里虽然技术上属于最后出局位置机会，但不要犹豫到此时才考虑出局，多数人都会造成无奈割肉、亏损出局，所以，应当尽量避免采用这种非常被动的出局点。

图 5-16 中独一味(002219)在下穿线之后的回顶动作只是一个短线的小震荡过程，之后接着下拉线。实战中，宁愿在上面下穿线过程中的断头阴中出局，也别刻意等待回顶动作时出局，此为下下策。除非错失了断头阴的杀跌出局机会，被动中选择回顶线动作出局。

在顶部扭转过程中的压线、下冲线等技术动作过程中，因为股价是以下跌完成这些动作的，因此，先要密切监控，不急于跟风杀跌卖出、减仓或出局，但下穿线中出现断头阴时，可杀跌出局。等待后面的再攻波、反弹波、诡线波，等向上攻击动作出现后，再结合前面讲的最佳卖点和最后出局点来抓出局机会。因此，除了下穿线中的断头阴可杀跌出局外，其他下打动作后反弹起来时，再择机出局。

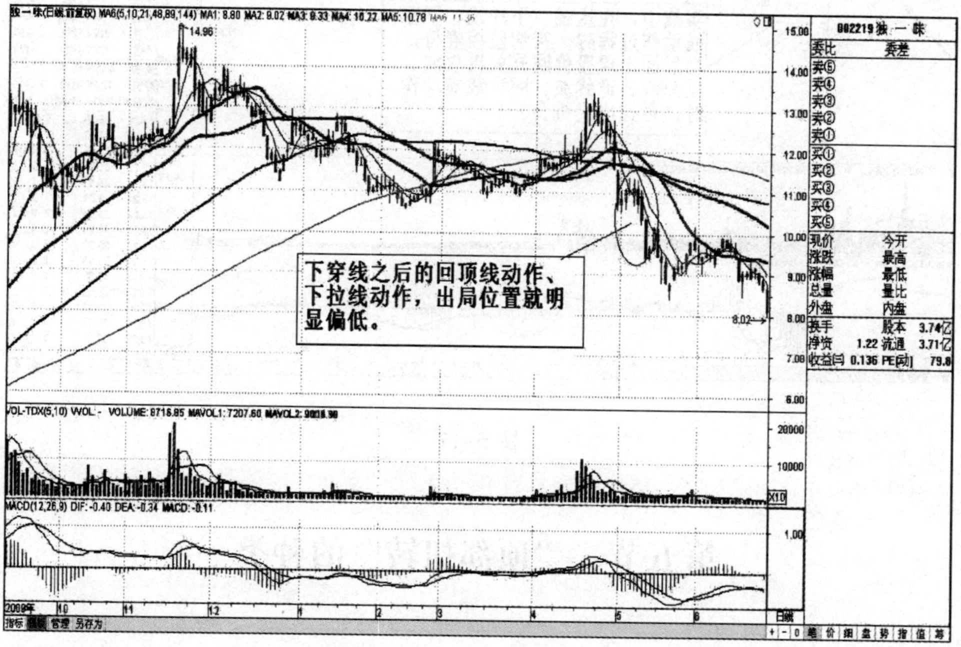

图 5-16

图 5-17 中恒邦股份(002237)的顶部扭转过程中，方框中均是股价处于向下跌的过程，虽然身在其中会比较难受和恐慌，但还是要记住，顶部扭转过程是一个震荡过程，有震荡，就会有下跌和上攻动作的出现。因此，在顶部扭转过程中的压线、下冲线过程中，可以观察等待一下，在反弹波、再攻波、诡线波、回顶线动作时再择机出局。另外还要强调一点：下穿线过程中可以主动杀跌出局，不必等回顶线时。因为这时系统已经处于下跌行情启动展开的动作中，早走总比晚走好。其他下跌时，可以等待一下后面反起来的机会。

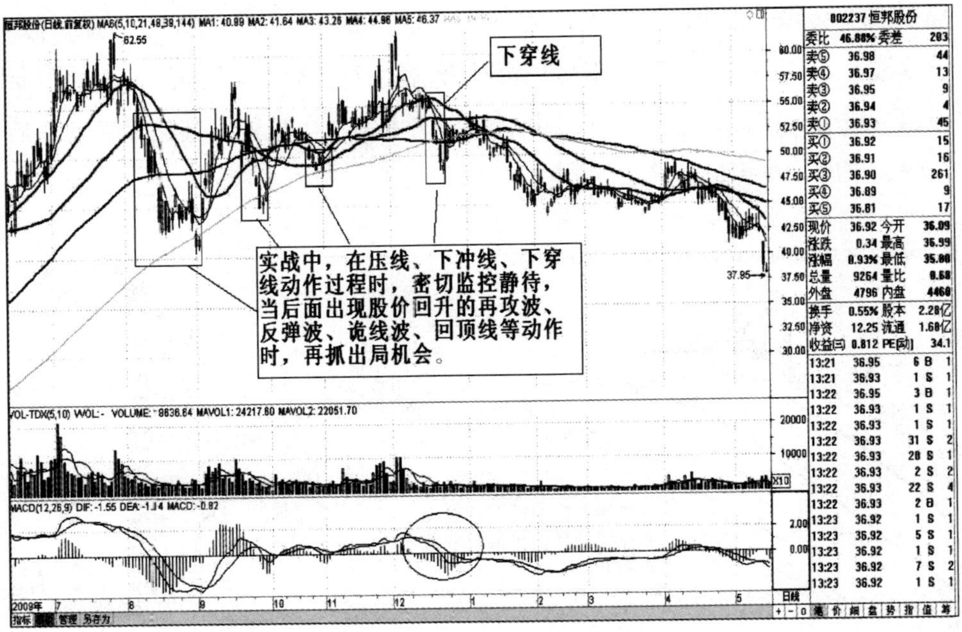

图 5-17

第五节 “顶部扭转”的种类

按照扭线技术区分，顶部扭转，一种是以股价形态扭转为主体来进行分析的“股价形态顶部扭转”；还有一种是以均线系统为主体来进行分析的“均线系统顶部扭转”。其实底部扭转时，也可以这样分为两部分来结合分析，但由于底部扭转时，技术上主要是以确定底部扭转成功为前提分析和把握操作的，因此，底部扭转时，主要就以“均线系统底部扭转”这部分来讲其中的扭转分类。顶部构筑时(本章特指中期趋势的顶部构筑过程)，因为目标是尽可能地在股价高位空间区域收取最大化利润率，所以，不仅要学习掌握“均线系统底部扭转”的技术分类，同时还要学习掌握“股价形态顶部扭转”当中的几个技术分类。只有将两大部分技术相互结合起来应用于实战中，对顶部区域系统扭转的一些典型技术特点才会有一个深入的了解和掌握。实战中，股价形态的底部扭转过程和均线系统的底部扭转过程是重叠在一起运行，在技术表现上，这也是一种相互印证、确认的技术运行过程，两者相结合之后准确性会大幅提高，卖出的时机点也比较容易把握，实战技术应用上具有一定的优势。

本节内容是多年来实战中对一些技术的总结和经验，比如在诠释“股价形态顶部扭转”中的分类时，其中会出现与大家常用的技术不一样的地方，此为本人在多年实战中个人的总结，可以作为完善自己技术系统的参考。“均线系统底部扭转”中的分类，为本人在均线系统理论技术中首次提出，是为进一步完善均线技术构建的实战框架体系。

1. 四种“股价形态顶部扭转”

(1)“单顶”顶部技术特点：

“单顶”顶部构筑以凶猛急攻之后快速扭转为暴跌走势而形成(图 5-18)。

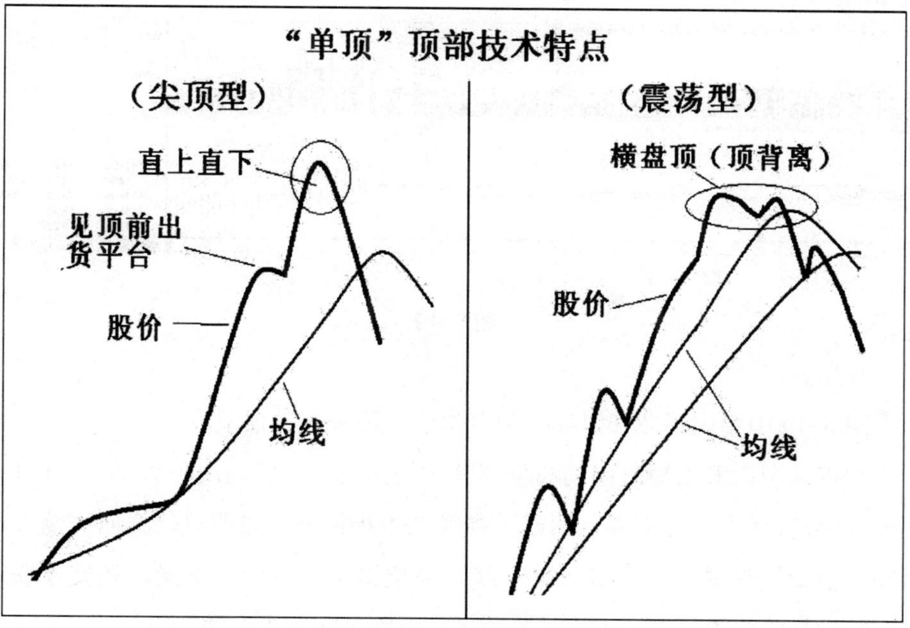

图 5-18

分为尖顶型和震荡型两种：

①尖顶型：以直上直下，快、猛、狠为主，并常出现连拉带跳攻击，而

且最高点多为最大量位置、暴跌凶狠且具有持续下跌特点。有些“尖顶型”顶部会在见顶前出现一个短时间的“见顶前出货平台”。

操作策略：出现放量中字 K 线、变脸线、连续脱线、明显八爪或加速跳攻动作，先减后走锁利。

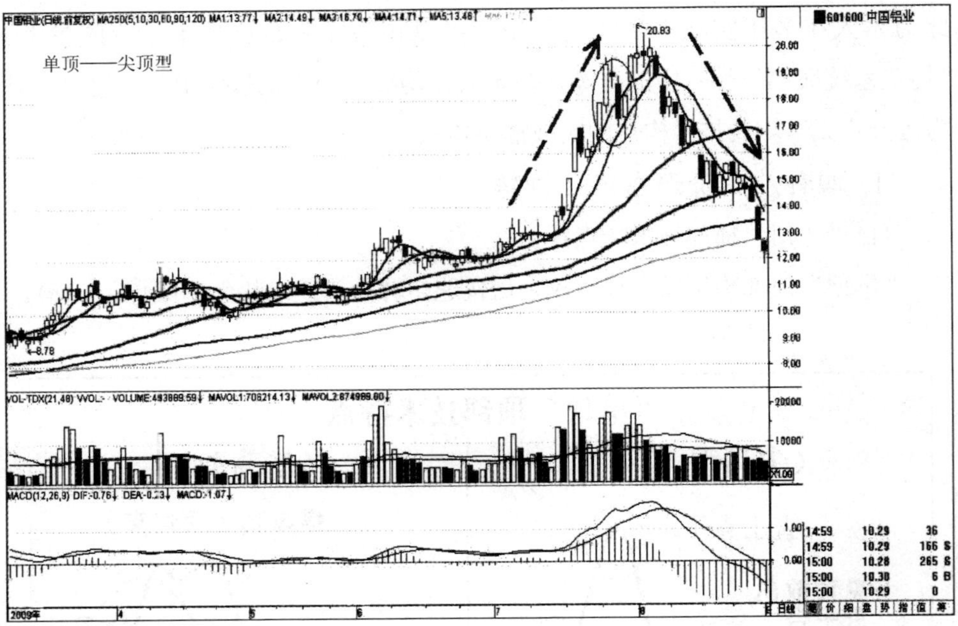

图 5-19

图 5-19 中中国铝业(601600)为典型的单顶——尖顶型。

②震荡型：多以短时间的高位震荡构筑而成。顶背离现象大多在 30 分钟线或 60 分钟线上比较明显，日线上参考 RSI 指标会比较明显。横向震荡过程时间虽然短，但通常会促成短期三线在高位聚拢形成向下交叉，扭转下跌时以连续性暴跌为主。有“上攻时震荡多、下跌时震荡少”的特点。

操作策略：出现攻击之后高位“顶背离现象”或者高位横盘状态时先减后走锁利。短期三线高位多线聚拢要警惕向下交叉。

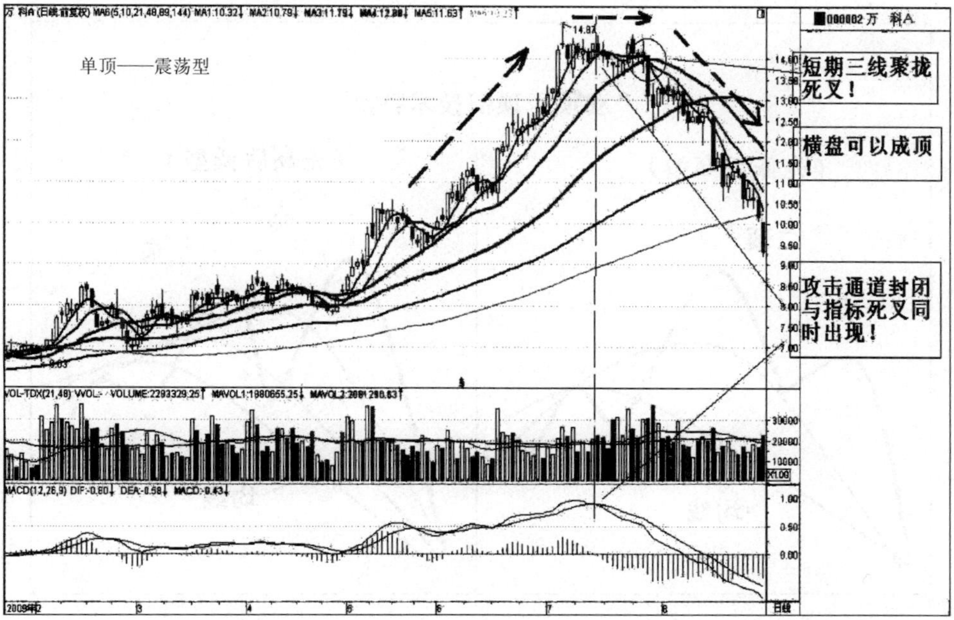

图 5-20

图 5-20 中万科 A(000002)为典型的单顶——震荡型。注意指标已经在震荡过程中率先死叉了，并且是与 5 日、10 日的攻击通道封闭同时出现，这也是一种共振现象，卖出信号明显，再演化一下该股的另一种走势，这里震荡动作之后，股价再次上攻创出新高，但由于指标已经死叉在前，股价的新高动作，一个是指标不金叉来确认，一个是即使指标金叉，但会出现顶背离，还是不确认，因此，实战中此处作为卖出机会来把握是客观、合理的策略。短期三线在高位震荡中聚拢，要特别警惕突然出现断头阴下跌，因为还有一个技术现象“横盘可以成顶，但难成底”(《玩转移动平均线——扭线原理及实战应用》第七章“实战中的转折关头——十六种技术现象中有讲述)。

2.“双顶”顶部技术特点

“双顶”顶部构筑以高位明显的两次攻击波构筑形成。有“先低后高型、先高后低型”两种。

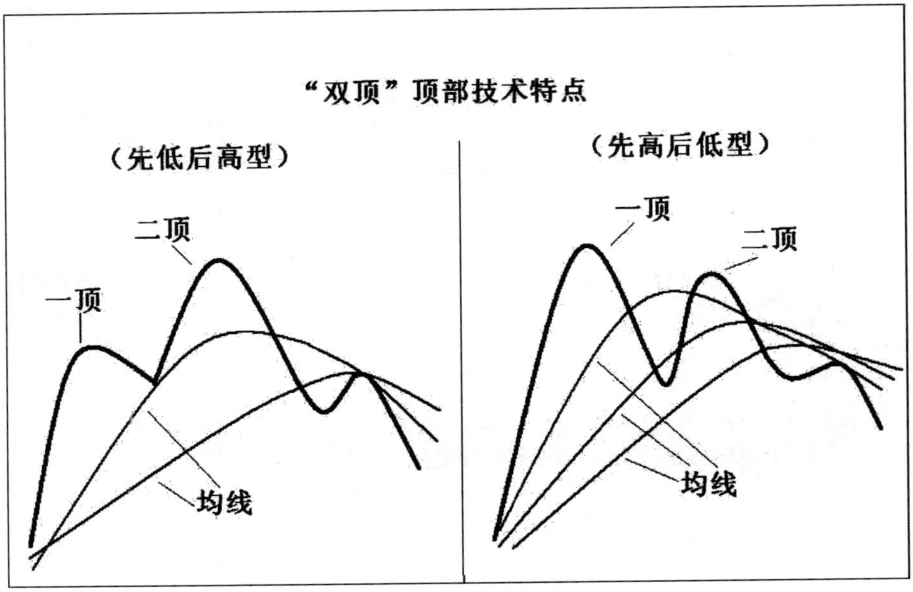

图 5-21

①先低后高型：由两次攻击波构筑成一个完整的顶部。第一个攻击波顶低于第二个攻击波顶。两个攻击波顶比较容易形成顶背离现象(但不是一定会形成)，第二攻击波为再攻波。"先低后高型"也可以转化为"三顶中的山型"。

操作策略：出现顶背离现象减仓或锁利出局。若没有出现顶背离现象，但第二波攻击时明显具有再攻波特点，减仓或出局。结合前面章节中讲过的顶部扭转中的几个过程，可以更准确把握最佳卖点。

图 5-22 中沱牌曲酒(600702)是典型的双顶——先低后高型。第二波明显是再攻波，创出新高。注意看框架线系统从上攻转为平向运行，在高位收拢，并聚拢在一起，然后展开下跌。该股在下跌展开前还出现了一个诡线波反弹过程，之后，多线聚拢，而股价以连续下跌动作向下穿线。

②先高后低型：由两次攻击波构筑成一个完整的顶部。第一个攻击波顶高于第二个攻击波顶；第二个攻击波力度明显弱于第一波，为反弹波。"先高后低型"也可以转化为"三顶中的高低低型"。

操作策略：一波不如一波，顺其自然，择机出局锁利。

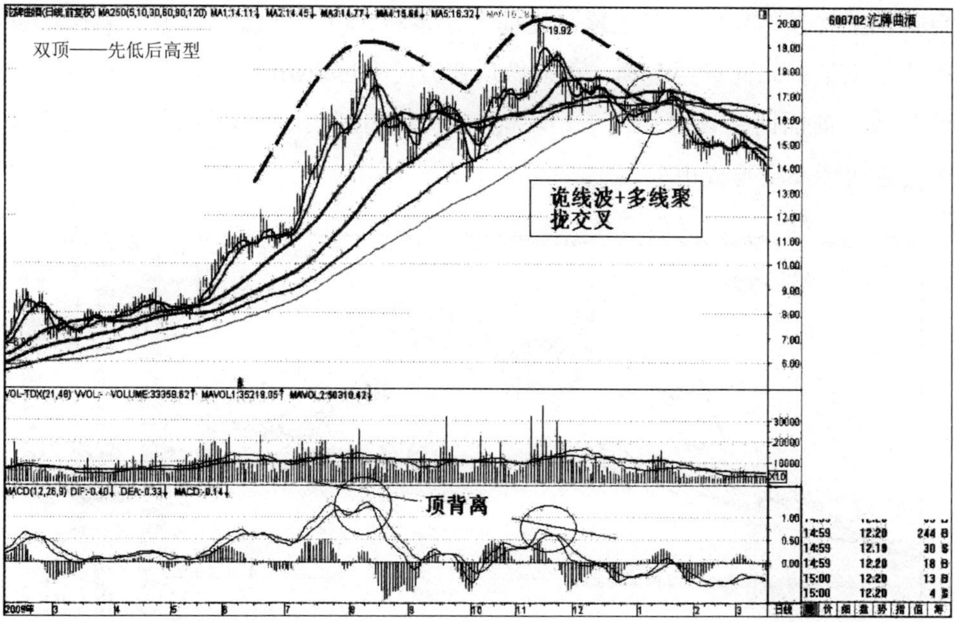

图 5-22

一般在第一波减，第二波走(第二波攻击力转弱，应视为高位反弹波)。第一波顶时如果有顶背离(通常在 30 分钟线或 60 分钟线上更明显)现象，就可直接选择出局。第二个反弹波结合反弹高度达到或超过首次下跌幅度的一半区域为一个卖出参考，不低于这个位置卖出最佳。

图 5-23 中中粮地产(000031)是典型的双顶——先高后低型。第二波攻击明显是反弹波，没有创出新高。

(3)"三顶"顶部技术特点：

"三顶"顶部构筑过程较为复杂，构筑时间也较"双顶"顶部长。以在高位经过多次反复回落、攻击，而形成三次明显的攻击波。有：山型和高低低型两种(图 5-24)。

①山型：由两边低、中间高的三个攻击波顶组合而成，也就是"头肩顶"形态。一般第一个攻击波顶(低)与第二个攻击波顶(高)首先组合成为"双顶"中的"先低后高型"。之后，又增加了一次攻击波形成第三个顶(低)。

操作策略：由于该形态首先形成了"双顶"中的"先低后高型"顶部特

点，因此比较常出现背离现象。先期操作策略应以“先低后高型”的操作策略为主来把握。而第三个顶，可以做反弹波的卖出机会要点来把握(实战中已经形成了前面两个顶的情况下，不能够盲目期待第三个攻击波的必然出现，因为也可能不会形成山型顶)。

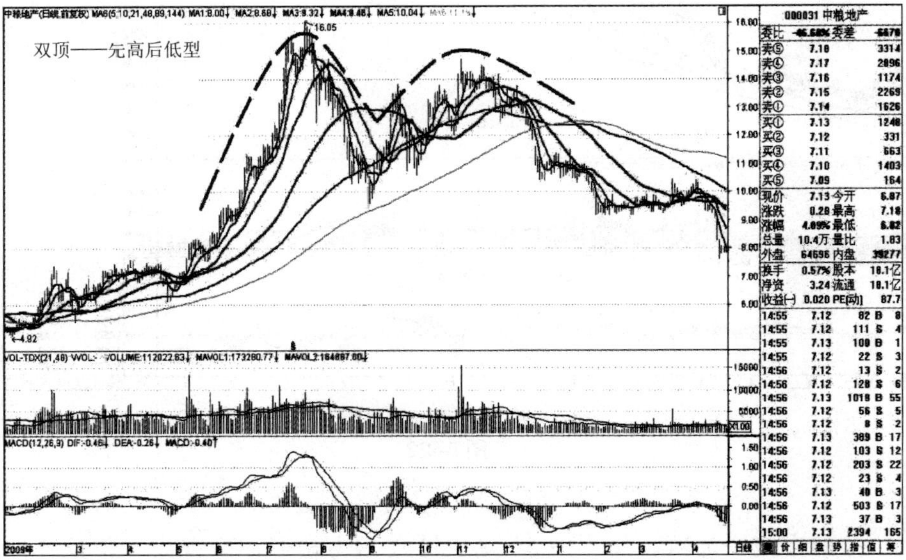

图 5-23

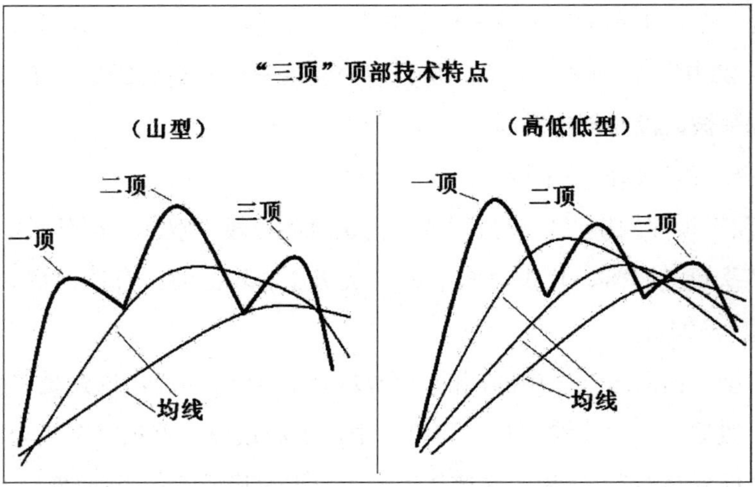

图 5-24

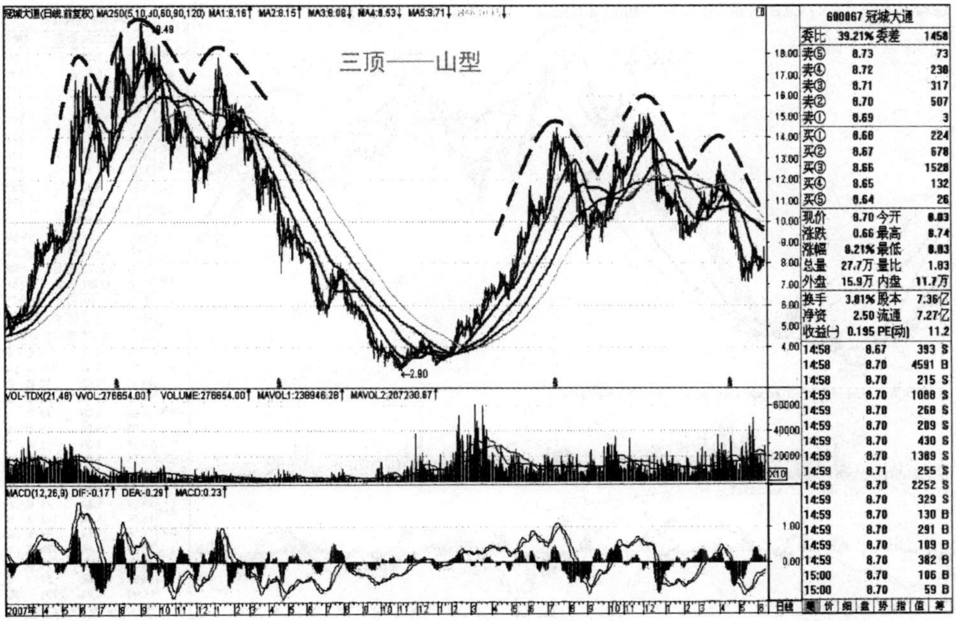

图 5-25

图 5-25 中冠城大通(600067)是典型的三顶中山型顶的顶部扭转，并且出现过两次。很明显，山型顶是由双顶中的先低后高型，再加上一个反弹波，或者诡线波共同组合而成。

②高低低型：由先高、后低、再低的三个攻击波顶组合而成。一般第一个攻击波顶为最高，第二攻击波为一个反弹波，第三攻击波是第二次反弹波，也可能是诡线波，两次反弹波(诡线波)的高点顶，呈现一波比一波低的状态。

操作策略：由于该形态首先形成了“双顶”中的“先高后低型”顶部特点。因此，操作策略适合以“先高后低型”操作策略为主来把握。而将第三个(反弹波或诡线波)高点顶作为最后的出局机会点来把握(实战中已经形成了前面两个顶的情况下，不能够盲目期待第三个攻击波的必然出现)。

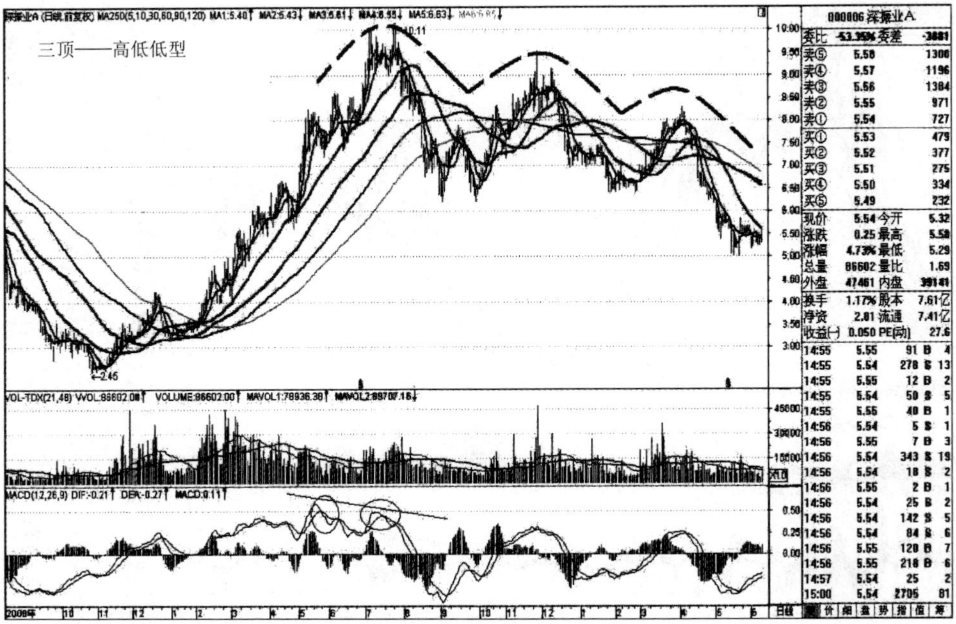

图 5-26

图 5-26 中深振业 A(000006)为典型的三顶中的高低低型，是由双顶中的先高后低型再加上一个反弹波或诡线波而组成。

(4)“混合型”顶部技术特点：

“混合型”顶部的构筑过程更加复杂。它在完成比较大形态的“双顶或三顶”顶部构筑过程中，包含了单顶和双顶顶部特点。

比如：先出现一个“单顶”顶部，之后，回落至中期均线的支撑后，再攻击起来，形成一个“双顶”顶部(如反弹波高点顶，带明显顶背离)，这样，“一单一双”两个顶部，组合成一个大的“双顶”顶部(先高后低的双顶形态)，或者之后再下跌后，再攻击起来一个攻击波(比如常见到的诡线波高点顶)，又组合成一个大型的“三顶”顶部(高低低型的三顶形态)。

操作策略：一般应以“单顶走，双顶走，三顶不走失机会！”来应对；退而其次的策略为“单顶减，双顶走，三顶亏了也应走！”来应对。这两个口诀可以统一应用于以上所有“股价顶部形态”的实战中，所以，要牢牢记住！

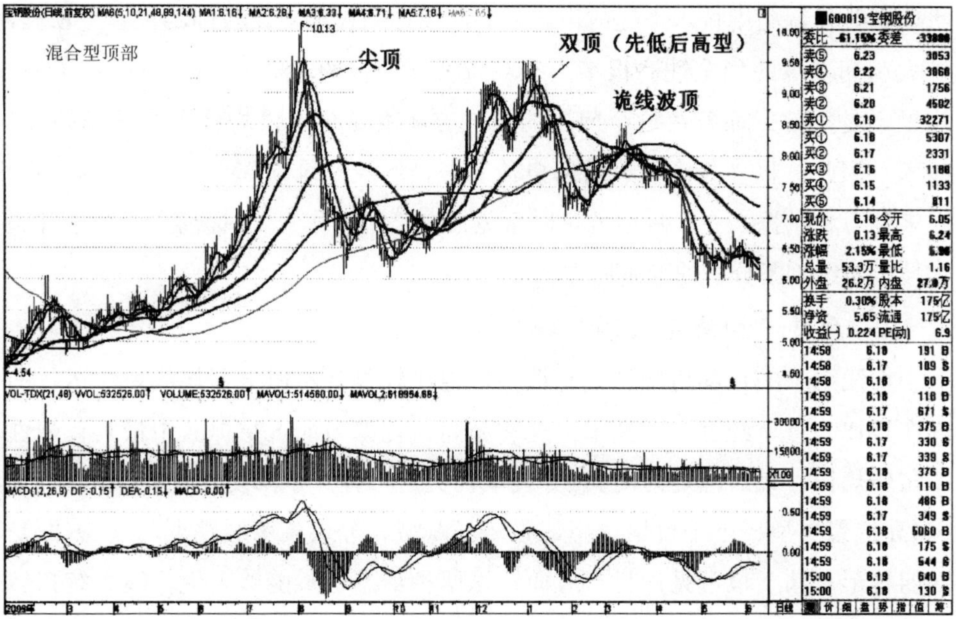

图 5-27

图 5-27 中宝钢股份(600019)为典型的混合型顶部扭转，由尖顶、双顶，再加上一个反弹波或诡线波组成。其中的双顶可以是先低后高型，也可以是先高后低型。从顶部构筑的整体看，又具有三顶中高低低型的技术特点。但其中的一个顶与另一个顶的区间距离相隔较远，又具有独立性。因此，混合型的顶部构筑过程，也是几种不同顶部相融合而形成，实战中，特别是遇到这种时间跨度比较长的混合型顶部构筑时，常常会增加判断上的难度，导致操作上出现错误。

总结：以上“股价形态顶部扭转”技术分类只是顶部构筑过程中的一部分技术。顶部构筑中还有另一个重要的技术部分，就是“均线系统顶部扭转”。两者各有其技术优点：掌握“股价顶部形态”可以在顶部锁利中最大保障利润幅度；而掌握“均线顶部扭转”可以对顶部整体系统的构筑完成进行技术上的确认，并可提示出最后的出局机会点。

学习底部技术时，我们并不强调买在最低位置。这是为了利用底部技术来提高我们底部买入后可以产生保障性盈利的准确性。而学习顶部技术时，我们则会强调利用技术来提前锁定利润，以达到在相对比较高的位置上锁利，扩大利润幅度的稳定性。很多人在高位卖股时，总会“担心”自己卖了后，这里不是顶部。而解决这个问题的最佳方案就是学习“均线系统顶部扭转”技术。因此，将“股价形态顶部扭转”与“均线系统顶部扭转”有机地结合起来学习和掌握，在实战中就可以避免很多“误操作”，并提高自己对顶部整体技术系统判断分析的准确能力。

2. 两类“均线系统顶部扭转”

均线系统的顶部扭转种类有很多，也比较复杂，但根据均线系统运行的内在规律特点，经过多年技术提纯和精简，化繁为简，主抓其中最具代表性的扭转规律，最后确定为两类(多线聚拢类、“井”字形交叉扭转类)四种形态(高位聚拢型、下平台聚拢型、强势暴跌型、分层震荡缓跌型)。一方面是这四种形态属于最常见；另一方面，这四种形态也最能够表现均线系统扭转的运行规律。虽然还有一些其他形态，但如果深究内在变化，也属于这四种形态的衍生变化种类，其扭转的内在规律是一致的，因此，熟悉和掌握这四种形态的重点，不仅是了解其外在技术形态，更重要的是掌握每一种技术型态变化过程中均线系统各线之间的关系变化促成的顶部整体系统扭转过程。这一点，需反复细细体会掌握。

(1)多线聚拢扭转类：

顶部扭转中的多线聚拢类，虽然有很多变化表象，但化繁为简后，就会发现，其实质规律只表现为两种形态：高位聚拢型、下平台聚拢型。

为什么？因为均线系统现成的顶部扭转过程中，只要出现多线聚拢、向下交叉现象，那么，不可避免都要经过一个冲顶时的均线系统发散；然后到转为平向运行，收拢聚拢；最后交叉的这几个过程。均线系统的这种规律在顶部扭转中是具有共同特点的，区别只在于这个聚拢、交叉出现的位置，距离最高顶的上下空间落差大小。聚拢、交叉位置距离高点顶比较近，就是高位聚拢型；反之，就会上下落差大些，就属于下平台聚拢型。底部扭转中对多线聚拢类进行分类时，也发现了这种共通的扭转现象(底部扭转分类中，就对多线聚拢类分为低位聚拢型和拉高平台聚拢型两种)。

①高位聚拢型(图 5-28)：特点是均线系统(框架线系统)在高位形成多线聚拢、向下交叉，形成顶部扭转过程。

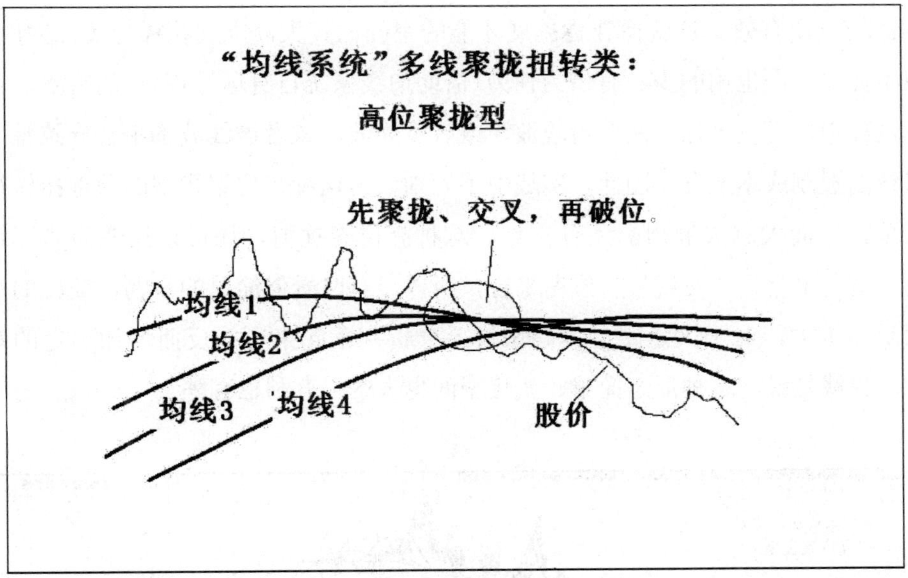

图 5-28

操作策略：这种在高位形成多线聚拢、向下交叉的顶部扭转动作过程中，股价带有比较明显的高位震荡，期间还有再攻波或反弹波、诡线波等过程，顶背离也常出现，最佳卖点机会比较多。由于框架线系统要经过一个从向上到转平、再到聚拢的几个明显运行过程，因此，实战中也是最容易分析判断的一种形态。前面章节多次讲到的图例很多都是此种类型。关键是再将“股价形态顶部扭转”中的双顶、三顶股价顶部种类与均线系统的这种高位聚拢型结合起来，其顶部构成过程就一目了然了。

这种高位聚拢型的顶部扭转比较大众化，特别是在一些高位震荡过程中进行派发的控盘手很喜欢用，其原因是只要注意股价重心的横向稳定性运行，均线系统就会自然地形成这种顶部扭转过程，其中对股价的控制手法相对空间也比较大，虽可千变万化，但万变不离其宗，利用均线系统自身的发展轨迹，顺势而为，可以比较轻松地达到高位派发筹码目的，成本控制方面也相对比较低。这里有一个更为重要的因素，就是均线系统的演变带有一定的自发性运行方式（这与均线的计算公式有关），控盘手主要控制住股价的重心相对稳定就可以，短线上窜下跳都不会影响均线系统发生大的变轨运行，使得成本控制比较方便有效。这就像让你施展才能的空间比较大，方式花样也多，同时，成本控制方面也用的少，有借力使力（借助均线系统自身运行规律）的特点。顶部过程中，可以多加一两个再攻波，或者反弹波，或者诡线波都不会导致整个系统的控制成本上升。因此，实战中千万别认为这种高位聚拢型的顶部扭转很简单，反而大意失荆州。还有一点，这种高位聚拢型，还可以演变为“三线内”震荡平台、“三线外”震荡平台，所以，有时看似简单的事物，变化的空间反而更大，对于大量跟盘筹码来讲，分析判断起来可能反而增加一定的难度。也就是说，这种形态简单、变化空间也大些，有利也有弊。

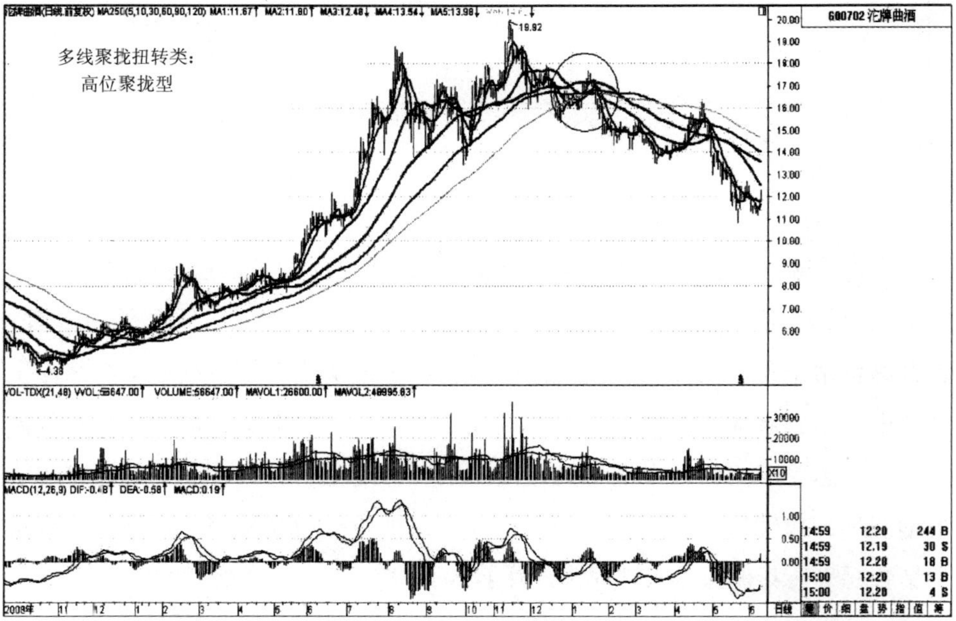

图 5-29

图 5-29 中沱牌曲酒（600702）是典型的高位聚拢型顶部扭转。框架线系统在高位形成高度聚拢后才展开下跌行情。

②下平台聚拢型(图 5-30)：特点是在多线聚拢交叉点位置与高点顶之间存在明显的上下空间落差，震荡反弹波过程形成平台，然后框架线多线聚拢、向下交叉。

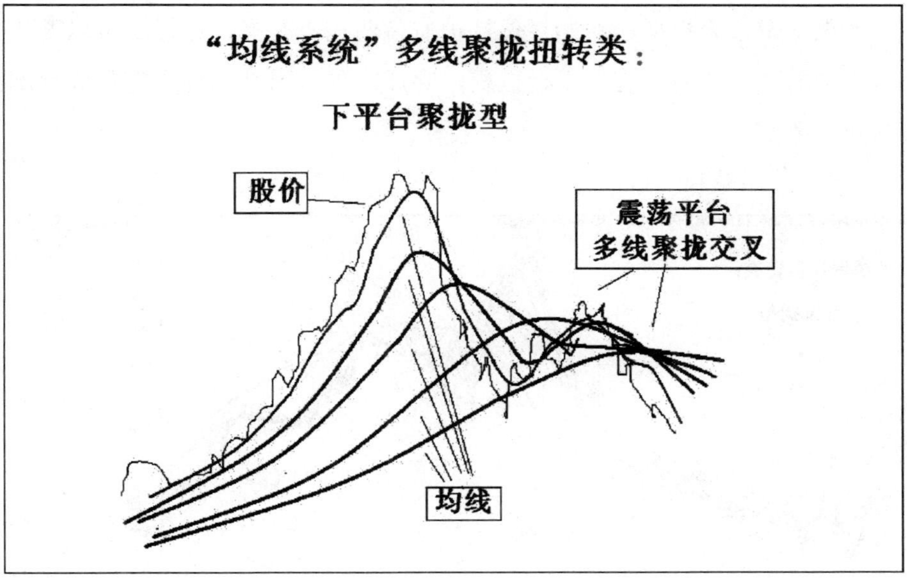

图 5-30

操作策略：此种情况多发生在“股价的单顶”形成之后，先一路暴跌，之后在距离高点顶有一定落差的地方形成震荡反弹波平台，最后框架线多线聚拢、向下交叉。高点顶出现时为最佳卖点机会，而暴跌后形成的震荡反弹波平台位置，成为最后出局点机会。如果实战中错失高点顶时的最佳卖点，震荡反弹波的高点(可以细化到 30 分钟线或 60 分钟线上监控)则以保资金退出为主要考虑，因为有时这种暴跌后的震荡反弹波高度难以达到下跌幅度的一半位置，如果能够达到的话，不要过分幻想而错失出局机会。

现在有些控盘手很喜欢这种暴杀式的顶部扭转构筑方式，原因是在上攻冲顶过程中震荡为主，可以利用倒手方式将筹码化整为零进行派发，边震荡、边攻击、边派发，见顶后下跌时，连续派发将股价重心压到框架线护航带区域，再利用均线系统的收拢震荡机会，继续震荡派发，而大量散户由于期待后期还有再次上攻进场换手，反成为一个陷阱。

此种顶部扭转形态，恰恰是控盘手很好地利用了均线技术系统的运行特点形成的筹码派发过程。股价形态顶部扭转中的单顶形态与下平台聚拢型相结合分析判断，对这种顶部扭转过程就容易掌握。

如果下平台聚拢型能够始终保持护航带两线不死叉，这样还可以变化为有点变形的“三线内”震荡平台过程，除此之外，通常此种类型形成顶部扭转的几率都很大。

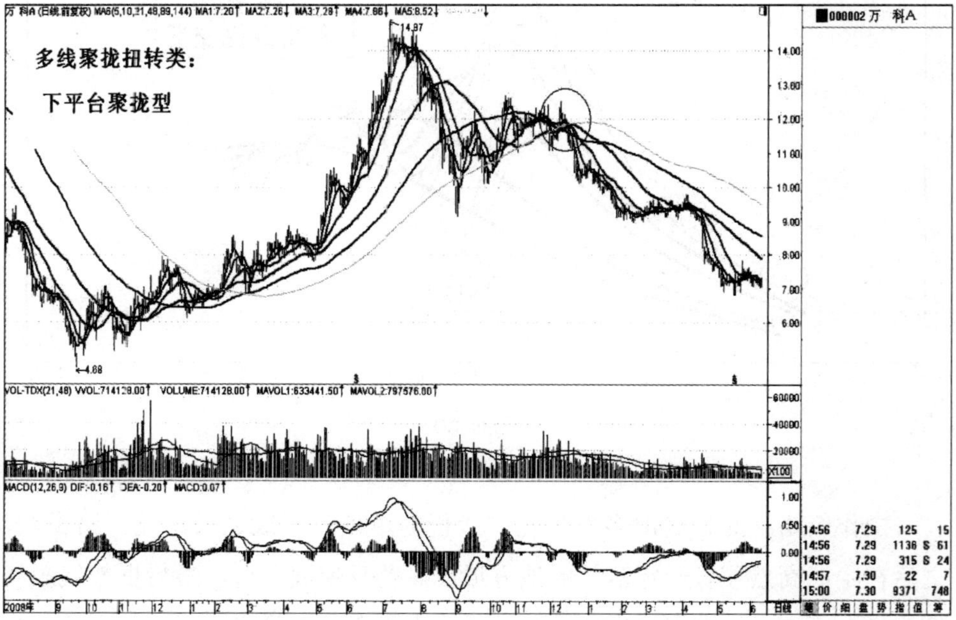

图 5-31

图 5-31 中万科 A(000002)是典型的下平台聚拢型顶部扭转。高点顶与框架线系统的聚拢位置形成明显的高低空间落差，但框架线系统也是形成高度聚拢后，股价才展开下跌行情。

(2)“井”字形交叉扭转类：

①强势暴跌型(图 5-32)：特点是在上攻冲顶阶段大多以震荡上攻为主进行，顶部形成时多数也会有短暂的震荡过程，之后暴跌过程中均线系统(框架

线系统）形成“井”字形的高位扭转交叉。

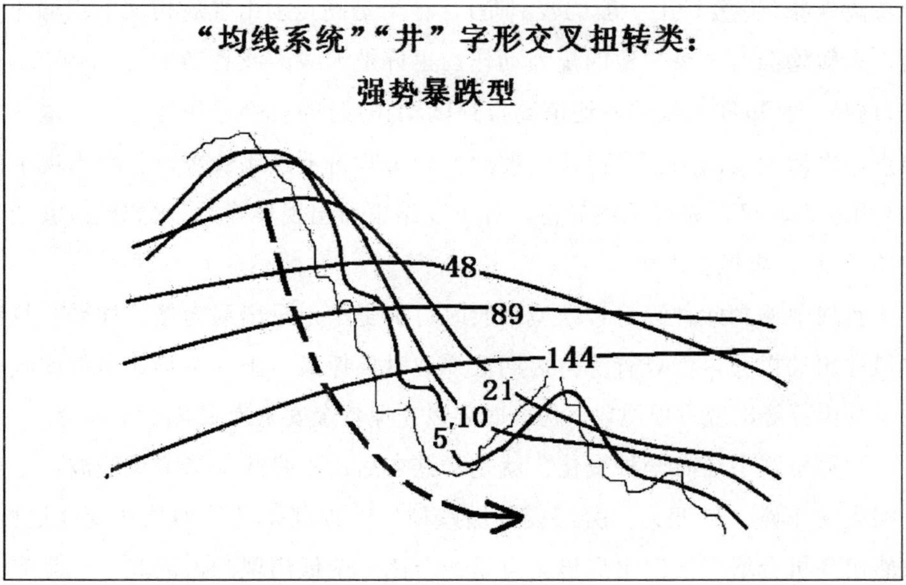

图 5-32

操作策略：此种情况多发生在上攻阶段以震荡上攻为主，“上攻缓、下跌快”是其特点之一，因此，对于上攻过程中始终沿着短期通道以震荡方式进行攻击的个股，均要警惕，一旦其出现高点顶后，极易出现快速暴跌现象。

暴跌过程短期三线会形成明显的向下攻击通道，如果下跌力度很强，5日、10日线会一直保持攻击通道压制股价下跌，如果下跌过程中出现短线的震荡反弹动作，也会以10日、21日线始终保持攻击通道来压制。特别是此暴跌动作会延续到下破，并远离144日线后才有止跌动作出现，一种常见的情况是21日线下破144日线，结束下跌；另一种情况是48日线下破89日线，结束下跌。此时股价也远离了144日线位置，形成一个反弹的空间。短线严重超卖，之后产生的反弹动作（有时是诡线波反弹，有时只是回顶线动作）也会达到整个暴跌段的一半位置区域，但实战中还要灵活看反弹力量强弱，强，会达到；弱，则会被144日线压制。

由于这种下跌持续性强，连续下跌力度大、空间幅度大，因此属于强势顶部扭转动作。卖出点把握，一个是在见顶前出货平台，一个是顶部如果有顶背离现象(60 分钟上一般比较清楚)，一个是高点顶出现后初次下跌动作之后，一般均会有一个短暂的反弹动作，也许是诡线，或者当 10 日下破 21 日线(这是一种短期三线的双通道高位封闭动作)时的反弹动作也是一个最佳卖出点。之后的卖出点就变得比较被动。如果股价下跌比较快，已经出现下破 144 日动作，可以先行观察静待，等下跌结束后出现反弹波(比如诡线波或者回顶线)后，再抓卖出机会。

实战中遇到此种强势暴跌型个股时，都是早走早出局为佳，如果一旦错失最佳出局机会，就只有等待后期反弹波时再抓最后出局机会。虽然比较被动，甚至可能出现亏损现象，但此时要以先保资金安全为主。

强势暴跌型还有一种变化，就是暴跌之后，反弹起来形成诡线波，之后一路震荡下跌，转变为“分层震荡缓跌型”的顶部扭转。如果转变成这样，虽然出局机会增多，但出局机会点是一个比一个低出现的，因此，也是先走为上。

图 5-33 中东方明珠(600832)是典型的强势暴跌型顶部扭转。顶部高点出现时，框架线系统各线间的乖离差比较大，短期通道向下延伸具有持续性压制股价下跌的特点。股价从最高点顶下跌初始有一个短线的反弹动作，反弹过程中，始终保持着 5 日、10 日的下跌通道，也是一个小的“横盘下”动作，因此，也是一个最佳卖点机会。股价的连续暴跌具有很大的杀伤力，最终是在 89 日线下破 144 日线时，形成交叉见底(图中 7.14 元低点位置)，同时也与底背离现象发生同步共振，此时股价已经远离 144 日线，并且，注意看趋势框架线系统各线之间均发生多层的八爪乖离现象，这就说明框架线系统需要一个修复化解的过程出现。因此该股之后出现的反弹波，又回到了该暴跌段的 1/2 区域里，完成技术性修复。然后继续进行下跌行情。实战中，当在强势暴跌段之后，出现反弹时，由于股价的重心位置距离高点顶已经较远，通常这种反弹的高点也比较容易受到 89 日和 144 日线护航带的压制，而增加其反弹中的震荡过程，但多数情况下，都会反弹到这个暴跌段幅度的 1/2 区域附近。因为这其中也是一种技术空间平衡(修复)现象。

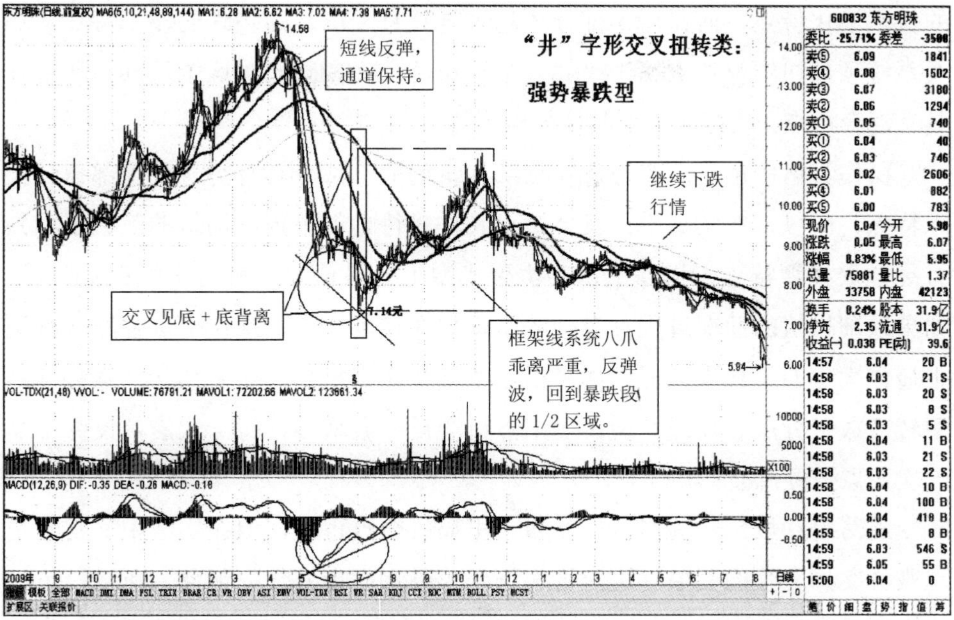

图 5-33

②分层震荡缓跌型(图 5-34)：特点是在顶部构筑过程中，一顶比一顶低，层层震荡下跌，股价重心逐步下移，震荡多，反弹也多，但股价总体重心还是向下跌，最终均线系统(框架线系统)形成"井"字形扭转交叉。

分层震荡缓跌型的前期顶部构筑过程，类似于高位聚拢交叉的前期运行过程，都要经过一个加速冲顶、均线发散，然后是高点顶，再首次下跌、遏制均线系统转为平向运行，也会有再攻波或者反弹波，但之后均线系统没有完全收拢在一起交叉，而是随着股价后面的一个又一个震荡反弹、再下跌过程，均线系统呈现"井"字形的向下交叉，完成顶部扭转整个运行。

还有一种分层震荡缓跌型的变化，前期高点顶及后面的持续性下跌动作与"井"字形的强势暴跌型很类似，但之后出现诡线波，又将股价快速拉回到所有均线之上。然后进入一个震荡反弹下跌的过程，即反弹高点一个比一个低，均线系统也没有聚拢交叉现象，而是呈现"井"字形扭转交叉，完成顶部扭转运行。

以上现象说明分层震荡缓跌型的顶部构筑前半部分具有另一种顶部扭转

的技术演化特点，而在后半部分才越来越具有分层震荡缓跌的技术特点，均线系统顶部扭转整体上属于“井”字形扭转交叉。因此，这个顶部扭转过程具有混合特点。实战中，要具体分析判断。

操作策略：由于这个形态在顶部构筑的前半部分具有另一种顶部扭转技术特点，所以，在实战中，具体情况具体对待。如果顶部构筑的前期过程具有高位聚拢型特点，操作上以高位聚拢型中的最佳卖点机会来把握就可以；如果顶部构筑的前期过程具有强势暴跌型的技术特点，操作上以强势暴跌型中最佳卖点的机会来把握；如果错过了最佳卖点机会，而后期又从强势暴跌型转变成了分层震荡缓跌型，卖出点机会反而会增多，每一次震荡反弹都是一次卖点把握机会。

震荡缓跌虽然震荡多、反弹多、出局机会点也多，但在实战中又常常出现股价支撑力强的假象，这恰恰很符合“温水煮青蛙”的现象。所以，可以将短期三线(5 日、10 日、21 日)都下破 48 日线后的反弹动作作为一个技术性的最后出局机会来界定，同时，谨记先走为上的原则。

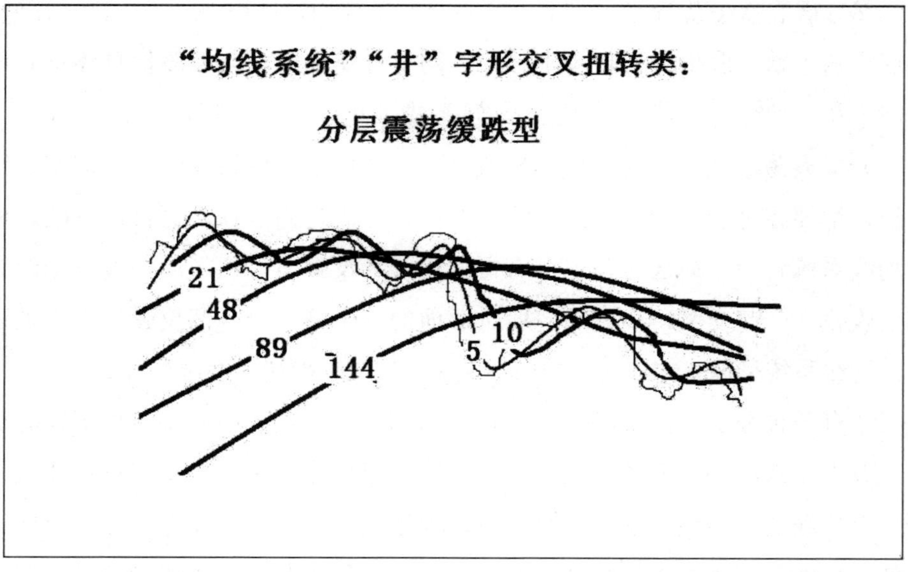

图 5–34

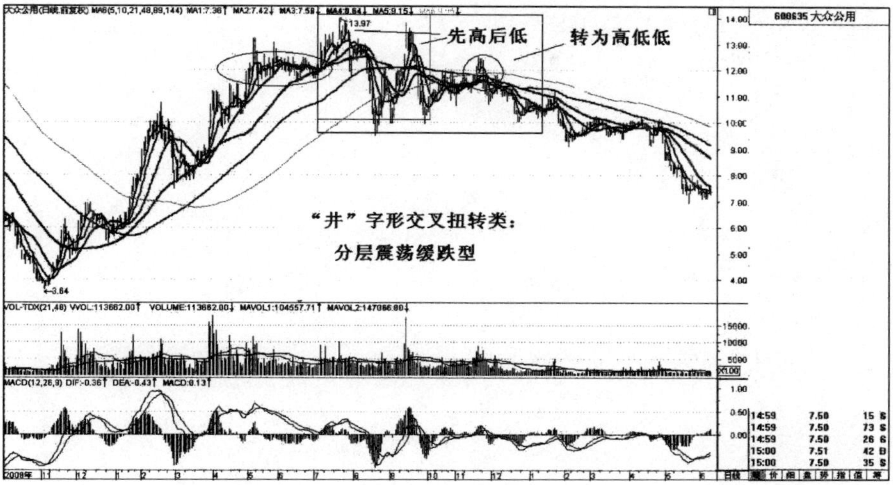

图 5-35

图 5-35 中大众公用(600635)是典型的分层震荡缓跌型顶部扭转。此类顶部构筑过程中比较容易出现三顶现象，比如，先是先高后低型，再加一个反弹波或诡线波，之后虽然展开下跌行情，但初期下跌过程小的震荡反弹动作比较多，框架线系统压制也明显，但正因为这种震荡缓跌的延续现象，很容易“牵制”着持股者总是对未来股价会再次扭转向上存有幻想，而当后期股价加速下跌时才醒悟，股价重心却已经远离了顶部区域。

还有两条实战中快速判断短期三线变化的“高点顶”标准，切记！

第一条：只要技术上先出现连续急攻动作(出现脱线、八爪)之后形成了一个攻击高点，而股价在 5 日、10 日两线回头下破 21 日线之前都不再出现新高，均可按一个高点顶来决定操作策略。如果在 5 日、10 日两线回头下破 21 日线之前，有再次(或第三次)新高出现，一般出现顶背离的几率非常高，直接按“背离顶”来决定操作。

第二条：形成攻击高点之前的持续攻击幅度越大，这个高点(至少)成为波段性顶部的几率也就越大；持续攻击的幅度越大，形成顶部高点之后下跌的深度也就越大或者是形成横向震荡的时间也就越长。特别是框架线各线间出现明显八爪现象时，横向区间震荡中的股价下跌动作深度经常会到达“护航带”支撑区域。

第六章　框架线之“下跌阶段”

第一节　下跌行情的技术测定

1.下跌行情运行测定

(1)下跌行情分为“三个过程阶段”(图 6-1)。

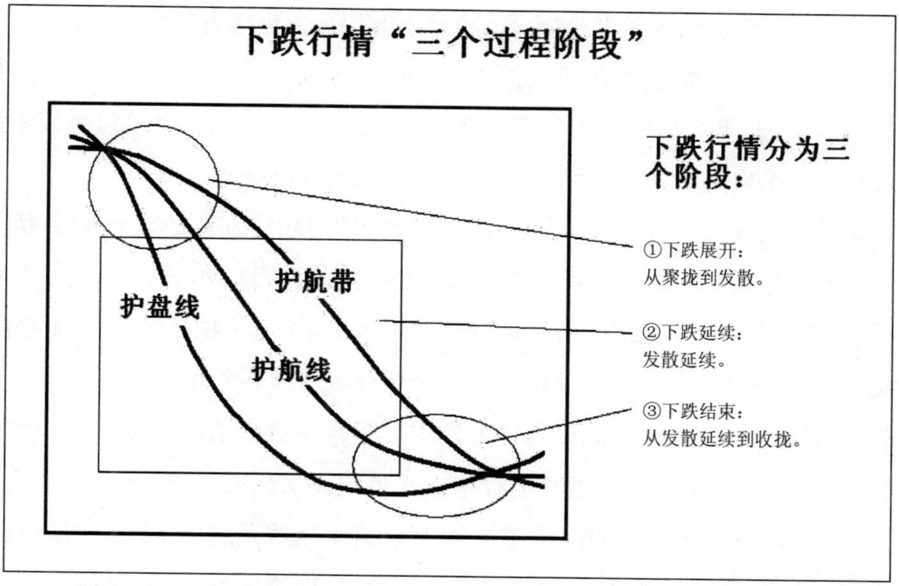

图 6-1

①下跌行情展开：框架线系统从收拢到发散。

下跌行情，一般是指具有中期或以上性质的下跌趋势运行过程，运行时间通常最少都会超过半年，这里面涉及均线周期系统的顶部扭转，经过下跌趋势运行之后，再到底部扭转的一个完整系统运行周期，而运行一个完整系统周期变化，最低级别也都会涉及 144 日半年线的跟随参与运行，从顶部高位扭转，到下跌途中，再到底部低位扭转，半年线都会参与其中，所以，完整运行一个过程，最少需要半年以上的时间跨度。另外，一个具有中期以上的性质的下跌趋势运行过程中，市场的下跌空间幅度通常都会达到 -30%左右，而个股的下跌幅度通常又会大于市场的下跌空间幅度，一些超跌的个股，甚至会达到或超过市场下跌幅度一倍以上。

在中期趋势性质的下跌行情起始位置，技术上的分界定位一般是以趋势框架线系统的护航带两线为主要参考标的，在顶部扭转区域里，护航带两线死叉水平位置区域，为下跌行情趋势运行开始的一个技术分界位。

而顶部构筑中的最高点顶，一般作为测算下跌行情的空间幅度、百分比划分、黄金分割划分、价格波段线划分、甘氏线等的起始点之用。我们通常所讲的某个下跌行情跌了多少幅度，也是以此最高点价格为基准测算的。

需特别记住：护航带两线死叉的水平位置区域，作为下跌行情展开的技术界起始位(其上为顶部构筑过程，其下为下跌行情过程)；而顶部区域中的最高点顶，是作为测算下跌行情空间幅度的一个基准标的。

具体到均线系统(框架线系统)上，下跌行情的起始位置是一个区域(因为不是涉及一条线，而是几条线)，因此，通常是以 21 日、48 日、89 日三条线下破(当然下破的时间会有先有后)144 日线处的那个水平位置区域来界定的。如果是多线聚拢交叉型的顶部扭转，这个位置处会比较集中，会形成一个聚拢处，也容易一目了然。如果是“井”字形扭转交叉型的，一般以水平区域来界定(也就是 144 日线的水平运行中被几条线逐次下破)，从这个水平位置作为开始进入下跌行情的起始位置。反复讲这个均线系统的下跌行情起始位置界定，是为了在实战中能够在技术思维上对从哪里展开下跌行情有一个清晰的思维概念定义，避免出现因起点界定不清，而带来的下跌过程中的一些技术动作的技术目的以及应对策略无法判断的情况。

图 6-2 中新太科技(600728)显示了两点：

第一，顶部构筑中的最高点顶，一般作为测算下跌行情的空间幅度、百分比划分、黄金分割划分、价格波段线划分、甘氏线等的起始点之用。我们通常所讲的某个下跌行情跌了多少幅度也是以此最高点价格为基准测算的。

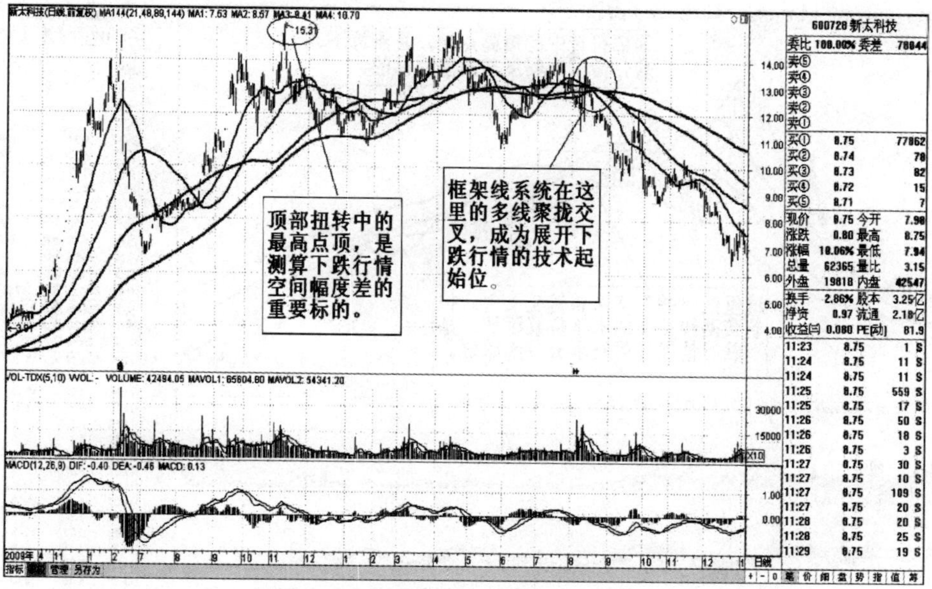

图 6-2

第二，护航带两线死叉的水平位置区域，作为下跌行情展开的技术分界起始位(其上为顶部构筑过程，其下为下跌行情过程)；而顶部区域中的最高点顶，是作为测算下跌行情空间幅度的一个基准标的。

图 6-3 中深天马 A(000050)再次重复这两点：股价的最高点顶，是作为测算未来下跌行情深度、幅度的技术工具使用的。而框架线系统的扭转位置则是顶部构筑和下跌行情两者的技术分界位，技术思维上廓清了这一点，有助于对下跌行情中各个技术动作和现象进行技术定位，否则容易出现技术思维混乱。

无论是框架线系统聚拢扭转交叉后展开的下跌行情，还是“井”字形扭转交叉后展开的下跌行情，都有一个共同点，就是在高位框架线系统各线都会存在一种收拢关系，都存在从上攻过程中的均线系统发散到顶部扭转中的均线系统收拢的转变。不同的只是各线收拢的松紧程度不同，多线聚拢交叉，当然是收拢得比较集中，各线之间聚拢紧密一些；而“井”字形扭转交叉，各线之间收拢程度相对宽松一些和松散一些，形成逐一交叉动作，但均会有收拢过程出现。

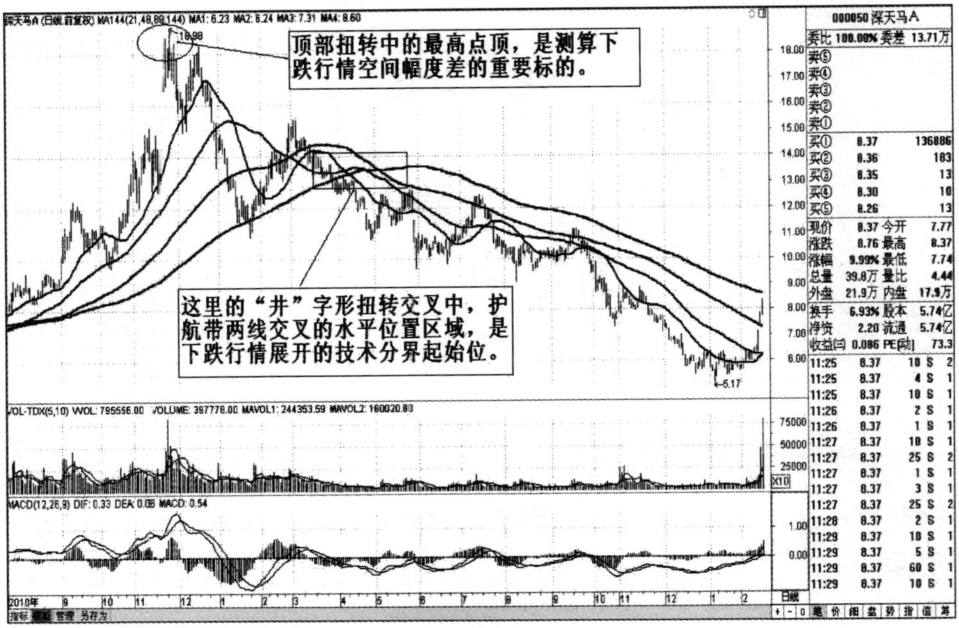

图 6-3

因此，在展开下跌行情时，无论是哪一种顶部扭转形态，都会出现一次框架线各线之间的距离从收拢靠近又变化成逐步发散的现象。这主要是股价展开下跌动作后，股价重心持续下降，逐步拉开了短期系统三线与中期系统三线间的靠近距离，框架线系统各线自然就会出现相互拉开空间的现象。这是一种中期以上趋势性质下跌行情的必然规律现象。

②下跌行情延续：框架线系统发散延续。

图 6-4 中清晰划分了几个不同的阶段：顶部扭转的构筑过程，顶部构筑完成后和下跌行情展开的分界位(这两个技术概念也是重叠的)，下跌行情的延续阶段，底部扭转阶段，下跌行情的结束与上攻行情的分界位(也就是底部扭转完成时与下跌行情的结束位置形成重叠现象)。这张图很关键，从中可以熟悉并掌握下跌行情从何而来，向何而去，前因后果，相互密切关联。

下跌行情展开起始位区域，在技术上与顶部构筑中最后的部分动作是具有重叠现象的，也是一种相互确认的技术原理表现：顶部构筑完成就必然要展开下跌行情；而展开下跌行情，也说明顶部构筑彻底完成。

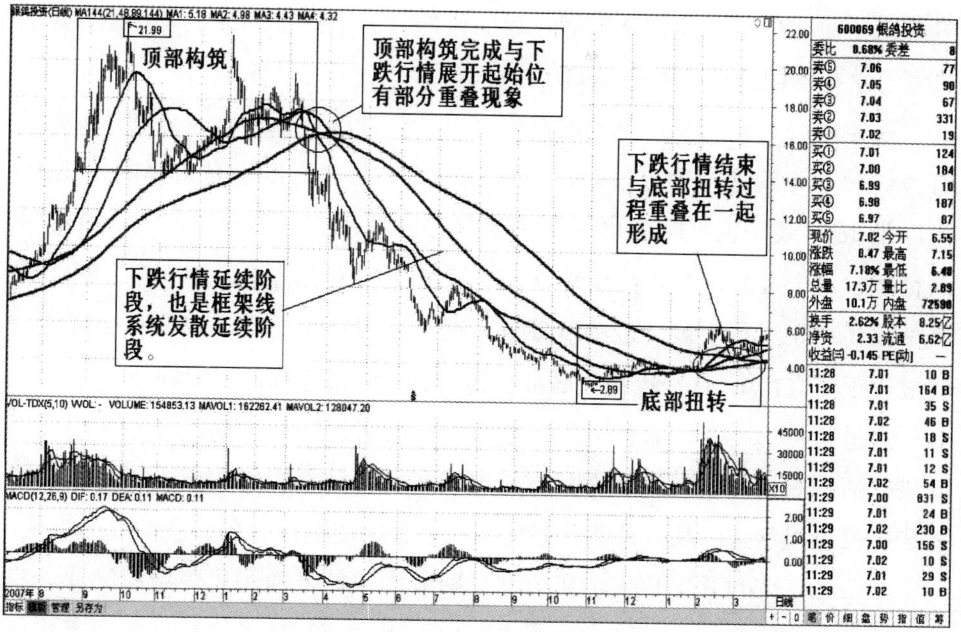

图 6-4

由于顶部构筑过程框架线系统是从前期上攻行情中的发散状态转变为收拢状态的，因此，当顶部构筑完成，展开下跌行情时，框架线系统就会从收拢状态再次进入发散状态中，但这里的发散状态运行方向不是向上，而是向下。下跌行情的中间运行过程中，框架线系统基本都是维持着这种发散状态，只有当这个下跌行情结束时(应视为一个下跌趋势波的结束。如果是大型趋势波的下跌行情，期间有可能会经历几个下跌趋势攻击波阶段)，框架线系统才会出现明显、持续的收拢动作。注意，这个收拢过程也是一个底部扭转过程完成的表现，因此，两者具有重叠现象，同时也属于相互确认过程。

在下跌行情延续过程中，由于会出现一次或几次震荡反弹过程，就会促使框架线有阶段性的收拢现象发生，但只要这种收拢过程无法彻底形成框架线系统的完全扭转，下跌行情这个趋势就还会延续。比较多见的是这种震荡反弹过程中，只涉及 21 日、48 日、89 日三线变化的多一些，难以扭转 144 日线的下行运行状态，因此，下跌行情继续延续。当然，这其中又分为几种强弱度不同的震荡反弹过程，包括形成比较大型的下跌趋势波行情时的系统升级变化测定标准，如何来把握，后面讲的“五个测定标准”就是从技术上来划分这些不同强弱状态测定的，注意掌握。

还要注意重要的一点：一般在整个下跌行情过程中会有一条均线始终没有被股价在下跌途中冲击过，那么这条均线的压制力度也是最强的，比如，可以是48日线，也可以是89日，抑或是144日线(有些大型的下跌长期的下跌行情中，也可能是288日线或者576日线)。这条压制力度最强的均线，在底部扭转构筑过程中被冲破的现象发生时，就要特别注意，也许一个底部扭转过程正在进行中(这一段在“底部扭转”章节中讲述过，可参看)。

这里延伸讲一下，有些人在实战中喜欢设置比较少的均线来组成均线系统进行监控和操作，但绝大多数都是以均线的各种参数周期值为主，在其中挑选自己习惯常用的某一条或几条均线来设置应用的，这种设置均线的方式，属于大众化，或自我定位化应用方法。随着均线技术的深化使用和发展，我认为个性化均线应用方法会是一个大方向，也会越来越多地被肯定。主要一点，就是均线系统或者某个组合的设置，要越来越贴近个股技术实际运行的状态。这样，价与线的相互关系才会更加紧密，价形与线形的实际运行契合度才会达到更高的相容性(完全相容是不可能的，但这个相容程度可以提高)，相容性程度越高，均线、均线系统在实战中的技术信号精确度也就越高，均线自身的滞后现象也会有一定程度的减少，因此，“降低滞后现象，增强信号精确度，保持稳定性优势”，这三点是均线实战应用技术不断发展、创新的方向！

结合上面所讲，在下跌行情过程中，那条始终没有被冲击或冲破过，但又属于距离股价最近的均线，则是很重要的一条线，因为不但它在下跌行情中是一条压制力量很强的均线，同时在底部扭转时的被冲破现象也是一个很重要的扭转信号(与其他底部扭转动作信号相配合，可以提高扭转的判断准确性)，并且多数情况下也会成为上攻行情中一条重要的支撑线。如果实战中是以均线组合方式应用，可以考虑以此线为主线，搭配周期相邻的上、下两条周期均线形成组合。但很多人在实战中，一方面是技术思维没有到达这里，另一方面是觉得这样做比较麻烦，所以，少有人这样去做。

有人看到山，有人登上山，有人心中有山，有人心中无山，有人成为了山。

③下跌行情结束：框架线系统从发散延续到收拢。

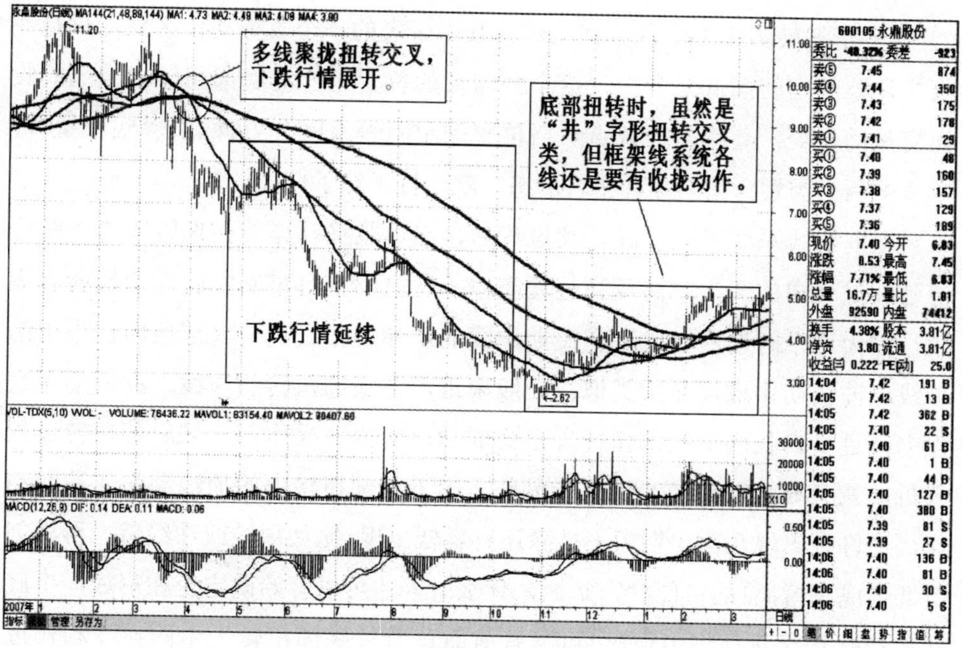

图 6-5

图 6-5 中表现了从下跌行情展开、延续，直到底部扭转构筑结束了下跌行情的整个运行变化过程。特别是注意看框架线系统的运行变化，从高位多线聚拢向下交叉，再到下跌行情过程中框架线系统的发散延续状态，再到底部扭转过程中的收拢、向上交叉，结束下跌行情。

当下跌行情结束时，框架线系统会从发散延续状态转变为收拢状态。这种收拢过程，扭线技术中是分为两大类来讲的，一种是多线聚拢扭转类，一种是“井”字形扭转类。多线聚拢类，由于框架线系统各线收拢比较集中，收拢动作也最明显；“井”字形扭转类，则收拢动作没有多线聚拢类那么明显和集中，但也属于一种各线之间的收拢动作过程。因为从均线系统的内在变化原始规律上看，两线之间要发生扭转交叉动作，在相互靠拢交叉的同时，就是一种两线收拢的过程，三条线之间，四条线……多条线之间均属于这种原理关系。简言之，线与线之间不形成收拢，就不会出现交叉动作。所以，

“井”字形扭转过程，也是一种线与线之间的收拢关系。

由此原理结合到实战中，无论是多线聚拢类中的底部收拢动作，还是“井”字形扭转类中的底部收拢动作，其中最大的一个收拢动作区别，只是在收拢位置的空间高低之分上，这个高与低的位置是针对底部扭转中完成的收拢交叉动作处，其距离最低点价格位置的空间差来区分(可回看“底部扭转”章节中两大类划分出的几种扭转形态，就一目了然了)。

在框架线系统经过下跌延续过程后，出现收拢动作的初期阶段与下跌行情延续过程中的几次震荡反弹过程类似，此时不宜过早判断底部扭转能否完成，因为这个时期内，股价和短期均线的反弹动作过程与底部扭转过程中的顶线、冲线动作过程非常类似。一般来讲，在底部扭转的顶线、冲线动作过程中，过早自我判定底部扭转肯定会成功，而抢着操作，一旦底部扭转过程夭折，就会处于很被动的地位。另外，由于底部扭转中的顶线动作、冲线动作，也许会出现几次，期间不排除还有新低出现(比如顶线或冲线后，再次创新低形成底背离)的可能性。那么，什么时候才可以开始确定正在形成一个底部扭转呢？穿线动作出现时(可参看前面章节“底部扭转”中的穿线动作过程)。穿线出现时，可以确认一个底部扭转正在形成中，而坐线的完成，可以基本确认底部扭转的即将完成，拉线动作出现，拉动护航带两线上攻，就是底部扭转过程的彻底完成。这些在“底部扭转”章节中都已经讲过。

(2)五个测定标准。

①测定短期下跌压力强弱：以21日线为主要压制线来测定。

在下跌行情中，21日线往往是短期下跌波段的主要压制均线，也是直接测定下跌过程中短期空方力量大小的主要均线。简言之，短期空方力量强大时，股价通常很难回头冲破21日线的压制；只有当短期多头力量有所加强之后，股价才会有冲破21日线的现象发生。在21日线的压制下，5日、10日两线很容易形成向下的攻击通道，压制着股价的短线反弹动作，并一步步跟随股价重心下降。当短期下跌动作造成21日与48日两线间出现明显八爪乖离现象时，说明短期空方力量释放过度，多方力量就会随之增强，还有，需要化解乖离，再加上短期严重超卖，通常就会出现一个震荡反弹的过程，既化解技术乖离，又形成下跌途中短期筹码的换手浮动，这些浮动筹码经过换手之后，进一步分化，有一部分进入沉淀状态，有一部分成为股价不断下降所引发的短期多头力量的稀释盘，还有一部分会继续参与在盘面浮动换手。因此，只有两种情况发生，股价才会出现冲破 21 日压制均线的现象发生：一种是多方力量由于某种其他因素影响而出现短期的占据优势地位时；另一种则是技术规律造成的，当短线 21 日与 48 日间出现明显的八爪乖离，并且短线连续超卖严重时。

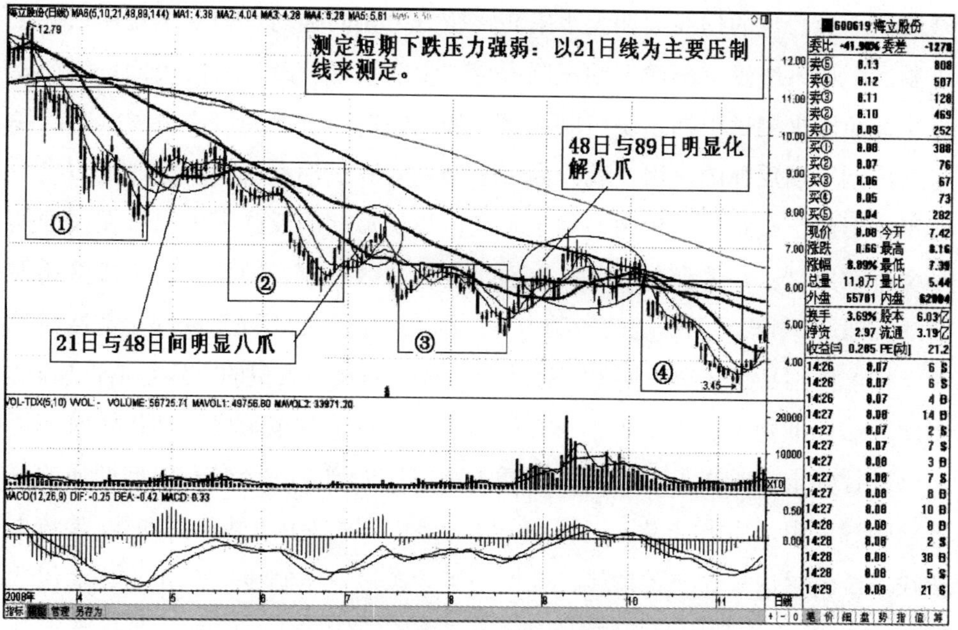

图 6-6

图 6-6 中海立股份(600619)下跌行情过程中，出现有四次(①、②、③、④四个区域里)21 日线压制 5 日、10 日线，形成向下攻击通道的短期下跌过程，说明短期空方力量强大。其中发生有两次股价反弹冲破 21 日线现象，均与 21 日与 48 日间出现明显八爪乖离有关，还有一次，是 48 日与 89 日线之间化解八爪而形成的股价冲破 21 日线压制。因此，21 日线一般会成为下跌行情中最常见的短期主要压制性力量，也是测定下跌过程中短期空方力量是否强大的一个技术界定线。

②测定中期下跌趋势形成：以 48 日、89 日两线为主要压制线来测定划分。

一个中期性质的下跌趋势行情过程中，由于下跌周期性质上的升级现象，21 日线的压制力量具有测定短期空方压制力量的作用，而 48 日和 89 日两线则具备测定中期空方压制力量大小的作用。因为 48 日和 89 日两线的中期压制力量比较大，下跌行情途中绝大部分强度的震荡反弹过程均可以被此两线有效压制，从而维持整个中期下跌行情的延续。实战中，下跌行情是一步步展开的，刚开始时，谁也无法清晰确认是什么性质的下跌，通常是用短期下跌压制主导力量的均线周期大小来测定空方力量的强弱。如果是短期系统在压制，中期系统没有形成下跌压制力量，说明短期下跌之后，短期系统还要再次被拉回来测试中期系统压制力量。如果中期系统已经形成下跌状态，参与到压制短期反弹的作用，就升高一个级别看看长期系统的状态，是否已经或正在形成空头状态过程中，如果不是，说明短期的反弹力度只有在被中期系统有效压制了，才会再次下跌，而没有被有效压制，短期系统不排除还要继续反弹,来测试长期系统的压制力量。因此，要判定正在下跌的行情性质是哪一种，特别是当一个中期下跌行情升级转变为长期大型的下跌行情性质时，用此方法标准判定也很实用。还有就是当下跌行情结束形成底部扭转时，也可以进行判定下一步上攻行情的性质大小，比如通常一个具有中期性质的底部扭转过程中，主要涉及 48 日、89 日、144 日这些中期性质周期线(趋势框架线系统就沿用了这三条均线，并增加了一条短期压制线——21 日线而组成的)；而一个大型的底部扭转(比如大牛市的底部扭转)过程中，则会涉及 89 日、144 日、288 日这些带有中长期性质周期线，有时大型底部扭转中还会涉及 576 日线也是一样。

有人可能会问：中期下跌趋势的形成应该是 89 日和 144 日两线，为什么会是 48 日与 89 日线呢？这是因为下跌行情技术运行中，股价重心引力的影响作用。只要 48 日与 89 日两线能够以强大压制力量压制住股价向下运行，89 日线必然就会下破 144 日线，从而中期系统三线(48 日、89 日、144 日)会形成空头排列，趋势框架线系统自然就会形成下跌趋势的运行状态。在大多数下跌趋势行情中，48 日和 89 日的压制力量都成为了主要压制力量。充分体现着空方中期性的压制强势，一旦股价冲破该两线的压制，只会出现两种结果：一个是中期性质的底部扭转出现；一个就是下跌行情要升级了。

总之，短、中、长三个系统在下跌行情中的相互压制现象，是一种正常“顺势”现象，要打破这种“顺势”压制现象，中期系统能否有效压制短期系统的多头攻击力量，是一个重要检测点。也就是讲，在下跌行情过程中，中期系统的压制作用，在没有被短期系统突破之前，一个中期趋势性的下跌行情都会继续保持。下跌行情性质要升级，或者形成一个中期的底部扭转，短期系统必须首先突破中期系统压制(不是指股价，而是指短期均线系统)。

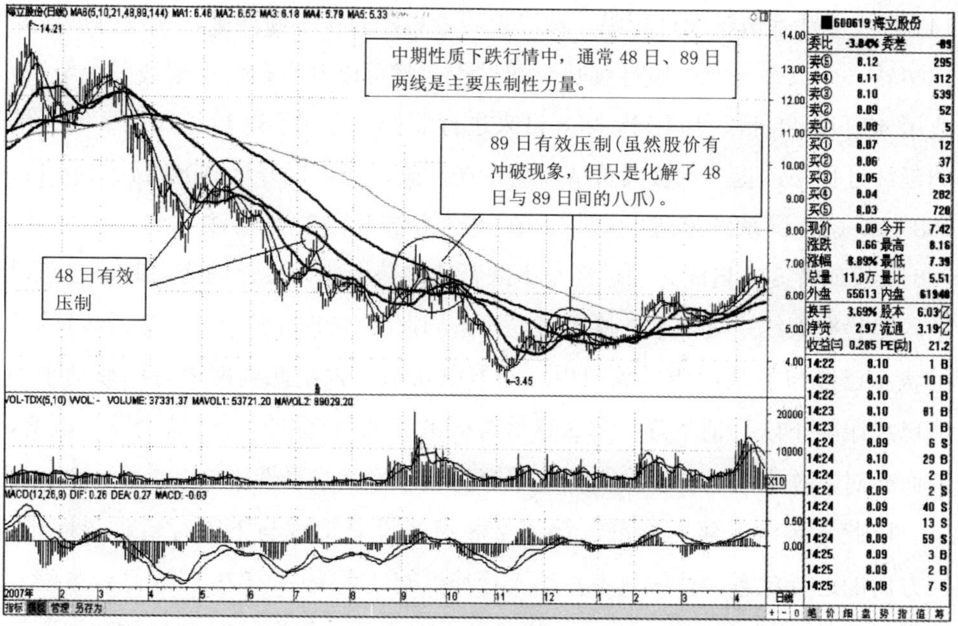

图 6–7

图 6-7 中海立股份(600619)下跌行情中，48 日线先是有两次有效压制作用，之后股价突破 48 日线压制，但被 89 日线有效压制了。底部扭转过程中，89 日线再次有效压制过一次股价，即为底部扭转中的顶线动作，符合中期下跌趋势特点。

③测定长期下跌趋势形成：以 144 日、288 日两线为主要压制线来测定划分。

一个下跌趋势行情的级别性质和大小的形成，难以从下跌行情一开始就确定，最多只能通过前期的历史运行空间趋势中进行比较模糊的技术判断，因为大型的长期下跌趋势行情是由中期下跌趋势行情延伸并升级而形成，这属于一种大型空间运行中行情升级和延伸的结果，所以最客观和实际的方法，是在下跌趋势行情中的延伸过程中，以中期性质的框架线系统能否有效压制下跌行情中的反弹冲击量能来进行趋势框架线的技术修正。通常当中期性质的趋势框架线系统被阶段性反弹动作不断冲破，而又没有形成成功的底部扭转现象时，均需要升级趋势框架线系统的周期级别来监控下跌行情趋势延伸。

中期性质的趋势框架线系统中最大均线参数周期为144日半年线，如果144日线下跌行情延续过程中，被股价或者短期系统不断冲破，又没有形成底部扭转，而只是一个阶段性强势反弹过程，就可以升级趋势框架线系统级别，改用48日、89日、144日、288日来进行监控。如果288日年线在下跌行情的延续过程中，也多次被股价或短期系统冲破，还可以升级到89日、144日、288日、576日系统来进行监控。在技术系统升级时，要注意到一条标准：288日线或者576日线必须已经与下跌行情趋势形成同步、同方向时，才可以纳入趋势框架线系统中来。原因是，该条周期线(288日线或者576日线)的运行状态已经与下跌行情形成同步、同方向状态，说明此周期内筹码移动平均值已经跟随下跌行情下降，那么这些筹码的性质(沉淀或浮动)就会发生改变，从而会对下跌中的股价以及其他周期筹码状态形成交易性影响。

以此条系统升级的标准，如果288日线没有形成与下跌行情趋势同步、同方向的运行状态，该线就不被纳入趋势框架线系统中，576日线是否被纳入也是一样的抉择。这样，可以比较准确地把握到趋势框架线系统升级到哪一个周期线级别，避免升级周期过高，影响整体下跌行情的方向判断和监控，并也会影响到下跌行情趋势结束而进入底部扭转时的监控和判断。

在图6-8华意压缩(000404)这个大型的下跌行情趋势中，应用中期性质的趋势框架线系统(21日、48日、89日、144日)监控，途中几次强势反弹阶段均有冲破144日线压制的现象发生，这说明这套中期性质的趋势框架线系统已经对这个下跌行情趋势的发展进行有效压制，如此，不但会影响到对下跌行情趋势的监控，还会影响到下跌行情趋势结束时，底部扭转过程的监控和操作，所以，需要对趋势框架线系统进行周期升级。

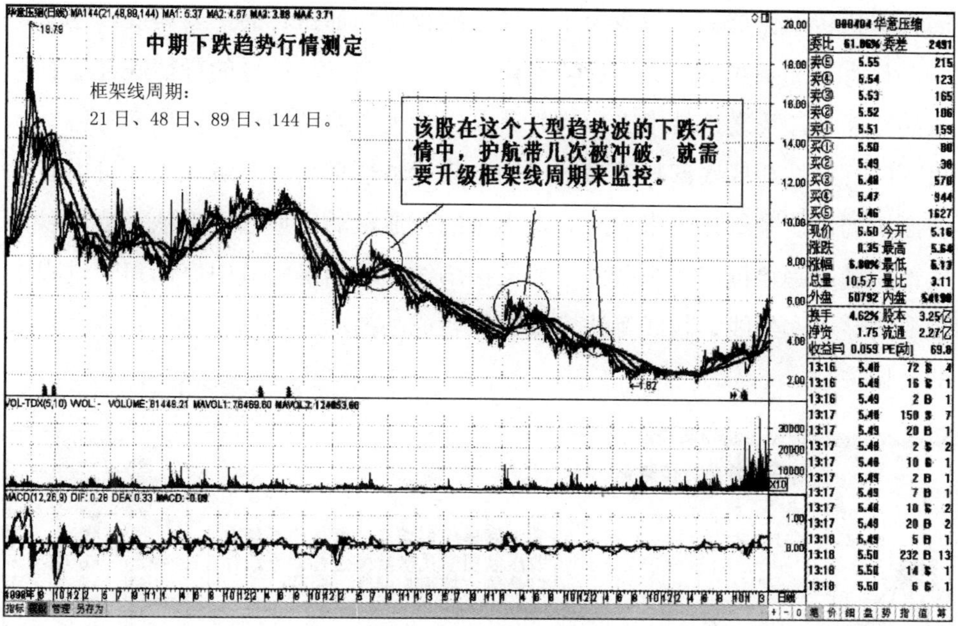

图 6-8

在图 6-9 上，依据升级周期线的标准(前面讲的那一条标准)，由于 576 日线也已经与下跌行情趋势形成同步、同方向运行状态，因此，直接将中期性质的趋势框架线系统升级为 89 日、144 日、288 日、576 日四线。技术系统升级后，可以清晰地看出，整个下跌行情趋势运行过程，特别是当下跌行情趋势运行结束，进入底部扭转过程中时，趋势框架线系统的扭转动作与股价扭转动作的配合密切，对下跌行情趋势和底部扭转分析、判断、操作的精准性有大幅度提高效果。

④测定中期行情底部扭转：以 48 日、89 日、144 日三线为主来测定划分。

测定中期行情底部扭转时，通常以趋势框架线系统中的 48 日、89 日、144 日三条线为主来测定划分，前面讲过，通常在下跌行情中，21 日线主要具有短期性质的压制作用，因此，一旦下跌途中出现比较强势一些的震荡反弹动作过程，该线常常会被冲破。而 48 日、89 日，特别是 144 日线这几条线因为均具有中期参数属性，下跌行情途中，被震荡反弹动作冲击、冲破的几率相对 21 日线要少一些，如此，当下跌行情结束进入底部扭转时，这几条线的底部扭转动作过程，就成为了监控中期行情底部扭转的主要均线。也就是讲，只有这三条线形成底部扭转动作，一个中期(或以上)的行情底部才有形成的可能性，反之，技术上应作为下跌行情途中的震荡反弹过程来对待。如果下跌行情性质或底部扭转后形成的上攻行情性质出现升级现象，可以参看前面讲的系统升级方法来应对。这里讲的是通常的中期性质下跌行情，以及底部扭转中趋势框架线系统的主要监控均线。原因是实战中底部扭转过程中重要的穿线、坐线、拉线等决定底部扭转成功的动作，均与这三条线有直接的密切关系。

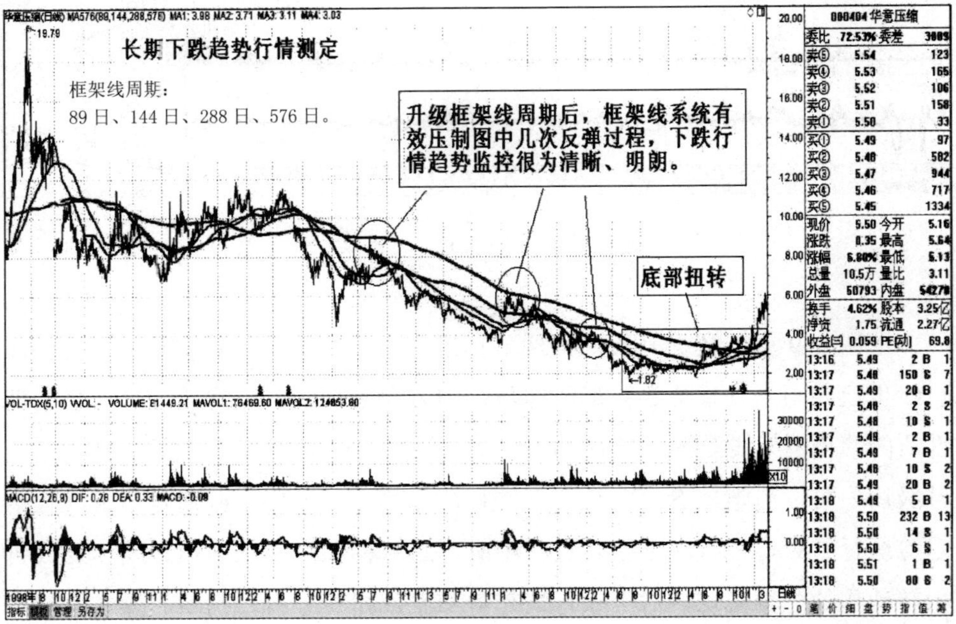

图 6-9

图 6-10 中永鼎股份(600105)中期性质的底部扭转中，48 日、89 日、144 日三条线在完成底部扭转过程中，起到很重要的扭转支撑作用。

⑤测定大型底部扭转：以 89 日、144 日、288 日三线为主来测定划分。

通常测定大型下跌行情趋势结束后，一个大型上攻行情(大牛市)的底部扭转形成时，是以 89 日、144 日、288 日三线为主要均线来监控、分析、操作的。有时也可能需要升级到 144 日、288 日、576 日三条线更加有效，实战中灵活对待即可。原因也是此类大型下跌行情趋势运行中，特别是在形成一个大型底部扭转过程时，这三条线的扭转动作与穿线、坐线、拉线等决定底部扭转成的动作有直接的密切关系。

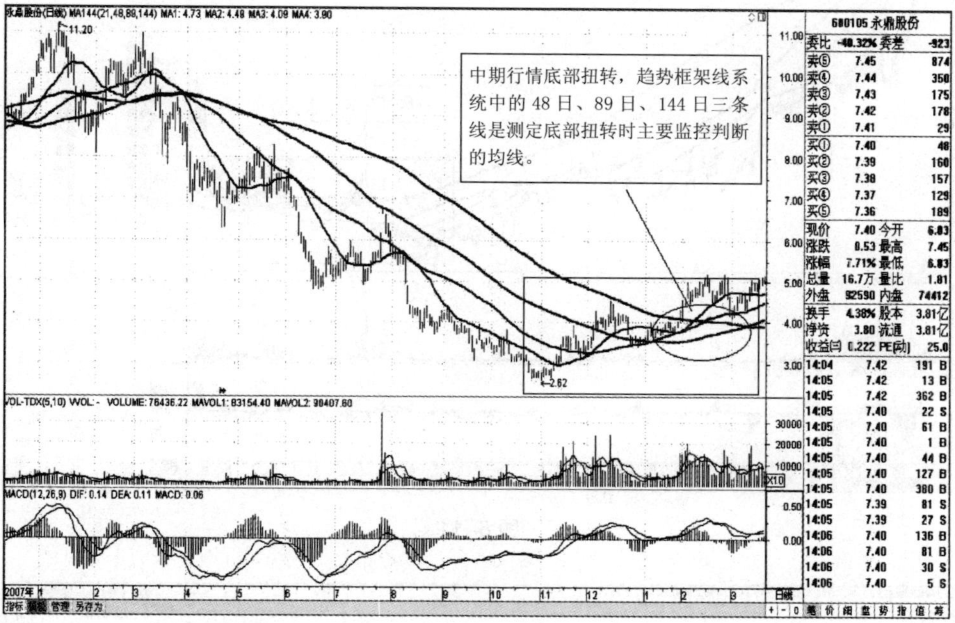

图 6–10

图 6-11 中哈飞股份(600038)的趋势框架线系统升级到了 48 日、89 日、144 日、288 日组合。如此可以更清晰地反映该股的下跌行情过程以及底部扭转完成过程。因此，这种级别的框架线系统本身就说明了这个底部具有大型底部扭转的技术特点。实战中底部扭转的级别不同，所采取的应对操作策略自然也就不同。

图 6-12 是上证指数自 1990 年到 2012 年 2 月的 20 年中运行全景图。为了能够清晰看出上证指数期间几次行情运行轨迹，配合 144 日、288 日、576 日三条长期系统三线。

图中“A、B、C、D”四处位置，均为 288 日线下破 576 日线处。均是在前期完成一次上攻趋势行情之后出现，这就直观地说明，我国股市自 1990 年以来，趋势性的上攻行情总共出现过四次。

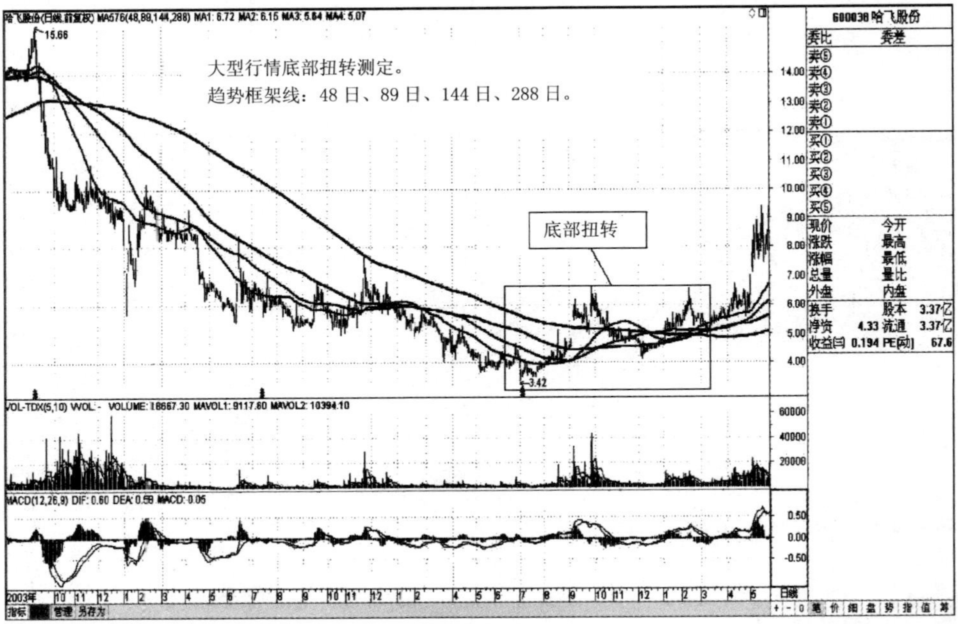

图 6-11

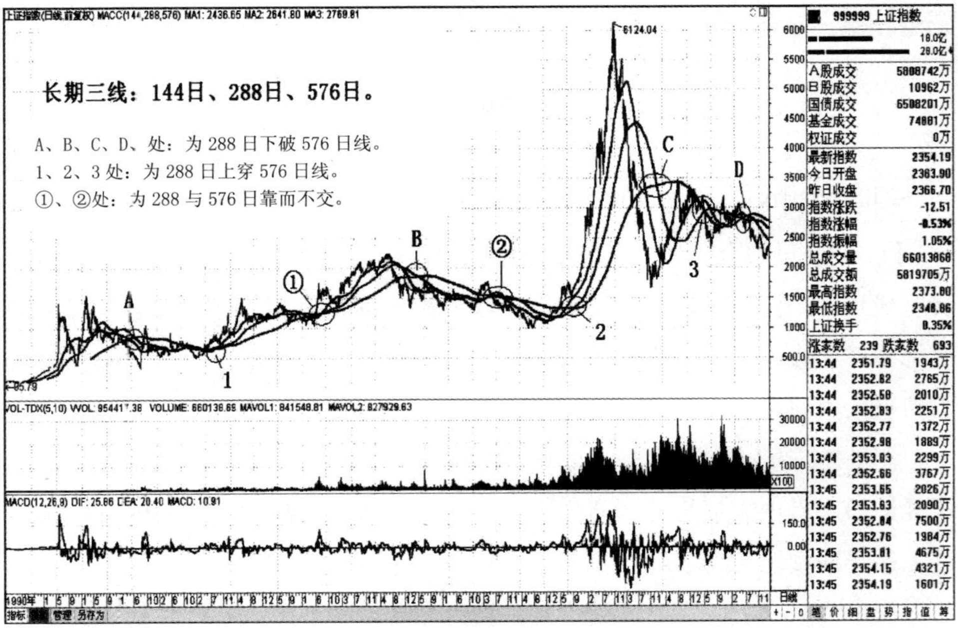

图 6-12

“1、2、3”三处位置，均为288日上穿576日线处。但其中只有“1、2”两处的上穿动作促成了上攻趋势行情的出现；而“3”处则只能属于长期三线形成纠缠状态过程中的一次技术性上穿动作(就是由于均线公式计算方式而促成的一种上穿或下破动作，与实际指数或股价走势形成一种纠缠状态)。这一点相比前两处上穿时的距离底部位置空间差，就可以看出第“3”处上穿位置，明显距离底部较远，是前期指数先完成上攻行情之后，由于均线计算公式因素而导致的一次288日上穿576日线动作，这就有了很大区别。这种技术现象刚好说明了一种实战中的均线动作技术规律现象：当均线的某个技术动作出现时，应与当时的股价(或指数)方向性运行动作形成同步状态，才具有很高的相互确认性；反之，如果均线的某个动作与当时的股价运行方向出现相反或者不同步现象，则说明两者正处于纠缠过程中，以及这个均线技术动作是由于其计算公式因素影响而导致的一种结果。当后期股价(或指数)与均线动作再次形成同步状态时，两者之间才再次具有相互确认的关系。记住这一点，很重要。

“①、②”两处位置则是288日与576日线相互靠拢而不发生交叉的地方，这说明前面运行的趋势性行情是延续性质的。这也就说明了1999年的“5•19”上攻行情是前期1996年初启动的大型趋势波上攻行情过程中的一个延续上攻行情；同样，2004年上半年的强势反弹行情也是前期2001年展开大型趋势性下跌行情的延续过程中出现的强势反弹行情。

而目前自2008年底以来的上证指数运行总体状态，是对2007年底指数见顶(6124点)深度下跌(1664点)以来的一种系统性修复震荡，这种系统性修复状态是针对大型系统运行空间的一种修复过程，这种系统性修复过程，其实也是一个均线大趋势框架线系统状态调整过程，持续时间长一些，也是合理现象。当大趋势框架线系统运行经过修复之后，各个级别的均线系统运行方向又会形成一种同步、同方向运行状态，那时，就会进入新的一轮上攻行情循环，由于目前这个修复过程中涉及到了几乎所有级别的均线系统，因此，未来沪市技术系统上可以肯定的一点是：经过修复之后的新一轮上攻行情循环的级别会很大，属于大型趋势波的行情性质。原因很简单：纠缠修复过程对于均线系统来讲，就是一次相互收拢的过程，那么，收拢之后，必然会引发变盘现象出现，之后，系统性发散，就是必然的规律发展现象；而纠缠修复过程中所包含的周期均线级别越高，后期新进入的行情运行循环级别必然就越高。截取该图时，图中 144 日、288 日、576 日三条线均处于向下空头发散状态，未来此三线形成收拢后，向多头变盘的几率自然更高些，因为多、空循环亦是技术自然规律，即使转化过程从中、短期看也许会比较反复。

2.“短线反弹”与“横盘震荡平台”

“短线反弹”与“横盘震荡平台”之间的主要技术区别判断点有两个：

(1) 10 日与 21 日两线的金叉现象。此两线不金叉视为“短线反弹”动作范围。但是，此两线金叉并不一定会形成横盘震荡平台，因为也有可能是“反弹下”动作。

(2) 21 日线转平走现象是“反弹平台”的主要技术动作特点。21 日线转平现象，说明再次破位下跌的压制力将转移到 48 日线的压制作用上。在横盘震荡时间的结束点上将以 48 日线的靠近压制破位来判断。

第二节 “树叶理论”测定下跌行情

1. 下跌行情中四种常见震荡动作(图 6–13)

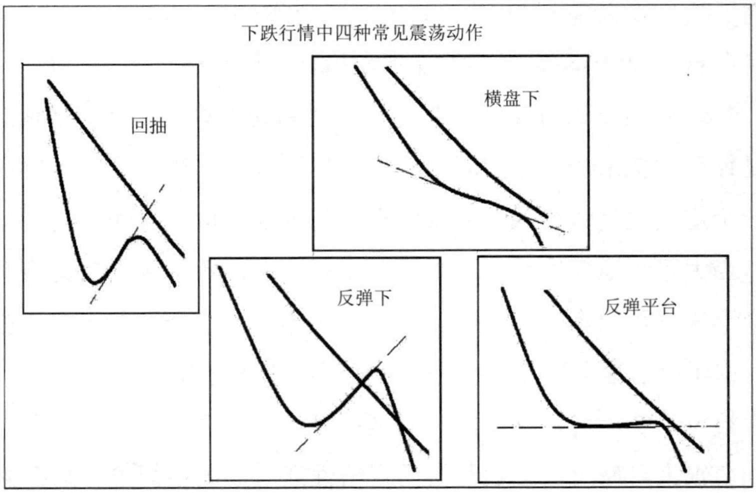

图 6–13

下跌行情中的震荡动作过程是最常出现的四种技术动作，熟悉并牢记这些技术动作在框架线系统中的表现，就可以更加清晰地掌握下跌行情演变和发展的整个变化过程，不仅可以对下跌行情中的每次震荡动作过程有一个准确的分析和判断，同时，对下跌行情整体运行节奏、框架线系统运行状态变化、行情是否会出现升级现象、行情运行中筹码换手的技术意图目的、下跌行情运行模式、底部扭转能否形成等等，都会有一个系统全面的了解和认识，所以，这四种常见的震荡动作很重要！

“反弹下、回抽、反弹平台、横盘下”四种技术动作中，“反弹下”震荡动作过程，由于会出现护盘线与护航线两线交叉现象，因此，下跌行情中一般以此动作作为技术上的前后攻击波段分界位来划分，但“反弹下”动作如果出现在护航带两线上时，则是一个下跌趋势波与另一个下跌趋势波之间的技术划分点；而“回抽、反弹平台、横盘下”这三个震荡动作过程，由于护盘线与护航线两线不发生交叉现象，因此，只作为前后攻击动作分界位来划分，也同样，如果这三个动作发生在护盘线、护航线、护航带线上时，相应地要提高到下跌攻击波段的前后划分点来对待。如此一来，下跌行情的趋势波、攻击波段、攻击动作的划分判定就比较简单明了。比如：下跌行情发生系统升级现象，通常护航带两线就会发生交叉现象，技术上就以此现象作为划分前后趋势攻击波的分界位，一个大型趋势波中的下跌行情中，也许会由一个或几个趋势攻击波组成。这种划分方式与“上攻行情”中“横盘震荡平台”的划分方法是一样的(前面“横盘震荡平台”章节中已经阐述)。

(1)反弹下：反弹下动作猛上猛下。反弹下动作中，均线会出现上穿和再下穿现象。该动作是四种下跌震荡动作中反弹力量最强烈的一种。

图 6-14 中中青宝(300052)在下跌行情过程中，出现过两次反弹下动作(21 日线上穿 48 日线后又下穿 48 日线)。

实战中，下跌行情的强势反弹运行过程中，由于反弹过程持续时间长，反弹强度高，通常会出现反弹下动作。反弹下动作一般多数会发生在趋势框架线系统上的护盘线(21 日)与护航线(48 日)出现金叉后又死叉的交叉现象。但如果这个反弹过程强势状态升级，护航线(48 日)与护航带的 89 日两线之间也会发生反弹下动作。而如果出现护航带两线(89 日与 144 日)发生交叉现象，或者是一个底部扭转动作的完成，或者说这个下跌行情整体趋势运行会发生升级现象(此处反弹过程，只是大型下跌趋势中一个趋势攻击波和新的另一个趋势攻击波之间的分界位置)，比如趋势框架线系统要升级到 48 日、89 日、144 日、288 日组合上来监控，甚至需要升级到 89 日、144 日、288 日、576 日组成趋势框架线来监控，具体要视实际各周期线状态而定。

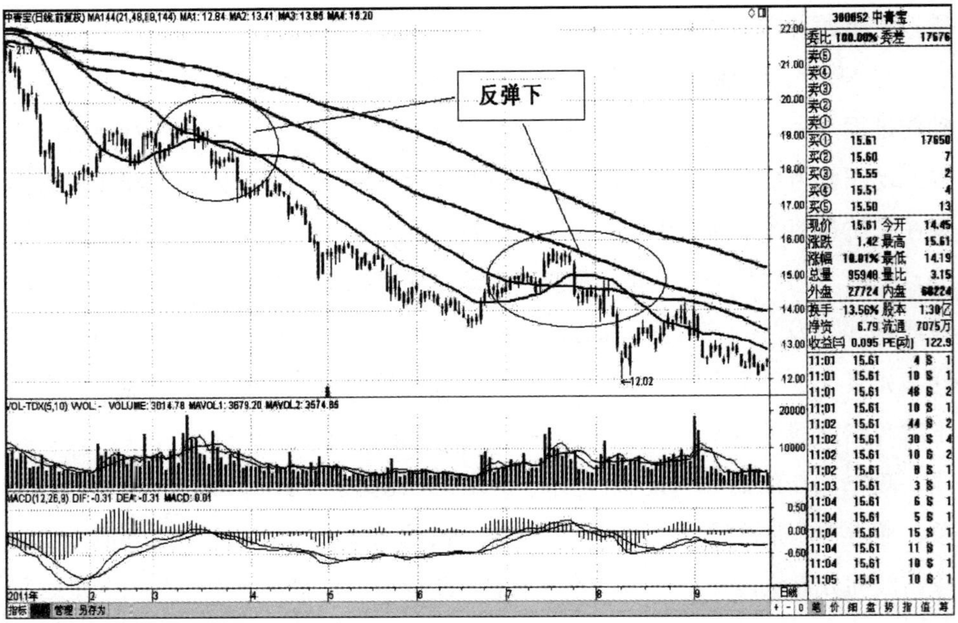

图 6-14

反弹下动作过程中，股价会去冲击更高一层的压制周期线(虽然此线没有变化，还是向下运行压制状态)，正是因为股价反弹攻击的带动力量，促使股价下方的两条线会发生交叉现象(金叉)，但这种冲击更上一层压制线的动作，也常常成为反弹过程中最强大的一次攻击动作，之后，由于攻击力量快速衰减，股价回头下跌，并下破形成金叉的两线支撑，随着短线空方力量加强，股价进一步下跌，又带动了金叉的两线出现死叉现象。因此，实战中，当股价冲击更高一层压制线动作时(此时，这条压制线会继续保持向下运行压制状态不变)，不宜头脑发热追涨，反之要警惕反弹下动作的出现，而这里最强的一次反弹攻击动作，也成为反弹过程中的一个高点。特别是股价冲击的均线状态以及更上层的均线，如果此时均保持着向下运行状态时，更要警惕，提防反弹下动作的出现。

(2)回抽：回抽动作快而短。回抽动作中，短期的这条线会有一个短暂的拐头向上的攻击动作，但该条均线不出现上穿和再下穿上面下跌压制线的现象(注意：两线周期要相邻)。但不排除股价会出现“价穿线不穿”(价上线不上)，回抽动作与上攻行情中的“回震”动作相对应的现象。

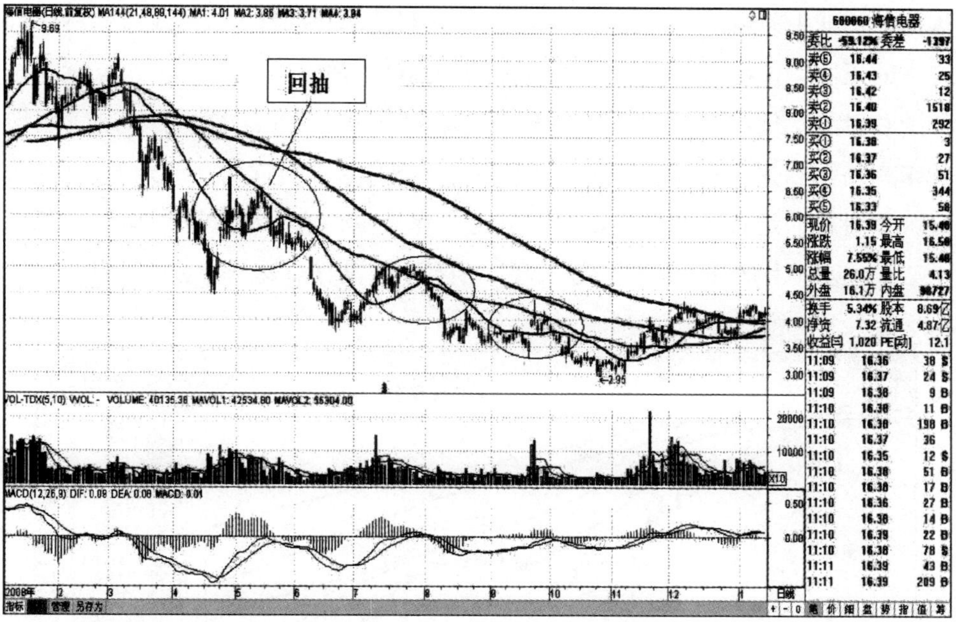

图 6-15

图 6-15 中海信电器(600060)下跌行情展开初期，出现过一次回抽动作，21 日线有拐头向上攻击动作，但并没有上穿 48 日线，两线靠拢，21 日线就再次拐头向下，股价下跌加速。回抽动作下方，一个是反弹下，一个是反弹平台，之后进入底部扭转。

实战中，下跌行情过程中，一个强势反弹过程运行时，由于反弹过程持续时间短，反弹强度也比较高，通常就会出现回抽动作，大多发生在顶部扭转后下跌行情的初始阶段，或者下跌行情过程中。某个持续时间短，但反弹强度高的情况下的回抽动作，只会出现在护盘线(21 日)与护航线(48 日)两线之间，而不会出现在其他周期线上。回抽动作的出现，说明短线多方力量在进行一次集中性的攻击动作，但由于后续力量难以持续，从而造成反弹攻击强度虽然比较高，但攻击量能不能够持续，一旦多方力量衰减，反而会引发大量观望盘加入抛压方，出现短线的一次快速下跌动作。

回抽动作过程中，21 日线会从向下运行，转变为拐头向上攻击。而回抽动作的结束(下跌开始时)，会发生在 21 日线上攻靠拢 48 日压制性附近时，因此，实战中，当 21 日线拐头上攻靠近 48 日线时(此时，48 日线会始终保持向下的压制运行状态)，就应警惕这里的回抽动作随时结束。

(3)反弹平台：反弹平台中短期的这条均线明显转平运行，向下跌压制均线未来路径靠拢，两线靠拢但并不发生交叉现象，即再次向下展开下跌动作。反弹平台横向运行中，股价以横向震荡反弹为主，而“横盘下”动作中股价重心是逐步下移为主。时间上相对于“横盘下”动作震荡延续会长一些。

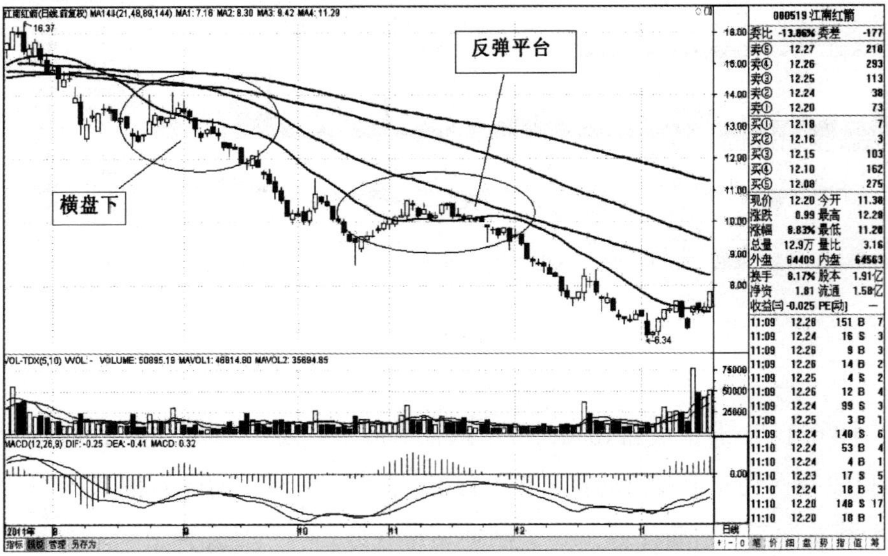

图 6-16

图 6-16 中江南红箭(000519)下跌行情展开初期，出现过一次横盘下动

作，之后在下跌行情发散延续阶段，出现了一个反弹平台动作。注意看，21日线在股价震荡反弹过程中，转为平向运行，向48日线靠拢，出现“时间限制点”时，21日线并没有交叉48日线，股价向下破位跌。48日线明显在压制着21日线。

实战中，反弹平台动作是下跌行情过程中一个以横向震荡反弹过程为主运行的动作。反弹平台运行时，护盘线(21日)横向运行逐渐靠拢护航线(48日)，但两线不发生交叉现象，靠拢比较近时，股价很容易出现新的下跌动作，带动21日线转而向下变。当下跌行情中出现反弹平台动作时，具有很高的诱惑性，这是因为广大散户心理上很容易产生“市场企稳，新的机会再次出现”的错误判断，因为反弹平台过程中，确实会有一些个股出现强于市场的强势攻击表现，特别是当这个反弹平台发生在比较低的空间位置时，也会与底部扭转初期时的低位企稳动作类似。但实战中，要特别注意此时趋势框架线系统的各线状态，如果发散状态比较明显，还是以短期的反弹震荡动作对待，比较客观、合理。

反弹平台中的护盘线(21日)是平向运行的；而横盘下动作中的护盘线(21日)是缓慢向下移动，这是两个动作中最大技术区别点。此图上刚好“反弹平台”和“横盘下”两个动作均有，可以相互对比区别。

(4)横盘下：横盘下就是向下的“洗攻”动作，也是四种下跌震荡动作中向下的空方压力最强大的一种，为边震荡边下跌方式，股价重心依然为下滑状态。

图6-17中湖北能源(000883)在下跌行情的发散延续段，出现过一次反弹平台(注意21日线又转平运行的过程)，之后在下跌行情的后段低位区域出现了一个横盘下动作，注意21日线不是平向运行，而是有缓慢的向下移动运行特点。这就是反弹平台与横盘下的最关键不同之处。

实战中，横盘下动作是下跌行情过程中一个抵抗性的边反弹、边下跌震荡过程。此时，空方力量始终保持着一种高压态势，而多方力量呈现节节抵抗之势，因此，促成护盘线(21日)在与护航线(48日)出现短线八爪乖离之后，形成股价重心一边缓慢下移，一边两线靠拢化解短线乖离的现象。横盘下过程中，股价整体上依然保持着震荡下跌状态，短线的震荡反弹动作比较短促，持续性不高，并且每出现一次短线反弹，股价重心反而会下降一个台阶，所以这种“钝刀子割肉”的威力还是比较大的，很多人又反复徘徊在“出还是不出”的犹豫中，这是横盘下动作出现在下跌行情起始位置时的典型心理表现；而如果横盘下出现在下跌行情后期空间位置比较低的地方，往往又与短线底背离现象有密切关系，但很多人此时则反复徘徊在“进还是不进”的犹豫中，这是因为前面跌怕了，套怕了，再加上此时虽然短线不断有反弹动作出现，但整体股价还在不断创出新低，犹豫、困惑、恐惧心理比较普遍。

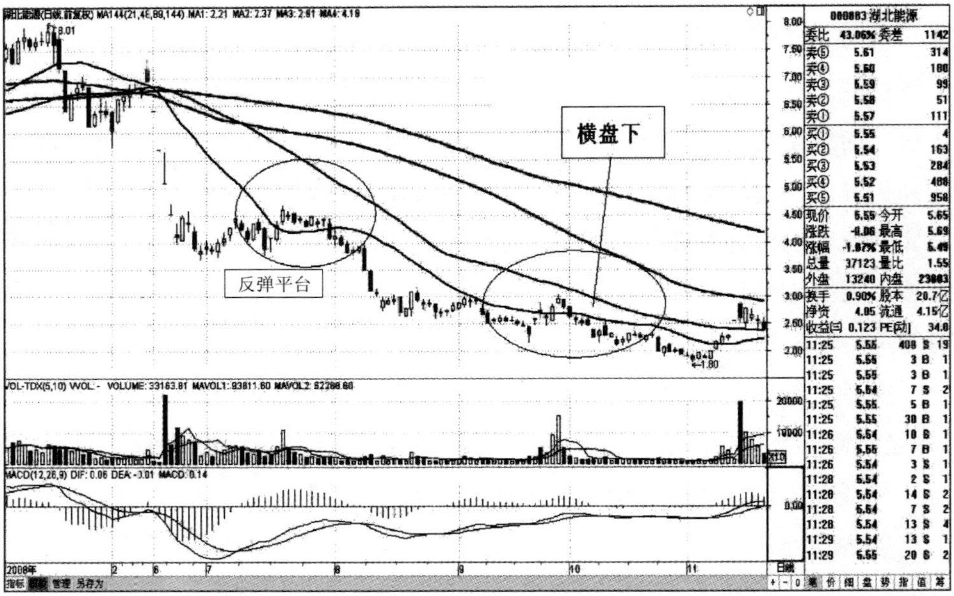

图 6–17

横盘下动作出现时，首先要注意分析一下趋势框架线系统已经运行到何种阶段：是下跌初始，则应以出局保资金为主；是下跌发散延续阶段，则应以不介入，观望为主；是下跌后期的空间低位处时，如果有底背离现象发生，可以先做资金准备和试盘。但要记住，横盘下动作的后面通常是会有一个短线的股价急跌动作，应在股价急跌之后，再逢低做反弹介入动作。但这些均属于短线操作策略，如果是中线操作者，还是等待趋势框架线系统进入底部扭转过程中时，再择机布局中线仓位为佳。

总结一下：

①“反弹下、回抽、反弹平台、横盘下”四个技术动作，几乎可以覆盖下跌行情过程中任何一次反弹过程的技术变化表现，所以，熟悉、掌握这四个最典型的下跌行情中的反弹动作，对分析、判断、操作下跌行情有很大实际帮助。

②四个技术动作中，只有“反弹下”动作中会发生均线交叉现象，而其他三个动作中均不会发生均线交叉现象。

③如果以反弹的强度来依序排列，首先反弹下动作最强，反弹空间幅度最大，时间持续一般也最长；其次是回抽动作，反弹强度也高，但持续时间比较短；再次是反弹平台动作，反弹强度一般，持续时间次于反弹下；最后是横盘下动作，几乎还是延续着下跌状态，空方压力也最强。

④一个完整的下跌行情，四个动作中有时只会出现某一个或某几个，但四个同时出现的现象，不是很多见。并且，有时某一个动作也可能会出现几次。

⑤除非是短线客为了抓机会做下跌行情中的某次反弹，或者是套牢盘择机准备抓出局机会，通常在下跌行情中，仓位策略均以空仓观望，只进行技术运行监控为佳，保护好资金，耐心等待底部扭转的到来，再行动。

⑥将此四个下跌行情中的反弹动作与后面讲的“下跌模式分类”结合起来掌握、应用于实战中，就可以监控完整的下跌行情演化过程。

2. 下跌模式测定分类

(1)上弧线下跌模式(先慢后快)。

主要技术特点：顶部多为分层震荡缓跌型构筑而成，下跌行情初期以震荡下跌为主，因此，下跌过程较为缓慢，有“温水煮青蛙”现象，但下跌行情后期，下跌动作、角度明显加大，常出现有急跌、跳跌动作。由于下跌行情后期加速下跌影响，进入底部扭转过程时，框架线系统常常处于发散乖离比较大的状态。如果下跌行情升级延长，该下跌模式也可以可转化为“三波或多波下跌模式”，比如演变为“中急两头缓”模式。

从图 6-18 中南玻 A(000012)的下跌行情过程来看，总体上属于典型的上弧线下跌模式(先慢后快)。期间出现过两次反弹下，一次横盘下，之后进入底部扭转。

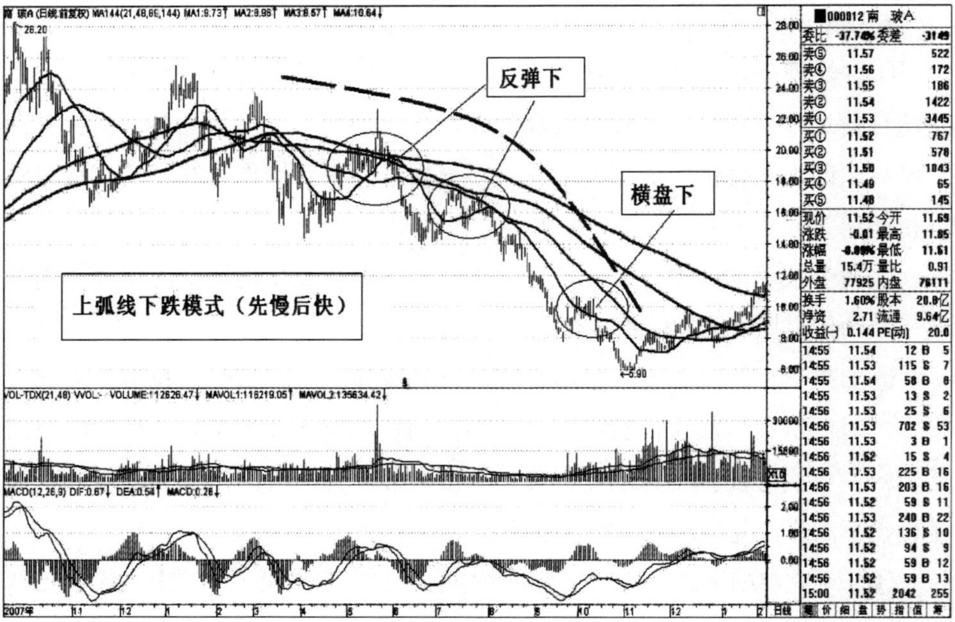

图 6-18

实战策略：下跌阶段由于初期震荡反弹动作多，股价重心下移缓慢，很容易吸引散资逢低介入，但此为一种压低股价吸引接盘手法，因此，实战策略为早出局，避开下跌行情展开为主。选择套牢仓位最早的回补时机，只有在底部扭转中的穿线动作出现时，才可以择机考虑。

(2) 下弧线下跌模式(先快后慢)。

主要技术特点：顶部构筑完成后，下跌行情展开初期、中期，均以快速下跌、角度陡峭运行。但下跌行情后期下跌角度明显逐步转缓。由于下跌行情后期下跌角度转缓，时间运行上也长一些，因此，框架线系统在进入底部扭转时会发生明显的聚拢现象。

图 6-19 中一汽夏利(000927)属于典型的下弧线下跌模式(先快后慢)。期间出现过两次反弹平台，一次横盘下，然后进入底部扭转。

实战策略：由于此模式下跌行情展开初期以快速下跌为主，速度快，跌幅也大，因此，如果手中还留有仓位，应早出局为好，即使发生亏损，也应先以保资金安全为主，因为这种快速连续下跌动作的目的，就是要用凶猛方式，在比较短的时间里，快速套牢高位筹码盘，并且套牢筹码越多，后期的反弹动作高度越容易被强大空方力量压制，难以出现比较高的反弹动作。还有一点，即使下跌行情后期出现震荡缓跌过程，也不宜过早回补仓位，必须要先确认框架线系统聚拢比较明显出现底部扭转动作时，才可以考虑择机回补仓位、降低套牢成本的问题。

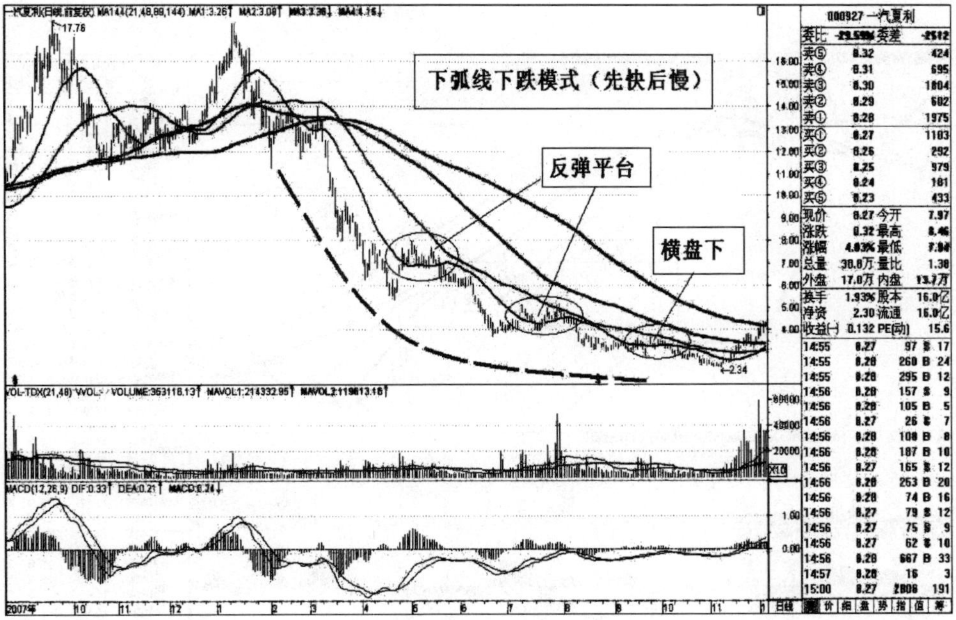

图 6–19

(3) 三波下跌模式。

①一横下跌。

主要技术特点：一个完整的下跌行情中，只出现一次震荡动作，一般震荡动作出现在下跌的中间区域。如果下跌行情升级延长，也可以转化为“两横、三横”模式。

图 6-20 中鲁阳股份 (002088) 属于典型的三波下跌模式中的一横下跌。在下跌行情的中段位置出现过一次反弹下动作。

实战策略：此种下跌模式中，操作判断难点通常是震荡动作运行时，因此，记住，震荡动作常会被框架线系统中某线压制，特别是当压制均线仍然处于角度比较陡峭的向下运行时，即使出现短线股价有冲破该压制线的动作，后面也需要经过反复震荡促使该线转为平走支撑状态，才有可能出现系统扭转，所以通常此处不属于回补套牢仓位的时机，反之可以考虑减轻仓位，无仓者继续等待为佳。回补套牢仓位的最佳时机，还是要选择在底部扭转过程中比较合适。

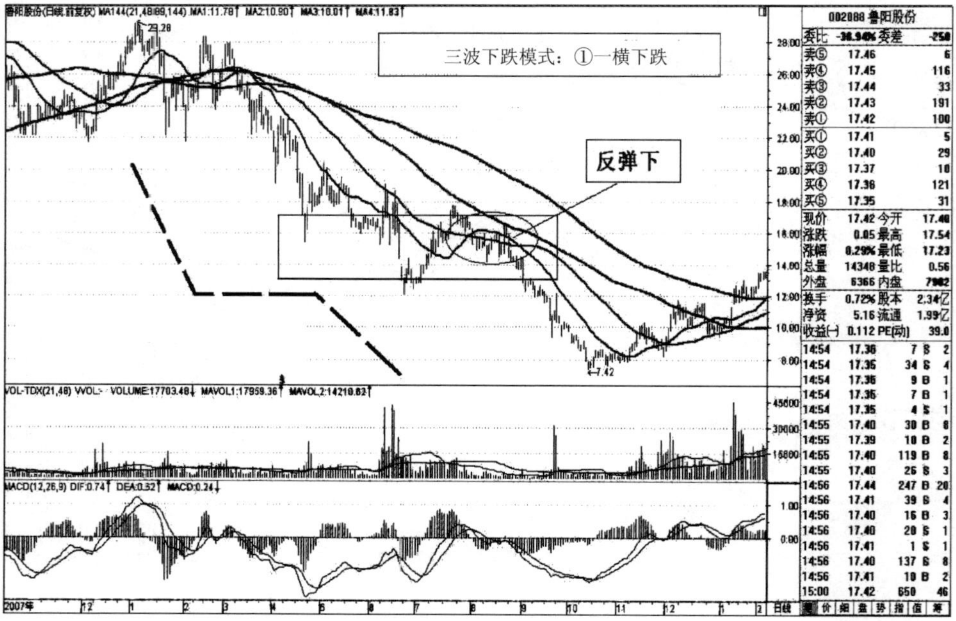

图 6-20

②中急两头缓。

主要技术特点：一个完整的下跌行情中，出现上、下两个区域下跌缓慢，而中间有急跌段现象，中间的急跌段一般以跳跌、暴跌为主进行，而两头的缓跌阶段多为震荡缓跌进行。此模式其实质上是“上弧线下跌模式(先慢后快)”(在前)、“下弧线下跌模式(先快后慢)”(在后)两种模式组合而完成。由于下跌行情后期会经过一段震荡缓跌过程，当进入底部扭转时，框架线系统比较容易出现低位聚拢扭转现象。

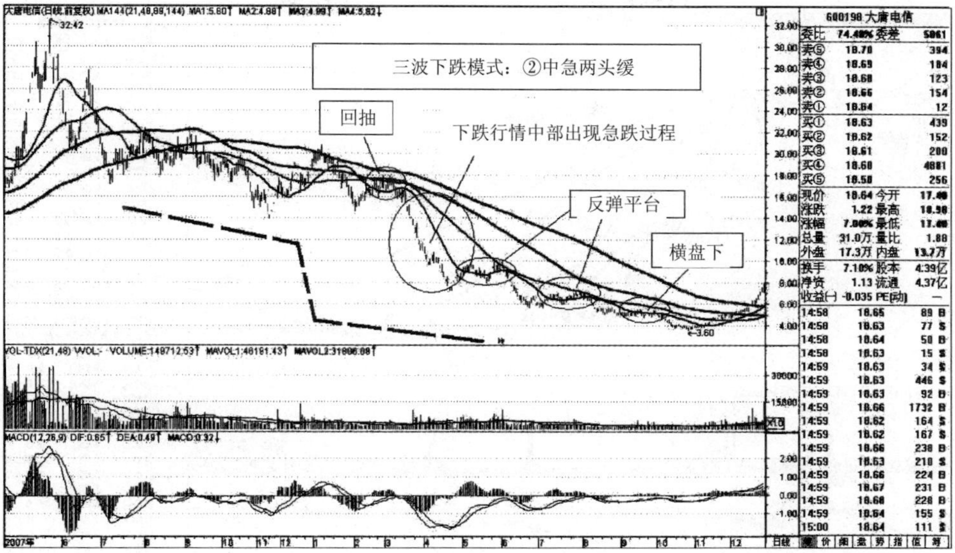

图 6-21

图 6-21 中大唐电信(600198)属于典型的三波下跌模式中的中急两头缓。下跌行情初期为分层震荡缓跌(以缓跌为主)，下跌中段变为急跌过程(以急跌为主)，下跌后期再次转为震荡缓跌(以缓跌为主)。

实战策略：由于此模式的中间部分下跌动作异常凶猛，一般会由于框架线系统各线之间乖离率短时间里明显偏大而出现一段反弹过程，如是博取短线利差者，主要以 21 日线为参考，来测算反弹空间大小，不大的话，放弃为好。切记一点，后期震荡缓跌探底过程中不宜过早介入仓位，耐心很重要，可等框架线系统明显收拢，进入底部扭转动作过程时，再择机考虑。

(4)多波下跌模式。

①两横下跌。

主要技术特点：一个完整的下跌行情中，出现两次震荡动作，两次震荡动作均在框架线系统下跌过程中完成。

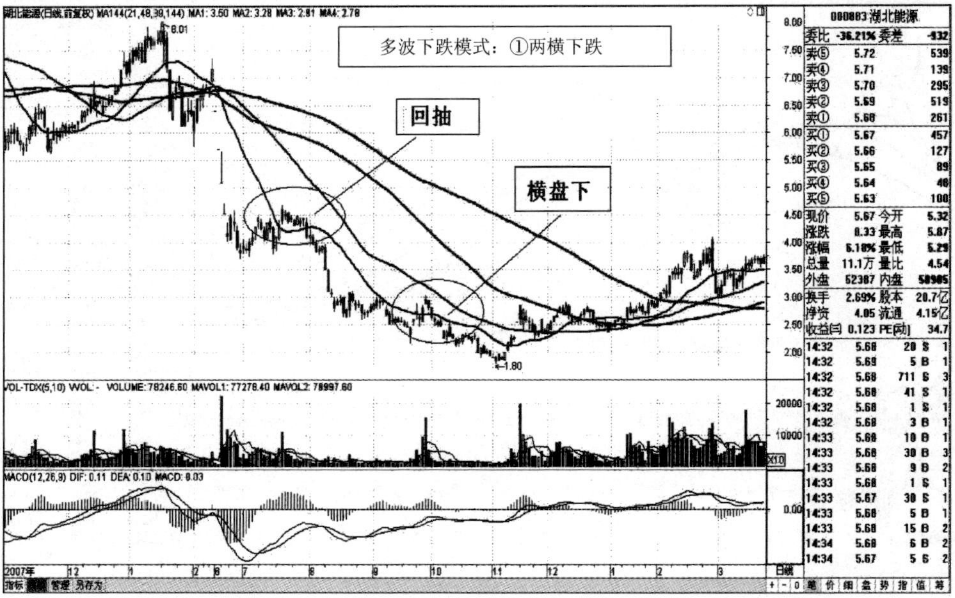

图 6-22

图 6-22 中湖北能源(000883)属于典型的多波下跌模式中的两横下跌。下跌行情过程中，出现过两次明显的震荡反弹过程，框架线系统上表现为一次回抽，一次横盘下。

实战策略：此模式可以从“一横下跌”模式升级、延长下跌行情演化而来，属于“多波攻击模式”。因此，通常来讲，下跌途中常见的震荡动作出现次数比较普遍的是一次和两次，最多出现三四次，实战中出现五次以上的现象则很少见。但无论出现几次，切记一点：框架线系统不出现收拢动作，不进入底部扭转过程，就不要轻易判定下跌行情的结束，实战中的任何一次操作，都需要有客观的技术信号来做操作依据，建仓、回补套牢仓位时，均应如此。

②三横下跌。

主要技术特点：一个完整的下跌行情中，出现三次震荡动作，三次震荡动作均在框架线系统下跌过程中完成。

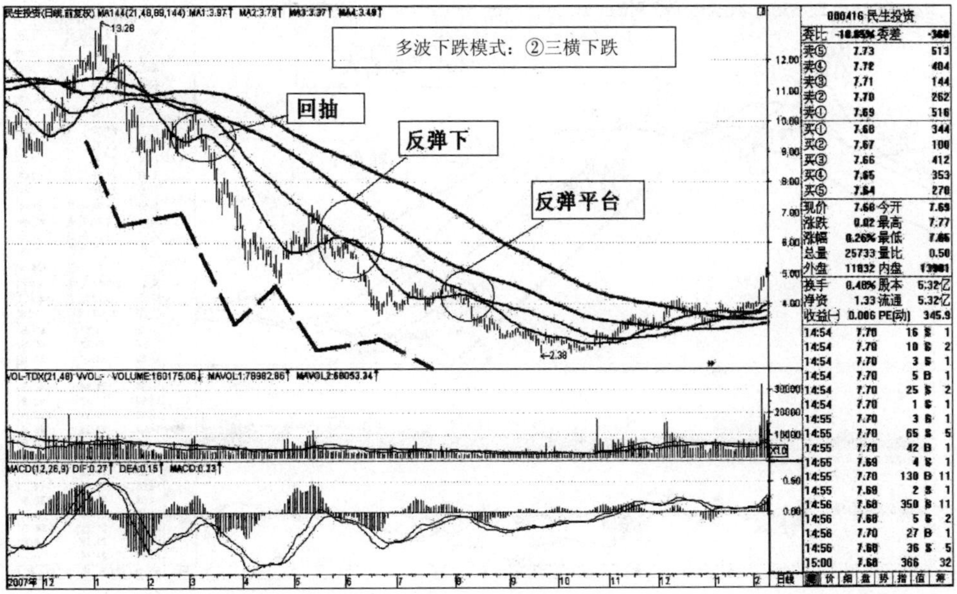

图 6-23

图 6-23 中民生投资(000416)属于典型的多波下跌模式中的三横下跌。下跌行情过程中，出现三次明显的震荡反弹过程，框架线系统上表现为一次回抽，一次反弹下，一次反弹平台。实战中也有出现四横、五横下跌的现象，但均比较少见，也都属于多波下跌模式技术范围。

实战策略：此模式可以从“一横下跌、两横下跌”模式升级、延长下跌行情演化而来，也属于“多波攻击模式”。通常来讲，下跌途中常见的震荡动作出现次数比较普遍的是一次和两次，最多出现三四次，实战中出现五次以上的现象则很少见。从这个技术现象来讲，通常下跌行情中出现的震荡动作达到三次后，就要从下跌空间幅度、时间运行期、框架线系统压制等方面综合分析判断，根据有没有出现升级现象、成交量是否有新的明显变化、有没有出现框架线系统收拢进入底部扭转过程的技术现象、基本面变化等因素来综合分析判断下跌行情是否存在结束的客观性技术信号(避免主观幻想型判断)。

(5)45° 下跌模式。

主要技术特点：一个完整的下跌行情中，基本以 45° 下跌。整个下跌行情均在 21 日线(护盘线)压制下完成。

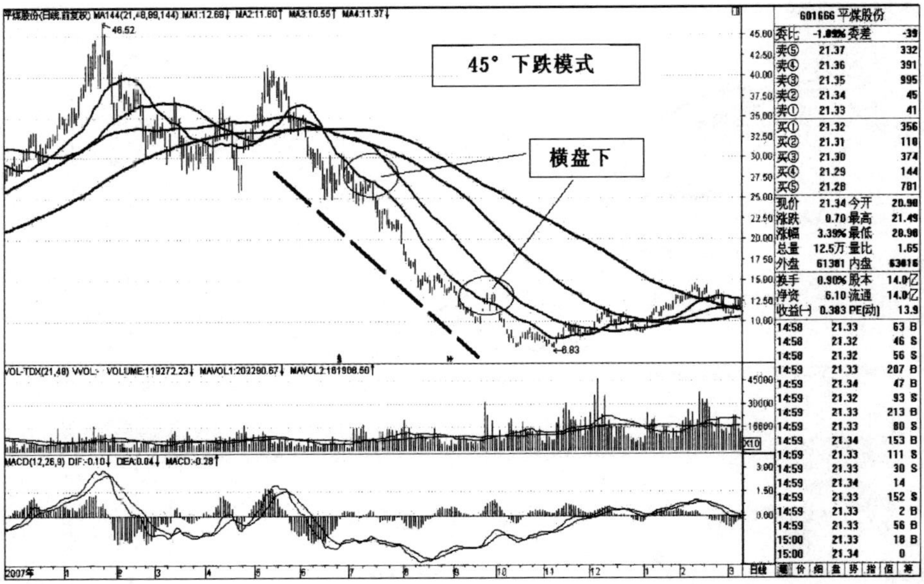

图 6-24

图 6-24 中平煤股份(601666)属于典型的 45° 下跌模式。下跌行情中 21 日线对股价的压制较为明显，该股下跌过程中，虽然出现过两次横盘下动作，但始终保持着对股价的有效压制状态。

实战策略：此模式最大特点，一个是下跌行情均是在护盘线压制下完成的，之后进入底部扭转过程；另一个是由于趋势框架线系统各线之间不发生交叉现象，因此就没有出现“反弹下”这个技术动作，又由于护盘线基本承担了所有的压制作用，再加上保持着 45° 下跌角度的缘故，所以“反弹平台”这种比较长时间的横向运行的反弹动作也不会出现。如此一来就简单了，此模式的下跌行情过程中，只会出现“回抽”和“横盘下”两个反弹动作，因为它们都有一个共同点：反弹持续时间短。

但是，此模式在下跌行情中，出现升级现象的可能性也是最大的。还有，此模式也可以转变为“下弧线下跌模式、一横下跌(三波攻击)模式、两横下跌(多波攻击)模式、三横下跌 (多波攻击)模式”。

3. 下跌行情中 7 个技术要点

(1)下跌行情中，均线系统中的“21 日、48 日、89 日”三线，一般均会经过“发散、延续、收拢”的过程，这三个运行阶段也是“下跌展开、下跌延续、下跌结束”的主要表现。因此，在此“三线”没有出现低位“收拢”现象之前，均视为下跌趋势的延续阶段。

(2)下跌行情中，5日、10日两线一旦形成向下的“攻击通道”现象，一般短线下跌幅度和时间会相应地加大、延长。

(3)下跌行情中，最常见的震荡动作有四个：反弹下、回抽、反弹平台、横盘下。

(4)一般在中期以上性质的整个下跌行情过程中，会出现一条压力强大的压制均线，始终没有被股价的反弹动作冲击或冲破过，这就是一条最重要的下跌趋势延续的压制性均线，底部扭转时，在趋势框架线系统收拢过程中，股价才会击破该线。

(5)下跌行情模式中，常常会随着下跌行情的延长，而发生升级现象。下跌模式之间也会发生相互转化的现象。

(6)在大多数情况下，21日、48日、89日三线如果能够在连续明显低位堆量的情况下形成聚拢交叉现象，至少可以期待出现一个中期性质底部扭转。因此，也可以这样讲：此“三线”发生交叉扭转，是结束下跌行情的一个重要先期条件。

(7)在下跌趋势中要经常应用“二二法则”来测定“21日线”、“48日线”、“89日线”这三条线对股价的压制力度在逐次被冲击之后出现衰减的现象(实质上，任何一条均线都具有这种逐次衰减现象)。这对于判断底部的到来以及底部扭转过程中能不能成功击穿这些压制均线有很大实际意义。而对于144日线的冲击动作，通常发生在底部扭转过程，或者下跌行情性质升级时的分析和判断中。

第三节　下跌行情中其他常见的15个技术动作

前面讲了下跌行情中的四个常见震荡反弹动作(反弹下、回抽、反弹平台、横盘下)，以此四个反弹动作结合几种下跌模式，基本可以监控整个下跌行情的演化过程。但这属于整体性的监控手段，如果要细化下跌行情中的很多细节性技术变化，就需要进一步放大下跌行情中短线的技术动作变化。因此，除了这四个常见的震荡反弹动作之外，还有另外 15 个技术动作在下跌行情中也比较常见。即：①下八爪线；②下脱线；③反弹下；④回抽；⑤下拉线；⑥攻击通道；⑦跳跌；⑧急跌；⑨缓跌；⑩下跌交叉线；⑪价破线不破(价上线不上)；⑫中字 K 线、变脸线、断头阴；⑬多线聚拢交叉；⑭诡线；⑮交叉见顶、交叉见底。

认识和熟悉以上 15 个技术动作，可以更加细化来把握下跌中的节奏与脉动、主力资金控盘的技术目的等方面的情况。这里需要说明一点：当反弹下、回抽、反弹平台、横盘下这四个技术动作发生在下跌行情中的短期三线(5 日、10 日、21 日)上时，则对短线技术判断和操作有很大帮助；而当发生在中期三线(48 日、89 日、144 日)上时，则对中期下跌行情趋势的技术分析、判断、操作有很六帮助。

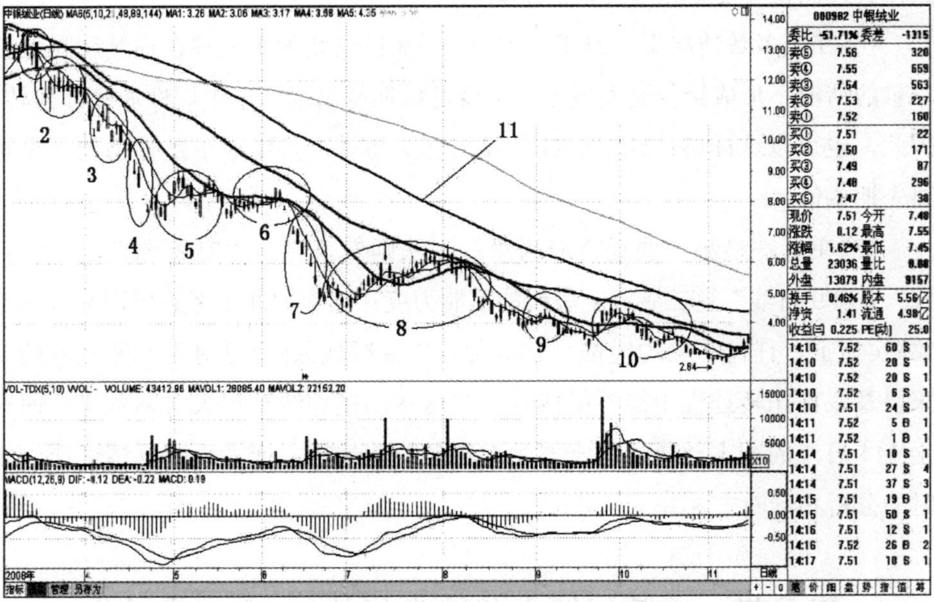

图 6-25

下面具体以中银绒业(000982)为例，讲述该股在下跌行情中出现的技术动作(图 6-25)。

图中“1”区域：很明显是一个断头阴。一条大阴K线打断三条均线(5日、10日、89日)，实战中，在多线聚拢的时候出现断头阴，一般是比较强烈的卖出警告信号。因为断头阴之后，多数都会跟随着又一个大阴线的下跌，有时还会是“跳跌”动作。

图中“2”区域：该股这里就是在断头阴开始下跌后，随后是“跳跌”动作。短线的“急跌”动作造成5日、10日、21日三线之间出现八爪，此时21日线还在横向运行，并没有拐头下跌，因此，短线的“下八爪”促成了一个短时间的反弹动作，但反弹动作明显被10日下破21日的动作所压制。此时，细化看，5日、10日之间在这里是一个小的“横盘下”动作，这本身就说明短线的反弹动作中空方力量还是保持强势地位，边反弹边震荡，股价重心也在边下降。横盘下动作之后，总是会跟随一个短线加速下跌的动作，因此，后面的再一次急跌动作，就属于顺势而出现的。

图中“3”区域：急跌、下拉线动作之后，这里又出现“横盘下”动作(5日、10日)，说明短线还是空方力量占优。

图中“4”区域：再次急跌、跳跌，10日与21日两线间明显出现“下脱线”和“下八爪”乖离，需要化解。

图中“5”区域：股价短线反弹首先化解了10日、21日间的八爪乖离，但注意看，21日与48日间也出现八爪乖离现象，也需要化解。

图中“6”区域：以“横盘下”动作成功化解了21日与48日间八爪乖离，此时，短期三线(5日、10日、21日)形成短线的多线聚拢动作，这说明短线进入一个多线聚拢的变盘点，实际情况是向下变盘的，为什么呢？原因是，一个是此处化解21日与48日两线间的“下八爪”乖离时的反弹动作是四个反弹动作中空方力量最强大的“横盘下”，说明这属于技术性的修复反弹动作；另一个是反弹过程中，股价冲击48日线的动作很短暂，没有持续性，说明多方力量的虚弱。同时，趋势框架线系统中的48日与89日间乖离没有八爪扩大，几条压制线明显带有下跌行情延续的状态。因此，向下选择变盘几率很高也就不意外了。

图中“7”区域：跳跌、急跌、连续跌。这是一个股价快速释放空头量能的动作，实战中，当下跌过程中经过一个反弹动作之后，出现这种持续强烈暴跌过程之后，一般都会促成短期超卖严重，均线之间乖离加大，技术上需要一个时间相对长一点的反弹过程，来化解多种技术信号的短线严重扭曲现象。对于短线客来讲，此时，在人们心理陷入连续恐惧中时，恰恰要注意监控短线底背离现象的发生，同时，短线的“脱线”和“下八爪”现象越严重，越说明后面会出现一个修复性的短线反弹过程。因为这种连续性的暴跌，必然会促使框架线之间(至少是 21 日与 48 日之间)出现明显八爪乖离加大现象，而这种框架线之间的八爪乖离化解过程，一般要比短期三线之间出现八爪乖离的化解时间长一些，强度要高一些，短线利差，自然也就相对大一些。同时，两线的八爪越大，形成“横盘下”动作来化解的可能性就会降低，反之，以“反弹平台、回抽、反弹下”动作来进行反弹化解的几率就会很高，这起码可以预先评估一下未来产生反弹过程的时间长短和反弹力量的强弱。特别是这里的持续下跌过程，明显被 5 日、10 日线形成的向下“攻击通道”所压制运行。

图中“8”区域：该股这里出现的是“回抽”动作来进行反弹，化解 21 日与 48 日线之间的八爪乖离。从反弹过程中的高低点空间差来看，明显比前一个“横盘下”反弹动作要大一些，时间上持续近两月，最终反弹结束的信号也比较明显(21 日上攻靠拢 48 日线但难以金叉)，虽然股价向上击破 48 日压制线，形成“价上线不上”现象，但股价下跌开始时，也出现断头阴(5 日、10 日、21 日、48 日四线聚拢处)动作。

图中“9”区域：再次下跌后，短线急跌，跳跌，再次促使 10 日与 21 日两线间出现下八爪乖离现象，两线收拢化解，这是一个小的“横盘下”动作(10 日、21 日)，说明短线空方力量依然强大。

图中“10”区域：此处反弹动作是一个“反弹平台”，技术上是由于 21 日与 48 日两线间再次出现八爪乖离现象，需要化解而产生的，同时，5 日、10 日、21 日、48 日四条线，形成一个典型的“下跌交叉线”过程。化解的完成，就发生在 21 日横向靠拢 48 日线附近时，股价再次提前下跌，从而以“下拉线”动作拉动 21 日线拐头下跌。

图中“11”区域：注意到没有，在整个下跌行情过程中，该条均线(89 日线)一直没有被股价冲击过，那么，在底部扭转过程中，要特别注意该线被向上击破的动作，就显得很重要了。说明一个底部扭转正在完成中，或者是下跌行情系统要升级。还有，该线下方的 48 日线已经在下跌行情中，有三次被股价冲击的经历，那么，在底部扭转中，该线的压制力量(根据“二二法则”)是逐步衰减的，因此，压制力量就相对没有那么强了，也就很容易在底部扭转中被向上击破，这也说明该股如果要形成底部扭转动作，则 89 日线的被击破动作要比 48 日线更加关键。

还有，下跌行情过程中的中字 K 线、变脸线、交叉见顶、交叉见底等技术动作和现象，也都在此图中有多次表现，特别是每当短线出现一个高点或低点时，常会出现，可以试着自行找找加以熟悉。

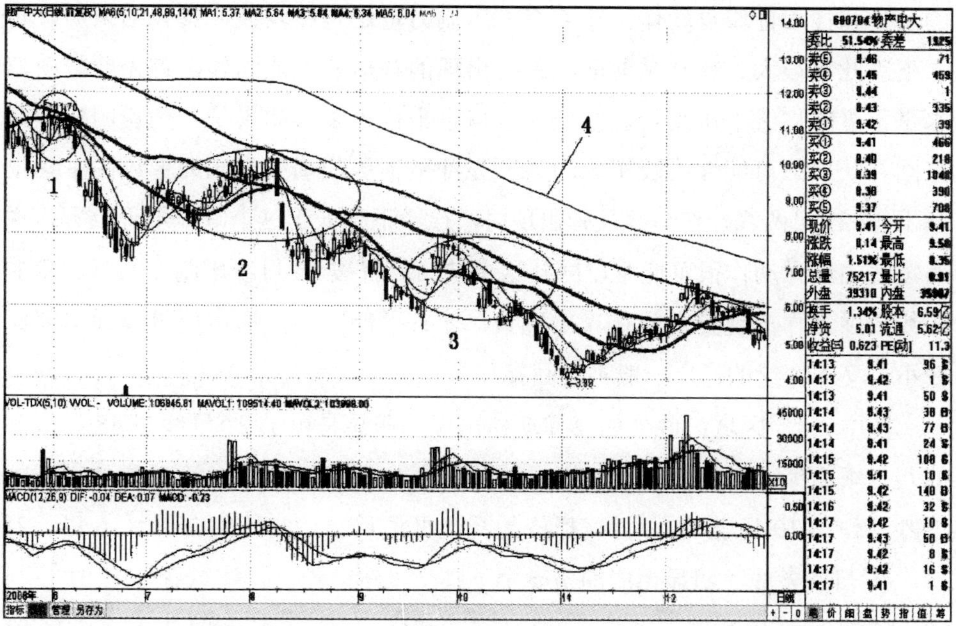

图 6-26

图 6-26 是物产中大(600704)下跌行情中出现的技术动作。

图中“1”区域：此处 5 日、10 日、21 日三线是一个小的下跌交叉线动作，同时，股价反弹冲破 48 日线压制，但 21 日线未能金叉 48 日，出现“价上线不上”现象，说明 48 日线的压制力继续保持，不断出现中字 K 线，也说明盘中冲击动作被多次打回来，股价拐头急跌、跳跌。

图中“2”区域：此处是一个反弹下的震荡反弹动作过程，这次的反弹动作被 89 日线压制，21 日金叉 48 日线之时，也成为交叉见顶出现之时，因此，这里是两个技术动作的重叠发生。股价以断头阴带量一天下破四条线(5 日、10 日、21 日、48 日)。断头阴之后，跟着跳跌加速动作，注意一点，这里短线在 10 日下破 48 日线后，才出现短线的企稳动作，这是交叉见底。因此，实战中短线下跌动作刚开始时，虽然下跌比较快，但一般下跌到有交叉见底的现象发生时，才出现止跌企稳反弹动作，这一点，要反复熟悉，对于短线何时才有可能出现企稳反弹动作的分析判断有超前演化的实际意义。而反弹起来的高度，如果明显受制于短期三线中的 21 日线压制，说明只是一个短线的反弹和技术性修复动作，短期空方压制力量还是比较大，反弹结束后，再次下跌几率很大，特别是前面跳跌时出现的缺口能不能回补，首先要看缺口水平位置的均线下压是否已经低于缺口水平位置了，如果是，则说明反弹起来回补缺口的可能性比较小，因为要先冲破下压的均线。比如像该图中这里 48 日和 21 日两线，在短线反弹出现时，已经下移低于这个缺口水平位置，说明短线的反弹动作很可能难以回补这个缺口，就被 48 日线压制而回落。除非短线反弹动作出现异常放量攻击现象，才有可能回补，通常放量反弹量能比较小，又不持续的话，一般不会回补。

图中“3”区域：此处的反弹动作出现，明显是由于 21 日线与 48 日线之间八爪乖离偏大需要化解，股价反弹再次冲击 48 日线压制。而反弹结束后的下跌动作与 10 日金叉 21 日线形成的交叉见顶重叠，此处的 5 日、10 日、21 日、48 日四条线，明显形成的是一个下跌交叉线动作。再注意看一下 21 日与 48 日两线的靠拢动作，当两线靠拢比较近时，股价(此时已经提前下跌到 21 日线之下区域)出现连续下跌动作，5 日、10 日两线组成的攻击通道一直保持着，直到 3.99 元的低点出现时，5 日与 10 日线有八爪，10 日与 21 日线有八爪，21 日与 48 日线有八爪，48 日与 89 日线间此时八爪也开始明显，这种多层八爪现象，说明即将出现一次比较强力的反弹过程，并且根据多层八爪中所涉及的均线周期大小，也可以提前演化判断反弹将持续的时间长短，无论是形成向上反弹，还是横向震荡反弹，通常都会将这些八爪乖离进行集体性的化解。由于前期下跌过程中48日线已经多次被冲击击破过，说明该线的压制力量肯定会出现逐步衰减现象，那么，只要反弹动作有一定的强度，该线是不会构成有效的压制力量的，如此一来，股价在后期的反弹过程中，主要面对的压制力量，必然会落到89日线上，89日线在下跌行情中，已经有过发生一次被冲击(虽然没有冲破)的现象，说明该线还是具有一定的压制力量，而144日线在下跌行情过程中，一直没有被冲击过，因此144日线的压制力量要比89日线更强一些。同时，89日、144日两线的护航带本身就是底部扭转发生过程中的比较重要的、会被冲破的压制线。因此分析，如果后期出现的反弹动作能够冲破89日线，然后再冲破144日线压制，那么，很可能就不是一次反弹动作过程，而会成为一个底部扭转的过程。OK！底部扭转过程是否即将出现，技术思维上，首先就会有一个警示性的高度关注了，这对于提前准备资金、准备候选品种(针对大盘如果出现这种情况时也要提前准备)、再次全面综合超前演化分析一下底部扭转的级别性质等等，都会有很大的实际意义的帮助。你的思维如果能够根据技术运行变化的规律特点超前一步，再准备几套应对变化的策略，心态自然就不浮躁了，这样，才能够达到“静”的状态。因此，心态这个问题，不是独立练成的，而是需要在科学态度、客观数据、技术变化规律特点、策略应对、纪律遵守等等这些综合基础之上，具备了超前技术思维的能力，才能够练成。

图中“4”区域：此为144日线，在下跌行情中，一直没有被股价冲击过，因此，一旦出现底部扭转过程时，该线的压制被冲破，将成为底部扭转过程中的重要信号。

第四节 下跌行情中三种原始性技术动作

攻击动作中包括向上攻击和向下攻击两种运行方向。下跌行情中，股价的总体运行方向是向下进行的，因此，向下攻击我们也常称之为“下跌”，这只是为了在思维上与向上攻击形成方向上的区别而已，但其实质还是属于攻击动作。

下跌行情中，也存在三种原始性技术动作：跌、反、横，其他所有变化出的不同形式的技术动作、技术现象均源自于此三种。所以，化繁为简来看，这三种原始性技术动作是下跌行情得以保持延续的最主要运行本质。

从市场多空力量博弈和筹码沉淀、浮动换手方面来讲，下跌行情的主要技术目的是向下拓展新的股价运行空间，或者回填前面上攻行情拓展出来的股价空间，以形成一种技术空间上的平衡。在这个拓展新空间或者回填前面拓展出的空间过程中，必然也是一个流动筹码进行新的一次浮动和沉淀的过程。市场博弈利润的来源，一个是股价空间拓展所形成的价格差，一个是筹码换手中间产生的利润差。因此，向上拓展空间价格差，只是完成了前半部分的工作，只有通过筹码换手过程收取到这个空间中的利润差，才算是真正从市场中获取了利润。如果没有后半部分的收取工作，前半部分所做的努力，就会付诸东流，成为一次失败的交易和博弈。但这里就会出现一个冲突性的问题：如果要收取拓展出来的空间利润差，必然要形成筹码的派发兑现过程，而这个过程，意味着市场上需要相同资金力量来进行换手接盘，但问题是谁来组织这个比较庞大的换手资金群体来接盘？谁也不傻，去换手接别人已经产生很大获利的筹码盘，让别人顺利收取利润差。那么，两方面(一方要收取利润差，另一方需要来换手接盘)就需要“一种技术性的过程来形成双方面的黏合剂”，这个过程就是顶部扭转过程。但顶部扭转过程结束后，还需要一个拓展出的空间进行回填的动作，或者再向下拓展出新的空间差，以利于进入下一个行情循环中，因此下跌行情就会产生。

在回填空间运行过程，一般又会产生两种方式来进行：一种是以股价回填为主来进行，这就是我们常见到的整个下跌行情过程中，反弹、横盘动作比较少，这样，回填过程中，筹码换手现象比较少，成交量持续萎缩比较严重，并且萎缩有持续性，趋势框架线系统在下跌过程中，很少出现波段性的反弹或横盘现象。股价下跌凶猛，并具有持续性特点。比如 45° 下跌模式、上弧线下跌模式、下弧线下跌模式中没有明显三波、多波段反弹过程等，这些下跌模式，主要是以股价下跌回填或拓展空间为主要运行目的的下跌行情。

另一种则以层层筹码换手为主来进行的股价回填空间过程。三波下跌模式、多波下跌模式，以及上弧线下跌模式和下弧线下跌模式中带有三波或多波下跌的过程等，这些下跌行情中，每向下回填一定的空间，就要进行一次或反弹，或横盘的密集的筹码换手过程。换手的目的是形成一层一层的筹码沉淀，因为一次性完成筹码沉淀在下跌行情中难度很大，那么，改为分层次形成筹码沉淀，就要容易一些，这主要是利用了进来参与换手的资金心理上有买便宜筹码的反差心理。形成层层筹码沉淀，一方面是为了“让别人被动性锁定筹码”，然后在更低的空间位置区域里，利用各种技术手段迫使这部分“被动性锁定的筹码”回转到手中来，以达到利用他人资金代为暂时锁定筹码的目的；另一方面也是为了降低长期持有筹码的资金成本。比如，有些个股中的资金群体是反复以该股为工具来博取不同行情中的空间利润差的，有长期驻守其中的特点。那么在收取了前一个上攻行情中的空间利润差之后(顶部扭转收取)，转为股价回填空间差的过程中时，手中还是会保持一定比例，既要打压股价回填空间差，又要形成账面利润的相对保值状态(我们知道，股价一旦下跌，账面筹码利润差必然会缩减的)，就会利用下跌行情过程中的反弹、横盘过程来吸引资金进来换手接走一部分筹码(这就像我们账面上的筹码在盈利状态下，股价下跌过程时，账面利润会缩减，但如果我们卖出一部分筹码，账面的成本就会降低，相对来讲，抵御风险的能力也就增强，同时，股价再下跌，由于筹码只有总量的减少，下跌过程中产生的利润缩减率就会相应降低)。当然，这个换手过程是否顺利，也与控盘手的技术水平有关，一般来讲，如果下跌行情中某个反弹过程中，吸引资金接手筹码的目的没有完全达到，可以增加一下反弹力度和高度来强化吸引力(比如，反弹下动作)，但为了不大幅增加控盘成本，这个加力动作会比较短暂，如果达到了，就会快速再次打压下跌，这是为了快速锁定那些被吸引进来的换手筹码，形成被动性锁定沉淀。所以，每当一个反弹动作结束后，经常会出现一个短时间的股价急跌甚至跳跌动作，并且这种层层换手的动作，在下跌行情中，可以多次出现，这就形成了我们讲的三波下跌模式或多波下跌模式。当股价回填空间目的达到后，下跌行情就进入尾声，此时资金群体就需要再次增大手中持有筹码的数量，底部扭转过程初期就出现了，这里出现的反弹或横盘动作中，换手形式还是一样的，但换手的目的不同了，前面下跌行情中换手的目的是层层减少筹码持有数量，而现在转为在换手过程中，悄悄吸收，增大筹码仓位，增加持有数量。看盘精细和水平高的人，就会发现这种变化，而一般大众，则可以通过趋势框架线系统的收拢变化，以及低位的成交量增加形成量堆，资金流变化，还有我讲的底部扭转过程中的不同阶段技术动作变化，配合指标来分析发现。当然，底部扭转过程中，无论是涨还是跌，总体目的都是增加筹码持有量，这一点，也是一个规律。因为这是进入新的一个空间循环过程中的开始，在趋势框架线系统上来讲，就是一个新的趋势循环开始了。

从以上所讲述的下跌行情运行过程，只是一个比较大致的过程，更加细节性的技术变化过程，以及所演变出的很多种资金群体进出时不同的技术目的与具体技术手段，这里没有完全展开讲，因为这是另一套扭线技术——“环环相扣”技术中的内容了。

总之，我们知道了下跌行情中一些本质性的博弈目的和常见的一些技术现象，归根到底，还是要以“跌、反、横”这三种最原始的技术动作来一步步运行才可以达到。

1. 跌

是指下跌，是下跌行情中向下攻击的主要代表动作。

跌的技术表现主要以股价向下攻击，阻断多方攻击动作，回填或拓展空间差为主要表现形式。缓跌过程会麻痹筹码持有者，使其放松警惕性，并对后面股价会再次回升上来形成一种期望。但缓跌动作一旦形成攻击通道，同时又与其他均线没有形成明显八爪现象的话，后面通常会出现加速急跌动作，甚至跳跌，因此，缓跌过程形成攻击通道又没有明显八爪乖离出现时，要警惕后面出现急跌和跳跌动作。而急跌和跳跌动作是一种强烈的打压股价快速下移，短时间里快速向下拓展空间差的信号。下拉线、急跌和跳跌动作很容易形成下脱线和下八爪现象发生，脱线与八爪出现后，当然又为下一个反弹形成技术条件的铺垫。反弹中交叉见顶出现时，往往与其他一些技术动作和技术现象形成重叠现象，此时就要警惕展开新的下跌动作。断头阴、变脸线、中字K线这些K线技术上的动作，是阻断多方反弹攻击力量的明显信号。下跌过程中的攻击通道(短线看5日、10日、21日三线中的攻击通道)，持续性要比反弹中的攻击通道明显高一些。

所以，明白了下跌动作的技术目的后，当遇到下跌动作展开时，或者提前预判到一个下跌动作即将出现时，对于自己的操作策略一定要有一个清醒的抉择。其实也只有一条可以选：当断不断，必受其害。

下跌行情中的攻击动作包括：缓跌、急跌、跳跌、下脱线、下八爪线、攻击通道、下拉线、交叉见顶、断头阴、变脸线、中字K线。

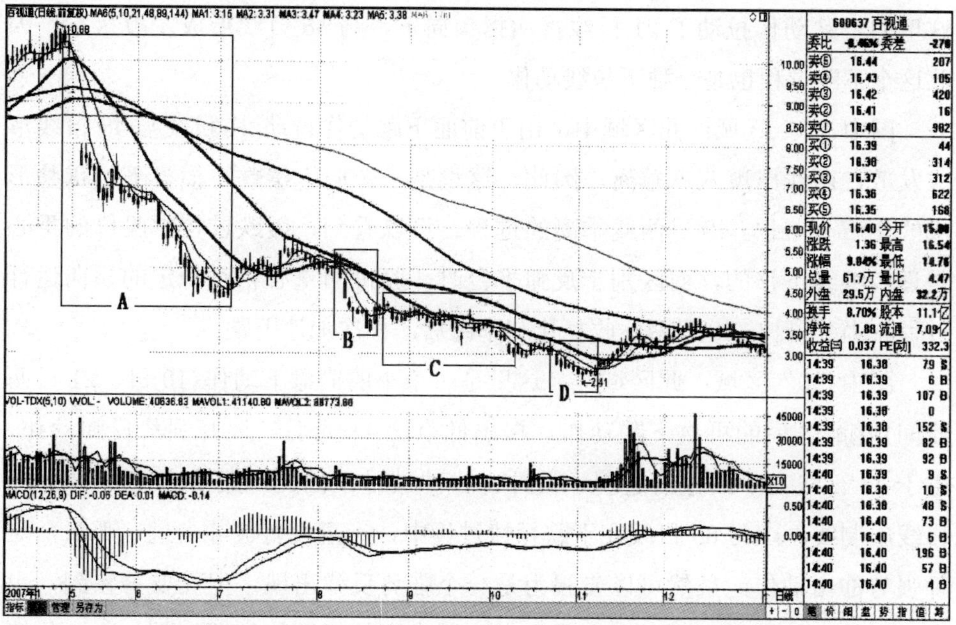

图 6-27

图 6-27 是百视通(600637)下跌行情中的攻击动作。

图中“A”区域：此区域中，下跌初始连续两个跌停板，属于最强势的跳跌动作，股价脱离 5 日线，形成下脱线。之后出现了短线的缓跌过程，主要是化解 10 日与 21 日之间的八爪乖离，这个化解的动作(10 日、21 日)就是典型的横盘下动作。10 日与 21 日两线收拢，化解结束，再次向下急跌、跳跌，横盘下之后的下跌动作，拉动 48 日和 89 日线连线下破 144 日线，因此，这也属于一个下拉线动作。实战中，遇到横盘下化解动作时，总是与缓跌动作相重叠，并且化解之后，加速下跌的几率非常高。在这个区域的整个下跌过程中，还可以注意到，5日、10日两线组成的攻击通道始终在压制着股价，使得下跌动作延续，期间，通道一直没有封闭过，这本身也说明此段的下跌过程中，空方压制力量短线非常强大，多方只有表现出抵抗性的动作(横盘下)。

图中“B”区域：此区域中，前面是一个回抽动作(看10日、21日两线关系)，当21日线与48日压制靠拢很近时，并没有形成金叉上穿，而是以断头阴来快速打破5日、10日、21日、48日四条线，进入新的下跌动作过程中。这里的下跌动作拉动了21日线再次拐头向下，与48日线形成发散状态，因此这个下跌过程也是一种下拉线动作。

图中“C”区域：此区域中，由于前面下跌动作拉动21日线与48日线形成发散，两线出现八爪乖离，因此，这里是一个向下缓跌与横盘下相重叠形成的化解21日与48日两线乖离的过程。可以看到，缓跌过程中股价的重心是逐步继续下移的，而区别于反弹平台时，股价的重心相对稳定的横向运行过程。当21日与48日两线收拢化解乖离后，再次加速下跌。

图中“D”区域：此区域中，这里是一个小的横盘下动作(10日、21日两线间)化解之后的再次下跌动作。探出低点2.41元后，展开强势反弹动作，由于48日线在下跌行情过程中被冲击、冲破过，因此，股价直接去冲击89日线压制线，因为89日线在下跌行情过程中，一直没有被冲击过，那么，这种强势冲击动作，虽然可以先视为是一个强势反弹出现，但又要警惕到，也许一个底部扭转过程同时正在展开中，因为底部扭转的初期，是与下跌行情中的最后一次反弹动作形成重叠出现的。

2. 反

是指反弹，是下跌行情中反向运行的主要代表动作。

反的技术表现主要以股价短期内或一个阶段内形成向上攻击，但又最终难以彻底改变总体趋势向下运行为主要表现形式。反弹下和回抽动作是其主要表现动作，反弹下过程中的反弹力度是最强的，股价通常会穿破至少两条压制均线(比如21日、48日两线)而去冲击更上一条压制均线，并能够促使21日线金叉48日线，才会结束反弹攻击动作。实战中，这种反弹过程也常常会给人以底部扭转展开的错觉。回抽动作由于21日线虽然拐头上攻，但不与48日线形成金叉动作，所以，攻击的主要表现还是在股价方面。价破线不破

(价上线不上)在下跌行情过程中的任何反弹动作中，都可能会出现，主要也是股价的表现上。诡线的发生，常常会与反弹过程中的均线死叉，但股价反向上攻有关，是一个短线动作。交叉见底动作的发生，通常是前面打出一个短线低点，或者反弹过程中回落结束时的一个技术现象。至于变脸线和中字K线在下跌行情中一个高点或一个低点出现时，常会伴随出现。反弹过程中的攻击通道(一般指5日、10日线组成的)，通常持续性比较差。

相对于下跌行情中的下跌动作，反弹动作过程就会复杂一些，因为这是一个反向运行过程，常常也成为一些短线客很关注的博取利差的机会。但总体看，下跌中的反弹动作过程，均属于筹码密集换手的过程，而这种换手前面也讲过，控制群体的技术目的也很明显，带有一种吸引资金进场换取他们手中筹码，然后迫使你被动性锁定沉淀的目的。因此，在下跌行情中，博取利差时，风险还是比较大的，一般来讲，只有当趋势框架线系统中21日与48日线之间，48日与89日线之间发生明显的八爪乖离现象时，才是短线客博取利差的好时机，并且在利润高低上也不宜计较，能够拿到利润就已经成功，再计较利润高低，反会增强自己的冒险野心，终会陷入被动中。

下跌行情中的反向动作包括：反弹下、回抽、价破线不破(价上线不上)、诡线、交叉见底、攻击通道、变脸线、中字K线。

图6-28是中视传媒(600088)下跌行情中的一些反向动作。

图中“A”区域：此区域中，是一个回抽动作，21日线在反弹过程中，明显有向上拐起来的动作，但又明显受到48日线的压制而拐头向下了。回抽动作过程中，股价有冲破48日压制线的动作，但由于21日线没有形成金叉48日线，因此，典型的价破线不破(价上线不上)，股价拐头向下继续下跌，就成为一个必然现象。还有股价拐头下跌时，出现断头阴。注意看，下跌时的连续三天阴线连跌现象，这是急跌加跳跌，一般也只有出现这种急速连续下跌动作，21日线才会不出现金叉48日线的现象。

图中“B”区域：此区域中，也是一个反弹下动作，与我们常见的反弹下动作通常发生在21日与48日两线上不同的是，这里的反弹下动作有点儿复杂，21日与48日两线关系是一个反弹下动作，这很明显，但同时重叠的另一个动作是发生在48日与89日两线之间关系上，此两线间发生的是一个典型的横盘下动作，还有，21 日、48 日、89 日三条线之间关系，在这里又是一个下攻交叉线的复杂动作。因此，这种比较复杂的几个技术动作相重叠在一起的现象，在实战中也是经常可以看到的。有时，某个反弹下 + 横盘下(或反弹平台)+ 下跌交叉线重叠动作还会涉及 144 日线。因此，实战中，不要被这种复杂的技术动作现象所困惑，从趋势框架线系统中，线与线之间的关系，仔细地、一层层地来解剖，然后综合重叠起来看，反而会增强这里的技术思维分析判断，因为这些相重叠的动作之间，也是一种相互印证、确认的关系，确认着这里总体的技术变化，是多头力量占优，还是空头的压制力量始终保持着？几个动作的重叠现象，如果均是向下跌过程中的中继动作，后期向下运行的几率自然就会很大，如果重叠的动作中有多头发展，也有空头发展动作，可以在下跌行情中运用大压制小、小为短、大为长这些原则来分析判断。如此细化一步分析判断，有利于做出操作上的准确抉择。别头痛，一旦掌握了其中层层的线与线之间相互印证、确认关系等这些规律关系，以后再碰到时，就很容易一目了然地快速判断出来。开始觉得很难，通了，就变简单了。

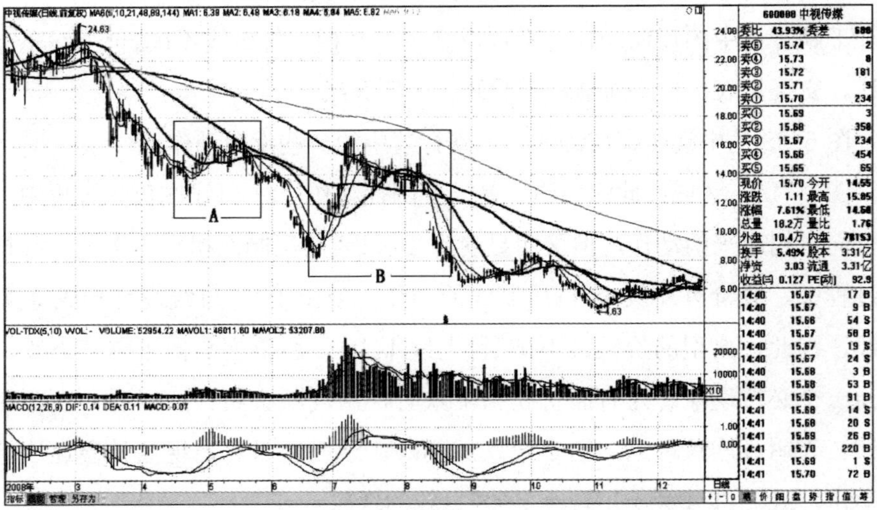

图 6-28

3. 横

是指横向反弹，是下跌行情中横向运行的主要代表动作。

横的主要技术表现形式就是反弹平台和横盘下两种，而靠线动作一般是指股价脱离 5 日线之后，又向 5 日线靠拢的动作，这个横的时间比较短。多线聚拢交叉动作通常发生在横向震荡反弹结束时，向下跌的位置处。从横向运行的强度以及震荡反弹的力度上来讲，反弹平台动作要比横盘下动作强度高，因为横盘下动作中股价重心还是保持向下运行的，边震荡、边反弹、边下跌，带有一种缓跌的现象。而反弹平台过程，比如以 21 日线明显地平向向 48 日线靠拢为主来运行，股价虽然可能反弹高度并不高，但至少在一段时间里，不会出现新低。

相对于下跌行情中的反弹动作过程，横向运行反弹的过程，就简单一些，其中的反向攻击力度也不大，总体以短期性稳定为主，但多头力量并不强，就像是产生了一种多空平衡现象。还有，如果横向运行时，成交量明显萎缩了，这说明观望盘处于最多的时候，多方力量不足，空方力量也不足，市场大量资金群体均处于观望中，因此，横的现象发生，与当时市场的总体环境以及资金群体之间的分歧还没有达到白热化现象有很大关系。横的现象发生，在技术上，必然与两线之间出现明显八爪乖离有关。同时，资金思维有分歧，但由于别的原因影响，而观望众多，因此，也属于一种技术性的修复过程。最后打破横向运行时，一种是两线已经靠近，但压制线的力量依然保持向下，而短线多方力量难以聚集突破该压制线，此时，有些筹码盘就会先行出局规避技术性风险，一旦这种出局力量逐步加大，就形成新的下跌动作，或者是某个消息诱发下跌。因此，当发现处于横向运行反弹时，还是提前规避技术性风险为宜。因为实战中，此时往往也是市场处于比较迷茫，后期运行方向不明朗，或等待某个消息兑现之时。有时，即使兑现的是利好消息，也会下跌，但容易成为探底性下跌动作，如果能够发生底背离，当然就更容易判断了。还有一个变化，反弹平台末期，如果由于某种原因形成向上加大反弹力度，两线发生金叉，也会演变成反弹下动作。横向运行反弹中的攻击通道，保持性也比较差。

下跌行情中的横向动作包括：横盘下、反弹平台、靠线、多线聚拢交叉、攻击通道。

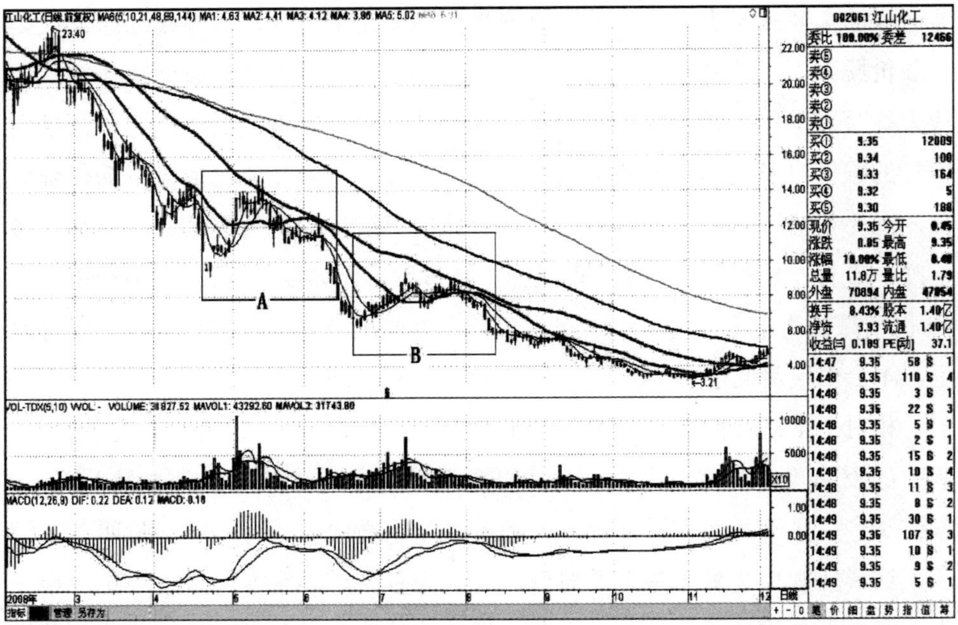

图 6-29

图 6-29 是江山化工(002061)下跌行情中的横向动作。

图中“A”区域：此区域中，是一个典型的反弹平台动作，反弹震荡化解了 21 日与 48 日两线间的八爪乖离，股价虽然有冲破 48 日压制线的动作，但价上线不上，5 日、10 日都没有冲破 48 日线压制，同时，21 日线以横向运行为主，靠拢 48 日线，受到压制，股价再次加速下跌。

图中“B”区域：此区域中，是一个回抽动作，看 21 日线有拐头向上攻击了一段的动作变化，与前面的反弹平台中 21 日线基本是以平向运行有明显区别。还有，这里下跌时，出现了一个短线的多线聚拢(向下)交叉动作(5 日、10 日、21 日三线)。

第五节　下跌行情节奏控制五种技术手法

前面讲了下跌趋势行情中最原始的三种技术动作“跌、反、横”。但这三种技术动作只是下跌行情中最基本的表现动作规律。实战中，下跌行情中的技术动作变化，虽然没有上攻行情中的变化多，但也不少，深入探究，还可以发现五种控制行情运行节奏的技术手法：“缓、急、跳、反、横”。这五种技术手法来源于三种最原始的技术动作所产生的实战变化，并与三种最原始的“跌、反、横”动作相互融合，以达到控盘者控制行情运行节奏、盘面多空力量博弈、筹码换手的浮动与沉淀，以及保持整体下跌行情技术系统的顺利发展、完成空间回填或拓展的既定目标。这就像三种最原始的技术动作是“骨”，而这五种技术手法是“肉”，“骨肉相连”，动作与手法相结合，可以衍生出千变万化的细节，并且还能够大幅增强对行情、盘面、筹码、空间等的控制力。

(1)缓：以缓跌麻痹警惕性，缓跌不放量，则须防后期转急跌动作。

(2)急：先缓而后急，先急而后缓，在急跌中既可以快速沉淀新换手盘，又可以带动割肉盘涌出。

(3)跳：以跳来形成筹码换手断层，达到下跌趋势中层层消耗做多力量。

(4)反：以反稳住套牢盘，以反化解做多力量，以反修复技术超卖，以反修正下跌通道。

(5)横：横为反，横为缓，横为耗(消耗下跌中的做多能量)，横为蓄(再次积蓄下跌量能)。

第六节　下跌技术动作的几个演化规律

掌握了三种最原始的技术动作和五种控制节奏运行的技术手法，只是诠释了下跌行情整个过程中所涉及的深层次的战略理论层面的东西。具体到实战中，掌握它们相结合之后所产生的千变万化的技术动作，就具有非常实际的意义。通过学习掌握上攻行情中的多个技术动作之间的相互演化关系，我们将了解到一个技术动作的出现，会成为下一个技术动作的前期铺垫过程，而前一个技术动作的完成，又成为后一个技术动作的开始；同时，一个技术动作还会出现夭折现象，如果这个动作运行过程中夭折了，就会变化成一个新的技术动作，而这个新的技术动作，又会成为另一个技术动作形成的前提条件……如此变化、变化、再变化，就共同组成了一个上攻行情的延续和发展，或者一个下跌行情的延续和发展。因此，只有进一步学习和掌握技术动作之间的演化、变化关系规律，才可以真正揭开行情运行发展中技术动作变化的秘密。更重要的是，这些技术动作之间的演化、变化关系是存在一些规律的。

下跌技术动作的几个演化规律：

(1) 缓跌——顺势下、蓄势下、破势下、诡线、攻击通道、断头阴、跳跌、急跌、价破线不破(图 6-30)。

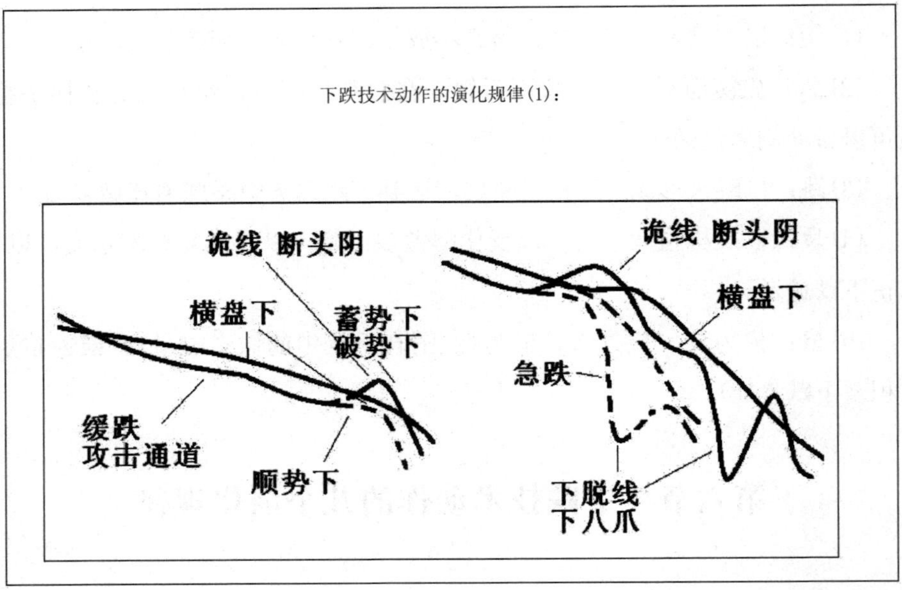

图 6-30

缓跌动作一旦形成，多数情况都会出现 5 日、10 日组成向下攻击通道伴随的现象。这个过程中，每天的盘面中均会有一些多头中、大买单不断出现，对盘面形成一种短时间的支撑，但从日线级别来看，这种盘中的多头支撑力量就显得比较弱，即没有封闭向下攻击通道而产生向上的攻击动作，同时，股价的重心却始终在逐步地向下移动中，因此，这种盘中的支撑现象，会给大量盯盘者(紧盯盘中动向者)一种“错觉”，总感觉短线会出现向上的攻击动作变化，但实际上又始终不出现。这就是典型的麻痹手段。还有，这个缓跌过程中，还会时常出现一些阳线，也会造成很多人难以下决心出局避险，但其实只是一种化解短时间下脱线的技术小修复现象。所以，缓跌过程最大的“伤害”是在犹豫和期待中，一步步错失出局机会。因此，实战中要注意缓跌形成时的攻击通道，以及股价重心的逐步下移现象，这是一个关键，一旦出现，要格外警惕。最好的办法，不是守住仓位等待，而是要在缓跌过程之后的加速下跌动作出现之前，先行出局避险。因为大量缓跌动作之后，都会跟随着股价加速下跌的动作，而缓跌动作本身就是一个下跌动作。

缓跌动作之后很容易演化为加速下跌动作，但且慢，在缓跌转变为加速下跌动作之前，一般还会出现一个技术动作，形成两个动作之间的一个切换启动动作来衔接，比如，一般是顺势下、蓄势下、破势下这三个动作比较常见。为什么常常会出现这三个动作作为切换动作呢？原因与下跌加速时的盘面控制有关。有时，加速下跌时，短线盘面中如果小散买盘力量比较多，那么，就会出现一次封闭短线攻击通道，然后再加速下跌的蓄势下动作来进行转换，这样做，一方面可以释放一下短线盘面的小散多头力量，另一方面还可以加深短线人们在缓跌过程中期待向上攻击的“错觉”。之后的加速下跌，就可以达到突发性和短线跟风盘心理上错位，一时难以扭转过来的效果。而顺势下、破势下两个动作的出现，常常与盘面上买盘缩手比较明显有关，买盘缩手，卖盘就会逐步增多，通常此时观望盘会增加，参加交易盘明显萎缩，很多人虽然已经意识到风险临近，但还是有些不甘心承认，而技术上会更客观，展开加速下跌。比如，顺势直接进入加速下跌，理论上应该增强卖盘增加，但实际中，则会有大多数人则会选择观望，因此，加速下跌反而遏制了卖盘的增多。这里面有一个心理反差现象：如果短线股价缓慢下移，小散卖盘会逐步增多，因为此时盘中还是常有一些股价反起来的动作出现，盘中卖点也比较多，敏感、胆小的人会先卖；而一旦股价短线快速下跌下去，盘中弹起的力量比较小，同时，股价短线也出现上下价差，有大量的人反而采取的对策是先等等，等反弹了再卖，即使是心里非常想急于出局，也是如此。这看起来很奇怪，但确实是我们在实战中经常会出现的一种大众心理变化。所以，短线的急跌，常常反而遏制了小散卖盘的出现，就是这种原因所致。

我的一个经验是：当技术上处于某个变盘位置而向下变盘时，操作思维越简单、顺势，越好。思虑太多，会反受其害！

出现顺势下和破势下两个动作时，短线的攻击通道是不会被封闭的，而蓄势下动作则会先出现一个攻击通道两线金叉，之后再死叉的现象，并且当这三个转变动作出现时，也常常会出现断头阴(顺势下、破势下两个动作上比较常见到)，或者诡线(蓄势下动作上有时会见到)。这是一个叠加的强烈警告信号！怀疑这种信号，其实是一种主观心理与客观现象的典型对抗表现，如果实战中遇到此现象，遏制主观心理，顺应客观技术现象是唯一正确的选择。即使某次这样选择了，后面股价又回升起来，还是要坚持这个标准，因为这里面还涉及遵守操作纪律的良好习惯培养。从长期的市场生存来讲，遵守纪律是很重要的“避险”原则，打破、破坏这个原则，将意味着迟早会被市场所吞噬！

加速下跌动作以急跌和跳跌比较常见，急跌和跳跌很容易产生下脱线现象，而这种下跌的持续性，同时会拉开 5 日与 10 日线，或者 10 日与 21 日线之间的空间乖离，形成下八爪。那么，反弹化解八爪乖离的动作就自然出现。至于会以横盘下动作，还是回抽、反弹下动作，或者反弹平台动作来化解，这就要视当时各均线之间的八爪乖离大小以及反弹的空间差大小和短线反弹时的多、空方力量对比来决定了。通常来讲，从一个多线聚拢处刚开始启动下跌之后的反弹动作，多见到的是回抽(短线下跌比较猛，5 日、10 日两线八爪乖离必须大时)、横盘下(5 日、10 日两线八爪乖离并不是很大时)两种。当然，这个没有定式，依据实际情况具体分析更为客观。同时还有一个关键，就是 5 日、10 日线的攻击通道能不能保持，也与反弹化解的动作生成有很大关系。如果化解时，5 日、10 日线的攻击通道不封闭，就说明只会出现回抽、横盘下、反弹平台这三个动作中的某一个来进行化解短线的八爪乖离；如果攻击通道被封闭，一个是会形成反弹下(5 日与 10 日两线的反弹下，也比较短线)化解过程，另一个就是要去化解 21 日与 48 日之间的八爪乖离(这样的话反弹化解的时间就会延长一些)，或者更高一个级别的八爪乖离，技术思维上形成化解的级别层次，就可以预先演化出来。至于价破线不破这种技术现象，任何时候都有可能出现，只要记住，出现价破线不破，股价的运行方向不会发生变化就可以做判断。

缓跌动作过程之后，经过启动加速动作，转为急跌、跳跌，必然会造成短线八爪、脱线现象的发生，八爪了、脱线了，短线就会出现一个价格低点反弹，而反弹会有四种方式：回抽、横盘下、反弹平台、反弹下，这是一系列技术动作的相互演化规律。

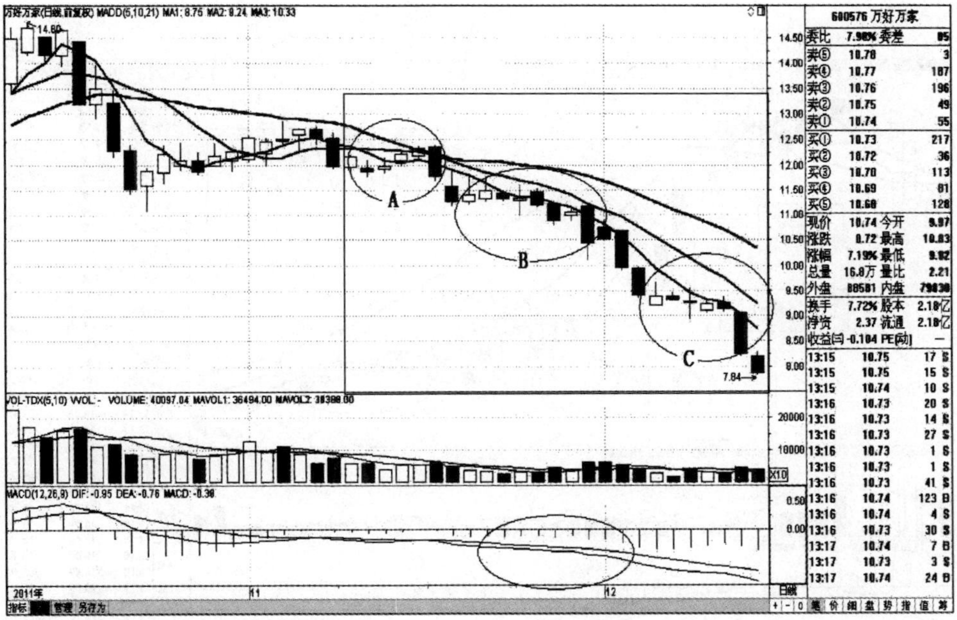

图 6-31

图 6-31 是万好万家(600576)下跌行情的 K 线图。

图中“A”区域：缓跌动作形成，伴随向下的攻击通道(5 日、10 日)。破势下动作开始加速下跌，特别是这里同时出现断头阴(打破 5 日、10 日、21 日三线)，保持攻击通道。

图中“B”区域：下跌两天，短线出现脱线，股价向攻击通道靠拢，攻击通道始终保持着，说明短线空方力量依然比较强，延续缓跌动作，随着股价重心的下移，可以注意到盘中换手量反而有增加现象，特别是阴线时增加，阳线时缩小，这说明盘中小卖盘在增多。前面讲过，缓跌时，盘中小卖盘增多，多数会跟随顺势下和破势下动作来切换成加速下跌。这里短线缓跌之后，是一个顺势下动作进入加速下跌过程。同时注意下面的 MACD 指标带有顺势下的特点，这是指标与均线、股价动作上的相互确认现象。

图中“C”区域：加速下跌造成脱线、八爪，5 日、10 日有八爪出现，以小的横盘下动作来化解乖离，保持攻击通道，股价重心继续下移。横盘下之后又一次下跌加速。横盘下动作常常也与缓跌动作同时重叠形成。

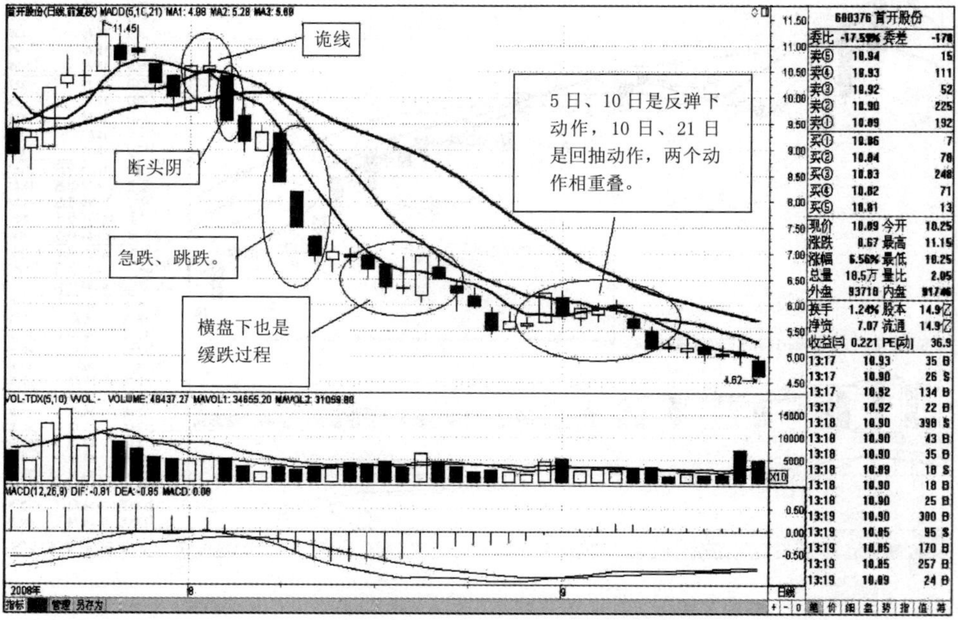

图 6-32

图 6-32 中已经标出：诡线动作带中字 K 线，并形成向下攻击通道。断头阴起跌。下脱线之后，股价靠线加速，急跌、跳跌过程。下脱线、下八爪之后，以横盘下(5 日、10 日两线)加缓跌化解乖离，之后再跌。此时，10 日与 21 日之间出现八爪，以反弹下动作化解 5 日、10 日乖离，同时以回抽动作化解 10 日与 21 日间乖离，此两个动作相重叠相形成。之后形成新的下跌攻击通道(5 日、10 日线组成)，继续下跌。这里的下跌动作过程，相互连接非常紧密。

图 6-33 是下跌技术动作的演化规律(2)、(3)、(4)的示意图。

(2)急跌——下拉线、断头阴、下脱线、下八爪、回抽、反弹下、横盘下。

(3)跳跌——下拉线、急跌、下脱线、下八爪。

(4)横盘下——急跌、跳跌、下脱线、下八爪。

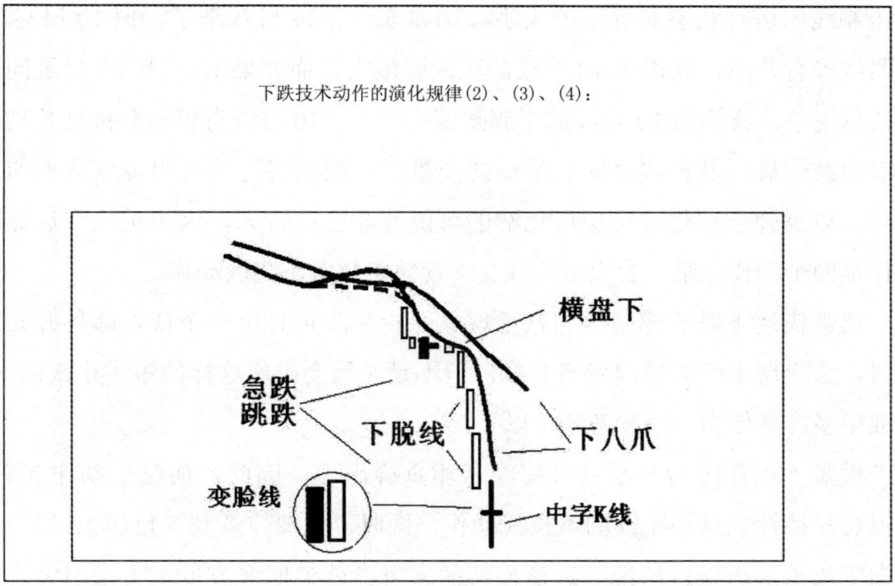

图 6-33

急跌和跳跌两个动作都属于短线快速下跌的过程，实战中常常还会相伴出现。急跌一般是指大阴下跌或者连续中、大阴线下跌过程，而跳跌就更加剧烈，往往是短线空方力量非常强大而产生的下跌动作，有时也有人为因素在起作用，技术目的主要是控制股价重心快速远离某个平均换手(也可以视为密集换手)的位置区域，促成短线参与换手筹码被压制性沉淀下来。急跌和跳跌动作也是急速拓展向下空间的直接手段，正因为如此，急跌和跳跌的动作技术上就具有向下拉线的作用，股价拉着均线快速下移，出现下脱线和下八爪现象就会成为一个必然现象，出现了，则也预示着后面又会出现化解动作，这就是我们常见到的反弹动作。反弹动作我们归纳出了四个(回抽、反弹下、横盘下、反弹平台)最常见的，实战中，具体会出现哪一种来化解，首先看八爪出现在哪几条线之间，如果仅仅是 5 日、10 日之间，那么，这个化解就比较短暂；然后还要看八爪的乖离空间有多大，一般测一下八爪两线间的空间差就大致可以掌握，空间小，一般以横盘下来化解的比较多见，空间大一些，回抽、反弹平台来化解的可能性就大些。还要同时看八爪的两条线的上方哪条压制线的运行状态和强度的大小，比如 5 日、10 日八爪了，但 10 日与 21 日两线没有八爪，就说明 10 日线的压制强度大，而如果 10 日与 21 日之间也有八爪现象，就说明 10 日线的压制强度小一些，10 日线有可能会被反弹动作中 5 日线击破。其他线之间关系以此类推。一般来讲，只有出现双八爪的现象时，以反弹下动作进行层层化解的可能性才会比较大，因为也只有反弹下动作是四个动作中唯一会出现均线交叉现象来化解乖离的动作。

通常快速下跌造成脱线和八爪现象，短线股价打出一个低点即将开始反弹时，会出现中字 K 线或者变脸线，但不是必须会出现这样的短线止跌情况，实战中多注意作为一个参考就可以了。

横盘下动作因为与缓跌过程经常相重叠出现，因此，横盘下动作之后，也很容易持续急跌和跳跌的下拉线动作，同时，也要注意到 5 日和 10 日组成的向下攻击通道保持情况，通道保持的本身，就说明多方反击力量不大，因此，横盘下动作，本身就预示着后面还会出现一个加速下跌的动作。而断头阴，一般在加速起跌时比较常见到，但也不是必须要出现，实战中要注意灵活应对。

图 6-34 的情况前面已讲过，这里主要是重点看一下其加速下跌过程，以及后面化解八爪乖离的过程。

断头阴起跌，急跌、跳跌动作很明显拉动 5 日、10 日，特别是拉动 21 日线向下移动。急跌和跳跌的动作很容易持续脱线现象，同时 5 日、10 日两线八爪。股价向 5 日、10 日两线靠拢过来，横盘下化解，同时也是一个缓跌的过程，注意向下的攻击通道始终保持着，说明这里的空方力量还是比较强大。虽然短线 5 日与 10 日的乖离化解了，但 10 日与 21 日的八爪乖离还存在，因此，后面跟着的一个反弹下动作(发生在 5 日、10 日上)并结合一个回抽动作

(发生在 10 日、21 日上)共同完成了化解 10 日、21 日之间乖离的过程。实战中，这种急跌和跳跌动作必然会产生短线脱线和八爪乖离现象，是一个技术演化规律，乖离产生，就会有化解动作来化解，这又是一个必然演化规律，化解之后，再跌，这又是一个演化规律，除非这个化解动作转变成扭转型动作，那就进入了另一个方向的运行动作了。记住这些简单、有效的技术演化规律，在实战中帮助很大。同时，一旦出现改变了原有的运行演化规律而形成新的变化时(比如扭转向上运行了)，你也可以及时地捕捉到技术变化点，这种技术上的变化规律，很有实效性。我们这里把这种变化缩小到短期三线上来讲，是为了让大家能够观察到一些细节性的变化，如果把这些演化规律扩大到趋势框架线系统上来看，那么，一旦出现脱离原有的下跌行情的运行演化过程，而出现扭转性变化时，就可以及时准确地把握到出现的底部扭转。这就是技术上有很多规律性的东西，可以放大和缩小在实战中来使用的特点。先掌握熟悉了小，再放大到大一些的周期线系统上熟悉掌握，这也是均线技术的一大特点，因为其内在的技术变化规律是一致的。

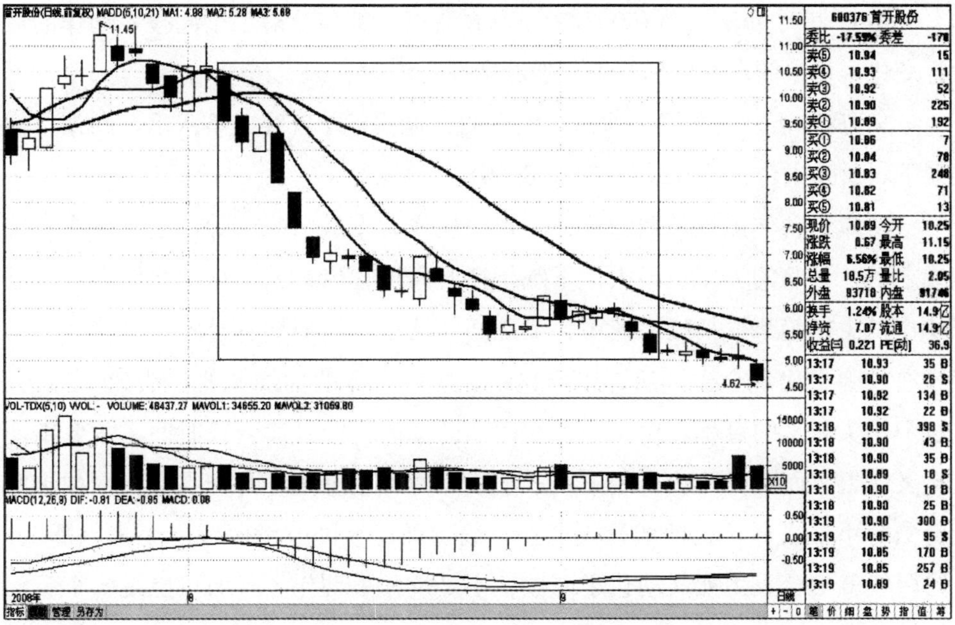

图 6–34

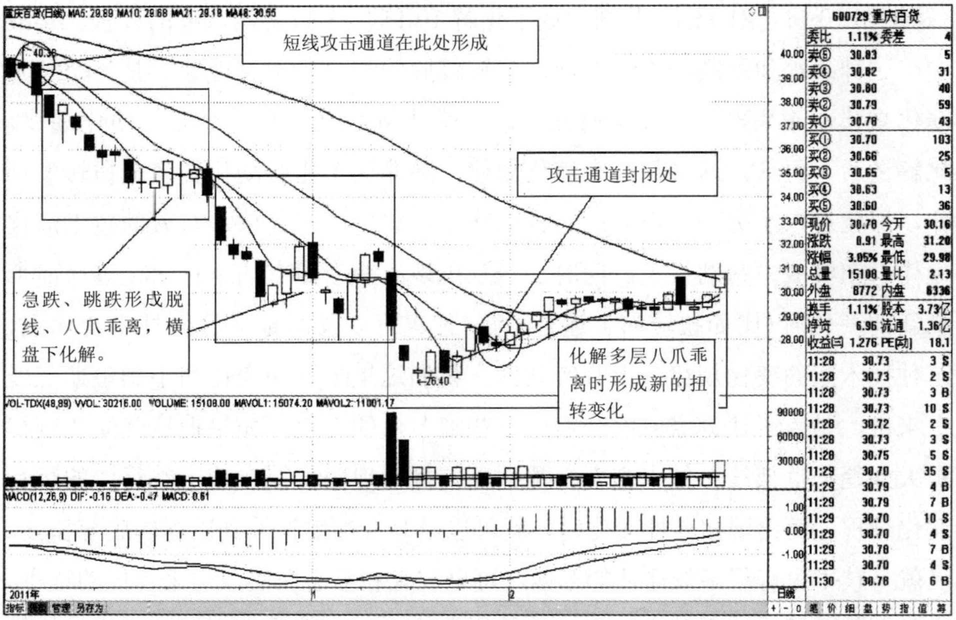

图 6-35

图 6-35 中重庆百货(600729)下跌过程中，细化分解了不同技术动作的运行变化，可据图自行分析一下，加深掌握。

(5)反弹下——急跌、跳跌、断头阴、诡线、下脱线、下八爪、回抽、横盘下、反弹平台、价破线不破(图 6-36)。

反弹下动作虽然是四种反弹动作中反弹力度最强的一种，但其动作在完成之后，下跌的力度也很大，下跌持续时间过程也最长。这主要因为反弹下动作发生在趋势框架线系统中各线之间，这些均线周期本身就长一些，当均线在反弹中出现金叉之后，股价起跌，然后上穿的均线又要拐头死叉均线，这个拐头死叉的过程，由于两条线周期的原因，会延续一段时间，才会出现死叉现象，而此时股价已经下跌了一段时间。这里面还有一点变化：如果股价先行下跌之后，在两线死叉之前，股价又能够回升到两线之上来，那么，这两线就不会发生死叉动作了，也就不是反弹下动作了，而可能是一个新的扭转动作。

反弹下动作中，被金叉的那条均线，通常还是保持着向下运行的状态没有变(这一点与底部扭转中被金叉的线很容易转为平向运行有区别)，因此，金叉的前后，可能反弹高点就会出现，一旦完成反弹攻击动作后，刚开始的下跌多数为短线震荡缓跌过程，但股价肯定会先行下破那条被金叉的均线，而在其之下区域运行，如此一来，由于股价重心的降低，对上面的各条均线就会有向下拉动作用。而两条均线金叉后出现死叉时，会有三种情况发生：第一种是死叉动作也成为股价一个小反弹的高点同时出现(一般这种情况发生，与短线5日、10日间出现小八爪需要化解有关，属于交叉见顶)；第二种是股价短期下跌形成一个低点(一般这种情况发生，与短线股价下跌空间差，连续跌幅比较大有关，属于交叉见底)；第三种是死叉动作会加速股价的向下跌(一般这种情况发生，与股价并没有远离被死叉的均线附近有关，比如股价下跌是以维持震荡缓跌为主，两线交叉反而促发加速下跌的开始)。也要注意看一下短线5日、10日是否有八爪出现(八爪出现就会有反弹化解动作出现)，以及攻击通道是否保持着(保持着，说明空头力量强大，死叉反而会开始加速股价下跌)。

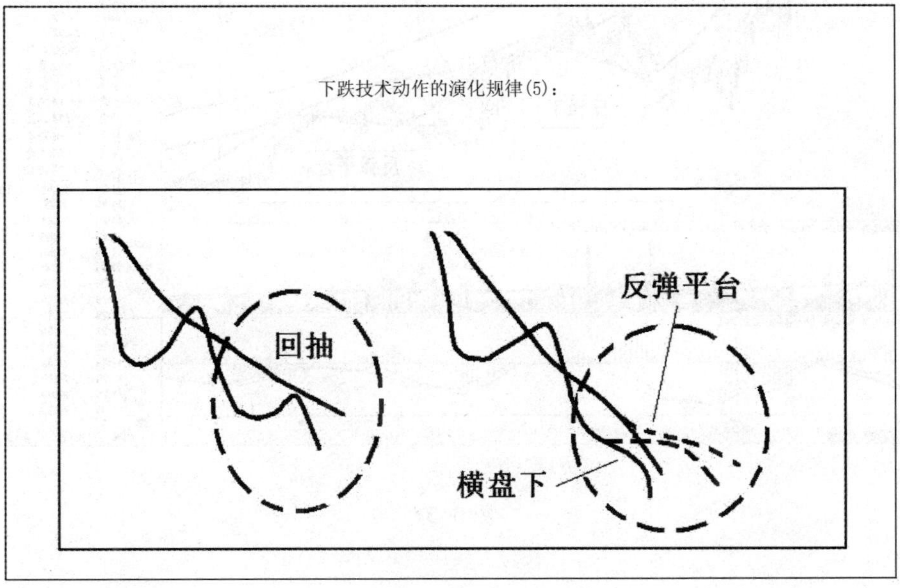

图6-36

但无论反弹下之后股价下跌了多少空间，由于死叉的两线运行角度上本身就带有八爪方向，因此，持续性下跌必然会加大这种八爪乖离，也就预示着后面还会出现一个化解两线乖离的动作。如果此时下跌行情处于初期和中期延续阶段，出现回抽、横盘下两个动作来化解的可能就比较大。如果反弹下动作后股价下跌时间长，空间幅度大，八爪乖离空间也大，以反弹平台或者另一个反弹下动作来化解的可能性也就更大些，这种情况也说明会有一个阶段的反弹动作即将出现，具体情况要视实战中的实际情况来分析。

诡线动作一般出现在反弹下动作过程中反弹起来后的某一个高点位置时，但不是必须出现的动作。

价破线不破现象在攻击通道、横盘下、回抽、反弹平台等过程中都有可能出现。

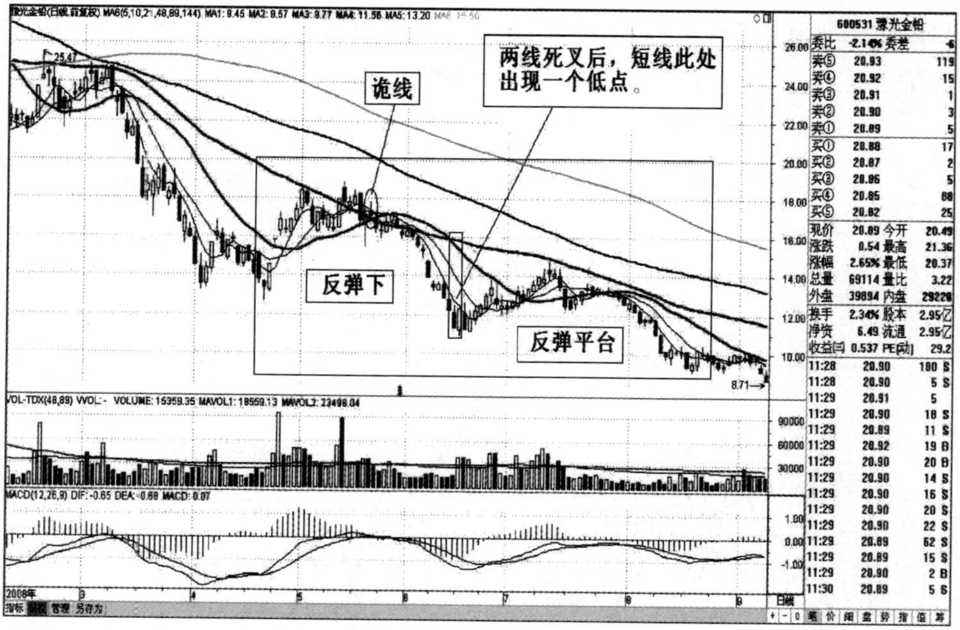

图 6-37

图 6-37 中豫光金铅(600531)反弹下过程中出现有一个诡线动作。21 日线上穿金叉 48 日线之时，反而成为股价下破 48 日线的导火索，注意短线 5 日、

10日攻击通道已经形成，股价先是缓跌，然后加速下拉21日线拐头向下。当21日线死叉48日线后，短线由于股价下跌空间幅度比较大，同时5日、10日、21日、48日几条线之间均出现八爪乖离现象，因此，一个低点出现，这就是交叉见底现象。反弹化解层层的八爪乖离过程，是一个反弹平台，21日线转为平向运行向48日线靠拢，因为21日线与48日线两线间乖离空间比较大，所以，这种现象大多会以反弹平台或反弹下动作来化解。化解之后再次下跌，短线又伴随形成攻击通道。

注意到没有，我们反复在讲下跌中这些技术动作完成时，股价总是会先行下破支撑均线运行到支撑均线的下方，这与上攻行情中每完成一个震荡平台之后，启动上攻之前，股价也会先行运行到压制均线之上来一样，价在线之前出现变化，是正常合理的先行，恰好也可以把这种股价先行一步的现象与均线的随后动作进行结合，股价如果先行一步，而均线跟随运行，这是一种确认的现象；股价先行一步，而均线不予跟随运行，这就是一种不确认的现象。掌握两者之间形成的相互确认关系，对实战操作准确判断有很大帮助。

(6)下脱线、下八爪——回抽、反弹下、横盘下、中字K线、变脸线、价破线不破(图6-38)。

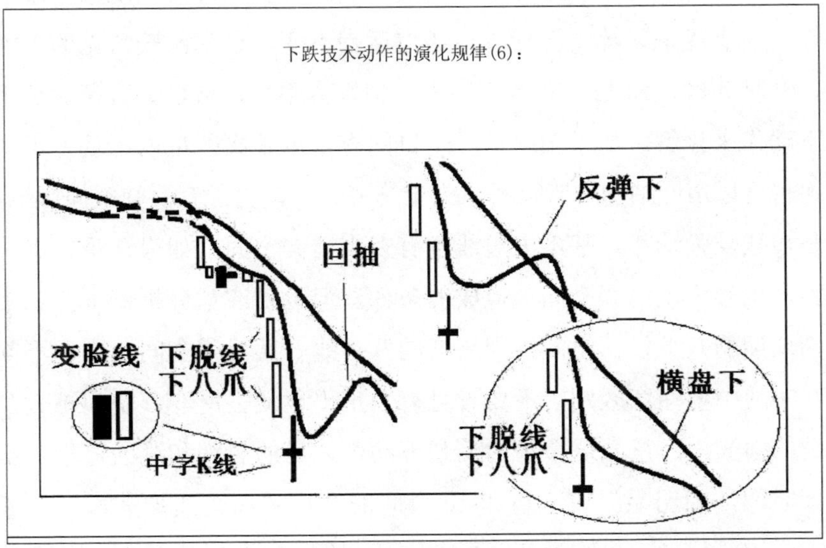

图6-38

现在大家应该已经掌握了下跌过程中，下脱线、下八爪出现之前会是什么动作了吧？对，急跌和跳跌最常见，缓跌也可以形成八爪，但一般不会形成连续脱线，因为要形成连续下脱线，股价就要急速连续下跌，缓跌就要转变为急跌或跳跌动作才可以形成。下脱线、下八爪的乖离越大，则短线越容易出现一个低点，这就像短线空头走向一个极限后的空转多现象，即使反弹化解完成后，再接着跌，但短线这个反弹化解动作已经不可避免。可能有些人讲，那可以接着跌啊？是的，在脱线、八爪比较大的时候，可以继续接着下跌，但有一点，物极必反，只是再多跌一点，之后还是必须要反弹起来化解所产生的乖离。这种技术上的规律原理涉及技术的原始运行状态，不是直线的，而是曲线式上下波动的，是由价与线之间的相互吸引关系、短线筹码博弈心理的变化、空间平衡运行原理等这些深层次原因所导致的。所以，一个连续脱线和持续八爪现象可以继续扩大，但不会无限地扩大，最终还是要进行技术上的化解和修复，来达到一种技术空间的平衡关系，这是技术运行原理的必然规律。至于用哪一种反弹动作来化解连续脱线和持续八爪现象，前面已经反复讲过，就是四种，这里不再重复。

图 6-39 中电科院(300215)表现了不同状态下的化解动作。起跌时，有诡线，攻击通道形成。下跌过程中，短线一旦有股价出现脱线现象，股价就主动向 5 日线靠拢来化解，保持攻击通道运行不变，这是比较常见的下跌通道过程。有时 5 日、10 日间有八爪现象，但乖离不大，就以边震荡、边下跌的横盘下动作来化解。如果 10 日与 21 日间有八爪乖离，可以用反弹下动作来化解，也可以用回抽动作来化解，无论是哪一种，由于有反弹空间压制所限，都只是短线反弹动作，基本上短线没有多少博弈空间。如果八爪线乖离空间比较大，也会出现博弈空间差造成的条件，但也要注意分析一下是属于哪一个级别周期的八爪线，不同级别周期的八爪线，其反弹空间差距也不同，这一点在实战中要注意区别，不要看见有八爪出现就去博弈，空间不大，反会有无谓的损失。注意看这个小的反弹下动作之后的急跌和跳跌过程，虽然只有几天时间，但明显促成 5 日和 10 日间的八爪乖离快速加大，中字 K 线见底。由于 10 日与 21 日间没有明显的乖离，但 21 日与 48 日间的八爪乖离已经出现了一段时间，必须要化解。因此这里出现的反弹动作主要是化解 21 日

与 48 日间的八爪乖离过程，最终以反弹下动作来完成化解。之后先缓跌，再加速，注意攻击通道的保持。

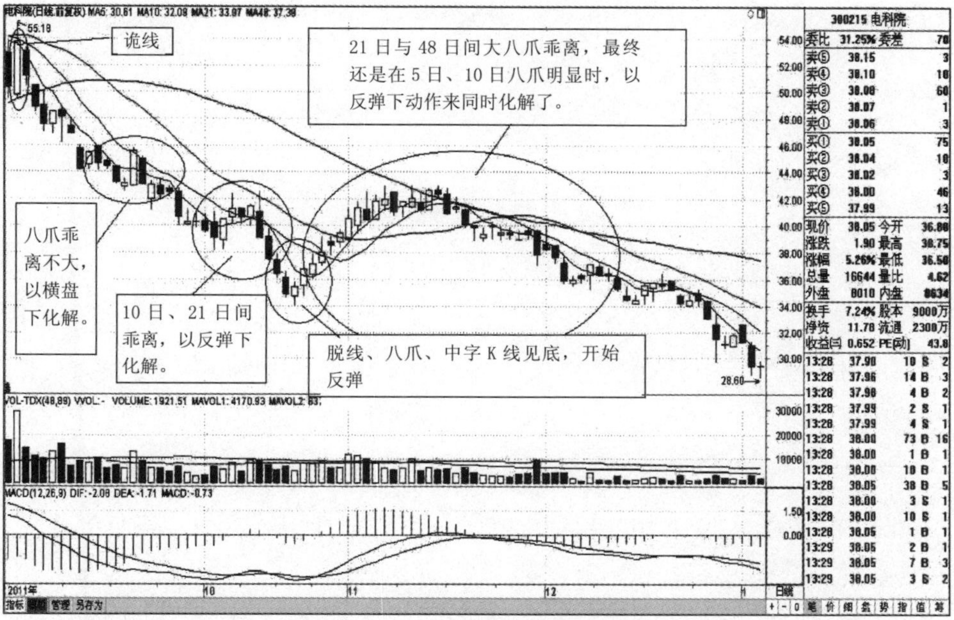

图 6–39

从技术动作之间演化角度讲，每一个技术动作都可以演化出不同的技术动作来，以上这几种只是下跌行情实战中比较常见到的几个演化关系，除此之外，还有多种动作演化关系以及多种套路，将在“扭线技术”系列另一套实战技术“环环相扣”中进行更系统、深入地解析。

第七章　扭线技术成交量实战秘诀

第一节　量、价实战秘诀

1. 价升量升——涨要持续才可以

价升量升现象是价量顺势状态下攻击动作的典型表现，攻击时有量能配合，也是一种价量关系中相互确认的体现，价升量升同时也是短线多头攻击量能释放时的一种现象。因此，当这个攻击量能释放之后，通常会出现两种情况：①价量背离(比如价升量缩或价跌量升)现象；②价量同时拐头现象(比如价跌量也缩)。

实战中，分析的重点主要是在量能释放之后的这两种变化上，因为准确分析把握这两种变化，对于操作具有实际意义。

技术思维上首先要理清这样一个逻辑规律：现在是价升量升状态，那么，后面肯定会出现两种变化：价量背离和价量拐头现象。因为价升量升的现象是不会无限持续下去的，出现变化是一个必然结果。但出现的变化是否会是一个高点顶的出现，或还只是一个攻击过程中的短线高点的停顿？两种不同的结果，必然会带来两种不同的应对操作策略。

一种变化是持续性价升量升攻击释放量能之后，出现一个高点时，价量背离现象发生比较多。这其中主要原因是当股价攻击中，出现价格继续上升而量能衰减现象时(注意：要形成持续性才可以)，说明多头新资金加盟力量的明显减少，虽然此时股价还可以攻击出现新高，这是因为短线很多获利累积筹码处于观望、坐等利润进一步放大的喜庆之中，还没有转为空方抛压筹码来压制股价的攻击，但随着新资金加盟换手力量衰减到很低状态时，盘中换手筹码基本都属于获利筹码，区别只是获利大小上不同，此时大量获利盘又纷纷加入沉淀筹码阵营中，坐等利润放大，这就出现了一个问题，股价靠什么力量来推动新高？一种情况是主要筹码群体自己换手来维持推升攻击；另一种情况就是股价的攻击动作戛然而止。问题是，如果短线股价连续攻击幅度比较大，满盘都是获利筹码，并且都在等主要筹码控制群体来推升股价攻击，主要筹码控制群体会傻乎乎地这样做吗？是你，你也不会自己用加大成本来让别人利润空间扩大吧？因此，这一种情况出现的可能性比较低，通常如果一旦出现这种情况，主要筹码控制群体就会果断地以股价攻击动作戛然而止来进行剧烈震仓动作，清洗获利筹码盘，这就出现了价跌量升的打击动作。当然，这是一种从前面的价升量升的顺势攻击状态，变为价跌量升的价量背离状态了，同时，如果获利筹码盘越多，这种清洗的动作可能就会升级成一个阶段性的震荡清洗过程，那么，短线一个高点顶就自然形成。因此，记住“价升量升——价升量缩——价跌量升”这个变化的过程中，从价升量升变为价升量缩时，是一个短线攻击动作即将会发生变化的一个警示信号。有时也可能会直接从价升量升，转变为价跌量升，期间没有了价升量跌这个警示信号出现。这些都属于价量背离型的转变规律。

另一种变化是持续性价升量升攻击之后，直接转变为价跌量缩，这种属于价量同时拐头的转变现象，很容易形成一个高点顶(但实战中不能仅靠价量关系来确认一个高点顶，还需要其他技术信号来共同确认，才会更准确)。其中主要原因还是短线获利筹码太多(攻击幅度大和获利筹码太多是一个关键条件。如果获利筹码不多时，可能只是一个短暂的高点)，而主要筹码控制群体在价升量升攻击时，已经不断地通过换手在锁定一些利润，因此，当攻击动作遇到某个技术阻力或者参与换手的新资金达到一个狂热状态时，主要筹码控制群体就会以突发性打压股价的手段来达到锁定套牢一批最后参与换手的筹码群体的目的，虽然这些筹码中很多也有一定的利润累积，但主要筹码控制群体可以用短线连续性打压股价来快速遏制这部分获利利润累积比较多的筹码群体，那么，这部分筹码群体就会发生分化现象，一部分会见好就收，至少保住一部分利润，一部分则会选择死守不放(通常这部分人比较多些)，众多参与者大部分均会选择观望、等待反弹再走的策略。OK！主要筹码控制群体快速打压股价后(通常短线跌幅会大一些，比如直接打到 21 日线上下，这样一般都会出现20%左右的跌幅，如果前面攻击幅度大的，短线下方有八爪，乖离也明显，快速的跌幅也会更大一些)，再出现反弹动作，但这个反弹动作没有人们预期大，通常套牢盘越多，这个反弹高度越小。再打一次，很多观望筹码(有获利盘的、获利不大的，甚至有些浅套的)盘就自然会失望，为了先保住利润或资金而涌出来。之后，主要筹码控制群体再进行一个短线的盘中清洗浮筹过程，梳理一下均线系统，又可以继续攻击新高了。通过以上这种比较多见的实战变化过程，就会发现价升量升之后转变为价跌量缩现象时，带有很大人为控制作用在其中。当然，实战中的变化更多些，这里只是做了其中一种变化解析，实战中要将当时的均线系统状态、指标状态综合起来具体进行分析把握。

综合以上这几种变化，那么，在实战中一旦出现价升量升现象的攻击时(特别注意，要具有持续性的)，要特别记住一点，“涨(攻击状态)要持续才可以(守仓)”。就是这种攻击状态要持续进行，才可以守仓，一旦攻击量能释放掉，价量关系发生转变现象时，则应高度警惕一个高点顶的出现，特别是有脱线、八爪现象也同时发生时。另外，实战中如果出现的价升量升攻击没有持续性，就属于震荡性攻击过程，与这里讲的有一些区别。

图 7-1 是上证指数(999999)一段日 K 线图。

图中“A”区域：这里是在价升量升之后再价跌量缩的转变过程，形成了高点，但由于前面攻击幅度不大，也没有形成持续性，获利筹码不多，再加上明显是由于均线压制所促成，所以这个高点也就比较短暂。

图中“B”区域：这里是在持续性价升量升之后出现价升量缩的变化，这个变化是一个警示信号，随后短线开始震荡洗盘动作。

图中“C”区域：这里是持续性价升量升之后再次出现价升量缩变化，又出现警示信号，随后短线再次出现震荡动作。

图中“D”区域：这里是持续性价升量升之后直接转变为价跌量缩变化，攻击幅度比较大，获利盘比较多，5 日、10 日八爪，10 日、21 日也八爪，乖离都偏大，60 分钟线上顶背离等很多见顶信号共同出现，相互确认，再加上价量同时拐头，因此，这个高点顶是自然而成。

图中“E”区域：见顶之后，这里是一个反弹动作，价升量升之后变为价跌量升变化，还有 5 日下破 10 日，而指数反向上攻，形成诡线，指标此时也是刚死叉，并不确认这个反向攻击动作。因此，出现的这个反弹高点也是合理技术现象。

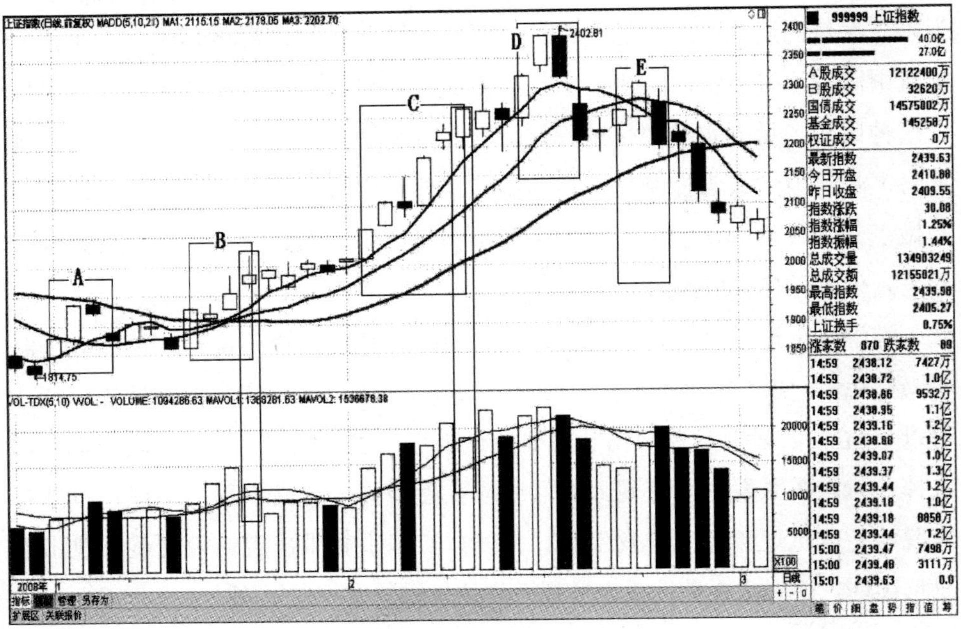

图 7–1

2. 价升量缩——支撑不破才算好(均线支撑)

价升量缩也会发生在攻击过程中。出现价升量缩，说明前面一定是先出现了价升量升的现象，之后才会有价升量缩现象发生。价升量缩发生在攻击途中，一般与短线攻击到某个技术压力位置，或者短线有脱线现象发生，或者直接与主要筹码控制群体的盘中对股价进行压制性清洗动作有关，所以，持续性价升量缩现象发生时，多数情况下都会伴随短线的震荡洗盘动作。

还有一种情况是出现持续性的价升量缩现象，出现这种持续性的价升量缩攻击现象，说明处于大量筹码沉淀型攻击状态中，当然，这种现象也表明筹码的主要沉淀是发生在主要筹码控制群体手中。此时，要特别注意股价的震荡动作中，下方的均线支撑力度强不强，一个是看某支撑均线，另一个是看保持的攻击通道，也可以结合价破线不破，指标状态是否维持强势运行，比如洗攻动作、飞龙线都是典型表现，以及随后是否会再次转为价升量升的攻击，或者当完成这一段的攻击动作之后，通常也会发生搅动，使沉淀筹码漂浮起来，进行清洗获利盘，促进换手的动作等变化来分析把握。此类价升量缩现象持续发生时，通常会表现为震荡攻击方式，也就是边攻击、边清洗、边沉淀，保持的攻击通道很重要。

一般来讲，价升量缩或者只是攻击途中的一个整理洗盘过程，或者会成为一个高点顶出现时的过渡现象，比如前面讲的“价升量升——价升量缩——价跌量升”这个高点顶出现时的变化过程中，价升量缩是在加速度攻击之后的多空双方博弈的一个过渡。总之，价升量缩的发生，多为一种过渡现象(无论是攻击途中，还是高点顶形成时)，此时，特别注意均线系统发生的八爪现象，一旦下方有八爪现象，也许还不止一个八爪，就要特别警惕一个高点顶也许即将出现。另一个就是要特别注意股价短线震荡时的支撑强度，如果比较强，支撑就不会被有效打破，当然，主要是指均线系统中的攻击通道支撑，那么，攻击动作在震荡后就还会延续。因此，出现持续性的价升量缩攻击时，均线或通道支撑不破才算好！

图 7-2 是泛海建设(000046)一段日 K 线图。

图中“A”区域：这里是放量攻击之后的持续性价升量缩攻击，典型的洗攻动作，5 日支撑明显，攻击也就继续。洗攻之后变为放量攻击。

图中“B”区域：这里还是放量攻击之后的持续性价升量缩攻击。5 日支撑强，形成连续脱线，期间夹杂震仓动作，八爪乖离后，最后出现价跌量升，转为震荡整理。

图中“C”区域：这里再次出现放量攻击之后的持续性价升量缩攻击。5 日支撑强，出现八爪乖离后，变为价跌量缩，出现一个高点。

图中“D”区域：前面在持续性的价升量缩攻击之后，转为价跌量缩，之后在短暂的价升量缩攻击后(总体看量依然没有明显放大)转为价跌量升，出现高点顶、断头阴、变脸线、封闭攻击通道、指标死叉等多种技术信号相互确认。这里需提醒一下，前面第一个高点出现时的价跌量缩现象是一个警示信号，实战中要注意这一点。

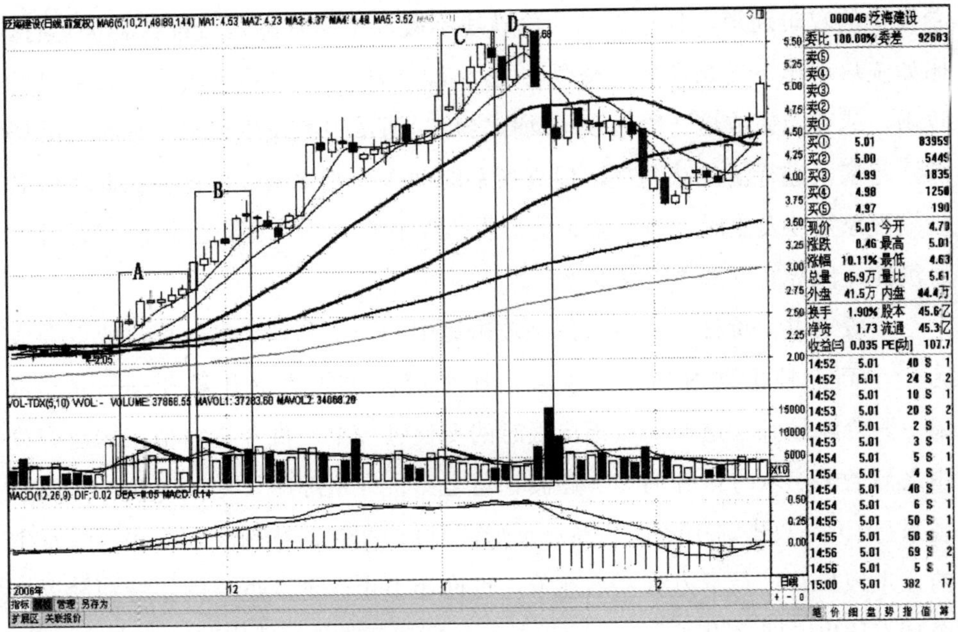

图 7-2

3. 价跌量缩——先缩不好后缩好(先缩为套，后缩为洗)

价跌量缩现象一般也有两种情况发生：

一种是典型清洗目的的价跌量缩现象；另一种是为了快速套住筹码时的一个遏制筹码出局的打压关闭动作(前面讲价升量升时讲过这种手段)，由于下跌快，很多人心态、思维上转变不过来，难以适应这种突发性变化，多数就会选择观望策略，造成价跌量缩现象。

但我这里要讲的是，实战中遇到价跌量缩时，要注意到这个缩量现象发生在下跌或者回打动作的前后不同位置，都有着不同的技术意义。前面讲了下跌或者回打动作过程时，刚开始下跌或回打时就先缩量下跌，不是个好现象，特别是当发生在多线聚拢、变盘窗口时的下跌动作。原因是，无论是为了清洗浮筹还是套住筹码，一开始就发生缩量现象，对于参与者来讲，下跌开始时先缩量都会套住很多筹码，很多人自然就处于比较被动的低位。哪怕只是一次清洗洗盘的过程，先缩也要先被套，然后后面继续价量下跌，才真正是进入到清洗目的中，清洗完成时，量也缩到很小，一旦稍微有点儿攻击量出现，股价就很容易起来。有时清洗动作会上下反复几次，前面都带有套住以后压迫性清洗的特点，后面的清洗动作中，盘面的浮筹越来越少，再随着均线系统的逐步被重新理顺，清洗完成攻击再起只是时间节点选择的问题了。但是，如果前面是价跌量缩先套住筹码，之后是价跌量升，这就说明短线的风险在快速升高，如果此时攻击幅度已经比较大，获利盘很多时，要格外警惕一个高点顶的出现。

通常上攻过程中，刚开始回打下跌时，如果缩量在打，后面均预示着还会继续下跌，把量打出来，一般才会再次攻击；而如果线放量打，然后的缩量清洗现象发生在回打下跌过程的后期时，才会有企稳的可能。

在下跌行情中，也是这个规律现象，下跌行情展开时，缩量现象说明被动套住而没有杀跌出局的筹码和观望盘很多，而在下跌行情的后期再出现缩量现象，则可能预示着一个低点即将产生。所以，先缩不好后缩好！刚开始打时先缩量，是套住目的；而刚打时就放量，打到后期再缩量才是表现出来清洗动作。

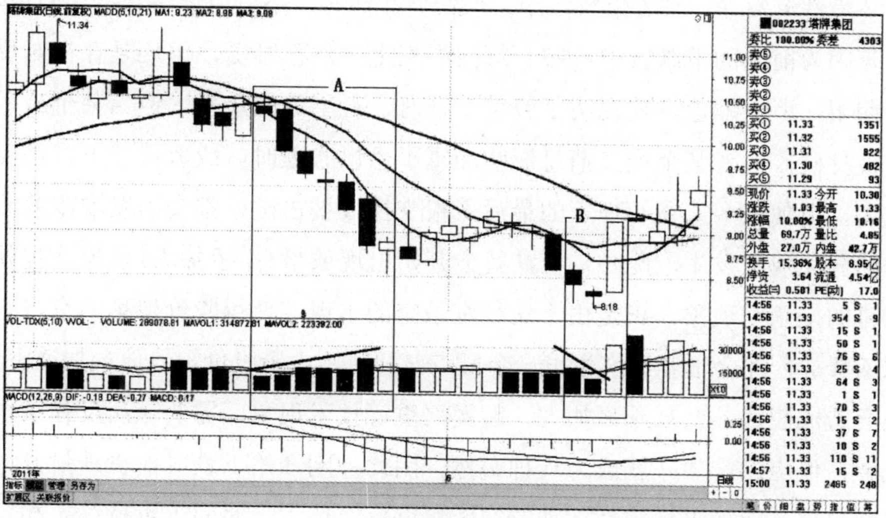

图 7-3

图 7-3 是塔牌集团(002233)一段日 K 线图：

图中“A”区域：这里是下跌开始时先缩量(价跌量缩)，说明观望盘多，这样是难以达到清洗目的的，因此，后面必须要把量打出来才会有止跌动作。

图中“B”区域：这里是开始打时就放量，说明筹码是松动的，浮动筹码(意志不坚定的筹码)大多都选择出局避险，如此的话，一旦出现继续下跌缩量(价跌量缩)现象，就说明短线浮筹清洗目的达到，快速拉起股价也就多见到。因此，先缩不好后缩好，先缩为套，后缩为洗，就是这个现象。

4. 价跌量升——刚跌斩，长跌弹(刚开始跌时要果断出局，已连跌一段时间了则是有反弹出现先兆)

价跌量升是典型的下跌带量现象，说明空方力量处于强大地位，因此经常看到大阴带量的下跌也就不奇怪了。这个现象如果发生在一个高点顶出现时，最好的应对策略就是果断出局，如果出现在顶部扭转之后的下跌行情展开之时，也是只有果断出局为最佳选择。但有一点，如果这种现象发生在已经持续下跌了一段时间，下跌空间差也比较大，遇到某个下方的技术支撑位置附近，开始出现从缩量下跌转变为放量加速下跌现象时，则预示着一个低点即将产生，那么，至少一个短线反弹动作会出现，此时，通常盘面或者市场环境都沉浸在一种恐惧气氛中，但恰恰在此时，不适用于斩仓出局的策略。这是因为前面的下跌段中，被套筹码心理上虽然很难受，但还是存在对反弹的期望，所以缩量下跌说明了股价下跌时，观望盘的众多。但当某个技术支撑被打破，或者某个利空消息影响加重了恐惧心理时，或者持续下跌幅度比较大，迫使很多人在心理上的最后一根支撑线被击破，都会引发观望筹码群体的分化现象发生，此时，下跌就会开始出现放量(换手加大)现象，也就是常讲的空杀空现象。正是由于这种空杀空的出现，使得股价聚集的空方力量急速释放，才会很容易产生出一个低点。同时，由于股价短线放量加速下跌，也会造成脱线、八爪乖离加大、超卖严重等技术现象，需要一次反弹动作来化解，低点的产生，就成为一种必然。因此，刚开始下跌时，价跌量升，要果断出局；而如果持续性下跌的空间幅度已经偏大，时间上也持续了相当一段时间了，此时出现价跌量升的下跌放量现象，则不宜加入空杀空中，一个反弹动作也许随时就会出现。

当然，不是讲只有下跌到放量出现时才会出现一个低点，有时下跌到缩量极低时也会出现一个低点，但一般产生这种缩量的低点，与某个外部影响因素刺激有很大关系。所以，低点的产生只会有两种情况出现：或者下跌到放量出现时形成；或者下跌到缩量极低时受某个因素刺激而出现，这也成为一个规律。

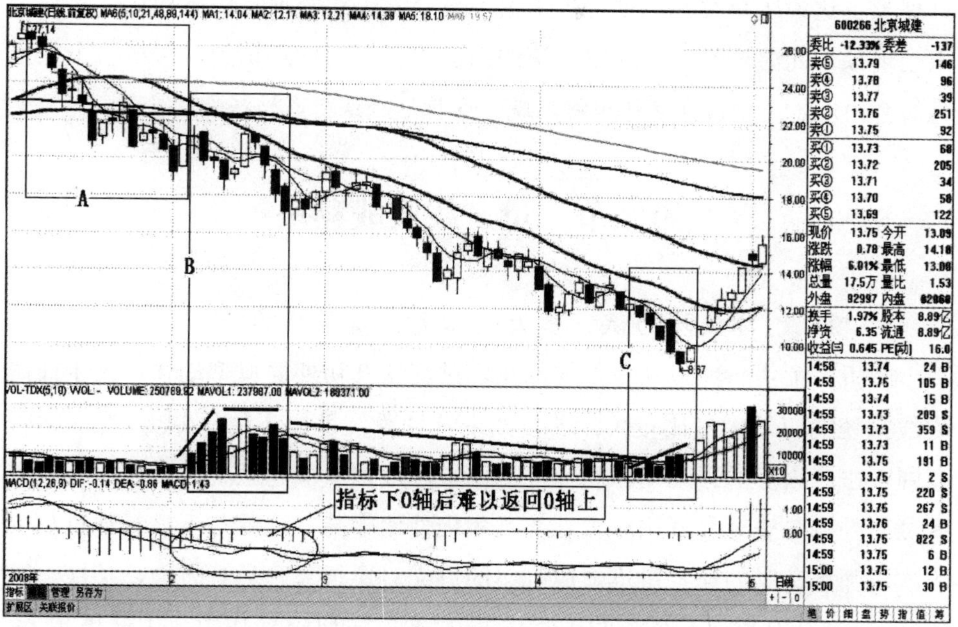

图 7-4

图 7-4 是北京城建(600266)一段日 K 线图：

图中“A”区域：注意这一段下跌过程中，总体为价跌量缩，麻痹了很多人，也必然套住很多筹码。

图中“B”区域：这里技术系统上为扭转之后，下跌行情展开区域，有一批筹码夺路而逃，但通常这种情况下出局的筹码群不会是大量散户筹码。如果前面一段时间的价跌量缩式下跌没有引起警觉，那么，这里的价跌量升式的变化，就应高度警惕，果断出局为好。因为，系统此时也转为空头压制状态，MACD 指标也在下 0 轴之后，虽然有反弹动作，但难以再回到 0 轴之上，始终在空头市场中运行，这些都是多个下跌行情的展开信号(我们前面也讲过了下跌行情的展开过程，实战中也可以结合起来,更容易准确判断)，即使此时已经有点儿损失，但还是以果断出局为宜。

图中“C”区域：从 20 元附近下跌到 8 元附近，下跌空间也比较大，持续时间也不短，并且一直是 21 日线压制着持续下跌，短线在出现多个八爪线重叠的情况下，成交量出现与前期下跌过程中明显不同的变化，呈现价跌量升现象。这说明短线的下跌打破了很多被套筹码的心理最后支撑线，出现空杀空现象，此时，不宜加入空杀空的恐惧中，反而应意识到，短线一个低点随时会出现，一个反弹动作也将出现。这就是刚跌斩，长跌弹的变化。

第二节 量、线实战秘诀

1. 顶线、冲线均为试，量大决心大，量缩压力重

解析：顶线、冲线动作是底部扭转过程展开初期的典型动作，由于此时均线系统的压制力量比较大，若要改变这种系统性向下的压制力量延伸性，反弹攻击起来后的顶线动作和冲线动作中，攻击量能越强劲，说明这个位置区域新的参与资金量群比较大，并且积极性比较高，这就与下跌行情过程中每次反弹震荡时的换手量堆形成鲜明的放大对比现象。另一方面，顶线、冲线(因为是针对上面一条条的压制线展开的冲击动作)动作中攻击量堆越大，说明扭转的决心也就越大；反之，如果冲击时，形成的量堆不明显，特别是首次冲击某一条压制线时出现这种现象，说明这个水平位置(可参看这个水平位置的下跌过程)区域存在比较强的压力，这个首次冲击动作带有试探性的目的。如果首次冲击时量堆配合越大，说明冲击这条压制线的决心很大，但不一定一次性就要冲破，也许回打之后，再次冲击时，才冲破该线的压制。这与我讲的“首攻重势，再攻重质”有相同之处，首冲量很大是一种决心的表现(也是一种测试压力轻重过程)，再冲就会一鼓作气冲破而过。当然，如果某个均线的压制力比较强时，也许要冲击几次，每次都会消化掉很多压制盘，之后一冲而过。

图 7-5 中梅花伞(002174)这个底部扭转过程，初期冲线 48 日线时，量堆明显要比下跌行情过程中的那些反弹震荡时的量堆明显要大，这说明有新资金积极参与进来了。冲击 48 日线(冲线)的量堆与冲击 48 日线(冲线)时的量堆有明显不同，冲击 89 日线时的量堆明显更大些，我们讲过，这是因为 89

日线在下跌行情整个过程中始终没有被冲击过，压制力一直没有被释放过，因此，冲击该线量堆放大一些，是合理现象，而最终冲破该线的动作之后，就要从前期反弹思维即使转变为底部扭转的思维上来。首次冲击 144 日线(顶线)时的量堆很大，这一方面说明该线的压制力量最强，一方面也显示了新资金参与进来的积极性和形成扭转的坚定决心。对 144 日线之后还有一次冲击，再冲时，量明显缩小了一些，这是因为前面的首次冲击该线时，已经消化了大量的压力盘，本次再冲 144 日线(冲线)时具有很明显的再次测试意图。压力变小了，短线整理之后一冲而过该线。

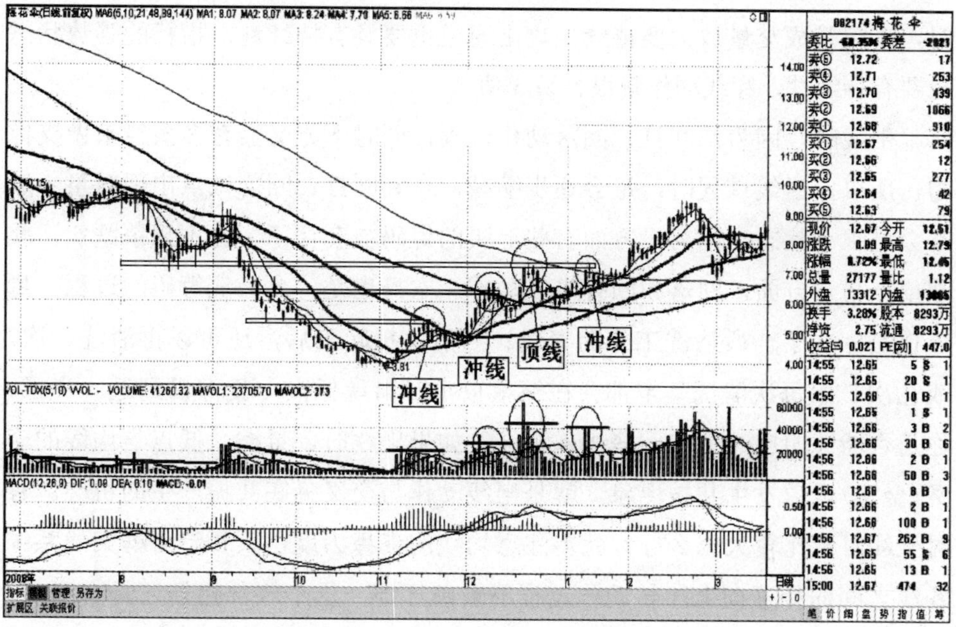

图 7–5

很明显，该股底部扭转时对 48 日线、89 日线都是先冲击一次，回落后再次一冲而过。先冲击都带有测试的意图，同时也表明了形成扭转的坚定决心。对 144 日线一顶、一冲之后，再一冲而过，前面两次既是决心表露，也是测试压力意图。因为每次回落都基本维持了 10 日和 21 日两线的攻击通道不被破坏，就说明了这些问题，如果是扭转失败的话，回落动作就会演变为新的下跌动作，也就破坏了攻击通道的支撑。这一点，实战中要相互结合来确认判断。

2. 穿线持续量，坐线量要轻

解析：穿线动作过程时，必须要出现持续性的放量现象，穿线动作成功的几率才会高，如果穿线过程中攻击量能配合不能够具有持续性，穿线动作也会夭折掉，变成一次冲线动作。注意到不同了吗？顶线、冲线动作时，量是放出到最大后，就萎缩下来了，也可能顶到某条线或冲到某条线时，量放得并不是最大的一天。但穿线动作过程中，量的逐步地、持续地、一天比一天放大的，会直到完成穿线的攻击动作后量才出现新变化。其实，穿线过程时，不仅是成交量放大要持续，攻击通道也要具有持续性，指标的强势状态也要有持续性，穿线动作就很容易成功。

坐线时，因为是回打、回落动作过程，同时下方又会有多条线来做支撑力，所以，坐线过程时，量会逐步缩减，直到回打、回落低点出现时量一般都会是很小状态，因为一方面有些追买的筹码被套住了，也不想杀跌卖，就观望；另一方面，回落和回打坐线动作，本身也是一个清洗筹码的过程，量缩也是完成了一段清洗工作的表现。当然，拉起来后，还可以再清洗一次，或几次。但每次清洗基本都会在缩量很小时出现低点，我都讲到这一步了，你是否能够明白其中的一些买入机会？如果坐线时，量缩、低点与均线的交叉(金叉)现象发生共振现象，就是坐线动作与交叉见底共振产生的机会。有时坐线时量比较大怎么办？就多注意均线的支撑力度，只要趋势框架线系统各线之间的相互向上扭转动作过程不被破坏掉，这个底部扭转还是会成功，而坐线量不缩，一个可能是此位置区域的压力盘比较重，不断有筹码变现出局，如果不接手的话，整个底部扭转就会被破坏掉，因此，新资金群体就要不断地接，支撑住整体系统的扭转过程，如果实在不愿意接，那就退一步，主动破坏掉这里的底部扭转，先在低位释放掉压力盘，再打一个底出来，之后再重新做一次底部扭转的穿线过程。另一个可能是坐线时间比较短暂，用的是短线震仓手段来快速清洗筹码和坐线确认穿线成功，这样属于一种比较强势的坐线过程，10日与21日线的攻击通道通常不会被破坏掉，短暂坐线之后，直接进入拉线动作，这样一来，穿线、坐线、拉线中均始终保持着一种强势的、向上倾斜的攻击状态，但这种情况不是非常多见，比较常见的坐线动作都会缩量到很小。

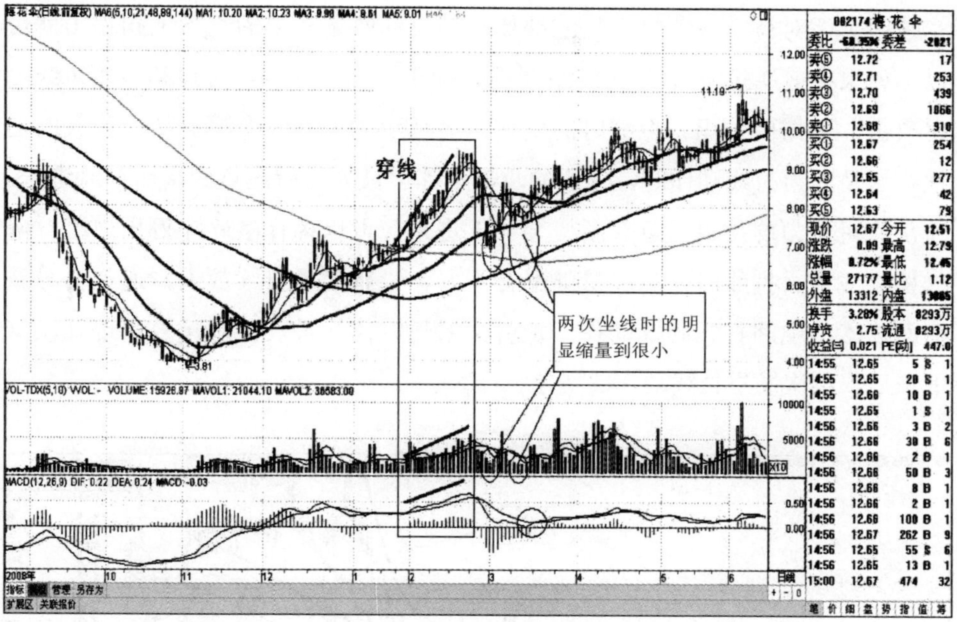

图 7-6

还是来看梅花伞(002174)在底部扭转时的穿线和坐线过程(图 7-6)。穿线过程时，一个是攻击通道(5 日、10 日线)始终支持着股价的攻击过程，具有持续性；一个就是放量具有明显的持续性特点；还有一个是注意下方的指标攻击状态，也具有持续性特点。此三个持续性特点形成共振，穿线动作成功几率就很高。

坐线时，该股出现了两次明显的坐线动作，第一次是急打快跌坐线，在盘中带有明显震仓手段，缩量明显，打到 144 日线时，低点出现。第二次是典型洗盘手段的坐线，量缩得更小，说明清洗比较好。MACD 指标也回打到 0 轴附近，21 日与 48 日线形成收拢，之后启动拉线。

3. 拉线小到大，顺势持续放

解析：拉线的过程，拉动的主要是 89 日或 144 日线，如果是“井”字形的底部扭转过程，一般是先拉线拉动 89 日线上拐攻击，之后又回落震荡，再拉 144 日线上拐攻击。如果是“多线聚拢”型的底部扭转很容易，89 日和 144 日两线几乎是在同时(也许前后时间相差不大)拉动上拐攻击的。具体的，实战中灵活对待，只要每次拉线动作能够拉动两条线中的一条上拐攻击就可以，如果在前次拉线时拉动了 89 日线，而下一次拉线时没有拉动 144 日线上拐攻击，则需要警惕。拉线时的量通常会从小到大有一个顺势持续放大的过程。这是因为拉线动作时，该股的攻击动作会被人们所注意到，而跟风进来。通常此时主力群体也乐意有新资金加入进来，可以稀释散碎浮筹压力盘，降低控盘成本。拉线时，如果量能配合不好，没有明显持续放大，通常会导致后面再次出现回打、回落动作，也就是增加震荡次数，甚至反复出现几次打下来后，再次发生拉线动作的现象。

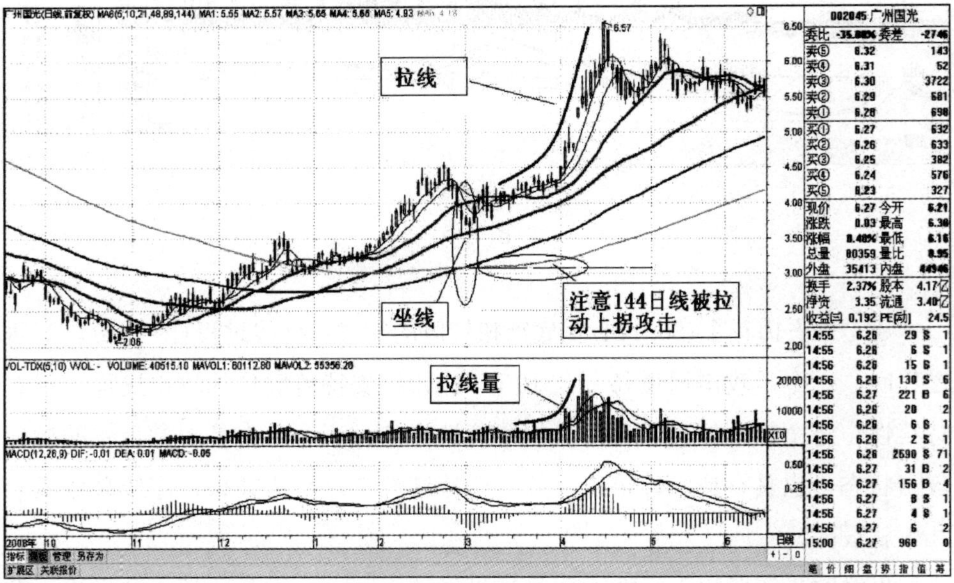

图 7-7

图 7-7 中广州国光(002045)“井”字形底部扭转过程中的拉线动作，是拉动 144 日线上拐攻击，注意看拉线动作股价的攻击动作，先缓攻再转为加速急攻，还有攻击通道保持和顺势起启动动作。144 日线被从平向运行状态拉

动转为向上攻击状态，图中画了一条水平虚线作为对比参考。再看量，从小到大，有一个整体的持续性放量过程。这种从小到大的持续性放量，通常是拉线成功的必要量能保障。如果一会儿放大，一会儿缩小，拉线动作过程也就会多次出现震荡，反复性比较高，有时也会导致拉线动作失败(比如没有拉动某条线时)。

4. 压线是量坑，再攻要防量堆小

解析：压线有两种，一种是在上攻途中出现一个短暂的压线之后，继续攻击，这种不破坏支撑线，时间上也短，主要是化解一下短线的脱线现象；另一种发生在顶部扭转过程中，这里主要是指顶部扭转过程中的压线动作出现时，出现一个明显的量坑，通常是合理现象。

再攻波因为是会创出新高的一个攻击波(反弹波不会创出新高)，因此，攻击量堆要明显放大，形成新的攻击波的成功几率才会高，如果攻击量堆明显偏小，就很容易成为顶部扭转过程中的再攻波，并形成量价的背离现象。因此，观察再攻波时要特别注意攻击量堆变化，如果偏小，就要警惕顶部扭转已经在形成过程中。

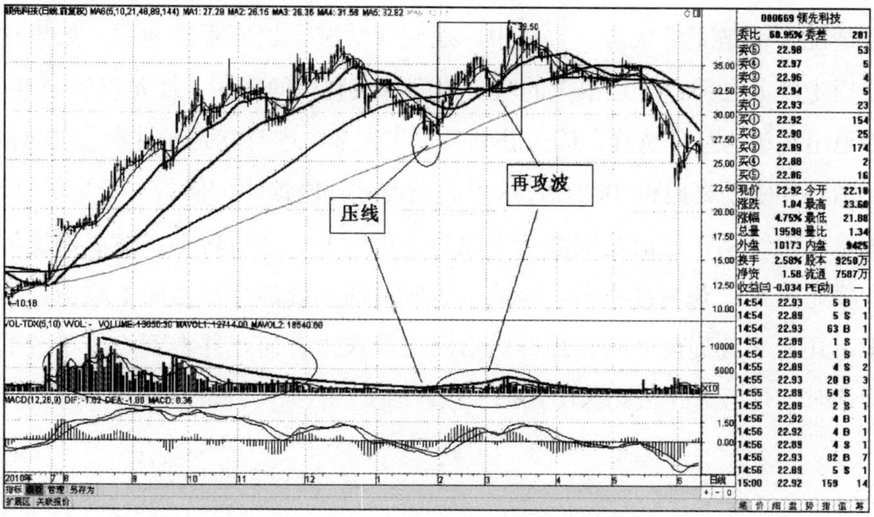

图 7-8

图 7-8 中领先科技(000669)在完成前期上攻阶段之后，其实已经出现顶

背离现象，开始具有顶部构筑的可能性，压线出现时，下打动作拉动上面几条线转为平向运行，并且有收拢迹象，此时，顶部构筑特点更加清晰，压线时(下打 144 日线形成压线)的成交量本身就处于很低的状态中，压线之后的再攻波过程中，虽然成交量有一些放大，但总体看，形成的量堆还是比较小的，这说明此时该股的筹码稳定性太高了，在获利幅度已经很大的情况下，又开始有顶部构筑的迹象，筹码还是这样稳定，只能够说明很多人存在一定的思想麻痹性，没有意识到危险在临近，实战中这是很需要警惕的问题。再攻波形成了多重顶背离现象，系统收拢聚集，最后多线聚拢，下冲线，21 日下破 48 日，出现一个短线的诡线波，之后断头阴破位，完成顶部扭转构筑，展开下跌行情，下跌行情展开后，才有资金如梦初醒，杀跌出局，下跌过程量有些放大就是典型表现。

5. 锁线横走总无量

解析：锁线动作本身就说明短线进入多空僵持、纠缠状态中，此时多条线均线聚拢集中在一个狭小的空间里，横向运行，股价上下穿行其间，下一步攻击方向不明，只有等待后期攻击方向明朗，因此，绝大多数筹码持有者和新资金均处于观望中，造成换手明显减少。因此，出现锁线横走时，绝大多数情况下都是无量状态。实战中，遇到此情况，也应观望为主，如果这种锁线横走现象之前，有过很大的攻击幅度和获利空间存在，还是以轻仓观望，或者退出观望为最佳选择，因为获利盘累积太多，本身就是一种潜在的风险。

图 7-9 中劲嘉股份(002191)这里就出现过一段锁线、横走、无量的过程。因为这个锁线动作之前是以震荡下跌为主运行的，之后转平，然后出现的锁线、横走过程，获利盘不多，因此，该股后面出现的变化是向上攻击。但实战中，还是不宜提前介入，最好等后面出现攻击方向，并得到均线系统的跟随确认时，再考虑择机介入比较稳妥些。

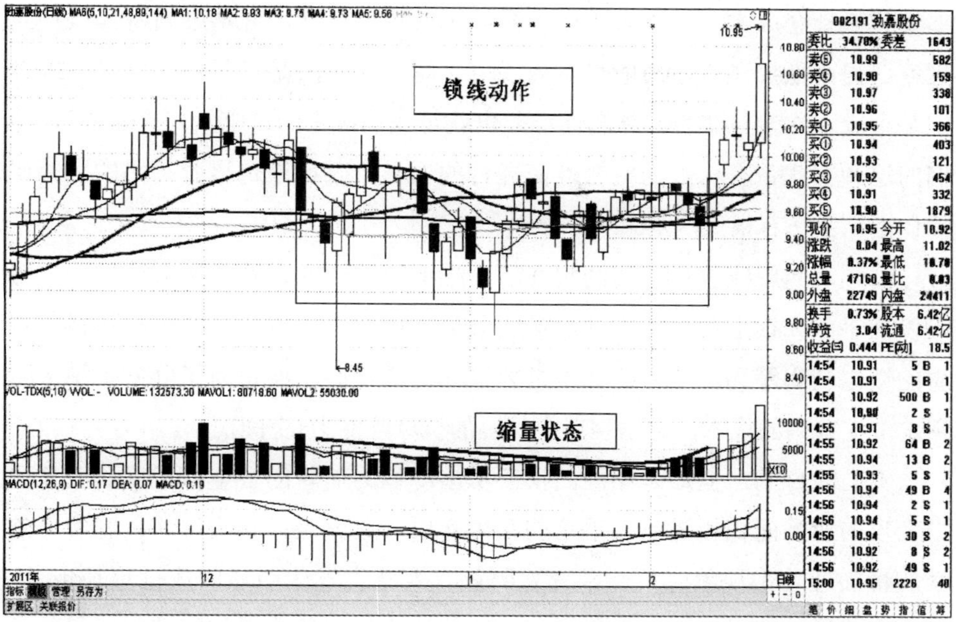

图 7-9

6. 脱线放量必警惕，连脱连放必换人

解析：脱线动作在短线的上攻(和下跌)行情中经常会出现，这与股价攻击动作一旦形成加速时，就很容易脱离最贴近的均线密切相关。脱线放量攻击情况发生时，一般会发生两种现象：一种是股价形成短时间的脱线放量攻击动作，比如通常在 3 天之内的脱线放量攻击动作或者是一个启动动作，或者是一个拉动均线、理顺均线的动作，或者是短线形成震荡加速攻击时的逐步加速过程，短线筹码换手属于比较合理的推动股价上升动作；另一种则是股价形成连续性的脱线放量攻击动作，时间通常就会超过 3 天。在后一种情况下由于一方面这个攻击动作的急速促成短期空间拓展动作比较快，空间差也比较大；另一方面获利盘的利润累积也迅速放大，因此，对于一些以短线利润为博弈目的的筹码群体来讲，一旦攻击动作遇阻，或超过预期的短线攻击空间幅度差，就会主动进行减仓来分批锁定这个短线利润。在散户群体中这种情况通常极少发生，而在机构等大量筹码群体中则会大量发生，因为这种筹码循环交易现象，是这些大资金筹码群体利用日常循环换手交易方式来

逐步减低持仓成本，以扩大手中大量筹码的持仓利润，并增强自身筹码锁定程度，提高抵抗风险能力的最有效手段。短线客主要是以段、次交易方式锁定某个段、次参与交易的利润而已，也就是我们常见的“啃一口肉就走”，他们的这种方式带有一定的机会性博弈目的，与长时期锁定该股筹码的大筹码群体运作手法有很大区别。

因此，当脱线放量攻击的短线动作形成持续性时，就自然会产生一些筹码以换手方式锁定利润而主动离场的现象，同时，还有一批属于循环换手性质的锁定利润筹码，其目的并不是要彻底离开该股，而是为了降低手中大量锁定沉淀筹码的成本，并增强手中筹码的抗风险能力(空间)。

不同的目的，但却是相同的换手卖出动作，而新的资金由于受到股价强力上攻的影响而积极进场接手这些卖出筹码，这就是：当出现连续脱线、连续放量加速攻击现象时，一部分筹码持有人就会发生明显的成批更换现象，一旦出现这种情况，往往也预示着短线的这个加速急攻动作随着换手量的逐步放大即将结束，因为换手量增大，说明抛压明显在增加，当新资金接不了或者不愿意再接更高位置的卖盘时，股价的攻击动作就自然停止了。之后，股价就会进入一次震荡回落整理过程，而回落整理的深度(幅度)则需要视此时八爪线乖离大小来判断，乖离越大，回落幅度越深。通常情况，回落幅度超过前面上攻幅度的1/2位置，视为深度回落动作；回落幅度达到或接近1/2位置，为合理回落；回落幅度只有1/3以内深度，视为强势震荡(此种基本就维持着横向震荡运行特点)。回落幅度越深，说明前面这个加速急攻的放量换手过程中，有主要筹码控制群体也进行了循环换手并锁定一部分筹码利润动作，因为回落幅度深一些，可以再低位循环加仓进来，但如果这种深度回落会影响趋势性系统的攻击状态的话，也可以不再加仓这部分锁定利润的筹码(比如顶部扭转过程时，或者该资金群体有退出该股的计划时)。

综上，脱线和放量攻击出现时，要具体情况具体分析，结合均线系统状态和不同阶段变化，底部扭转时与顶部扭转时，同样是脱线放量连续攻击过程，而筹码换手目的肯定是不同的。但有一点是相同的：只要短线脱线放量持续攻击超过3天以上时间，一般短线在攻击动作结束后，都会有回落动作过程出现，因为会有一批筹码持有者发生更换现象。

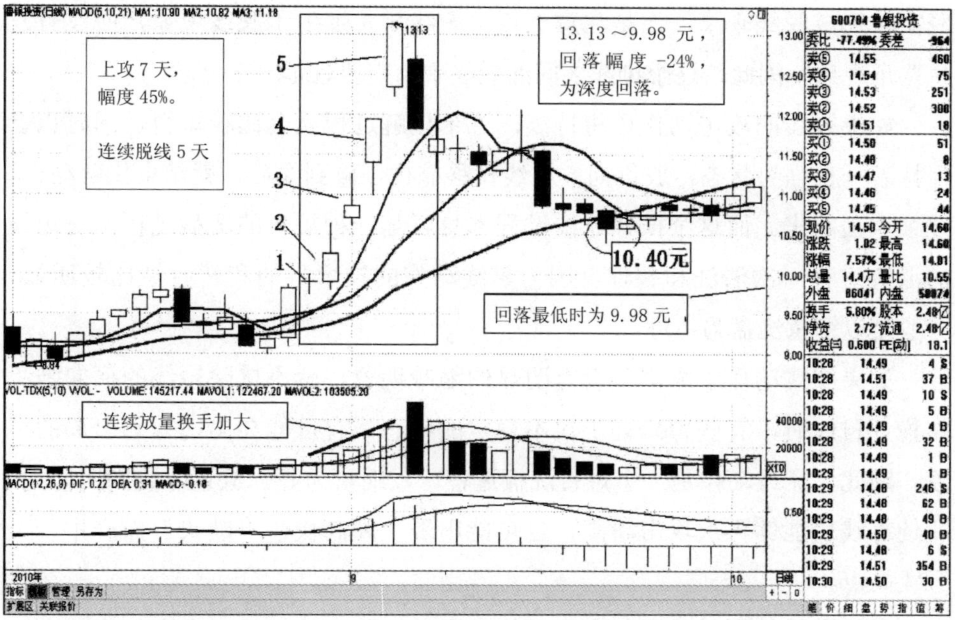

图 7-10

图 7-10 中鲁银投资(600784)这里出现连续 5 天脱线、放量、持续攻击动作，注意看下面的成交量一天比一天大，虽然最后 2 天均是以涨停板收盘，但仍然出现明显放大换手现象，这就说明在这个短线的连续脱线放量攻击中，特别是在后面脱线的几天里(可以从第 3 天以后算起)，确实是有一批筹码锁利换手出局了。所以，短线攻击的高点是以一个变脸线突然形成的，具有很明显的套住短线新资金的目的。连续 7 天上攻中有 5 天是脱线攻击，7 天总体上攻幅度为 45%，5 天脱线攻击幅度为 35%。最终回落幅度达到 -24%，超过脱线攻击上攻幅度的 1/2(22.5%)位置，说明属于是短线深幅回落动作，此现象也说明前面的攻击换手中，除了短线客散盘筹码换手之外，主要筹码控制者也有相当一批筹码量参与卖出换手了，那么，该股后期的震荡整理动作过程就还会加长。该股后期实际情况是在这个高点出现之后进行的是一个“三线内”横向震荡过程。

7. 靠线为洗缩量好

解析：靠线动作出现前，通常是由于短线的攻击，发生了股价与 5 日线脱离，形成脱线乖离，但是注意一点：短线只是发生了脱线现象，而没有发生八爪现象！因此，这个价线之间的短线乖离需要进行一下化解。

如果短线的攻击动作还将持续，这个化解过程就会比较短暂，同时也会保持着一种强势状态，股价向 5 日线横移靠拢，碰到线后，就结束化解动作，继续攻击起来。而这个横移靠线过程本身就是一种短暂的洗盘过程，对短线的浮筹进行一次清洗和整理，因为靠线动作的技术目的和暂时性比较明显，一般是以缩量洗盘为主进行。

如果靠线动作中成交量没有明显的缩减现象，就不排除短线的横向强势靠拢 5 日线时，有些筹码处于很不稳定的状态，有可能会出现筹码出局的现象。因此，靠线动作是一个短暂洗盘过程，以缩量为好，放量靠线则应警惕，即使靠线后能够再次攻击新高，也可能出现“冲高快，下跌快”而产生一个短线高点。

靠线进行的同时，不仅会出现缩量现象，下方的指标也会同时保持着一种强势状态，如果出现死叉现象，则需要警惕这也许不是靠线动作，而可能是在进行的其他动作。

另外，就是在几种短线攻击的过程中，从其清洗、震荡、整理等动作的技术强度上可以进行一下划分：

①靠线动作属于保持状态最强势的短线震荡动作；

②之后是压线动作（上攻过程中的压线动作，不是顶部扭转时的压线动作），其震荡中保持的强势状态仅次于靠线动作；

③然后是洗攻动作，其保持的强势状态次于靠线动作；

④再就是上攻过程中的回震动作，其保持的强势状态次于洗攻动作；

⑤比回震动作低一个强度的就是破位震动作，其保持的强势状态次于回震动作；

⑥比破位震动作再低一个强度的是震荡蓄势起动作，震荡蓄势起动作运行的时间就更长一些，震荡蓄势的过程也要复杂一些。但还是属于上攻行情途中的一个清洗、震荡、整理动作。

了解这几个短线攻击过程中的震荡整理清洗动作不同强度状态，对于实战中准确分析判断短线攻击中的震荡动作意图、演化下一步动作变化，都会有非常大的帮助，因为根据脱线乖离大小不同、八爪乖离大小不同，以及是否会出现双层、多层八爪现象，需要化解的动作就自然会有不同。比如：如果短线上攻动作仅仅只是造成价、线之间的脱线乖离，而没有八爪乖离，以靠线动作来化解的几率就会很高；如果短线有脱线和5日、10日八爪，但其他线之间没有八爪乖离，以压线、洗攻来化解的几率就很高；如果5日、10日间八爪比较大一些，短线获利盘也比较多，需要剧烈清洗一下，用回震动作化解和清洗的几率就很高。如果短线既有脱线，5日、10日、21日三线之间又均有明显八爪线乖离发生(这就是双八爪，也为多层八爪线)，以破位震、震荡蓄势起动作来化解的几率就高，或者直接出现一个短线高点顶，后面展开一段时间的波段震荡化解过程等等。

实战中所发生的一点一滴技术变化，均有其存在的合理性，也有其出现的规律性，过去很多人没有以这样的技术思维来看这个问题，就觉得市场变化是绝对的未知型波动。是的，市场运行中是存在大量的未知因素影响到市场的波动变化，但由于不同市场独有的运行特性，以及均线技术对各种影响市场因素的反映方式是有一定的规律性的，参与其中的人的操作决定也带有很大的惯性和被动跟随性特点，因此波动就具有一定规律性。那些未知的、突发的影响市场波动的因素，虽然会对市场产生冲击型影响，但会比较短暂，最终市场还是会以一种自身惯有的方式特点来反映，而市场自身的惯有方式特点中，就包含着一个重要支柱：技术运行规律。所以，既不能无限夸大市场的未知影响因素，又要合理地将它与市场的运行惯性特点(即市场特有的运行表现方式规律)结合起来冷静分析和判断，就可以将市场中绝大部分的未知性风险进行技术性的规避，当然，规避动作还需要铁的纪律来规范执行。

我总结了一点：当技术思维深度还没有达到解析市场中的一些异常变化时，先不要去“神话”或者“刻意排斥”某种异常变化现象，通常它们的出现具有其合理性，而这种合理性也是最普通的市场技术变化特点。也许你现在还不能理解这段话的意思，但当你熟悉和掌握了很多东西之后，就会觉得确实是很普通的合理现象。

图7-11中华阳科技(600532)这里有一个典型的靠线动作，前面启动后出现脱线现象，靠线过程中，明显伴随有缩量，说明合理正常，同时下方指标

在靠线过程中始终保持着强势状态，没有出现死叉现象。还有更重要一点：脱线发生，靠线过程中，均没有出现八爪现象，这说明短线只是一个单纯的脱线乖离化解过程，因此股价靠拢 5 日线后，碰线就再次攻击起来。

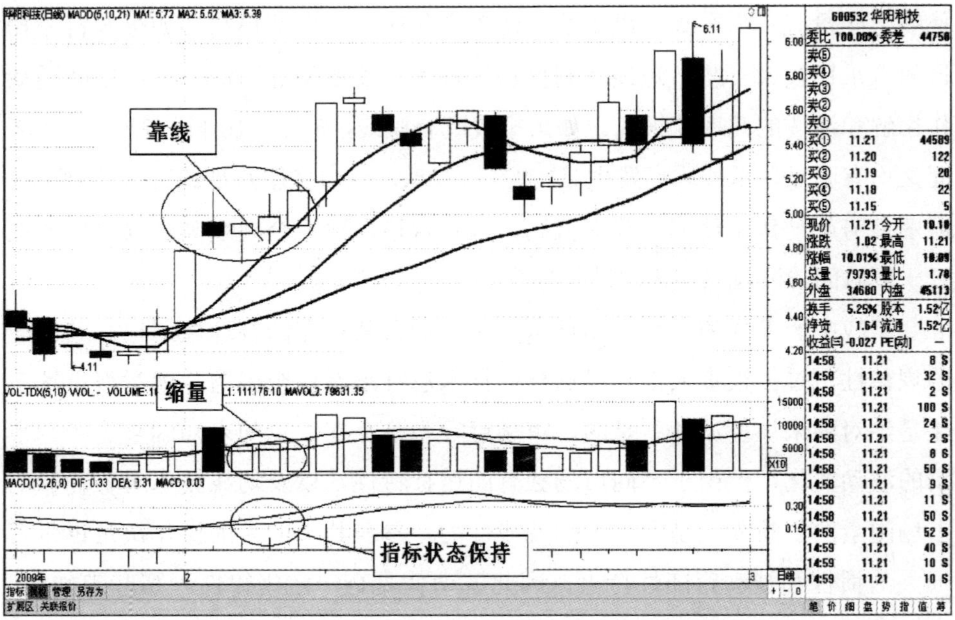

图 7–11

8. 攻击通道量要稳，忽大忽小都不好

解析：攻击通道是实战中形成的支撑（或者压制）股价进行攻击时的必然现象。攻击通道运行过程中，由于其技术运行的最大特点就是稳定性，因此，期间的换手量保持在相对比较稳定的状态，也是最佳攻击运行状态，一般这种最佳状态都会发生在股价攻击的前、中期过程中，因为此时攻击的技术目的比较明确，就是在保持相对稳定的换手状态中进行持续性的攻击和拓展空间。这个稳定性一方面是由于此时期里大量筹码逐步被锁定沉淀，而每天参与换手的流通筹码就相对有限，盘面的控制也比较严格，如果有突发性的换手异常，主力群体均会以高压手段保证盘面和攻击过程的稳定和持续节奏不被破坏。同时，对于股价的涨幅节奏控制也比较细致，尽可能不出现技术上

大的乖离现象，避免引发有些沉淀筹码转成为新的压力筹码，导致增加控盘的成本。所以，最佳状态的攻击通道过程中，换手量相对稳定最好，而一旦出现换手连续放大很多，又连续缩量太多（涨跌停时除外），就说明这个攻击过程节奏是被打乱了，也可能是主力自己打乱的，目的就是制造技术思维节奏的混乱状态，从而为某个技术目的和计划意图服务。比如，当攻击空间已经很大、获利筹码累积很多时，在即将结束这个攻击过程前，进行加大换手量是为了达到循环出货的目的。加大换手量的方式也很简单，无非就是以大阳、大阴上下剧烈震荡，就可以达到把水搅浑，既可以吸引新资金，又可以在混乱中使大量筹码持有者无所适从，不知如何应对，卖了有点儿后悔，买了又不踏实，这也是一种在短线剧烈震荡中快速抬高筹码成本的最佳手段。因此，一旦攻击通道过程中出现换手量忽大忽小的现象，就应警惕，可能此时控盘主力的技术目的和计划意图开始出现新的变化了，实战中，要特别注意发生八爪、背离等现象。

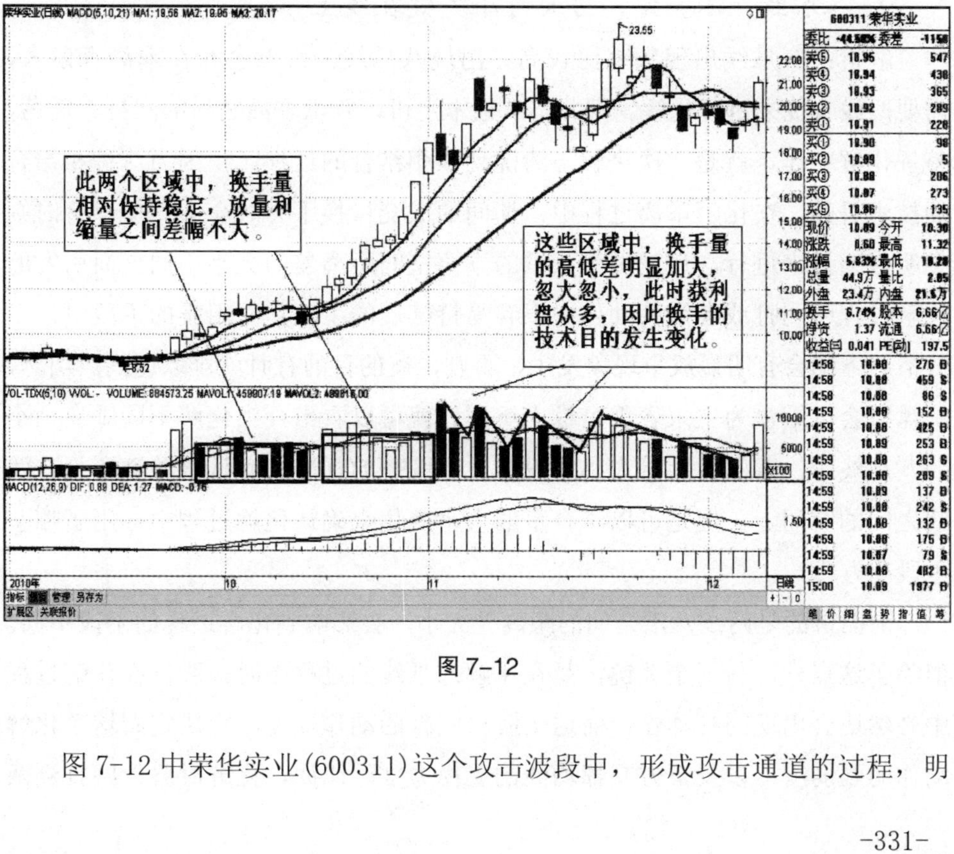

图 7-12

图 7-12 中荣华实业(600311)这个攻击波段中，形成攻击通道的过程，明

显分为前后两部分：前半部分攻击过程中出现的两个区域里，换手成交量虽然也有大有小，但总体是处于相对稳定的状态中运行换手，因此，这属于正常合理的攻击通道运行过程中的成交量换手现象，也属于攻击的前、中期时间期内；而后半部分中明显地出现了换手成交量忽然放大很大，又突然缩小到很小，大小量之间的高低差幅比较大，虽然此时距离攻击的最高点(23.55元)还有一段时间，但已经提前有筹码浮动起来参与换手了，因为这种现象不是逐步发生的，而是突然出现的，散户的操作不可能突然齐心，因此，必为主要筹码控制群体所为，也就说明了主要筹码控制群体此时的技术目的已经出现新的变化，再结合该股此波段的攻击幅度已经达到137%(8.52～20.20元)，获利筹码大量累积，但都还是账面利润，只有完成利润收取锁定，才算成功。可想而知，此时这种换手量的异常现象必然与有些筹码提前行动急于锁定利润有关。因此，后期该股再冲击新高23.55元的动作，出现顶背离现象，也属顺理成章。

9. 八爪线，不一定，可大可小关键在线上

解析：八爪线出现频率比较高，出现八爪线，必然会存在乖离率偏大，需要两线收拢来进行化解。因此，从根本上讲，八爪乖离之后的回打、震荡、整理化解动作，就是一次化解与清洗动作相结合的过程，正因为这种相结合的技术目的，在化解乖离过程中，期间的成交量换手有时会大一些，有时则会明显缩量来进行，这是因为八爪的乖离空间距离差的大小不同，而引发的化解过程中回打或者震荡动作中很容易持续震的手法，而用震的手段时，多数情况下都会有明显放量现象发生，否则，震的目的有时就难以达到。当然，洗盘时会以缩量为主来表现，综上所述，就可以看出，当化解不同乖离大小的八爪线时，期间换手量大小均没有一个统一的标准来确认，关键还是在两线之间的空间上，但是可以结合量的大小变化来确认化解过程中应用了哪些手段和方式。

前面讲的是两线八爪之间的距离差大小，会影响到化解过程的手段不同。但除了这点外，另一个关键，是在化解八爪线的过程中时，股价在化解过程中必然还会出现回打动作，而这个股价回打的动作深度，也决定着这个化解动作的强弱度，以及下方支撑均线的支撑力度。比如，化解时股价回打到两

线的中间区域，视为合理回打化解动作；而股价回打下破下方支撑均线时，视为深幅化解动作；如果化解动作促使两线发生死叉现象，则说明进入到另一个新的技术动作中了。因此，八爪线出现后的化解动作过程中，除了关注量的变化外，更重要的判断化解动作还是在均线动作变化上。

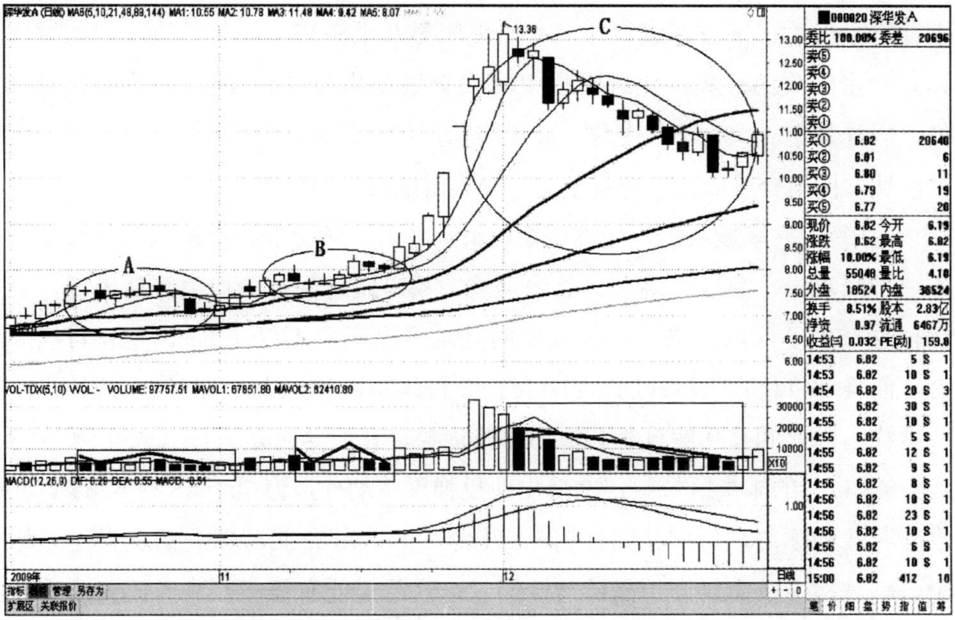

图 7–13

图 7-13 深华发 A(000020)中有三次八爪出现，但细化看，每次均有不同之处。

图中“A”区域八爪：这个八爪里有两次化解动作，因为有前后两个八爪出现。前一个八爪是 5 日与 10 日线间八爪乖离，因此，缩量化解之后再次上攻，但之后 10 日与 21 日线间也出现八爪乖离现象，也需要化解，所以，化解完前面的一个八爪之后，上攻动作没有持续展开，就进入化解 10 日与 21 日八爪乖离的过程中。而要化解这个八爪乖离时，由于股价需要下跌深入到 21 日线附近，10 日线会与 21 日线形成收拢变化，因此通常 5 日就会死叉 10 日线。这次化解过程中，股价一度下破 21 日线，并深入到 48 日的支撑位置，也顺带化解了一下21日与48日线之间的乖离现象，虽然此两线间的乖离并不很大，但这样做，也有利于提前清洗一下这两个周期移动值内的获利筹码，为后期展开大幅上攻消除一些不稳定筹码的隐患盘。此区域里两次化解动作形成小、大、小的成交量变化过程。

图中“B”区域八爪：此处5日与10日线间再次出现八爪乖离，但乖离率并不是很大，下方各线间还没有出现明显八爪乖离。因此，这里的化解过程是一个洗攻的过程。化解过程中的成交量变化与“A”区域八爪化解时一样，同样是小、大、小的变化。如果与前面的“A”区域走势结合起来看，两个区域共同组合成的是一个典型的“先震后洗攻”的蓄势过程。

图中“C”区域八爪：先震后洗攻组合之后，通常很容易进入加速攻击状态。持续攻击、急攻、跳攻、靠线再攻、攻击通道保持等均很容易出现，自然也就产生了八爪现象。该区域里的八爪乖离现象不仅是5日与10日线间有，而且10日与21日线间、21日与48日线间、48日与89日线之间均出现八爪线，因此回打化解过程就成为必然现象。该股这里是一口气先化解到21日与48日间的乖离区域中，然后出现反弹震荡动作，但由于48日与89日间也存在八爪乖离，后期又回打到89日线，并下破89日线来化解。关键是这个化解过程中成交量开始是持续性缩量，这就说明有很多获利筹码并没有及时意识到这个高点形成时八爪乖离具有多层重叠现象，后期回打深度可能会深一些的风险，而采取了持仓观望的错误策略来应对。而当先化解完21日与48日间乖离之后，开始反弹时，成交量放大，说明还有新资金介入进来，但要警惕到，下方的48日与89日间的八爪乖离，还没有被化解，将出现进一步下打动作，这对于短线来讲，都是一种股价波动的风险因素。实战中，要特别注意到这一点：当八爪线形成层叠现象时(就是多层八爪)，化解动作持续时间会长一些，股价回打的深度也会深一些，但不一定是一口气方式共同化解，而有可能是一个阶梯一个阶梯分开来化解。

10. 洗攻、洗攻，边洗边攻，先洗而后攻，先缩洗，后放攻

解析：洗攻动作运行过程也是一种边攻击、边清洗筹码的过程，因为洗攻的前面必然是一个八爪线(八爪的前面必然会是一个加速攻击的动作)，之后由于化解的方式比较强势，两线又不发生死叉现象，化解的同时，股价还

具有缓慢向上攻击移动的现象，因此就形成洗攻方式的化解动作过程，洗攻之后，化解结束，清洗也结束，继续加速攻击就很容易出现。

洗攻过程中，比较常见的都是缩量洗盘现象，之后加速攻击会再明显放量出来配合。

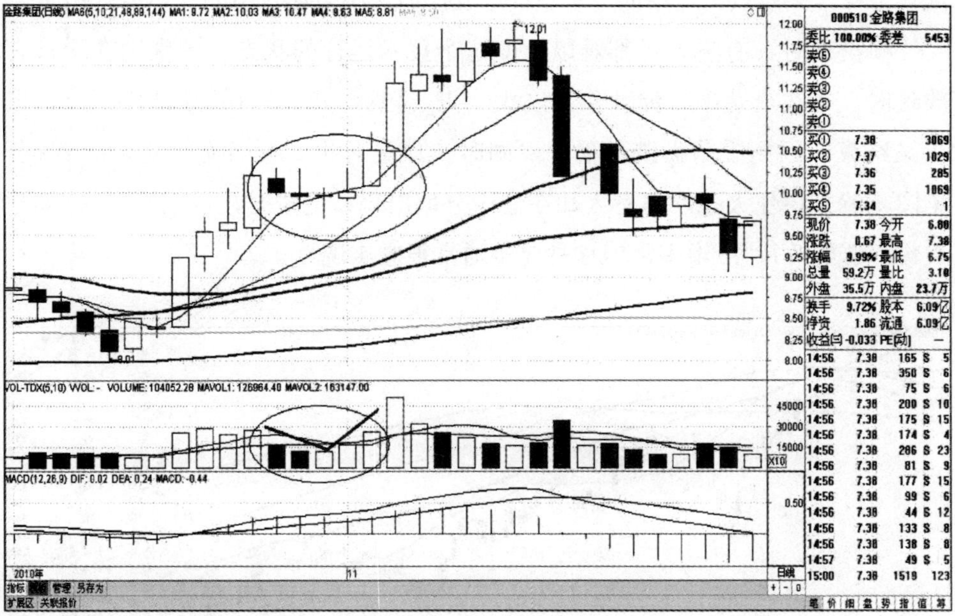

图 7-14

图 7-14 中金路集团(000510)的这个攻击过程中出现的洗攻动作，明显是前面急攻造成短线 5 日、10 日八爪乖离，需要化解，而这个攻击动作还没有完成，因此，以一种比较强势的洗攻过程来化解，边洗、边攻，洗盘缩量明显，先洗而后攻，所以，成交量的变化也是先缩量后放量。两线靠拢而不发生交叉现象，保持强势状态和攻击通道。后期攻击动作完成后，出现高点，下方八爪层层，因此封闭短线攻击通道来一层一层化解乖离。

11. 横盘下，边盘边下，有量无量都一样

解析：洗攻动作是上攻行情中的技术动作，那么同样的技术动作在下跌行情中，为了利于区别，我定名为横盘下动作。一个上攻行情中，一个下跌行情中，技术动作的表现相同，技术运行过程方式相同，区别只是一个是边

洗边攻，一个是边盘(盘整)边下。洗攻过程时，通常缩量洗盘现象比较多见；在横盘下过程中，总体股价的重心是逐步下移的，技术动作产生原因是前面出现下八爪乖离，需要化解，但化解过程中，两线靠拢而不发生金叉，同时股价在化解过程中是逐步继续下移的，也就是呈现缓跌的状态，所以，横盘下也和洗攻一样，只是攻击途中的一个整理过程，但又不破坏攻击的整体运行状态。

横盘下时，有量无量都难以改变这个技术运行的状态。区别则在于，有放量时，短线震荡中反弹动作力度大一点，但因为其没有持续性，因此，很快又结束，回到震荡盘跌过程中，同时，放量时也说明带有一定的“安抚”意图，就是稳住大家，但有人却在偷偷分散出局；无量时，说明观望盘(期望股价上涨的等待盘)增多，但这种愿望通常很难实现。

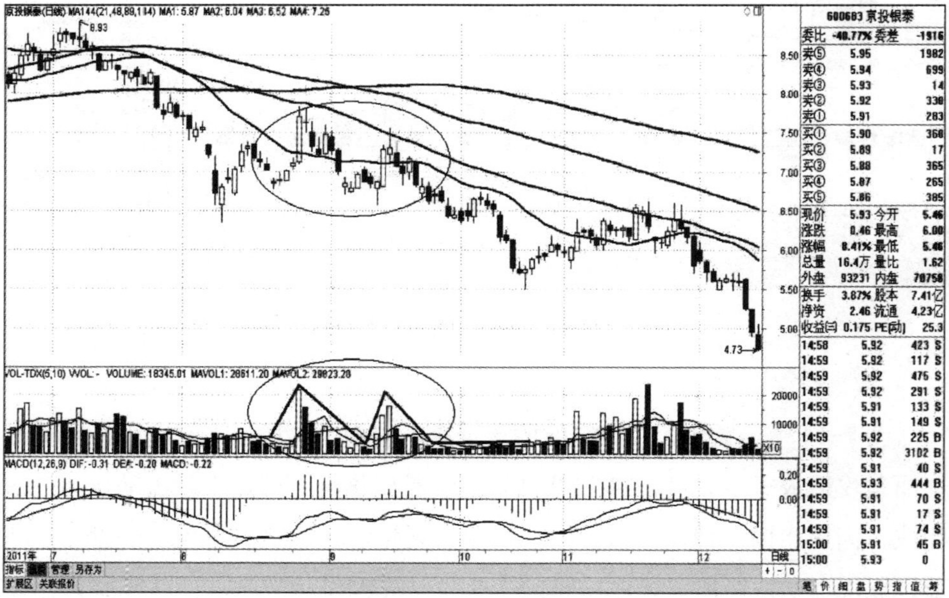

图 7-15

图 7-15 中是一个典型的横盘下动作。京投银泰(600683)的股价在横盘下过程中，呈现边盘整、边反弹、边下跌、股价重心逐步下移，两条线之间相互靠拢但不发生交叉现象，这个过程中的反弹动作过程应是出局的机会，但常常有很多人被这种反弹动作所迷惑，不减仓，反在增仓，特别是横盘下动

作出现在下跌行情展开初期时，这种不出反增的操作错误，会加重账户的损失，这一点要在实战中特别警惕和纠正。有时这种反弹的迷惑，恰恰就是用放量反弹的 K 线来进行的，具有很大的欺骗性，因此，注重均线状态走势就更加重要。该股就是如此表现，横盘下过程中，两线收拢，只是化解八爪乖离的技术性表现，而期间的两次放量反弹并以大阳诱之，可见其心险恶。其实，如果掌握了扭线技术，该股此时趋势框架线系统已经转为空头，有形成下跌行情发展的明显迹象，而横盘下动作本身就是四个反弹动作中最弱的一种，避险自然是首先考虑的问题，有大阳反弹更应抓住机会出局。

12. 回抽先放后快缩，表面很猛，内里虚

解析：回抽动作的出现常常与前面出现急跌动作并形成下八爪乖离有密切关系。回抽也属于强力反弹过程的一个技术动作，虽然回抽时两线收拢而不发生金叉现象，但会明显有一条均线拐头向上主动靠拢向下压制的均线，两线不发生金叉而又开始新的下跌。这一点与反弹平台中的两线运行变化有巨大区别：反弹平台中，是有一条均线平向运行靠拢另一条向下的压制均线，但两线也不发生金叉而再次下跌。两个动作相比一下，就明显看出，回抽动作中反弹的力度要明显强于反弹平台中的反弹力度。当然，由于横盘下中两线也是靠拢而不金叉，但两线是向下缓慢下移的，反弹平台的反弹力度则比横盘下中的反弹力度强，此三者之间的反弹力度强弱区别不同，这一点要清晰。

回抽动作中，通常是刚开始反弹时力度大，速度快，攻势猛，因此就会有明显放量现象。但这种强势反弹动作没有什么持续性，特别是当反弹冲到上方压力均线上下时，成交量就明显出现萎缩，因为毕竟只是一个反弹动作，很多资金还是以谨慎为主。如此一来，则造成反弹的后面部分股价震荡回落，成交量换手也萎缩较快。这就是典型的表面反弹凶猛，但内里心虚，只是利用了一下短线的八爪乖离化解机会再次反弹减仓而已，也就没有持续性。因为如果形成持续性的反弹动作，就不会是回抽动作了，而至少也会出现两线金叉现象，如果成交量能够持续放量，又可以演变成另一个技术动作，比如反弹下动作。因此，形成回抽动作本身就已经说明了这个反弹的短线性质，以及利用技术乖离机会反弹减仓的技术目的。

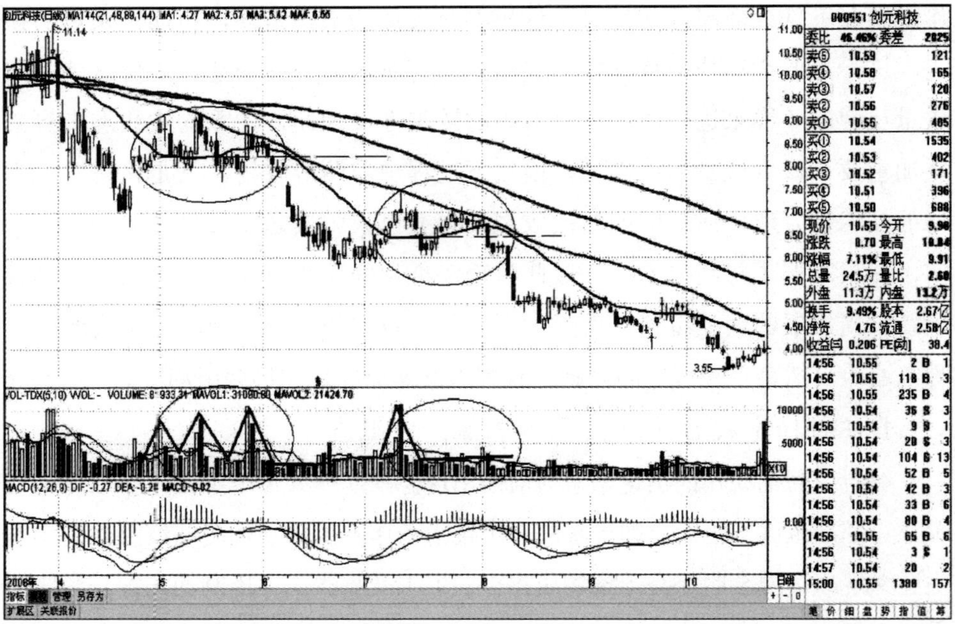

图 7-16

图 7-16 中创元科技(000551)这个下跌行情过程中，出现过两次回抽动作。两次回抽动作均是前面出现八爪乖离之后的一种化解过程，期间两线靠拢，特别是出现 21 日线又向上拐头主动靠拢 48 日压制线的动作，我画了平向直虚线来进一步使大家了解 21 日线的上拐变化，如果 21 日线平向移动靠拢 48 日线，那就是反弹平台动作了。

前一个回抽动作过程中，反弹动作出现了三次，每次均出现比较短促的放量配合，从 K 线大阳上就可以看出其反弹时的凶猛和快速，势头很强，但后面却没有持续性，快速反弹起来，也很快又跌下来，成交量萎缩得也很快，就说明这种反弹是有人在利用技术上的化解乖离过程借反弹出局。两线靠拢时，回抽动作结束，继续下跌，却没有什么量(多头抵抗量)出现，一直缩量在跌，说明套住的人处于观望期待中，而这种期待能够再涨的心情，绝大多数都会落空。

第二个回抽动作时，反弹强度明显弱于前一个回抽动作过程。从期间量的变化上就可以看出，回抽过程中，只出现了一次明显放量现象，后面的反弹动作都在缩量状态中完成，此时的观望筹码或者套牢筹码，处于难以下手割肉的矛盾心态中。而该股的下跌行情还在继续。其实，很多人是如何一步步被深套的，在学习了扭线技术后，一切都变得明了了，关键是自己是否能够掌握这些实战中的细节变化，认识到自身的错误判断，而做出正确的应对策略。

13. 回震打时量可猛可不猛，攻击起来时量要越猛越好，但注意急攻见顶

解析：回震动作出现在上攻行情中，同样技术动作反过来在下跌行情中，就是回抽动作。注意两者的相同与区别点。回震动作，顾名思义，以猛烈回打震仓为主，技术目的是以剧烈震仓手段震出或者吓出获利筹码，以增强沉淀筹码的稳定性。但是如果回震动作出现在上攻幅度比较大的高位空间区域时，则还具有借助技术上的剧烈震荡过程来进行筹码的派发动作目的。通常来讲，回震动作由于两线收拢而不发生交叉，那么，攻击通道还是保持的，因此，回震之后，还会有攻击动作出现，但回震之后的攻击动作如果比较快速(急攻)，容易再次出现八爪线，也很容易出现高点或者一个顶。

回震虽然是以震仓为主，但其间也会夹杂有洗盘的动作，因此从成交量来看，不可能天天放量震，这样过于单一化，反会被短线客以 T+0 方式博取利差。因此，震洗结合是必然现象，只是震为主、洗为辅来进行。这样一来，回震过程中，下跌时和反弹时的成交量变化不确定性就比较高，这与控盘手灵活应变来测试控制盘面浮筹有很大关系。但有一点，就是回震动作结束后，再次攻击时，通常放量明显，股价攻击有力，这是因为回震动作中震的动作清理筹码总是会比洗盘清洗筹码要干净一些。但是，如果回震之后攻击加速过快，过猛，八爪乖离扩大也就更容易出现，因此，要防止发生急攻见顶的现象。

图 7-17 是一个典型的 21 日与 48 日线间的回震动作。由于此两线周期值大一些，不像 5 日、10 日线出现回震动作时的震仓动作那么明显和短促，如果细化看，期间震、洗是相结合进行的，成交量逐步萎缩，回震动作结束时，两线靠拢比较近，但不发生交叉。注意一点：21 日线有回头下移靠拢 48 日线的现象发生，这就与洗攻动作有了区别，因为洗攻动作过程中，没有力度比

较大的连续震仓动作，所以 21 日线通常是保持着向上缓慢移动的状态，靠拢 48 日线的；回震中，21 日线则被连续震仓动作带动，而出现拐头下跌一段来靠拢 48 日线的走势，但在两线靠拢交叉之前，股价已经率先拉回到 21 日线(以及 5 日、10 日两线)之上了。

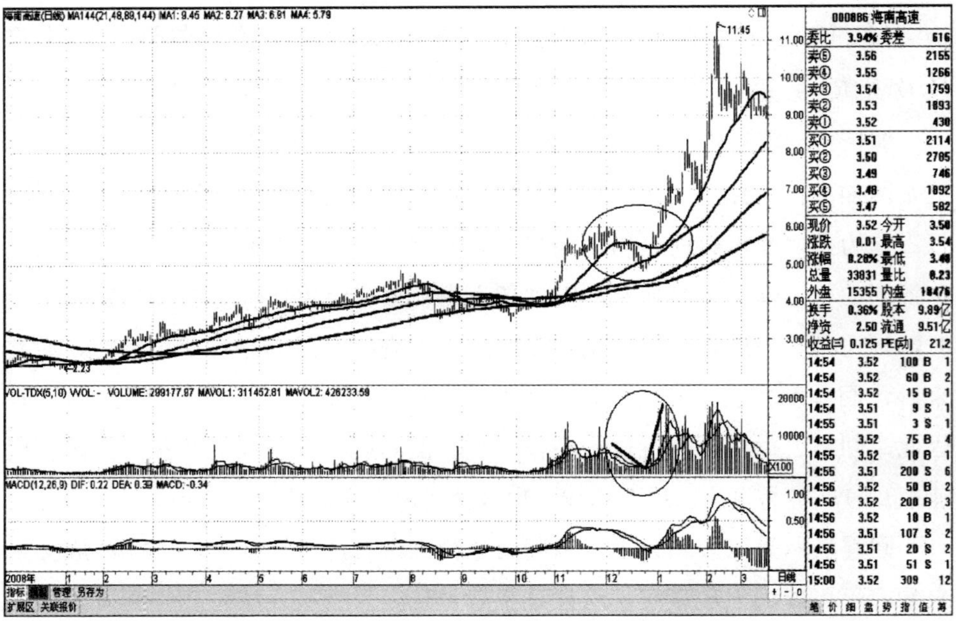

图 7–17

14. 破位震量要猛，再攻放量须持续

解析：破位震动作是回震动作的升级版。通常在上攻途中，为了某种技术目的而需要以股价下破支撑均线的破位震仓手段来进行清洗、整理时，均会运用回震或者破位震手段。回震动作中两线是不发生交叉现象的，而破位震动作中两线是必须要发生交叉现象的(先死叉、再金叉)因此，破位震动作在震的强度上比回震高。回震和破位震中，成交换手都会在短线股价猛打过程中明显放大，当然，这其中可能有大量的换手属于控盘动作中的诱惑性换手单(比如以中、大单反复来进行打压股价，以刺激盘面恐慌感)，但由于市场大量参与者总是很容易被盘面的某种猛烈下跌所刺激，而做出规避风险的

操作。因此，通常来讲，快速猛烈的震仓手段均能够达到其目的。

但是，破位震动作还有另一个技术演化现象，就是破位震动作的出现，有时则与筹码在高位震荡中隐秘出局的现象有密切关系。实战中，如果某个破位震动作出现之前，该股的上攻幅度已经比较大，或者前面有明显持续长攻击通道运行过程，破位震动作中又出现放量现象和股价被打压过程，则确实存在一批筹码出局的现象。因为破位震之后的再次攻击(一般都会有新高)动作，一个很容易出现短线八爪现象，一个是很容易出现顶背离现象(包括指标背离和量背离)，因此，这种空间高位区域的破位震动作还具有见顶前震荡出货平台的特点。

一般情况下，以清洗、震仓为主要目的的破位震动作，以快速猛打，之后又快速攻击起来比较多见，震仓时出现的震仓量也明显放大，但之后的攻击动作量也会明显放大，特别是再攻时的量要越持续越好，如果不能持续，就要警惕发生量背离，而通常量背离又与指标背离共同形成顶背离现象。

以高位震荡出货为目的的破位震过程，震仓时也会有量放大现象，但震仓过程会多折腾几次，之后的再攻动作也会有新高出现，但整个过程比较繁琐，这样做的好处是，回打过程和再攻过程持续时间都可以长一点，有利于分散出货，给新进场换手资金以充足的接盘时间和空间机会。

所以，在实战中，当出现破位震动作时，一方面要注意区别这个破位震动作是什么目的，另一方面也要注意分析一下出现动作的空间位置高低，以及各种背离现象是否会发生。

图 7-18 中，领先科技(000669)第一个破位震动作是比较典型的以清洗、震仓为主要目的的动作，大阴结合大量达到快速震仓目的，同时注意 10 日与 21 日两线靠拢而没有交叉之前，就会出现快速强势再攻动作并带量，期间只有 5 日和 10 日两线发生了先死叉后金叉的交叉现象。还有，这里也是一个典型的变脸线动作，以及股价下破 21 日线，但 10 日与 21 日线不发生死叉，这是价破线不破现象，几个重叠在一起完成的这个破位震。

第二个破位震动作则与第一个破位震动作有了明显区别，一个是震仓过程要长一点，连续阴线中夹杂着震仓动作，之后的再攻新高动作比较繁琐缓慢，再本身这第二个破位震出现的高点就是顶背离的情况下，再冲新高，又多加了一个顶背离，还有量背离也明显。因此，第二个破位震动作明显具有在高位震荡出货的目的意图夹杂其中。从该股后期走势看，最后演化为横向构筑顶部过程，在该股空间总体上看，在 30 元位置以上，明显成为一个资金逐步撤出的区域。

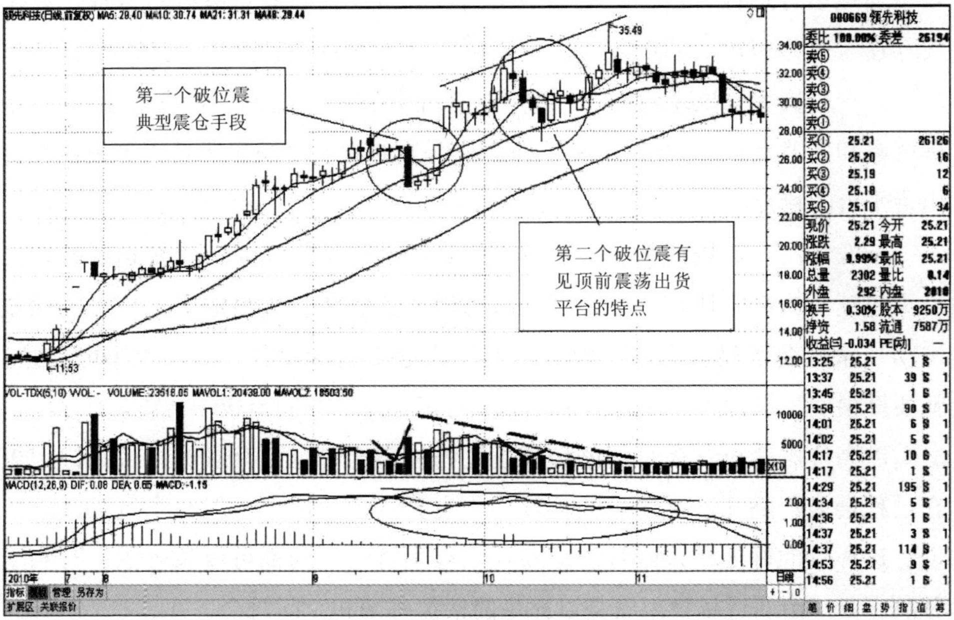

图 7-18

15. 反弹下，前放量，后缩量

解析：反弹下动作是下跌行情中四个反弹动作之一，也是这四个反弹动作中反弹强度最高，持续时间比较长，并且也是唯一一个会出现均线交叉现象的反弹动作过程。因此，反弹下动作过程中成交量在反弹阶段放大还是比较明显的，股价的反弹攻击力量也会比较强，这样才会促成发生均线交叉(金叉)现象。但在完成反弹阶段之后的下跌过程中，成交量会萎缩的比较快。因此，反弹下过程中前期反弹时放量明显，而后期转为下跌时缩量比较明显。

图 7-19 中中青宝(300052)下跌行情中出现两次反弹下动作过程，可以比较明显地看出，前半部分反弹过程时，放量比较明显，也有一定持续，但后半部分反弹结束转为下跌时，成交量就会明显萎缩。总体来看，反弹下动作

过程中的放量现象，主要是支撑股价前期反弹而形成的一种短线多头支撑攻击量，一旦攻击动作完成，这部分推动力量就消失了。股价的下跌动作中，虽然有时也会出现抵抗性质的力量，但持续时间短，之后的换手反而更加萎
虽然有时也会出现抵抗性质的力量，但持续时间短，之后的换手反而更加萎
缩，这说明在整体下跌行情趋势没有结束前，参与群体都比较小心谨慎。这就区别于底部扭转时堆积的量堆会一个比一个大，并具有持续性特点。

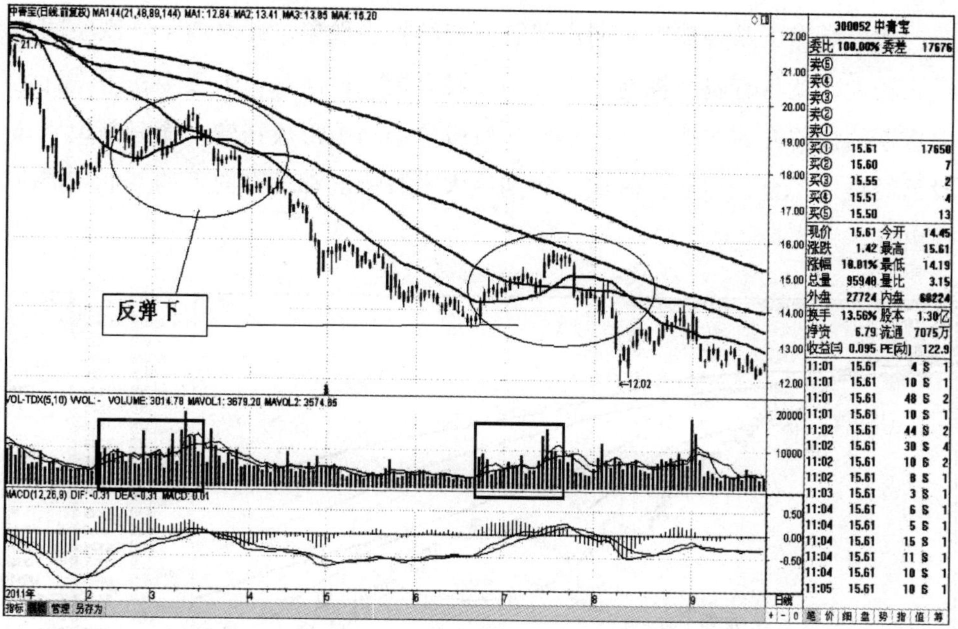

图 7-19

16. 反弹平台量较稳，因为大家都在等

解析：反弹平台也是下跌行情中四个反弹动作之一，反弹平台动作的持续过程时间仅次于反弹下动作过程，有时还有可能比反弹下动作的时间持续长一点，这会受到两线收拢前八爪的乖离空间大小的影响，但反弹强度大大低于反弹下动作。反弹平台过程中，由于股价反弹上下的空间幅度一般不是很大，参与其中的短线资金通常也比较难以抓到大利润价差，因此，刚开始反弹时，由于八爪乖离大的影响，股价上下震荡空间还是要大一些，参与资

金也会多一些，但随着横向震荡移动运行，两线收拢，乖离空间缩小化解，股价的上下震荡空间会出现收窄现象，如此，也就迫使参与资金或者被套住的资金加入观望，或者被迫退出，出现换手明显萎缩现象。总体看，反弹平台过程中的量比较稳定，这与大多数资金想参与但震荡幅度逐步缩小，只能够先观望等待(期望再次大幅上攻的心理)有密切关系。

如果实战中在反弹平台动作中出现持续放量换手现象，要注意区别一下是属于下跌行情的初期，还是中后期，如果是初期，可能与有资金要出局有关；如果是在下跌行情中后期出现放量持续换手现象，此时通常下跌空间已经比较大，就与有资金提前介入布局该股有关，但注意，大资金在下跌行情中后期的提前介入布局动作并不意味着股价会马上形成扭转，而只是说明该股已经进入资金关注低位区域，后期绝大多数情况都还有向下的新低拓展动作出现。

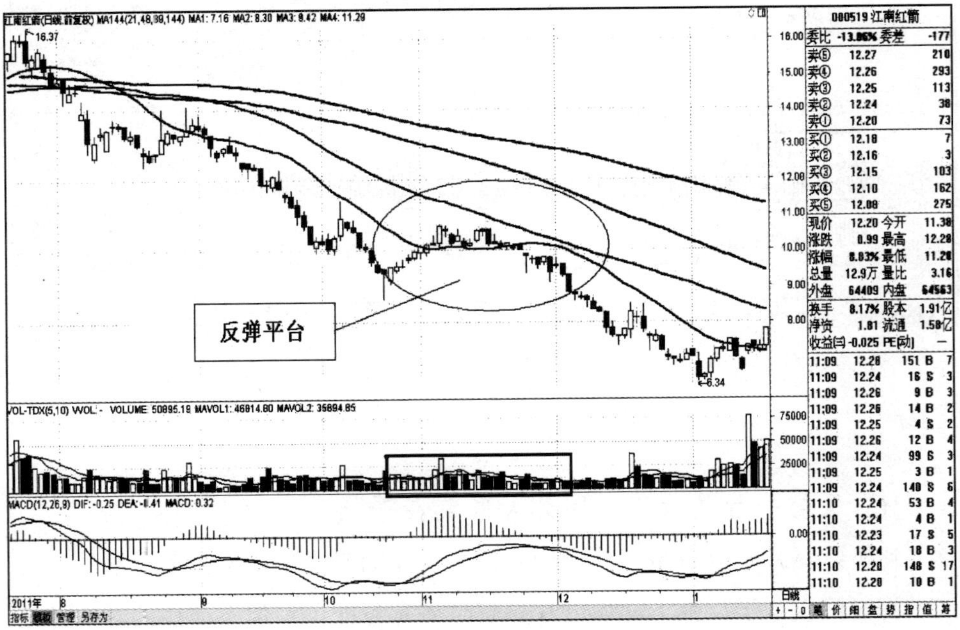

图 7-20

图 7-20 中江南红箭(000519)下跌途中，结合它的顶部高度和下跌空间幅度来看，应属于下跌行情中后期出现的一个反弹平台动作。刚开始反弹时，

由于21日与48日两线间八爪乖离空间较大，还有一些放量现象参与反弹博利，但随着股价上下震荡幅度收窄，成交量逐步萎缩归于平静。最终21日与48日两线收拢再次展开下跌，成交量依然没有明显变化，这一方面说明反弹平台过程中由于博利空间有限，迫使很多资金处于观望状态，后面再次下跌，还是没有明显放量，说明该股被套筹码幅度较深，被动沉淀筹码较多，那么，后期一旦底部扭转时，首先需要经过一个把大量沉淀筹码搅动浮起来的过程，才能够收集到足够的筹码。这只是一种演化思维，但眼前无论是主动处于观望，还是被动加入套牢观望中，都说明了参与盘面换手的筹码资金比较少。

17. 牛铃线看量堆，先猛后缩，再攻

解析：牛铃线动作是属于启动动作中比较常见的一种。牛铃线动作换手量变化的整个过程基本分为三部分：先是回打化解由于前面攻击动作所造成的八爪乖离的清洗过程，此部分中成交量换手呈现逐步下降态势；之后进入震荡蓄势过程，收拢理顺均线也是在这时进行，此部分中成交量换手相对比较小；最后是新的启动攻击过程，此部分中成交量换手再次出现明显放大，并具有持续性特点。

牛铃线动作，理论上在行情的任何阶段中都会出现，但从最有利于实战操作角度讲，牛铃线出现在底部扭转过程中，以及上攻行情中部区域某个三线内(或三线外)震荡平台完成时的再次启动攻击位置，最具有可操作性，其他位置阶段中出现牛铃线，虽然也可能会出现一段时间的攻击动作，但容易出现启动攻击夭折现象。因此，这说明了一个技术现象：某个技术动作均有其特有的最佳出现位置，出现在这些最佳位置时，其技术动作的成功率高，同时，所产生的功能性效果也最佳；而在其他位置阶段出现时，一个是容易出现动作过程中的夭折现象，一个是其所产生的技术功能性效果也会有降低现象。不仅是牛铃线，就是其他很多技术动作在实战中也都具有这种现象特点。

有些人容易将上攻途中的洗攻动作与牛铃线动作混淆，这里需要讲一下，牛铃线动作开始的时候，两线先有一个金叉动作，金叉之后的股价攻击加大两线的八爪乖离，之后股价回打震荡，两线收拢梳理蓄势，然后启动攻击。洗攻动作则是在上攻途中的一次清洗、整理过程，两线虽然也会有八爪乖离出现，但在出现之前，没有金叉动作，属于两线平行向上攻击之后发散成八

爪。牛铃线属于启动攻击动作，而洗攻则属于在攻击途中的强势整理动作，性质、意图、目的、表现形式均不同，记住这两个动作的区别。

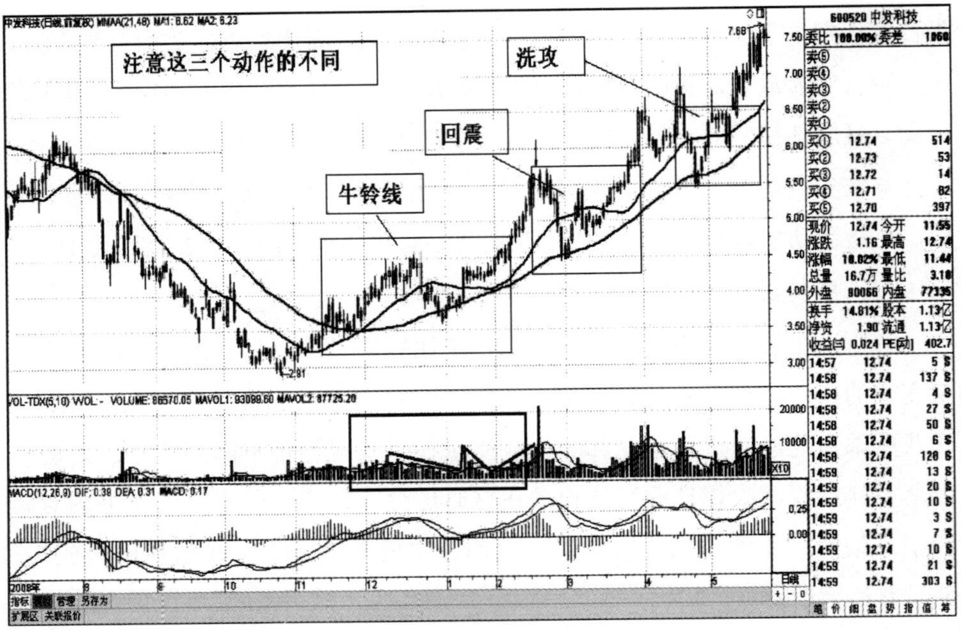

图 7-21

图 7-21 中中发科技(600520)的牛铃线出现底部扭转过程中，为了更加清晰辨认和与其他动作进行区别，只用了护盘线 21 日和护航线 48 日两线(此两线也是趋势框架线系统中均线)。21 日与 48 日两线先是金叉，形成攻击过程，攻击必然加大两线八爪乖离，因此，后面就需要化解乖离。股价回打，21 日线从上攻状态转为平向移动，成交量逐步萎缩下来；之后股价拉起来，回到 21 日线之上震荡，成交量在短暂放大之后再次明显缩量，此时两线收拢，股价位于 21 日线之上，属于梳理均线；然后进入启动攻击中，成交量逐步明显放大，并具有持续性，股价步步连续攻击。

图中牛铃线启动起来之后是一个回震动作，回震动作也是攻击途中出现的一个典型震仓动作。21 日线有回头下移的明显变化过程，这就区别于洗攻时 21 日线继续保持向上缓慢攻击状态。回震动作后面，当短线又一次出现八爪乖离时，化解相对比较强势，是一个洗攻来化解的。

图中的牛铃线、回震、洗攻三个技术动作中，只有牛铃线动作的前面21日与48日两线有金叉动作，回震和洗攻动作的前面均没有两线金叉的动作，这就是牛铃线动作为什么会属于启动动作范围的原因；同时，这也是为什么牛铃线出现在底部扭转中或者三线内外正平台结束时的再次启动攻击位置时，动作成功率和技术功能性效果最佳的原因。这是牛铃线技术动作的本身表现形式所决定的一种自然的动作变化内在规律，在起着四两拨千斤的作用。回震和洗攻也是一样的道理，不同的技术动作基本上都有其最佳的出现位置。

18. 跳空脱线八爪的中字K线带巨量，要警惕

解析：中字K线经常会在某些高点、低点频繁出现，这与短线连续攻击动作之后有部分筹码锁利(高点时)，或者有资金主动逢低介入(低点时)有密切关系。高点时，锁利盘压制股价，形成盘中当天回落收盘，留长上影；低点时，主动介入盘推升股价起来收盘，留长下影。因此，对于中字K线在高位时(上攻)，主要关注长上影的出现；而在低位时(下跌)，主要关注长下影的出现。

在实战上攻过程中(比如加速攻击后)出现股价跳空现象、脱线现象、均线八爪现象，此时如果出现一个悬空的中字K线，并且当天放出不同寻常的巨量换手现象，则应特别加以警惕，因为即使这里不是最高点，但股价很可能已经进入随时出现最高点的区域中，有时这个悬空放量的中字K线就直接成为最高点。

遇到这种情况，一般应在当日收盘前先进行减仓动作，后面如果有新高出现，则应继续减仓，如果没有新高出现，而是向下跌，则应果断锁利。这是因为这里短线出现了技术共振现象，一个是跳攻脱线之后需要化解，一个八爪乖离之后需要化解，一个是前面攻击幅度造成的获利盘累积会转变为抛压锁利盘，还有就是指标等的严重超卖现象也需要修复，如果再有顶背离现象同时出现，短线高点成立的几率会更高，这些技术现象形成共振，都需要一个股价回打、回落震荡、整理的动作来进行化解和修复，因此，就很容易形成一个高点，如果中字K线单日换手成交量很大，则说明短线已经有筹码在进行锁利动作了，这也增加了沉淀筹码短线的风险系数。

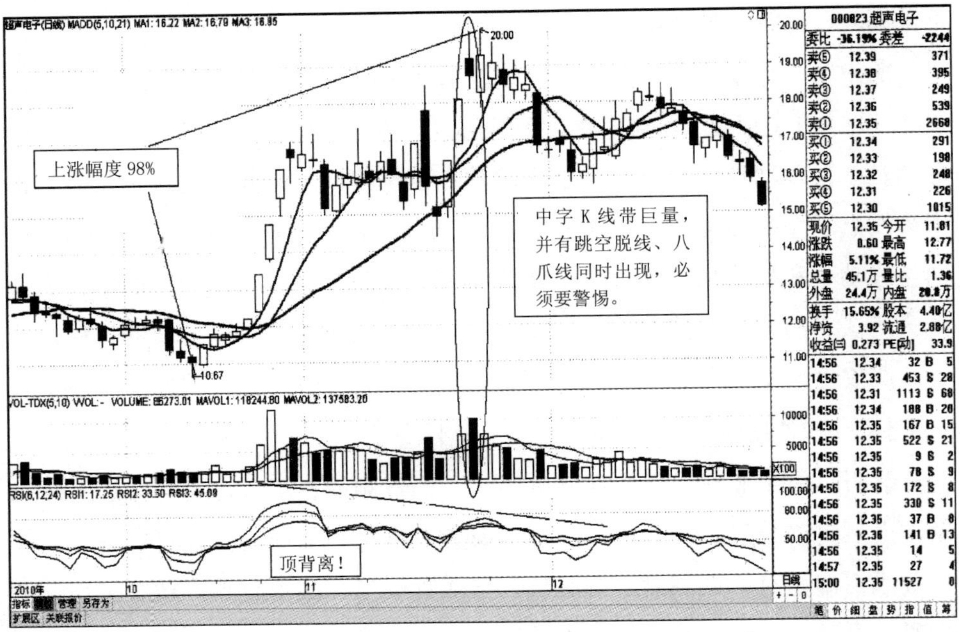

图 7-22

图 7-22 中超声电子(000823)中的这个高点位置，出现一个带有巨量的中字 K 线。细化来看，这个中字 K 线出现之前，股价的这个攻击波段已经达到 98%的攻击幅度，在只有一个月的时间里，时间短，股价攻击空间幅度大，获利筹码的累积量也必然很大，那么，一旦出现高点，锁利筹码形成的抛压也会很大。另外，短线来看，这个中字 K 线出现之前，股价已经处于加速、脱线攻击状态，此时八爪线已经开始形成，后期股价即使横移震荡，八爪乖离还是继续扩大中，指标上 MACD 虽然顶背离迹象不明显，但 RSI 有明显顶背离迹象，因此，这里已经有多个技术共振现象发生，就应高度警惕一个短线高点顶的随时出现。

实战中，中字 K 线经常会遇到，但不是每次出现中字 K 线都会形成一个高点，但出现中字 K 线时，如果同时又出现了其他多个技术现象产生共振，则必须要高度重视：这个中字 K 线的大量换手现象不属于正常范围了，应是有筹码在做主动性、提前性的锁利动作，即使后面股价还出现了新高，但这里的减仓锁利动作还是会导致股价的攻击力度出现明显的衰减现象。所以要谨记，并不是讲，出现中字K线，一定会出现一个高点；但一个伴随大量的悬空中字K线，同时又出现多个技术共振现象，形成高点的几率则非常之高！

19. 多线聚拢变盘口，向上须放持续量，向下无量也深跌

解析：从趋势系统总体角度来看一些重要变盘位置的成交量变化，会发现一个经常出现的现象，即向上攻击的多线聚拢变盘动作出现之后，上攻动作如果有明显的持续性放量来配合，这个攻击动作展开的持续性比较好，并且上攻幅度也比较大。这种情况很好理解，上攻时很容易吸引资金追逐跟风，并且在我国股市里，目前绝大多数股民的利润博取，还是依靠股价上攻拓展出来的利差空间，因此，股价上攻时容易吸引资金跟进，而股价下跌时又会使很多新资金缩手观望。如果多线聚拢向上变盘攻击时，没有明显堆量配合，或者放量的持续性不高，这个攻击动作的攻击持续性就差一些，攻击空间高度也会相对有限。

还有，向下的多线聚拢变盘动作出现后，一个是在变盘同时，可能就没有明显的量能配合，另一个是变盘之后向下跌时，也没有明显放量伴随，总体看，属于无明显量配合，此种情况并不影响股价下跌动作的空间拓展，有时这种情况下的下跌幅度反而会更深些。这其中一个原因与前面讲的股价下跌时会使很多新资金缩手加入观望有很大关系；另一个原因就是该股在中、高位区域买进的大量分散型筹码通常采取死守不卖策略(很多人认为这是一种风险性相对较小的保守策略，但在顶部扭转后采取这个策略的话，风险不但会很大，而且还会不断加大)，一旦套牢幅度加大后，这部分分散型筹码持有者，就更加难以下手割肉，导致下跌不放量的现象。

因此，大趋势，就要看大群堆量的前后不同变化，其中对比形成的差距，通常直观地反映着参与该股的不同群体之间的态度和操作转变，而这些转变，如果发生在均线系统出现某个多线聚拢变盘窗口前后时，就需要进一步紧密监控均线技术动作与量的配合变化。

从图7-23中友好集团(600778)趋势性行情变化过程看，其中出现该股三次重要的多线聚拢变盘位置。

上攻趋势中，第一个多线聚拢变盘位置开始，股价展开上攻动作，注意下方的量堆中不但又启动时明显放出的大量，这属于启动量，启动量大，当

然是好事，说明启动攻击的决心大和资金守护盘的实力坚挺，而且之后的股价上攻拓展过程中，成交量换手量堆群具有明显持续性特点，这就是从大的趋势系统方面来看待这个攻击过程的价量顺势现象，期间的震、洗动作时短线的量变化是合理现象，这样才能够达到清洗、整理、化解的目的。

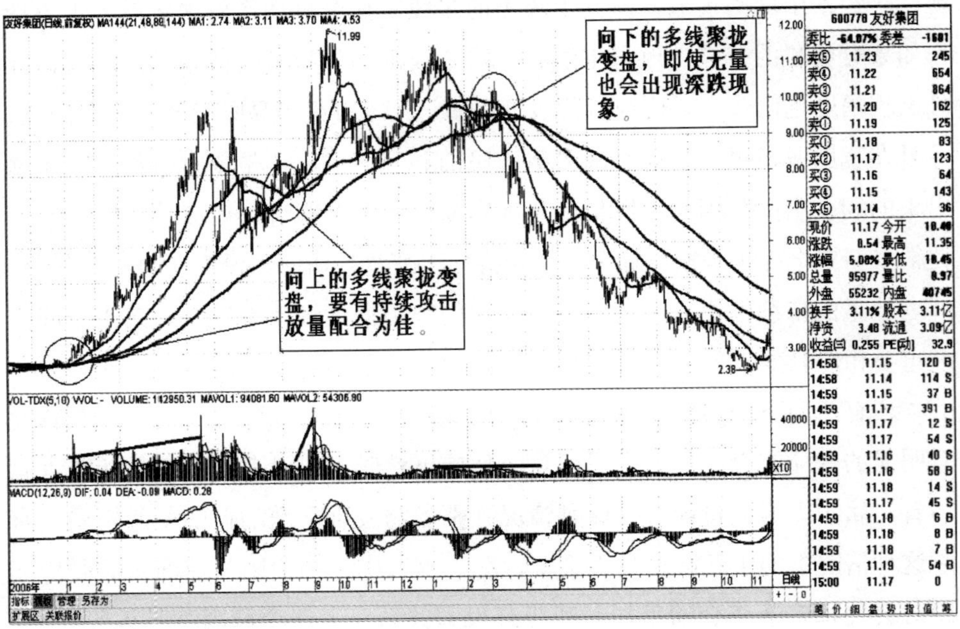

图 7–23

第二个多线聚拢变盘位置开始，股价上攻时，虽然也明显放大量堆量配合，也有持续性，但这个持续时间不长，因此，股价的攻击很快也就结束，特别是冲出最高点的新高过程中，明显有缩量现象，说明参与的新资金衰减很明显，没有持续性的资金推动，股价的攻击动作很容易随时结束。

图中在顶部扭转完成时出现了一个明显的多线聚拢变盘窗口，股价展开下跌，这个变盘位置前后均没有发生非常明显的放大量堆量现象，因此，相对于伴随前面上攻行情中的两次多线聚拢变盘后的攻击持续放量，这里的量就视为无量状态了。而该股后期的下跌幅度比较深，跌回前面第一个多线聚拢变盘时的股价水平位置，这说明很多中、高位分散型的筹码套牢损失比较重。因为在技术系统完成顶部扭转后，股价展开下跌时，并没有杀跌出局避险的现象。

20. 主攻波量堆大，再攻波量背离，反弹波量堆急

解析：在趋势系统上攻行情中都会存在一个主攻波攻击过程，这个主攻波攻击过程中，股价拓展空间的幅度明显比较大，同时形成的堆量现象也是整个趋势行情中最大的一个集团量群，这种现象在绝大多数个股、指数等上面都有典型表现。

再攻波是顶部扭转过程中再攻创出新高的一个攻击波，但绝大多数情况下，再攻波的集团量群均会小于前面主攻波时的集团量群，形成明显量背离现象，如果此时再出现顶背离，这就是一个技术性的顶背离共振现象，很容易形成顶部最高点。这种量背离的现象主要原因是再攻波发生时，已经处于顶部扭转构筑过程中，大量筹码持有群体此时主要以吸引新资金接手他们分散派发的筹码为目的，是否需要再攻新高来加大吸引力度，还是以成本比较小的反弹波来吸引新资金积极进场参与筹码换手，是可以根据当时该股的整体盘面换手状态来灵活应用的。但无论是用哪一种方式，其目的和意图是一致的，所以，即使是用倒仓换手推升方式，加大吸引新资金力度的再攻波(股价创出新高)攻击，持筹主力群体还是会刻意控制自己的总体筹码换手成本，不宜升高过多，由此，再攻波的整体量群就会相对要小很多，容易形成量背离现象。

反弹波也是顶部扭转构筑过程中常见攻击波段，反弹波出现的目的和意图与再攻波是一致的，只是两者所表现的攻击力度不同，吸引资金的具体手法也不同，再攻波中股价虽然能够创出新高，但也正因为这一点，会引发一些保守型资金的警惕心理，而缩手观望；反弹波中股价虽然没有创出新高，似乎其吸引力度没有再攻波大，但正因为这一点，却会吸引很多对该股后期期望值高的资金青睐，因此，不同的吸引方式所形成的诱惑性效果也就各有千秋。关键是控盘手的监控能力强弱，监控能力比较强的控盘手，可以根据情况的变化把反弹波加强为再攻波方式，也可以把再攻波戛然而止，不创新高(就差那么一点)，变为反弹波，手段怎么变，都是可以随机应变为其目的意图服务，能够以最小的代价和成本达到意图及目的就是成功。

图 7-24 中成发科技(600391)主攻波期间的集群堆量是其整个上攻趋势行

情中最大的一块，同时，主攻波的总体升幅也明显很大，达到 213%。但是再看顶部扭转过程中的再攻波期间，股价虽然创出新高，而对比看再攻波的集群堆量，就明显小于前面主攻波的集群堆量，形成明显量背离现象。因此，实战中，当出现再攻波时，要特别注意对比一下再攻波的集群堆量大小，特别是要结合讲过的顶部构筑形成的技术方法，会明显提高顶部最高点位置区域的把握准确度。

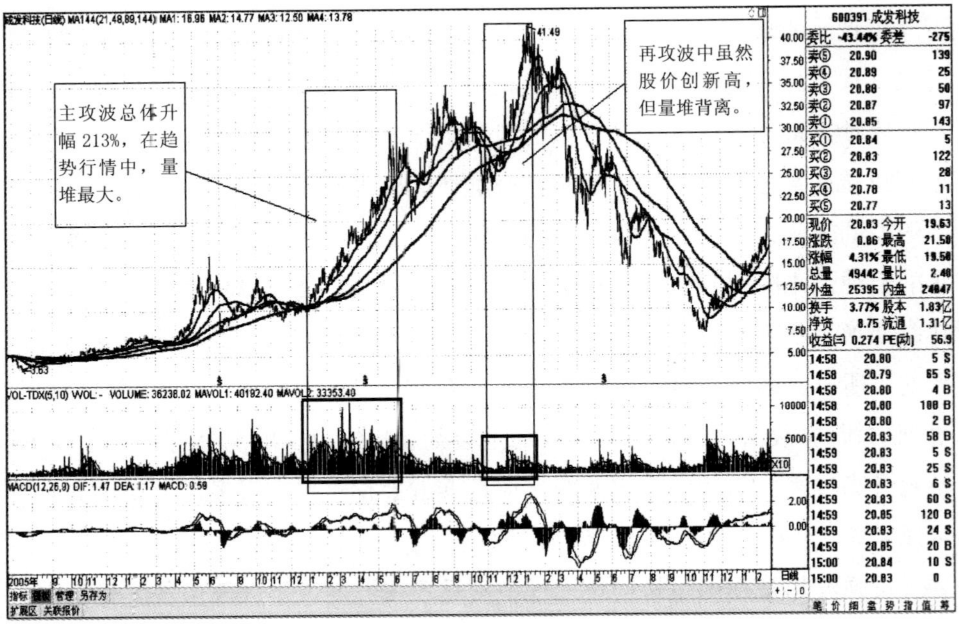

图 7–24

再看联创光电(600363)在图 7-25 中的主攻波期间，集群量堆也是整个上攻趋势行情中最大的一块。之后，在顶部扭转构筑过程中出现过两次反弹波，很明显反弹波中的量的特点是放量持续时间短，比较急促，放完(反弹起来后)就完了，量萎缩的也比较快。因此，实战中在高位区域(或已经有顶部扭转构筑的迹象时)出现反弹波动作过程，也要特别注意量的变化特点，如果持续性不高，以及虽然可能会有明显大量出现，但总体看放得比较急促，萎缩也比较快，就要警惕正在构筑顶部过程，再结合顶部构筑技术方法进一步分析，准确性就更高。

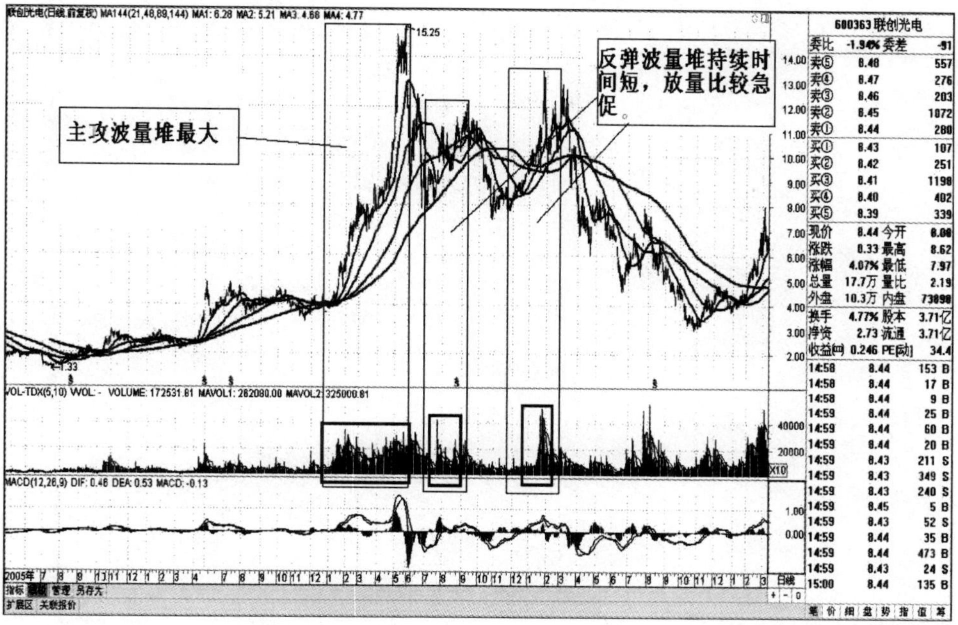

图 7-25

第八章　八种支撑与压力测定方法

第一节　均线交叉点

(1)一般在均线系统中，特别是上攻趋势行情(或下跌趋势行情)中，总会出现两条重要周期的支撑或压制性均线，在此两条均线相互形成交叉的价格位上下，由于具有双周期市场筹码成本聚合换手的原因，均会形成一定的压制或支撑作用。

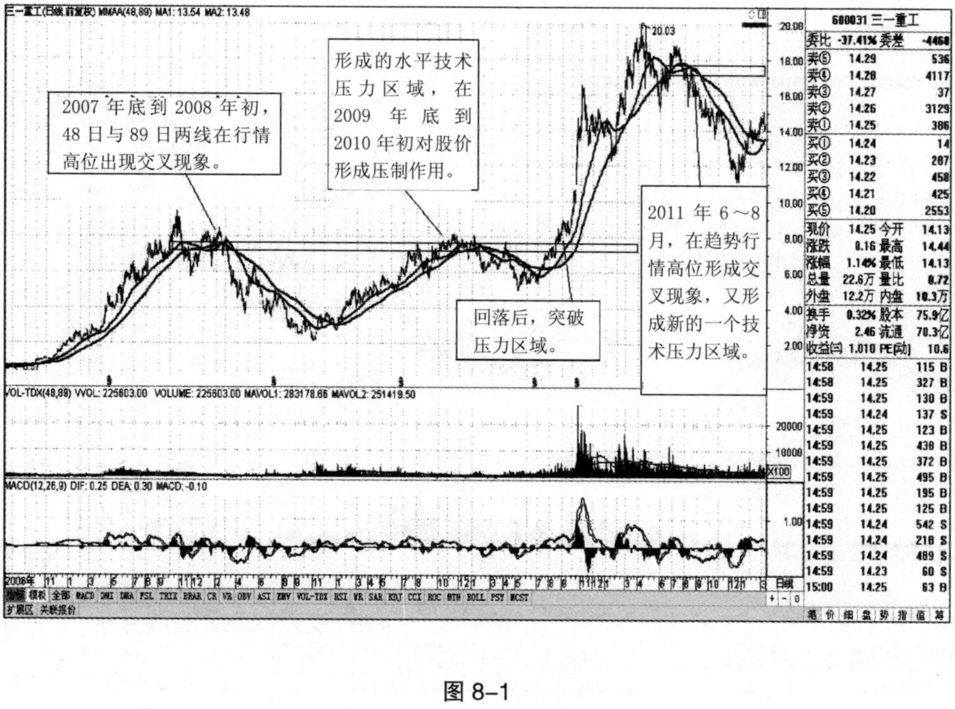

图 8-1

图 8-1 中三一重工(600031)的 48 日和 89 日两线，在 2007 年底到 2008 年初时，在趋势上涨行情的高位出现交叉现象，这个高位交叉点区域，既是此波趋势行情的终结点，又是两个周期筹码在高位的聚合共振位置。因此，后期当股价再次进入这个区域时，就形成一定的技术压制作用。该股在 2009 年底到 2010 年初再次攻击到该水平区域时，明显有阻力显现。回落之后，再突破该压力区域，新的趋势攻击波立即展开加速。然后在 2011 年 6～8 月间，再次在趋势行情高位两线出现交叉现象，这个交叉水平区域，就将成为以后股价再次回到这里时的压力区。

需注意一点，测算出的压力和支撑位，技术上都只作为一个参考数据位置来对待，同时还要结合其他技术方法综合来判断，准确性才更高。

(2)还有一种情况是多条均线(一般指三条线以上)形成聚拢交叉点，由于这是多个周期线平均值形成的一次价格重叠现象，也是多个周期的股价换手交易平均值的具体技术信号，因此这个价格交叉点位置，一般也应视为一个技术压力位或支撑位。

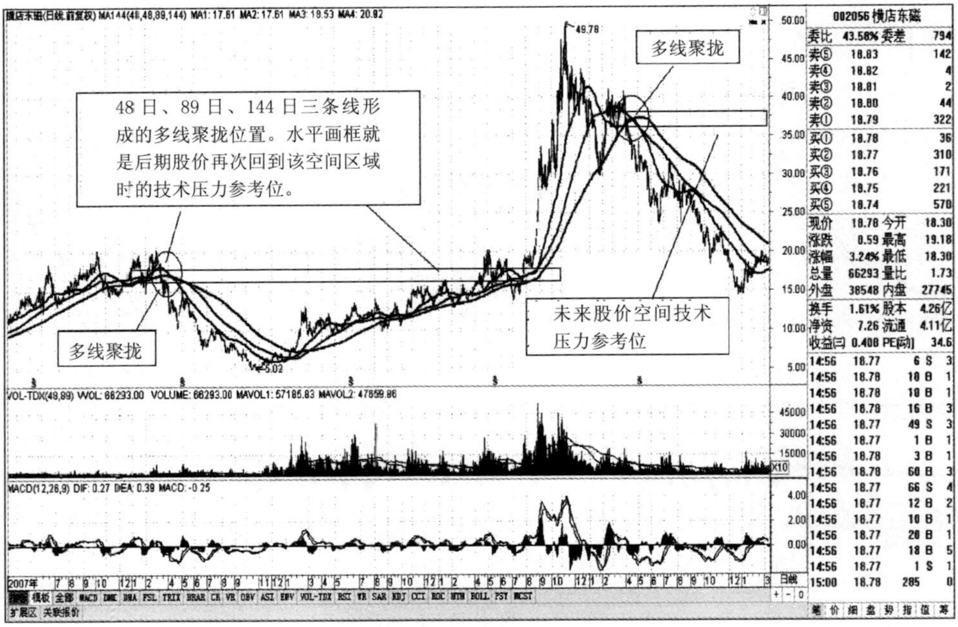

图 8-2

图 8-2 中横店东磁(002056)在 2008 年 3 月行情顶部扭转完成时，曾经出现过一个多线聚拢交叉现象，后期当 2010 年 4 月股价再次回到该压力区域时，明显有阻力显现，经过一段时间震荡化解压力后，才展开新的加速攻击动作。在 2011 年 4 月，又一次在行情顶部扭转时出现多线聚拢交叉现象，那么，这个水平区域，又将成为新的未来股价空间技术压力参考位之一。

(3)再一种情况是多条均线在某种震荡过程中，运行成为价差很小的水平走向状态。由于也代表着多个周期换手交易平均值相互聚拢的特点，各线之间的价格很接近，平均数据具有微小差异性。所以，一般取这几条均线价差的中间价作为一个技术压力位或支撑位对待。也可以画框的方法视为一个压力区或支撑区，在实战中做参考。

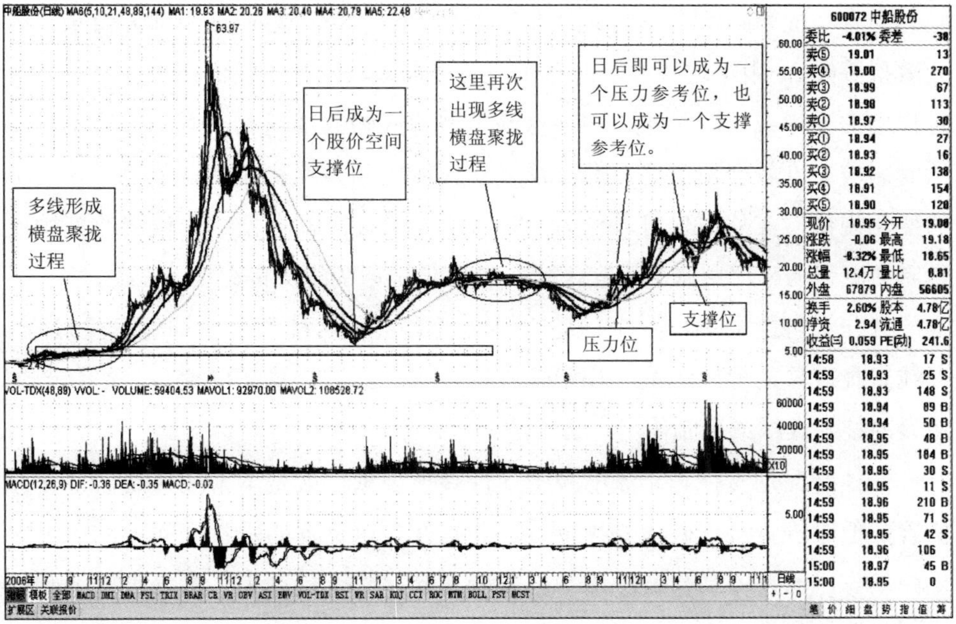

图 8–3

图 8-3 中中船股份(600072)在 2006 年 7～12 月间，曾经形成一次横盘过程，期间明显有多线聚拢现象，这也是一个典型的多周期筹码平均值形成共振的过程，实战中，如果这种现象发生在空间低位区域时，很容易形成多周

期筹码共同沉淀现象，如果发生在空间高位区域，也是多周期筹码共同沉淀的典型表现，但要注意高位的这种沉淀筹码持有者身份与低位区域筹码持有者身份截然不同，低位时，以主力资金筹码沉淀为主，高位时，以散户筹码沉淀为主。沉淀筹码的身份不同，所产生的股价空间博弈转换结果必然也大相径庭，一个是低位沉淀，高位锁利出局；一个是低位筹码沉淀不了(守不住仓)获利小，高位死守沉淀却变成套牢筹码。

从股价空间角度来看，距离(目前交易价格位置)最近的某个形成横向沉淀位置的价格区域，不但具有空间技术支撑和技术压制作用，还会有另两种技术衍化现象。比如，一个现象是“时效衰减”，通常是前一个上攻过程中形成的某个技术现象，对后期下跌过程中形成技术支撑或压制作用，但之后随着未来时间的延伸，这种支撑和压制作用就越来越不明显了；另一个现象就是总会有一批筹码始终处于沉淀状态(比如战略性底仓筹码或小部分做长线的分散型筹码)，由于这些筹码的存在，而对未来该位置的股价换手也会产生一定作用的支撑或压制影响，如果这种类型的筹码数量越大，所产生的支撑和压制影响力度就会呈正比上升，反之支撑或压制力度就变小。了解了这其中的变化规律，实战中也可以作为一种分析参考标准，根据这个位置的支撑或压制力度强弱来评判这个位置区域中的此类沉淀筹码数量多少。

有些人可能会提出一个问题，不是所有出现这种某个时期有横盘过程、多线聚拢现象的筹码沉淀，在未来股价再次回到这个水平位置时，都会产生明显的技术支撑或压制作用，这又是为什么呢？

一种情况是支撑和压制的技术属性转换现象，就是本来应该是一个支撑位置，但股价直接下破该支撑位置，并拉开与该位置的垂直空间后，再出现反弹动作，而反弹动作被该水平位置所压制。或者反过来，股价直接上破该压制位置，拉开垂直空间后再回落到该位置区域，得到该位置的支撑。另一种情况是该位置的大量沉淀筹码已经在股价上攻的某个空间高位变换成了浮动筹码被换手。也可以是在股价下跌到某个空间低位区域时，该位置大量的沉淀筹码由于各种原因变成了浮动筹码被换手，那么，实际上该位置沉淀筹码数量大幅度缩小，留下的仅仅只是一个技术压力或支撑位的概念而已，所以，该位置的支撑力度或者压制力度自然也会大幅降低。现在很多软件上都带有直观的筹码群移动变化小工具，也可以作为一个参考。

该股在 2008 年的 11 月股价下跌到该水平位置区域时，明显得到技术支撑。2009 年 9 月到 2010 年 1 月间，再次形成一次横盘震荡过程，期间也是多线聚拢现象，因此，这个水平位置区域在股价 2010 年 10 月再次回到该位置时，明显形成技术阻力压制作用。而且在 2011 年 6 月股价的下跌时，其支撑力度还存在着，这种支撑作用一致延续到 2011 年 11 月时才被股价击破。这也是一个技术支撑或压制的力度会随着时间推移，出现的“时效衰减”现象所致。

第二节　密集成交换手区

密集成交区，是指在某一个价格空间区域里形成的累积换手总和比较大的换手筹码沉淀状态。

筹码的沉淀状态从空间上可以划分为两类：一类是获利状态的沉淀筹码；另一类是亏损状态的沉淀筹码。但这种状态是可以变换的，获利的沉淀筹码，可以转化为亏损的筹码；亏损的沉淀筹码也会转化为获利筹码，转化的重要条件是股价在空间中的位置变化。要注意一点：当股价在空间的位置发生变化时，筹码的性质状态会相应发生转化。原来沉淀的筹码中，很大一部分会从沉淀筹码转化为浮动筹码，参与到市场即时的换手交易中，这样就会出现原来的沉淀筹码变为浮动筹码加入换手交易中；而新进资金通过交易换手形成的筹码中，又会有大量筹码变为新的沉淀筹码；还有一部分筹码维持着浮动筹码属性反复参与换手交易。

因此，这种筹码循环换手中主要产生两种现象：即沉淀筹码和浮动筹码。沉淀筹码会转变为浮动筹码，同样，浮动筹码也会转变为沉淀筹码。沉淀筹码中又分裂出获利状态的沉淀筹码和亏损状态的沉淀筹码。浮动筹码中也会发生分裂现象，分裂出获利的浮动筹码和亏损的浮动筹码。

通常处于获利状态的沉淀筹码会以持有继续沉淀为主，直到转变为浮动筹码锁利出局。而处于亏损状态沉淀筹码通常也会产生分裂，一部分转变为浮动筹码割肉出局保资金，一部分会继续死守筹码期待未来转为获利状态。

同样，通常处于获利状态的浮动筹码会以加长持有期来期待增加获利，因此，一部分也会转变为获利状态的沉淀筹码，另一部分则选择即时锁定利润出局(仍然是浮动换手筹码)。而处于亏损中的浮动筹码，其中一部分会选择即时割肉出局保资金，另一部分则转变为沉淀筹码期待未来亏损变获利。

以上这些筹码性质的相互转变和分裂现象，在市场中随时都在进行着，如果细细解析，会很复杂，也不太适应实战中的即时操作抉择，因此，化繁为简后，会发现每只股票都会有一个共同现象存在：就是筹码的沉淀与浮动性质转变上，会与该股的股价在其空间中的位置和运行方式变化有密切联系。比如，当股价处于该股的空间高位区域和低位区域时，筹码的总体沉淀状态比较好，但是，沉淀筹码的持有者身份会发生变化。而当股价处于上攻过程中或下跌过程中时，筹码总体来看，沉淀与浮动相互转变会比较频繁。这些现象均与股市中的主要筹码控制群体最基本的获利方式有很大关系，低位锁筹、倒手上攻、高位锁利(将筹码分散转换出去，并用顶部扭转来完成分散筹码的被动沉淀状态产生)、下跌休息。但大量散户并没有这样操作，而是低位割肉、上攻追涨、高位抢筹、下跌死守。

新的浮动筹码在换手中为什么会转化为沉淀筹码？这种转化主要与价格空间位置变化有关。由于参与者“追高杀低”的交易心理影响，大多数情况下，追高杀低时所进行换手交易的筹码价格会偏离原来沉淀筹码的水平位置，因此实战中会表现出两种特点：一是市场处于强势攻击状态时，追高位置必然会高于原有的沉淀区域而再次形成新的密集成交换手区；二是市场处于弱势状态时，杀低位置则会下移到原有沉淀区域的下方，形成新的密集成交换手区。

技术分析时，筹码的密集成交换手区(通常以水平空间来划分看)，自然就会成为一个重要的压力与支撑的参考分析点。这与股价运行中始终是在空间中运行密不可分，同时从时间上来讲，在前期换手与新的换手之间，相互会产生交易时间差和空间差的双重影响。再就是沉淀筹码与浮动筹码之间，利润与亏损的产生是交易双方进行博弈的一个操作手段(盈利一方希望保盈利；亏损一方希望止亏损)。这种换手博弈中不仅是技术方面的变化影响参与者交易期望值的变化，也有很大部分是参与者(或持有者)心理状态受到影响发生了变化而促成交易的。因此，当股价上升(或下降)到密集换手区附近时，也是控盘手利用基本面消息、技术面变化等因素“促使、放大”参与者，以及各种状态筹码持有者心理和期望发生重大变化、激烈碰撞的最有利时机。比如，把水先搅浑，新进旧出、沉淀变浮动、浮动变沉淀、盈利的心态不稳、亏损的心态更不稳等等，并可以利用技术面的各种技术动作来火上浇油，就会出现众人彷徨我悠然，以达到趁机猎取筹码(吸货)、顺势派货(出货)、清洗浮筹、沉淀筹码等目的。

密集成交区的形成有四类情况：

(1)顶部组合形成密集换手区分为两种：

①双顶组合。双顶组合是顶部形成技术中最常见的一种技术形态。可分为先高后低型和先低后高型两种。

在分析双顶组合的密集成交区时，有一个最简单、实用的方法：就是无论是哪一种双顶形态，运用“百分比线”工具，以顶部构筑中的最低点到最高低点来画线，百分比带内的阻力线即可作为未来股价再次回到该筹码密集换手的水平区域时的阻力测定，并可以作为主要技术压力位参考来对待。

还有一个是双顶组合的趋势框架线系统扭转聚拢位置，大多数也刚好处于这个百分比带中的几条阻力线位置，而多条趋势框架线形成的聚拢位置价格，恰恰就是顶部区域构筑中重要的阻力参考位置。

图 8-4 中沱牌舍得(600702)先形成的一个趋势波顶部构筑中，是一个“先低后高”的双顶顶部形态。实战中可以从这个顶部区域中的最低点到最高点画百分比线，百分比线带内的几条阻力线会恰好与该顶部构筑中的筹码密集换手区域形成重叠现象，参考顶部构筑过程中的整体筹码换手量大小，就可以测定出未来时期一旦股价再次回到该筹码密集换手区域时的阻力压制力量大小。

该股在经过一波从 20 元下跌到 10 元上下(下跌幅度超过 -50%)的下跌行情后，再次攻击回到前期顶部区域几条阻力、压力线附近时，会明显产生剧烈震荡化解动作。同时，这个阻力带还具有时间延伸现象，在未来有一次支撑作用，但实战中，要切记这种阻力变成支撑的作用会发生“时效衰减”现象，逐步消失。而新的上攻行情中的筹码密集换手产生后，会形成新的阻力或支撑作用。这是因为在下跌行情中，筹码会继续出现沉淀与浮动之间的转变现象，同时，在新的上攻行情中，也会产生新的筹码沉淀与浮动转变现象。而更早期的筹码沉淀和浮动对新的股价空间发展效应会逐步衰减，并通过新的换手而转变。

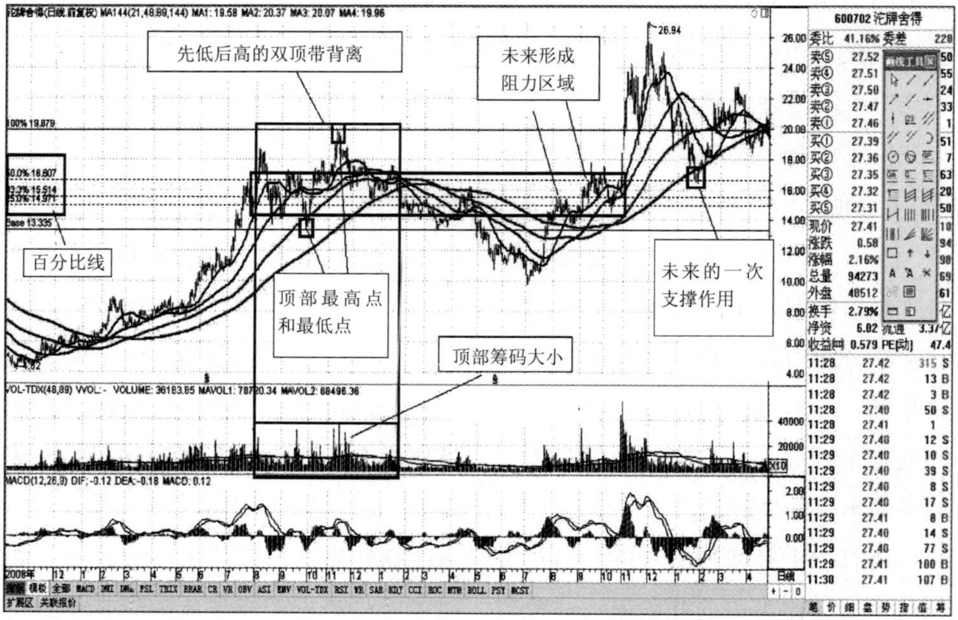

图 8–4

②三顶(即多顶)组合。三顶组合(或多顶组合)也是顶部形成技术中很常见的一种技术形态。可分为山顶型(先低后高再低)和高低低型(先高后低再低)两种。

在分析三顶组合(或多顶组合)的密集成交区时，也有一个最简单、实用的方法：就是无论是哪一种三顶形态，运用“百分比线”工具，以顶部构筑中的最低点到最高低点来画线，百分比带内的阻力线即可作为未来股价再次回到该筹码密集换手的水平区域时的阻力测定，并可以作为主要技术压力位参考来对待。其中原因与前面双顶中的技术测定原因是一致的，可参看。

还有一点，当均线系统运行到这个顶部出现之时，绝大多数处于收合聚拢状态了，由于均线系统反映的是平均值，所以，一般多条均线的聚拢点位置可能会偏低于实际密集换手区的水平位置。实战中可以作为同一个空间中的两个相邻的上下压力位来分析，就像用“百分比”技术中的“筷子双线”来对待就可以了。

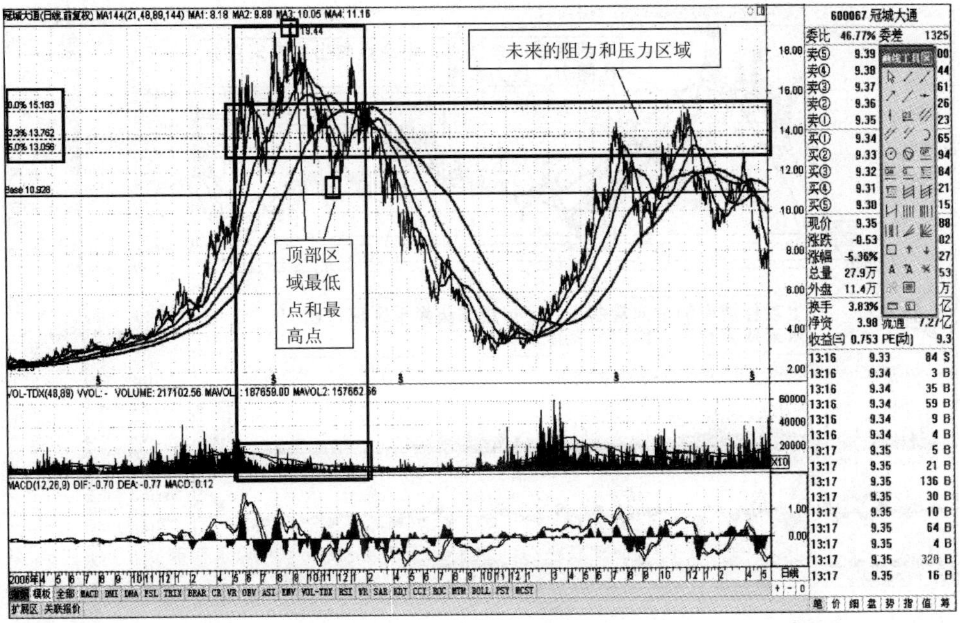

图 8-5

图 8-5 中冠城大通(600067)先形成一个三顶(山形顶)顶部构筑。通过以顶部构筑中的最低点到最高点画百分比线，出现几条对未来股价形成的阻力和压力线。后期该股经过下跌行情之后，股价再次回到该筹码密集换手区域时，明显受到其阻力和压力影响，而再次形成一个三顶顶部(还是山形顶)。

(2)平台震荡形成密集换手区，可分为两种：

①水平横向震荡平台。无论是上攻趋势中，还是下跌趋势中，这种水平横向震荡平台一般是一种比较强势的震荡平台。上攻趋势中技术表现最大特点是“三线内”；下跌趋势中则多以“反弹平台”、“横盘下”来表现。

此种密集换手区比较容易识别和判断。方法很简单：实战中，只要用一个水平线框把此震荡平台中最密集的换手天数(比如 K 线)“框”进去，那么这个框内水平区域位置就可以视为一个未来重要的压力或支撑位。注意：画方框时，水平拉长到未来，框的上下宽度以框住震荡平台中尽可能多的换手天数为准，以此作为密集换手区的压力区域或支撑区域来对待。

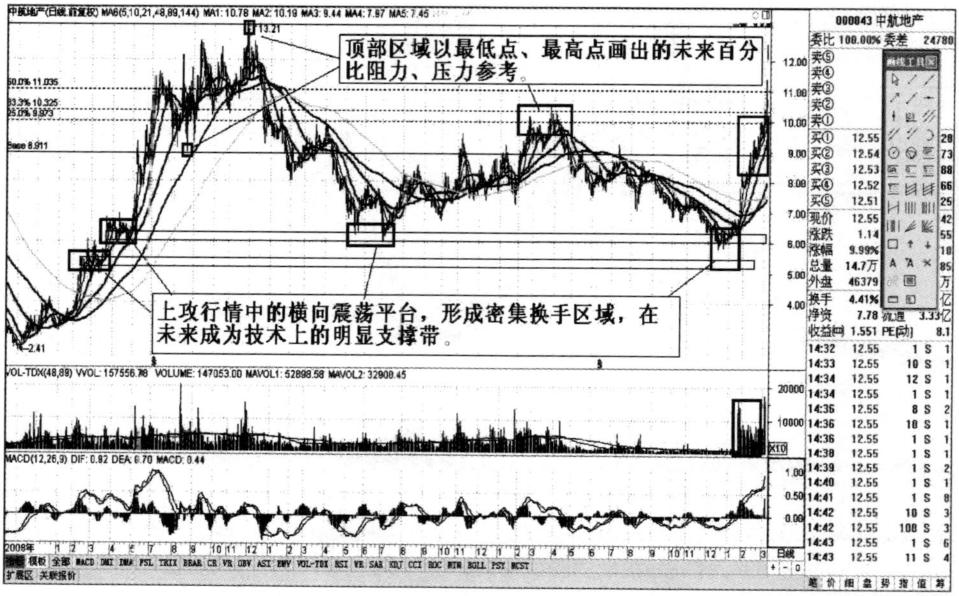

图 8-6

图 8-6 中中航地产(000043)先是在上攻行情中出现过两次明显的横向震荡平台。以直接画“框”的方式，框住每个横向震荡平台中最密集的换手区域，水平拉长到未来，作为未来股价下跌到该位置时的技术支撑位对待。该股后期下跌到该支撑位区域时明显得到支撑。

图中还运用前面讲过的顶部筹码密集来测定未来压力或支撑的方法，以百分比线画出未来股价再次回到前期顶部区域时的压力位置。该股后期股价再次回到该阻力和压力区域时，明显被压制，而形成又一个顶部高点。

但在图中最近截图时，该股股价再次冲击这个阻力和压力区域，就明显没有那么大的阻力和压力表现了。一方面因为最新一次的攻击动作中，在股价冲破该阻力区域之前，以一种持续、但又是边洗(边化解压力筹码)、边震荡攻击的方式进行，这是一种提前化解上方筹码压力的攻击方式，所以当股价冲破阻力区域后，股价就明显加速攻击。此时，这个阻力区域中原有的获利和亏损筹码，特别是此类的沉淀筹码所形成的压力筹码已经在本次攻击之前出现了转变现象(注意图中的中间部分的那一次震荡反弹波和震荡下跌波)。另一方面再加上筹码换手形成的阻力和压力带，会随时间而出现衰减效应。还有最近的这次上攻中，注意下方的持续放量配合，攻击能量明显很大，所以本次攻击冲破该压力区域的几率不但比较大，而且也是一种合理现象。

②三角形收缩震荡平台。上攻趋势中，三角形收缩震荡平台可以发生在“三线内”，也可以发生在“三线外”。下跌趋势中基本发生在“反弹下”里的比较多见。

此种密集换手区在实战中基本都是以该三角形的中轴水平线位置作为该震荡平台的密集换手区的标准点。

方法一：先画三角形，然后画出中轴水平线。

方法二：此类震荡平台形成过程中绝大多数都会有一条周期均线在三角形中会扭转为平向运行，贯穿整个三角形的形成。那么，这条均线的数值也可以视为这个三角形震荡平台的中性平均换手价格。即也是压力位或支撑位的参考数值了。实战中，通常也可以将“方法一”和“方法二”结合起来用，这样做，会形成一个阻力带区域或者支撑带区域，实效性更高些。

另外，这条均线绝大多数情况下不会出现在 5 日、10 日的周期线上，而是容易在 21 日、48 日、89 日三条线中产生。如果在大于 89 日的均线上出现，则还要警惕顶部是否正在形成。

图 8-7 中科力远(600478)上攻行情中，出现过两次带有明显收敛性质的震荡平台，类似三角形震荡平台。实战中，一个是先画出符合该震荡平台的三角形框，以及水平的三角形中轴线，延伸到未来，作为未来对股价的一个技术支撑线(此是“方法一”)。还可以再找这个震荡平台过程中哪一条均线出现过明显的平向运行过程。可以看到，48 日线在两次震荡平台中，均有平向运行过程，以此线平向运行阶段画出一条延伸到未来的水平线，作为一条对未来股价的支撑或压力线(此为“方法二”)。如此，将两条延伸到未来的画线组合起来，形成一目了然的未来对股价的支撑或压力的参考带。

该股图中上面两条延伸线组合成明显的反弹压力带，而下方两条延伸线组合成了未来对股价的支撑作用带。实战中，此组合的两线具有压力和支撑共同作用，只是随实际情况不同而表现各异。

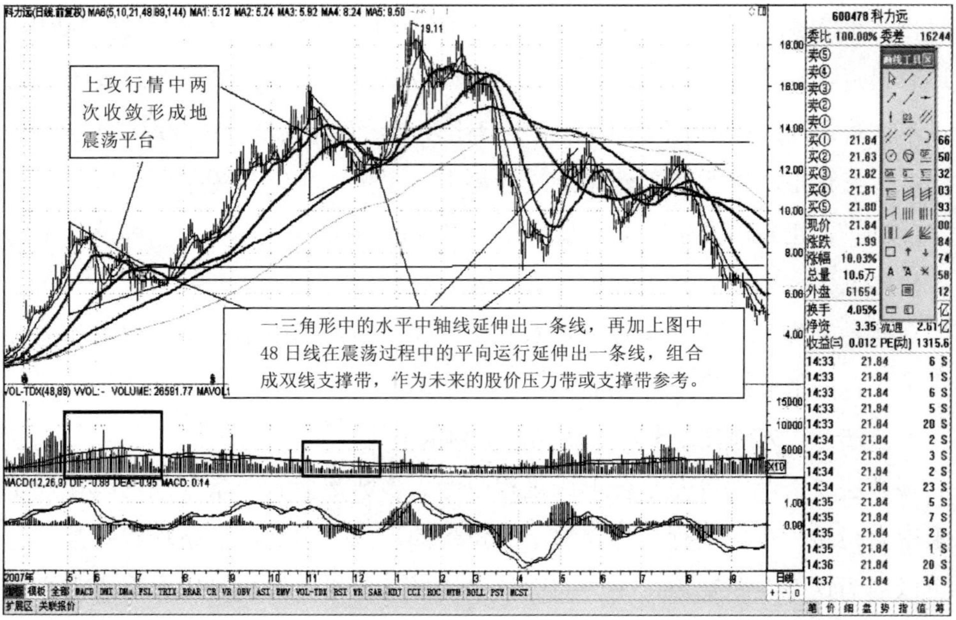

图 8–7

(3)底部组合形成密集换手区，分为两种：

①聚拢扭转类。在底部扭转过程中，必然会形成密集换手现象，并形成比较明显的密集换手区。

在低位聚拢扭转中，由于股价会在震荡过程中形成收拢走势，均线系统表现最为明显。股价震荡收拢，均线也会逐步收拢，最终就会产生出一个聚拢交叉点来。因此，技术上一般将均线系统的这个聚拢交叉点视为一个密集换手区的中轴标准点，并具有重要的支撑和参考作用。

而在拉高平台聚拢扭转中，由于本身就会产生一个平台震荡的过程，因此，这个平台自然就是一个密集(吸货、洗盘)换手交易区，也作为一个重要的支撑位来对待。

另外，如果某个底部扭转位置在该股股价整体空间中位置很低，具有历史性低位区域的底部扭转特点，那么，该底部扭转中的技术支撑位，也许在未来很多年里都难以起到支撑作用，因为在未来很多年中，股价在空间中的上下波动运行中的(包括某个下跌行情中)低点，都难以下跌到该支撑位置。而很多年后，由于在股价的漫长运行过程中，筹码已经多次形成大换手现象，这种底部扭转中的技术支撑位置，只具有技术性历史参考作用，而很难准确反映筹码的转变现象。要准确分析筹码的转变现象，就要依据(距离目前交易位置)最近的顶部扭转到下跌行情过程中形成的新密集筹码换手，以及均线系统技术变化和其他分析方法手段，来做更贴近实际的分析和测定。

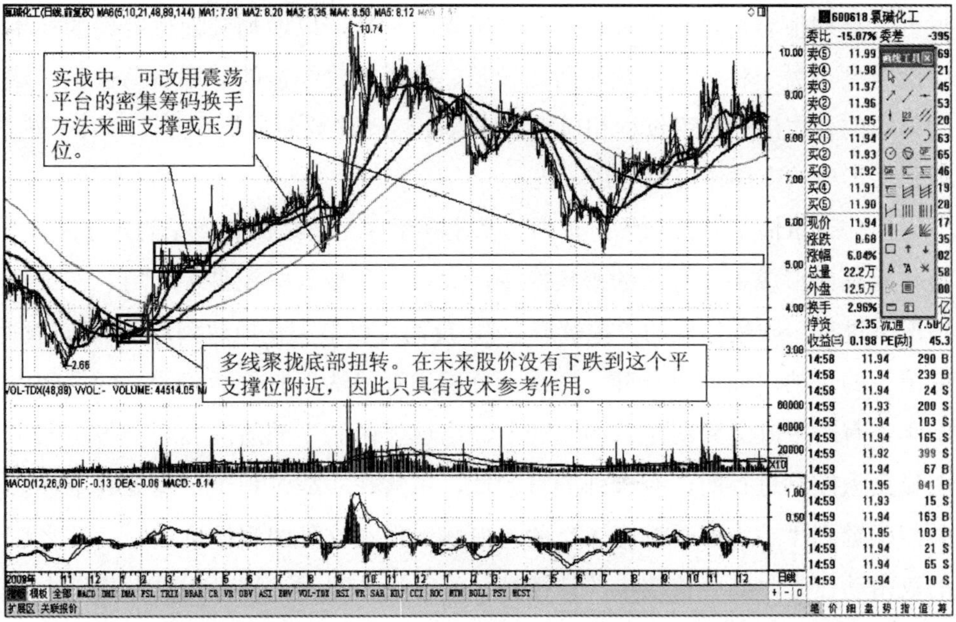

图 8-8

图 8-8 中氯碱化工(600618)底部扭转是明显的低位多线聚拢扭转型。以多线聚拢点为中心，画出水平延伸的技术支撑(压力)位。但由于该底部扭转在该股的总体股价空间中属于形成的低位区域，因此，未来多年中，股价虽然也有下跌行情过程，但股价始终没有下跌到这个水平支撑位上。实战中，对于这种情况，可以灵活一些，应用其他方法和手段来寻找上面空间的技术

支撑(压力)位，这样，更贴近客观实际情况。

图中以上攻行情中的震荡平台方法来画出水平延伸技术支撑位，则起到很好的实际技术分析判断作用。

②“井”字形扭转类。在“井”字形扭转中，筹码的换手沉淀绝大多数是以分层沉淀为主进行。主要原因是分层震荡沉淀过程其本质就是一种逐层的筹码收集、洗盘、沉淀共同作用。因此，这种密集换手区具有层叠特点，上下换手层之间的距离也不大，从股价空间方面来看，相互之间具有“压实、夯实、挤压”现象。从时间上看，一种是持续的时间即可以比较短促，但这种情况需要特别大的持续高换手才能够达到分层累积筹码的目的；如果换手过低，后期很容易再打回来再分层换手累积一次，以增加其地位筹码的换手沉淀厚度。另一种就是持续时间比较长、换手比较缓慢的分层震荡换手，这种筹码的分层沉淀换手过程相对别的底部扭转动作要明显长一些，磨人一些。但最后形成的支撑作用也更强一些。

但什么事情都有其利弊，正因为密集换手区上下之间距离空间过于窄小，整体看反而形成一个片区的密集换手，又很容易被有些控盘手利用，在某种情况下进行一次集体性的“挖坑震仓”，反而可以最大化地达到启动加速前彻底清洗的目的。而如果分开、分次、分层进行清洗，股价活动的高低空间太窄小，有时很难达到清洗目的。当然，出现“凶狠”的清洗震仓动作是属于明显人为控制进行的，有极强的目的性，虽然在实战过程中，身处其中你会强烈感觉到“主力似乎逃跑了”的恐惧感，但在这种凶狠挖坑震仓清洗之后的攻击动作中，其股价攻击的持续性，又往往会很强，这是用一种极端上攻动作，来化解前面的极端下跌动作的典型技术平衡现象。需要说明的是，这种凶狠清洗动作，并不是这种底部扭转动作中必然要出现的，只是有时确实会遇到。

实战中，对于“井”字形的底部扭转过程中筹码密集换手而形成的技术支撑(压力)位，通常是结合均线交叉现象来画水平延伸支撑线的，比如，21 日线上穿 48 日线时代表一层密集筹码换手，以两线交叉为中心画延伸框；然后 48 日线上穿 89 日线时又代表一层密集筹码换手，再画一层延伸框；89 日线上穿 144 日线时，也代表一层密集筹码换手，再画一层延伸框，如此一来，

“井”字形底部扭转过程中，通常都会存在三层密集筹码换手所现成的水平技术延伸支撑(压力)位，作为对未来股价回到此位置时的技术支撑(压力)位参考。正因为这种属于多层的密集换手现象所现成的支撑(压制)作用，在实战中，经常会遇到股价会下穿或上穿一层或两层支撑(或压制)位的情况发生，但一般很难连续穿破三层的支撑或压制，股价就会产生拐头现象。

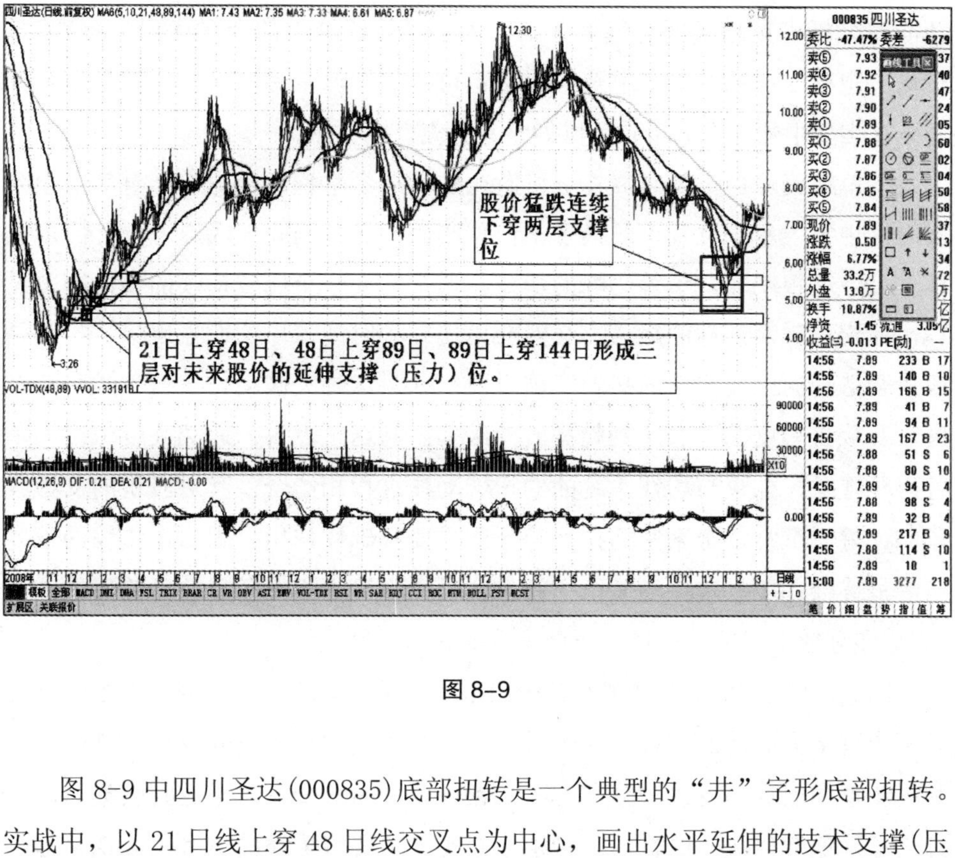

图 8–9

图 8-9 中四川圣达(000835)底部扭转是一个典型的“井”字形底部扭转。实战中，以 21 日线上穿 48 日线交叉点为中心，画出水平延伸的技术支撑(压力)位，这是第一层筹码密集换手层；再以 48 日上穿 89 日交叉点为中心，画出水平延伸的技术支撑(压力)位，这是第二层筹码密集换手层；再以 89 日上穿 144 日交叉点为中心，画出水平延伸的技术支撑(压力)位，这是第三层筹码密集换手层。所以，“井”字形底部扭转中，通常都会存在上下三层的筹码密集换手层。为了实战中更简洁易掌握，因此以不同周期均线相互交叉现象来划分分层的筹码密集换手，实际换手情况可能会有一些差异，但这种方

法比较直观有效，其差异幅度通常也不是很大。与前面多线聚拢底部扭转类一样，有些个股形成的底部扭转，因为处于历史性低位区域，可能会出现未来多年股价的波动都难以下跌到此区域支撑位处，如果是这种情况，灵活应变，可以运用其他方法和手段来测定技术支撑(压力)位。

(4)巧用“筹码峰”：

目前各种证券软件中均带有“筹码峰”功能。这种“一目了然”的简便功能对分析密集换手区有很大帮助。关于“筹码峰”的众多应用分析方法，市场上也有专门的资料、书籍，大家也可专门学习掌握。这里只是简单点评一下在实战中的几个分析点，以做参考补充。

①单筹码峰。单筹码峰在分析时比较简单易掌握，因为它本身就是由阶段时期内某一水平位置上的换手累计总和而形成。因此形成压力位(区)或支撑位(区)就很明显。单筹码峰的形成，通常需要一个比较持续的横向震荡过程，而横向震荡过程的尾声，必然会出现某种时间窗口的变盘现象，也就是股价会选择向上或向下的扭转突破方向，并且这种突破动作一旦形成趋势发展，其攻击幅度则能够达到趋势波的级别。从这一点讲，此类高度浓缩的单筹码峰现象，如果与均线系统的的扭转动作过程相结合，其对股价的支撑或压制、筹码沉淀、未来空间拓展等形成重要基础性作用。因为，浓缩的单筹码峰最终会在股价攻击到某个空间位置时出现筹码峰发散现象，筹码的这种“聚集和分散”现象，也是一个自然技术规律现象。

图 8-10 中壹桥苗业(002447)形成浓缩的单筹码峰水平区域里，则明显是股价箱型横向震荡的过程，这个过程中形成浓缩的单筹码峰现象，既可以是利用箱型横向震荡过程来分发筹码，也可以利用这个过程来达到收集、沉淀筹码、降低筹码成本的目的。特别是在实战中要将浓缩的单筹码峰现象与趋势框架线系统扭转变化有效结合起来分析判断，无论是分散筹码过程所形成的浓缩单筹码峰现象，还是以收集筹码为目的的浓缩单筹码峰现象，都会对后期股价向某个方向形成空间拓展的动作产生强大的支撑或压制作用。

②双筹码峰。双筹码峰主要是由上下两个比较突出的密集换手带所形成。在实战中其压力位或支撑位均具有双重性。比如：股价攻击(即上涨)的上方存在双筹码峰，那么，此攻击动作的强弱也就相应地有了跟踪标准。强势攻

击一般会突破处于下面的一个筹码峰阻力带，而攻击到上面的筹码峰压力位附近，更强势时，会连续突破两个压力带之后才回头休整震荡。反过来，股价攻击(即下跌)的下方存在双筹码峰时，下跌到上面一层的筹码峰支撑位处时，股价即结束下跌段，再次攻击起来，说明此支撑位的强度大；如果股价下跌到上面一层的支撑位时，只是短暂震荡即下破此支撑位，说明此支撑位的力度弱。但有一点，无论是上攻阶段中，或是下跌阶段中，当遇到双筹码峰压力位(带)或支撑位(带)时，即使第一个峰带压力或支撑力度弱，第二个峰带上下也多数都会产生一个拐点。不同的只是这只股价的拐点性质有些是短期，有些则是中期的。简单地讲，双筹码峰的压力强度或支撑强度一般均会大于单筹码峰。这其中也有一个原因，就是双筹码峰本身是一个压力带，具有狙击股价的空间宽度和时间宽度特性。

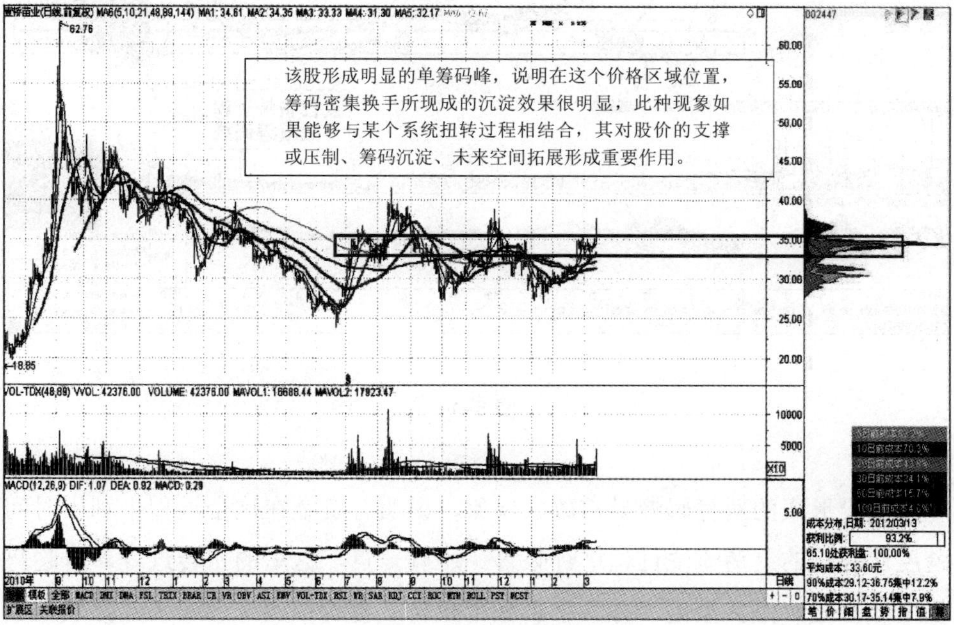

图 8-10

图 8-11 中豫能控股(001896)的底部扭转过程中，明显形成低位双筹码峰，如果细看，会发现每一次形成筹码峰时，换手成交量似乎并不是很大，但由于时间天数的延伸累积现象，就会形成密集的筹码换手带，这一点，实

战中要特别注意，很多人只注意大量换手时所形成的筹码密集换手，但实际上每天换手不大，但持续一段时间的缩量换手所累积形成的筹码密集现象，也会异乎寻常的大，这常常会造成人们的一种错觉。因此，要多注意那些虽然是缩量换手过程，但时间跨度比较长时也会形成筹码密集换手的异常放大现象。

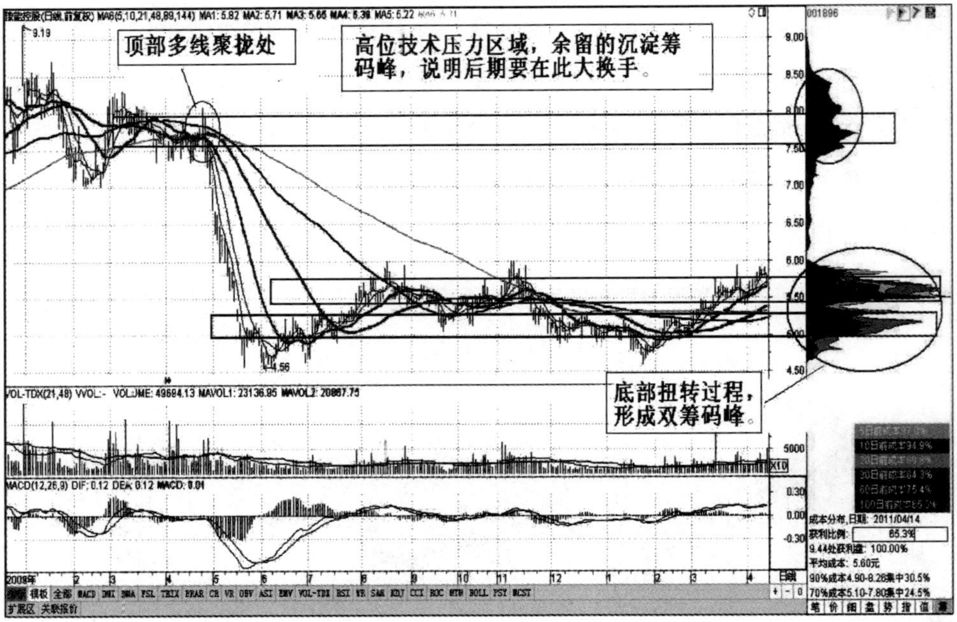

图 8-11

该股形成的双筹码峰异常放大现象，说明有资金在这个过程中利用时间跨度比较长的震荡清洗过程进行吸筹。还有一点，这里的扭转过程，看趋势框架线系统，是典型的“井”字形底部扭转。再看该股 7.50～8 元区域，不但是前期顶部扭转时多线聚拢向下交叉的变盘位置，而且还余留有一定数量的沉淀筹码，这就说明未来股价上攻到这个位置区域时，可以作为压力、阻力参考区域，需要进行一次大的震荡换手动作来化解一下。

③多筹码峰。多筹码峰是指水平出现了三个以上峰值所组成的筹码峰，其特点是水平状态成片出现的。这种看似比较恐怖的筹码峰片状态，其实质

则是比较虚弱的，由于换手比较散，多数会成为控盘手利用强势上攻动作或强势下跌动作来穿透其峰值片区域，从而达到聚拢筹码或剧烈清洗的目的。因此，出现多筹码峰成片现象，虽然可能短线股价会延续向上或向下攻击通道运行，但是，一旦攻击动作结束，很容易出现剧烈的拐头震荡走势，这是形成筹码峰在某个价格区域进行逐步收拢状态的必要步骤，所以，多筹码峰的结果大多都会形成剧烈震荡换手和筹码峰在某位置快速收拢现象。这是因为市场上的筹码，最本质的相互转换特性之一，就是收拢持有和分散持有。

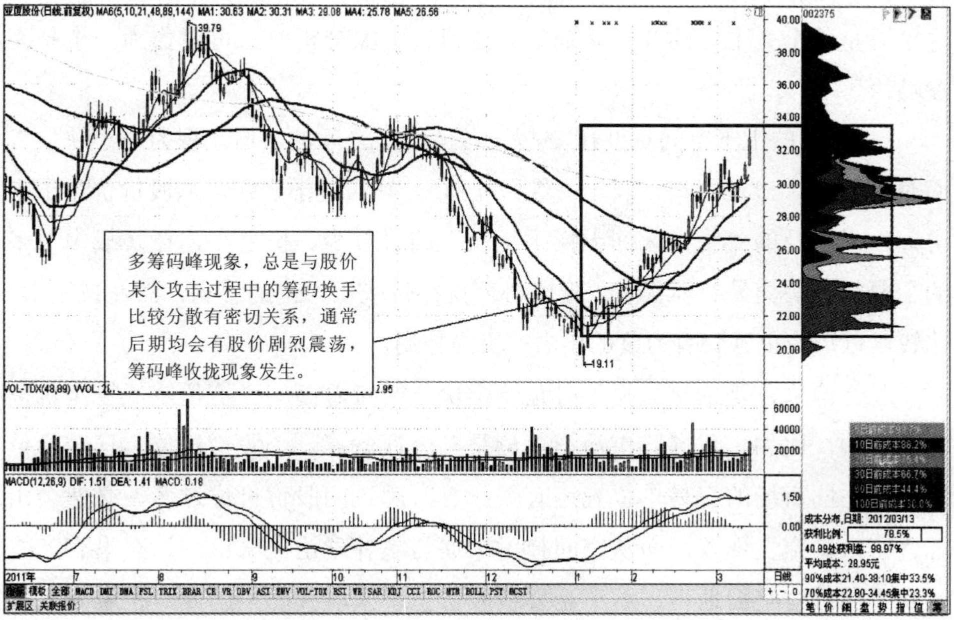

图 8-12

图 8-12 中亚夏股份(002375)的这个扭转攻击过程中，股价虽然攻击比较强势，但筹码峰出现比较多，说明攻击期间筹码换手比较分散，筹码集中度不是很好，如此，短线攻击过程一旦结束后，通常就会出现股价剧烈震荡，通过剧烈清洗手段来达到筹码在某个价格区域位置形成明显收拢现象。当收拢过程完成后，一般也说明该股筹码的锁定和沉淀效果比较好，对于后期展开任何攻击动作都会有强大的支撑和促进作用。因此，实战中不但要分析当

前的筹码峰状态和短期变化规律，还要进一步去演化分析未来通过何种手段和方式筹码峰需要发生何种变化，才能够达到某种目的。这也是一个技术思维升级的重要过程，多注意锻炼。

第三节 跳空缺口位置

实战分析中，测算压力和支撑时都会涉及缺口这个技术现象。缺口有大有小，有宽有窄，并且也有不同的性质属性，这方面有很多书都有专门论述，这里只是就个人多年的几点其他经验讲讲，大家分析时，可以作为一个补充参考：

(1)缺口的上下空间宽度在1%以上，5%以下之间的缺口，视为“小缺口”，而对于小于0.5%的缺口，属于“细微缺口”。缺口过于窄细，从股价价位上来讲，由于涉及的“空白区间无换手交易”的价位少、价差小，在实战中更多的主要是影响交易心理状态，形成心理支撑位或压力位的感觉。而在技术上，比较难以形成单独、有力度的压力或支撑作用。

股价价位，是指交易换手时是一个价位衔接着高一个价位或低一个价位来进行的，比如，我国股市最小单位是一分钱就算一个股价价位，这个价位通常与不同市场的交易单位规定有关。有时越过的股价价位过多，必然会出现“留白真空”现象，而从空间技术拓展与填补理论上来讲，这些没有产生过换手的价位空白地带，迟早是要被股价换手来填补的，因此，也就有“逢缺必补”的说法，什么时候补，以什么方式补，则没有定性、定时的说法。还有一个要记住，就是交易的最小单位决定着股价的价位排列价差，比如，我们国家股市目前规定的最小交易单位是“分”，但有些别的市场可能最小单位是“厘”，或者更小。

(2)缺口的上下空间宽度比较大，比如超过5%以上时，又会产生另一个极端现象，因此视为“大缺口”现象。绝大多数情况下，这种大缺口现象都会被回补掉，或回补绝大部分的“空白换手价位”。

一个原因是此种比较大的缺口产生“空白换手区间”宽度比较大，空白价位也比较多，短期虽然是一种极度强势上攻或极度强势下跌的攻击状态，但会造成股价在短时间里换手重心上移或下移比较剧烈，所产生的获利差或亏损差值比较突出，一般都会引发沉淀筹码变为松动现象。出现此现象大部分情况是带有“人为性”特点和其意图及目的的，所以，一般后期又会以其他换手动作来“平衡”这种极端换手动作。

但在回补时间上不一定是在短期内马上就出现“回补”动作，而要视当时的整体技术状态和控盘手这样做的意图和目的来分析。比如，属于突破性质的，其回补动作即使有，也不一定会完全回补，但当整个攻击动作，或攻击波段，或攻击趋势波完成后，这个缺口反而可能成为未来股价返回时的一个重要支撑或压制的参考位置。而对于短期内就完全回补的现象，则说明这个缺口具有“诱多或诱空”的目的。

总之，谨记住缺口回补的口诀：小缺口，常会以化解方式回补；大缺口，常会以扭转方式回补。

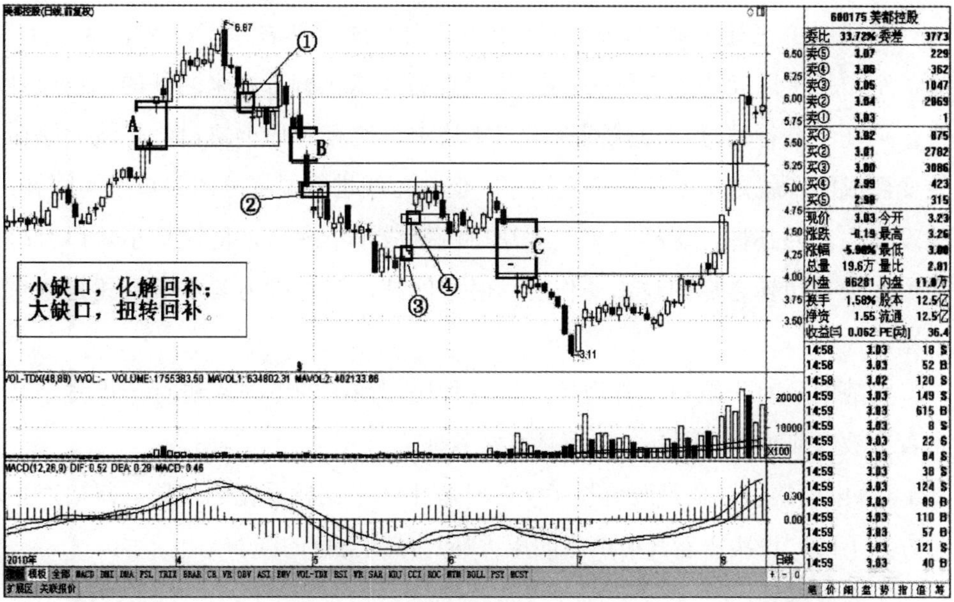

图 8-13

图 8-13 中美都控股(600175)出现过很多个大大小小的缺口，看似比较杂乱，如果细化、分化来看，则具有其特殊的技术意义。前面讲了，对于超过

5%的缺口，视为“大缺口”；而对于小于 5%，大于 1%的缺口，均视为“小缺口”。回补缺口的口诀：小缺口，常会以化解方式回补；大缺口，常会以扭转方式回补。以化解方式回补，都具有短线性质，通常股价运行的整体方向不会发生改变。而以扭转方式回补，就具有至少在波段级别以上的扭转动作出现后，才会在另一波攻击过程中来回补这个缺口，很明显，以扭转方式回补缺口的本身，就意味着股价已经改变了原来的攻击方向，而会形成新的攻击运行方向。

图 8-13 中的“A、B、C”三个地方的缺口均属于超过 3%“空白换手区间”的“大缺口”现象。其中，“A”处的大缺口，是在见顶扭转之后的下跌下来时才回补的；而“B、C”两处的大缺口，则明显是在完成了整个下跌行情，见底扭转之后新的上攻过程中回补的。实战中，还有一种大缺口的回补动作，是在短线先回补绝大部分缺口空间，而没有完全回补掉，此种情况常常会出现在启动攻击动作比较猛烈之时。

除了图中三处大缺口，还有四处小缺口，注意细看“①、②、③、④”处，空白换手区间小于 5%的缺口，均是在短线以化解方式来回补的，也就是讲，均在下跌行情过程中就回补了。实战中，还有一种小缺口，是从大缺口转变而成的，就是本来是一个大缺口，但在短线进行了部分的缺口空间回补，并没有完全回补掉，这样一来，大缺口就变成了小缺口，但这种小缺口有时会留在未来扭转之后的攻击动作过程时才回补，这是因为其本质上还是一个大缺口性质。

实战中，对于缺口回补现象，以这种比较简单的方法来进行分析测定其是否会被以何种方式回补，比较具有实效性。

(3)出现缺口现象是股价换手交易行程中一个比较异化的现象，缺口产生的方式不同，也决定着其所产生的压力(阻力)或支撑的强弱力度不同。

主要有两种：

①有些缺口是通过开盘方式形成的。此类缺口既有突发性消息刺激众多交易者而形成，也有纯粹“人为”控制而形成。从控盘手角度来讲，前一种如果发生在正处于变盘窗口时，则可以通过顺势(顺应从众心理期望值)火上浇油形成变盘攻击的起始动作，从而达到“借力打力”的效果。上攻或下跌的

展开都可以这样做。当然，也不排除这个“突发消息”本身就具有“水分”。

如果是纯粹人为控制形成的开盘缺口，则其中多数都会带有“诱和逼”的目的。“诱”的目的中也常常带有“试”的意图，而“逼”的目的中则多数是前期完成了某个清洗或整顿筹码目标之后的连续动作表现。“诱”的特点是短时间里必然回补缺口，“逼”的特点是短时间内不一定会回补这个缺口。

启动位置的缺口，通常用“逼”的手段，启动时以凶猛、突然性手段，可以达到出其不意效果，快速并远离震荡蓄势的区域。

攻击途中的缺口，也以“逼”为主，抬高跟风盘筹码成本、形成凶猛攻击之势，迫使新资金换手位置偏高。

而“诱”的手段，通常多在攻击动作即将结束之前使用，比如，连续攻击动作造成攻击幅度比较大，短线出现明显的脱线、八爪线，甚至背离等技术现象时，此时出现跳空缺口，可以将短线攻击动作强度推向一个极端，加大其股价攻击的凶猛力度，以吸引更多新资金参与换手，可以借机分发一批锁利的筹码，这是两种不同技术目的的重要区别点。

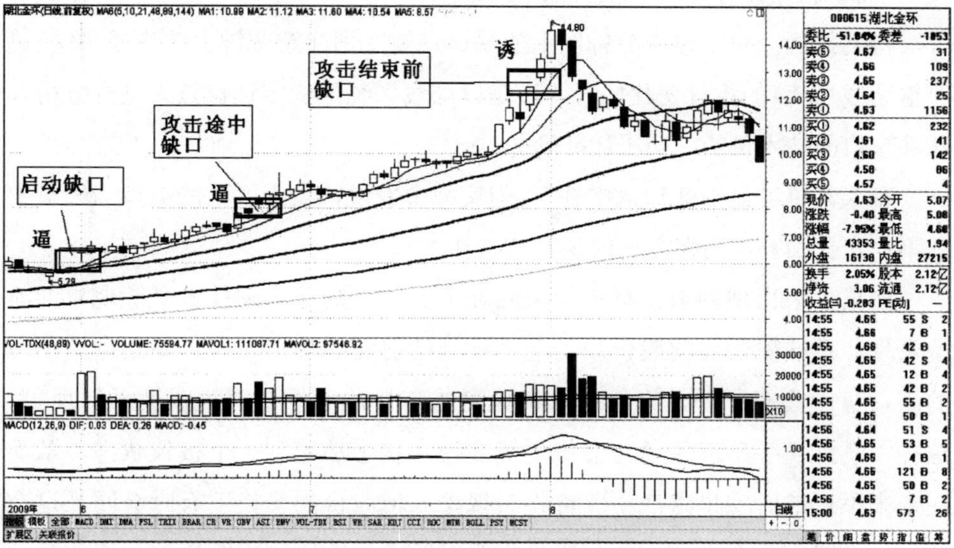

图 8-14

图 8-14 中湖北金环(000615)这一段攻击过程，既有启动攻击时形成的启

动缺口，以“逼”为主目的，也有攻击途中现成的途中缺口，也是以“逼”为主的目的，最后是在见顶之前出现的以“诱”为目的的跳空缺口。

②有些缺口是通过盘中的交易过程突发性形成的(此类缺口基本上出现在微观分钟图上)。

此类缺口由于是在盘中交易过程中突然出现的，因此与控盘手的控制手段密不可分。主要表现的是“先诱后逼”(无论是突然向上攻击，还是向下攻击)，这也是“虚实结合”的具体手法展现。但对于这一类盘中缺口的出现，最佳的分析方法是移到微观系统中(分钟图)，结合近几天的分钟图技术运行状态(包括量、指标)整体来分析。

有一点需注意：“先诱”并不一定就是“虚”，“后逼”也不一定就是“实”。手法还是这个手法，但两者的身份一旦变换一下，则更容易迷惑大量技术派的思维和判断。所以，分钟图上的分析必须细心，特别是“上攻逼空展开后的回压动作一定要有支撑量出现，八爪了必须形成洗攻的强势保持”。如果是怎么来又怎么回去，多为“试”的手法表现，而下跌时，则反弹动作仅限于脱线后的回弹压制线这点空间来完成。

特别提醒：对于盘中分钟图上的缺口，要特别注意分钟上的均线系统(趋势框架线系统)的运行变化情况，还是以均线系统的稳定性特点来进行分析判断其缺口的技术目的，会更加准确些。

有人常讲“盘中缺口盘中补”。但实战中发现，当天产生的缺口当天盘中并不一定会回补，而在之后的某时才回补。

如果盘中出现的缺口盘中如果回补了的话，则是一种技术平衡现象的典型表现，意味着后面的股价波动会继续延续前面的攻击方向。如果盘中出现的缺口盘中没有回补，则这是一种典型的交易技术价格“跳跃换手”现象。这种“跳跃换手”现象通常会将短线的技术状态加速到一个极致状态，从而在未来不远的时间里将产生股价拐头现象。但股价拐头换手有时会回补这个缺口，有时则不会。这主要与股价拐头时距离该缺口空间距离差、拐头后的攻击能量强弱，以及该缺口位置处的支撑与压力大小、均线系统的运行状态是否发生变化等有关。

盘中出现缺口基本上是控盘手控盘过程中的一个小手段表现，这种突发性的动作毕竟还是会被大量盯盘的人注意到(不同于开盘缺口更加“出其不意”)，多数情况下都是带有控盘手的某个目的在其中。而某个目的并不是都可以在当天交易日内就可以完成或达到的，后面一般都会配合有其他动作手段来组合进行。所以也才会常常遇到今天的某个盘中缺口在其后的某天又会在盘中回补了的现象。因此，关键是遇到盘中突然出现缺口时，更需要冷静、细心，还要“跳出”缺口这个点，而以整体系统运行状态来判定这个缺口的技术目的。

第四节 BOLL 指标支撑与压制

BOLL(布林线)指标，其英文全称是 Bolinger Bands，布林线(BOLL)由约翰•布林先生创造，其利用统计原理，求出股价的标准差及其信赖区间，从而确定股价的波动范围及未来走势，利用波带显示股价的安全高低价位，因而也被称为布林带。其上下限范围不固定，随股价的滚动而变化。

BOLL 指标是比较常用的一种测算压力与支撑位置的指标。分为上轨、下轨、中轨(平均值线)，通常情况下，上轨是某个时间周期内的参考压力位，下轨则是这个时间周期内的参考支撑位，中轨在这个时间周期内既可以成为压力位(当股价运行于此线下方时)，也可以是成为支撑位(当股价运行于此线上方时)。该指标的参数周期原始值为 20 天，也可以根据自己的分析需要进行修改，扭线技术中，通常以 21 天参数来监控短线支撑和压制位置，以 48 日或 89 日来监控中线支撑和压制位置。

上轨的压力作用，也可以转化为支撑作用，比如当股价持续运行在上轨之上时。同样，下轨的支撑作用，也可以转化为压制作用，比如当股价持续运行在下轨之下时。实战中，这种股价持续运行在上轨之外或下轨之外的现象，相比股价运行在布林带之内，在综合时间上是占比较少的，同时也是股价攻击走向一个极端状态的具体表现，比如，连续急攻或强攻，或者连续急跌或强跌。这一类的攻击动作本身在股价的整体运行过程中就占的比例少。

因此，特别记住一点：当这种运行在上轨之外和下轨之外的攻击现象一旦结束，股价必然会重新回归到布林带之中，来寻求一个新的反向平衡动作过程。自然，股价也就会出现一个阶段的顶或底，这是这个指标应用中的一个分析规律现象。

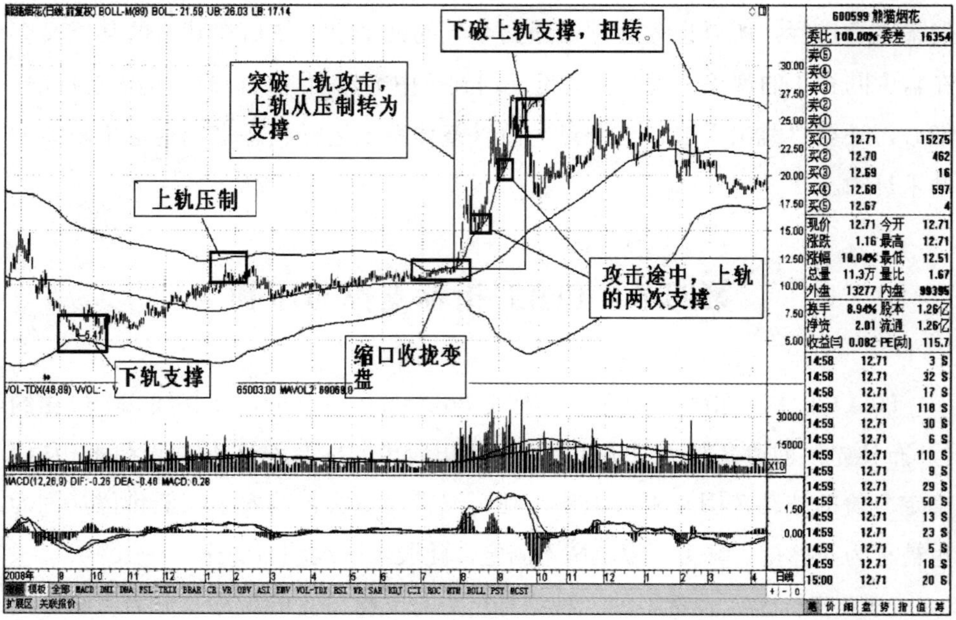

图 8-15

图 8-15 中熊猫烟花(600599)BOLL 指标的一些特点比较明显，扭线技术中，该指标参数比较常用 21 日、48 日、89 日三个，该图上为 89 日参数。图中股价经过指标缩口收拢之后，向上突破指标上轨进行攻击，如果用短的参数，这段攻击动作过程中，股价会几次下破 BOLL 指标的上轨支撑，对实战中的分析难度会有增加。而用 89 日中期参数，很明显这个上攻波段始终维持在指标的上轨支撑之上来完成，如此，则在实战中简化了分析的复杂性。同时，上攻途中的两次股价回落得到上轨线支撑也比较明显和易于分析，并符合“二二法则”。第三次股价下破该支撑，形成一个高点顶。总之，该指标作为一个比较简单、实用的监控支撑、压力工具，还是不错的。

第五节　EXPMA 指标支撑与压制

EXPMA 指标简称 EMA，中文译为指数平均数指标或指数平滑移动平均线。这是一种趋向类指标，从统计学的观点来看，只有把移动平均线(MA)绘制在价格时间跨度的中点，才能够正确地反映价格的运动趋势，但这会使信号在时间上滞后，而 EXPMA 指标是对移动平均线的弥补，EXPMA 指标由于其计算公式中着重考虑了价格当天(当期)行情的权重，因此在使用中可克服 MACD 等其他指标信号对于价格走势的滞后性，同时也在一定程度上消除了 DMA 指标在某些时候对于价格走势所产生的信号提前性。

这个指标的作用很多，用法也很多，但我们从该指标的支撑、压制方面来用此指标时，则与均线的支撑与压制作用是相通的。一条短期周期线(12 天)，一条中期周期线(50 天)，并且也具有周期平均值的计算特点。所以，结合均线的支撑压制作用，以及一些均线的技术动作特点就可以了。比如，两条线出现“价穿线不穿”、“牛铃线”、“靠而不交，方向延伸”、“交叉见底、交叉见顶”等等这些动作现象，都可以相通应用。

实战中，也可以通过修改短期线和中期线的参数，组合成股价的攻击通道来进行监控和操作。比如短期线 21 日、中期线 48 日的组合具有监控和操作波段攻击的效果，而短期线 48 日、中期线 89 日的组合则具有监控趋势波段攻击的效果。但注意一点：由于只使用了两条线来进行攻击通道监控，因此，虽然比较简洁、易控，但这是一种局部技术运行的运用手段，不能替代以整个系统全局来监控运行和变化技术。因此，在上攻或下跌持续性过程中比较实用，而一旦遇到行情震荡、行情扭转性质定性以及更细微的技术分析时，就存在一定的技术局限性。这一点需要切换整个均线系统来进行全局性分析和判断，只要提前在软件上预先设置好不同级别的均线系统，实战中进行切换，也比较方便，并可以弥补和解决这个局限性问题。这就是既发挥某个局部技术工具的优势，又以其他技术工具来弥补其缺陷，最终达到技术工具应用的得心应手，降低分析盲点、完善操作准确性。

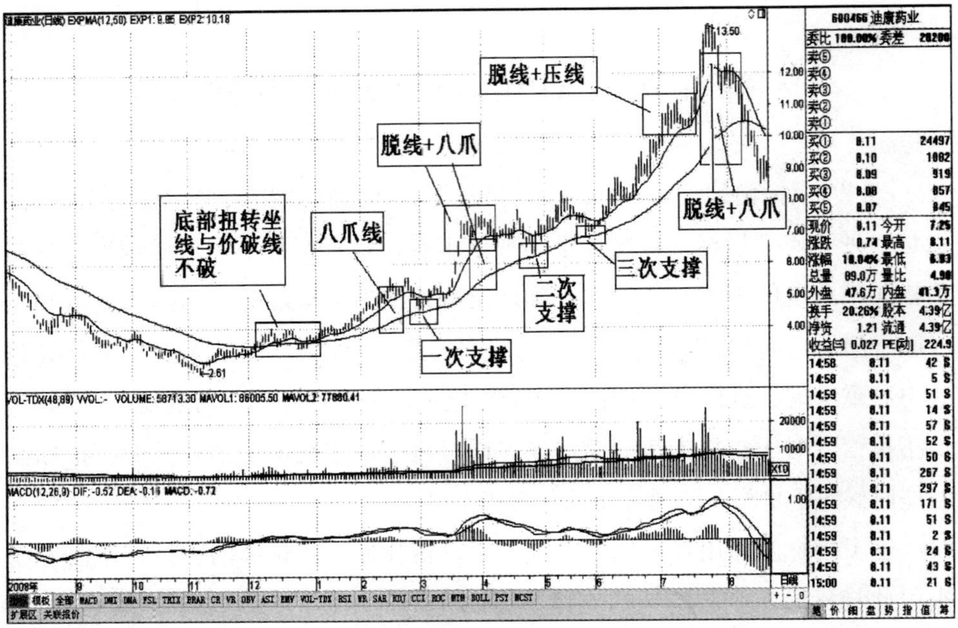

图 8–16

图 8-16 中迪康药业(600446)从底部扭转到完成波段攻击的整个过程中，运用扭线技术来进行监控，走势变化很清晰。

底部扭转中，顶线之后穿线，两线金叉，之后是一个震荡小平台的坐线过程，坐线过程中，价破线不破，买入机会点清晰明了，之后拉线攻击，进入上攻阶段，两线出现八爪线，收拢化解，中期线对股价形成第一次的支撑。加速攻击、急攻、跳攻、脱线并且两线再次八爪，震荡化解过程中，中期线对股价形成二次支撑、三次支撑。“二二法则”还记得吗？化解之后再攻击起来，具有很强的持续性，两线八爪逐步扩大，直到完成整个波段攻击动作，形成高点顶。见顶时，脱线、八爪再次同时出现。实战中，这个过程比较好把握，但这个高点顶具有什么性质，后期该股的走势变化会向何种状态演化，未来是否还会有新的拓展空间动作出现？等等，要分析判断这些具有全局性的技术问题，单靠这两条线是难以做到的，因此，需要切换到整体均线系统的平台上，并应用更加全面的其他技术工具配合进行分析判断才能完成，这样就弥补了这个指标(两条线)比较局限的问题。任何一种工具都有其局限性，但如果熟悉它、了解它、掌握了它，再结合其他技术工具来加以弥补，则就是对一种技术工具的完善。这就跟不能只用一把榔头完成钉、推、刨、磨、钻、削、镑等事情的道理一样。

第六节　切线压力与支撑

切线，也通常被称之为趋势线，以“底、底”相连，或以“顶、顶”相连画线而成，主要是为了依据空间股价的运行方向和节奏，寻找出某个攻击或运行趋势的延续性。因此，切线本身就是一条趋势延伸的支撑线或压制线。如果以通道形式画出“顶、顶”相连的上切线和“低、低”相连画出的下切线，就会形成运行趋势的通道线。还可以交叉画线，形成“剪刀形切线”，这种切线多数是为了分析空间延伸状态的某个支撑或压制位置区域。切线还可以演化出运行区域相组合的“Z 字形”、“T 字形”、“H 字形”、“方框形”、“平行线”等等多种技术分析方法。包括衍生出“黄金分割线”、“百分比线”、“甘氏线”、“速度线”等等技术测定工具，均与“切线理论”有密切关系。

切线实战应用中，主要分析点是“破与不破”、“遇支撑则起，遇压制而回”以及“通道变轨攻击”。

(1)“破与不破”，是指股价上攻到压制切线位置或下跌到支撑切线位置时，可以允许股价出现短时间的击破动作，但记住，必须是短时间的击破。击破动作时间一旦延续了，就意味着此支撑线或压制线已经被破掉了，必然出现股价进入另一个空间运行的结果，而绝大多数情况下，其运行的方向是与原来空间里的主要趋势方向相反。另一个“破与不破”现象，则是股价运行到趋势线的某一个支撑位置或压制位置，很容易产生股价的反向拐点(就是股价结束攻击而回头)。这是“不破而回”的具体表现，当然，也可以视为“遇支撑则起，遇压制而回”。

(2)“遇支撑则起，遇压制而回”很简单，字面已经讲明其技术变化现象。

(3)“通道变轨攻击”，是指如果画出上下两条切线形成趋势运行通道(注意，通常是画平行双线形成的通道来监控)，而股价在某一位置变轨上移或下移偏离其原有的趋势运行通道，形成新的趋势运行通道。这种变轨运行攻击的现象在切线应用中常常可以遇到。但需要注意区别的是：如果变轨之后攻击动作不能够延续，或原有的压力切线演化为支撑切线后，不能够有效支撑股价的回头动作，则此变轨攻击动作均可以视为最后的加速攻击动作——顶或底即将出现。

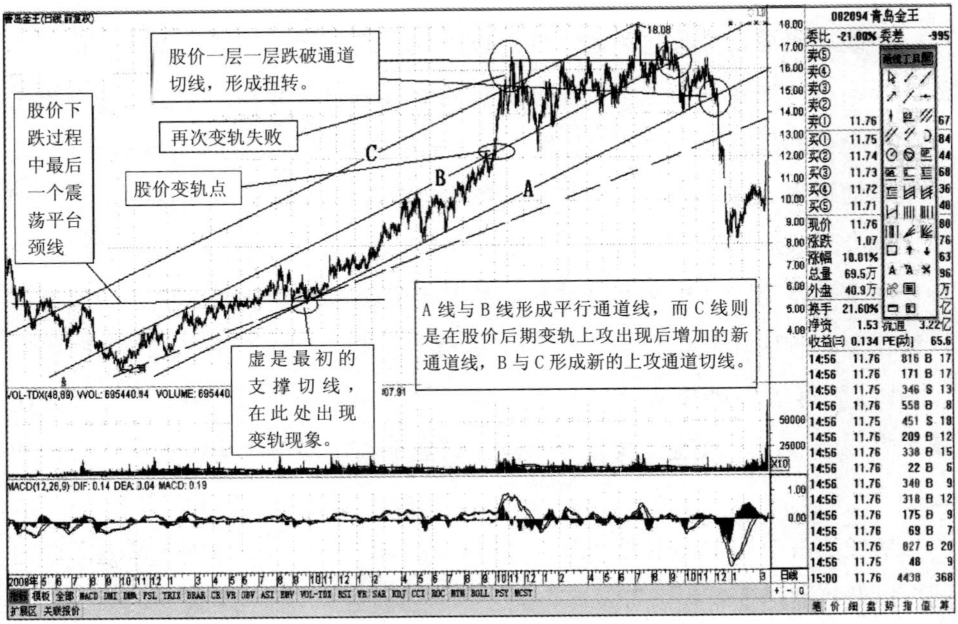

图 8-17

图 8-17 中青岛金王(002094)刚开始从低位扭转上攻的时候，通常必须越过前期下跌过程中的最后一个股价震荡平台的水平颈线高度，在切线理论上才能被确认为一个扭转动作的完成，以及一个新的攻击通道的形成。注意图中虚线支撑线与实线支撑线交叉的位置，就是切线支撑通道下轨线的变轨点，虚线是完成底部扭转过程时的股价下轨支撑线，而实线则是后期上攻阶段中切线通道下轨的支撑线，A 与上攻通道切线的上轨压制线 B 组成的是平行线。因此，实战中一般是先画上轨压制线，然后以上轨线为基准画出下轨平行线。当然，理论上也可以以下轨线为基准来画上轨线，但通常在画上攻通道切线

时以上轨压制线为基准，主要是股价的上攻压力线的未来延伸具有向上空间拓展作用，以及股价加速变轨攻击动作，但监控股价的扭转动作一般需要以下轨支撑线来看。下跌行情时，则是以下轨线为基准来画上轨通道压制切线。图中A和B两线组成上攻通道切线，这是股价向上拓展空间过程中最基础的一个通道，即使股价变轨上攻脱离了该通道，但该通道始终会存在延伸，直到未来股价发生扭转动作时(或之后)，当股价再次进入该通道范围时，该延伸通道通常还是可以起到一定支撑作用的。

图中股价出现过两次变轨加速上攻现象，第一次变轨上攻，突破了B线的上轨压制切线，从而新拓展出了C线的新上轨压制切线(同样是与B线形成的平行线)，这样就形成了上下两层的攻击切线通道。但是，股价突破C线的上轨压制切线动作最终失败，因此股价又下降回到了B和C两线的通道内震荡上攻。

股价的扭转动作是以先下破B和C两线的上一层通道支撑线，降低到A和B两线的下一层通道中运行，然后股价下破通道，展开加速下跌。因此，利用通道监控股价的扭转时，可以清晰地发现，股价在做顶部扭转时，是一层一层地下破切线通道，而形成扭转过程的。

切线技术在实战中也是一种比较直观、有效的技术工具，其最大特点是空间与时间的转换上与均线技术具有某种共通性，一种是“静态硬线”，一种是“动态软线”，因此，实战中结合使用，刚好构成一种互补关系。

第七节　上攻均线(支撑)，下跌均线(压制)

我们曾经讲过，均线的支撑与压制力最弱的情况是均线平向运行时。

那么，相对什么情况下均线的支撑与压制力最强呢？答案自然是上攻状态中的均线支撑力度最强；下跌中的均线压制力度最强。

这里面不仅仅是均线与股价的价线关系问题，也有一些空间力学转换作用影响。

比如，顶部、底部扭转时，股价与均线的关系是一种“一破、一回、再起”的过程(这是最简洁的顶部、底部扭转动作了)，而这种最简单的扭转动作过程，又恰恰是可以把均线运行状态从前期的向上攻击或向下攻击，拉动均线成为“转平状态”，然后再拉动朝着与之前相反的方向运行。特别注意的一点是，当股价形成顶部(或底部)扭转时的最开始下跌(或上攻)动作时，此时的均线基本上都仍然处于向上(或向下)攻击的状态，虽然此时股价返过头来击破了该条支撑均线，但之后绝大多数情况下(除了单顶、单底扭转)股价都会得到该条均线的支撑而反身又回到该条均线之上(或之下)去。也就是讲，即使是短时间击破了该线，只要这条均线的运行方向(不包含平行方向)没有变化之前，其支撑或压制力度是始终存在的。

可能有人会问：你这里讲的这条均线是什么线？

这要看这个扭转动作的级别而定。通常具有中期以上级别的扭转动作，这条线一般就是指 48 日护航线和 89 日线、144 日线中的某线(为了能够系统地监控中期底部、顶部扭转动作，最好以趋势框架线系统来做分析，更准确稳妥)，但最多不会超过 288 日年线。原因是，如果均线的周期太短，波动过于频繁，其扭转的顺滑轨迹不明显，该线的一个扭转动作，也不足以影响到一个顶部的出现；但如果均线周期太长，直到股价的顶部扭转完成了，该条均线也不一定有方向性改变，又失去实战中的操作及时性要求，做辅助性参考线可以，但难以发挥作为主要工具线作用。还有，由于“个股股性化”的原因并不是每只股票在扭转时都适合用同一条均线参数的，因此，用趋势框架线系统整体进行监控，就成为了最符合实际客观变化现象，也最具有可操控性质的趋势性均线组合。

进一步细化，如果以 5 日、10 日这种短期线来监控一个顶部或底部扭转动作的话，即使股价有时击破了，但只要护盘线的运行方向不发生改变，均属于短线的股价波段动作。而一个波段顶或底的成立，均会不可避免地涉及护盘线或者护航线被击破的现象。如果股价怎么回打、震荡(上攻中时)，或者反弹、震荡(下跌中时)都不涉及护盘线或者护航线，又怎么可能实现一个顶部或一个底部扭转的动作完成？想一想，是不是这个逻辑？或者也可以这样讲，股价、5 日线、10 日线三者之间无论怎么相互折腾，都不会涉及 21 日护盘线或者护航线的话，如果是上攻中时，整体攻势就会延续，下跌中时，整体跌势也会延续。这里讲的护盘线发生扭转和护航线发生扭转是指不同顶部、底部的级别，级别越大，必然涉及护航线。

关键之处是：处于上攻中的均线，支撑力度最强；处于下跌中的均线，压制力度最强；处于平向运行中的均线，支撑和压制力度均最弱。

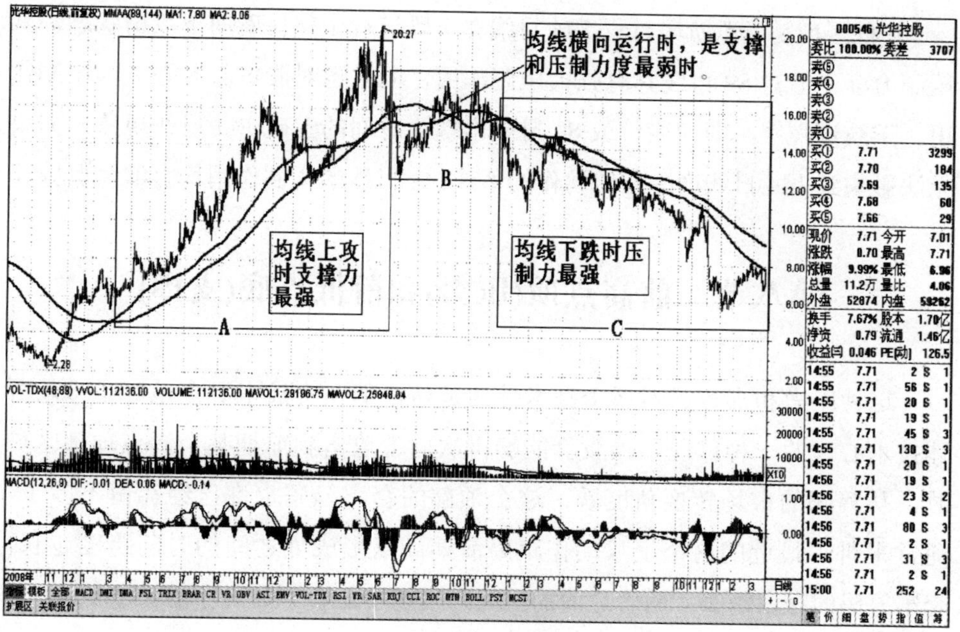

图 8-18

图 8-18 中光华控股(000546)刚好将均线的三种运行状态均包含其中。为了能更加清晰地看明均线的不同状态，只选取了在趋势运行中具有代表性的两条线(89 日和 144 日)，其他周期线隐去，如此，图中该股从上攻阶段到顶部扭转到下跌阶段过程中，均线的三种不同状态时，其支撑力度和压制力度的变化，就清晰地反映出来了。

A 框区域是上攻阶段过程 144 日均线始终保持着向上攻击状态，其对 89 日线的支撑作用以及对股价的支撑作用，均比较强。图中即使股价发生有短时间下破 144 日线的现象，但该线因为没有影响到 89 日线下破 144 日，同时 144 日也保持着上攻状态，所以该线始终保持支撑作用。

B 框区域是顶部扭转过程，144 日线从上攻状态转变为横向运行状态，这个过程中，144 日线不但对 89 日的支撑力度减弱，同时对股价的支撑力度也减弱。而且，细看这个过程中，股价不但可以短时间里自由上穿 144 日线，也可以自由下穿 144 日线，这就说明 144 日线一旦转为平向运行时，其支撑力和压制力均是最弱的时候。

C 框区域是下跌阶段过程 144 日线在下跌过程中保持着向下攻击状态，其压制力度不但对 89 日线具有强大压制作用，同时也对股价起着强大的压制作用。下跌过程中，即使股价或 89 日线出现短时间的上破 144 日线现象，如果无法影响到 144 日线产生扭转动作的话，144 日线的压制作用均会继续保持。

第八节　前高点顶(压力)和前低点底(支撑)

这种压力和支撑虽然属于技术性的范畴，但在实战中更多地则是市场群体技术心理的一种体现。当股价能够再次向上攻击到前期某个高点顶部区域时，从筹码的市场转换角度看，这个顶部的套牢筹码也许已经存留不多了，通常来讲，最近的这个上攻动作距离前期高点形成处之间的时间跨度越长，套牢筹码的存留越少；两者之间的时间跨度越小，套牢筹码存留就越多。

一般某个顶部被套筹码会出现以下几种操作现象和结果：

(1)当套牢筹码的股价空间价差达到某种心理承受极限时，会选择割肉出局。

(2)当出现某次反弹动作时，开始是满怀希望被解套，但随着反弹动作的结束，希望变为失望，多数也会选择割肉，以寻求精神上的解脱。

(3)由于套牢时间过长，难以长时间负荷亏损的压力，再加上市场其他方面的利空性影响，从而随从其他原因割肉出局。

(4)由于个人资金方面的其他原因，选择亏损出局。

(5)套牢过深，时间过长，无力严重亏损情况下出局，远离股市，刻意遗忘。

(6)机构或某自己群体的筹码被动套牢，又由于别的原因没有出局。

只有最后两种现象才基本属于当股价再次回到该顶部位置时，真正意义上的解套筹码。所以，顶部位置的套牢筹码压力并不如想象中那么巨大(虽然当初交易换手量很大)。但是，为什么当股价再次攻击到某个顶部高点附近时，多数会出现大幅震荡或者有一次明显回落动作出现呢？一个原因是控盘手顺应市场对某个顶部高点的恐惧心理，借力打力来清洗短期性获利盘；另一个原因是市场中有很多跟风资金是用技术上的一些测定方法(例如黄金分割、百分比、价位线、高点水平颈线等)来测定压力出现的位置的，同时也有很多人自然地会把某个顶部视为一种创新高动作中的参考性技术障碍位置，这就是大家常讲的市场心理阻力位。实战中还经常见到攻击动作会在达到某个顶部高点位置之前，或者越过这个高点之后，出现比较明显的回落震荡，技术上把这种现象称之为冲破之前测试压力轻重，以及先冲破压力位之后再回打测试卖盘压力大小，这其实都是一种利用技术阻力位心理反技术心理控盘的手段。因此，前高点顶的压力更应该视为一个压力区域来对待，而不宜以某个具体的价位来做衡量标准，则更加合理些。

前低点底的支撑作用，也同属于这种情况，应视为低点区域来对待比较好。一般来讲，当能够攻击进入到低点区域(进入前低点 5%幅度空间)里时，均视为此低点已无实际的支撑意义了，只具有技术上细节性的参考以及市场心理支撑影响。

实战中，要测定某个高点顶，或某个低点底能否被有效突破时，最佳方法是采用前面讲的几种压力与支撑阻力的方法来测定，更具有时效性。

第九章　增补的新技术动作

在“扭线原理”中归纳了“35个基础技术动作”，这些都是均线系统在运行变化中的分解动作现象。要掌握和熟悉均线系统在实战中的千变万化，以及其中的变化轨迹，首先必须掌握这些最基本的分解动作，然后还要掌握这些技术动作之间的相互关系，如果将实战中的均线系统演化走势分解开来看，就是一个个技术动作相互组合、链接，一个演化成另一个、再另一个，这样运行出来的。那么，“35个基础技术动作”是不是就是均线系统技术动作变化的全部分解密码呢？当然不是。

原因是，首先这些技术动作是我多年来在实战中逐步总结、领悟、归纳、积累下来的，必然会存在一定的局限性。其次，以发展的眼光来看，市场在发展，市场技术也在发展，从某种角度来讲，新的技术动作和现象还会不断出现，没有被发现、发掘出来的技术动作、现象也会被发现，这是均线技术走向成熟和技术本身向前发展的一大重要特点。

第一节　第36种技术动作：诡线、诡线波(图9-1)

诡线：顾名思义，是指这个技术动作中明显含有“诡诈、诡计、诱惑、阴谋”等意图。也可以讲就是均线死叉，股价却反向攻击，但没有持续性，之后股价会再次下跌。

技术特点：通常多数情况下会发生在“5日线、10日线与股价”这三者关系上。股价在短线经过一段时间的加速攻击之后，出现高点，之后股价回落，5日线下破10日线时，股价出现反起攻击动作，并穿破5日、10日两线交叉压制位置点。短线盘中表现似乎“很凶猛”，但由于此时 5 日线是向下击穿 10 日线(形成死叉现象)，因此，次日或第三日，股价常会快速下跌，形成诡线。

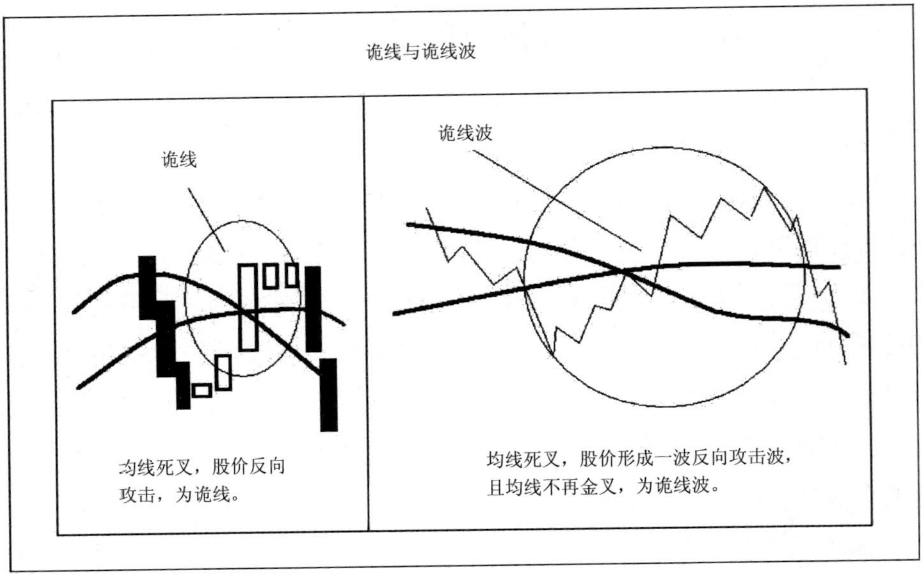

图 9-1

诡线动作出现时，首先常常伴随“八爪线”的现象，这是因为短线的急攻动作拉开了多条均线之间的距离，形成乖离现象所致。因此，诡线之后，大多数情况下，股价是继续下跌(或上涨)的。所以，当出现诡线动作时，应以均线死叉(金叉)为主来做分析判断。

其次，诡线动作出现时，应先确认两线交叉现象，才可以确认诡线动作。那种看似交叉，但最终未能够交叉的现象，不属于诡线动作，应属于价破线不破的动作范围。

虽然大多数情况下，诡线动作是发生在 5 日、10 日两线上的，但并不是只会发生在此两线上，在其他周期的均线上，也会出现。只是出现频率上，短周期均线上比较多见到。还有，就是不同周期均线上出现诡线波的情况更多见一些，这也是因为通常周线越长的均线上，容易出现一个反向攻击小波的动作，而非一两天的反向攻击。

诡线动作中，有时股价反向攻击起来后，会坚挺住两天左右时间，但应特别注意 5 日线却难以再次上穿 10 日线，或上穿之时，又成为股价向下猛跌之日。这种现象有时也会发生，是与控盘者需要对短线警惕风险的人的心理进行干扰有很大关系，就是说，你本来短线已经警惕到风险了，并已经实施了减仓或退出操作，但却又受这个反向攻击动作影响，出现怀疑自己原来正确操作的错乱心态，如果此时主力再配合一些消息来影响的话，会达到很大的效果。因此，实战中，关键之处，重线不重价，最为稳妥些。

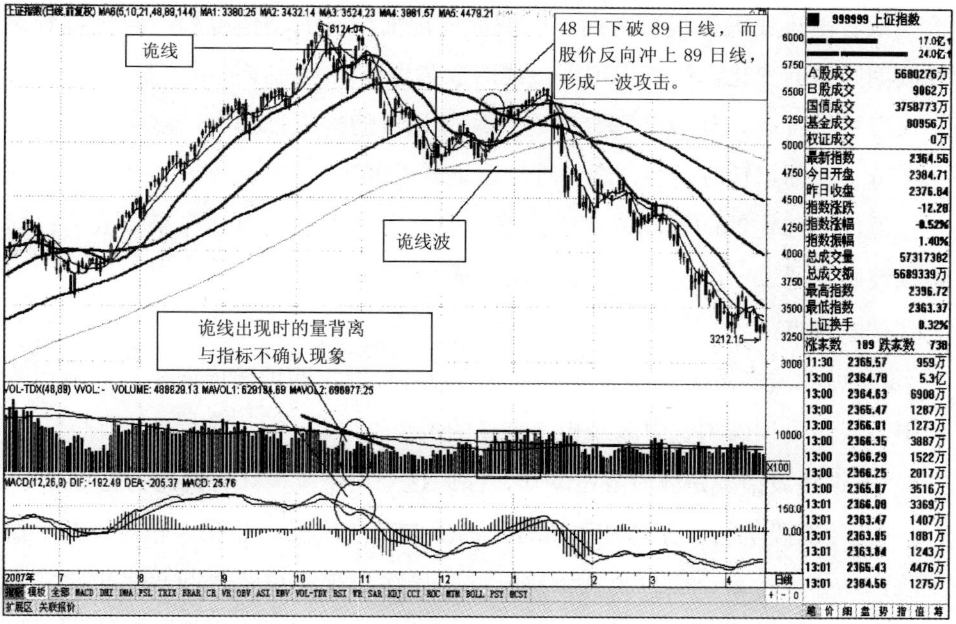

图 9-2

图 9-2 中上证指数在 2007 年 10 月见顶 6124 点后，在高位曾出现过一次短线反弹动作，而这个短线的反弹动作出现时，又是 10 日线下破 21 日线之时，均线死叉，而指数(股价)反向攻击，即是典型的诡线动作。这个诡线动作出现时，注意看下方的量变化依然保持着逐步缩量状态，说明没有新的资金形成新的攻击动力，或者讲，这个反弹动作没有得到明显放量的配合。还

有，MACD 指标在这个反弹攻击中，没有形成金叉动作来确认这个攻击动作。再有，此时均线系统中 48 日与 89 日线、89 日与 144 日线之间，均已经明显形成八爪乖离现象，需要化解。综合起来看，诡线、均线系统乖离、量没有明显配合、指标不确认，都已经说明这个反弹动作的短暂和难以持续的技术特点，那么反过来，也就是讲，这个短线反弹动作具有某种诱惑性特点。

上证指数在 2007 年底到 2008 年 1 月之间，曾经还出现过一个反弹攻击波，这就是典型的诡线波。指数见顶 6124 点之后，下跌到 144 日线附近才企稳，而随后出现的反弹攻击波，向上冲破了 89 日线的压制。但这个反弹期间，注意看，48 日线依然下破死叉了 89 日线，这说明这波反弹攻击波并未能改变或者阻止住大盘指数在高位区域形成顶部构筑的动作过程。同时再看诡线波期间量的变化，虽然也出现短线的放量现象，但总体量群还是要小一些。绝大多数情况下，诡线波都会出现在顶部扭转的构筑过程中，这个问题在前面章节讲顶部扭转时已经详细讲过，这里就不赘述了。

诡线波与诡线的区别就在于诡线一般是一两天的反攻动作来完成的；而诡线波则是通过一个反弹攻击波段来完成。

技术特点：

(1) 诡线波多发生于高位顶部区域的最后阶段，即顶部横向构筑的最后阶段中，或高位顶部构筑中多线相互靠拢的最后过程中。

(2) 诡线波由于是波段攻击动作，因此这个攻击波很具有诱惑力。

(3) 一般股价均会穿越几乎所有上面压制着的均线，并在这些均线之上结束攻击动作。之后，股价再次下跌，并击破多线聚拢位置“断头阴也常常会伴随出现。多线聚拢之后，在股价再次下跌的拉动下，均线系统形成空头发散，进入下跌行情中。

(4) 之所以叫诡线波，是因为股价反向攻击穿过上面压制线，但在此之前(或同时)也有两条均线(一般指中期以上的均线)出现死叉现象。就像诡线动作的放大版现象。

(5) 诡线波的判断还要结合顶部整体的技术分析手段共同来分析判断。但一个重要区别点就是诡线波中出现反向攻击动作时，多线聚拢现象也在形成中，股价上穿所有压制均线之后，多线聚拢时，股价又会下破多线聚拢区域而展开下跌。如果股价穿上压制均线后，多线聚拢时，股价即使有回落，却并不下破这个聚拢区域，那么，这个聚拢位置就是一种强力支撑位置。后面，只要多头出现强大的量能推动力，股价就会启动新的攻击行情，死叉的两线也会在强大多头攻击力量的带动下，再次形成金叉动作。这就属于均线系统在横向震荡中形成的一种空中扭转动作，比如三线外扭转就属于此例。

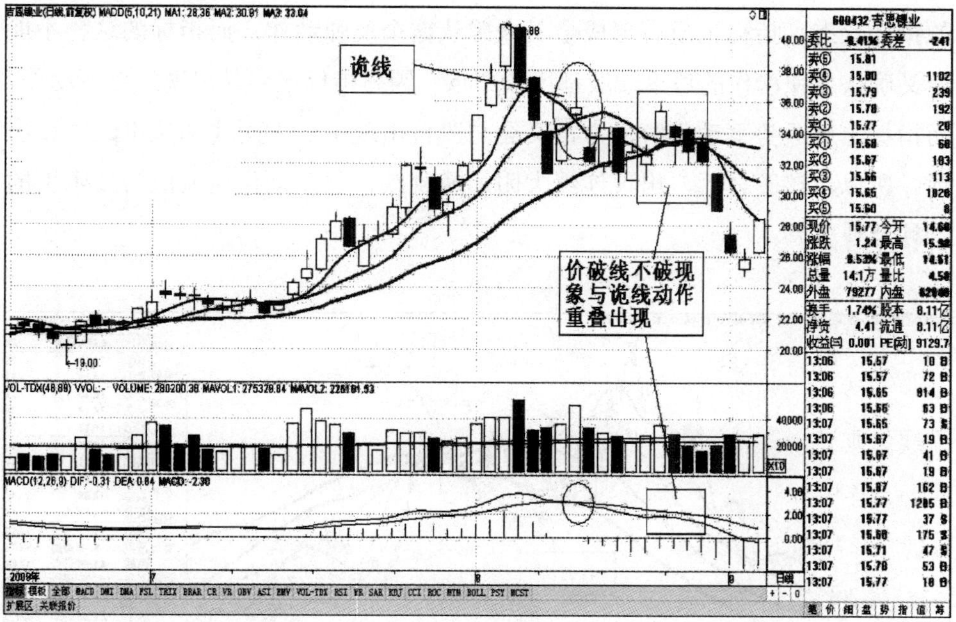

图 9-3

图 9-3 中吉恩镍业(600432)有一个诡线动作，还有一个价破线不破技术现象。股价见高点后下跌，然后 5 日线死叉 10 日线之时，股价反向攻击到 10 日线之上来，这是典型的诡线动作。诡线动作出现的同时，注意看下方的指标同时也死叉了，这是一种短线向下运行的指标确认动作，而不是确认股价的向上攻击动作。在诡线动作的后面，还紧随着第二个诡线动作，但这个诡线动作是与价破线不破(价上线不上)技术现象重叠出现的。

注意看，在前一个诡线动作之后，股价再次反弹到 10 日线上面，但 5 日线始终没有穿上 10 日线来跟随股价的反弹动作，这就是典型的价破线不破

(价上线不上)现象。同时，10 日线下破死叉了 21 日线，而此时股价还在反弹过程中，这就是第二次诡线动作。这里插一句：为什么 5 日下破 21 日线，就不是诡线动作呢？因为诡线动作是指两条相邻的周期线之间的死叉动作，5 日与 21 日的周期不相邻，只有 10 日与 21 日的周期相邻，因此，只有 10 日下破 21 日线时，股价反向攻击，才构成诡线动作。

这第二次诡线动作不但与价破线不破现象形成重叠，同时，注意看下方的指标状态，指标也没有形成金叉来确认这个反弹动作。而指标的这种不能金叉确认反弹动作的后果一般都比较严重，因为指标很容易出现顺势下动作，而指标出现顺势下动作时，常常又会与股价出现中到大阴线加速下跌同步出现。所以，该股之后，出现连续大阴加速跳跌、急跌动作也就成为技术上的一种合理现象。

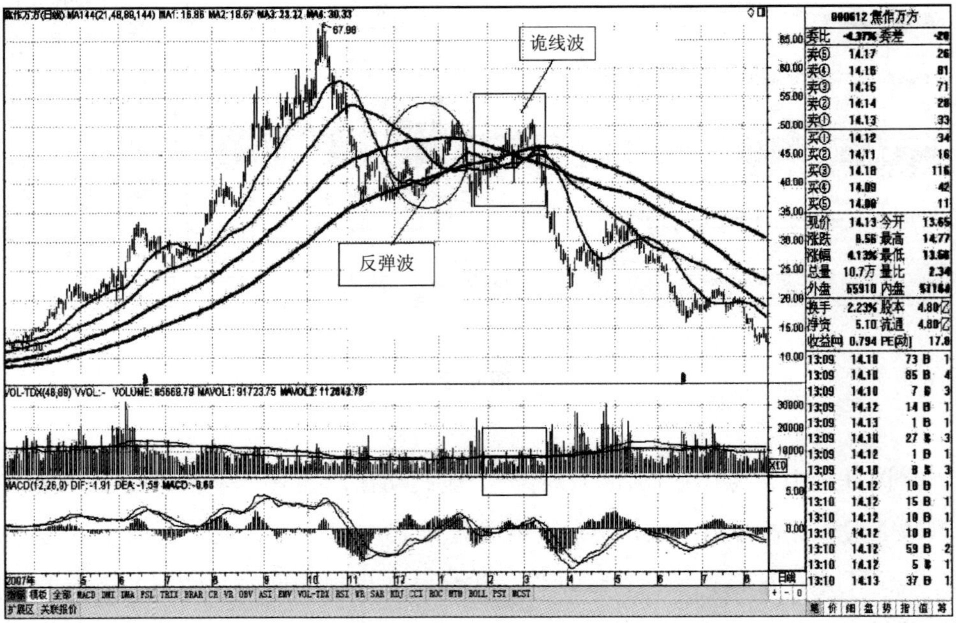

图 9-4

图 9-4 焦作万方(000612)的这个顶部扭转过程中，曾经出现过两次反弹攻击波段，前一个具备典型的反弹波特点，而后一个则具备典型的诡线波特

点。顶部扭转中反弹波与诡线波在技术上的区别点，其实比较简单。

首先，反弹波通常会在见顶首次下跌之后形成反弹攻击波。讲顶部扭转构筑的时候，讲过在股价见顶之后的首次下跌结束后，不但会形成反弹波，也有可能会形成反攻波；而诡线波则通常会在反弹波(或反攻波)之后的均线系统(趋势框架线系统)聚拢时才出现。其次，反弹波出现前，通常 21 日线会死叉 48 日线，或 48 日线会死叉 89 日线，而诱发出现一个交叉见底的低点，展开反弹波过程，此时趋势框架线系统还没有明显的聚拢现象(反弹波之后才会出现)；而诡线波出现时，通常会发生 48 日线死叉 89 日线，或 89 日线死叉 144 日线现象，并且大多数情况下，这个死叉现象是与股价的反向攻击过程同时出现。就像诡线动作一样，均线死叉的同时，股价却在反向攻击。

最后还有诡线波出现时，由于会形成一段时间的反弹攻击过程，因此，在量方面多数情况下也会有一些短线放量现象，但整体量群会明显小一些，而指标方面与反弹波的运行状态相类似。

第二节　第 37 种技术动作：纠缠线(图 9-5)

均线系统有三种运行状态：即向上攻击 (多头状态)，向下攻击 (空头状态)，还有一种就是比较常见的纠缠状态 (攻击方向不明朗)。前两种状态，相对于纠缠状态来讲，均线系统的运行走向比较简洁明了，而纠缠状态则是均线系统运行过程中技术分析难度最大的一种状态，技术分析盲点也大多出现在此。

纠缠线动作，主要是截取均线系统经过纠缠状态运行之后，在转为方向明朗的攻击动作之时，均线系统中细节上的一种变化。从实战角度来讲，掌握和熟悉这种细节上的变化，具有提前把握股价未来在摆脱纠缠之后攻击方向的优势，并可以利用均线自身的一些运行规律，来解析一些技术盲点问题。

股价在摆脱横向震荡之后，也可能会先出现一个相反方向的短暂攻击动作，之后，才走上真正将要展开攻击的方向之路。因为股价的动作变化比较快，攻击方向变换也快，如果此时紧盯股价的攻击动作，常常就会误入人为制造的陷阱中。若以均线系统的变化为重点，掌握住纠缠线中从纠缠状态转为多头状态或从纠缠状态转为空头状态时的技术变化细节规律，对于实战判断和操作就会有很大帮助。

纠缠线：就是三条以上的均线组成的均线系统，从相互纠缠状态转变为向上攻击(多头状态)或向下攻击(空头状态)时的细节变化规律过程。

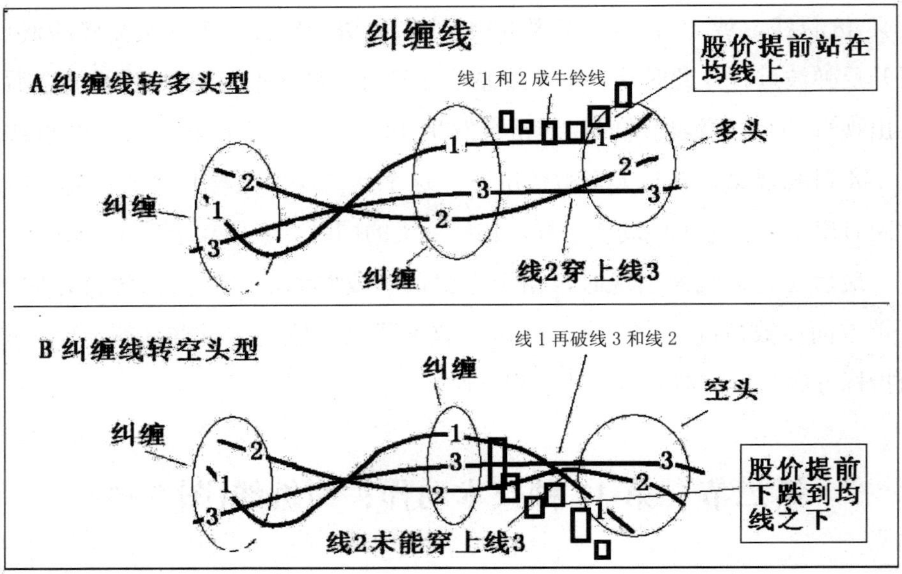

图 9-5

技术要点：

(1)纠缠线转多头型：三条均线(必须是周期相邻)先是处于相互纠缠状态中，无论三条线是如何排列的，有一点可以肯定，均线 1、均线 2、均线 3 既没有形成空头排列，也没有形成多头排列，而是处于纠缠状态。当从纠缠状态转为多头状态时，会在股价的拉动牵引中，均线系统逐步形成多头排列状态，股价随机展开上攻波。其中有一点很关键，如果最终股价是选择向上展开攻击，会有两条(周期相邻)均线出现牛铃线(上攻型)动作，而股价已经会提前运行在牛铃线上面，这就是一种理顺均线的细节动作过程。均线理顺了，一旦有量配合，攻击起来才更具有持久性。实战操作时，均线系统中出现牛铃线，或者顺势起、蓄势起、破势起这些启动动作时，特别是此时股价已经站在这些均线之上位置，同时有成交量放量配合，指标金叉确认同步出现，均视为最佳介入(或加仓)时机点。

在实战中有些个股是先挖一个坑(先向下打出一个坑)，把所有均线向下打散开，然后股价连续上攻形成扭转动作，展开新的上攻波。这种情况不属于从纠缠线状态直接转变为多头状态展开攻击，它只是一种从纠缠转为空头型的具体表现，至于后期均线系统再从空头状态转为多头状态，则是一个扭转动作，与纠缠线直接转为多头型有区别。

(2)纠缠线转空头型：三条均线(必须是周期相邻)先是处于相互纠缠状态中，无论三条线是如何排列的，有一点可以肯定，均线1、均线2、均线3既没有形成空头排列，也没有形成多头排列，而是处于纠缠状态。当从纠缠状态转为空头状态时，会在股价的拉动牵引中，均线系统逐步形成空头排列状态，股价随机展开下跌波。其中有一点也很关键，如果最终股价是选择向下展开攻击，会有两条(周期相邻)均线出现顺势下动作，而股价会已经提前运行在这些均线的下方，这就是一种向下理顺均线的细节动作过程。实战操作时，均线系统中出现顺势下、蓄势下、破势下这些下跌启动动作时，尤其此时股价已经下跌到这个下跌这些均线之下位置运行，均应以规避下跌风险来考虑。

无论是纠缠状态转为多头型还是转为空头型，由于此时股价的整体波动已经形成了一种横向箱体区域现象，所以，股价从纠缠转为向上或向下攻击时，必须要突破这个横向运行的箱体区域，才具有展开新的攻击波条件，否则，很容易再次回到箱体内纠缠运行。

图9-6中西藏矿业(000762)有一个明显的横向震荡，均线系统纠缠过程，为了能更清晰地反映均线系统的纠缠线变化过程，使用了中期三线系统(48日、89日、144日)。当从纠缠状态转变为向上攻击时，均线系统经过梳理转为多头状态，特别是股价会提前运行到均线系统上方位置来，此时48日线与89日两线形成牛铃线和破势起重叠动作，启动向上展开攻击。

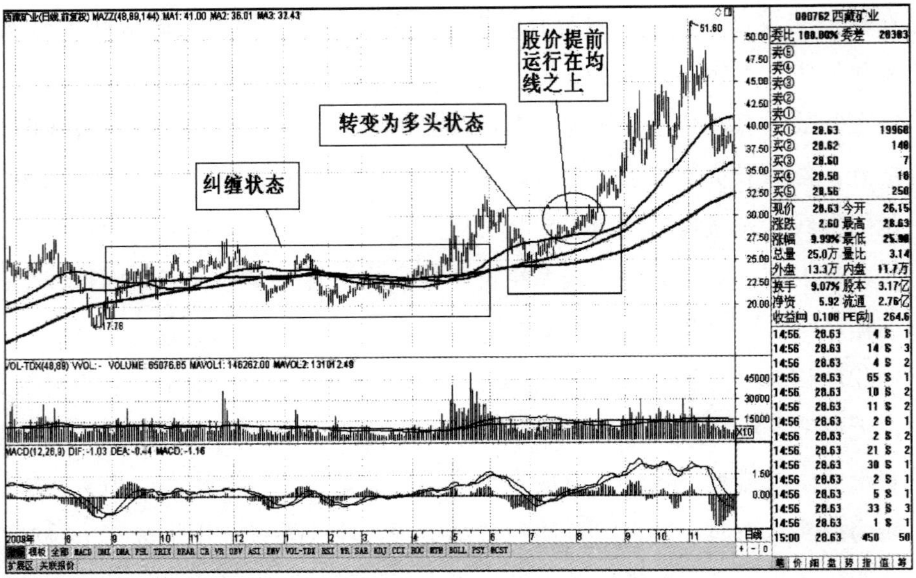

图 9-6

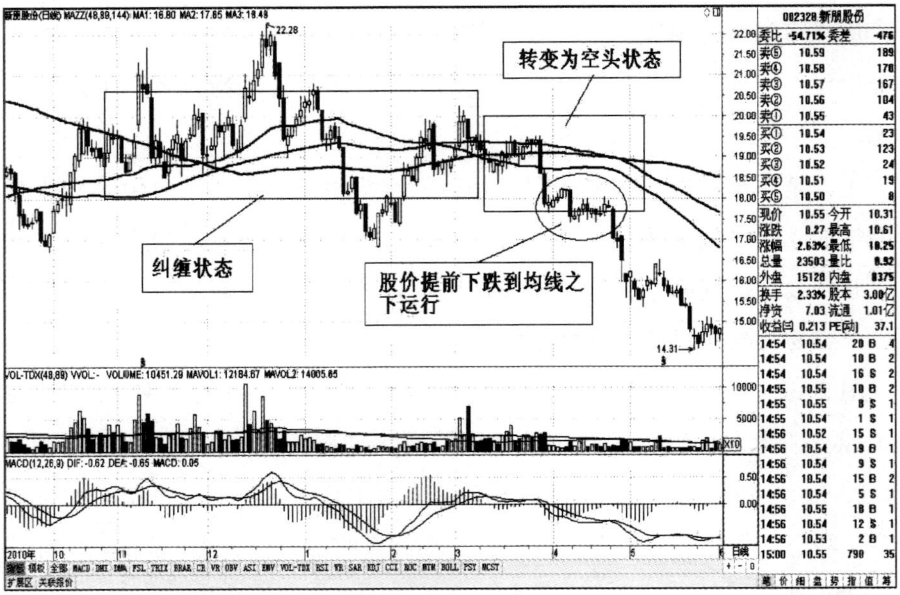

图 9-7

图 9-7 中新朋股份(002328)也出现了一个明显的横向震荡，均线系统纠

缠过程，本图也适用了中期三线系统(48 日、89 日、144 日)。当从纠缠状态转变为向下攻击时，均线系统经过梳理，明显转变为空头状态，特别是股价已经提前下跌下来，在均线之下位置运行，顺势下空头排列完成之时，成为加速下跌的启动之时。

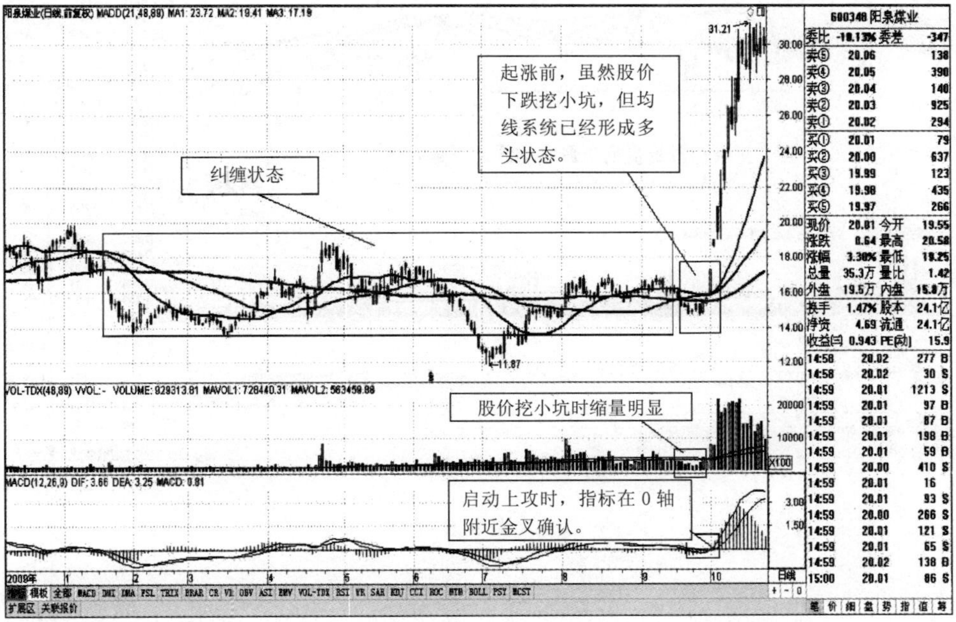

图 9-8

图 9-8 中阳泉煤业(600348)在经过一段时间的纠缠状态运行之后，转变为向上启动攻击时，股价先是向下打出一个小坑，注意，有些个股打的这个坑比较大，会先把均线系统打成空头排列状态之后，再形成扭转性的上攻。而该股这种比较浅的挖坑动作，并不影响均线系统完成多头状态转变的过程。因此，实战中，注意区别细节的不同。该股图中(使用的是 21 日、48 日、89 日三线)这里挖小坑的同时，均线系统依然继续完成了向多头状态的转变动作，21 日线回落而不下破 48 日线，48 日线已经运行在 89 日线之上，同时，打压时成交量明显萎缩，这就说明这个短线的打压动作具有典型的短线清洗目的。均线系统从纠缠转变为多头状态，为下一步启动上攻形成技术上的必

要条件基础，短线的清洗目的达到，后面股价的持续猛烈上攻动作就自然展开。

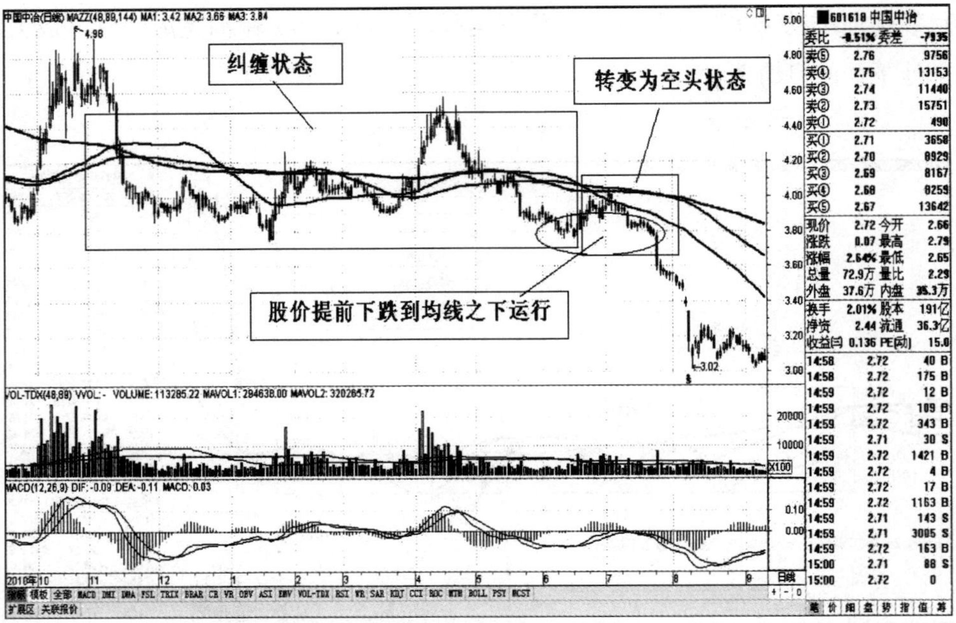

图 9-9

图 9-9 中中国中冶(601618)先是一个纠缠震荡过程，在均线系统从纠缠状态转变为空头状态之前，股价就已经提前下跌到 48 日均线之下震荡运行，此时 89 日线还没有下破 144 日线，当 89 日线下破 144 日线，均线系统形成空头排列之时，也成为股价加速下跌之时。

第三节　第 38 种技术动作：双八爪(多层八爪)

八爪线，是指两条周期均线之间出现了八爪乖离现象。双八爪，则是指三条(或以上)的周期均线之间同时出现了八爪乖离现象(图 9-10)。也就是讲，出现多八爪现象时，至少会有上下两层八爪叠在一起，但并不局限于只有上下两层八爪现象，也可能是三层八爪、四层八爪或更多层的八爪现象同时出现，因此，双八爪乖离现象也是多层八爪乖离同时出现的一种技术现象，也属于八爪线产生了共振现象。

比如，股价向上(或向下)攻击运行中，5 日与 10 日间出现了八爪乖离现象，这是一层八爪线，但如果同时 10 日与 21 日之间也出现了八爪乖离现象，就说明 5 日与 10 日、10 日与 21 日间形成了双层八爪乖离现象。引申之，如果在 5 日、10 日、21 日三条周期线之间发生八爪乖离现象的同时，21 日与 48 日之间、48 日与 89 日之间也同时出现了八爪乖离现象，这就是典型的多层八爪线乖离现象，但我们简化统称之为双八爪。

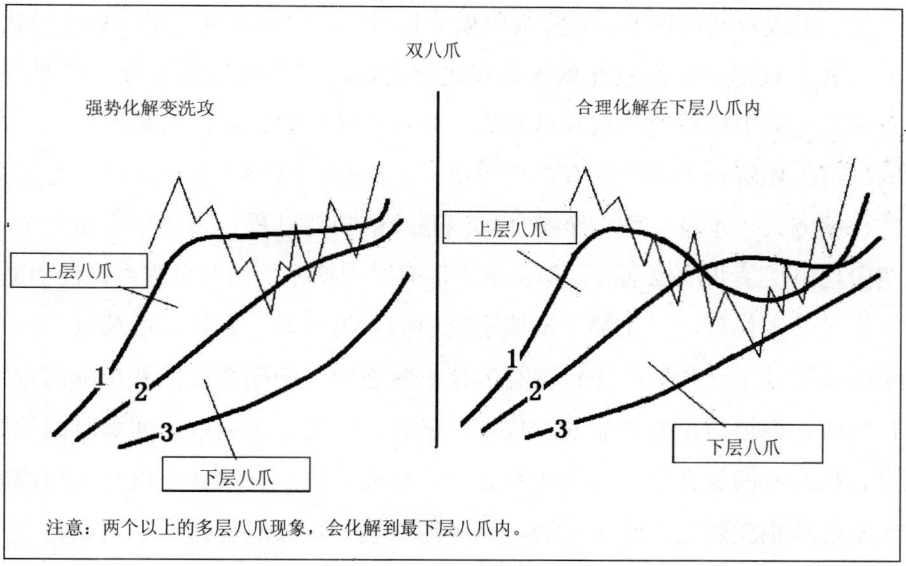

图 9-10

可能会有人问：既然多条周期线之间同时出现了多层八爪乖离现象，那称之为多八爪也可以呀，为什么要以双八爪来统称呢？

有两个原因：

(1)笔者多年实战中发现，出现多层八爪乖离现象之后，必然会有化解动作出现，而在化解过程中，会有不同的方式：一种方式是股价逐层下跌(上涨)化解；另一种方式是以连续急跌(急涨)的方式，连续化解掉两层八爪乖离之后，会产生一次短线的震荡反弹(回打)动作，以修复一下短线技术出现的某种极端现象(比如超卖或超买现象)。如此反复循环，直到化解掉全部多层八爪乖离现象，之后，股价进入下一个环节中运行。所以，这种化解方式的多层八爪现象，统称之为双八爪。

(注：通常连续化解两层八爪乖离之后，会产生一段时间的反向运行，然后再回头化解。又因为双八爪(多层八爪)在上攻行情中和下跌行情中均会出现，因此，要以双向思维来理解。)

(2)以均线系统中的子系统来看，每个子系统是由三条线(短期三线、中期三线、长期三线)组合而成，那么，当三条线之间同时出现八爪乖离现象时，就会形成双八爪现象。在实战中做分析时，需要有系统的层次思维模式，比如，通常短期三线的双八爪乖离在化解之后，股价先反向运行一段时间，然后再去化解中期系统的双八爪乖离；中期系统化解之后，再反向运行一段时间，再去化解长期系统的双八爪乖离。但注意，这种一个子系统一个子系统的化解方式，本身就是一个整体均线系统的扭转过程，当然前提是三个子系统中均出现了八爪线乖离。但实战中，有时中期系统的八爪乖离比较明显，且并不马上来化解，只化解了短期系统中的八爪乖离，股价就继续攻击，这说明股价正处于一种短线比较强势的攻击状态中，中期系统的八爪乖离肯定会被化解，但通常是要把短线的攻击能量释放完之后才化解，而那时的化解深度、化解时间就会相应的升级和延长，如此，这个短线猛攻出来的顶或底的级别性质也就随之升级了，会具有中期级别的顶或底的特点。这就是“早化解、晚化解、迟早要被化解”的一种八爪线技术规律。

另外，扭线技术中，通常最多设置 8 条周期均线，分为三个子系统，共同组成了某一个级别(如日线级别)的整体均线系统运行状态，那么，在这整个系统中，最多只会产生 6 层八爪线(3 个双八爪)。

相比一个简单的八爪线来讲，由于双八爪中所涉及的均线数多一些，其在化解过程中也存在着强度上的不同。通常分为两种：

(1)强势化解。以某个子系统的三条线来讲，同时出现八爪乖离现象时，必然会形成上下两层八爪线。出现八爪线，就需要化解，如果股价是以化解上层的八爪为主，并同时以震荡动作压制着中间那条均线的上攻步伐，促成了下层八爪两线之间的收拢，以此来化解下面一层的八爪乖离，这就是典型的强势化解动作。这种化解动作过程中上面两线不会发生交叉现象，只是股价有时会下破一下中间的均线，但股价又会很快再次回到最上面的均线上来。经过这种强势化解过程，三条线会相互收拢，而上下两层的攻击通道均不会出现封闭现象，股价的攻击方向是延伸状态。

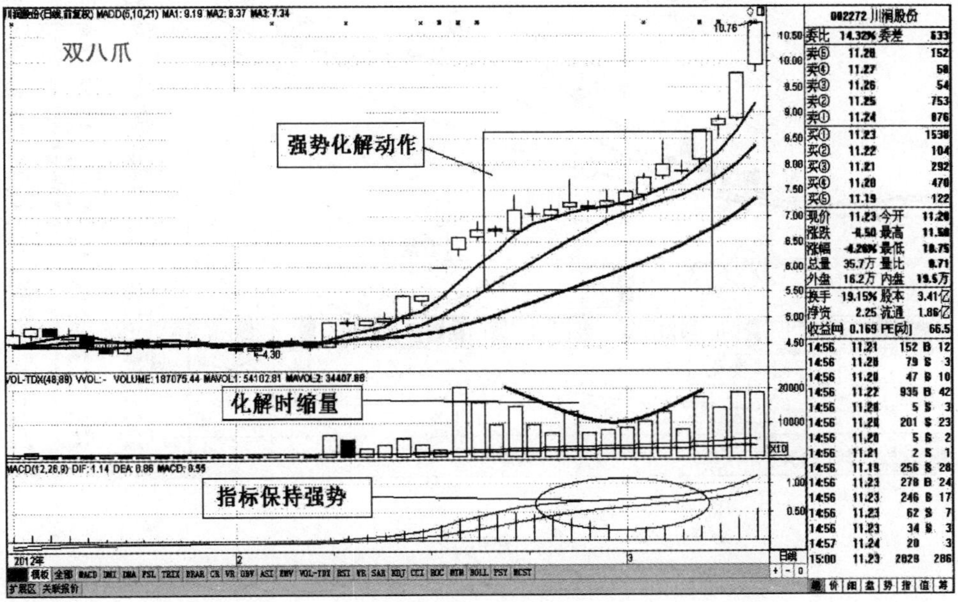

图 9-11

川润股份(002272)在图 9-11 中这个上攻波段途中，短期三线(5 日、10 日、21 日)出现了一个典型的双八爪，是以强势化解方式来化解，特别是股价并没有下破 10 日线，而是以 5 日、10 日两线形成洗攻动作过程中的缓攻过程，来压制 10 日线的上升速率，从而“迫使”10 日与 21 日两线的八爪乖离形成相互靠拢，化解了两线间的乖离。下方的缩量过程，以及指标保持的强势状态，均更明确地表现出这里化解双八爪时的强势化解特点。

(2) 合理化解。出现双八爪后，由于是上下两层八爪线需要化解，通常股价都会化解深入到最下层的这条均线附近，与此同时，上面八爪的两条线，由于短线股价重心明显下移的牵引作用，会出现两线交叉现象。化解完之后，股价再次回升起来时，三条线已经形成明显的相互收拢动作，上面两线再次交叉，排列成多头攻击状态。这种化解动作比较常见，股价深入到两层八爪区域中化解，也是一种合理化解动作。

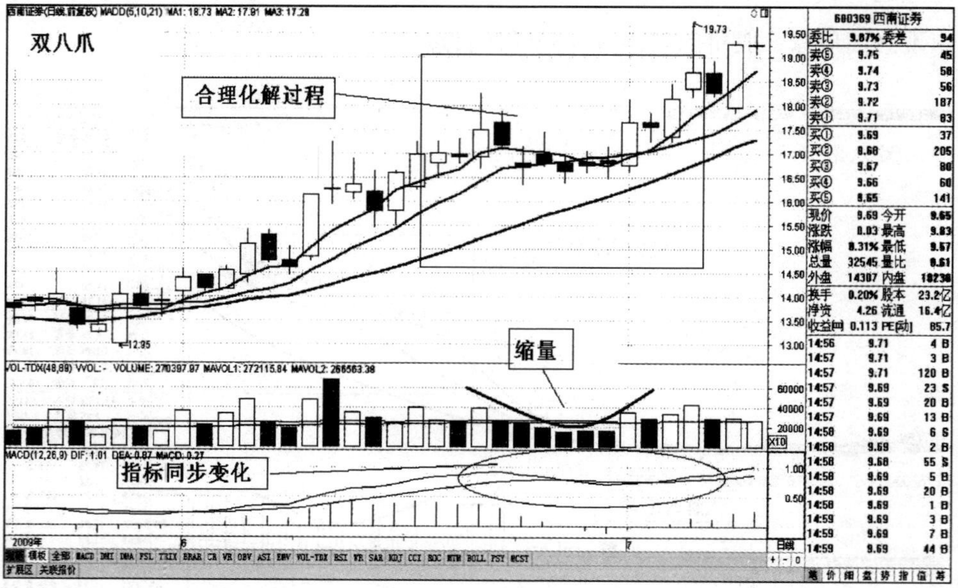

图 9-12

西南证券(600369)在图 9-12 中这个上攻波段途中，短期(5 日、10 日、21 日)三线出现了一个典型的“双八爪”，是以合理化解方式来化解的。注意看，化解过程中，5 日线有先死叉 10 日线、后又金叉 10 日线的交叉现象发生，形成典型的震荡蓄势起动作，下方的成交量也是同步缩量，指标亦是与化解动作形成同步变化。通常出现双八爪后，比较常见的就是这种化解方式。该股的上攻过程，明显没有图 9-11 中川润股份的上攻状态强势，因此，川润股份很容易以强势化解方式来化解短期三线的双八爪乖离，而西南证券因为上攻过程强度没有那么高，以常见的合理化解方式来化解短期三线的双八爪乖离也在情理之中。这就说明，不同攻击状态，对会形成什么样的化解方式，是有很大的影响作用的，这一点实战分析判断时应重视。

从以上两种化解强度上可以看出，强势化解中，双八爪的三条线之间均不发生交叉现象；而合理化解中，双八爪的三条线之间至少会有两条线发生交叉现象。还有，无论是强势化解，还是合理化解，出现双八爪所涉及的三条线均会出现相互收拢现象。强势化解动作，会形成明显的洗攻动作；合理化解动作，会形成一个典型的震荡蓄势起动作。

我们可以肯定地说，如果形成了超过两层以上的多层八爪乖离现象时，股价一旦完成攻击形成高点顶，那么，这个顶的级别至少会是一个波段攻击的结束，如果八爪层数越多，那么这个形成的高点顶的级别也会越高，比如趋势波的顶或者大趋势波的完成。相应的，股价化解多层八爪时，会逐步化解完所有的八爪乖离层，才会进入下一个运行步骤中，但这是理论上的一种现象。在实战中，绝大多数情况下，出现多层八爪时，股价只化解到 144 日(半年线)与 288 日(年线)间的八爪乖离层区间内，就结束化解动作过程，而进入下一个运行步骤中。比如顶部扭转中，首次深度下跌动作大多在击破 144 日线之后，就转而进入反弹波或反攻波中运行。这种现象首先是与通常筹码的持有期绝大多数均在一年以内有关；其次也与一个趋势波最长运行时间通常不会超过一年也有关，因为这里面有周期筹码转换的影响在起着作用；第三还与我国的股市中大多为中期性质的趋势波运行节奏有关；最后是因为绝大多数顶部扭转过程均是在年线之上区域完成的，而低于年线的区域，通常我们都视为下跌行情区域。

图 9-13 中华芳纺织(600448)是一个顶部扭转的形成过程，在股价连续强势冲击出最高点顶时，均线系统各子系统均已经形成双八爪(多层八爪)乖离现象，这是一个具有中期以上性质的顶部即将展开构筑的重要技术条件之一。图中①框内，5 日、10 日、21 日、48 日、89 日、144 日各线之间均同时出现了八爪乖离现象，其实，下方 144 日与 288 日线间、288 日与 576 日线间也出现了八爪乖离现象，但股价在首次见顶后的连续下跌动作，通常最多都在击破 144 日线支撑后，就会出现反弹波或反攻波动作，关于这一点，前面已经讲过。但是，这并不说明下方八爪乖离不会被化解，而只是在时间上被拉开后逐一化解。这其实也是一个顶部扭转构筑的过程。图中②框内的化解动作，就是针对 144 日与 288 日线间的八爪而形成的一个下跌动作。图中③框内是在顶部构筑完成后，下跌行情过程中，最终化解了 288 日与 576 日线间的八爪乖离，化解后产生了一个短线反弹，之后下跌行情延续。这似乎有点儿

“不是不化解，而是时候未到，时候到了，一定会化解”的味道。

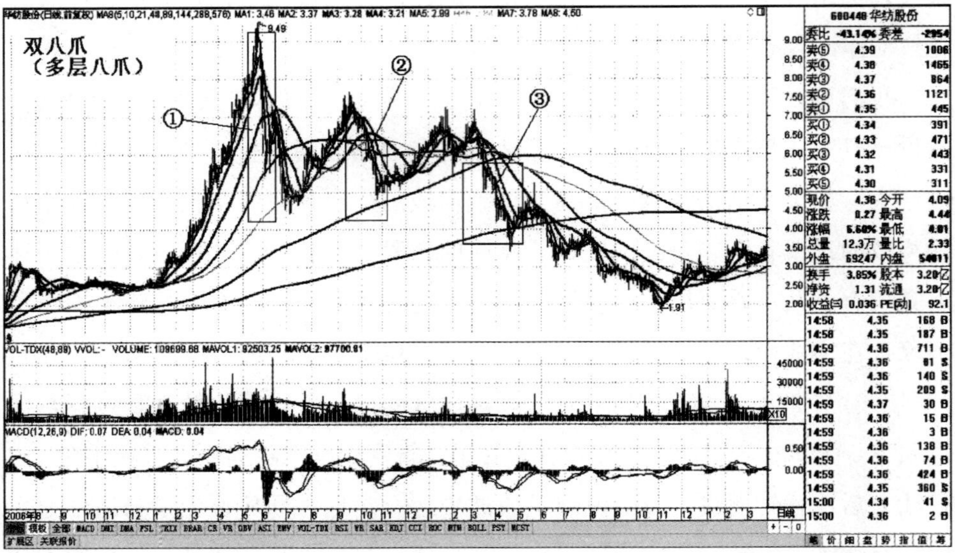

图 9-13

因此，总结出一个技术上的必然规律现象：只要两个周期线之间出现了八爪乖离现象，那么无论其涉及的周期参数有多大，所处的运行空间有多大，这个乖离现象最终都会被化解的，只是化解的方式有可能不同，化解的时间也有可能不同罢了。

图 9-14 中是华北高速(000916)在(144 日、288 日、576 日)长期三线上出现了双八爪后的化解过程。由于涉及的均线周期参数大，从运行空间角度看，化解所需要的空间高度以及所需要的时间宽度也都比较大；同时，化解方式常常以中期以上级别的趋势性上攻行情或者下跌行情来进行，这都属于正常现象。图中 A 区域里，长期三线所形成的双八爪乖离是以中期性下跌行情来化解的；图中 B 区域里，下跌行情虽然化解了前面上攻过程形成的双八爪，但又形成了新的双八爪乖离现象，也需要化解，因此又以一个具有中期级别的上攻行情来化解这个双八爪乖离。

该图中这种化解了一个双八爪的同时，又产生出现一个新的双八爪现象很具有技术内在变化的典型特点，即一个技术动作被消解的同时，又成为另一个技术动作产生的诱发因素之一，不同或相同的技术动作之间这种循环现象恰恰是市场(股价)在空间和时间中不断转换、运行、发展、变化的技术源动力——平衡！

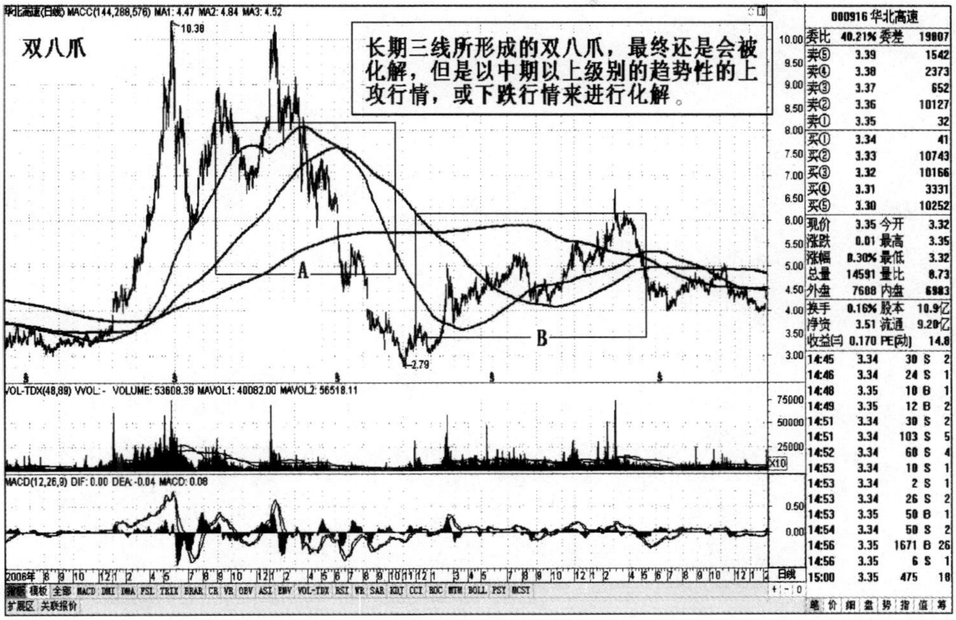

图 9-14

后　记
测算未来均线移动值

股价的波动随机性很高，而均线的跟随移动，具有滞后的弊端，即使是在当日的盘中交易时，由于均线的计算公式中，提取的是周期内收盘价的平均值总和，经过简单算术计算得出的移动数值，其表现也与即时交易的换手股价存在一定的价格空间差。因此，移动平均线与随机交易股价相比，具有被动跟随移动的劣势。

有没有一种方法可以化解移动平均线的这种滞后、被动跟随股价的劣势呢？

答案是：有，并且还可以“超前”。通常有两种方法，一种是将监控级别微观化，即如果你是以日线为主要监控级别的，可以通过细化技术系统，微观移动到30分钟、60分钟上进行监控，从而化解掉日线级别上均线技术动作“滞后”出现的现象；另一种就是通过“算线”提升技术思维，将股价与均线技术动作的时间变化点，超前一步进行数据预估、逻辑合理性演化、分析股价与均线的未来关系，这就是“测算未来均线移动值”(简称：算线)。

即：充分利用均线的计算公式，以及均线相对稳定运行的特点(注：均线的滞后性也是均线运行稳定的表现)，依据当日的股价及均线运行位置状态，通过预设几个条件，预估股价次日收盘位置的波动空间，提前一步测算出次日及未来的均线移动位置，进而根据均线未来的移动位置，结合扭线技术中对于技术动作变化的规律性诠释，制定出几种不同的应对操作策略。

一、“算线”的公式

例：某股，今天涨停收盘为9元(提示：重点在收盘价位置，而非涨停板)，5 日线的今天数值为 8.50 元，10 日线的今天数值位置在 8.60 元；往前推 5 日线的第一天收盘价为 8 元，前推 10 日线的第一天收盘价为 7.90 元。测算下一个交易日，该股短线的股价、5 日、10 日三者的技术关系运行变化。

第一步：先测算出下一个交易日，股价与 5 日线的位置关系。

预设条件①：预估该股下一交易日继续涨停收盘，即 9.90 元，那么，5 日线的位置在哪里？股价与 5 日线会出现什么技术关系的变化？

先以今天收盘后 5 日线的数值，测算出最近 5 天的数值总和。

即：8.50 元×5(天)=42.50(总值)

再从这个总值中减去前推 5 天中的第一天收盘价数值 8 元。

即：42.50-8=34.50(这是最近 4 天的收盘价总值)

然后加上下一个交易日预估的该股收盘价数值 9.90 元(预估该股下一交易日继续涨停收盘)。

即：34.50+9.90 元 =44.4(这是包含了次日预估收盘价的 5 天数值总和)

以此总值再除以 5(天)。

44.4÷5=8.88 元

这个 8.88 元，即是下一个交易日该股继续涨停收盘时，5 日线移动到的空间位置。

继续测算，下一个交易日该股继续涨停收盘，股价在 9.90 元，5 日线的跟随移动位置在 8.88 元，两者之间明显是脱线状态，那么，这个脱线乖离率有多大呢？

即：(9.90 元 -8.88 元)÷8.88 元×100=11.49%(四舍五入)

股价与 5 日线之间的脱线乖离率差值为 11.49%，说明脱线现象明显。因为我国股市有涨跌停板制度，因此，这个脱线乖离差值也是次日最大的股价与 5 日线之间乖离差值。

预设条件②：预估该股下一交易日股价冲高回落，收盘价与今天一样还是 9 元，那么，5 日线的位置在哪里？股价与 5 日线的关系如何呢？

依照上面的测算过程，我们可以得出一个测算公式。

(8.50 元×5 天 -8 元 +9 元)÷5 天 =8.70 元(这就是下一日股价收盘位置如果还是 9 元时，5 日线将会移动到的位置)

公式为：

(N×5-K+J)÷5= 次日均线移动数值。

说明：

N=8.50 元(今天 5 日线数值)

K=8 元(前推 5 天中第一天时的收盘价)

J=9 元(预估的下一日收盘价)

5 天 = 测算次日 5 日线移动时为 5 天，测算 10 日线时为 10 天，测算 21 日线时为 21 天……以此类推。

以此测算得出的 5 日线位置，继续测算下一个交易日股价冲高回落收盘与今天一样时，股价与 5 日线的乖离率差值是多少？

即：(9 元 -8.70 元)÷8.70 元×100=3.45%(四舍五入)

股价与 5 日线之间的脱线乖离差值为 3.45%。

以此顺推，可以分析出股价在下一个交易日，如果收盘价位置低于 9 元，股价与 5 日线的乖离率差值还会缩小；反之，则会扩大。

第二步：再测算下一交易日，当股价涨停收盘或者冲高回落收盘时，5 日与 10 日线之间的关系是否会金叉？是否会产生明显八爪现象？

预设条件①：下一交易日，该股继续涨停收盘即 9.90 元，5 日是否会金叉 10 日？是否会出现明显八爪现象？

依据以上公式，测算 10 日线在下一个交易日的移动位置，

即：(8.60 元×10 天 -7.90 元 +9.90 元)÷10 天 =8.80 元(这既是下一交易日继续涨停收盘时，10 日线移动到的位置)

前面已经测算得出，在下一个交易日，股价继续涨停收盘时，5 日线的移动位置在 8.88 元，现在得出 10 日线的移动位置在 8.80 元，很明显，5 日会金叉 10 日。

由于 5 日与 10 日两线的数值差只有 0.08 元，因此，虽然两线发生金叉现象，但两线还没有形成明显的八爪乖离现象。

预设条件②：下一个交易日，该股冲高回落，收盘位置与今天一样时，10 日线的移动位置在哪里？5 日还会金叉 10 日吗？

同样依据以上测算公式。

即：(8.60 元×10 天 -7.90 元 +9.00 元)÷10 天 =8.71 元(这既是下一个交易日，股价冲高回落收盘的位置与今天一样时，10 日线移动到的位置)

参照前面同样预设条件，测算出的 5 日线移动位置在 8.70 元，而 10 日现在测算出是在 8.71 元，10 日线位置还是高于 5 日线的位置 0.01 元，说明 5 日还没有发生金叉 10 日线的现象。

但实际中，股价在次日虽然可能会冲高回落，但并不一定会收盘在 9 元位置。因此，我们还可以继续增加预设条件，测算在下一个交易日，股价收盘在什么位置之上，5 日线才会发生金叉 10 日线的现象？

续增，预设条件③：下一个交易日，股价收盘在 9.10 元、9.20 元时，测算 5 日线、10 日线各自的移动位置在哪里？是否会发生金叉现象？

A. 股价收盘在 9.10 元时

(8.50 元×5 天 -8 元 +9.10 元)÷5 天 =8.72 元(这是次日 9.10 元收盘时，5 日线的位置)

(8.60 元×10 天 -7.9 元 +9.10 元)÷10 天 =8.72 元(这是次日 9.10 元收盘时，10 日线的位置)

很明显，次日股价收盘在 9.10 元时，两线会出现黏合现象。

B. 股价收盘在 9.20 元时

(8.50 元×5 天 -8 元 +9.20 元)÷5 天 =8.74 元(这是次日 9.20 元收盘时，5 日线的位置)

(8.60 元×10 天 -7.9 元 +9.20 元)÷10 天 =8.73 元(这是次日 9.20 元收盘时，10 日线的位置)

好了，经过两次股价收盘的预估位置测算，结果一目了然，当下一个交易日，股价收盘在 9.20 元位置时，5 日线就会发生金叉 10 日线的现象。

因为我们是以整数来预估测算的，实际上，股价次日收盘在 9.18 元时，5 日就会发生金叉 10 日现象，当然，你可以多次反复预设、预估收盘位来仔细测算得出更加精确的位置，但最重要的是这种测算方法和技术思维拓展的掌握。

二、测算均线未来移动值时，应注意的几点

1.“算线”方法适用于任何均线类技术工具、任何周期级别、任何技术状态下的超前分析测算。

2.测算出的次日均线移动值，属于预估次日股价收盘位置而得出的均线移动位置变化，因此，重点在股价与均线、均线与均线之间，在未来空间中移动的位置，以及它们之间的技术关系变化上的分析。所以，需要结合均线技术中的不同技术动作、技术现象、价线关系、线线关系、大小周期相互影响关系等等变化规律，预先制定出不同的应对操作策略，或者继续持股，或者择机卖出，或者等待抓取机会点买入。从这一点来讲，即使学习掌握了“算线”方法，如果不明白其中的技术变化的意义、风险、机会的把握，也是只懂其一，不知其二，而把“算线”与“扭线技术”有机的结合起来，则能如虎添翼。

3.“算线”通常在一些敏感的位置变化时，使用效果更佳。因为我国有涨跌停板制度，次日股价的波动空间是有相对限制范围的。另外，就是股价虽然具有随机性波动的特点，但股价在绝大多数的状态下，与5日、10日的关系是最为密切的，它们之间相互牵制影响的关系更加明显。因此，当股价或均线技术上出现一些新的异动变化、临近某些技术变化的节点、进入变盘时间窗口，还有脱线乖离大小、八爪线乖离大小、金叉、死叉，或不交叉，以及某个技术动作是否会出现、出现的几率大小等等现象时，应用“算线”的方法，都可以起到事半功倍、超前制定策略应对的作用。

4.“算线”是一种技术思维的拓展应用，但一切都要建立在客观、实际、逻辑清晰的基础之上。经常应用测算分析，也可以培养自己以数据为基础，以客观为根本，进行分析的好习惯，遏制自己凭感觉分析、临场情绪性判断操作的缺点，对于实战中保持稳定的技术客观性、增强分析的准确性和实用性也有很大帮助。

5.“算线”方法简单、实用，并不神秘，只是在使用均线技术这个工具时，应该掌握的一个基础方法而已。我们“算线”的最终目的，是为控制风险、提前制定应对策略，并在实际走势中进行不断的修正以总结经验。所以，预估次日的价位前，首先要立足于今日的技术状态分析，在此分析基础之上，

才应用“算线”的方法，拓展技术思维，超前演化今日的技术状态在次日是会延伸或者转变，从而制定出不同的(几种)操作应对策略，所以，通常可以多预设、预估几个条件和价位，进行反复调整测算为最佳。

当你掌握了正确的“算线”方法后，自然就会对均线的“滞后性”缺点化解，以及扭线技术在实战中的准确应用，有一个新的认识。

刘 卫

2013 年 11 月于海口